GOLDMANN

Buch

Nancy Catos monumentaler Roman schildert über eineinhalb Jahrhunderte hinweg, vom frühen 19. Jahrhundert bis in unsere Zeit, die Geschichte dreier Familien unterschiedlicher Herkunft: der Familien Forbes, Brown und King, deren Geschicke sich durch verschiedene Generationen immer wieder begegnen, überschneiden und auseinanderbewegen.

Es sind drei Familien gänzlich gegensätzlicher Natur. Da sind einmal die Forbes', Schafzüchter, die aus England nach Australien ausgewandert sind, um sich eine neue Existenz aufzubauen. Jamie Brown, der Ahnherr der Browns, kommt dagegen als deportierter kanadischer Sträfling auf die Farm der Forbes' und schlägt sich später als Arbeiter auf Zuckerrohrplantagen durch. Samuel King schließlich, der Gründer seines Clans, wächst als Sohn eines englischen Anwalts in einer südaustralischen Minenstadt auf – ein Leben lang ein Abenteurer, der dem Gold verfallen ist und schließlich einsam im australischen Busch stirbt.

Joseph Forbes, Jamie Brown und Samuel King – sie alle suchen sich in den rauhen Zeiten der australischen Gründerjahre eine Existenz aufzubauen; doch was als sicheres Erbe auch für ihre Nachkommen gedacht war, ist von historischen Wirren und Familienstreitigkeiten, von Unglücksfällen und menschlichem Versagen stets aufs neue bedroht. Glück, Erfolg und tragisches Scheitern liegen in der bewegten Geschichte dieser drei Familien eng beieinander.

Autorin

Nancy Cato ist eine der bedeutendsten und erfolgreichsten Autorinnen Australiens. Seit über vierzig Jahren beschäftigt sie sich in Romanen und Erzählungen mit dem Werden der australischen Gesellschaft von heute. Sie ist Vizepräsidentin der Vereinigung australischer Schriftsteller.

Außer dem vorliegenden Band ist von Nancy Cato als Goldmann-Taschenbuch erschienen:

Delie und Brenton. Alle Flüsse fließen ins Meer.
Roman (8890)

NANCY CATO

Der ewige Baum

Australiensaga

Aus dem Englischen
von Willy Thaler und Helga August

GOLDMANN VERLAG

Ungekürzte Ausgabe

Titel der Originalausgabe: Forefathers
Originalverlag: Hodder & Stoughton, Ltd.,
London, Sydney, Auckland und Toronto

Der Goldmann Verlag
ist ein Unternehmen der Verlagsgruppe Bertelsmann

Made in Germany · 2. Auflage · 6/90

Umschlagentwurf: Design Team München
Farbige Umschlagzeichnung: Colin Backhouse / Agentur Schlück, Garbsen
Druck: Elsnerdruck, Berlin
Verlagsnummer: 9637
MV · Herstellung: Ludwig Weidenbeck/Voi
ISBN 3-442-09637-5

Die Väter trieb das Fernweh fort,
Es hielt sie nicht zu Haus.
Wir folgten der Herde von Ort zu Ort,
Wir ritten zuhauf in die Welt hinaus,
Wir schürften das Gold, wir schoren das Lamm,
In Hitze und Trockenheit,
Die Gier nach dem Geld trieb uns voran,
Doch das Ziel ist immer noch weit.

A. B. Paterson

PROLOG

Wie Knospen durch das Wachstum frische Knospen entstehen lassen, und diese, wenn sie kräftig sind, sich verzweigen und nach allen Seiten so manchen schwächeren Zweig überragen, so war es wohl auch bei der Entwicklung des großen Baumes des Lebens, der die Rinde der Erde mit seinen toten und zerbrochenen Zweigen füllt und die Oberfläche mit seinen unaufhörlich verzweigenden, schönen Verästelungen bedeckt.

Charles Darwin
Der Ursprung der Arten

Allen Gesetzen der Wahrscheinlichkeit nach hätte Joseph Forbes King überhaupt nicht zur Welt kommen können. Sein Vater, der einer höchst gefährlichen Beschäftigung nachging, hätte sterben können, ohne ihn vorher gezeugt zu haben. Als Josephs Leben zu keimen begann, hätten die Mittel und Methoden, die seine Mutter anwendete, um sein Wachstum zu verhindern, ihr Ziel erreichen können; sie versagten jedoch.

Josephs Großvater King wäre beinahe als Kind in Indian Hill gestorben; der Bruder seines Urgroßvaters William starb an einer Mageninfektion, von der William durch Zufall verschont blieb, und sein Ururgroßvater, Samuel King, hatte einen Zwillingsbruder, der bei der Geburt starb.

Durch glückliche Umstände und Zufälle überlebten seine Vorväter alle Widrigkeiten, und schließlich, im Jahr 1949, wurde er selbst, Joseph Forbes King, geboren, JFK – dessen Initialen damals noch nicht mit Größe oder mit tragischen Ereignissen in Verbindung gebracht wurden – war also das Produkt einer Reihe von Zufällen, auf die er keinen Einfluß besaß.

Seit Generationen waren seine Vorfahren umhergezogen, hatten einander kennengelernt und sich zusammengetan, um so schließlich dieses menschliche Wesen hervorzubringen. Englische Bauern, Bergleute aus Cornwall, Sträflinge aus Kanada, schottische Pioniere und irische Auswanderer, Schafzüchter, Schafscherer und Arbeiter, die von den Pazifikinseln geholt worden waren, um auf den Zuckerrohrplantagen ihren Dienst zu tun, hatten ihm ihre Anlagen vererbt. Allen war eines gemeinsam: Sie wollten ein neues Leben in einem fremden Land beginnen. Außerdem waren sie zumeist Wanderer und Nomaden, wie die dunkelhäutigen Stämme, die sie vertrieben und die aber ebenfalls zu seinem Schicksal beitragen sollten.

Von vielen Teilen der Welt, von einem indischen Maharadschastaat zu den Schaffarmen an den Flüssen, von den Hebriden Schottlands zur Insel Tasmanien in der südlichen Hemisphäre, vom Yukon zum Condamine liefen die Fäden wie zu feinen, verzweigten Wurzeln eines riesigen Baumes zusammen.

Alle Eigenschaften, die wir als »angeboren« bezeichnen – Rasse, Geschlecht, Hautfarbe, Gesichtszüge, geistige Fähigkeiten – waren schon vorherbestimmt, als ihn das Schicksal aufs Geratewohl aus der Tonne herausfischte, in der alle Möglichkeiten und alle Kombinationen für ein künftiges Leben durcheinandergeworfen waren.

Zwei Billionen Zellen, die nach der Empfängnis durch geheimnisvolle und wundersame Teilung aus einer einzigen entstanden waren, bildeten nun einen gesunden und vollkommenen Menschen. Als sich die Wände des Heimes, in dem er sich während neun Monaten zu diesem einzigartigen Individuum der menschlichen Rasse entwickelt hatte, zusammenzogen, wurde er aus der warmen Dunkelheit des Mutterleibes vertrieben, in der er so lange träumend und unversehrt gewohnt hatte. Mit dem Kopf voran kämpfte er sich widerwillig in die Welt, ebenso wie so viele vor ihm nicht bereit, die Geborgenheit zu verlassen.

Der strahlende Skorpion, der bei seiner Geburt am Himmel funkelte, gab ihm für sein Leben ein leuchtendes Versprechen, trug aber auch einen Stachel an seinem Schwanz. Der Stachel deutete auf den Tod. JFK wurde in Queensland, Australien, geboren, gerade rechtzeitig, um beim nächsten Krieg ein wehrfähiges Alter erreicht zu haben.

ERSTES BUCH

Der strahlende Skorpion

1824 – 1894

Man brachte uns an der tödlichen Küste an Land,
Die Pflanzer kamen in Scharen herbeigerannt,
Sie verkauften uns wie Pferde kurzerhand,
Spannten uns vor den Pflug, mein Junge, wir pflügten
Van Diemens Land.

ALTES STRÄFLINGSLIED

1

Der erste Joseph Forbes, JFKs Ur-ur-ur-Großvater, traf 1824 im Alter von zehn Jahren in Australien ein. Auch er war im Monat November, im Sternzeichen des Skorpions, zur Welt gekommen, doch seine Mutter behauptete immer, daß eigentlich der Wasserskorpion sein Zeichen sein müsse, das langbeinige Insekt, das man in den Bächen und Tümpeln von Van Diemens Land findet; der Wasserskorpion kann unter Wasser atmen und besitzt keinen Stachel, und Josh, wie man ihn nannte, liebte wie dieses Insekt das Wasser.

Sein Vater Josiah und seine Mutter Kate, deren Mädchenname Hamilton war, waren mit ihren fünf Kindern aus Bedfordshire ausgewandert. Der kleinste Sohn, der zwei Jahre alte Willy, starb während der langen Überfahrt, und Kate mußte zusehen, wie der Körper ihres Jüngsten in die tiefblauen Gewässer des Indischen Ozeans versenkt wurde. Obwohl sie Josiah insgesamt sieben Söhne gebar, hörte sie nie auf, um den einen zu trauern, den sie verloren hatte. Und Josiah, der den letzten Sohn Septimus nannte, erklärte, daß es an der Zeit sei, keine Kinder mehr zu zeugen. Er hoffte, daß er genügend Selbstbeherrschung besaß, um seine Frau nicht weiterhin Jahr für Jahr ins Wochenbett zu bringen. Sein Bruder William hatte jetzt schon zehn Kinder, und seine Frau Sophie sollte später an dem elften sterben. Was Kate von seinen Entschlüssen hielt, interessierte ihn nicht.

Sie sorgte sich sehr um ihre Söhne und ihre einzige Tochter, aber besonders um Josh, den sie ständig bat, nicht im Brushy Creek zu schwimmen, weil sie befürchtete, daß ihn eine Schlange beißen könnte. Josh aber, der trotz der Einwände seiner Mutter seiner Gewohnheit weiter nachging, wuchs zu einem großen und kräftigen Jungen heran. Sein Körper war braungebrannt, weil er häufig schwamm und bei jedem Wetter sein zottiges Pony Oliver ritt.

Es war die Überzeugung von Josiah Forbes, daß es einem starken, unternehmungslustigen Mann gelingen würde, in den Antipoden – auch ohne Kapital – sein Glück zu machen. Er betrachtete die neue Kolonie als günstige Gelegenheit, die sogar Sträflinge, die gegen ihren Willen aus dem überfüllten England dorthin verfrachtet wurden, nutzen konnten.

Arbeitskräfte waren billig, denn jeder konnte Sträflinge – vorausgesetzt, man war in der Lage, für ihren Unterhalt zu sorgen – von der Regierung übernehmen und sie als Landarbeiter, Schäfer und Diener einsetzen.

An seinen Bruder William schrieb Josiah schwärmerische Briefe, in denen er seine neue Heimat, die klimatischen Verhältnisse und die günstigen Lebensbedingungen überschwenglich lobte. Er verschwieg, daß Hobart Town genauso voll war von Gaunern und Dieben wie London und daß entsprungene Sträflinge häufig Kutschen auflauerten und Farmer überfielen. Unerwähnt blieben auch die feindseligen Aborigines, die sich weigerten, ihre Jagdgründe zu räumen und einen erbitterten Guerillakrieg gegen die Eindringlinge führten.

Als Leiter der Intendantur veranlaßte Josiah, daß die Ureinwohner zusammengetrieben und auf eine vor der Küste liegende Insel deportiert wurden. Für diese Leistung wurde er von Gouverneur Arthur mit einer Zuteilung von zweitausendfünfhundert Morgen Land belohnt. Josiah besaß bereits eintausendfünfhundert Morgen, die er billig im Norden der Kolonie erstanden hatte, weil hier die Großgrundbesitzer gewöhnlich von den Ureinwohnern terrorisiert, ihre Schafe und Schäfer mit Speeren und Keulen getötet wurden.

Sobald das »Aborigines-Problem« zur Zufriedenheit aller – nur die Eingeborenen, die sich jenseits der Malakkastraße nach ihrer Heimat sehnten, waren unglücklich – gelöst war, galt Josiah als ein wohlhabender Mann. Der Wert seines Landbesitzes stieg sprungartig in die Höhe, und mit seinen ältesten fünf Söhnen und vier ehemaligen Sträflingen in seinen Diensten bebaute er das Land. In Newton und im Lenah Valley pflanzte er Obstgärten mit den Sämlingen, die er aus Kapstadt mitgebracht hatte.

So wie die Menschen aus aller Welt, die sich hier trafen und vermehrten, wuchsen und gediehen die eingeführten Äpfel in dem neuen Land. Die trockenen Sommer und frischen Winter bekamen den Obstbäumen gut. Sie trugen so viele Früchte, daß die Äste mit gegabelten Stöcken gestützt werden mußten, damit sie nicht unter dem Gewicht der reifen Äpfel abbrachen.

Josiah war froh, daß er seine Söhne nicht »nach Hause« schicken mußte, um sie erziehen zu lassen. Josh und seine Brüder besuchten die höhere Schule in der Macquarie Street. Als Josh an einem Nachmittag auf Oliver, seinem Pony, nach Hause ritt, bemerkte er beunruhigt den schwarzblauen, dicht bewölkten Himmel über dem »Alten Wolkenmacher«, dem Mount Wellington, der über das Tal und die Mündung des Derwent ragte.

Bald darauf begann es in Strömen zu gießen, und er konnte gerade noch durch den dichten Regenschleier das Eisentor zwischen den beiden Stechpalmen ausmachen, die den Eingang zu ihrer Auffahrt kennzeichneten. Plötzlich, mit einem einzigen Schlag, schien der Himmel zu bersten. Als Josh sich vorbeugte, um den Riegel wegzuschieben, blendete ihn ein zischender Blitz. Den Donnerschlag hörte er nicht mehr. Als er zu sich kam, lag er einige Meter vom Tor entfernt, auf seiner Handfläche war ein schwarzes Brandmal. Das Pony lag tot neben dem Tor.

Mit letzter Kraft rappelte Josh sich auf und taumelte die Auffahrt hinauf.

Seine Mutter stürzte ihm mit kreidebleichem Gesicht aus dem Nähzimmer entgegen, in der Hand noch ein Stück purpurroten Brokats. Sie hatte sich um ihn Sorgen gemacht, als das Gewitter aufzog; die anderen Kinder waren daheim in Sicherheit.

»Josh! Bist du verletzt?«

Josh zeigte ihr seine geschwärzte Hand. »Der Blitz hat ins

Eingangstor eingeschlagen. Und Oliver – Oliver ist tot«, sagte er schluchzend.

Für den Rest seines Lebens empfand Josh großen Respekt vor Gewittern, wenngleich er weiterhin viel Zeit im Freien verbrachte. Er überließ die Pflege der Obstgärten seinen Brüdern und ging für zwei Jahre auf eine Farm in St. Paul's Plains, um sich dort der Schafzucht zu widmen. Sein Vater war der Besitzer dieses Fleckchens Erde, das am South Esk River, in der Nähe von Campbell Town lag und zweitausend Morgen Land umfaßte. Josh erhielt fünf Schafe pro Morgen und stellte, nachdem er die Leitung übernommen hatte, als erste Amtshandlung einen Viehhüter und sechs Schafhirten ein, bei denen es sich in der Mehrzahl um ehemalige Sträflinge handelte.

Schon bald lernte er eine der Pflichten eines Grundbesitzers kennen. Abwechselnd mit anderen Friedensrichtern hatte er im örtlichen Gericht die Rechtssprechung auszuüben. Dort wurden ehemalige Sträflinge, die jetzt als Diener beschäftigt waren, für Vergehen wie Trunkenheit, Diebstahl von Vorräten oder nur Unbotmäßigkeit ihren Herren gegenüber abgeurteilt.

Josh, ein großer, gelassener junger Mann, der ein gesundes Selbstvertrauen besaß, verabscheute seine neue Aufgabe zutiefst. Einmal hatte er gesehen, wie ein Mann mit einer neunschwänzigen Katze gezüchtigt wurde, bis sein Rücken nur noch ein zerfetzter, blutiger Fleischklumpen war. Nie wollte er für solche Grausamkeiten verantwortlich sein.

Eines Morgens, als er wieder sein mißliebiges Amt ausführen mußte, wurde ihm ein junger Mann vorgeführt, dessen Gesicht von Leiden gezeichnet und durch die Arbeit auf den Straßen und in den Steinbrüchen wettergegerbt war.

»James Brown, bedingt entlassen, wird beschuldigt, auf den Straßen von Campbell Town nach acht Uhr abends ohne legale Rechtfertigung unterwegs gewesen zu sein. Was sagt du dazu?«

James zögerte. »Es tut mir leid, ich weiß, daß es für mich nicht gut aussieht. Tatsache ist, daß ich das Haus meines Arbeitgebers, Mr. Leake, ziemlich spät verlassen habe, da ich warten mußte, bis er mir meinen Lohn ausbezahlte.«

»Augenblick mal. Warum wurdest du so spät ausbezahlt?«

»Mr. Leake war, äh – unpäßlich. Er ist in der vorhergehenden Nacht lange ausgeblieben und mußte erst seinen Rausch ausschlafen.«

In Joshs grauen Augen blitzte ein Lächeln auf. Leake, ein Großgrundbesitzer, der seine Arbeiter angeblich sehr schlecht behandelte, war im Bezirk für seine Trunksucht bekannt.

»Es war kurz nach acht, als ich ankam. Ich hätte natürlich wieder nach Hause gehen oder die Nacht im Busch verbringen und am Morgen wiederkommen können, um mich zu melden. Aber ich ging ins Gasthaus, und dort haben mich die Konstabler vehaftet.«

»Deine Sprache klingt gebildet«, stellte Josh fest, »mit einem leicht amerikanischen Akzent?«

»Kanadisch«, antwortete James, »ich bin einer jener kanadischen Verbannten, die deportiert wurden, weil sie ihr Land, das sie lieben, befreien wollten.«

»Also ein Rebell. Was war deine vorherige Beschäftigung?«

»Ich war Möbeltischler. Mit Holz kenne ich mich gut aus –«

»Ich verurteile dich zu fünf Tagen Arrest in der Wachstube, Brown. Zufällig weiß ich, daß die Frau des Konstablers in der Küche einen Geschirrschrank braucht. Geh am besten gleich zu ihr und kümmere dich um diese Angelegenheit. Und, Brown – «

»Ja, Mr. Forbes?«

»Wenn dein Jahr bei Mr. Leake um ist und du eine Stelle suchst – ich brauche einen Aufseher, jemanden, auf den ich mich verlassen kann. Ich könnte dir zehn Pfund im Jahr zahlen. Das dürfte bedeutend mehr sein als dein jetziger Lohn.«

»O ja! Vielen Dank, ich werde daran denken.«

Josh hatte Berichte über die neue Siedlung auf dem Festland gehört und auch davon, daß die Schafe in dem trockeneren Klima um vieles besser gediehen. So kam ihm die Idee, dort Land zu kaufen, durfte er doch den Erlös für die Wolle von der Herde seines Vaters behalten, den er im letzten Jahr dazu verwandt hatte, sechs Saxon-Merino-Widder zu kaufen, um die

Zuchtergebnisse zu verbessern. Zur Schurzeit hatte er alle Hände voll zu tun, er preßte die Vliese zu Ballen und sortierte sie nach Qualität und beaufsichtigte die Arbeiter im Waschpferch und bei der Schur. Mehr und mehr wurde er zu einem Fachmann in Sachen Wolle. Obwohl die Preise in letzter Zeit gefallen waren, hieß es, daß die extrafeinen Merinovliese aus Port Phillip in den englischen Wollwebereien zur Erzeugung hochwertiger Kammgarnstoffe verwendet wurden und daß damit immer noch ein guter Preis zu erzielen war. Er beschloß, sein Glück jenseits des Wassers zu suchen.

2

Einige Zeit zuvor, im April 1839, gegen Ende eines langen, trockenen Sommers, war das Sträflingsschiff *Buffalo* in Hobart Town eingetroffen und hatte in der Mündung des Derwent im Schatten des Mount Wellington Anker geworfen. An Bord befanden sich Deportierte aus Kanada: die »Kanadischen Patrioten«.

Der ehemalige Vizegouverneur von Van Diemens Land, Sir George Arthur, war gerade rechtzeitig zum Gouverneur von Ober-Kanada ernannt worden, um eine Rebellion gegen die Britische Krone niederzuschlagen. Die Rädelsführer wurden zum Tod durch den Strang verurteilt. Gouverneur Arthur, der an Hinrichtungen gewöhnt war – er hatte in seinen zwölf Jahren in Van Diemens Land Todesurteile für fünfzehnhundert Männer und Frauen unterzeichnet –, ließ neben dem Gefängnis einen Galgen aufstellen. Dort sah James Brown aus Ober-Kanada zu, wie seine Mitkämpfer durch den Strang starben.

Sein eigenes Strafmaß war wie durch ein Wunder auf Deportation herabgesetzt. Während des größten Teils der Überfahrt nach Australien war er krank, litt an Skorbut und einer schlimmen Augeninfektion und glaubte schon sterben zu müssen.

Erst nachdem in Rio frisches Obst und Gemüse an Bord genommen wurden, wovon er in kleinen Portionen aß, ging es ihm besser. Der Doktor verordnete ihm tägliche Bewegung auf Deck.

In Hobart Town angekommen, wurden die Sträflinge einzeln von Mr. Gunn, dem Obersten Polizeirichter, in der Kapitänskabine verhört. Zwei Schreiber hielten James Browns Antworten auf eine lange Reihe von Fragen fest:

Wo geboren? – Ober-Kanada, Kingston. – Alter? – Siebenundzwanzig. – Religion? – Presbyterianer. – Beruf, frühere Beschäftigung? – Holzarbeiter, Tischler. – Verheiratet? – Nein. – Eltern leben? – Ja. – Eltern wo geboren? – Schottland. – Imstande zu lesen und zu schreiben? – Selbstverständlich. (Nur Ja oder Nein antworten.) – Wo verhaftet? – Toronto. – Wessen angeklagt und wozu verurteilt? – Patriotismus. – Du meinst Rebellion. Besondere Kennzeichen oder Narben? – An der linken Schulter verwundet; weißes Narbengewebe. Muttermal auf rechter Wange, dunkel pigmentiert. – Haarfarbe? – Dunkles rötliches Braun. – Augen? – Dunkelbraun. – Augenbrauen? – Schwarz, buschig. – Größe? – Fünf Fuß elf Zoll. – Gewicht? (er hatte auf der Reise sieben Pfund abgenommen) – 147 Pfund.

Eine Gruppe von Konstablern erwartete die Gefangenen an Land, von denen sich nach so langer Zeit auf See kaum jemand auf den Füßen halten konnte. Die Erde schien sich unter ihnen zu heben und zu senken. Eine Menschenmenge, die sich angesammelt hatte, um die »Yankee-Rebellen« zu sehen, verspottete sie wegen ihres taumelnden Ganges.

Auf der Straße kamen sie an einem Trupp von Sträflingen vorbei, Männern in grober, grauer Kleidung, die mit schweren Ketten aneinander gefesselt waren, während sie sich mit Hakken und Schaufeln abplagten. Hinter einer Biegung begegneten sie einer Fuhre, die aus dem Vorgebirge kam, wo viele Gefangene in Steinbrüchen arbeiteten. Der Karren wurde nicht von Pferden, sondern von acht Männern gezogen, die wie Zugtiere angeschirrt waren. Jamie Brown starrte sie voll Entsetzen an. In was für ein Land war er gekommen?

Am nächsten Tag wurden ihnen im Gefängnis ihre Kleider weggenommen. Sie mußten Sträflingskleidung aus grober grauer Wolle anziehen; außerdem erhielt jeder zusätzlich zu den Hosen und Jacken eine schlecht sitzende Ledermütze, ein gestreiftes Baumwollhemd und ein Paar plumpe Schuhe. Am härtesten traf es Jamie, daß er keine Unterwäsche tragen durfte. Seit er denken konnte, hatte er immer Unterhemd und Unterhose getragen, und der rauhe Barchentstoff rieb seine Haut wund. Das und der Hunger waren die schlimmsten Qualen.

Die übliche Nahrungsration, die ein Gefangener pro Tag erhielt, bestand aus einem Pfund mit Fliegendreck verunreinigtem gekochtem Fleisch, einem halben Liter Wassersuppe mit ein wenig Mehl zum Frühstück und etwa einem Pfund klebrigem, dunklem Brot. Sie sehnten sich nach Gemüse; manchmal scharrten sie aus dem Abfallhaufen unter dem Küchenfenster Kartoffelschalen und Rübenenden und verarbeiteten sie zu einem Stew.

Keiner der Sträflinge wagte es, sich zu beschweren, war doch die tägliche Nahrungsmenge, welche die Intendantur mit Josiah Forbes an der Spitze für die Gefangenen vorsah, ursprünglich durchaus ausreichend. Auf dem Weg zu den Gefangenen hin aber verringerten sich die zugeteilten Rationen durch den beherzten Zugriff von Aufsehern, Angestellten, Konstablern, Köchen und Gefangenenwärtern beträchtlich. Wenn die Sträflinge murrten, wurden sie wegen »ungerechtfertigter Beschwerden« zu sechsunddreißig Peitschenhieben verurteilt.

Jamies Hände waren schon am dritten Tag wund und schwielig, weil er mit einer schweren Hacke mit rauhem Griff und einer Schaufel Straßenarbeiten verrichten mußte. Aber wenigstens war er nicht angekettet. Bald aber wurde er, da seine Hände zu sehr schmerzten, zu den Karren versetzt und mußte den Hals in ein Geschirr legen, das an einer langen Deichsel befestigt war. Zusammen mit drei anderen Männern war es hier seine Aufgabe, einen sechs Fuß langen Karren zu ziehen; einer seiner Arbeitskollegen war ein Mörder, einer ein desertierter Soldat, und der letzte war Orrin Smith, ein Amerikaner, der sich den Rebellen angeschlossen hatte. Orrin Smith, ein kleiner Mann, hatte nie zuvor in seinem Leben schwere körperliche Arbeit verrichtet.

»Mein Gott, Brown, das kann ich niemals durchstehen!« keuchte er in einer Art von ersticktem Schrei.

Jamie half ihm, so gut er konnte, und allmählich entwickelte sich eine tiefe Freundschaft zwischen den beiden Männern. Auch die beiden anderen Gefangenen, die mit ihnen den mit Steinen beladenen Karren zehnmal täglich eine Meile weit und wieder zurück ziehen mußten, verstanden sich gut mit ihnen. Dennoch dauerte es nicht lange und Orrin wurde ernsthaft krank. Er wußte, daß er sterben würde. Am nächsten Morgen, als seine Freunde vom Appell zurückkehrten, war Orrin bereits tot.

Es war der Hunger, der Jamies leidenschaftliche Sehnsucht nach politischer Freiheit und seinen Haß gegen die britische Tyrannei dämpfte. Wenn er zu Beginn seiner Gefangenschaft von einem der untergeordneten Beamten tyrannisiert worden war, hatte das Blut in seinen Adern gekocht, und er hatte sich danach gesehnt, ein Gewehr in die Hände zu bekommen, nur für fünf Minuten, um dem Schinder den Garaus zu bereiten. Ständig dachte er daran zu fliehen.

Aber »in den Busch zu gehen« war eine Verzweiflungstat. Nur äußerst selten war es vereinzelten Sträflingen gelungen, den Soldaten oder den Hunden zu entkommen. Ohne ein Schiff gab es keine Möglichkeit für die Gefangenen, die Insel zu verlassen. Sie war ein riesiges Gefängnis. Eine gewisse Chance bestand darin, sich Feuerwaffen zu verschaffen und Straßenräuber zu werden, Kutschen zu überfallen und einsame Farmen auszurauben. Am Ende wurde man aber schließlich meistens doch entweder erschossen, festgenommen oder gehängt.

Straßenarbeit – das bedeutete Hunger. Die Männer erhielten oft nur die Hälfte der vorgesehenen Nahrungsmittelzuteilung und wurden schon am Morgen von einem leeren Magen gequält; tagsüber arbeiteten sie, ohne ausreichend essen zu können, und legten sich abends nach einer Mahlzeit, die aus madigem Fleisch und saurem, nur halb durchgebackenem Brot bestand, immer noch hungrig nieder. Zwei endlose Jahre lang verging kein Tag, an dem sie nicht Hunger litten.

Drei Männer flüchteten aus Verzweiflung in den Busch. Ihre Freiheit dauerte nur zwei Wochen, dann wurden sie gefangen. Die Zusatzstrafe, die ihnen verhängt wurde, sollte alle übrigen, die mit dem Gedanken der Flucht spielten, warnen. Von Port Arthur, dem allseits bekannten und berüchtigten Arbeitslager, war kaum jemand lebend zurückgekehrt.

James Brown konzentrierte seine gesamte Willenskraft auf das Überleben. Er litt an einem schlimmen Husten, war aber körperlich noch kräftig genug; ihn hatte die harte Arbeit bei jedem Wetter eher widerstandsfähig gemacht, als daß sie ihn innerlich gebrochen hätte.

Von dem Gefängnis in Hobart Town wurde er mit seinen kanadischen Kameraden in eine etwa dreißig Meilen weiter nördlich gelegene Strafanstalt verlegt. Es war Winter, als sie eines Tages mitsamt ihren gesamten Habseligkeiten – einem Blechteller, einem Becher und den Trockenrationen, die in zwei Decken eingerollt waren – zu einem Marsch auf der Launceston Road befohlen wurden. Bei ihrer Tagesetappe von fast achtzehn Meilen wurden sie von Konstablern in blauen Uniformen begleitet. Zunächst war das Gehen – verglichen mit der Arbeit an den mit Steinen beladenen Karren eine Erleichterung, aber die harte Straße, die schlecht sitzenden Schuhe, die fehlenden Socken, die die Füße vor dem rauhen Schuhfutter hätten schützen können, ließen bald bei allen Gefangenen schmerzhafte Blasen entstehen. Jamie zog seine Schuhe aus, aber im Nu waren seine Füße so wund und angeschwollen, daß es unmöglich war, die Schuhe wieder anzuziehen. Am Morgen lag Rauhreif. Jamie schrie vor Schmerzen, als er seinen Fuß auf das gefrorene weiße Gras setzte, um zur Straße zu kommen; von hier ab war es nicht mehr so schlimm, denn das Eis auf der Straße war schon getaut.

Sie arbeiteten in einem Steinbruch bei Ross und brachen Steine für eine neue Brücke. Der Aufseher dort, ein ehemaliger

Sträfling, war ein Schinder und Tyrann. Er war oft betrunken, wenn er den Abendappell abhielt, und in bösartiger Stimmung. Jeder Gefangene mußte, wenn sein Name aufgerufen wurde, seine Mütze berühren, sich verbeugen und rufen: »Ja, Sir.«

Die freiheitsliebenden Männer bebten jedesmal vor Zorn, wenn sie diesen Mitsträfling derart unterwürfig grüßen mußten, der zweifellos nur deshalb befördert worden war, weil er vor den Polizisten gekrochen war und andere Sträflinge denunziert hatte. Als am ersten Abend der Name James Brown aufgerufen wurde, erfolgte keine Antwort.

»Ruf den Namen noch einmal!« schrie Sandlands, der Aufseher.

»JAMES BROWN!«

Stille. »Welcher Mann ist Brown?«

Jamie trat vor. »Also, Brown«, befahl Sandlands, »du legst jetzt deine Hand an die Mütze! Und wenn dein Name aufgerufen wird, sagst du: ›Ja, Sir‹, oder ich lasse dich für drei Dutzend Peitschenhiebe ans Gerüst binden.«

Jamie wurde vor ohnmächtiger Wut übel, und er beugte den Kopf. Als sein Name zum dritten Mal gerufen wurde, berührte er seine Mütze und murmelte: »Ja, Sir...« Er hatte das Gefühl, an den Worten zu ersticken.

Sandlands erreichte schließlich nur, daß die Männer immer mehr verbitterten, und jeder andere, der nur ein bißchen weniger eingebildet gewesen wäre als Sandlands selbst, hätte sicherlich um sein Leben gefürchtet. Die Männer berieten sich und beschlossen, den Aufseher zu beseitigen, wie groß das Risiko auch sein mochte.

Sie baten Jamie, zwei kräftige schwere Knüppel aus dem Holz zu schneiden, das die Sträflinge, die den Holzkarren jeden Tag zogen, in das hohe Gras geworfen hatten. Dann losten sie, und die beiden Gefangenen, die die kürzesten Strohhalme gezogen hatten, stahlen sich nach Einbruch der Dunkelheit hinaus und versteckten sich hinter einem Felsen auf dem Weg, über den Sandlands für gewöhnlich betrunken heimtorkelte.

Sie warteten bis lange nach Mitternacht vergeblich. Als ein

Gewitter aufzog, kehrten sie zu ihrer Hütte zurück. Sandlands kam in dieser Nacht nicht nach Hause. Später erfuhren sie, daß er betrunken die steinernen Stufen einer Kneipe hinuntergefallen war und sich einen komplizierten Beinbruch zugezogen hatte. Den Appell hielt er nie mehr ab, und das rettete die Männer vielleicht vor dem Tod am Galgen.

Der neue Aufseher White war ein milder Mann, wenn auch sehr launenhaft.

Das Rauchen kann bekanntermaßen das Hungergefühl besänftigen, so daß auch Männer, die Nichtraucher waren, heimlich rauchten, wenn sie Gelegenheit dazu bekamen. Eines Tages warf ein Siedler, der auf seinem Pferd vorbeiritt, Jamie ein halbes ungesäuertes Brot und ein Päckchen Tabak zu; dieser hob beides rasch auf und versteckte es. Schon am nächsten Tag bot sich ihm die ersehnte Gelegenheit, denn ihm wurde befohlen, in der Werkstatt Griffe für Schubkarren herzustellen. Mit den Werkzeugen, die ihm zur Verfügung standen, fertigte er eine Pfeife an und begann behaglich zu rauchen, während er an den Griffen arbeitete.

Oberhalb der Werkbank befand sich ein Fenster, und als James nach einer Weile zufällig hinaussah, erblickte er die kräftige Gestalt des Aufsehers, der direkt auf die Werkstatt zukam. Fieberhaft fächelte er die Rauchschwaden weg und versteckte hastig die Pfeife unter den Hobelspänen. Kurz darauf trat White ein, verlangte ein trockenes Kiefernbrett, und während er sich umsah, bemerkte er, daß die Hobelspäne zu glimmen begannen.

»Ah!« rief er. »Was soll das denn sein? Sieht aus wie Rauch.«

»J-ja, es ist Rauch. Sehen Sie – also, ich hatte ein bißchen Tabak, und ich dachte, niemand würde es merken, wenn ich rauche –«

»Aber du siehst, daß ich dich dabei ertappt habe!«

»Ja, leider.« Jamie sah schon das Gerüst und den Auspeitscher mit der neunschwänzigen Katze vor sich, denn er wußte, daß der Besitz von Tabak streng verboten war...

White sah ihn träge an – wie eine Katze, die mit einer Maus

spielt. »Ich will es diesmal durchgehen lassen, Brown. Ich habe dich ja nicht eigentlich rauchen gesehen, nicht wahr? Aber laß dich nicht nochmal erwischen!«

Jamie konnte sein Glück nicht fassen; White aber nahm das Brett und ging hinaus.

3

Obwohl die Zeit dahinzuschleichen schien, wußte Jamie, daß seit seiner Ankunft zwei Jahre vergangen waren und daß er bald freigelassen würde. Sobald sein Name in der Regierungszeitung erschien, ging er zur nächsten Polizeistation und legte ein Zeugnis vom Oberaufseher und seine Papiere vor. Wie seine Gefährten, die die beiden Jahre auf den Straßen mit ihm abgedient hatten, erhielt er einen für drei Tage gültigen Paß, um in den Bezirk seiner Wahl zu gehen. Wenn ihr Betragen gut war, würden sie am Ende ihrer siebenjährigen Verbannungszeit oder vielleicht auch früher freigelassen werden – als Bürger mit allen Rechten. Dann durften sie sich auf der Insel frei bewegen, sie aber noch immer nicht verlassen.

Jeder besaß nur eine dünne Decke, und in der ersten Nacht im Freien war ihnen so kalt, daß sie ein kleines Feuer entfachen mußten; das verstieß gegen das Gesetz, denn nur freie Männer durften Feuer anzünden. Um vier Uhr morgens wurden sie von einem Trupp patrouillierender Konstabler geweckt, die offenbar sogleich wußten, wen sie vor sich hatten und nach dem Feuer fragten.

»Wir mußten ein Feuer machen, um uns warm zu halten.«

»Das ist gegen die Vorschriften«, rief der Führer des Trupps. »Ihr müßt das Feuer löschen.«

Sie murrten und stöhnten, mußten aber gehorchen. Es blieb ihnen nichts anderes übrig, als sich in Bewegung zu setzen. Die Luft war klar und frostig; die Sterne standen wie Eiszapfen am dunklen Himmel, als hätten sie sich in den Zweigen der spärlich belaubten Eukalyptusbäume verfangen.

In der zweiten Nacht gelang es ihnen, in den Arbeiterhütten auf einer abgelegenen Farm eine Unterkunft zu finden, und da einer von ihnen in der vergangenen Nacht ein Känguruh gefangen hatte – auch das verstieß gegen die Vorschriften –, hatten sie frisches Fleisch und eine köstliche Känguruhschwanzsuppe.

In Oatlands gab es keine Arbeit für bedingt entlassene Sträflinge, daher ging Jamie wieder zu den Behörden und ersuchte um die Erlaubnis, weiter nach Norden, nach Campbell Town ziehen zu dürfen. Er war noch immer weit davon entfernt, ein freier Mann zu sein; sobald er an einem neuen Ort ankam, mußte er sich auf der Polizeistation melden. Auf dem Weg nach Campbell Town sprach er bei einer abgelegenen Farm vor und wurde durch einen glücklichen Zufall auf ein Jahr für acht Pfund, Verpflegung und Unterkunft angestellt. Er konnte in einer Hütte unweit des Hauses wohnen und seine Mahlzeiten selbst zubereiten, die reichlicher bemessen waren als die, die er vorher auf den Straßen zu sich genommen hatte.

Der Besitzer, Mr. Leake, war ein hagerer, finsterer Mann von etwa fünfundfünfzig Jahren. Er war Witwer und hatte vier unansehnliche, unverheiratete Töchter, was vielleicht seinen verdrossenen Gesichtsausdruck erklärte. Aber er war kein Tyrann, und solange seine Männer ihre Arbeit ordentlich ausführten, trieb er sie nicht an. Auf seinem Besitz hielt er sechstausend Schafe. Sie wurden von Schäfern betreut, die in Hütten auf den Weiden wohnten.

»Du bist wohl einer von diesen rebellischen Yankees?« begrüßte ihn Mr. Leake. »Hier gibt es kein Rebellieren, Brown. Du siehst kräftig aus –«

»Ich bin kein Yankee!« unterbrach ihn Jamie hitzig. »Ich bin aus Kanada und als Brite geboren wie Sie. Wir sind nur für unsere Rechte gegen eine tyrannische Regierung eingetreten.«

»Das genügt, Brown«, brummte Leake griesgrämig. »Geh jetzt in deine Hütte, und wenn die Glocke läutet, kommst du zur Küchentür, um dein Essen abzuholen. Du kannst dich morgen früh den beiden anderen Schäfern anschließen und dich einarbeiten. Hast du jemals mit Schafen zu tun gehabt?«

»Nein. Aber ich bin bereit zu lernen – Sir.«

Das letzte Wort brachte er nur mit Mühe heraus, aber Jamie war eingefallen, daß er seinen neuen Herrn lieber nicht schon zu Beginn verärgern sollte.

Er merkte bald, daß sein Dienstherr sich regelmäßig im Hotel in Campbell Town einen Rausch antrank. Wenn er von einem dieser Ausflüge nach Hause kam, war er ungewöhnlich leutselig, und manchmal suchte er eine der Steinhütten der Schäfer zu einer Plauderei auf, wie spät es auch sein mochte.

Eine der größten Wohltaten für Jamie bestand darin, daß er sich jetzt, da er eine eigene Hütte hatte, sauber halten konnte. Er konnte in dem kleinen Fluß baden, aber auch Wasser aus dem Regentank holen, es auf dem Feuer erhitzen und ein Bad nehmen. Eines Nachts, nachdem er etwa sechs Monate auf der Farm verbracht hatte, bastelte er aus Holzstücken, die er auf der Farm gefunden hatte, einen kleinen Tisch zusammen. Er arbeitete bis spät, dann wurde ihm kalt und er fachte Feuer an, um das Badewasser zu erhitzen.

Gerade als er dabei war, klares Wasser über sich zu gießen, klopfte es. Jamie griff nach dem alten Lappen, der ihm als Handtuch diente, und wickelte ihn sich um die Lenden. Dann öffnete er die Tür einen Spalt. Leake stand schwankend auf der Schwelle.

»Sieh mal einer an! Du bist ja ganz naß, wie? Hast ein… ein Bad genommen?« Als Leake versuchte, sich Jamie torkelnd zu nähern, stieß dieser ihn zurück. Leake hatte die Beine gespreizt, den Kopf gesenkt wie ein Stier, und seine kleinen roten, betrunkenen Augen starrten auf das Tuch um Jamies Hüften.

»Gürtest du – gürtest du deine Lenden zur Schlacht, wie?« Er grinste. »Brauchst dich vor mir nicht zu schämen, Junge. Bade nur weiter, ich schau dir zu.«

»Nein, danke. Ich habe mein Bad bereits beendet. Jetzt möchte ich schlafen gehen.«

»Was – allein? Hast du es nicht langsam satt, allein zu schlafen? Bei Gott, ich schon. Immer schon – seit Lushy gestorben ist – allein, jede Nacht. Was meinst du? Es würde sich für dich lohnen – neues Hemd und Hose, ein halbes Lamm? Nur eine Nacht, wie?«

»Mr. Leake, Sie sollten in Ihr Haus zurückkehren. Sie haben zu viel getrunken.«

Leake runzelte die Stirn und stolperte zur Seite. Jamie schob ihn zu seinem Pferd, das ruhig graste, und hievte ihn in den Sattel.

»Scheiß-Sträfling!« murmelte Leake. »Woher nimmst du die Frechheit, zu behaupten, daß ich betrunken bin?«

Jamie legte ihm die zusammengebundenen Zügel in die Hände und versetzte dem Pferd einen Schlag auf die Kruppe. Es würde seinen Herrn sicher zu seiner Tür bringen, genauso wie es ihn auch ohne Anleitung aus der Stadt getragen hatte.

Als sie einander wiedersahen, war Mr. Leake nüchtern und hatte soviel Anstand, verlegen, ja beschämt zu sein. Doch von da an hegte er eine Abneigung gegen James Brown, war mit seiner Arbeit unzufrieden und schickte ihn sogar einmal zum Richter mit dem Ersuchen, »diesem Mann dreißig Peitschenhiebe für Frechheit und Widersetzlichkeit zu verabreichen«.

Zum Glück war der Richter Joseph Forbes, der ihn nur für eine Woche bei Wasser und Brot in die Zelle schickte, weshalb Leake eine Woche lang auf seinen Arbeiter verzichten mußte.

Als sein Jahr fast um war, marschierte Jamie die dreißig Meilen zu dem benachbarten Besitz von Joseph Forbes, um sich ihm als Aufseher für zehn Pfund anzubieten, aber zu seiner Verzweiflung teilte ihm Mr. Forbes mit, daß er seinen Besitz verkaufen und die Kolonie verlassen wollte.

»Der neue Bezirk Port Philip ist für die Schafzucht besser geeignet«, erklärte er. »Ich würde dich gern mitnehmen, aber –«

»Aber ich darf die Insel nicht verlassen.«

»Ich habe gerüchteweise gehört, daß einige Patrioten die volle Begnadigung erhalten sollen. Die Franco-Kanadier, die nach Neusüdwales geschickt wurden, sind bereits als freie Männer nach Hause zurückgekehrt.«

»Wirklich? Das ist nur gerecht, und auch wir sollten freigelassen werden. In den Bezirken Oatlands und Campbell Town sind es insgesamt zwölf Männer, die von der britischen Regierung zu Unrecht eingesperrt wurden.«

»Na, na, du hast doch die Waffen gegen die Behörden ergriffen, nicht wahr?«

»Ja, aber ich habe niemals einen Schuß abgegeben.«

»Zweifellos nur aus Mangel an Gelegenheit. Ich gebe dir ein Empfehlungsschreiben an Mr. Booth in der Sunny Banks Niederlassung mit. Du bist doch ein erfahrener Viehhüter?«

»Ja, Mr. Forbes, und wenn ich nicht in die Heimat zurückfahren kann, komme ich aufs Festland und bitte Euch um einen Posten.«

»In Ordnung. Ich werde jetzt diesen Brief für dich schreiben.«

Edward Booth war ein ganz anderer Mann als Sam Leake. Er war kultiviert, besaß eine Bibliothek, war Mitglied der Gesellschaft für Naturgeschichte, die einmal im Monat im Regierungsgebäude zusammentraf, und fertigte Zeichnungen von einheimischen Vögeln an. Auf einer seiner Sammelexpeditionen schoß er einen seltenen weißen Falken, einen schönen Vogel, den er präparierte und ausstopfte. Er zeigte James Brown das Ergebnis: eine wilde, naturgetreue Haltung, die Klauen hielten einen Zweig umfaßt, die goldfarbenen Glasaugen funkelten über dem gebogenen Schnabel.

»Sehen Sie das, Jamie? Das ist wahrscheinlich der einzige weiße Falke, der freilebend auf der Welt vorkommt. Kein Albino; sonst wären die Augen rosa wie bei einem weißen Kaninchen. Merkwürdig, daß die Schwäne hier schwarz sind und die Falken weiß! Sie werden natürlich langsam ausgerottet; sie sind so auffallend, daß sie ein leichtes Ziel bieten.«

Als Mr. Booth feststellte, daß Jamie lesen und schreiben konnte, forderte er ihn auf, sich Bücher aus seiner Bibliothek zu leihen. Das Lesen stellte für Jamie einen Luxus dar, den er beinahe vergessen hatte. Er machte es sich zur Gewohnheit, im Sommer früh aufzustehen und von vier Uhr morgens an zu lesen, bis er um sechs an die Arbeit mußte. Weil sein Lohn jetzt höher war, hatte er sich Baumwoll- und Flanellunterwäsche gekauft und außerdem ein echtes Handtuch. Solche Annehmlichkeiten konnte nur jemand richtig schätzen, der schon einmal gezwungen gewesen war, ohne sie auszukommen.

Er hatte nichts mehr von der Begnadigung für die Kanadier gehört, bis zwei seiner Kameraden aus Oatlands mit der Nachricht kamen, daß es im Landesinneren Wegelagerer gebe und jedem, der sie festnehme, eine Belohnung sowie volle Begnadigung zugesagt werde. Sie forderten Jamie auf, sich ihnen anzuschließen. Conway und Jeffs, die beiden Wegelagerer, junge Männer, ehemalige Sträflinge, waren in den Busch geflüchtet. Conway war zu Port Arthur verurteilt worden, weil er eines Nachts, als er hungrig war, ein Stück Schinken und ein Ei aus dem Fleischschrank seines Dienstherrn gestohlen hatte. Er floh mit Jeffs, und es gelang ihnen, einige Gewehre und Munition aus einer abgelegenen Polizeistation zu stehlen.

Jamie verabscheute den Gedanken, die Wegelagerer zu jagen, die von dem gleichen System wie er tyrannisiert wurden und nur versuchten, den Greueln von Port Arthur zu entgehen. Er konnte zwar seinen Kameraden nachempfinden, daß sie ihre Freiheit wiedererlangen wollten, aber zwei Männer zu Tode zu hetzen, widersprach seinem Ehrgefühl. Er erklärte Booth daher, daß er nicht mitmachen wollte.

Zwei Schafhirten von Booth schlossen sich dagegen den Suchtrupps an. Nachdem sie den Busch einen Monat lang durchsucht hatten, bemerkten sie eines Morgens, daß aus dem Kamin einer verlassenen, halb verfallenen Schäferhütte Rauch aufstieg. Sie schlichen sich heran und überraschten die beiden Männer beim Frühstück; diese wurden schnell festgenommen. Die Belohnung für alle betrug zweihundert Pfund, volle Begnadigung und für jeden eine freie Überfahrt in die Heimat.

James empfand ein wenig Neid, wenn er daran dachte, daß die anderen jetzt frei und auf dem Weg zu ihren Familien waren. Er war dennoch froh, daß er sich nicht an der Hetzjagd beteiligt hatte, als er erfuhr, wie Conway gestorben war: Er wurde in Oatlands gehängt. Zwei Tage vor der Hinrichtung bat er um ein reines weißes Hemd. Es wurde ihm gebracht.

»Nein, ich werde es nicht jetzt anziehen«, erklärte er. »Hebt es auf, bis ich zum Galgen geführt werde, denn ich will sauber und ordentlich aussehen. Ich kann es nicht ertragen, in dieser schmutzigen Sträflingskluft zu sterben.« Er war erst achtzehn.

Anfang Oktober wurden die Schafe auf Booths Farm geschoren. Jamie war gerade dabei, die Ballen aus dem Wollschuppen zu rollen, als sein »Boß« auf ihn zukam und sagte: »Sie könnten sich eigentlich auch einmal bei der Schur versuchen.«

»Ich glaube, dazu tauge ich nicht, Mr. Booth«, erwiderte er. »Ich möchte nicht eines Ihrer wertvollen Schafe verletzen –«

»Unsinn, Schafscheren ist keine Hexerei.« Mr. Booth packte einen schönen Hammel mit lockerer Wolle und zwang ihn auf den Boden des Scherschuppens nieder, wo zehn Männer mit Handscheren arbeiteten. »Du hältst die Schere so, siehst du. Es wird nicht lange dauern und du hast den Bogen heraus. Denke immer daran, so nah wie möglich bei der Haut schneiden, ohne sie dabei zu verletzen. Zuerst machst du den Bauch frei, dann über die Flanken und den Rücken entlang – so daß das Vlies in einem Stück herunterkommt. Versuche es einmal.«

Jamie nahm zögernd die Schere und packte reichlich ungeschickt die Beine des Hammels, um ihn still zu halten.

Mr. Booth lachte. Die Schur ging gut voran, und er war guter Laune. »Komm schon, Brown, stoß die Schere einfach hinein.«

Jamie holte tief Luft und stieß zu – das Schaf gab einen tiefen gequälten Laut von sich und verendete. Von der Schere tropfte Blut. »Es – es tut mir leid, Sir – ich habe einfach nicht –«

»Das ging wirklich ziemlich tief, ich habe nicht gemeint, daß du ihm den Bauch aufschlitzen sollst. Macht nichts, macht nichts, wir werden zum Dinner Schaffleisch essen. Ich wollte ohnehin eines für die Köchin schlachten, und du hast mir die Mühe erspart.«

Mr. Booth ließ es ihn wieder versuchen, diesmal mit einem kleineren Schaf. Beim zweiten Versuch gelang es Jamie, das Tier mit nur wenigen Wunden zu scheren, die rasch mit heilendem Balsam bestrichen wurden. Am Ende des Tages hatte er dreißig Schafe geschoren.

Booth wollte die Farm nicht verlassen, um seinen Wollertrag zu verkaufen, und da er Vertrauen zu Jamie hatte, bat er ihn, drei Rollwagen mit Wolle nach Hobart zu begleiten, von denen jeder etwa zweitausend Pfund wog. Je ein Ochsentreiber und ein Gespann Zugochsen sollten die Wagen in die Stadt bringen, und Jamie hatte die Aufgabe, dort die Wolle zu verkaufen.

Am Derwent mußte die Fracht mit der Fähre nach Hobart übergesetzt werden. Dort meldete Jamie sich als erstes bei der Polizei, wies seinen Passierschein für Hobart vor und erhielt daraufhin eine Aufenthaltserlaubnis für eine Woche.

Innerhalb von zwei Tagen war die Wolle verkauft. Jamie bestellte einige Vorräte für die Farm, bezahlte sie und behielt noch fünfhundert Pfund in der Tasche. An diesem Abend ging er ins »Settler's Arms«, um zu feiern, und lernte dort einen amerikanischen Seemann kennen, dessen Schiff im Hafen lag und mit der Flut in der kommenden Nacht auslaufen sollte. Beim Bier kamen beide Männer ins Gespräch, und der Seemann bot Jamie flüsternd an, ihn während der Nacht an Bord zu nehmen und ihn dort zu verstecken, bis sie weit genug von der Küste entfernt waren.

Armer Jamie! Die Versuchung war groß. Er konnte das Geld nehmen, seine Überfahrt bezahlen und die verfluchte Insel für immer verlassen! Aber sofort regte sich ein anderer Gedanke: Wenn er erwischt wurde, wenn etwas schiefging – und zweifellos behielten ihn die Konstabler im Auge – hatte er alles verloren, seine Chance auf Freilassung, seine bedingte Entlassung, und er würde für weitere sieben, vielleicht vierzehn Jahre nach Port Arthur geschickt werden! Das würde er nach der vergleichsweise großen Freiheit, die er inzwischen genoß, bestimmt nicht mehr ertragen. Und das Geld: es gehörte rechtmäßig Booth, der ihm vertraut hatte. Und dennoch – der Gedanke, jetzt sofort frei zu sein, war verlockend! Während der Nacht entschied er sich tausendmal um und verwarf seine Pläne ebensooft wieder. Aber als es an der Zeit war, zum Hafen zu gehen, blieb er standhaft. Sein besseres Ich hatte die Oberhand behalten, und er empfand eine gewisse Erleichterung, weil er den Mann nicht bestohlen hatte, der ihm Freundlichkeit und Vertrauen entgegengebracht hatte. Schließlich hoffte Jamie auch noch immer auf vollkommene Freilassung.

Er überquerte den Fluß Derwent noch einmal, verlud die Vorräte auf die Rollwagen und machte sich auf die Rückreise nach Campbell Town. Als er Booth das Geld übergab und den seltsamen Gesichtsausdruck bemerkte, mit dem dieser es entgegennahm, erkannte er, daß der Boß bewußt ein Risiko eingegangen war; vielleicht hatte er nicht erwartet, daß er zurückkommen würde.

»Du hast sehr gute Arbeit geleistet, Jamie«, lobte er ihn freundlich. »Ich hätte es nicht besser machen können. Von nun an bist du mein Aufseher.«

Das bedeutete, daß er ein Zimmer im Dienstbotentrakt des großen Hauses erhielt und in der Küche essen durfte – die ersten richtigen Mahlzeiten seit seiner Verhaftung in Kanada. Mit Mrs. Booth oder ihren Töchtern sprach er nie, denn die nahmen von Sträflingen keine Notiz; die Tatsache hingegen, sich im gleichen Raum wie die Köchin und die beiden Küchenmädchen aufhalten zu können, gab ihm das Gefühl, wieder in die Gesellschaft aufgenommen zu sein und nicht länger als ein Ausgestoßener angesehen zu werden.

Auch verbrachte er seine Tage nicht mehr bei den Schafen, sondern hatte die Aufsicht über die Farm und ihre Gebäude übernommen. Als er eines Tages zu einer Besorgung nach Oatlands geschickt wurde, stieß er zufällig auf eine an der Tür befestigte polizeiliche Bekanntmachung. Es handelte sich um die Liste der mit allen Rechten Freigelassenen. Fieberhaft überflog Jamie die ihm größtenteils bekannten Namen. Nur seinen eigenen konnte er nirgends finden, so oft er das Schriftstück auch lesen mochte.

Was bedeutete das? Warum wurden einige Patrioten freigelassen und andere nicht? Waren nicht alle gleich schuldig, beziehungsweise unschuldig? Warum diese ungleiche Behandlung? Oder sollten vielleicht bald alle freigelassen werden? Mit dieser Hoffnung suchte er Mr. Booth auf und fragte ihn, ob er wüßte, warum einige kanadische Gefangene begnadigt, andere aber noch festgehalten wurden.

»Als ich das letzte Mal in Hobart Town war, habe ich etwas darüber gehört«, berichtete Mr. Booth, »aber ich wollte deine Hoffnungen nicht zu früh wecken. Angeblich hat die Regierung vor, euch alle freizulassen, aber die Behörden hielten es für besser, nicht alle gleichzeitig zu entlassen, damit es unter den anderen Gefangenen nicht zu Unruhen kommt. Die Begnadigungen werden für je sechs oder zwölf Mann zugleich ausgesprochen.«

»Da wir bei der Landung sechsundneunzig waren, wird das einige Zeit dauern«, stellte Jamie bitter fest. »Obgleich natürlich die Zahl sich um jene verringert hat, die gestorben sind. Es ist ein Wunder, daß überhaupt einige von uns überlebt haben.«

»Ich weiß, die Bedingungen sind hart«, murmelte Booth unbehaglich. Er selbst hatte seinen Reichtum und seinen ausgedehnten Besitz nur durch die Arbeit der Sträflinge erwerben können. »Wir wollen hoffen, daß deine Begnadigung bald erfolgt – obgleich es mir leid tun wird, dich zu verlieren.«

Nach einem weiteren langen Monat kam im Herbst 1844 ein benachbarter Siedler zu Besuch. »Arbeitet nicht einer von den kanadischen Verbannten für Sie?« fragte er Booth.

»Ja, mein Aufseher, ein guter, verläßlicher Mann.«

»Ich dachte es mir. Ich komme gerade von einer Versammlung des Exekutivausschusses, und habe erfahren, daß weitere zwölf Männer begnadigt wurden. Wie heißt er?«

»James Brown.«

»Brown – ja, ich bin sicher, daß ein Brown unter ihnen ist. Ich hätte die Liste mitbringen sollen –«

Nachdem sein Besucher gegangen war, rief Mr. Booth Jamie zu sich. »Ich höre soeben, daß bei der letzten Sitzung des Exekutivausschusses zwölf weitere Kanadier und Amerikaner begnadigt wurden, und dein Name könnte sich darunter befinden.«

»Könnte? Wissen Sie das genau?«

»Nein, aber wenn du sicher sein willst, reite heute nachmittag nach der Arbeit zu Mr. Connor hinüber und bitte ihn, in der Liste nachzusehen.«

In den nächsten zwei Stunden war Jamie kaum fähig, etwas zu tun, so sehr zitterten seine Hände vor Aufregung. »Nein, es kann nicht wahr sein«, dachte er. »Aber vielleicht doch; warum nicht? O Gott, laß es wahr sein.«

Um fünf Uhr sattelte er ein Pferd und ritt zu Connor. Dort richtete ihm ein Diener aus, daß der Herr sich eben ausruhe und nicht gestört werden wollte. Aber Jamie ließ sich nicht abweisen und wurde auch schließlich vorgelassen. Mr. Connor saß neben einem kleinen Kaminfeuer und hatte die Füße auf einen perlenbestickten Schemel gelegt.

Jamie trat vor Hoffnung und Angst zitternd vor ihn.

»Sie sind ein freier Mann, Brown!« verkündete Mr. Connor mit einem breiten Lächeln.

Jamie wäre beinahe in Ohnmacht gefallen; er schloß die Augen, öffnete sie und stammelte: »Nein, es kann nicht sein.«

»Reichen Sie mir die Zeitung, die auf dem Tisch liegt. Sie können es selbst schwarz auf weiß lesen. Wie lautet dort der vorletzte Name?«

Er überflog rasch die Liste. Dort stand sein Name: JAMES BROWN.

Mit ein paar Worten des Danks stürzte er hinaus, sprang auf sein Pferd und trieb es zu einem wilden Galopp an. »Ich bin frei! Ich bin frei! Es ist wahr, endlich bin ich ein freier Mann«, schrie er zum Himmel.

Mr. Booth freute sich für ihn, als er die Nachricht hörte, versuchte jedoch, Jamie zu überreden, noch ein Jahr bei ihm zu bleiben und sich etwas von seinem Lohn zu ersparen. Er bot ihm sogar eine Erhöhung auf sechzehn Pfund pro Jahr an. Aber Jamie konnte nicht länger warten. Er wollte die verhaßte Insel so bald wie möglich verlassen. Noch am selben Tag ging er zur Polizeistation in Campbell Town, um sich das kostbare Stück Papier zu holen, das seine Freiheit offiziell bescheinigte. Es stand ihm frei abzureisen, allein ihm fehlte das Geld für die Überfahrt nach Kanada. Allenfalls konnte er sich einen kleinen Dampfer leisten, der regelmäßig nach Port Melbourne auf der anderen Seite der Straße von Bass auslief.

4

Auf dem Festland hatte sich Joseph Forbes am Goulburn River niedergelassen, im Bezirk von Port Phillip, wo er ein schönes Stück Waldland, das an einen Fluß grenzte, übernommen hatte. Dem Kommissar für Staatsländereien hatte er zehn Pfund für das Recht bezahlt, seine Herden auf etwa dreißigtausend Morgen weiden zu lassen. Es fiel weder ihm noch dem Kommissar ein, daß das Land in Wirklichkeit dem Kaieltheban-Stamm gehörte, der seit Tausenden von Jahren hier lebte. Als er erfuhr, daß sie die Flußbiegung, an der er sein Haus baute, »Daralgoon« nannten, gab er der Farm diesen Namen.

Die zehn Pfund Pacht mußten jedes Jahr bezahlt werden, zuzüglich einer kleinen Steuer pro Tier als Weidelizenz für seine Schafe. In Melbourne lernte er William Brodribb, einen älteren Siedler, kennen, der ihm riet, jenseits des Murray in »Neusüdwales selbst« Land aufzunehmen, das für Männer mit geringen oder bescheidenen Geldmitteln bessere Aussichten bot.

»Aber Sie werden auch hier guten Erfolg haben«, fügte er hinzu, »wenn Sie keine Angst vor harter Arbeit haben und über reichlich Mut, Energie und Ausdauer verfügen.«

An allem fehlte es Josh nicht. Er stand bei Sonnenaufgang auf, und da es in der Holzhütte, die er gebaut hatte, noch kein Badezimmer gab, nahm er ein kurzes Bad im Fluß. Im ersten Frühjahr erlebte er die Blüte der gefiederten dunklen Akazien.

Jeder Baum wirkte wie ein goldener Ball, der sich wie Sonnenlicht in dem glatten Wasser spiegelte. Zu Mittag, wenn sogar die Insekten und Vögel verstummten und allgemeine Stille im Busch herrschte, ruhte er. Dann arbeitete er wieder bis Sonnenuntergang, und manchmal während der Zeit, in der die Tiere lammten, bis tief in die Nacht.

Im Sommer, wenn er in der kühlen Morgendämmerung um den gerodeten Teil seiner Farm ritt, empfand er ungeheures Glücksgefühl. Er war ein junger gesunder Mann, der hoffentlich bald reich sein würde und sich in diesem riesigen, neuen Land eine Heimstätte schuf. Wer sollte da nicht optimistisch sein, dachte er, wenn er das sanfte Versprechen der rosa Wolken auf dem Morgenhimmel sah? Ein angenehmer Duft stieg von der trockenen Rinde und den welken Blättern unter den Eukalyptusbäumen auf.

Nur eines beeinträchtigte seine Zufriedenheit: Er hatte noch keine Frau gefunden, die ihm Söhne gebären könnte, welche dann später seine Ländereien übernehmen würden. Trotzdem vergrößerte Josh seine Herden systematisch, da die Preise für Schafe in der letzten Zeit äußerst günstig waren.

Mit den Eingeborenen hatte er keine Schwierigkeiten. Wenn er sich daran erinnerte, wie sie in seiner Jugend die Gegend im Van Diemens Land terrorisiert hatten, war er mehr belustigt als erschrocken über die ernsten alten Männer, die hoch aufgerichtet in ihren langen Mänteln aus Opossumfellen zu seiner Veranda geschritten kamen, um Fische gegen Tabak einzutauschen: fette Goldbarsche und Murraydorsche, die sie gefangen hatten.

Außerdem ging das Gerücht, daß die Eingeborenen für ein Schaf oder sogar nur für eine Hammelkeule und etwas Tabak ein braunhäutiges Mädchen lieferten, das das Bett eines einsamen jungen Mannes teilte. Die Mädchen waren dazu erzogen, den alten Männern des Stammes zu gehorchen. Die Zahl von relativ hellhäutigen Mischlingskindern nahm tatsächlich zu, und die Ursache war nicht, wie manche primitive Aborigines glaubten, daß ihre Mütter zuviel weißes Mehl gegessen hatten.

Dieser Ausweg aus seinen Problemen widersprach der strengen methodistischen Erziehung, die Josh genossen hatte, und er wußte nur allzu gut, daß das süße Leben, wie verlockend es auch sein mochte, ins ewige Feuer der Verdammnis führte.

Tags darauf besuchte er seinen übernächsten Nachbarn stromabwärts am Goulburn. Mr. Robert Hume besaß ein großes, gut eingerichtetes Haus und eine Viehfarm; sein Land erstreckte sich auf beiden Seiten des Flusses. Josh lebte mit seinem unmittelbaren Nachbarn nicht gerade im besten Einvernehmen, der sich auf mit schütterem Gras bestandenem Land niedergelassen hatte und die Ländereien von Daralgoon begehrlich betrachtete. Manchmal ließ er seine Schafe auf Joshs Weiden, die nicht umzäunt waren, grasen.

Nach seinem Besuch auf Humes Farm Murrundindi wurde Josh zu einem Nachmittags-Picknick am Fluß – natürlich wurde nicht geschwommen, wenn Damen anwesend waren – und zum Abendessen im Haus eingeladen, wo er auch die Nacht verbrachte. Mrs. Humes Vater, Reverend Edward Coggin, war Kaplan auf einem Sträflingsschiff gewesen, bevor er sich in Van Diemens Land niederließ. So hatten Mrs. Hume und Josh genügend Gesprächsstoff, da sie sich über die Zeit der wilden Aborigines und die Sträflingsarbeit in der Inselkolonie unterhalten konnten.

Joshs hauptsächliches Interesse aber galt den drei Töchtern Selina, Betsy und Mary Ann. Die jüngeren Söhne der Humes befanden sich im Internat, und nur einer, der älteste, war daheim. Unglücklicherweise fühlte sich Josh sofort zu der jüngsten Tochter hingezogen, während die Hume-Eltern die älteren Mädchen zuerst unter die Haube bringen wollten.

Wie können Schwestern nur so verschieden sein? dachte Josh. Selina war groß und schlank, hatte eine lange, spitze Nase und große Zähne, doch ihr braunes Haar war weich und hübsch. Betsy war blond, hatte hübsche Gesichtszüge, eine gute Figur und zarte, geschwungene Brauen über den grauen Augen; aber ihr Aussehen wurde durch einen unreinen Teint beeinträchtigt. In der Dämmerung oder wenn ihr Gesicht von einer Haube beschattet wurde, hätte er romantische Gefühle für Betsy entwickeln könne.

Sein Liebling aber war Mary Ann, deren leuchtend rotbraune Locken die gleiche Farbe wie seine Fuchsstute hatten. Ihre braunen Augen waren klar wie die tiefen stillen Buchten des Goulburn, und ihr Teint war weiß wie Schnee. Am meisten faszinierten ihn ihre schweren blassen Augenlider, die wie die Blätter von Kamelienblüten ihre Augen halb verdeckten, und ihre stille, bescheidene Art.

Auf Murrundindi fand Josh alle Annehmlichkeiten eines richtigen Heims vor, die er in seinem eigenen Haus so schmerzlich vermißte. Es gab sogar ein deutsches Klavier. Alle Mädchen konnten ein wenig spielen, Selina am besten, während Mary Ann eine leise, aber reizende Sopranstimme besaß. Die Mädchen waren entzückt, weil er Klavier spielen konnte. Er begleitete Mary Ann auf dem Klavier zu Schuberts *Heideröslein*. Später versuchten sie es unter viel Gelächter und mit vielen Fehlern vierhändig. Mary Ann schlug ihm neckisch auf die Finger, wenn er die falsche Taste erwischte, und errötete kurz darauf über ihren Übermut.

»Sie müssen mich unterrichten, Miss Hume«, scherzte Josh und hob die Hand, die ihn bestraft hatte, an die Lippen.

»Mary Ann«, bat sie schüchtern und schlug die Augen nieder.

»Ich werde Sie Miss Marian nennen, Maid Marian –«

»Und sehen Sie sich in der Rolle von Robin Hood oder Friar Tuck?« fragte Selina trocken.

»Wie kannst du so etwas fragen«, meinte Betsy vorwurfsvoll. »Mr. Forbes hat nicht die Gestalt von Friar Tuck.«

»Einige Leute finden, daß unsere Straßenräuber wie Robin Hood handeln, sie berauben die Reichen, um den Armen zu helfen«, sagte Selina. »Aber ich halte es für eine romantische Übertreibung. Sie sind einfach verzweifelte Männer, die sich außerhalb des Gesetzes gestellt haben und nun die Folgen tragen müssen.«

»Die Ermordung von Dr. Wardell war eine schreckliche

Tat«, warf Betsy ein. »Was würden Sie tun, Mr. Forbes, wenn am Goulburn Strauchdiebe auftauchten?«

»Ich würde zu meinem Gewehr greifen. Das mußten wir auch in Van Diemens Land gegen Wegelagerer und Wilde tun.«

»Sie haben schon in sehr jungen Jahren mit einem Gewehr umgehen müssen«, stellte Selina fest. »Mamma erzählte, daß die Eingeborenen eine ständige Gefahr bedeuteten, als sie noch eine junge Frau war, aber sie wurden alle auf eine Insel in der Straße von Bass gebracht.«

»Trotzdem bin ich freiwillig der ›Schwarzen Linie‹ gegen sie beigetreten«, sagte Josh heftig.

»Und wie alt waren Sie damals?«

»Fünfzehn. Meine Eltern wollten mich nicht gehen lassen.«

»Erst fünfzehn! Das glaube ich nicht«, wunderte sich Mary Ann und lächelte ihn schelmisch an. »Sie können jetzt nicht älter als fünfundzwanzig sein.«

»Ich bin siebenundzwanzig.«.

»Zum Glück machen die Schwarzen hier kaum Schwierigkeiten«, meinte Mary Ann. »Am Murray River, wo Mr. Faithfuls Trupp niedergemetzelt wurde, sind sie offenbar kampflustiger.«

»Beide Seiten haben schlimme Massaker angezettelt«, warf Selina ein. »Was ist mit Myall Creek? Dort wurden Männer, Frauen und Kinder niedergeschossen.«

»Ich selbst habe eine gute Beziehung zu den Einheimischen. Ein alter Bursche besucht mich regelmäßig. Wenn er das Bild meines Bruders neben dem Kamin sieht, legt er den Kopf schief und fragt scharfsinnig: ›Der Bruder dir gehören, oder?‹«

»Wollen Sie damit sagen, daß Sie sie ins Haus lassen? Bei uns arbeiten sie manchmal im Garten für ein wenig Mehl, Tee und Tabak«, erzählte Betsy.

»Natürlich dürfen sie mein Haus betreten, sie sind sehr sauber, den ganzen Tag baden, fischen oder schwimmen sie im Fluß. Die alten Männer sind die geborenen Gentlemen und haben bessere Manieren als ein durchschnittlicher Schäfer oder ein Mann aus den Londoner Slums.«

Josh wurde aufgefordert, über Nacht zu bleiben, und ritt erst am Morgen nach Daralgoon zurück. Mary Ann war früh aufgestanden und hatte ihn zum Gartentor begleitet. Er wußte, daß er auf seiner Fuchsstute mit seinen breiten Schultern, der gut sitzenden weißen Moleskinhose und den Reitstiefeln eine gute Figur machte. Er zog seinen breitrandigen Hut, und sie winkte ihm liebevoll zum Abschied zu.

Kurz nachdem er Murrundini verlassen hatte, kam ihm einer seiner Schäfer in heller Aufregung entgegen. »Ich habe auf einem Baumstamm gesessen und geraucht«, berichtete er, »als dieser große häßliche, bemalte Wilde splitterfasernackt auf mich zukam und von mir Tabak verlangte. Ich dachte mir, daß ich ihm besser welchen geben sollte, doch während ich dies tat, sprang der Eingeborene plötzlich vor und entriß mir meinen Karabiner. Dann tauchten etwa zwanzig weitere Schwarze hinter den Büschen auf, und jeder von ihnen tötete mit seinem Speer ein Schaf.«

»Und sie haben das Gewehr mitgenommen?«

»Nein, das tun sie nie. Sie haben es ein Stück weiter hingelegt, damit ich es wiederfinden konnte. Sie wissen wahrscheinlich nicht, wie man es benutzt.«

Josh wußte nicht, ob er diesen Vorfall melden sollte oder nicht. Seine Männer hatten Angst, und der Verlust von zwanzig Schafen konnte nicht auf die leichte Schulter genommen werden. Er hatte mit den alten Ureinwohnern ausgemacht, daß sie für eine geringe Menge Mehl und Tabak seine Schafe in Ruhe lassen würden. Zunächst beschloß er, gemeinsam über den Vorfall zu sprechen, aber die Eingeborenen – sogar die Frauen, die für gewöhnlich ins Haus kamen und verschiedene kleine Arbeiten verrichteten – waren nirgends zu sehen. So unterrichtete er zunächst den Protektor in Melbourne.

Eine Woche später erschien ein berittener Polizist, der einen Trupp von vier schwarzen und vier weißen Polizisten befehligte; seine Anweisung lautete, »alle aufsässigen Schwarzen festzunehmen und die Ruhe im Bezirk wiederherzustellen«.

Der Beamte zog seine Rehlederhandschuhe aus, strich liebevoll mit dem Zeigefinger über seinen kleinen blonden Schnurrbart und hielt dem ahnungslosen Zivilisten eine mit militärischen Ausdrücken gespickte Vorlesung darüber, wie er den Feind stellen wollte.

Josh fand nicht, daß »der Feind« eine große Gefahr darstellte; wo Karabiner gegen Speere eingesetzt wurden, mußte der Kampf ungleich sein. Trotzdem wurde am nächsten Tag eine Gruppe mit einem Rollwagen und einer Schafherde als Köder ausgeschickt, um die Schwarzen vom Fluß wegzulokken, in den sie sofort hineinspringen und unter Wasser davonschwimmen konnten.

Kaum hatten sich Soldaten am Rande einer Lichtung versteckt, als sich auch schon eine Gruppe von Eingeborenen mit Speeren in der Hand den Schafen näherte. Sofort sprangen die Soldaten mit wildem Kriegsgeschrei auf und rannten mit schußbereitem Karabiner auf ihre Gegner zu.

Die Schwarzen änderten blitzschnell ihre Richtung und flüchteten zum Fluß, aber als der letzte von ihnen ins Wasser springen wollte, feuerte der Offizier beide Läufe ab und traf den Arm des Mannes. Dieser stürzte und wurde alsbald von den Soldaten gepackt und da seine Hände für die Handschellen zu schmal waren und sein Arm schmerzte, wurden ihm die Handschellen um die Fußknöchel gelegt.

Mirrandooka, so hieß der Gefangene, wurde am nächsten Tag ungefesselt, aber mit einem Strick um den Hals, der am Sattel des Offiziers befestigt war, zur Farm getrieben. Von dort brachte ihn ein Fuhrwagen nach Melbourne, der großen Stadt, die weit entfernt von seinen heimatlichen Wäldern und seinem Volk lag.

Hier wurde er Richter Willis vorgeführt, der sich jedoch weigerte, gegen ihn zu verhandeln, da kein Dolmetscher anwesend war, der die Eingeborenen-Sprache beherrschte. Wie sollte der Gefangene das Verfahren verstehen oder Einspruch erheben?

Mirrandooka schmachtete einen Monat im Gefängnis, während sein Arm heilte, aus dem der Gefängnisarzt die Kugel entfernt hatte. Als Josh in die Stadt kam, um sich nach einem Aufseher umzuschauen, stattete er dem Eingeborenen, der krank und matt wie ein schwarzer Kakadu in einem Käfig in seiner Zelle hockte, einen Besuch ab. Dieser erklärte ihm in gebrochenem Englisch, daß er so fern von seinem Land nicht leben könne. »Ich bald fertig tot von dieses Gefängnis.«

Josh ersuchte die Behörden, Mirrandooka freizulassen, er wollte die Klage fallen lassen; schließlich waren es ja seine Schafe gewesen, die Mirrandooka getötet hatte. Mit dieser Nachricht einer baldigen Entlassung, betrat er wieder die Zelle des Eingeborenen. »Mister Daralgoon!« rief der Aborigine, der ihn mit dem Namen seines Besitzes ansprach, was die alten Männer oft taten. »Du *maranooka*, guter Freund, du freundlich Mann zu armen Mirrandooka. Sie hängen Mirrandooka nicht auf?«

»Nein. Du kommst mit mir nach Daralgoon.«

Die Zeit, daß auf Daralgoon Schafe von Eingeborenen getötet wurden, war hiernach vorbei. Mirrandooka und Josh wurden die besten Freunde.

5

Als Josh Mary Ann um ihre Hand bat, war es ihm noch nicht gelungen, sie zu küssen. Sie senkte die schweren Augenlider und antwortete zuerst nicht. Dann blickte sie auf, und die klaren, goldbraunen Augen, in denen sich das Sonnenlicht spiegelte, sahen ihn leidenschaftlich an. Einen Augenblick später umfaßte er ihre schlanke Taille, wie er es sich erträumt hatte, und er küßte sie auf die Lippen.

Eine glühende Röte bemächtigte sich ihrer Wangen, und er erkannte, daß sie vom Glück überwältigt war. Ihre Lippen bewegten sich, und sie murmelte: »Ja, lieber Josh, o ja! – wenn Papa es erlaubt.«

»Natürlich wird er es erlauben, wenn du mich liebst.«

»Das tue ich. Aber – aber er wird sagen, daß ich zu jung bin, um mit einem Mann fortzugehen.«

Josh konnte dies nicht glauben, aber es kam genauso, wie Mary Ann gesagt hatte. Sie schickten sie zu einer Tante nach Sydney.

»Wenn Ihr Herz an dem Mädchen hängt«, erklärte Mr. Hume entschieden, »werden Sie ein paar Jahre auf sie warten können, bis ihre Schwestern unter der Haube sind und sie alt genug ist, um zu wissen, was sie will. Sie ist erst siebzehn.«

»Zwei Jahre«, sagte Josh bitter.

Sie schrieben einander zuerst jede Woche. Manchmal auch zweimal die Woche. Aber die schmalen weißen Briefumschläge waren ein schwacher Trost für Josh, dem die wenigen, aber leidenschaftlichen Küsse, die er mit Mary Ann getauscht hatte, noch lebhaft in Erinnerung waren. Wenn meine Liebste doch in meinen Armen läge, seufzte er. Und noch achtzehn Monate, bis er sie sehen würde...

Er ritt nach Murrundindi, wann immer er Zeit fand, denn sogar Mary Anns Familie besaß für ihn eine Art Zauber, weil sie mit seiner Liebe in Zusammenhang stand. Selina fertigte eine Serie von Zeichnungen als Illustrationen für ein Buch mit dem Titel »Meine wilden Buschfreunde« an, an dem sie gerade schrieb. Betsy sang das »Heideröslein« zu seiner Begleitung fast ebenso gut wie Mary Ann. Sie beneidete Mary Ann und fand, daß der große junge Josh mit seinen weit auseinanderstehenden grauen Augen der bestaussehende Mann war, den sie je kennengelernt hatte.

Er aber liebte Mary Ann, die weit weg von ihm im fernen Sydney weilte. Hier war ein leidenschaftliches, lebendiges, anziehendes Mädchen, das bereit war, ihm in die Arme zu fallen.

Es kam die Zeit, daß Mary Ann seltener schrieb: weitschweifige Briefe über Parties, Nachmittagstees und Ausflüge aufs Land, doch immer noch versicherte sie ihm stets, daß sie ihn liebte und *natürlich* auf ihn warten würde. Josh wunderte sich ein wenig darüber, daß sie diese Aussage so übermäßig betonte.

In Murrundindi fragte er die Mädchen, ob sie viel von ihrer Schwester hörten. »Sie schreibt mir natürlich jede Woche, aber in letzter Zeit – ich weiß nicht, ihre Briefe haben sich verändert. Sie scheint sich in Sydney gut zu unterhalten.«

Selina und Betsy wechselten Blicke; Betsy sah mit leichtem Lächeln zu Boden, und Selina erklärte: »Ihr Vetter hat sie zu Bällen und Picknicks begleitet. Die Stadt hat ihr wohl ein wenig den Kopf verdreht.«

»Was mich betrifft, es wäre fast dasselbe, wenn sie in London lebte«, bekannte Josh traurig.

»Armer Josh!« sagte Betsy zärtlich. Er blickte sie dankbar an. »Wie wäre es mit einem Lied?«

»Ich bin nicht in Stimmung.«

»Möchten Sie, daß ich Ihnen vorlese? Wir lesen Scotts *Ivanhoe*. Ich lese vor, während Sel zeichnet.«

»Ja, das wäre schön«, entgegnete Josh.

Betsy las gut, mit Schwung und Ausdruck. Sie saß auf dem gepolsterten Fensterplatz, und Josh auf einem gestickten Schemel zu ihren Füßen.

Kurz darauf trat Mr. Hume ein, um sie zum Mittagessen abzuholen: kaltes Hammelfleisch mit Tomatensalat und gekochten Kartoffeln, das aßen sie täglich zu Mittag, außer am Sonntag. Dann folgten Melone mit Sahne, braunes Brot, Butter und Käse. Mrs. Hume war stolz darauf, daß alle Speisen auf dem Tisch, außer Salz und Pfeffer, von ihrem Besitz stammten.

Nach dem Lunch verabschiedete sich Josh. Er wollte den Fluß entlang nach Hause reiten und unterwegs in einer Bucht, in die ein kleiner Wasserfall stürzte, schwimmen, Betsy begleitete ihn zu seinem Pferd. Er drückte ihr zum Abschied die Hand. Wieder fühlte er, wie ein Funken übersprang.

Kurz vor der Grenze zu Daralgoon erreichte er die Bucht, ritt auf seiner Stute Nora ans Wasser und ließ sie trinken. Dann band er sie an einen Busch, entkleidete sich und sprang in den Fluß. Das Ufer war an dieser Stelle steil überhängend, und ein Felsriegel staute das Wasser zu einem dunklen, stillen See.

Nach einer kurzen Erfrischung wollte er schon zu seinem

Pferd ans Ufer zurückkehren, als er einen schwarzen Stock bemerkte, der auf dem Wasser schwamm. Er trieb nicht flußabwärts, sondern kam direkt auf ihn zu! Fast zu spät wurde ihm klar, daß es sich um eine schwarze, wahrscheinlich höchst giftige Schlange handelte, die geschmeidig, ohne die Oberfläche zu kräuseln, auf ihn zusteuerte.

Wie wild schlug er mit den Händen auf das Wasser, um sie zu erschrecken, und warf sich gleichzeitig nach hinten. Die Schlange drehte ab. Endlich erreichte er das Ufer und stieg, nicht nur vor Kälte zitternd, an Land. Glänzende bösartige Augen hatten ihn angeblickt; er hatte dem Tod direkt gegenübergestanden.

In dieser Nacht überdachte er sein bisheriges Leben. Wenn die Schlange ihn heute gebissen hätte, wenn er gestorben wäre... was hatte er bisher erreicht? Er hatte einen Besitz aus dem Busch geschaffen, besaß aber keinen Erben, dem er ihn hinterlassen konnte; er war siebenundzwanzig Jahre alt, hatte weder Frau noch Söhne, keinen Menschen, der seinen Namen tragen würde. Er setzte sich, schrieb an Mary Ann und bat sie, ihn sofort zu heiraten, wenn er nach Sydney kam. Ihr Vater würde sich mit der vollendeten Tatsache abfinden.

Er mußte wochenlang warten, bis die langsame Post fünfhundert Meilen hin und zurück schaffte. Als Mary Anns Brief eintraf, saß er auf seinem Bett und starrte entsetzt auf das einzelne Blatt; eigentlich hatte er halb erwartet, was er nun vor sich sah.

Lieber Josh, es tut mir leid, daß ich Dich mit diesem Brief verletzen muß, aber –

Sobald er das Wort »aber« sah, wußte er, daß es hoffnungslos war. Sie hatte jemand anderen kennengelernt. Sie bat ihn, Verständnis zu haben, sie würde immer seine Freundin bleiben, aber sie konnte nie mehr für ihn sein als eine Schwester...

»Aber ich will keine Schwester!« schrie Josh und warf den Brief auf den Boden. Er trat ins Freie und lief vor dem Haus auf und ab. Die Sterne funkelten am Himmel. Da war das Kreuz des Südens, das auf der Seite lag, mit zwei hellen Sternen darüber; das waren die *Mowie*, wie der alte Mirrandooka ihm erklärt hatte; das Kreuz hieß *Mirrabooka*, und die Plejaden waren die *Meimei*, sieben Schwestern, die die kalten weißen Fröste im Gefolge hatten. Die Eingeborenen besaßen für alle Sterne Namen, und die Milchstraße war ein Fluß, an dessen Ufern die Lagerfeuer der unzähligen Toten leuchteten.

Der zweite Fluß aus Licht, der leuchtende Bogen des Skorpions, stieg über die Bäume empor, einer seiner Sterne glühte rot wie ein feindseliges Auge. Was wußten die Sterne vom menschlichen Sehnen, von der Wärme menschlicher Lippen und Schenkel, den Schmerzen verschmähter Liebe?

Langsam beruhigte er sich. Die Sterne strahlten so hell und nah, als schienen sie in den Zweigen der Eukalyptusbäume am Fluß zu hängen. Er würde über diese Enttäuschung hinwegkommen, aber er bezweifelte, daß er Mary Ann je vergeben konnte.

Zwei Monate später verlobte er sich mit Betsy, sie heirateten im Frühjahr auf der Murrundindi Farm und hielten eine Feier ab, die drei Tage dauerte. Es gab ein Hochzeitsfrühstück für fünfzig Gäste im Wollschuppen, Wettläufe und Känguruhjagden und sogar ein Cricketmatch. Ganze Familien kamen zu Pferd, mit gefederten Wagen und Kutschen. Die Männer schliefen in den Schererhütten, die Frauen auf den Veranden, die durch Segeltuchmarkisen abgeschirmt waren. Es war das Ereignis der Saison am Goulburn, aber Mary Ann war noch in Sydney und kam zur Hochzeit ihrer Schwester nicht nach Hause.

Nach den Festlichkeiten führte Josh Betsy heim nach Daralgoon. Abgesehen von den drei Tagen während des Fests im Haus ihrer Eltern und der einen Woche ihrer Hochzeitsreise nach Melbourne konnte er, da er im Augenblick zu wenig Arbeitskräfte zur Verfügung hatte, nicht von der Farm wegbleiben. Es war die Zeit des Lammens, und er mußte draußen in den Gehegen auf Krähen schießen, Wildhunde in Fallen fangen, mutterlose Lämmer oder auch Zwillinge hereinholen und sie von Hand füttern. Abends kam er spät, müde und verschwitzt zum Abendessen heim.

Betsy, die auf dem Land aufgewachsen war, kannte die Notwendigkeiten und Pflichten auf einer Schaffarm und hätte lieber zu einer anderen Zeit geheiratet, vielleicht nach der Schur, denn da hätten sie länger in Melbourne bleiben können. Obwohl sie sich sehr nach Josh sehnte, sahen sie sich kaum. Josh kam immer erst nach Anbruch der Dunkelheit, und meist müde und gereizt, nach Hause. Sie aßen, gingen zu Bett, liebten sich rasch, und dann schlief er ein. Noch im Morgengrauen des darauffolgenden Tages stand Josh auf und ging wieder hinaus zu den Schafen.

Eines Abends – es war Vollmond, und da erwachten in Betsy immer romantische Gefühle – blieb er besonders lange aus und half einem wertvollen Mutterschaf, das warf. Betsy wartete und wartete mit dem Abendessen, dann aß sie ein paar Bissen und schickte die Dienerschaft zu Bett. Sie beschloß zu baden und ihr verführerischstes Nachthemd anzuziehen, bevor Josh heimkam. Heute nacht würde er nicht an die Schafe denken.

Das Badezimmer befand sich auf der Veranda, und seine Wände reichten nicht ganz bis zum Dach. Betsy legte sich genießerisch ins warme Wasser und seifte sich mit nach Rosen duftender Seife ein.

Plötzlich hatte sie das unangenehme Gefühl, daß sie beobachtet wurde. Als sie sich umschaute, erblickte sie hinter sich, über der Tür, groß und schwarz auf der weißgetünchten Wand, die riesigste Spinne, die sie jemals gesehen hatte. Sie mußte fünf, nein sechs Zoll messen.

Was sollte sie tun? Durch diese Tür konnte sie nicht gehen, das Tier konnte auf sie herunterfallen. Überhaupt ekelte sie sich zutiefst vor Spinnen, seit sie ein kleines Mädchen gewesen war und ihr Bruder ihr zum Spaß eine Schachtel gegeben hatte, in der sich eine Spinne befand, welche, bevor sie die Schachtel wieder schließen konnte, über ihre Hand gekrochen war. Sie war beinahe in Ohnmacht gefallen und dann schreiend zu ihrer

Mutter gelaufen, die ihr jedoch erklärte, sie solle sich nicht so anstellen, denn diese großen Spinnen seien »harmlos«.

Für Betsy allerdings sahen diese Tiere alles andere als harmlos aus. Sie hatten viel zu viele große schwarze, haarige Beine und bewegten sich sehr schnell seitwärts wie eine Krabbe.

Nur ganz vorsichtig, immer die Spinne im Blick, kroch sie nun aus dem Bad, und schlüpfte, ohne sich abzutrocknen, in ihr Nachthemd. Dann blies sie die Kerosinlampe aus, die sie vorher zusammen mit einer Kerze in einem silbrigen Ständer auf die Veranda gebracht hatte, wickelte das Handtuch um das heiße Glas und nahm es ab. Mit ihrem ganzen Mut ging sie so nahe wie möglich an das Geschöpf heran, schloß die Augen halb und warf den Metallsockel. Daneben. Die Spinne lief über die Tür zur anderen Seite und zur rechten Wand. Betsy schrie vor Angst und Ekel auf.

Den Kerzenhalter in der Hand und mit gerafftem Morgenrock stürmte sie zur Tür hinaus, die Veranda entlang und ins Schlafzimmer, wo sie mit zitternden Fingern das Moskitonetz um das Doppelbett befestigte. Erst jetzt fühlte sie sich sicher. Als Josh heimkehrte, war sie noch immer verkrampft, starrte ihn mit weit aufgerissenen Augen an, ihr blondes Haar war aufgelöst und ihr Nachthemd feucht.

»O Josh, o Josh!« Schluchzend erzählte sie ihm ihre Geschichte, während er sie in den Armen hielt. »Sie war so *groß*. Und sie hat mich ständig angestarrt!«

»Aber, aber. Ich werde das Ungeheuer entfernen, falls es noch da ist.« Josh fühlte sich stark und als Beschützer, während er sie in den Armen hielt.

»Leer bitte das Bad aus, ich habe es stehen gelassen.«

»Ich werde mich gründlich waschen. Ich habe mich in einer der Schäferhütten nur oberflächlich gereinigt.«

Im Badezimmer roch es schrecklich nach Kerosin. »Hast du die Lampe fallen lassen?« fragte er Betsy.

»Ja.«

»Das ist gefährlich, du hättest das Haus in Brand stecken können. Die Spinne ist jedenfalls fort.«

»Aber hast du sie getötet?«

»Nein, ich habe sie in den Busch hinausgebracht, wo sie hingehört. Exemplare dieser Größe leben normalerweise unter der Rinde von Eukalyptusbäumen, weißt du.«

»Ich weiß. Ich halte es aber nicht aus, wenn sie sich im gleichen Raum befinden wie ich.«

»Ich dachte eigentlich, daß du als Tochter eines Farmers solche Dinge gewöhnt bist.«

»Es tut mir leid, angeblich sind sie harmlos, aber als Selina eine in einem Glas nach Hause brachte, weil sie sie zeichnen wollte, mußte ich mich fast übergeben.«

»Selina ist ein vernünftiges Mädchen. Du bist ein sehr liebes kleines Mädchen, deshalb liebe ich dich.«

Betsy war getröstet. Seit dieser Zeit entfernte er immer alle großen Spinnen, die ins Haus krochen. Aber sie konnte sich nie mehr dazu überwinden, am Abend ein Bad zu nehmen.

6

Als die verhaßten Küsten von Van Diemens Land – dem Ort höllischer Leiden – achtern für immer hinter den Wellen verschwanden, fühlte sich Jamie Brown wie neugeboren. Er war wieder ein Mitglied der menschlichen Gesellschaft, trug saubere Baumwoll- und Flanellwäsche, und es stand ihm frei, sich auf dem riesigen australischen Kontinent dorthin zu begeben, wohin es ihm beliebte. Er mußte einfach pfeifen, während er über Deck schritt.

»Ich bin ein freier Mann«, sagte er sich immer wieder. Eines Tages würde er gern nach Kanada zurückkehren, doch im Augenblick wollte er sich eine neue Existenz aufbauen und vielleicht ein wenig Geld sparen, damit er als vermögender Mann zurückkommen und so die Schande seiner Verbannung tilgen konnte.

Der Versuch zu pfeifen endete mit einem Hustenanfall. Er hatte sich von den schrecklichen Entbehrungen seiner ersten Jahre als Gefangener noch nicht erholt, obwohl er die letzten beiden Jahre auf der Farm ein verhältnismäßig leichtes Leben gehabt hatte.

Der Husten beunruhigte ihn sehr. Wenn er in dem Augenblick, in dem er seine Freiheit erhalten hatte, an Schwindsucht starb, was dann? Der Gedanke war unerträglich.

»Ich bin ein Wrack«, dachte er. »Und erst vierunddreißig! Ich muß auf dem Land Arbeit an der frischen Luft bekommen. Angeblich sind die Winter in Melbourne feucht und kalt.«

Er wollte einen Arzt aufsuchen, sobald er an Land ging, und sich von ihm gründlich untersuchen lassen.

Nach fünf Tagen erreichte der Schoner die Siedlung am Yarra Yarra. Es war ein warmer, windiger Tag zu Frühlingsbeginn, und weiße Wolken zogen über den blauen Himmel. Jamies Stimmung hob sich. Das war sein Hafen der Guten Hoffnung; hier würde er sich im Sommer ein Plätzchen in diesem weiten Land schaffen und wieder zu Kräften kommen.

Als hätte er wirklich eine Glückssträhne, fand er schon am nächsten Tag eine Stellung als Aufseher bei einem Farmer vom Bezirk Port Phillip. Sein neuer Auftraggeber, Mr. Robert Hume, besaß eine Schaffarm am Goulburn Fluß, fast hundert Meilen vor dessen Zusammenfluß mit dem Murray – aber diese Namen sagten Jamie nichts.

Mr. Hume wollte mit seinem mit Vorräten beladenen Wagen unverzüglich zu seiner Farm zurückkehren.

»Sie haben aber einen bösartigen Husten«, stellte er mißtrauisch fest und betrachtete das eingefallene Gesicht und den knochigen Körper seines neuen Aufsehers.

»Darüber habe ich mir auch Sorgen gemacht, bis ich gestern beim Arzt war. Er meinte, es handle sich nicht um Schwindsucht, und was ich brauche, ist nur ein wärmeres Klima; meine körperliche Verfassung sei nicht die beste, aber ich hätte im Grunde eine kräftige Konstitution. Der Husten wird mich nicht daran hindern zu arbeiten«, fügte er eifrig hinzu.

»Können Sie reiten?«

»Natürlich. In Van Diemens Land habe ich oft Botenritte für Mr. Booth ausgeführt.«

Seine ganze Geschichte hatte er seinem neuen Auftraggeber natürlich nicht erzählt, obwohl ihm der kleine grauhaarige Mann mittleren Alters mit dem freundlichen Gesicht und seiner ruhigen Autorität sofort sympathisch war. Wenn er seine Vergangenheit als Sträfling erwähnt hätte, hätte ihn Mr. Hume vielleicht für einen gewöhnlichen Verbrecher gehalten.

»Wir haben am Goulburn ein äußerst gesundes Klima. Sie werden sich dort bald erholen, Brown. Zunächst werden Sie das acht Meilen vom Haus entfernte Gebiet beaufsichtigen, in dem zwei Schäfer dreitausend Schafe betreuen. Sie sind beide alte Hasen aus Van Diemens Land. Sie werden also etwas gemeinsam haben.« Mr. Hume blickte ihn von der Seite an.

»Ja – äh – also …«, stammelte Jamie. »Sie haben bestimmt erraten, daß ich Kanada nicht mit der Vorstellung verlassen habe, in Australien mein Glück zu machen. Ich wurde deportiert, bin aber kein Verbrecher.« Seine dunklen Augen blitzten. »Es war ein politisches Verbrechen, wenn Sie es so nennen wollen; ich habe mich den kanadischen Patrioten angeschlossen. Wir wurden besiegt und von den britischen Beamten, die unser Land verwalten, nach Sydney und Van Diemens Land geschickt. Unsere Anführer wurden gehängt.«

»Ist schon gut, Brown. Ich interessiere mich nicht für Ihre Vergangenheit und bin sicher, daß Sie kein Räuber oder Mörder sind. Sie haben in Van Diemens Land wohl keine Schafe geschoren? Ich werde sicherlich in der nächsten Saison im Schurschuppen zu wenig Arbeitskräfte haben. Ich bezahle fünfzehn Schilling für hundert Schafe.«

»Ich habe ein wenig geschoren, bezweifle aber, daß ich im Moment diese schwere Arbeit leisten kann. Vielleicht werde ich nächste Saison wieder ganz gesund sein.«

»Ich erwarte, daß Sie sich zumindest für ein Jahr bei mir verpflichten. Haben Sie nicht erwähnt, daß Sie eigentlich Möbeltischler und Schreiner sind?«

»Ja, aber ich bin außer Übung und habe auch kein Werkzeug. Die Holzarten in Van Diemens Land sind sehr hart und zäh, obwohl es an der Westküste die King-William-Fichte gibt, also Weichholz.«

»Unser Eukalyptusholz ist hart und feinkörnig wie Mahagoni, und es gibt am Goulburn auch Weiden und Eichen. Wir haben auf Murrundindi eine eigene Sägegrube, und das Farmhaus ist ganz aus heimischen Hölzern gebaut«, erklärte Mr. Hume. »Haben Sie jemals Schindeln für Dächer gespalten?«

»Ja, wir haben das Holz des Pfefferminz-Eukalyptus verwendet, es ist ein sehr leicht spaltbares Holz.«

Mr. Hume bemerkte sofort, daß ihn Jamie nicht »Sir« nannte und auch seinen Hut nicht berührte. Er hatte etwas Freies, Unabhängiges an sich.

»In Kanada gibt es wohl ganz andere Bäume?« fragte Mr. Hume. »Unsere Butterbäume lassen sich natürlich nicht mit englischen Eichen vergleichen. Ich möchte, daß Sie ein paar Schränke für Mrs. Hume zimmern, bevor Sie in die Hütte hinausziehen. Sie werden einige Tischlerwerkzeuge in der Schmiede finden.«

Da die Farm von den Post-Routen und Versorgungswegen sehr weit entfernt lag, mußten bei jeder Stadtfahrt große Vorräte eingekauft werden. Auf dem Gelände gab es einen eigenen Nahrungsmittel- und Kleiderladen, eine Schmiede, einen Raum für Pferdegeschirr, ein Wollager und einen Schurschuppen; die Hütten der ständig hier Beschäftigten und die Unterkünfte für wandernde Scherer bildeten ein kleines Dorf um das Farmgebäude. Auf den Weiden standen die Außenhütten, in denen Aufseher und Schäfer ein einsames Leben führten, den ganzen Tag den grasenden Schafen folgten und sie nachts zwischen provisorischen Zäunen einschlossen.

Mit einem gut abgerichteten Hirtenhund, der die Schafe daran hinderte, sich zu weit zu zerstreuen, konnte der Schäfer mit einem Buch oder einer Zeitung im Schatten liegen und lesen oder dösen und die Tage verträumen. Mr. Hume hatte Jamie einen Stoß Bücher mitgegeben, die er tagsüber lesen konnte, bis er die Abendmahlzeit für die beiden Schäfer und sich selbst kochen mußte. Die Rationen waren großzügig bemessen – für eine Woche zehn Pfund Mehl, ein Pfund Zucker, zwei Unzen Tee und so viel Fleisch, wie sie wollten. Die Nacht mußte Jamie mit einem geladenen Gewehr in einer kleinen Hütte, die wie ein Schilderhäuschen aussah, verbringen, um sicherzugehen, daß keine Wildhunde in die Herden einbrachen. Die Dingos töteten dreißig oder vierzig Schafe in einer Nacht, aus reiner Mordlust, sie liefen durch die Gehege und rissen den Tieren die Kehlen auf.

So verging das erste Jahr, und im gemäßigten Klima hatte sich der Husten beinahe gegeben. Jamie half dabei, die Schafe zum Scheren zu bringen, und bezog einen Platz im Schurschuppen, wo er allmählich immer geschickter wurde. Zuerst strengte ihn diese neue Arbeit sehr an, und hundert Schafe am Tag waren viel zuviel, obwohl sie von Mr. Hume und seinem Sohn Jim vorher gewaschen worden waren, um das Vlies von Kletten, Sand und Fett zu befreien.

»Mein Nachbar flußaufwärts hat mich davon überzeugt, daß es sich lohnt, die Wolle zuerst zu waschen«, erklärte Mr. Hume. »Früher habe ich die fette Wolle nach Melbourne geschickt, aber da muß man die Fracht für all den unnützen Schmutz bezahlen, und die Wolle erzielt keinen so guten Preis. Nein, der junge Mr. Forbes hatte die richtige Idee: Schon in Van Diemens Land begann er seine Schafe zu waschen.«

»Forbes? Doch nicht Mr. Joseph Forbes aus dem South-Esk-Bezirk? Er ist Ihr Nachbar?«

»Stimmt genau. Nicht mein nächster Nachbar, aber die zweite Farm flußaufwärts, Daralgoon. Mrs. Forbes ist meine Tochter, Mr. Joseph Forbes mein Schwiegersohn.«

»Mein Gott! Er hat mir einmal eine Stelle als Aufseher auf seinem Besitz in Campbell Town angeboten. Ich möchte ihn gern wiedersehen; er war sehr gut zu mir.«

»Er ist ein ausgezeichneter Farmer und ein guter Schafzüchter. Daralgoonböcke sind schon als ausgezeichnete Zuchttiere bekannt. Ich wollte ihn sowieso zu einer Känguruhjagd einladen, um zu feiern, daß wir die Wolle eingebracht haben. Sie können mit der Botschaft zu ihm hinüberreiten.«

»Danke, Mr. Hume, das ist großartig. Hoffentlich bringt er seine Wolle nicht persönlich nach Melbourne.«

»Nein, wir werden früher fertig sein als er; er hat zehntausend Schafe, während ich nur achttausend habe, und wahrscheinlich hat er auch nicht genügend Arbeitskräfte.«

Wenn Mr. Forbes doch in Melbourne anstelle von Mr. Hume einen Arbeiter gesucht hätte! Noch immer hätte Jamie gern für ihn gearbeitet. Dennoch war ihm klar, daß er seine bisherige Beschäftigung nicht einfach aufgeben konnte, ohne Mr. Hume, den Schwiegervater von Mr. Forbes, zu verärgern.

In Daralgoon angekommen, ritt Jamie zum Küchengebäude und band sein Pferd außerhalb des Gartenzaunes beim Eingang an. Das Haus war aus Holz und hatte große Veranden, die durch lange Glastüren mit den Räumen verbunden waren. Er klopfte an eine davon, und aus einem kleinen Raum, der neben der hinteren Halle lag, rief eine Stimme: »Wer ist da?«

»Der Briefträger«, rief Jamie. »Ich habe Ihnen jedenfalls Post von weiter unten am Fluß gebracht.«

Ein Stuhl wurde auf dem Holzboden zurückgeschoben, dann trat ein großer junger Mann mit weit auseinanderliegenden, schläfrigen grauen Augen und einem schön geformten Kopf aus der Hintertür.

»Mr. Forbes!« rief Jamie.

Josh blieb jäh stehen, dann kam er mit ausgestreckter Hand auf ihn zu. »Jamie Brown, bei Gott! Ich habe Sie kaum wiedererkannt, Mann! Sie haben abgenommen, seit ich Sie das letzte Mal gesehen habe.«

»Ja, ich hatte diesen verdammten Husten im letzten Jahr, aber er ist beinahe weg. Ich arbeite bei Mr. Hume in Murrundindi.«

»Und seit wann sind Sie im Bezirk Port Phillip?« fragte Josh und riß den Briefumschlag achtlos auf.

»Etwas mehr als ein Jahr. Ich habe die Anstellung bei Mr.

Hume sofort bekommen. Ich habe nicht gewußt, daß Sie in der Nähe wohnen und zur Familie gehören.«

»Ja. Wollen Sie eine Antwort darauf? Warten Sie, kommen Sie lieber herein und setzen Sie sich ins Büro, während ich sie schreibe. Es wird keine Minute dauern.«

Er schrieb rasch eine Antwort und reichte sie Jamie. »Sie wissen, daß hier stets ein Posten auf Sie wartet, jederzeit.«

»Vielen Dank, Mr. Forbes, aber vielleicht können Sie verstehen, daß ich Mr. Hume nicht einfach so verlassen kann. Er braucht meine Arbeitskraft.«

»Doch, Jamie, das kann ich.«

»Auf jeden Fall werde ich ihm sagen, was für einen guten Mann er an Ihnen hat, falls er es nicht schon selbst begriffen hat... Ich muß Sie jetzt wohl zu Ihrem Boß zurückreiten lassen, Jamie.«

»Wenn ich, als ich in Melbourne eintraf, gewußt hätte, wo ich Sie finden kann, hätte ich Sie wegen eines Postens angesprochen. Jetzt bin ich ein freier Mann, dieses Papier beweist es.« Jamie zog das kostbare Dokument heraus, das er immer in der Tasche trug.

»Ich freue mich, das zu hören. Und Mr. Hume behandelt Sie gut?«

»Ausgezeichnet. Der junge Mr. Jim ist zwar ein wenig ungeduldig, aber er ist eben noch jung. Ich kann sogar etwas von meinem Lohn auf die Seite legen.

»Das ist gut. So viele Burschen gehen nach der Schur auf eine Sauftour und geben ihr ganzes Geld für schlechten Grog aus. Ach ja: Sagen Sie dem Koch – nein, warten Sie, ich werde es ihm selbst sagen.«

Jamie folgte ihm zum Küchengebäude, das abseits vom Haus lag.

»Larsen, gib diesem Mann eine Tasse Tee mit einem Schuß Rum – ja, ich weiß, du hast immer eine Flasche ›Kochrum‹ in deinem Geschirrschrank. Er hat einen langen Ritt vor sich.«

Er schüttelte Jamie die Hand, und der Koch zog die Brauen in die Höhe. Er setzte Jamie höflich eine Tasse frischgebrühten

Tee mit einem reichlichen Schuß Rum und einem Stück Schokoladenkuchen vor

Als Jamie sich auf seinen langen Heimritt machte, hatte er ein gutes Gefühl, das nicht nur von den Erfrischungen herrührte. Mr. Forbes hatte ihm die Hand geschüttelt und gesagt, er hoffe, ihn bald auf Murrundindi wiederzusehen.

Während des Rittes durch den Busch verlor Jamie sein Begnadigungsschreiben. Er wußte, daß es nur ein Stück Papier war; es war lächerlich, wegen dieses Verlustes außer sich zu geraten, denn es machte ihn nicht freier, als er ohnehin schon war. Aber er hatte es als Erinnerungsstück an alles, was er erlitten hatte, und an alles, dem er entkommen war, gehütet.

Nach einem weiteren Jahr hatte sich seine Gesundheit wesentlich gebessert, und er hatte einiges Geld auf die hohe Kante legen können – denn Unterhalt und Arbeitskleidung standen ihm neben dem Lohn zu; er gab also nur Geld für Tabak und ein paar Kleidungsstücke aus dem Farmladen aus. Er dachte daher wieder daran, in Daralgoon um einen Posten anzufragen.

Mr. Hume überließ die Führung seiner Farm immer mehr seinem Sohn Jim, einem jungen Mann, den Jamie arrogant und unzugänglich fand. Miss Selina hatte ein Parlamentsmitglied geheiratet und lebte jetzt in Sydney. Die Köchin auf der Farm hatte Jamie verraten, daß Mrs. Rushworth, wie sie jetzt hieß, nicht nur ein Buch geschrieben, sondern es auch selbst illustriert hatte, es behandelte die wilden Tiere und Pflanzen im Busch. Das Buch war in England ein großer Erfolg gewesen, und ihr Vater benahm sich »wie ein Hund mit zwei Schwänzen, so stolz ist er auf sie!«

»Wenn du mich fragst«, sagte die Köchin Roberta, die eine Schwäche für Jamie hatte und ihm oft in der Küche ein Stück Torte oder Teegebäck zusteckte, »freut er sich darüber, daß er sie endlich losgeworden ist. Sie ist fast dreißig und nicht gerade das, was man eine verführerische Schönheit nennt. Aber sie ist klug, das muß man ihr lassen. Ich könnte nie ein Buch schreiben, selbst wenn es um mein Leben ginge!«

Das stimmte, konnte Roberta doch nicht einmal ihren Namen schreiben.

Wieder einmal ritt Jamie mit einer Botschaft nach Daralgoon flußaufwärts. Als er diesmal zur Hintertür kam, wurde der Brief von einem schwarzhaarigen, blauäugigen irischen Mädchen empfangen, das er noch nie zuvor gesehen hatte.

»Wie heißen Sie?« fragte er und lächelte die blauen Augen an, die sich fast in gleicher Höhe mit den seinen befanden.

»Bridget, wenn es Sie interessiert. Ich bin das Kindermädchen. Und wer sind Sie überhaupt?«

»Ich bin überhaupt Jamie Brown aus Kanada; zumindest war ich es, und soviel ich weiß, bin ich's noch immer.«

»Sie sind also ein Spaßvogel. Ich habe keine Zeit zum Plaudern, die Kinder sind noch nicht angezogen und sollen spazierengehen.«

»Könnten Sie sich vorstellen, daß ich Sie ein Stück begleite?« fragte Jamie impulsiv.

Ihr kühles Gesicht schmolz zu einem flüchtigen Lächeln.

»Sicherlich, warum nicht? Sie können die Schlangen vom Weg vertreiben, ich habe immer eine Todesangst vor ihnen. Im alten Irland gibt es keine so gräßlichen Schlangen.«

»Warum haben Sie Irland verlassen?«

Ihr Gesicht verfinsterte sich. »Sie können zwar danach fragen, aber ich werde jetzt nicht darüber sprechen, ich kann nicht einmal daran denken.«

Jamie band sein Pferd an einen Pfosten und hängte ihm den Futterbeutel um, den er mitgebracht hatte. Er ging neben Bridget, während sie den eleganten Kinderwagen schob, der in dieser Wildnis fehl am Platz wirkte.

Der junge Hamilton, das älteste Kind, hüpfte voran. Der kleine Jason trottete hinter ihm.

»Bitte, darf ich Ellen schieben?« fragte das kleine Mädchen, das Bridgets Hand hielt.

»Bist du sicher, daß du das kannst, Miss Caroline? Der Weg wird später sehr holprig, und du könntest sie umwerfen.«

»Natürlich kann ich das«, erwiderte die kleine Miss verächtlich und stellte sich auf die Zehenspitzen, um den Griff des Kinderwagens zu erreichen. Bridget legte unauffällig die Hand auf die Seitenwand, um ihn im Gleichgewicht zu halten.

»Sie sind noch nicht lange hier in Australien?« fragte Jamie.

»Nein, wir sind auf einem Auswandererschiff herübergekommen. Dies hier ist meine erste Anstellung. Meine Familie lebt in Melbourne – nur mein ältester Bruder ist Viehtreiber, und wir wissen nicht, wo er sich herumtreibt.«

»Und was hat Sie veranlaßt, die alte Heimat zu verlassen?«

Bridget preßte die roten Lippen zusammen; ihre Brust wogte vor Erregung. Sie flüsterte: »Wir wurden von den britischen Grundbesitzern in Connemara von Haus und Hof vertrieben. Sie sandten ihre Männer aus, um das Stroh von unseren Dächern zu reißen und die Fenster einzuschlagen. Wir konnten die Miete nicht bezahlen; es herrschte Hungersnot, und die Kartoffelernte war schlecht...« Ihre Mundwinkel zitterten. Tränen standen in ihren blauen Augen und rollten über ihre Wangen. Sie wischte sie ärgerlich ab. »Was für ein schönes Land Australien doch ist! Hier können auch arme Leute leben! Irland ist ein schöner Ort für die Reichen, aber Gott helfe den Armen!«

»Die verfluchten Briten!« schrie James mit finsterem Gesicht. »Verzeihen Sie mir den Fluch, Bridget, aber der Gedanke an sie bringt mein Blut zum Kochen!«

»Wegen dieser Worte müssen Sie sich nicht entschuldigen. Verdammte Tyrannen sind sie alle. Dann sind Sie also kein Engländer? Vielleicht Schotte?«

»Schottischer Kanadier.«

»Ah, und weshalb haben Sie Kanada verlassen?«

»Was heißt ›verdammt‹, Bridget?« fragte Caroline und ersparte ihm so die Antwort.

»Die Heiligen mögen uns beschützen!« rief Bridget. »Was sprechen wir vor den Kindern für Worte aus? Still, Liebling, es bedeutet gar nichts. Lauf nur und nimm Jason bei der Hand, mein Kind.«

Bridget schien ihre Frage vergessen zu haben. Jamie war froh darüber, denn er wollte auf das Mädchen mit den tiefblauen Augen und dem lockigen schwarzen Haar Eindruck machen. Er konnte ihr noch nicht gestehen, daß er, wenn auch ungerechterweise, deportiert worden war. Kurz darauf nahm er Abschied, da er wußte, daß Mr. Hume zu Hause auf ihn wartete.

Die Botschaft, die Jamie überbracht hatte, war an Betsy gerichtet. Sie sollte mit den Kindern ihre Mutter besuchen. Da Bridget sie begleitete, um ihr zu helfen, trafen sich die beiden jungen Leute kurze Zeit später auf Murrundindi wieder.

Sie wechselten nur wenige Worte, während Bridget mit einer langen Schürze am Herd stand und den Frühstücksporridge der Kinder kochte, den diese, verwöhnt wie sie waren, nur in einer speziellen Art und Weise zubereitet zu sich nahmen.

»Sie haben nie Not gelitten und wissen nicht, was es heißt, hungrig zu sein«, sagte sie. »Es gab Zeiten daheim, da hätten wir das Schweinefutter gegessen und wären froh darüber gewesen.«

»Ich weiß. Ich weiß, was es heißt, hungrig zu sein«, bestätigte Jamie ruhig.

Sie schaute ihn ruhig an. »Sie müssen mir einmal von Kanada erzählen, von dem harten Winter mit dem Schnee und den gefrorenen Seen. Bei der warmen Sonne und dem Brennholz, das man einsammeln kann, haben es die armen Leute hier leichter.«

»Ja, das ist wahr. Auf Wiedersehen, Miss Bridget O'Brien.«

»Hoffentlich bald.« Sie lächelte ihn freundlich an und drehte sich wieder dem Herd zu. Mit klopfendem Herzen verließ Jamie den Raum. Wie sehr er eigentlich in Bridget verliebt war, war ihm zu diesem Zeitpunkt noch nicht bewußt.

»Sie sind kein Katholik, nicht wahr?« fragte Bridget, als sie das nächste Mal mit Jamie zusammentraf. Sie empfand fürsorgliches Interesse für diesen mageren Mann mit den traurigen, dunklen Augen. Er hatte sich einen großen schwarzen Schnurrbart wachsen lassen, der seinem Gesicht, obwohl er seinen gut geschnittenen Mund verbarg, einen markanten Ausdruck verlieh. Sie saßen vor der Meierei, wo das weiche Gras lang und dicht gewachsen war.

»Nein, wenn schon bin ich am ehesten Presbyterianer. Ich wurde so lange mit Religion vollgestopft, daß sie mir für mein ganzes Leben verleidet wurde.« Er dachte an die Sonntagsgottesdienste im Gefängnis in Hobart, bei denen er sich die langweiligen Predigten des alten Reverend William Bedford anhören mußte, der eine vom Portwein gerötete Knollennase und einen vom guten Essen runden Bauch hatte.

Jamie riß einen Grashalm aus, kaute versonnen darauf herum und erinnerte sich daran, wie sie die Kartoffelschalen, die sie unter dem Küchenfenster fanden, gekocht hatten.

Plötzlich erzählte er ihr alles, seine ganze Vergangenheit brach aus ihm hervor, und wie eine reinigende Flut sprudelten die Worte über seine Lippen. Er hatte noch nie einem freien Menschen die ganze Geschichte seiner Verhaftung und Deportation und der bitteren Jahre als eine Art Sklave der Regierung erzählt; daß er wie ein Tier einen Karren ziehen mußte, immer Gefahr lief, ausgepeitscht zu werden, daß er sich wie ein Untermensch gefühlt hatte.

»Das Schlimmste kann ich Ihnen gar nicht erzählen; es ist nicht für Ihre Ohren bestimmt«, sagte er. »Manches ist zu widerlich, zu unmenschlich, um es zu erwähnen –« Er zitterte vor Erregung, sein Gesicht war verzerrt.

»Still, es ist ja vorüber.« Bridget hatte ihn in die Arme genommen, so natürlich wie eine Mutter, und wiegte ihn sanft. »Sie haben unter den dreckigen Briten bestimmt ebenso gelitten wie wir, die Pest über sie! Aber jetzt sind Sie ein freier Mann.

Ich kann meine alte Mutter nicht vergessen, wie sie das Haus verlassen mußte, das vierzig Jahre lang ihr Heim gewesen war. Sie kniete neben dem kalten Herd und sang die Totenklage. Das Dach und die Fenster waren fort, aber der Herd und der Kamin standen noch.«

»Teilen Sie doch ein neues Heim und einen neuen Herd mit mir, geliebte Bridget!« rief Jamie. »Ich bin kein junger Mann mehr, aber ich bin auch noch nicht sehr alt, und ich werde mein Bestes tun, um Sie glücklich zu machen –«

»Sie meinen, ich soll Sie heiraten?«

Er blickte auf und bemerkte den Zweifel in ihren dunkelblauen Augen. Er zog ihren Kopf zu sich her, bis er ihre Lippen mit den seinen berühren konnte.

»Natürlich, ich will dich heiraten, dich lieben und in Ehren halten, bis daß der Tod uns scheidet«, flüsterte er an ihrem Mund.

»O Jamie, und ich dachte, du würdest mich nie fragen! Aber wir haben kein Heim und auch keinen Herd.«

»Mr. Forbes wird mir jederzeit einen Posten geben, er hat es mir versprochen, und ein Häuschen und Lebensmittel dazu. Er braucht mich als Mädchen für alles und als Tischler in dem großen Haus, nicht nur als Schäfer. Mein letztes Jahr in Murrundindi ist beinahe zu Ende, und der Boß wird es bestimmt verstehen, wenn ich ihm erkläre, daß ich heiraten will. Du könntest mit mir dort wohnen, aber Mr. Forbes wird dich nicht verlieren wollen.«

»Nein, ich könnte die Kinder nicht im Stich lassen. Da fällt mir ein, daß der kleine Jason bald von seinem Nachmittagsschlaf aufwachen wird. Ich muß gehen, und für dich wird es auch Zeit, wenn du bei Sonnenuntergang daheim sein willst.«

Zuerst zog er sie an sich, so daß sie auf ihm lag, während seine starken Hände auf ihrem Rücken hinauf und hinunter glitten und sie an ihn drückten. Als sie einige Augenblicke später aufstanden und ihre Wege sich trennten, waren beide vor Begierde aufgewühlt.

Sie wurden im Frühjahr von einem Wanderpriester getraut, sobald Jamie die Erlaubnis erhalten hatte, seinen Arbeitsplatz zu verlassen und sich in einem der kleinen Häuser in der Nähe des großen Hauses in Daralgoon niederzulassen. Betsy schenkte Bridget etwas Wäsche aus ihrem Wäscheschrank. Sie waren sehr glücklich in dem kleinen Heim am schönen Fluß Goulburn, der in seinem Kies als Hintergrund zu ihrer Liebe plauderte und plätscherte. Wann immer Jamie Holzreste von den Sägegruben erhielt, zimmerte er einige solide Möbelstücke. Der einzige Schatten, der ihr Glück trübte, war, daß Bridget nicht schwanger wurde, aber sie meinte, es müsse wohl Gottes Wille sein, und Jamie fand, daß es vielleicht gut war, daß sie kein eigenes Kind hatten, das Bridget zusätzlich in Anspruch genommen hätte, während sie noch für die wachsende Familie Forbes sorgen mußte.

Jamie hatte sich zum Ärger des Priesters geweigert zu konvertieren, erklärte sich aber damit einverstanden, daß die Kinder aus seiner Ehe römisch-katholisch erzogen werden sollten. Doch als sie später nach Riverina übersiedelten, mußten sie ihr Gelöbnis der Kirche gegenüber noch immer nicht einhalten, und Bridget war schon über dreißig. Jamie nahm an, daß ihn seine Leidenszeit in Van Diemens Land unfruchtbar gemacht hatte. Oder vielleicht war es auch Gottes Wille, wie Bridget sagte. Aber er glaubte nicht mehr so recht an Gott, seit er in Van Diemens Land gesehen hatte, wie unschuldige Menschen litten und wie gut es bösen Menschen ging.

7

Josh schrieb an seinen Bruder in Hobart Town.

Daralgoon, 2. Februar 1848

Mein lieber John,
Ich bin soeben aus der Stadt zurückgekehrt, nachdem ich die Hälfte meiner Wolle zu vierzehn Pence das Pfund losgeschlagen habe. Ein Teil der Wolle ist von besserer Qualität, und ich hoffe mindestens achtzehn Pence pro Pfund Reingewinn zu erzielen. Schafe steigen deutlich im Preis...

Ich würde gern einen Teil der Weiden am Goulburn kaufen, aber der Preis von einem Pfund pro Morgen für Staatsländereien ist zu hoch. Ein Großteil des Landes ist unergiebig, voller

Gestrüpp und noch dazu mit Bäumen bestanden, so daß ich dort kaum mehr als zehntausend Schafe halten kann. Wir müssen für die Schäfer, Verwalter und das übrige Personal fünfundzwanzig bis dreißig Pfund jährlich auslegen. Es herrscht großer Mangel an Arbeitskräften.

In Melbourne hatte er den Siedlerball besucht, bis zum Morgengrauen getanzt und sich wieder wie ein Junggeselle gefühlt. Betsy, erneut schwanger, war nicht mitgefahren, so daß er die Reise zu Pferd zurückgelegt und die langsamen Wollwagen weit hinter sich gelassen hatte. Nach dem Ball und einigen Stunden Schlaf war er wieder auf den Beinen und suchte um neun Uhr die Wollhändler auf, um einen ordentlichen Preis für den Rest seiner Wolle auszuhandeln. Noch am selben Tag brach er mit dem Vorschuß in der Tasche auf und brachte fünfundzwanzig Meilen hinter sich, bevor er bei Sonnenuntergang sein Nachtlager im Busch aufschlug. Bei den ersten Sonnenstrahlen ritt er weiter und erreichte am frühen Nachmittag seine Farm, ein wenig müde, aber bei weitem noch nicht erschöpft. Seine Hetze und innere Unruhe hatte eine konkrete Ursache: Mary Ann. Er hatte sie auf dem Ball wiedergesehen, eine noch immer schlanke, junge Mary Ann, die jedoch über eine gewisse Reife verfügte, die ihrem glatten, blassen Gesicht und den Augen mit den schweren Lidern einen neuen, geheimnisvollen Reiz verlieh.

Sie erblickte ihn, als der Tanz sie fortwirbelte, ihre Augen wurden groß, sie biß sich auf die rosige Lippe. Er sah – als der Tanz zu Ende war –, wie ihr Partner sie zu ihrem Sitz unter Topfpalmen zurückführte. War das vielleicht ihr Ehemann? Ein langnäsiger, hochmütig aussehender Kerl! Josh hätte ihn am liebsten niedergeschlagen, und sei es nur, weil Mary Ann ihm zulächelte, während sie sich mit einem Pergamentfächer frische Luft zuwedelte.

Nachdem er seine Partnerin zu ihrer Gesellschaft zurückgebracht hatte, ging er durch den Saal auf Mary Ann zu. Er wurde ihrem Mann Dugald vorgestellt, schüttelte ihm steif die Hand und forderte Mary Ann zum nächsten Tanz auf, während die Kapelle einen Walzer zu spielen begann.

Als sie aufstanden und sie ihm die kleine, behandschuhte Hand auf die Schulter legte, spürte er, daß seine Gefühle aufflackerten wie ein Feuer im trockenen Gras.

»Geht es Betsy gut?« fragte sie, während er sie geschickt beim Tanz führte.

»Sehr gut – leider ist sie ans Haus gefesselt, da wir wieder einem freudigen Ereignis entgegensehen.«

»Oh? Ihr habt ja schon vier, soviel ich weiß, zwei Jungen und zwei Mädchen? Mama hält mich auf dem laufenden, aber ich höre nie etwas von Betsy selbst. Und da wir in New South Wales wohnen, kommen wir selten nach Melbourne.«

Mary Ann! Sie sah noch immer aus wie damals mit siebzehn, während Betsy voller wurde.

Er erwachte aus einem Traum, als die Musik verstummte. Kühn bat er sie, ihn auf die Terrasse zu begleiten, bevor sie an ihren Tisch zurückkehrte.

»Warum nicht? Du gehörst ja jetzt zur Familie. Und die Luft hier drinnen ist so stickig.« Sie hakte sich bei ihm unter und zusammen traten sie in die heiße, schwüle Nacht hinaus.

»Mary Ann! Marian! Du bist noch immer so schön, wie ich dich in Erinnerung hatte, du hast dich nicht verändert. Wie konntest du so grausam zu mir sein?«

»Ich habe mich eben in jemand anderen verliebt. Wir waren zu lange getrennt, du und ich. Und ich war sehr jung, Josh.«

»Als ich deinen Brief bekam, schwor ich, dir nie zu vergeben.«

»Und jetzt? Du bist doch bestimmt glücklich und hast eine wunderbare Familie.« Sie sprach ernst.

»Ja, natürlich. Betsy ist die beste Ehefrau. Sie kann nichts dafür, daß sie nicht wie du ist.«

»Und du kannst weder vergeben noch vergessen?«

»Ich kann dich nie vergessen.«

»Lieber Josh.« Sie legte ihm die Hand auf den Arm. »Ich darf doch meinen Schwager küssen?«

Fasziniert, widerwillig und doch unfähig, sich zu widersetzen, beugte Josh seine hohe Gestalt zu ihrem blassen, emporgerichteten Gesicht. Im selben Moment donnerte und blitzte es zugleich. Direkt neben ihnen hatte es ins Eisengeländer der Terrasse eingeschlagen.

Er ergriff Marys Arm und zog sie ins Haus.

»Wie lange bleibst du in Melbourne? Werde ich dich noch einmal sehen?« fragte sie. »Wir segeln zurück und werden Murrundindi nicht besuchen.«

»Ich reite morgen früh wieder weg«, erklärte Josh. »Sobald ich den Scheck für die Wolle geholt habe. Und du – du willst doch wohl zu deiner Familie zurück.«

Mary Ann blickte ihn ruhig an. »Wir haben keine Familie. Hat Betsy dir das nicht erzählt? Ich bin offenbar nicht in der Lage, Kinder zu bekommen. Wir fahren diesen Winter nach Europa, um einen Spezialisten in der Schweiz zu konsultieren, aber –«

»Das tut mir leid!« stammelte er.

»Du siehst also, ich habe dir eigentlich eine Gefälligkeit erwiesen. Wenn du mich geheiratet hättest, hättest du jetzt keine Nachkommen.«

Dieses Geständnis beschäftigte Josh, während er zu seiner schwangeren Frau heimritt. Er hatte wirklich Glück gehabt. Er konnte sich gar nicht vorstellen, eine unfruchtbare Frau zu haben, keine Söhne, die seinen Namen fortsetzten und seinen Besitz übernahmen! Zuneigung zu seiner Frau erfüllte ihn, die ihm fast jedes Jahr ein Kind gebar.

An diesem Abend, während des ausgezeichneten Essens, das Betsy zubereitet hatte, erzählte er ihr, nachdem die Kinder das Zimmer verlassen hatten, daß er auf dem Ball der Siedler ihre Schwester Mary Ann getroffen habe. »Sie hat sich kaum verändert.«

»Ach ja?« meinte Betsy mit einem wachsamen Unterton. »Und weißt du, warum sie noch so jung aussieht? Mama hat mir verraten, daß sie nicht schwanger werden kann. Sie hat alle möglichen Ärzte und Scharlatane aufgesucht, und sie wird jetzt nach Europa reisen und einen letzten Versuch unternehmen, sich kurieren zu lassen.«

»Ja, ich weiß. Sie hat es mir erzählt.«

Betsy schwieg. Dann fragte sie plötzlich: »Liebst du mich, Josh?«

Er blickte sie überrascht, fast verlegen an. »Aber natürlich liebe ich dich, mein Schatz. Du bist die Mutter meiner Kinder und eine wundervolle kleine Frau.«

»Ja, aber du sagst es mir niemals.«

»Ich habe es doch gerade getan.«

Damit mußte sich Betsy zufriedengeben.

Einer seiner besten Leute war der ehemalige Sträfling James Brown, der das Kindermädchen Bridget, eine freie Emigrantin, geheiratet hatte. Bridget betreute die vier Kinder hingebungsvoll. Hamilton, der älteste, sah schon wie ein richtiger kleiner Farmer aus, was noch durch seinen runden, breitrandigen Palmbasthut und die kurze Jacke aus braunem Leinen betont wurde. Sein jüngerer Bruder Jason folgte ihm überallhin, seine schwarzen Locken standen in krassem Gegensatz zu Hamiltons glattem Blondhaar. Betsy unterrichtete die beiden Brüder im Lesen und Schreiben, doch Josh wollte einen Hauslehrer anstellen, sobald die Kinder alt genug waren.

Der Bezirk Port Phillip gehörte noch zu New South Wales, aber unter der Führung von Mr. Edward Curr senior traten starke Kräfte für eine Trennung ein. Man erwartete, daß die Kolonie Victoria mit Melbourne als Hauptstadt spätestens 1851 ausgerufen werde; der Murray-River sollte die Grenze bilden, obwohl die Separatisten sie weiter nördlich bis am Murrumbidgee sehen wollten.

Josh begann sich ernsthaft nach einen Besitz nördlich des Flusses umzusehen, wo Grundbesitzer aus Port Phillip, wie der junge Edward Curr und John Phillip, riesige Ländereien aufgekauft hatten. Melbourne blieb für sie die nächstgelegene Hafenstadt; ihr fettes Mastvieh und die Wolle wurden auf den Märkten von Melbourne, nicht in Sydney, verkauft.

Es war der »Schwarze Donnerstag«, der sechste Februar 1851, der Josh schließlich zu einer Entscheidung veranlaßte.

An diesem Tag brannte ein Farmgebäude in Murrundindi ab, und Robert Hume verlor ein Drittel seiner Herden und zwei Männer; in Daralgoon hatten sie einen entsetzlichen Tag hinter sich.

Der Februar hatte mit glühender Hitze begonnen. Der Busch war nach dem langen, heißen Sommer strohtrocken. Am Donnerstag stieg das Thermometer im Schatten der Südveranda um neun Uhr morgens auf vierzig Grad Celsius. Bis Mittag war es auf fünfundvierzig Grad geklettert. Der Nordwind brachte heiße Luft über das Land, die das tote Gras noch dürrer werden ließ. Dann erblickte Josh, der den Himmel im Norden besorgt beobachtete, was er befürchtet hatte – eine braungraue Rauchsäule, die ins Blau des Himmels emporstieg. Er roch das Feuer im Wind.

Das Buschfeuer hatte am Südufer des Murray, östlich von dem nach Norden fließenden Goulburn, begonnen. Zum Glück für Daralgoon hielt es sich bis jetzt in dem Winkel zwischen dem Murray und seinem Zufluß, obwohl der Brand auf einer zehn Meilen langen Front tobte. Wenn er den Goulburn nicht überquerte, würde Daralgoon am Südwestufer verschont bleiben. Aber der Wasserstand des Flusses war so niedrig, daß er kein großes Hindernis darstellte, außer an den breiteren Abschnitten, wo es grünes Schilf und weiße Schotterbetten gab. Der King Parrot Creek war vollkommen ausgetrocknet.

Josh hatte in diesem Sommer eine Feuerschneise um den Pferch gepflügt, in dem jetzt seine wertvollsten Mutterschafe und Lämmer standen. Die übrigen Tiere hatte er ihrem Schicksal überlassen. Nur seine preisgekrönten Widder brachte er in das Anbaugehege, wo sie zwischen dem grünen Gemüse, den Melonen und der Luzerne sicher waren.

»Wir sollten am besten mit Wasser gefüllte Tröge und Eimer aufstellen, Mr. Forbes,« schlug Jamie vor.

Die zwei Neuntausend-Liter-Tanks waren an der Rückwand des Hauses befestigt und wurden vom Regenwasser gespeist. Der Wasserstand in beiden war derzeit niedrig. Vor der Küche stand ein kleinerer Tank, der Wasser aus dem Fluß enthielt.

Nun wurde das prasselnde Geräusch lauter. Sie sahen Flammenzungen in dem Rauch, die die Bäume emporloderten, während glühende Asche vom Wind davongetragen wurde.

Die Männer hielten den ganzen Tag Wache und schlugen mit an grüne Äste genagelten Schaffellen die kleinen Brandstellen aus, die die heiße Asche verursachte; aber das Hauptfeuer überquerte den Fluß nicht.

Am späten Nachmittag drehte sich der Wind. Betsy und Bridget, die in einer seichten Untiefe des Goulburn mit den Kindern kauerten und beteten, sahen, wie das Feuer schwächer wurde und der Rauch sich verzog. Sie konnten nicht die Regenwolken sehen, die sich bildeten, denn dicke Rauchschwaden verdeckten den Himmel. Ein großer Tropfen fiel auf Joshs Kohlpalmenhut, und bald regnete es in Strömen, und die Gefahr war gebannt.

»Diesmal sind wir noch davongekommen, Liebste«, seufzte Josh an diesem Abend, während er seine vom Rauch geröteten Augen mit einer Borlösung behandelte. »Aber das nächste Mal werden wir vielleicht nicht so viel Glück haben. Ein Wissenschaftler in Melbourne hat mir erklärt, daß der Busch in Victoria das gefährlichste Feuergebiet der Welt ist.«

Zehn Menschen waren bei den Bränden in Gippsland umgekommen. Der heiße Nordwind trug die schwarze Asche über die Straße von Bass und lud sie in zweihundert Meilen Entfernung in Tasmanien ab.

Kaum war das Feuer endgültig erloschen, machte Betsys Bruder sich auf, um zu sehen, wie es den anderen ergangen war, und um ihnen zu sagen, daß Murrundindi verschont worden war, daß aber alle Schafe auf der anderen Seite des Flusses, die nicht rechtzeitig herübergebracht werden konnten, wahrscheinlich im Feuer umgekommen waren. Zwei Aufseher, die etwa acht Meilen vom Fluß an der jenseitigen Grenze wohnten, waren noch nicht eingetroffen, als er sich auf den Weg gemacht hatte, doch man hoffte, daß sie sich gerettet hatten. Erst später, als er Murrundindi besuchte, erfuhr Josh, was tatsächlich geschehen war.

Als sich der Boden genügend abgekühlt hatte – und der Wettersturz hatte dazu geführt, daß die Temperatur um fast achtzehn Grad Celsius fiel –, war Robert Hume mit seinem Viehtreiber aufgebrochen, um nach seinen Männern zu sehen. Die mit Lehm zugekleisterten Holzwände eines seiner Farmgebäude standen noch, obgleich sie schwarz verkohlt waren und das Rindendach vollkommen verbrannt war. Von den Männern keine Spur.

»Ich bete zu Gott, daß sie den Fluß erreicht haben. Sie sind vielleicht schon auf der Farm.«

»Oder sie sind irgendwo im Busch verbrannt. Vielleicht werden wir sie niemals finden«, mutmaßte der Viehtreiber düster. Beide waren sie vom Anblick der verkohlten Schafskadaver entsetzt, die überall herumlagen.

Ihr Blick fiel auf den eisernen Wassertank, der von der Hitze verbeult, und vom Rauch geschwärzt war.

»Sehen Sie nach!« befahl Mr. Hume. »Ich kann nicht – ich wage es nicht –«

Der Viehtreiber zögerte, dann kletterte er auf das Tankgestell und blickte hinein... Ein Schrei durchschnitt die Stille. Der Mann taumelte zurück und mußte sich noch im selben Augenblick übergeben.

Die beiden Aufseher waren bei lebendigem Leib gekocht worden. Sie mußten, als das Feuer näherkam, in das Wasser gesprungen sein. Als das Dach brannte, hatte das Wasser zu kochen begonnen. Sie hatten offensichtlich das Bewußtsein verloren, bevor sie herausklettern konnten.

Nur einen Monat nach den großen Bränden setzte der Goldrausch ein. Zuerst versuchten die Kolonialbehörden, die Funde geheimzuhalten, da sie einen Goldrausch wie in Kalifornien befürchteten: Bedingt freigelassene Sträflinge und Bedienstete waren haufenweise geflohen, auf den Besitzungen gab es weder

Hirten noch Viehtreiber, in den Städten waren keine Polizisten mehr. Gold war in großen Mengen vorhanden, und diese Tatsache konnte nicht verheimlicht werden.

Als noch weitere reiche Funde bei Hill End und dann in Ballarat und Bendigo gemacht wurden, brach der Ansturm aus. Einwanderer zogen in Scharen nach Victoria und Neusüdwales. Josh und seine Nachbarn waren mit ihren nicht eingezäunten Weiden bei dem akuten Mangel an Arbeitskräften, Schäfern und Aufsehern auf sich allein gestellt. Josh stellte quer über mehrere Biegungen des Goulburn kurze Zäune auf und schuf damit Einfriedungen für die Schafe.

Die einzigen vom Goldrausch nicht berührten Menschen waren die Aborigines. Sie hatten das gelbe schwere Metall oft gefunden, hatten es auf dem Grund von Wasserläufen gesehen, schätzten es aber überhaupt nicht. Ein guter, scharfkantiger Feuerstein, der zu einem Schneidewerkzeug taugte, war viel wertvoller als ein Klumpen von dem weichen gelben Stein. Josh, der der Verzweiflung nahe war, bat den alten Mirrandooka um Hilfe. Dieser versammelte seine Stammesgenossen und überredete sie, für ein wöchentliches Festessen von Schaffleisch die Schafe zu hüten.

Dann lernte Josh bei einem Wolltransport nach Melbourne Mr. William Brodribb kennen, der ihm erzählte, daß er die Wangarella Farm kaufen wolle, einen Besitz von zweihundertfünfzig Quadratmeilen Größe, nördlich von Denilquin im Salzbuschgebiet gelegen.

Die dort wachsende Melde, ein Gänsefußgewächs, war sowohl einjährig als auch winterhart und konnte selbst die längsten Dürreperioden überleben, in denen das Gras verdorrte; und sie war auch vor einem Buschfeuer sicher. Sie hatte sich als ausgezeichnete Futterpflanze für die Schafe erwiesen.

Josh entschloß sich, im nächsten Sommer überzusiedeln.

Er hatte bereits einen Käufer für Daralgoon – den Nachbarn, der sich auf so unfruchtbarem Land niedergelassen und ihn immer um seine Weiden beneidet hatte. Dieser hatte bei den Buschfeuern kein Vieh verloren.

Auch fand Josh schon bald eine Annonce in einer Zeitung, in der eine Farm mit einer dreißig Meilen langen Wasserfront am Edward Fluß angeboten wurde – das bedeutete reichlich Wasser und auch im Sommer eine Gelegenheit zum Schwimmen. Der Pachtvertrag wurde auf vierzehn Jahre angeboten – ab 1852 für fünzigtausend Morgen, dazu konnten eintausendfünfhundert Morgen Grundbesitz um das Farmhaus erworben werden, teilweise durch feste Einfriedungen geschützt.

Die alten Humes waren nach Melbourne übersiedelt, und Betsys Bruder Jim leitete Murrundindi, also fiel es Josh nicht schwer, den Goulburn zu verlassen. Es gelang ihm, drei Viehhüter anzuwerben, die seine Schafherde über die Viehroute, die am Goulburn nach Seymour verlief und dann den großen Fluß bei Maiden's Point überquerte, nach Neusüdwales treiben würden. Sie konnten nur sieben Meilen am Tag zurücklegen und würden wahrscheinlich an den Stellen etwas länger lagern, an denen das Futter gut war, so daß sie vermutlich frühestens in zwei Monaten die Tumbudgery-Farm, fünfundsechzig Meilen von der Grenze entfernt, erreichen würden. Josh wußte, daß ihn die Männer wieder verlassen würden, sobald sie ihren Lohn erhalten hatten; sie nahmen den Job nur an, weil sie nach Neusüdwales und zu den Goldminen nördlich des Flusses gelangen wollten. Der einzige Mann, der Josh treu ergeben war, war Jamie. Dennoch mußte sich Josh darauf verlassen, daß seine Leute die Herden nicht im Stich ließen. Er hatte seine schwächeren Widder und die Lämmer, die zu jung waren, um den Viehtrieb zu überstehen, an den neuen Besitzer verkauft, außerdem einige der älteren Mutterschafe, und hatte mit der neuen Farm zwanzigtausend Schafe übernommen.

Zusammen mit seiner Familie und den vier mit Möbeln, Bediensteten und Kindern beladenen gefederten Wagen reiste er seiner Herde voraus. Bridget lenkte einen Wagen, Jamie Brown den nächsten und Josh selbst den dritten, während der letzte abwechselnd von Hamilton, der jetzt fast elf Jahre alt war, und dem alten Faktotum und ehemaligen Sträfling Dan gelenkt wurde, der an Gold nicht interessiert war.

Ihr erster Lagerplatz war an der schönen Stelle, an der der Goulburn und der Murray ineinandermündeten. Die Kinder sahen fasziniert zu, wie das glasklare Schneewasser des oberen Murray mit dem ebenso klaren, aber vom Torf braungefärbten Strom aus den südlichen Ebenen zusammentraf.

Als Betsy die One-Tree-Ebene sah, die sich kahl und leer nach Norden erstreckte, hob sie entsetzt die Hände.

»Was für eine verlassene, trübselige Gegend!« rief sie. »Und so flach! Der Horizont reicht so weit, als wäre man am Meer.«

»Auf der Farm hast du bestimmt nicht diesen Eindruck, meine Liebe«, tröstete sie Josh. »Dort stehen große Eukalyptusbäume am Edward River, außerdem Buchsbaum und Scheinzypressen auf den Sandhügeln, wenn auch einige für die Zäune gefällt wurden.« Er nahm den Brief des Agenten des früheren Besitzers heraus und las:

Ein achträumiger Ziegelbau mit Schieferdach, ein großer Keller, freistehende Küche und zwei Schlafräume für die Dienstboten, Männerhütten, ein 56 mal 33 Fuß großer Lagerschuppen, Ställe und Wagenschuppen, großer Wolleschuppen mit Wellblechdach…

Die Aussicht auf ein Schieferdach und einen großen Keller – eine unabdingliche Notwendigkeit im australischen Sommer – besänftigten Betsy ein wenig. Dort konnten frisch geschlachtete Hammel in Musselinsäcken, vor den Schmeißfliegen und der Hitze geschützt, aufgehängt werden, die Butter würde kühl bleiben und Gelee würde fest werden.

Das Farmhaus von Tumbudgery mit seinen festen Gebäuden, dem grünen, vom Fluß her bewässerten Garten, der vor den hungrigen Schafen und Pferden durch einen ordentlichen Lattenzaun geschützt war, war eine Augenweide. Kletterrosen in zartem Teerosa wanden sich um die Pfosten der Veranda vor dem Eingang. Hinter dem Haus flog ein großer Schwarm Rosen-Kakadus auf, ihre grauweißen Rücken hoben sich vom Himmel ab; als sie dann wendeten, leuchteten fünfhundert farbige Brüste rosa auf. Betsy hielt es für ein gutes Omen. Rosen und rosa Vögel! Die Zukunft mußte sich hier günstig gestalten.

Da es fast unmöglich gewesen war, weibliche Dienstboten zu bekommen, hatte Betsy bereits mit fünfzehn Jahren gelernt, Brot zu backen, einzukochen, Seife und Kerzen aus Talg herzustellen, Fleisch zu braten, Pasteten und Puddinge zu backen. Josh wußte, daß er Glück gehabt hatte, daß sie eine erstaunliche Frau war, obwohl sie nach sechs Kindern – vier Mädchen und zwei Jungen – jetzt allmählich ergraute und ihre gute Figur verlor.

Im Jahr 1852 hatte es schwere Überschwemmungen gegeben, die eine neue Ablagerung von dunklem Flußschlamm um das Farmhaus hinterlassen hatte. Dieser fruchtbare Boden sollte in den nächsten Jahren dafür sorgen, daß sie überdimensionale Melonen und Kartoffeln ernteten. Josh hatte einige Obstbaum-Setzlinge mitgebracht, manche davon waren Ableger von jenen, die er vor Jahren aus Tasmanien mitgebracht hatte, und ging daran, Aprikosen- und Pfirsichbäume anzupflanzen, obwohl er befürchtete, daß das Klima für Äpfel zu heiß war. Oberhalb des Flußufers standen fest verwurzelte Orangen- und Zitronenbäume.

Der Vorbesitzer hatte die Farm verkauft, weil seine kleine Tochter in dem über die Ufer getretenen Fluß ertrunken war. Die Mutter konnte es nicht mehr ertragen, an diesem Ort weiterzuleben – das aber verschwieg Josh seiner Frau.

Nachdem Josh seine Familie in Tumbudgery untergebracht hatte, wollte er über Deniliquin zurückreisen, um dabeizusein, wenn seine preisgekrönten Widder und Merino-Zuchtschafe den Murray mit dem Schiff überquerten. Josh zahlte lieber eine Fährgebühr, als zu riskieren, daß seine preisgekrönten Widder bei einer schwimmenden Durchquerung des Flusses ertranken. Daralgoon-Widder waren bei all den Züchtern gefragt, die ihre Vliese verbessern wollten. Bald würde er die Zuchttiere, die fünfzehn Pfund Wolle pro Vlies lieferten, auf seiner neuen Farm haben.

Auf seinem Weg zum Murray führte Josh ein zweites Pferd

mit, das Zelt und Kochgeschirr trug. Er verbrachte die erste Nacht bei Ochsentreibern, die unter ihren Wagen lagerten. Sie teilten mit ihm Brot und Tee, obwohl ihn ein bärtiger Bursche eher unfreundlich musterte und fragte: »Du bist was Besseres, nicht wahr – ein Farmbesitzer?«

»Ja, ich habe die Tumbudgery-Farm gekauft.«

»Dort haben sie Pferdegespanne.«

»Wie ich höre, hätten sie bei der Überschwemmung Boote verwenden können.«

»Großer Gott, war das eine Überschwemmung!«

Die Männer, deren Kleidung und Gesichter staubverkrustet waren, unterhielten sich noch lange über die Katastrophe und waren sehr empört über den neuen, übertrieben diensteifrigen Polizeikonstabler in Deniliquin. Er hatte einen von ihnen, der mit seinem Gespann durch die Hauptstraße gefahren war, bestraft, weil er auf der Straße geflucht hatte.

Josh schlief unter dem Sternenzelt, die Nacht war klar und frisch. Er fühlte sich rundum zufrieden. »Das Leben fängt mit vierzig an«, hieß es. In einem halben Jahr würde er vierzig sein, aber er hatte sich noch nie zuvor so lebendig und wohl gefühlt. Sobald die Hypothek abbezahlt wäre, würde er weitere Zehntausend Morgen Land erwerben, das nicht am Fluß lag und bis jetzt niemand haben wollte. Dort wollte er große Erdzisternen bauen, um das Wasser der spärlichen Regenfälle und den Abstich von kleinen Wasserläufen zu sammeln. Wenn es nicht genug Wasser zum Waschen der Schafe gab, dann würde er eben fette Wolle nach Melbourne schicken.

Er mußte genügend Land besitzen, das er seinen Söhnen hinterlassen konnte. Gerne würde er noch ein paar Söhne zeugen, damit sein Name weiterlebte.

Begleitet von einem jubelnden Chor schmetternder Elstern stand er im Morgengrauen auf und bereitete sein Lieblingsfrühstück zu: Speckstreifen, die er in dem kleinen, dafür bestimmten Topf zuerst gekocht hatte, um den Salzgehalt zu verringern, während sein Tee in dem zweiten Topf zog, und sie dann langsam in etwas Schaffett gebraten hatte, bis sie knusprig waren. Er legte die Streifen auf ein Stück von Betsys selbstgebackenem Brot und spülte das Ganze mit einem Becher süßen schwarzen Tees hinunter.

Schon vor längerer Zeit hatte er begonnen, um die Taille Fett anzusetzen, aber er fand, daß er es sich bei seiner Größe leisten konnte. Davon abgesehen war er kräftig und muskulös, konnte tagelang im Sattel sitzen oder als »Boß des Ausschusses« zur Schurzeit seinen Mann stehen. Die Männer mochten ihn, weil er nicht Distanz hielt, sondern mit ihnen im Lager oder in ihren Hütten zusammensaß und ein Gläschen Rum mit ihnen teilte; zugleich achteten sie ihn und waren sich immer bewußt, daß er der Boß war.

Bald würde er achtzigtausend Morgen und vielleicht vierzigtausend Schafe besitzen, je nachdem, wie viele Tiere das Salzbuschland ernähren konnte. Wenn die Melde als Futter wirklich so gut war, wie der alte Brodribb behauptet hatte, konnte er, sobald die Zisternen und Dämme gebaut waren, vielleicht sogar noch mehr Schafe halten. Und wenn er fette Lämmer verkaufen wollte, statt sie wegen der Wolle zu halten, verlief die Viehroute geradewegs den Edward entlang nach Deniliquin, von dort mit der Fähre über den Murray und dann hinunter zu den hungrigen Mägen der Goldgräber in Bendigo und Ballarat. Er mußte Gewinne machen. Es hieß, daß es bald auf allen Flüssen im Landesinneren Raddampfer geben würde; einem Boot war es gelungen, auf dem Darling bis Walgett zu gelangen, und zwei waren den Murray bis nach Albury hinaufgefahren. Bald würde er seine Wolle von seiner Eingangstür direkt verschiffen können.

8

Jamie und Bridget richteten sich in ihrem Haus auf der neuen Farm an den Ufern des Edward-Flusses ein. Die Kinder der Forbes wuchsen heran und brauchten bald kein Kindermädchen mehr. Mrs. Forbes, die fast jedes Jahr schwanger wurde, hatte zwei Totgeburten und mehrere Fehlgeburten gehabt. Bridget übergab ihre Aufgaben der Gouvernante Miss Thomas, ohne ihre Abneigung gegen sie zu verbergen.

»Sie will als ›Miss Thomas‹ angesprochen werden und tut vornehm und geziert wie eine Dame«, spöttelte Bridget. »›Sieh zu, Bridget‹, sagt sie, ›daß die Kinder um halb neun mit dem Frühstück fertig sind. Ich will sie punkt neun im Schulzimmer sehen.‹ Und: ›Du kannst mein Tablett ins Kinderzimmer bringen, ich werde dort den Lunch einnehmen.‹ Es kommt für sie nicht in Frage, in der Küche zu essen! Am liebsten hätte ich ihr gesagt, sie soll sich ihr Tablett selbst holen, diese faule Person.«

Jamie lachte. »Sie versucht nur, dich herumzukommandieren, weil sie *nicht* zur Familie gehört. Weil sie ihrer selbst nicht sicher ist.«

»Und sie erzählt den Kleinen, daß es in Irland keine Kobolde und Zwerge gibt, und stellt mich als Lügnerin hin!«

Bridget hatte einige Zeit gebraucht, um sich an ihre neue Umgebung zu gewöhnen. Nach dem grünen Irland war ihr der Busch in Victoria schon seltsam genug vorgekommen, aber im Vergleich zu hier war er ein grünes Paradies. Hier war der Himmel von hartem Blau oder staubverhangen; riesige weiße Vögel mit unheimlichen Stimmen saßen in den Eukalyptusbäumen am Fluß; trockene Hügel, graue Erde und blaugraue Melde erstreckten sich, soweit das Auge reichte. Daran konnte sie sich nicht gewöhnen. Aber Jamie wies darauf hin, daß sie vor Buschfeuer sicher waren: Wenn er nicht nach Daralgoon übersiedelt wäre, um für Mr. Forbes zu arbeiten, wäre er vielleicht mit den beiden Aufsehern auf Murrundindi umgekommen.

Im achten Jahr ihrer Ehe wurde Bridget schwanger. An diesem unfruchtbaren Ort war sie endlich fruchtbar geworden – unter Schwierigkeiten und Gefahren, denn sie war nicht mehr jung, schenkte sie Jamie einen gesunden Sohn.

Bridgets Glück war vollkommen.

»Da ich vielleicht nie mehr ein Kind haben werde«, sagte sie, »werden wir ihm alle Namen geben, die ich mir ausgesucht habe: Thomas Patrick James Brian Boru –«

»Hab Erbarmen!« stöhnte Jamie. »Der Priester wird sich bei dieser Menge die Zunge brechen und nie wieder die Messe lesen können. Und denk daran, daß der arme kleine Kerl, wenn er erwachsen ist, Formulare ausfüllen muß. Er wird uns verfluchen, weil wir ihm all diese Namen aufgebürdet haben. Nur Thomas Patrick –«

»Aber ich wollte ihn nach dir nennen, Liebster!«

»Also dann Thomas Patrick James.«

Der im November 1855 geborene Thomas Patrick James Brown war also der einzige Nachkomme, der den Namen seines Vaters in Australien weitergeben konnte, bis ihm selbst ein Sohn geboren wurde.

Jamie hatte inzwischen den Wunsch aufgegeben, eines Tages in sein Vaterland Kanada zurückzukehren. Er und Bridget beschlossen, daß Tommy die Schule in Deniliquin besuchen sollte.

Im Gegensatz zu seinen Eltern atmete der junge Tom seit seiner Geburt den Staub der westlichen Ebenen ein. Er kannte den gestreiften Himmel, wenn die weißen Wolkenfetzen sich über das Blau ausbreiteten und den Sommer ankündigten; die großartigen Gewitter, wenn der Himmel dunkel wie ein Bluterguß wurde, und die weit ausgedehnte Melde-Fläche mit überirdischem Licht beleuchtete; und im Winter das reine Grün und Rotgelb nach dem Sonnenuntergang, während tief unten im Westen ein Planet wie eine himmlische Laterne glühte.

Wenn nach einem heißen Tag einer der seltenen heftigen Wolkenbrüche einsetzte, lief Tommy in den prasselnden Regen hinaus.

Eine von Jamies Aufgaben bestand darin, die Windmühlen instand zu setzen, die Wasser aus den Brunnen heraufpumpten, um die Tröge im Salzbuschland zu füllen. Oft nahm er den kleinen Tommy in dem mit Werkzeugen beladenen, offenen vierrädrigen Wagen mit. Die Windmühlenflügel waren aus Holz, das bei Sturm oft beschädigt wurde. In der Nähe des Farmhauses ging ein Pferd in einem Göpel den ganzen Tag im Kreis – eine verläßlichere Methode, Wasser aus dem Fluß zu schöpfen.

Eimer aus Leder oder Eisen wurden mit dicken Hanfseilen heraufgezogen.

Tommy war gern mit seinem Vater draußen auf den Weiden, wo sie oft über Nacht lagerten. Es war aber auch schön, wieder zu dem Haus aus Schindelbrettern, das ihr Heim war, zurückzukehren. In der Küche, die im Winter auch als Wohnzimmer diente, stand ein altes Sofa, das mit ausgebleichtem, blau-braun gemustertem Kretonne überzogen war, und dort lag Tommy gern und sah zu, wie das Herdfeuer das zufriedene Gesicht seiner Mutter aufhellte, ihren irischen Teint und das schwarze Haar, in dem sich schon ein paar graue Strähnen zeigten.

Innerhalb von sechs Jahren hatte Josh Forbes seinen Viehbestand verdoppelt und seinen Landbesitz auf hunderfünfzig Quadratmeilen vergrößert. Sein Bruder John in dem kleinen, grünen Tasmanien wunderte sich, daß jemand soviel Land brauchte oder besitzen wollte. Aber ein Morgen Riverinaland ernährte nur ein halbes Schaf, und in den Salzbuschgebieten der Farm noch weniger.

Seinem ältesten Sohn Hamilton und während der langen Sommerferien auch dem jungen Jason fielen jetzt die Arbeit des Hütens und Zusammentreibens der Herde zu, aber Josh weigerte sich, die Leitung der Farm aus den Händen zu geben. Immer mehr Männer begannen die Goldfelder zu verlassen und Arbeit zu suchen; er hatte keine Schwierigkeiten mehr, Arbeitskräfte zu bekommen, jedenfalls hatte er mehrere gute Viehhüter, meist Eingeborenen-Mischlinge, die gut ritten und deren Familien in primitiven Hütten am Flußufer wohnten. Er bezahlte den Männern einen Lohn, für den kein Weißer gearbeitet hätte, und verkaufte ihnen Hemden, Stiefel und Hüte aus dem Laden der Farm.

Josh war hart geworden, stellte hohe Anforderungen und beschäftigte sich nur mit den Aufzeichnungen und seinen Zuchtbüchern. Sein Mund, der einmal einen weichen, nachgiebigen Zug hatte, war jetzt eine dünne, harte Linie; seine Augen waren zu Schlitzen in seinem ledergegerbten Gesicht geworden, und sein Haar war zurückgewichen, so daß sein Schädel wie eine braune, polierte Nuß aussah.

Während er bei vergleichsweise geringen Ausgaben wie neuen Kleidern für die Mädchen oder Reitstiefeln für die Jungen knauserte, war Josh keine Summe zu hoch, wenn es um die Zuchtergebnisse seiner Schafe ging. Die Herde, die er aus den ersten reinrassigen tasmanischen Merinos gezüchtet hatte, verbesserte er nun, indem er seine besten Mutterschafe mit Rambouilletwiddern paarte. Er wollte eine größere, widerstandsfähigere Rasse mit dichtem Vlies und breitem Rücken züchten, die die Sommerhitze besser ertrug. Sein Ziel war es, einen Widder hervorzubringen, der eine Rekordmenge von dreißig Pfund Wolle bringen würde. Sorgfältig führte er Buch über die Wollerträge einzelner Schafe, die Abkömmlinge von berühmten Zuchtwiddern waren. Er achtete genau darauf, daß kein herumstreunendes Tier in die Zuchtgehege kam.

Etwa zu der Zeit, als Jason seinen Schulabschluß machte, änderte sich Betsys Verhalten, und sie entfremdete sich in zunehmendem Maß ihrem Mann. Sie hatte ihm acht Kinder geboren, darunter zwei, die tot auf die Welt kamen, und hatte in den achtzehn Jahren drei Fehlgeburten erlitten. Immer mehr hatte sie das Gefühl, von Josh nur als Gebärmaschine benützt zu werden, um immer mehr Söhne zu haben und so seinen wachsenden Besitz unter guter Obhut zu wissen.

»Wirf diesmal nicht wieder ein Mutterschaf, Betsy«, hatte er einmal gescherzt, als sie wieder schwanger war, aber sie dadurch sehr gekränkt. Sie verabscheute es, daß er nur an Züchten und die Zeugungsfähigkeit von Widdern dachte. Er war grob und rücksichtslos geworden. Sie hielt die Mädchen bewußt von den Zuchtgehegen fern, wenn ein Schafbock zu den Mutterschafen gelassen wurde. Schafbock! Das Wort allein war obszön. Ihr Vater hätte nicht im Traum daran gedacht, über solche Themen am Teetisch zu sprechen, doch Josh tat es ungeniert.

Eines Tages kam er früher als gewöhnlich heim, während sie noch beim Nachmittagstee saßen, ein Zusammensein, dem er für gewöhnlich fernblieb, da er sich bis zum Sonnenuntergang, der jetzt, zur Zeit der Tagundnachtgleiche, gegen sechs Uhr eintrat, gern bei seinen Schafen aufhielt. Er ließ sich in einen Brokat-Lehnstuhl fallen, starrte zu Boden und brütete mit gesenktem Kopf vor sich hin.

»Philomena, läute um eine Tasse Tee für deinen Vater. Was für einen möchtest du, Josh, chinesischen oder indischen?«

»Wie? Ach, den Tee!« fuhr er auf, als würde es bei der Familienrunde nicht um den Genuß von Tee, sondern um ein ausgefallenes Thema gehen, das sie willkürlich angeschnitten hatte. »Ist mir gleichgültig... indischen.«

»Was ist denn los?« fragte Betsy nicht sehr einfühlsam, während ihn die Mädchen erschrocken anblickten.

»Was los ist? Das will ich dir sagen. Der neue Widder, für den ich ein Vermögen bezahlt habe, ein Nachkomme vom Emperor: Er ist krank, vollkommen erschöpft. Und er bringt keine Leistung.«

»Ach.« Seine Frau hatte sich unmerklich steifer aufgerichtet. Sie nahm die frische Tasse und Untertasse vom Dienstmädchen entgegen, ergriff die große Porzellan-Teekanne und schenkte vorsichtig ein.

»Ja, ich frage mich, ob vielleicht Farne ins Zuchtgehege geraten sind, obgleich ich mir nicht vorstellen kann, daß wir sie übersehen hätten. Wenn er stirbt... ich hätte mich gegen seinen Tod versichern sollen.«

»Kannst du denn das Leben eines Schafes versichern?« fragte Caroline, die das Wort Schafbock, das ihre Mutter für anstößig hielt, sorgfältig vermied.

»Selbstverständlich, wenn es ein wertvolles Zuchttier ist. Es ist auch eine Art von Lebensversicherung.«

»Vielleicht hat ihm der Kälteeinbruch geschadet«, mutmaßte Betsy. »Er wird wahrscheinlich in ein oder zwei Tagen wieder in Ordnung sein.«

Josh nahm ein Stück Kuchen und tunkte es in den Tee. »Ich hoffe, daß du recht behältst; aber der Widder ist trotz seines Stammbaumes kein überzüchteter Weichling, dem ein Wetterumschwung schaden kann. Er liefert immerhin fünfzehn Pfund gewaschene Wolle bei einer Schur. Das dichte Vlies sollte ihn doch vor jedem Kälteeinbruch schützen.«

»Mir tun die kleinen, einjährigen Lämmer leid«, mischte sich Eliza ein, »die in der Kälte kein Wollkleid haben. Warum heißt es in der Bibel ›Der Wind ist für ein geschorenes Lamm mild‹? Das stimmt nicht. Ich habe gesehen, wie sie sich im Windschatten zusammendrängten...«

»Wäre es dir lieber, wenn ich sie alle in Lammkotelettes verwandle?« fragte ihr Vater. »Sie sind wenigstens noch am Leben. Und du trägst warme Wollstrümpfe und Schals.«

»Papa, können wir zu Weihnachten nach Melbourne fahren, es wird hier so heiß«, fragte Philomena, die eine passende Gelegenheit nutzen wollte.

Josh runzelte die Stirn. »Ich halte es nicht für notwendig, daß ihr nach Melbourne gondelt. Es kostet –«

»Bei weitem nicht so viel wie dein alter Widder«, warf Ellen vorlaut ein.

»Warte nur, bis ich den ersten Preis bei der Royal Sydney Show gewinne. Dann werden wir sehen, wer sein Geld zum Fenster hinauswirft.«

Über die Gestaltung der Weihnachtsferien wurde vorläufig nicht mehr gesprochen, der Bock erholte sich, und Josh, dessen Laune sich wieder besserte, verkündete, daß sie nach der Schur alle nach Albury fahren würden; er würde sie dorthin begleiten. Die Mädchen verzogen die Gesichter, denn sie wollten viel lieber in Melbourne einkaufen gehen. Aber Albury war wenigstens etwas; dort gab es mehrere gute Hotels und ziemlich große Geschäfte, und die Bevölkerung war in den letzten zehn Jahren von ein paar hundert auf sechstausend angewachsen. Man konnte auf dem Fluß bootfahren und Tennis spielen...

Da Betsy wieder schwanger war, beschloß sie, die lange Reise nach Albury nicht mitzumachen, sondern daheim zu bleiben und sich auszuruhen. Sie fühlte sich derzeit für jegliche Tätigkeit zu müde. Jede Schwangerschaft in den langen, heißen Sommern kostete mehr Kraft als die vorhergehende.

»Miss Thomas kann die Mädchen begleiten«, schlug sie vor. »Ich habe eine Menge zu nähen, und Bridget wird sich um mich kümmern.«

Sie mochte Miss Thomas nicht sehr: eine dickliche junge Frau mit blassen Augen, deren Mutter als Kammerzofe der Frau von Gouverneur Macquarie nach Neusüdwales gekommen war. Sie war zweifellos gut geschult, aber es mangelte ihr an Manieren.

Es war ganz gut, fand Betsy, daß Joseph mitfuhr, um den jungen Jason in Zaum zu halten, der sie alle schon mächtig auf Trapp hielt. Jason hatte schwarze Locken und rosige Wangen, die noch nicht die im australischen Busch übliche stumpfbraune Hautfarbe angenommen hatten, und sah keinem Elternteil ähnlich.

Er war Betsys erklärter Liebling, vertrug sich aber mit seinem Vater nicht. Da er seine Mutter immer erbittert verteidigte, hatte er Josh einmal gegen das Schienbein getreten, als er sie wegen einer Panne im Haushalt zornig anschrie: Die Köchin hatte damals gestreikt, es war kein Brot für die Scherer gebacken worden, die drohten, die Farm zu verlassen, und es war erst die Hälfte der Schafe geschoren worden.

Josh hatte einen schlechten Ruf bei den Scherern. Er galt als unerbittlicher Boß, wenn er auch nicht so geizig war wie der »Hungrige« Tyson von der Deniliquin-Farm, der von Tramps und Landstreichern gemieden wurde, die auf eine kostenlose Mahlzeit aus waren.

In Tumbudgery gab es im ersten Jahr nicht genug Hütten für die Scherer, also hatte Josh sie in Zelten untergebracht. Er hatte sechzehn Mann eingestellt, und die Hälfte verließ ihn am zweiten Tag und beschwerte sich, weil sie nicht ordentlich untergebracht waren. Josh brachte sie vor den Polizeirichter in Deniliquin und klagte sie an, weil sie ihre Verträge nicht einhielten. Den Scherern wurde aufgetragen, an den Arbeitsplatz zurückzukehren oder eine Strafe von jeweils neun Pfund zu bezahlen.

»Das wird ihnen eine Lehre sein!« sagte er befriedigt, als er aus Deniliquin zurückkam. Die Männer waren natürlich verärgert. Sie behaupteten, daß die Schafe »naß« waren oder die Wolle »sandig« und das Scheren daher doppelt so lange dauerte als notwendig. Dann setzten die Regenfälle ein, und Joshs Wollwagen versanken im Morast auf den schwarzen Ebenen. Die mit quadratischen Wollballen hoch beladenen Gefährte legten sich in den Furchen schief. Josh verwendete daraufhin Pferdegespanne, die, wenn die Piste gut war, in vierzehn Tagen eine Strecke zurücklegen konnten, für die die Ochsengespanne einen Monat brauchten.

Für Betsy hatten die Flußebenen mit den Buchsbäumen, die blaue Blätter und dunkle Stämme hatten, die Sandhügel mit Dickichten von Scheinzypressen, die so symmetrisch waren wie Weihnachtsbäume, eine besondere Schönheit, und die niedrigen, blaugrauen Melden, die zuerst so eintönig ausgesehen hatten, konnten bei starkem Tau oder Reif atemberaubend reizvoll erscheinen, wenn jedes Blatt mit funkelndem Silber bedeckt war.

Als die Familie aus Albury zurückkehrte, bemerkte Betsy zum ersten Mal die Veränderung an Miss Thomas. Es war nichts Bestimmtes, auf das sie den Finger hätte legen können; aber es war eine neue Selbstsicherheit, ein besonders schlaues Lächeln, das Betsy verwirrte.

Dann ließ Jason beim Frühstück eine Bemerkung fallen, als Miss Thomas wegen starker Kopfschmerzen nicht erschienen war und Josh das Haus früh verlassen hatte, um einen Zaun zu reparieren.

»Hm – sie ist gestern nacht eben zu lange aufgeblieben«, meinte Jason.

»Was meinst du damit? Du hättest jedenfalls schlafen gehen sollen«, sagte Philomena.

»Ich habe gehört, wie sie und Vater auf der Veranda miteinander redeten, und dann schlug die Uhr zwölf.«

»Was hast du gerade gesagt, Jason?« fragte seine Mutter scharf.

»Vater und Miss Thomas. Sie haben auch immer auf dem Balkon im Hotel in Albury lange Gespräche geführt«, murmelte er.

Josh schlief seit seiner Rückkehr im Büro und Betsy wußte nicht, um welche Zeit er zu Bett ging.

»Verbreite keinen Klatsch, Jason«, mahnte Caroline scharf. »Du solltest niemanden belauschen.«

»Ich habe nicht gelauscht. Ich bin aufgestanden, um Wasser zu trinken, der Mond hat geschienen, ich habe aus dem Fenster geschaut und sie gehört –«

»Das genügt!« entschied Betsy. »Eßt euren Porridge auf, lauft dann hinunter in den Obstgarten und bringt mir ein paar Orangen. Beeilt euch!«

Sie erwähnte Josh gegenüber nichts, achtete aber von nun an auf sein Benehmen und bemerkte die kleinen Aufmerksamkeiten, die er der Gouvernante erwies.

Die *Pastoral Times* von Deliniquin verkündete im März 1859:

Geburt. Auf der Tumbudgery-Farm, am Edward-Fluß, wurde die Gattin von Joseph Forbes Esq., von einer Tochter entbunden.

Es gab keine helle Freude auf Tumbudgery. Josh ging mit finsterem Gesicht herum, nachdem er das winzige, rotgesichtige Bündel Mensch mit dem dünnen schwarzen Haarbüschel gleichgültig angesehen hatte. Seine Enttäuschung war offensichtlich. Betsy kümmerte sich kaum darum. Durch die Geburt waren ihre Kräfte geschwunden; sie mußte das Bett hüten und wurde von einer Krankenschwester betreut.

Das kränkliche Baby jammerte und schrie. Wenn es an die Brust gelegt wurde, trank es eine Weile hungrig, dann warf es sich mit überraschender Kraft zurück und fing an zu schreien.

»Sie ist bestimmt nur hungrig«, meinte die Schwester. »Sie haben nicht genügend Milch für sie. Wir müssen sie auf Kuhmilch und Wasser umstellen.«

»Lassen Sie es mich noch einmal versuchen«, bat Betsy, aber sie brachte wenig Gefühl für dieses Häufchen Unglück auf. Wenn es nur ein Sohn gewesen wäre, hätte alles anders ausgesehen. Dann wäre sie der Mittelpunkt gewesen, wäre verwöhnt und verhätschelt worden, wie es bei Jasons Geburt der Fall gewesen war.

Die kleine Tochter – sie hatte sie Sarah Jane getauft – wuchs nicht. Ihr kleiner Bauch quoll auf, aber ihre Arme und Beine waren dürr wie Stöcke, an denen das Fleisch in Falten herabhing. Sie erbrach die Nahrung aus der Flasche: Die halbverdaute, geronnene Milch schoß wie aus einem Gewehr aus ihrem Mund.

»Stoßweises Erbrechen!« diagnostizierte die Schwester. »Wir sollten sie ins Krankenhaus nach Deniliquin bringen, wie Dr. Scott vorgeschlagen hat.«

Betsy erklärte, sie würde in der Stadt bleiben, während das Baby in das neue Krankenhaus eingeliefert wurde. Aber es war zu spät. Der Arzt konnte nichts mehr tun, und eine Woche später war Sarah Jane tot.

Es dauerte lange, bis Betsy sich von allem ein bißchen erholt hatte. Josh siedelte wieder in ihr Schlafzimmer über. Sie beobachtete ihn, als er seine Hose über einen Stuhl hängte und das Hemd mit dem offenen Kragen ablegte. Sie betrachtete seinen komischen Bauch, der über seinen hageren, sehnigen Beinen so rund und voll aussah wie der einer schwangeren Frau. Wie es wohl wäre, wenn er die Kinder austragen, zur Welt bringen und zusehen müßte, wie sie starben?

»Josh!« platzte sie plötzlich heraus. »Ich will keine Kinder mehr.«

»Was in aller Welt meinst du damit?« Er sah sie verwundert

an. »Du bist doch meine Frau? Was erwartest du eigentlich von mir? Soll ich eine schwarze Eingeborene ins Bett nehmen und einen Haufen braune Bälger aufziehen, wie es auf den Junggesellenfarmen geschieht? Das werde ich niemals tun. Außerdem will ich noch einen Sohn.«

»Ich aber nicht.«

Tränen flossen über ihre Wangen, ihr kurzes Aufbegehren war fast vorbei.

»Ach, komm doch, Betsy, du hast mir die ganze Zeit so gefehlt. Du liebst doch deinen alten Mann, nicht wahr? Komm schon, mein Mädchen.«

Er war jetzt im Bett, schob sein Gewicht auf sie, der Sturmbock erzwang sich Einlaß in die geschlossenen Tore der Zitadelle. Alles Aufbegehren war zwecklos, dachte sie dumpf und lag wie ein Holzklotz unter ihm. Mach mir noch ein Kind; du mußt es ja nicht austragen. Lord Josh von Tumbudgery, Zuchtwidder des Bezirks... Die Gattin von Joseph Forbes hat wieder ein Mutterschaf geworfen. Es würde mir nichts ausmachen, wenn er eine Schar von schwarzen Eingeborenenweibern hätte oder wenn er von der dicken Gouvernante einen Sohn bekäme, solange ich nicht jahrein, jahraus schwanger werden muß.

Der Sohn, wenn es einer war, wurde nie ausgetragen. Betsy erlitt nach fünf Monaten eine Fehlgeburt und starb in ihrem eigenen Blut. Sie hörte erst auf zu schreien, als sie zu schwach war, um einen Laut von sich zu geben.

Jason kam von der Schule in Melbourne zum Begräbnis nach Hause. Hamilton war bereits vom College abgegangen, um seinem Vater bei der Leitung der Farm zu helfen, und Josh hatte ihm versprochen, daß er ihm im nächsten Jahr das Salzbuschland übertragen würde, wenn er neunzehn wurde.

»Ich will zu Jahresende auch aus der Schule austreten«, erklärte Jason, als er heimkam.

»Aber du bist erst vierzehn!« protestierte Hamilton.

»Na und? Man kann die Schule schon mit zwölf verlassen.«

»Ja, aber Mama hätte gewollt, daß du erst –«

»Sprich mit mir nicht über Mama!« unterbrach ihn Jason wütend. »Er hat sie umgebracht, dieses Scheusal.«

»Jason! Du kannst nicht –«

»Es ist wahr. Sie hatte sich kaum von dem letzten Kind erholt, und er konnte es nicht erwarten, ihr wieder eines zu machen. Es ging ihr nicht gut, als wir nach Albury fuhren. Sie war ihm gleichgültig.«

Die Mädchen, deren Augen vom Weinen geschwollen waren, wurden mit Miss Thomas nach St. Kilda an der Port-Phillip-Bucht auf Ferien geschickt.

»Ich weiß, daß Sie meine mutterlosen Mädchen gut betreuen werden«, sagte Josh. Nach fast zwanzig Jahren Ehe hatte ihn der Verlust von Betsy tief erschüttert. Sie war auf dem Deniliquin-Friedhof neben dem winzigen Grab von Sarah Jane bestattet worden, in dem »guten sandigen Lehm«, den der Landvermesser Townsend vor zehn Jahren in seinem Bericht erwähnt hatte.

Deniliquin war eine aufstrebende Stadt geworden. Es war jetzt ein blühender Ort mit über fünfhundert Einwohnern am Südufer des Edward-Flusses. Da es keine Steine in der Gegend gab, hatten sich zwei Ziegelwerke etabliert. Das Gefängnis und die Polizeistation gehörten neben dem Ziegelbau des Krankenhauses, einem großen Gerichtsgebäude und mehreren Hotels zu den eindrucksvollsten Gebäuden. Man hatte vor, als Ersatz für die Fähre eine Brücke zu bauen. Der Ort war das Handelszentrum für Vieh – sowohl Schafe als auch Rinder – und die Einwohnerzahl war gewachsen, als die Goldsucher allmählich die Goldfelder von Victoria verließen. Die Einheimischen hatten Vermögen verdient, indem sie ihre Stadtparzellen, die sie für fünf Pfund den Morgen gekauft hatten, jetzt um bis zu fünfhundert Pfund losschlugen.

Josh beschwerte sich darüber, daß er genauso viel verdient hätte, wenn er sein Kapital in Stadtgrundstücken und nicht in Zuchtvieh angelegt hätte, das Land verkauft und keinen Penny für die Zucht ausgegeben hätte.

Jetzt wurde alljährlich eine Landwirtschaftsmesse abgehalten, bei der Josh manchmal aufgefordert wurde, die Vliese und die besten Widder zu beurteilen. In diesem Jahr wollte er teilnehmen, um sich auf die Royal Sydney Show im nächsten Jahr vorzubereiten.

9

Josh hatte schon in Daralgoon als einer der ersten seine Schafe vor der Schur gewaschen. Es machte zwar eine Menge Arbeit, lohnte sich aber durch die höheren Preise, die er für seine Wolle erzielte. Jetzt schoren sie auf den trockenen Farmen am Billabong Creek, der nicht immer Wasser führte, fette Wolle und schickten sie in die Stadt oder in größere Orte zum Reinigen – was natürlich bedeutete, daß die Ballen schwerer waren und mehr Frachtkosten aufliefen.

Im Jahre 1860 schienen die Frachtprobleme gelöst zu sein, denn der erste Raddampfer schäumte den Edward-Fluß hinauf, ließ seinen mit Mehl und acht Tonnen Zaundraht beladenen Schleppkahn in Moulamein und gelangte bis zur Stadt Deniliquin.

Der elektrische Telegraf hatte schon früh die Nachricht empfangen, daß die *Moolgewanke* unter Kapitän Johnston unterwegs war. Aber auch der Schraubendampfer *Wakool,* der Kapitän Cadell gehörte, sollte sich in der Nähe befinden. Endlich, im Juli, war die hundert Fuß lange *Moolgewanke,* deren zwei Schaufelräder das Flußwasser aufwirbelten, in Sicht.

Die Mädchen liefen zu der kleinen Anlegestelle hinunter, wo ihr Vater ein Stakboot und ein Dinghi vertäut hatte, die in den trockenen Sommern, wenn der Fluß seicht war, nutzlos, jetzt aber flott waren. Sie baten den großen, bärtigen Kapitän Johnston, sie ein Stück mitfahren zu lassen.

»Ja, ihr könnt an Bord kommen«, rief er vom Ruderhaus hinunter, »und bis Deniliquin mit uns fahren, wenn ihr wollt.

Das heißt, wenn wir es schaffen, haha! Die Baumstümpfe sind so dicht gesät wie Rosinen in einem Pudding.«

Eliza, Ellen und Philomena liefen zur Farm zurück, um die Erlaubnis ihres Vaters dazu zu erbitten. Caroline folgte ihnen gelassener. Und Josh, den man von der Weide geholt hatte, galoppierte herbei, um dem Kapitän die Hand zu schütteln und ihm ein halbes, frisch geschlachtetes Schaf für seine Speisekammer zu schenken. Wenn die Dampfer wirklich bis zu seiner Tür oder wenigstens bis Moulamein fahren konnten, würden seine Frachtkosten ungeheuer sinken, und zwar sowohl beim Verschicken der Wolle als auch beim Bezug von Vorräten.

Miss Thomas begleitete die Mädchen, denn sie sollten über Nacht wegbleiben; die Fahrt wurde von Baumstämmen dermaßen behindert, daß sie am nächsten Morgen erst um zehn in Deniliquin eintrafen, wo sie mit einem Salutschuß aus der alten Kanone vor dem Gerichtsgebäude begrüßt wurden.

Die Mädchen gingen an Land und stiegen mit Miss Thomas im Royal Hotel ab. Am nächsten Morgen traf Jamie Brown in dem gefederten Wagen ein, um sie wieder nach Hause zu fahren, doch kurz vorher hatten sie noch mit der winkenden, jubelnden Menge am Ufer gestanden und sich von dem kleinen Dampfer verabschiedet. Die *Moolgewanke* ließ fröhlich die Sirene ertönen und dampfte weiter den Fluß hinauf.

Als die *Wakool*, das Schiff von Kapitän Cadell, vier Tage später eintraf, gab es eine herbe Enttäuschung. Der Schraubenantrieb eignete sich nicht für einen mit Baumstümpfen gefüllten Fluß, die Schraube war schon einmal gebrochen. Eine Weiterfahrt war also ausgeschlossen.

Kapitän Johnston fuhr langsam zur Farm in Süd-Deniliquin, die jetzt dem Millionär, dem »Hungrigen« Tyson gehörte. Er hatte gehört, daß Tyson eine Brücke über den Fluß – ohne Bewilligung der Behörden – errichtet hatte, die eine zu geringe Höhe besaß, so daß die Dampfer nicht unter ihr durchfahren konnten. »Wir werden uns das näher ansehen!« sagte er und schlug auf die Axt, mit der er, gemeinsam mit der Besatzung, Bäume aus dem Weg befördert hatte. Die Regierung von Neusüdwales hatte mittels Gesetz verordnet, daß »der Flußschiffahrt keine Hindernisse in den Weg gelegt werden dürfen«.

Kapitän Johnston war fest entschlossen, weiterzufahren und wieder zum Murray zurückzukehren. Es dauerte nicht lange, und sie trafen auf die Brücke des Siedlers. Bald brachte das Geräusch von Äxten und Tomahawks, die zielstrebig geschwungen wurden, Mr. Tyson ans Ufer hinunter, der wütend die Faust ballte.

»Du wirst nie durchkommen!« brüllte er. »Und wenn du zurückkommst, wird sich wieder eine Brücke über den Fluß spannen, du stinkender Flußpirat.«

Aber sie kamen nicht wieder. Kapitän Jonston und sein Steuermann Murphy kämpften sich durch den sich stetig verengenden Nebenfluß und schreckten Scharen von weißen Kakadus von ihren Ruheplätzen auf, die kreischend über ihnen kreisten. Der »Fluß« war fast nur noch ein Wald von Eukalyptusbäumen, die im Wasser standen; sie brauchten einen ganzen Tag, um eine fünf Meilen lange Fahrtrinne durch den Fluß, an Baumstämmen und überhängenden Ästen vorbei, freizuhakken.

Schließlich gelangten sie dicht unterhalb von Tocumwal wieder auf den Murray, vierhundertsechzig Meilen von dem Zusammenfluß mit dem Wakool entfernt, dem Ort, wo sie ihn verlassen hatten. Ein großes Stück der westlichen Ebenen, einschließlich der Tumbudgeryfarm, war umschifft.

Bald danach, nur ein Jahr nach Betsys Tod, rief Josh die Familie zusammen und teilte ihr mit, daß er wieder heiraten würde.

»Ich kann nicht allein leben«, erklärte er ernst, »und eure verstorbene Mutter hätte es auch nicht gewollt; sie würde wollen, daß ich, soweit es ohne sie möglich ist, glücklich bin.« Er stieß einen schweren, theatralischen Seufzer aus. Jason schnaubte leise; er saß abseits von den Mädchen. Josh blickte ihn scharf an.

»Ich weiß, daß ihr euch alle darüber freuen werdet«, fuhr er fort, »daß ich keine fremde Dame als eure neue Mutter ins

Haus bringe. Miss Thomas hat eingewilligt, meine Frau zu werden.«

»Hast du eben Dame gesagt?« murmelte Ellen.

Josh zwang sich, zu lächeln. »Was haltet ihr davon?«

»Ich finde es widerlich«, antwortete Jason laut.

»Was meinst du mit dieser Bemerkung?«

»Ich meine, daß sie halb so alt ist wie du, und Mutter noch nicht einmal vor einem Jahr von uns gegangen ist.«

»Ich habe nicht länger gewartet, weil ja auch ich nicht jünger werde –«

»Du kannst doch nicht ernstlich vorhaben, Miss Thomas zur Frau zu nehmen, Vater!« rief Caroline.

»Und ob ich das kann! Wir werden in sechs Monaten, nach Weihnachten, in Melbourne heiraten.«

»Ich will keine neue Mama«, protestierte Philomena und begann zu weinen.

»Es handelt sich nicht darum, was *du* willst, Mädchen, sondern was *ich* will«, stellte ihr Vater klar, der langsam die Geduld verlor. Er hatte sich eingeredet, daß die Kinder sich seinem Vorhaben nicht widersetzen würden, obwohl sie vielleicht eine Weile brauchen würden, um sich an den Gedanken zu gewöhnen.

Es war gegen Ende des Wintersemesters, und Miss Thomas fuhr nach Melbourne, um ihre Ausstattung einzukaufen. Die Mädchen verabschiedeten sich eher förmlich von ihr. Sie würde sich natürlich weiter mit der Erziehung der Jüngeren befassen, würde aber jetzt zur Familie gehören.

»Sie sind kein Familienmitglied, Sie sind Miss Thomas«, verkündete Philomena eigensinnig.

»Wenn ich zurückkomme, meine Liebe, werde ich nicht mehr Miss Thomas sein. Ich werde Mrs. Joseph Forbes sein«, erklärte sie triumphierend.

»Ich hätte es nie für möglich gehalten!« stöhnte Jason, der verzweifelt seine dunklen Locken raufte. »Wie *konnte* Vater nur auf ein so dickes, ordinäres kleines Weibsstück hereinfallen!

Und sie wird zweifellos eine neue Schar von Söhnen und Töchtern in die Welt setzen und unser Erbe verringern.«

Hamilton pfiff leise durch die Zähne. Daran hatte er nicht gedacht. Aber das erklärte natürlich das Verhalten seines Vaters. Miss Thomas war relativ jung, gesund, sozusagen »gutes Zuchtmaterial«. Er liebte sie bestimmt nicht, aber sie würde sicherlich ihrer Rolle, den leeren Platz im Bett einzunehmen und seine Nachkommenschaft zu vergrößern, gerecht werden.

»Sie kann weitere zwanzig Jahre Kinder gebären«, jammerte Jason, »und die Stelle unserer Mutter einnehmen. Es ist ekelhaft. Er ist nichts als ein geiler alter Bock!«

»Er fühlt sich einsam«, verteidigte Hamilton seinen Vater nachsichtig. »Aber er hat sich sehr beeilt, einen Ersatz zu finden. Sie hat ihm natürlich seit Jahren schöne Augen gemacht.«

»Natürlich. Wir müssen etwas unternehmen, um alledem einen Riegel vorzuschieben.«

»Was können wir tun? Alter schützt vor Torheit nicht.«

»Mir wird schon etwas einfallen«, murmelte Jason finster.

Keinem seiner Söhne kam in den Sinn, daß Josh sich mit achtundvierzig keineswegs als alter Mann fühlte. Für sie war jeder, der verheiratet war und Kinder hatte, Angehöriger der älteren Generation – und ihr Vater war fast zwanzig Jahre lang verheiratet gewesen. Für Jason, der seine Mutter sehr geliebt hatte, war schon der Gedanke an diese Heirat ein Verrat.

Einige von Jasons Schulfreunden waren zu den Sommerferien aus Melbourne gekommen, zu einer Zeit, als die Wildschweine auf der Farm zu einer Landplage wurden. Immer häufiger kamen sie zu den Wasserlöchern im Fluß herunter, suhlten sich im Schlamm und verschmutzten das Trinkwasser, um sich dann in ihre Tages»lager« in den dichten Gehölzen von heimischen Zypressen und Violettholz zurückzuziehen. Alle Zeichen standen auf Jagd. Die Männer warteten, bis die ärgste Tageshitze vorbei war, dann stiegen sie in einen offenen, von Josh gelenkten Rollwagen. Die geladenen Gewehre lagen hinten auf einem Haufen Säcke, die Hunde liefen neben dem Wagen her.

Das Pferd zog sie auf einer kaum erkennbaren Piste durch das Gras zum Tor des Entwöhnungsgeheges. Obwohl Josh Zaundraht gekauft hatte und die meisten seiner Weiden hiermit eingefaßt worden waren, drangen die Schweine doch immer irgendwie ein. Schweine sind eben viel schlauer als Schafe.

»Dort sehe ich eines!«

Die beiden Hunde hatten schon die Verfolgung aufgenommen. Josh sprang leichtfüßig hinunter, noch bevor der Wagen zum Stillstand kam, packte ein Gewehr, lief den Hunden nach und sprang dabei über einen kleinen Graben, in dem sich noch etwas Feuchtigkeit befand, in der das Schwein sich gewälzt hatte. Er feuerte, bevor die anderen zu ihm aufschlossen, aber das Schwein verschwand in einem Zypressenwäldchen. Josh holte die Hunde ein, legte sie an die Leine und band sie an den Wagen.

»Sollen wir es verfolgen, Sir?« fragte einer der Jungen.

»Allerdings. Wenn wir ausschwärmen, kann es uns nicht entkommen.« Jason füllte seine Tasche mit Reservemunition und hielt sein Gewehr dabei im Arm. »Gehen wir!«

»Ihr beide bleibt in der Mitte«, wies Josh zwei Jungen an, »und Jason und ich nehmen die beiden Seiten. Bewegt euch leise. Wir brauchen die Hunde nicht. Sie erschrecken das Tier nur, bevor wir zu einem guten Schuß kommen. Schießt erst, wenn ihr es wirklich seht.«

Sie schwärmten in dem Wechselspiel von Licht und Schatten zwischen den Zypressen in breiter Front aus. Ihre Gestalten verloren die scharfen Umrisse und verschmolzen scheinbar mit den hohen, geraden Stämmen. Es würde schwierig sein, das Schwein auszumachen, wenn es sich nicht bewegte. Vielleicht hätten wir doch die Hunde mitnehmen sollen, um es aufzuscheuchen, dachte Josh. Er hörte rechts und vor sich einen Zweig knacken und hob das Gewehr. Er nahm einen Schatten wahr, der sich dicht am Boden bewegte, und feuerte. Fast gleichzeitig ertönte ein weiterer Schuß von weiter rechts, und dann noch zwei von den Jungen in der Mitte, die das Schwein wohl nicht gesehen hatten, aber nicht untätig sein wollten.

Das Schwein war unversehrt aus dem Wald entkommen. Josh lag auf dem Rücken zwischen den schlanken Baumstämmen und blickte verwundert zu dem blauen Fleck zwischen den grünen gefiederten Wipfeln hinauf. Etwas hatte ihn niedergestreckt. Er faßte an seine Seite, die höllisch schmerzte, dann hob er die Hand. Sie war mit Blut bedeckt. Einer von diesen Idioten hatte ihn angeschossen!

Er stöhnte, unternahm eine gewaltige Anstrengung, raffte seine schwindenden Kräfte zusammen und begann zu schreien. »Hilfe! Ich bin –« das waren seine letzten Worte, denn seine Lunge hatte sich rasch gefüllt, und er ertrank in seinem eigenen Blut.

Charles, ein Junge, der den Schrei gehört hatte, fand ihn. Aufgeregt rief er nach den anderen.

Clarrie, der andere Junge, und Jason stürzten auf seinen Ruf hin durch die Bäume herbei. »Schnell! Ich glaube, er ist tot!« rief Charles. Er hatte sein Gewehr in das trockene Gras unter den Bäumen geworfen. Jasons Gesicht war kalkweiß, er wirkte beinahe wie ein Verrückter, seine Augen starr, seine dunklen Locken standen zu Berge. Er warf sich neben seinen Vater auf den Boden.

»Vater!« Er schüttelte den Toten, als wolle er ihn aufwecken. »Vater, Vater! Sag doch etwas!« Aber nur ein wenig rosa Schaum, gefolgt von hellem Blut, quoll zwischen den Lippen seines Vaters hervor.

»Ich fürchte, er ist tot, Jason«, sagte Charles mit bebender Stimme. »Wir müssen ihn zum Wagen tragen.«

»Tot!« Jason starrte seine Freunde verstört an, dann warf er sich weinend zu Boden.

»O Gott, was habe ich getan?«

»Es war ein Unfall, Junge«, tröstete ihn Clarrie. »Keiner von uns ist daran schuld. Die Kugel kann von jedem von uns stammen. Wir haben alle auf das Schwein geschossen. Ich habe es eigentlich nicht gesehen, habe aber einen Schuß abgegeben.«

»Ich auch. Aber ich war es nicht«, erklärte Charles.

»Es war ein Unfall«, wiederholte Clarrie.

Es gelang ihnen, den Leichnam hinten in den Wagen zu legen, dann fuhren sie zum Farmhaus zurück.

Die *Pastoral Times* brachte folgende Nachricht:

Der bekannte Schafzüchter Joseph Hamilton Forbes starb am letzten Freitag nachmittag bei einem Jagdunfall auf seinem Besitz in Tumbudgery. Er befand sich mit einer Gruppe von Schuljungen, unter denen sich sein Sohn und dessen Freunde aus Melbourne befanden, auf der Wildschweinjagd, als sich der Unfall ereignete. Mr. Forbes, dessen Frau Elisabeth, geborene Hume, vergangenes Jahr verschied, hinterläßt eine Familie von zwei Söhnen und vier Töchtern.

Wegen der unerträglichen Hitze und der einsamen Lage von Deniliquin konnte Josh nicht auf dem Friedhof in der Stadt, neben Betsy, beigesetzt werden, sondern mußte auf seinem eigenen Besitz begraben werden, dem Ort, den er am meisten geliebt hatte. Ein Arzt hatte ihn vorher flüchtig untersucht und erklärt, daß der Tod durch eine in der rechten Körperseite eingedrungene Kugel verursacht worden war, die vermutlich einen Lungenflügel durchbohrt hatte und dann ins Herz gedrungen war.

Der ebenfalls anwesende Polizeibeamte machte sich Notizen und befragte die Jungen – vor allem Jason – so kurz und formlos wie möglich. Jagdunfälle waren im Busch an der Tagesordnung.

Bei dem gerichtlichen Verfahren zur Untersuchung der Todesursache wurde festgestellt, daß Licht und Schatten im Zypressenwald die Sichtverhältnisse beeinträchtigt hatten, daß Mr. Forbes ein dunkles Hemd getragen hatte und das Wildschwein schwarz war. Er hatte sich selbst gefährdet, indem er am späten Nachmittag mit drei im Gebrauch von Schußwaffen unerfahrenen Schuljungen auf die Jagd gegangen war.

Urteil: Tod durch Unfall.

»Aber Jason ist im Gebrauch von Gewehren erfahren«, äußerte sich Caroline an diesem Abend Hamilton gegenüber. Jason war wegen Kopfschmerzen früh zu Bett gegangen. »Er hat, seit er elf oder zwölf Jahre alt war, ein Gewehr besessen.«

»Ja, ich weiß«, Hamilton ging zum Schrank seines Vaters und schenkte sich einen schottischen Whisky pur ein. Ihm war zu Bewußtsein gekommen, daß er jetzt Mr. Forbes von Tumbudgery war – der Boß.

Der Gedanke an die große Verantwortung erschreckte ihn, und dazu kamen noch seine vier unverheirateten Schwestern. Er trank den Whisky und erschauerte. »Ich weiß natürlich, daß auch das größte Wildschwein nicht so hoch ist wie die Brust eines erwachsenen Mannes.«

»Wir bekommen wenigstens nicht Miss Thomas zur Stiefmutter.«

»Genau.«

Sie sahen einander an.

»Ich jedenfalls werde Jason keine Fragen stellen«, meinte Hamilton. »Und du solltest auch nicht darüber reden.«

»In Ordnung. Wir werden nicht wieder davon sprechen.«

Sie hielten sich auch daran, bis Jahre später Elaine Forbes ihren Vater fragte, warum sie ihren Großvater Forbes nie kennengelernt hatte.

Hamilton antwortete, daß sein Vater gestorben war, bevor sie zur Welt kam. »Man hat ihn für ein Wildschwein gehalten und erschossen.«

10

Nachdem Joseph Forbes' Testament bestätigt und die Erbschaftssteuer bezahlt worden war, stellte sein Sohn Hamilton fest, daß er ein reicher Mann war. Der Besitz fiel den beiden Jungen zu, der ältere Bruder besaß den größeren Anteil und erbte auch den Großteil des Kapitals. Jedes der Mädchen erhielt eine Leibrente.

Jason und Hamilton stritten endlos über die Verwaltung der Farm. Jason war eine Spielernatur, immer bereit zu einem Risiko. So wollte er in guten Jahren viel Vieh züchten, während Hamilton vorsichtig war und immer mit einer Trockenheit rechnete. Nach einigen Jahren beschloß Hamilton, mit dem Salzbuschgebiet eine Hälfte des Besitzes zu verkaufen und Jason die an den Edward grenzenden Ländereien zu überlassen.

Er selber zog auf einen neuen Besitz, den er am Murray in der Nähe seines Zusammenflusses mit dem Murrumbidgee gekauft hatte. Benangal war keine große Farm, sie war aber gut bewässert und lag an drei ständig wasserführenden Flüssen. Das Farmgebäude war aus Ziegeln gebaut und hatte acht Räume. Das nächstliegende Gut war die Rothsayfarm von Fergus Macdonald; der Murrumbidgee bildete die Grenze zwischen den beiden Farmen. Rothsay war eine der Sehenswürdigkeiten im Bezirk Riverine, wo Macdonald, der als »der Gutsherr von Rothsay« bezeichnet wurde, fast königlichen Aufwand trieb. Er behauptete, daß er vom Lord der Inseln und von Rainhilde, der Tochter des Königs von Norwegen, abstamme. Wenn er eine Party für den Gouverneur gab, ließ er beim Dinner seinen eigenen Dudelsackpfeifer um die Festtafel marschieren, und er selbst trug den Kilt und einen Macdonald-Tartan über der Schulter, der mit einer Cairngormspange befestigt war, die sein Vorfahre einst *Robert the Bruce* entrissen hatte. Fergus war ein stolzer, listiger Schotte, der jeden, der den Namen Campbell trug, haßte, aber als zugänglicher Mensch galt und seine verwaiste Enkelin wie sein eigenes Kind aufgezogen hatte. Das andere Waisenkind aber, für das er auch gesorgt hatte, den schwarzen Jungen Billiwidgery, erwähnte er nie. Als junger Mann hatte Fergus mit einer Gruppe von Siedlern am Hunter River eine Strafexpedition gegen Schwarze unternommen, die ihre Schafe mit Speeren gejagt hatten. Der Stamm wurde ausgerottet, aber vorher hatten sie noch Fergus' Hut mit einem Speer durchbohrt. Der Junge blieb am Leben, weil ihn seine Mutter in einem hohlen Baumstamm versteckt hatte, wo ihn Macdonald fand und nach Hause mitnahm.

Hamilton hatte Fergus im Siedlerklub in Sydney kennengelernt; er war ein riesiger, rotbärtiger Mann, dessen Brauen über den scharfen blauen Augen so dicht wie Schnurrbärte waren, und dessen Händedruck herzhaft war. Sein Besitz war angeblich eine Million Pfund wert.

Die weiblichen Forbes waren inzwischen alle unter der Haube. Eliza lebte in Melbourne, aber die anderen hatten in die Familien von ortsansässigen Siedlern eingeheiratet: Caroline war jetzt eine McLaurin, Ellen eine Macley und Philomena eine Kennedy. Jason hatte kürzlich ebenfalls geheiratet, und seine Frau Rosa war der Anlaß für den endgültigen Bruch zwischen den beiden Brüdern.

Hamilton konnte Rosa nicht leiden: eine laute Blondine mit entsprechender Stimme, die eben erst mit einem Auswandererschiff aus England angekommen war, als sein Bruder sie in Melbourne kennenlernte. Er fand, daß Jason ihre verstorbene Mutter beleidigte, indem er Rosa nach Tumbudgery brachte. Jason hatte Miss Thomas nicht als zweite Frau ihres Vaters akzeptiert und heiratete jetzt jemanden wie Rosa – sie lachte viel zu laut und trug entsetzliche Kleider...

Also zog Hamilton aus, zuerst kaufte er einige Wanganella-Widder vom Original Peppin-Bestand, um sie mit seinen besten Merino-Mutterschafen zu kreuzen. Er hatte das sorgfältige Zuchtprogramm seines Vaters fortgeführt und die Lämmer jedes Jahres im Zuchtbuch verzeichnet. Als er 1870 bei der Landwirtschaftsmesse in Deniliquin Preise für den besten Widder und die sechs besten Vliese bekam, dachte er daran, wie sehr sich Josh darüber gefreut hätte.

Jason hatte nichts für Hamiltons Gründlichkeit übrig und spottete über seine Vorsicht, weil er in guten Jahren den Viehbestand nicht aufstockte. Aber Hamilton hatte im Salzbuschgebiet die Folgen der allzu intensiven Viehhaltung gesehen. Die kleine, einjährige Melde wuchs nach dem Regen nach, aber die große Melde, die als Schutz und Futter so wertvoll war, erholte sich nicht wieder. Nachdem die Schafe sie bis zum Boden abgefressen hatten, gruben sie bei Trockenheit auch noch die Wurzeln aus und fraßen sie ebenfalls. Sogar die Fichten auf den Kämmen verschwanden, weil die alten Bäume abstarben und die Schafe die jungen Bäumchen fraßen. Die Teilung von Tumbudgery hatte Jason aus der Fassung gebracht, da sie bedeutete, daß auch die Zahl der Schafe halbiert wurde. Hamilton aber sah nicht ein, daß er Grund hatte, sich zu beklagen. Er behielt das beste Land am Ufer des Edward-Flusses und das Farmhaus.

»Ich würde die Hälfte, auf der Vaters Grab liegt, nicht verkaufen«, sagte Hamilton.

Jason warf ihm einen seltsamen, unergründlichen Blick zu. Hamilton hatte sich seit dem geheimnisvollen Unfall in Gegenwart seines Bruders nie mehr ganz wohl gefühlt.

Außer seinen persönlichen Besitztümern nahm Hamilton aus dem Haus nur eine Miniatur ihrer Mutter und eine große silberne Taschenuhr mit, die Betsys Großvater, dem hochwürdigen Mr. Coggin gehört hatte. Rosa hatte nämlich, als er andeutete, einen Teil der Einrichtung mitnehmen zu wollen, einen solchen Krach geschlagen, daß er lieber alles zurückließ.

Jason und Rosas erstes Kind, das verdächtig früh nach der Hochzeit zur Welt gekommen war, war eine Tochter, die Rosebud Forbes getauft wurde. Wenn Hamilton einmal einen Sohn haben würde, würde er ihn nach seinem Vater, Joseph nennen.

11

Es war unvermeidlich, daß Hamilton Forbes die lebhafte, rothaarige Moira Macdonald kennenlernte, die jetzt bei ihren Großeltern in Rothsay lebte. Sie begegneten sich bei einem Pferderennen, das auf der Poon Boon-Farm abgehalten wurde. Moira hatte auf Hamiltons Pferd gesetzt und gewonnen.

»Ich kann Pferde – und Reiter – gut beurteilen«, erklärte Moira, als sie nachher im großen Zelt Champagner tranken. Hamilton sah in dem bunten Seidenhemd sehr imposant aus. Es war zu Beginn des Frühlings, und die Flüsse begannen zu steigen. Er fand, daß Moira mit dem leuchtenden Haar und den rosa Wangen ein blendend aussehendes Mädchen war. Sie trug ein langes, grünes Reitkleid und eine schwarze Samtkappe auf den kastanienbraunen Locken.

»Hoffentlich sehen wir uns demnächst ein wenig öfter, Miss Macdonald.« Er füllte ihr Glas wieder.

»Bestimmt. Schließlich sind wir ja jetzt Nachbarn.«

Hamilton war kein so großer Mann wie sein Vater Josh, aber er flößte mit seinen großen, furchtlosen, offenen Augen Vertrauen ein. Er galt als ehrenhaft und zuverlässig, und die meisten Menschen vertrauten ihm instinktiv.

»Ich würde um die Erlaubnis bitten, Sie und Ihre Großeltern zu besuchen, aber ich muß nach Melbourne, bevor die Schur beginnt. Zuerst muß ich den Dampfer nach Echuca nehmen, um von dort mit der Bahn weiterzureisen.«

Hamilton ergriff ihre kleine, feste Hand und sah ihr tief in die Augen, bevor er Poon Boon auf seinem Vollblut verließ. Kurz darauf machte er sich nach Melbourne auf.

War es Zufall oder ein Wink des Schicksals, oder hatte Moira gar selbst ein wenig nachgeholfen, da sie ihn ja gefragt hatte, welchen Dampfer er nehmen würde. Auf jeden Fall beugte sich, als die *Lancashire Lass* am Anlegeplatz in Benangal haltmachte, niemand anders über die Reling des Oberdecks als Miss Moira Macdonald und ihre ältliche Begleiterin – eine mürrische Schottin aus dem Haushalt der Macdonalds, die die junge Miss als Anstandsdame begleitete.

Hamilton blickte auf und schnappte nach Luft, als die fröhlichen blauen Augen unter einem breiten Strohhut, dessen Chiffonbänder unter dem Kinn zusammengebunden waren, zu ihm hinunterschauten. Moira sah reizend aus. Das lange Gesicht, die Hängebacken und das düstere schwarze Kleid ihrer Begleiterin hoben Moiras süße Jugendlichkeit noch mehr hervor, aber Hamilton ahnte nicht, daß sie noch keine siebzehn war. Er war fünfzehn Jahre älter!

»Na so was, Mr. Forbes! Was für ein glücklicher Zufall!« rief sie, als er, nachdem er seine Koffer einem der Matrosen übergeben hatte, auf das Oberdeck kletterte. Sie stellte Miss MacIntyre vor, die »Ich freue mich, Sie kennenzulernen« in einem Ton murmelte, der alles andere als freundlich war.

»Ich fahre nach Sydney, um meine Mutter im Krankenhaus zu besuchen; es geht ihr gar nicht gut«, erklärte Moira. »Großmutter lebt in Albury, ich werde also meine Reise dort unterbrechen und dann mit der Kutsche nach Sydney weiterreisen.« Hamilton verbarg höflich seine Überraschung; er hatte geglaubt, daß Moira eine Waise war.

»Das ist eine gewaltige Reise für eine junge Dame! Und vielleicht müssen Sie mit der Kutsche nach Albury fahren, die Dampfer haben fast immer Schwierigkeiten, außer bei Hochwasser.«

»Ach, ich liebe es, zu reisen. Bevor ich nach Rothsay übersiedelte, mußte ich, nur um zur Schule zu kommen, ungefähr sechshundert Meilen von Bulloo nach Warwick zurücklegen.«

»Ich bin von Tumbudgery, das liegt bei Deniliquin, nach Melbourne hinunter gefahren.«

»Tumbudgery! In der Gegend besitze ich Land; die Farm heißt Breckan Plains. Eigentlich werde ich sie erst bekommen, wenn ich einundzwanzig bin.«

Hamilton beobachtete sie aufmerksam. Sie war nicht nur ein wunderschöner Anblick, sondern auch eine reiche Erbin!

Während der drei Tage dauernden Fahrt stromaufwärts nach Echuca lehnten sie oft ins Gespräch vertieft an der Reling, während ›der Drache‹, wie Hamilton Miss MacIntyre im stillen nannte, in einem Liegestuhl in der Nähe saß und häkelte. Zu seiner Freude stellte er fest, daß Moira sehr sachkundig über Schafe und Wolle sprechen konnte; sie wußte über trockene Weiden, Dämme zur Bewässerung und die Güteklassen von Merinowolle Bescheid.

»Ich wurde von einer alten Eingeborenen, Yeelena, aufgezogen, und die Schwarzen auf der Farm haben mir beigebracht, Spuren im Sand zu lesen –«

»Wirklich?« Hamilton war ein wenig betroffen. »Auf diese Idee würde niemand kommen, Miss Macdonald. Sie sind so elegant und –«

»Und sehen *so sauber* aus?« Sie sah ihn leicht belustigt von der Seite an. »Ich versichere Ihnen, die Hauslubras waren peinlich sauber, sie badeten jeden Tag im Fluß, wenn keine Trokkenheit herrschte und das Wasser nicht knapp war. Meine Mutter pflegte den Mädchen parfümierte Seife zu schenken, und sie wuschen sich liebend gern die Haare, die hell und hübsch waren, wenn sie gepflegt wurden.«

»Mein Großvater lebt noch in Hobart Town«, erzählte Hamilton; »mein Vater hat in Port Phillip, als er Anfang der Zwanzig war, Land erworben.«

»Ich würde gerne Hobart und Tasmanien kennenlernen«, sagte Moira. »Wie ich höre, soll es eine wunderschöne Insel sein. Ich habe die Äpfel von dort in den Geschäften von Sydney gesehen –«

Ihr Gespräch wurde durch den Gong unterbrochen, der zum Lunch rief. Hamilton half Miss MacIntyre aus ihrem Liegestuhl und hob ihre Wollknäuel auf. Er verstand es, ältere Verwandte zu bezaubern, und nahm an, daß sie bei seiner Werbung eine nützliche Verbündete sein würde.

Als sie Echuca erreichten, das fünfhundert Meilen stromaufwärts lag, wußte er, daß er verliebt war, aber Moira behandelte ihn beinahe ein wenig spöttisch, was ihn verwirrte. Sie war ein gut entwickeltes Mädchen, und er ahnte noch immer nicht, daß sie gerade erst die Schule verlassen hatte.

Als sie das Murrumbidgee-Riff passierten, zeigte sich, daß das Wasser nicht tief genug war, um weiter flußaufwärts zu fahren. Der Dampfer mußte fast auf seinen Schaufelrädern über die Untiefen »gehen«. Hamilton half den beiden Damen, ein Zimmer in einem Hotel zu bekommen und für den nächsten Tag Plätze in einer Kutsche von Cobb & Co zu buchen, bevor er den Zug nach Melbourne bestieg. Moira drückte ihm die Hand und lächelte ihn so süß an, daß seine Hoffnungen wieder stiegen.

In den folgenden Wochen verfaßte er ein halbes Dutzend Briefe, die er jedoch alle wieder zerriß. Endlich, als die Schur vorüber war und er annahm, daß sie sich wieder in Rothsay befand, schrieb er einfach einen Heiratsantrag und bat sie um die Erlaubnis, bei ihrem Großvater um ihre Hand anzuhalten.

Die übliche Vorgangsweise für einen jungen Mann bestand darin, daß er die Erlaubnis einholte, der jungen Dame einen Antrag zu machen, aber er nahm zu Recht an, daß ihm Moira das als Individualistin übelnehmen würde. Er wartete gespannt auf ihre Antwort, verfluchte die langsame Postbeförderung und war überrascht, als sie schließlich doch von einem Diener überbracht wurde. Miss Moira war bereit, ihm »für immer und ewig« anzugehören.

Hamilton war sehr nervös, als er sein Pferd vor der imponierenden Tür von Rothsay anhielt, doch er traf Fergus in freundlicher Laune an, während seine Frau ihm ihren Segen gab und versprach, der Braut einen Kranz von Orangenblüten aus ihrem eigenen Garten zu flechten.

Drei Monate später, unmittelbar nach Moiras siebzehntem Geburtstag, wurden sie getraut, auch wenn Fergus im Grunde die Meinung vertrat, daß Moira noch viel zu jung war. Auf der anderen Seite war er natürlich froh darüber, daß er die angrenzende Benangal-Farm nun »in der Familie« hatte, besonders da sein junger Nachbar nicht an übertriebene Aufstockung des Viehbestandes glaubte, sondern seinen Besitz vernünftig leitete. Er wußte auch, daß Tumbudgery neben Breckan Plains lag, das Moira nach dem Testament ihres Großvaters bald gehören würde; und er wußte, daß Tumbudgery Forbes-Besitz war. Fergus, der vor fünfzig Jahren mit einem Kapital von fünfhundert Pfund in Sydney an Land gegangen war, hatte seither Millionen von Morgen in Queensland, am Darling und in Balranald am Murrumbidgee aufgekauft, war aber noch immer landhungrig.

Außerdem war Hamilton für Fergus, da sowohl Moiras Vater Lachlan Macdonald als auch dessen Bruder Donald nicht mehr lebten – Donald war von wilden Schwarzen mit Speeren getötet worden, als er im fernen westlichen Queensland unterwegs war, um die Farm zu übernehmen –, beinahe so etwas wie ein eigener Sohn. Alexander, der dritte Sohn, war in Sydney Wollhändler geworden, und seine einzige Tochter Flora hatte gewagt, einen Campbell zu heiraten! Ihr Vater sprach nie wieder mit ihr.

Moiras Brüder, die noch in Sydney im Internat waren, würden den Namen weiterführen, aber »das Mädchen hat mehr Geist als ihre einfältigen Brüder«, behauptete Fergus. Er und Moira vertrugen sich glänzend. Es hatte gar den Anschein, als würde er in der jungen Moira mit ihrem leuchtenden Haar und ihrem sprudelnden Übermut einen Teil seiner selbst wiederentdecken. Er bewunderte das Mädchen, das fast so gut reiten und schießen konnte wie ein Junge. Als Lachlan starb und Isobelle, Moiras Mutter, nicht in der Lage war, sich um sie zu kümmern, schlug er seiner Frau Janet vor, Moira wie ihr eigenes Kind aufzuziehen.

Moira war als Wildfang aufgewachsen, ein Liebling der schwarzen Dienstboten, eine Scharfschützin mit dem Gewehr und eine erfahrene Reiterin. Ihre Gouvernante war über ihr Benehmen empört, aber der Großvater bestärkte sie in diesen für eine junge Frau etwas abseitigen Vergnügungen. Yeelana brachte ihr »die Sprache des Sandes« bei, so daß sie kleine Tiere im Busch, Eidechsen und hüpfende Beutelmäuse und *Bilbys* zu ihren Verstecken zwischen den dicken kugeligen Büschen oder den Büscheln von Stachelkopfgras verfolgen konnte. Sie erkannte den breiten Abdruck der Zehen eines Emus, die Spur eines Reihers bei einem Wasserloch, und die von einer Schlange stammende, gewundene Linie.

Moira war noch nicht ganz drei Jahre alt gewesen, als ihr Bruder Donald zur Welt kam und nach dem Onkel benannt wurde, der von den Schwarzen getötet worden war. Damals mußte das Wasser aus der nächsten großen Lagune, die zwanzig Meilen entfernt war, noch mit Karren herbeigeschafft werden und bestand bis zur Hälfte aus Schlamm. Der Garten war allmählich immer mehr verdorrt, obwohl es dem chinesischen Koch Ah Fu gelang, einige Gemüsesorten am Leben zu erhalten. Isobelle Macdonald, die einzige weiße Frau im Umkreis von hundert Meilen, beklagte sich nicht. Sie liebte ihren Mann und hatte ihm einen Sohn und eine Tochter geschenkt. Isobelle war in ihren Sohn vernarrt, und Lachlan in seine kleine Tochter.

Lachie hatte sich nach der ersten tragischen Begegnung trotzdem mit den einheimischen Stämmen angefreundet und leitete seine Farm jahrelang mit Hilfe von eingeborenen Viehtreibern, Dienstmädchen und Kindermädchen. Yeelana, die ihre Tochter verloren hatte, kümmerte sich hingebungsvoll um Moira. Die Frauen kamen von ihrem Lager an der Flußbiegung in den bunten Baumwollkleidern herauf, die ihnen die Missus geschenkt hatte. Ihre Haare waren mit Seife – einem wertvollen Schatz – gewaschen. Nicht selten kehrten sie, mit Mehl, Tee, Zucker und Tabak beschenkt, zu ihren Familien zurück.

Eines Nachts fand Isobelle Moiras Bett leer, und Lachlan, der zum Lager der Schwarzen hinunterging, um Hilfe zu holen, falls sie ausgerissen war, fand Moira, die zwischen grünen Zweigen neben dem Lagerfeuer thronte.

Um sie herum tanzten die Stammesangehörigen, und jeder berührte ihre Knie mit einem grünen Zweig.

»Was ist hier los?« schrie Lachlan.

»Alles in Ordnung, Boß.« Yeelana trat in den Feuerschein. »Nur ein wenig Singen, wir machen Missie Moira zu starke Frau, wenn sie erwachsen.«

Moira war vollkommen ruhig, das Kitzeln der Blätter auf ihren nackten Beinen schien ihr zu gefallen.

»Du hättest sie nicht hierher bringen sollen, ohne zu fragen. Du weißt, der Missus geht es nicht gut. Sie macht sich die ganze Zeit Sorgen um Missie Moira.«

»Oh, tut mir leid, Boß. Wir nur singen für die Knie von ihr. Muß man bei Neumond machen, wenn sie noch klein. Macht sie stark, damit sie weit gehen, Pferd reiten –«

»In Ordnung. Ich bringe sie jetzt zurück.« Er setzte sich das Kind auf die Schultern und trug es nach Hause zurück. Moira saß fröhlich auf seinem Nacken, trieb ihn mit den Fersen an und schrie: »Hopp-hopp, Pferdchen!«

Noch viele Jahre später würde sie diese Ereignisse klar vor Augen haben. Stets konnte sie sich an den Feuerschein erinnern, die in Federn und Blätter gehüllten Männer, daran, wie die Zweige mit ihren Blättern ihre Knie gekitzelt und sie zum Lachen gebracht hatten.

Dennoch gab es eine noch frühere Erinnerung; es war eher wie ein Traum, obwohl sie wußte, daß es wirklich geschehen war, an dem Tag, als Donnie starb.

Sie war zum Nachmittagsschlaf in das Zimmer ihrer Mutter gebracht worden, das wie alle anderen Schlafzimmer auf die lange Veranda hinausging und mit einer Fliegengittertür verschlossen war, die die Insekten abhielt, aber zugleich soviel Luft wie möglich einließ. Es war sehr heiß, mitten in einer schlimmen Trockenperiode, wie ihre Mutter ihr später erzählt hatte. Sogar das lange Wasserloch im Bulloo-Fluß unterhalb des Farmhauses war ausgetrocknet, und das Wasser mußte für den täglichen Bedarf mit dem Wagen herangebracht werden.

Isobelle schlief in dem großen Bett, und Moira lag auf einer Matratze in der Nähe der Tür, wo es kühler war. Das Kindermädchen Binns hatte Donnie, der gerade laufen lernte, im Kinderzimmer in sein Bettchen gelegt, während sie in ihr Zimmer ging, um selbst ein Schläfchen zu machen.

Moira erwachte als erste, spielte eine Weile mit ihren Puppen, dann wurde ihr langweilig, und sie ging über die Veranda zum Kinderzimmer, um zu sehen, ob Donnie wach war. Er schlief noch.

Sie mußte sich auf die Zehenspitzen stellen, um den Griff der Gittertür, die hinter ihr zugeschnappt war, zu erreichen. Zurück in Mamas Zimmer, sah sie sich die Bilder in einem Buch an und nickte wieder ein. Sie erwachte erst als das Kindermädchen schrie: Donnie war verschwunden. Er mußte aus seinem Bettchen geklettert sein, und war nicht zu finden...

Als sie später dann erfuhr, daß Donnie »in den Himmel gegangen« war, akzeptierte sie dies genauso, wie sie akzeptierte, daß Papa nach Sydney oder Brisbane gefahren war.

Jahre später, als Isobelle in eine Nervenheilanstalt in Sydney eingewiesen worden war, erfuhr Moira von ihrem Vater, was sich an diesem Tag wirklich ereignet hatte. Der kleine Donnie war nicht nur zum ersten Mal aus seinem Bett geklettert, sondern er war auch ins Freie marschiert. Obwohl das Flußbett trocken war, waren die Wassertonnen gefüllt. Donnie mußte auf eine Holzkiste geklettert sein, so zum Rand eines der Gefäße gelangt sein und war dann hineingefallen und ertrunken.

Isobelle hatte sich von diesem Schock nie mehr erholt.

Moira aber wurde, da ihre Gouvernante mit ihrer ungestümen Art nicht mehr fertig wurde, mit dreizehn in eine presbyterianische Mädchenschule nach Warwick geschickt. Als ihr Vater bei einem Sturz vom Pferd starb, kam sie auf die Rothsay-Farm am Murray, um von ihren Macdonald-Großeltern aufgezogen zu werden. Von dort aus konnte sie leichter zu dem presbyterianischen Mädchen-College in Melbourne gelangen. So legte sie also mit der Cobb & Co-Kutsche in jedem Sommersemester die über zweihundert Meilen lange Strecke zurück.

Zuerst hatte Moira Heimweh nach dem fernen Landesinneren, wo ihre Mutter die erste weiße Frau am Bulloo-Fluß gewesen war. Obwohl das Wasser des Murray grün oder zur Zeit der Flut braun war, war die vorherrschende Farbe grau: graue Schlammflächen mit graublauen Akazien, graue Melde und graublaue Eukalyptusbäume: Sümpfe mit zähen Pockholzbäumen und dunkle, beinahe schwarze Murraykiefern.

Sie vermißte die Farben von Noccunda: die orangeroten Sandhügel, die roten Windrosen, die sich vor dem blauen Himmel über der hitzeflimmernden Ebene drehten und wanden; die kobaltblauen Hänge der Grey Range in der Ferne, das hohe, in Trockenjahren gebleichte oder mit leuchtenden Wildblumen nach dem Regen gesprenkelte Mitchellgras. Dennoch kehrte sie nie wieder zurück. Hamilton erzählte sie nie von ihren Schuldgefühlen, als sie erfahren hatte, wie ihr kleiner Bruder ertrunken war, und daß sie sich auf die Zehenspitzen gestellt hatte, um die Drahttür zu öffnen.

Moira hatte sich eine Hochzeitsreise auf einem Raddampfer gewünscht, vielleicht flußabwärts nach Süd-Australien, wo sie noch nie gewesen war. Hamilton aber hielt Kabinen und Kojen für ein frisch vermähltes Paar nicht für ideal. So schlossen sie einen Kompromiß und buchten eine Flußreise nach Euston und zurück; im Anschluß daran kehrten sie nach Benangal und in das neu eingerichtete Schlafzimmer heim.

Im Bett war Moira leidenschaftlich, aber unbeholfen wie ein großes Schulmädchen, aber ihre großzügige Veranlagung versagte Hamilton kein Vergnügen. Er war in seine junge Frau vernarrt. Er konnte nicht aufhören, sie zu bewundern. Es dauerte eine lange Zeit, bis es zu ihrem ersten Streit kam. Moira war schwanger und bestand gegenüber Hamilton darauf, weiter mit dem Pferd auszureiten.

Ihre Auseinandersetzungen waren spektakulär, denn Moira schrie ihn an und warf ihm alles mögliche an den Kopf.

Obwohl sie so jung war, hatte sie eine schwierige Geburt. Erst nach einem langen, kräfteraubenden Kampf kam das Kind zur Welt. Es sollte Elaine heißen und war ein kräftiges, gesundes Mädchen mit dem hellroten Haar ihres Urgroßvaters Macdonald. Von Hamilton hatte sie die großen, dunkelgraublauen Augen geerbt, von denen das Kindermädchen meinte, sie würden später braun oder grün werden.

Moira, die immer so gesund gewesen war, litt im nächsten Winter an einer Bronchitis und bekam einen Husten, den sie nicht loswerden konnte. Zwei Jahre später, als Joseph Macdonald Forbes geboren wurde, wohnte sie bei ihrer Großmutter Ferguson in Albury. Während der Säugling prächtig gedieh, wurde seine Mutter immer dünner. Erschrocken schrieb Mrs. Ferguson Hamilton, daß man Moira die lange Heimreise nicht zumuten konnte. Wenn sie wieder bei Kräften wäre, sollte sie eine Seereise unternehmen. Das hatte ihr der Arzt empfohlen.

Hamilton konnte es nicht ertragen, daß Moira sich noch weiter von ihm entfernte. Sie fehlte ihm schrecklich. Sobald er sich freimachen konnte, würde er nach Melbourne fahren, wo er sich um den Verkauf seiner Wolle kümmern mußte, und würde sie dort treffen. Hierher konnte sie leicht mit dem Zug fahren. Ihre Zofe würde sich um sie kümmern und während dieser Zeit für den kleinen Joseph und Elaine ein Kindermädchen einstellen.

Solange er eben konnte, blieb er bei Moira, zunehmend besorgt über ihre Magerkeit und Blässe und den lästigen Husten, der selbst in Melbournes veränderlichem Klima nicht besser wurde.

»Ich fürchte mich vor der Hitze daheim«, gestand Moira. »Es ist komisch, ich wurde im Nordwesten geboren, bin dort aufgewachsen und habe mich in der trockenen, brennenden, klaren, gesunden Hitze wohl gefühlt. Aber jetzt... Weißt du, was ich gern täte? Ich möchte Tasmanien besuchen und den Mount Wellington mit seinem schneebedeckten Gipfel sehen.«

»Das wäre ja eine Seereise, wenn auch eine kurze. Aber er trägt keinen Schnee zu dieser Jahreszeit, außer das Wetter wäre ganz ungewöhnlich. Als ich Großvater Forbes von Josephs Geburt unterrichtete, schrieb er zurück, daß es sein größter Wunsch sei, seinen Urenkel vor seinem Tod zu sehen. Und Kate, seine Frau, sei bestimmt sofort in ihn vernarrt. Sie ist eine äußerst liebenswerte Frau. Als Mädchen hieß sie Kate Hamilton: von ihr habe ich meinen Namen.«

»Natürlich! Ach bitte, laß uns doch verreisen.«

»Mein Liebling, ich würde nichts lieber tun, als mit dir meine Großeltern zu besuchen, aber du weißt ja, ich kann nicht länger von daheim wegbleiben. Die Kaninchen breiten sich immer mehr aus und fressen uns kahl. Sie haben den Murrumbidgee noch nicht überschritten, aber Jason hat schon einige auf Tumbudgery gesehen. Das gute Wetter trägt dazu bei, daß sie sich rasch vermehren. Man könnte sich fast eine Trockenheit wünschen.«

Als Moira nach Tasmanien aufbrach, lag auf ihren elfenbeinfarbenen Wangen eine hektische, erregte Röte. Sie versprach, »dick und gesund« zurückzukommen.

»Nicht zu dick!« mahnte Hamilton. »Gesund genügt schon. Es lohnt sich nicht, weniger als einen Monat dort zu verbringen, aber ich verabscheue den Gedanken, daß du so weit fort bist.«

Bald darauf kehrte er zu den von Kaninchen kahlgefressenen Weiden und sterbenden Bäumen zurück. Die dunklen Murrayfichten auf den Sandhügeln hatten sich in schwarze Skelette verwandelt, der Sand war in Bewegung geraten und verschlang die Pockholzsümpfe und Salzbuschebenen. Hamilton bildete sich ein, daß er sogar im Haus Kaninchen roch. Er stellte eine Gruppe von Jägern zusammen, denen er für jeden Kaninchenschädel eine Prämie bezahlte, und zusammen mit seinen Nachbarn veranstaltete er riesige Jagden, aber es war kein Sport, kein gesellschaftliches Vergnügen mehr, nur ein blutiges Schlachten, bei dem Haufen von stinkenden Kadavern liegenblieben, die verbrannt werden mußten, um nicht zu Brutstätten für Schmeißfliegen zu werden. Er begann die Kaninchen zu hassen. Wie konnte jemand diese Fresser als Haustiere halten?

Noch als Elaine uralt war und allein in einem der Häuser ihres Vaters lebte, von dem aus sie die Aussicht auf den Hafen von Sydney mit seinen bezaubernden Talmulden, bewaldeten Buchten, felsigen Landspitzen und geschützten Meerengen hatte, erinnerte sie sich daran, daß sie mit ihrer Mutter einen anderen schönen Hafen im Süden besucht hatte, wo ihre Ur-Großeltern lebten.

Sie war erst vier Jahre alt gewesen. Dennoch konnte sie sich an das Traumbild von wildbewegtem blauen Wasser und einem merkwürdig schiefen Horizont jenseits einer offenen Tür erinnern, vor allem aber daran, daß sie am frühen Morgen zu einem Bullauge hochgehoben worden war, um »all die kleinen Wellen, die noch ihre Nachtmützen trugen« zu sehen.

Sie war sicher, daß es diese Fahrt war, der sie die Freude am

Reisen verdankte. Sehr viel später fuhr sie sogar nach Indien. Solange sie denken konnte, hatte sie Eisenbahnfahrten und Seereisen geliebt.

12

Margaret, Moiras drittes Kind, wurde im selben Jahr geboren, in dem Isobelle Macdonald im Privatkrankenhaus starb.

Sie war ein schmales, blasses Kind mit blonden Locken; Hamilton nannte sie »mein kleiner Spargelstengel«. Aber auch Moira nahm weiterhin ab und wurde immer dünner. Obwohl ihr Teint makellos war, waren ihre Wangen von hektischer, nicht von gesunder Röte.

Als bei ihr Lungentuberkulose festgestellt wurde, bestand Hamilton darauf, daß sie ins Privatsanatorium von Echuca übersiedelte, das auf »die Frischluftbehandlung von Schwindsucht« ausgerichtet war. Moira lebte also in einem der luxuriösen Chalets am Ufer des Campaspe, ein paar Meilen außerhalb der Stadt und ernährte sich von Milch, Butter und Sahne. Das trockene, sonnige Klima war für Schwindsüchtige ideal.

Ihr Gesundheitszustand begann sich zu bessern, und sie schien auch zuzunehmen. Der einzige Grund hierfür aber war eine erneute Schwangerschaft, infolgedessen die latente Krankheit erneut aufflammte und zu einer galoppierenden Schwindsucht wurde. Zur Niederkunft kehrte sie nach Hause zurück, war aber zu schwach, das Bett wieder zu verlassen.

Moira konnte sich nicht damit abfinden, daß sie jung sterben mußte. Sie klammerte sich verbissen an das Leben und an Hamiltons Hand, als könne er sie vor dem Hinübergleiten bewahren.

Am ersten Frühlingstag bat sie ihn, ihr aus dem Bett und zum Fenster zu helfen. Draußen war ein stürmischer blauer Tag, kein Tag zum Sterben. Sie sah die grünen Wedel der Pfefferbäume, ihre rosa Beeren, die sich vom blauen Himmel abhoben, einen Mandelbaum in einer Wolke von Blüten. Mit letzter Kraft streckte sie ihre dünnen, fleischlosen Arme der Sonne entgegen.

Es war nur das letzte Aufflackern eines erlöschenden Feuers. Bei Sonnenuntergang bat sie ihn, ihr die Kinder zum Abschied zu bringen.

Sie standen um das Bett herum. Elaine mit den großen Augen in dem kleinen, weißen Gesicht und mit dem flammendroten Haar, Joseph, der in seinem Matrosenanzug feierlich aussah, und die kleine Margaret, die unsicher und ahnungslos lächelte, aber den Kummer der anderen fühlte.

Hamilton stand am Fußende des Bettes und bedeckte die Augen mit der Hand. Das Kindermädchen hatte das Baby weggebracht, um es zu füttern.

Moira lehnte an ihren Kissen, über die sich ihr leuchtendes Haar ausgebreitet hatte, als besäße es ein Eigenleben.

»Du wirst den Kindern die Mutter ersetzen müssen, Liebster«, flüsterte sie. Elaine begann zu weinen. »Weine nicht, Liebling. Es ist nur –«

Doch dann erschütterte ein schrecklicher Hustenanfall ihren Körper. Hamilton führte die Kinder aus dem Krankenzimmer. Sie sahen ihre Mutter nicht lebend wieder. Das Kleine starb bald danach.

Hamilton war untröstlich. Er erinnerte sich, wie er und seine Geschwister sich gefühlt hatten, als sein Vater von seiner Wiederverheiratung gesprochen hatte, und schwor sich, nicht wieder zu heiraten, auch nicht um seinen Kindern eine Mutter zu geben. Er hätte gern sein altes Kindermädchen Bridget als Hilfe gehabt; aber sie und Jamie waren nach Kanada zurückgekehrt, und er hatte den Kontakt zu ihnen verloren.

Die nur zehn Jahre alte Elaine übernahm die Pflichten einer Haushälterin und einer Mutter für ihren kleinen Bruder und ihre Schwester. Hamilton hatte die Farm Breckan Plains verkauft und setzte in Benangal einen Verwalter ein, bis Joseph alt genug war, alles zu übernehmen. Sein Herz war gebrochen; er verlor das Interesse an der Schafzucht, obwohl er manchmal noch die Wolle-Auktionen in Sydney und das Büro des Onkels seiner Frau, Alexander Macdonald, besuchte, und bisweilen, wenn er die Hände in das weiche Vlies in einem geöffneten Wolleballen steckte, den Hauch eines Vergnügens aus vergangenen Tagen verspürte.

Er alterte schnell, und als er fünfzig war, sah er aus wie ein Greis. Sein Haar war schütter und grau, sein Gesicht hingegen dick und rund geworden. Hamilton galt als Kenner von gutem Essen und Wein, war Stammgast in den Klubs und hatte das Reiten und alle Formen körperlicher Betätigung außer dem Golfspiel aufgegeben. Er hing sehr an seinen Kindern, besonders an Elaine, die ihn an Moira erinnerte.

Kurz vor ihrem zwölften Geburtstag starb Margaret, die zweite Tochter, an der gleichen Krankheit wie ihre Mutter. Elaine, die sie hingebungsvoll gepflegt und sich mehr als ihre Mutter denn als ihre Schwester gefühlt hatte, verkündete, daß sie von zu Hause fortgehen und Krankenschwester werden wolle.

»Wenn dieses Tal der Tränen alles ist, was es gibt«, erklärte sie – ihr Glaube war durch den Tod ihrer Mutter und den ihrer Schwester tief erschüttert worden – »dann ist das Beste, was wir tun können, die Leiden der Menschen zu lindern.«

»Du hast es überhaupt nicht nötig, zu arbeiten«, protestierte Hamilton.

»Ich muß nicht, aber ich will! Macht es dir so viel aus, Vater? Schließlich verbringst du beinahe deine ganze Zeit im Klub.«

»Ich erlaube es nicht. Ich verbiete es dir ein für allemal!«

Aber Elaine gab nicht nach, und Joseph, der jetzt alt genug war, um die Schule zu verlassen, unterstützte sie. Hamilton gab seufzend nach. »Also gut, meine Liebe. Ich will ja nur, daß du glücklich wirst.«

Fergus Macdonald hatte seine Frau und alle seine Kinder außer Alexander überlebt.

Er war mit neunzig Jahren noch rüstig und gesund, und obwohl sein Haar grau war, hatte er noch rote Strähnen in seinem Bart. Während der Trockenheit in den achtziger Jahren hatte er Hamilton einen Teil der Benangal-Farm abgekauft. Die Rothsay-Farm breitete sich nun auf beiden Seiten des Murrumbidgee aus, grenzte insgesamt an drei Flüsse und besaß einen Schurschuppen für hunderttausend Schafe. Macdonald war der erste, der am Murray das maschinelle Scheren einführte.

Als die Kaninchen das erste Mal den Murrumbidgee überquerten, hatte Fergus seine Weiden vollkommen mit einem Zaun aus kaninchensicherem Drahtnetz eingeschlossen. Indem er die Kaninchenbauten ausgrub und die Tiere in Massen vergiftete, war sein Besitz bald frei von den ungeliebten Nagern. Jetzt hatten sie sich in Neusüdwales in einer solchen Geschwindigkeit verbreitet, daß die zwanzig Millionen Schafe, die die Ureinwohner einst von ihren Wasserlöchern und ihren Jagdgründen vertrieben hatten, nun ihrerseits von einer mehr als doppelt so großen Zahl Kaninchen vertrieben wurden.

Neben den Kaninchen gab es aber noch die Trockenheit und beides zusammen bedeutete das Ende für viele kleine, kapitalschwache Farmer, die sich auf dem ausgedehnten Besitz der Siedler »frei niedergelassen« hatten, als ihre vierzehnjährigen Pachtverträge abliefen. Sie galten als so arm, daß sie ihre Familien mit gebratenen Kakadus ernähren mußten, weswegen man sie verächtlich als »Cockie-Farmer« bezeichnete. Fergus Macdonald und Hamilton Forbes hingegen, die über reichlich Wasser und bewässerte Futterplätze verfügten, ging es nicht allzu schlecht. Sie konnten ihre überschüssigen Tiere schlachten und Häute und Talg mit Raddampfern nach Echuca für die Märkte in Melbourne oder flußabwärts nach Morgan für diejenigen in Port Adelaide verschiffen.

Nach den Überschwemmungen von 1890 vergrößerte sich die Kaninchenplage noch mehr. Die Tragfähigkeit der Weiden ging so sehr zurück, daß viele große Besitzer ihre Grundstücke aufgeben mußten. Streiks, niedrige Wollpreise, Trockenheit und eben die Kaninchen hatten sie an den Rand des Bankrotts gebracht.

Jason Forbes, der Bruder von Hamilton, war einer der ersten, der der Depression zum Opfer fiel. Er hatte viel zuviele Schafe, nicht genügend Geld für Kaninchenzäune und mußte zusehen, wie der Mutterboden erodierte und eine von Sprüngen durchzogene Lehmoberfläche zurückließ, auf der nicht einmal mehr Melde wuchs. Bald schon wurde Tumbudgery von der Bank übernommen, bei der Jason die Hypotheken aufgenommen hatte; er selbst konnte nur noch einen Posten als Verwalter annehmen. Hamilton weigerte sich, ihm zu helfen, denn er hatte das Gefühl, daß sein Bruder selbst an seinen Schwierigkeiten schuld war. Aber zuletzt lachte Jason. Seine Tochter Rosebud, ein hübsches Mädchen mit den roten Wangen ihrer Mutter und Jasons schwarzen Locken, heiratete Joseph, Elaines Bruder. Hamilton war hierüber natürlich alles andere als glücklich; die Tochter dieser gräßlichen Frau würde auf Benangal herrschen!

Als er von der Verlobung erfuhr, hatte er vor Zorn getobt.

»Das kann doch nicht dein Ernst sein«, fuhr er Joseph an, der erst achtzehn Jahre zählte. »Das Mädchen ist erstens deine leibliche Kusine, und sie ist dazu noch viel älter als du –«

»Nur vier Jahre«, wandte Joseph ein.

»Jedenfalls bist du noch nicht volljährig. Ich kann es verbieten.«

»Dann werden wir eben durchbrennen und heiraten, sobald ich einundzwanzig bin. Man kann mich wenigstens nicht anklagen, weil ich eine Minderjährige verführt habe. Und ihr Vater ist mit der Heirat einverstanden. Onkel Jason –«

»Klar ist er einverstanden. Er weiß, daß der alte Fergus dir eines seiner Besitztümer in Queensland testamentarisch hinterlassen hat. Und er glaubt, daß dir eines Tages Benangal gehören wird. Ich werde nicht versuchen, eure Heirat zu verhindern, da du dazu entschlossen bist, aber du wirst Benangal nicht bekommen.« Hamilton hatte den Entschluß in diesem Augenblick gefaßt. »Ich werde es Sandy, Alexanders Jungen, verkaufen, der Rothsay übernehmen wird, wenn der alte Herr stirbt.«

»Tu, was du willst. Ich ziehe nach Queensland, weg vom

Murray und seinen Moskitos. Fergus hat mir den Verwalterposten in Mungurriba angeboten, bis es offiziell mir gehört. Ich ziehe also fort, sobald Rosebud und ich verheiratet sind.«

Hamilton verkaufte den Großteil seines erstklassigen Viehbestandes zusammen mit der Farm. Er behielt nur einige Mutterschafe und einen preisgekrönten Widder, den er Joseph als Hochzeitsgeschenk überreichte. Breckan Plains hatte er schon vorher abgestoßen. Das auf diese Weise erwirtschaftete Geld investierte er in Liegenschaften im Hafen von Sydney, die wegen der Depression billig zu haben waren.

Joseph und seine Braut reisten zu dem Besitz in Queensland in der Nähe von Barcaldine, das im Mittelpunkt des großen Schererstreiks von 1891 gestanden hatte, als das Land beinahe an den Rand eines Bürgerkriegs geriet.

Fergus Macdonald, der die Speere der Schwarzen, die Trokkenperioden, die Kaninchen und die freien Siedler überlebt hatte, wurde vierundneunzig Jahre alt. Das Land, das er hinterließ, war sowohl für seine Urenkel als auch für Moiras Brüder mehr als genug, denn er besaß zum Zeitpunkt seines Todes drei Millionen Morgen. Außerdem vermachte er der presbyterianischen Kirche und dem Schottischen College in Melbourne großzügige Legate. Den Söhnen seiner Tochter Flora hingegen, die den verhaßten Namen Campbell trugen, vererbte er keinen roten Heller.

ZWEITES BUCH

Das Goldene Vlies

1870 – 1930

1

Jamie Brown und seine Familie hatten sich Hamilton Forbes angeschlossen, als er auf seine neue Farm Benangal am Murray übersiedelte. Der alte Forbes fehlte Jamie sehr; den jungen Jason konnte er nicht ausstehen, während Bridget Mrs. Rosa Forbes ebenso verachtete wie seinerzeit Miss Thomas. Sie erkannte »eine wirkliche Lady« sofort, aber Jasons Frau verdiente ihrer Ansicht nach diese Bezeichnung nun wirklich nicht.

Seit der junge Tom groß genug gewesen war, um sich auf dem Rücken eines Ponys zu halten, hatte er fortwährend das Reiten geübt. Jetzt ritt er täglich zur Schule in der Gemeinde Balranald. Er war ein begeisterter Leser und las alles, was ihm in die Hände fiel. Eines seiner Lieblingsbücher war Kingsleys »Helden«.

Gleich nachdem Tom von der Schule abging, bekam er seinen ersten Job als Handlanger auf Benangal. Später arbeitete er als Teerjunge und Kehrer beim Scheren. Wie jeder Junge, der in der Nähe eines Scherschuppens einer großen Farm herumlungerte, hatte er den Ehrgeiz, einmal der beste Scherer der Saison zu werden.

Die Scherer pflegten ihre Blattscheren mit zärtlicher Sorgfalt und achteten darauf, daß sie gut geölt und geschliffen waren. Jamie gab Tom eine Schere, so daß er an einem alten Mutterschaf mit nacktem Bauch und an den kleinen Lämmern üben konnte, an deren Aufzucht er sich im Jahr zuvor beteiligt hatte.

Unter der Anleitung seines Vaters wurde Tom immer geschickter. Es war eine Kunst, bei jedem Schwung der Schere einen breiten, sauberen Streifen durch die Wolle zu legen, während man das Schaf so festhielt, daß es sich nicht bewegen konnte. Es war ein schönes Gefühl, wenn sich das ganze Fell in einem zusammenhängenden Vlies ablöste, und so wenig kurze Stoppeln oder »Locken« wie möglich zurückblieben. Tom wußte alles über Schafe mit »Wirbeln im Wollkleid«, »sandige« Schafe und »nasse« Schafe – die Scherer weigerten sich, nach einem heftigen Regenschauer zu arbeiten, da es hieß, daß man Rheumatismus in den Händen bekam, wenn man den ganzen Tag nasse Schafe schor. Von ihren beweglichen Händen hingen ihre Fertigkeit und ihr Lebensunterhalt ab.

Jamie, der eine glückliche Ehe führte, eine befriedigende Arbeit ausübte und stolz auf seinen Sohn war, war im Lauf der Jahre ruhiger geworden. Er haßte die Britische Krone nicht mehr und fand nicht, daß Australien sich vom Empire loslösen sollte. Dennoch war er mit den meisten Siedlern wie auch Fergus Macdonald und Hamilton Forbes der Meinung, daß Riverina ein neuer, von Neusüdwales getrennter Staat werden sollte.

Nach ein paar Jahren hatte Jamie genug Geld für die Passage seiner Familie nach Kanada gespart, aber Tom erklärte, daß er nicht mitfahren wolle. Er war achtzehn und betrachtete sich als Mann.

»Einige meiner Kameraden gehen in der Saison nach Queensland«, erklärte er. »Ich wollte immer schon den Condamine-Fluß sehen.«

Bridget geriet bei dem Gedanken, »ihn zurückzulassen«, aus der Fassung, doch Jamie beruhigte sie und machte sie darauf aufmerksam, daß sie ihn nicht für immer an ihre Schürzenzipfel binden konnte. Tom, ein dunkler, drahtiger Junge, wenn auch nicht sehr groß, war mittlerweile zu einem selbständigen jungen Mann herangewachsen. Das mußte auch Bridget zugestehen. Er hatte eiserne Muskeln und harte Fäuste und geriet oft in Schlägereien, da er sich stets für die Schwächeren und Unterlegenen einsetzte. –

Als Tom sich zur Abreise bereit machte, schenkte ihm sein Vater einen neuen Sattel, Bridget verabschiedete sich tränenreich und gab ihm eine St.-Christophorus-Medaille, die ihn auf seiner Reise beschützen sollte. Sie versprach ihm, an »jedem

Tag ihres Lebens« für ihn zu beten. Er war ein starker, gesunder Bursche, aber sie fürchtete um ihn wegen seines Temperaments und seiner braunen, sensitiven Augen, die bei den Gedanken an Freiheit und Gleichheit vor Leidenschaft blitzen konnten, wie früher die von Jamie, wenn er an die ungerechte Behandlung Kanadas dachte.

Mehr Sorgen aber machte sie sich wegen Jamies Gesundheit. Sein alter Husten war wiedergekommen und Bridget hoffte, daß ihm die Seereise guttun würde. Was immer auch geschah, sie würden wieder nach Australien zurückkommen. Es war jetzt ihre Heimat, und sie würde nie so weit von ihrem Sohn entfernt glücklich werden. Es war etwas anderes, wenn sie wußte, daß er sich »irgendwo in Queensland herumtrieb«, als durch Tausende Meilen Wasser von ihm getrennt zu sein.

2

Tom Brown genoß seine neue Unabhängigkeit. Als er die Grenze bei Goondiwindi überquerte, spürte er die Wärme von Queensland in allen Knochen. Der MacIntyre-Fluß wand sich ruhig zwischen den grasbestandenen Ufern dahin; die lärmenden Honigfresser schimpften von den Eukalyptusbäumen über ihm; blaue Eisvögel stießen auf den Fluß herab.

Er hatte in sich eine Ader für die Poesie des Busches entdeckt oder zumindest die Fähigkeit, Reime zu schmieden. Im Geist begann er, Verse zu dichten, während er auf seinem aufgerollten Reisebündel unter den Sternen lag oder neben dem Wagen ritt. Das Rasseln und Klirren der Ketten, das Knarren der hölzernen Räder und das traurige Blöken der Schafe verschmolzen für ihn zu einer Art Musik.

Als er sich beim nächsten Nachtlager am Feuer erhob und sein Meisterwerk vortrug, gab es ein paar ironische Beifallsrufe und ein paar Männer klatschten auch, aber der Anführer der

Treiber knurrte: »Hör schon auf, Tommy. Deine Stimme klingt wie das Gemecker von einem alten Ziegenbock.«

Tommy war enttäuscht, aber sein Freund Dinny, ein älterer Mann, der seiner Mutter ohne Toms Wissen versprochen hatte, auf ihn ein Auge zu haben, klopfte ihm auf die Schulter und lobte ihn.

Tom Brown hatte die Lebensweise gefunden, die ihm zusagte. Er wollte nie wieder in einem festen Haus wohnen. Auf der Straße empfand er ein wunderbares Gefühl von Freiheit und Unabhängigkeit. Wenn er wach lag, hörte er in der Stille der Nacht nur das Heulen der Dingos, ein silberheller Ruf, der zitternd zu den glitzernden Sternen emporstieg.

Nach zwei Monaten lieferten er und seine Kameraden ihre Herde von fünftausend Hammeln bei der Warroofarm ab und wurden für die Schur dortbehalten. Tom waren die Kenntnisse, die er von seinem Vater erworben hatte, äußerst hilfreich.

Entsetzt war er allerdings über die Zustände auf den Farmen in Queensland. Es war beinahe wie in den schlimmen alten Zeiten, als einige Siedler die Scherer in Zelten wohnen ließen und die Farmarbeiter durch den schändlichen *Masters and Servants Act* praktisch zu Sklaven wurden. Der Lohn betrug ein Pfund für hundert Schafe. Ein guter Scherer konnte schön verdienen, zwei oder drei Pfund pro Tag; aber ein Handlanger oder ein Farmarbeiter kam nur auf fünfzehn Schilling oder ein Pfund in der Woche, dazu Verpflegung und Unterkunft. Wenn er Marmelade und andere Extras wie Gemüse wollte, mußte er dafür bezahlen.

Die große Schererhütte hatte einen gestampften Lehmboden, und die Schlafstellen waren blanke Bretter, jeweils zwei nebeneinander, die an die Wände genagelt waren. Es blieb gerade noch genug Platz für einen langen Tisch in der Mitte, der von Bänken aus Baumstämmen umgeben war. Sechzig Scherer mußten sich in sechs Blechschüsseln waschen, oder sie konnten in dem Wasserloch baden, aus dem das Trinkwasser und das Wasser zum Waschen der Kleidung kam.

Der Koch der Scherer war »ein verrücktes Huhn«, darüber

waren sich alle einig. Manche Männer hatten die Gewohnheit, das Essen samt den Tellern zur Tür hinauszuwerfen, wenn sie fanden, daß es den Anforderungen nicht entsprach. Einmal jedoch stellten sie beim Abendessen fest, daß der Koch die Blechteller an den Tisch genagelt hatte.

Der Schurschuppen war groß. Er enthielt sechzig Arbeitsplätze, deren Böden aus Gittern bestanden, damit der Kot der Schafe durchfallen konnte. Zu einem Gehege von zwanzig Schafen gehörten zwei Mann, und je vier Männer hatten einen Sammler, der die Vliese zum Sortiertisch brachte und die Wolle aufkehrte, die aus der festen Masse des Vlieses herausfiel.

Als die Arbeit im Schuppen beendet war, verabschiedete sich Dinny mit einem »irischen Segen« von dem Koch.

»Ich trage dir nichts nach, aber ich will, wenn ich einmal tot und begraben bin, auf keinen Fall in deiner Nähe liegen, sonst werde ich nie meine ewige Ruhe finden.«

Mit vierzig Pfund in der Tasche wanderte Tom weiter nach Westen auf dem Weg zum Land der ausgetrockneten Flußbekken. Dinny und die anderen Scherer suchten die nächste Kneipe auf, um dort ihr Geld loszuwerden. Einige von ihnen wollten zur Küste und nach Melbourne oder Sydney ziehen, doch nur wenige schafften es, bevor sie ihr ganzes Geld versoffen hatten. Dann lagerten sie an einem der ständig wasserführenden Flüsse oder nahmen ein paar Gelegenheitsarbeiten an, bis die Schursaison wieder begann und sie von neuem, wenn auch nur für kurze Zeit – ein wenig Geld in der Tasche hatten. Es war ein ewiger Kreislauf, den Tom nicht mitmachen wollte. Er war ein paarmal stockbetrunken gewesen – das reichte.

»Einmal habe ich den Coondooschuppen vom Anfang bis zum Ende geschoren und den Scheck in einer Woche versoffen«, pflegte Dinny zu prahlen. Tom hielt es für unsinnig, so schwer zu arbeiten und dann nach einer Woche nur einen schmerzenden Kopf und einen rebellierenden Magen zu haben.

Er überquerte viele Flüsse, deren Namen ihm vertraut waren, sie klangen wie die Glocken von Condamine in seiner Erinnerung: der Balonne, der Maranoa, der Warrego, der Paroo.

Im Jahr 1874 war er Farmarbeiter auf Nockatunga und sammelte Erfahrung mit Rindern, obwohl er sich mehr für Schafe interessierte. Es war das Jahr, in dem Timothy O'Hea – ein Ire, der als Soldat der Königin im selben Regiment in Kanada gedient hatte, das vor fünfunddreißig Jahren Toms Vater verhaftet hatte – sich auf den Weg machte, um einen Überlebenden von Leichhardts Expedition zu suchen. Der Forschungsreisende Leichhardt war im Jahr 1848 vom Condamine ausgezogen, um den Kontinent zu durchqueren; man hatte von seiner Gruppe seit fünfundzwanzig Jahren weder etwas gehört noch gesehen. Die Suche wurde von einem Beamten der Landesverwaltung der Krone organisiert. Geleitet wurde sie von Andrew Hume, einem entfernten Verwandten von Mrs. Betsy Forbes, der aus der Untersuchungshaft entlassen worden war; angeblich hatte er Pferde gestohlen. Er kannte die westlichen Flüsse und sollte im Besitz von Informationen über einen Expeditionsteilnehmer sein, der bei den Eingeborenen lebte.

In Mungindi, an der Grenze zu Queensland, stieß Lewis Thompson, ein weiterer ehemaliger Soldat, zu ihnen. Eigentlich war es zu spät, um zu reisen, da die Sommerhitze begann, die Wasserlöcher auszutrocknen. Dennoch verließ die Gruppe am ersten November Nockatunga. Was für ein Abenteuer! Tom bedauerte, daß er nicht mit ihnen in das Land des Sandes jenseits von Cooper's Creek ziehen konnte.

Zwei Wochen später stolperte Lewis Thompson mehr tot als lebendig ins Farmhaus. Kalter Limonensaft und Wasser weckten seine Lebensgeister wieder ein wenig. Mit geschwollenen Lippen und dicker Zunge berichtete er, wie ihnen das Wasser ausgegangen war.

Sie waren westlich in Richtung Cooper's Creek gezogen und hatten am Graham's Creek gelagert, der Wasser führte. Hume wollte die großen Wassersäcke wegen des Gewichts nicht füllen lassen. Nach drei Tagen waren sie immer noch nicht auf den Cooper gestoßen. Ihr Wasser wurde immer knapper; verzweifelt suchten sie nach dem Fluß, bis Hume sich entschloß, zum Graham's Creek zurückzukehren.

Am nächsten Tag brach O'Hea zusammen, unfähig, einen Schritt weiterzugehen. Thompson, als der jüngste und kräftigste, war bereit, zurückzugehen und Hilfe oder Wasser zu holen. Am Ende seiner Kräfte erreichte er Nockatunga, wo schnell ein Suchtrupp mit zwei schwarzen Fährtensuchern zusammengestellt wurde. Tom Brown begleitete den Trupp. Sie fanden O'Hea nie, der vermutlich als erster gestorben und vielleicht von den Dingos aufgefressen worden war. Wahrscheinlich hatten die Wildhunde seine Knochen weit über die Sanddünen verstreut.

Nach zehn Tagen fanden sie Humes Leiche. Er hatte die Orientierung verloren, war im Kreis gegangen und hatte schließlich seine Kleider abgestreift; vielleicht hatte er in seiner Phantasie Wasser gesehen, in dem er baden wollte.

Den Anblick dieser Leiche vergaß Tom Brown nie. Der Mann war vor kaum zwei Wochen gestorben, aber das von der Sonne ausgetrocknete, geschwärzte Fleisch löste sich schon von den Knochen. Am Ende der verschrumpelten Beine steckte ein armseliges Paar Stiefel. Sein Bart zeigte zum Himmel, die Mundhöhle war ein Unterschlupf für Ameisen und Fliegen.

Sie rollten die sterblichen Überreste in eine Plane und brachten sie zur Farm zurück, um sie dort zu bestatten. O'Hea war für immer in der heißen Einöde verschwunden wie Leichhardt vor ihm.

Nach einem glühendheißen Sommer hatte Tom genug von Hitze und Trockenheit und machte sich auf den Rückweg zur Küste. Vorher aber nahm er für eine Zeit einen Posten als Farmarbeiter auf Noccunda an und blieb während der Schur dort. Als Lachlan Macdonald starb, hatte die Farm den Besitzer gewechselt; es gab wieder eine weiße Frau im Farmhaus, und Jennah mußte im Lager schlafen.

Lachlan hatte seine Mischlingskinder nie anerkannt; für sie war ihre Mutter zuständig. Aber er hatte Jennah fast wie seine Frau behandelt, und ihr fehlte das Bett ihres Bosses. Sie lehnte alle Anträge von Männern ihrer Hautfarbe ab.

Die reisenden Scherer erfuhren, daß Jennah immer zu »einem Spaß« bereit war und daß sie keinen schwarzen Ehemann hatte, der Krach schlagen konnte. Sie redeten dem jungen Tom zu, sein Glück zu versuchen.

»Mach dich ran«, forderten sie ihn auf. »Du mußt auch mal ein Abenteuer erleben. Und sie sieht nicht übel aus.«

Tom behauptete, daß er nicht interessiert war. Im Grund war er es natürlich doch. Er brannte vor Neugierde und wollte sich endlich als Mann erweisen. Aber eine Schwarze! Nun ja, sie war ein Mischling, nicht gar so dunkel. Und sie war mit ihrem geschmeidigen schlanken, lebenssprühenden Körper, mit ihren hohen Backenknochen und tiefliegenden Augen, ihrem bunten Kleid, das über den hohen Brüsten und den schmalen Hüften eng anlag, sehr reizvoll. Ihr glänzendes, dunkles Haar hing ihr auf die Schultern herab, es fiel ihr über die Augen, während sie beim Wasserloch kniete und ein Kinderhemd wusch. Sie blickte unter ihren dunklen Brauen zu ihm auf und sah, daß Tom sie beobachtete. Sie lächelte. Tom merkte, daß er das Lächeln erwiderte.

»Kommst du heute abend zu mir, wenn der Mond aufgeht?« fragte sie. »Hinter dem Wollschuppen. Ich warte auf dich.«

»In Ordnung«, stammelte der junge Tom. »Gut, ich werde dort sein.«

Aber als es soweit war, wäre er beinahe nicht gegangen. Schwarzer Samt! Er wußte, daß es auf den meisten Farmen im Busch selbstverständlich war. Aber was würde seine Mutter von ihm denken? Sie würde bestimmt erwarten, daß er sich damit geduldete, bis er verheiratet war. Das kam jedenfalls nicht in Frage. Man ist nur einmal jung, wie Dinny zu sagen pflegte.

Der Mond ging über der weiten Ebene, über den dunklen Sandhügeln auf und verwandelte die Melde in glitzerndes Silber, als Tom mit klopfendem Herzen zur Rückseite des Wollschuppens schlich. Ein leiser Pfiff begrüßte ihn.

Jennah kicherte, während er an ihrem einzigen Kleidungsstück herumfummelte, und zog ihn in den tiefen Schatten an der Wand des Schuppens hinunter.

»Es ist bei dir das erste Mal, wie?« fragte sie und half ihm, sich zurecht zu finden.

Sie war heißblütig, anspruchsvoll, geschmeidig und kam rasch zum Höhepunkt. Er konnte nicht glauben, daß es schon vorüber war. Als er in die Unterkunft der Scherer zurückkehrte, mußte er sich von den Männern eine Menge Neckereien und harmlose Späße gefallen lassen.

Am nächsten Tag empfand er einen gewissen Abscheu. Jennah spürte es vielleicht, sie warf ihm einen spöttischen Blick zu, als er beim Holzhaufen an ihr vorbeiging. Er wußte, daß er ungeschickt gewesen war, und sie hatte seine Darbietung sicherlich nicht bemerkenswert gefunden. Wenig später verließ er die Farm und fragte sich, ob er die Zahl der Mischlingskinder auf Noccunda noch vermehrt hatte.

Er nahm einen Posten als Farmarbeiter auf Thargomindah an und lernte dort einen Jungen namens Blue kennen, der für einen Farmer an der Küste nördlich von Brisbane Zuckerrohr geschnitten hatte.

»Die Zuckerrohr-Arbeit ist hart«, erzählte Blue, »aber während der Saison kannst du gut verdienen, wenn du nicht schlappmachst. Die Kanaken von den Inseln werden pro Arbeitstag bezahlt, aber Weiße arbeiten schneller und bekommen Akkordlohn.«

Also sattelte Tom sein Pferd, belud sein Packpony mit seinen Habseligkeiten, und brach mit Blue zu der sechshundert Meilen entfernten Küste auf. Unterwegs nahmen sie Gelegenheitsjobs an. Doch Tom hielt es beim Zuckerrohr nicht lang aus – die Arbeit war viel schwerer als das Scheren.

»Das ist doch Gaunerei«, sagte er zu seinem Kumpel Blue, nachdem er mit den Kanaken in ihren Strohhütten gesprochen hatte. »Weißt du, was man ihnen bezahlt? Ganze verdammte sechs Pfund im Jahr. Im Jahr! Das ist nicht mehr als zehn Shilling im Monat... Und man erwartet, daß sie von Reis und Porridge leben und zwölf Stunden am Tag arbeiten!«

»Man dürfte sie eigentlich nicht ins Land bringen – sie nehmen den Weißen die Arbeit weg«, knurrte Blue. »Das ist der

Jammer mit den Farbigen, den Chinesen und sogar den Makkaronifressern aus Süditalien. Kein Wunder, daß wir in Queensland keinen anständigen Lohn erzielen. Sie drücken den Lohn der Farmarbeiter auf fünfzehn Shilling die Woche.«

Tom versuchte, die Kanaken zu »organisieren«; sie sollten gemeinsam zum Boß gehen und erklären: »Mehr Bezahlung oder keine Arbeit.« Die Bedingungen waren für Weiße schon schlimm genug, sie bekamen während der Saison ein Pfund und zweieinhalb Shilling die Woche für zehn oder zwölf Stunden Arbeit täglich in der Zuckerfabrik, und Feldarbeitern ging es kaum viel besser.

Er nahm sich zuerst den Aufseher vor, der ungeduldig bemerkte, daß sich die Männer bald an die Arbeitsbedingungen gewöhnten und wahrscheinlich besser verköstigt und untergebracht waren als daheim auf ihrer Insel, von der sie – manchmal auch mit Gewalt – zur Arbeit nach Queensland gebracht worden waren. Manche arbeiteten in der Saftpresse, andere auf den Feldern.

»Ja, die Aale gewöhnen sich daran, enthäutet zu werden!« schimpfte Tom beim Weggehen. Sein Versuch, die Kanaken zu einem Streik aufzuputschen, mißlang, da diese bald durch die laute Stimme des Aufsehers und noch mehr durch die Peitsche und die Pistole in seinem Gürtel eingeschüchtert wurden.

Das einzige Ergebnis war, daß man Tom Brown sagte, er solle in der nächsten Saison nicht wiederkommen. Er konnte nicht entlassen werden, da er unter Vertrag stand, aber der Zuckerrohrfarmer machte ihm klar, daß kein Pflanzer im Bezirk ihn je wieder einstellen würde.

»Du bist ein Unruhestifter, ich kenne Leute wie dich«, knurrte er mürrisch.

Tom entgegnete: »Es gäbe keine Unruhe, wenn Sie Ihre Arbeiter ordentlich bezahlen würden.«

Der große bärtige Zuckerrohrpflanzer beherrschte sich mit Mühe. Er hätte Tom Brown nur allzugern mit Fußtritten von seinem Besitz gejagt.

Am nächsten Wochenende ritten Tom und Blue in die Stadt,

als sie einen gefederten Wagen in der Straßenmitte stehen sahen.

»Sieht aus wie der alte Gates«, meinte Blue – Gates war der Boß.

Der Rücken eines Mannes ragte über der hinteren Bordwand des Wagens hervor. Als sie genauer nachschauten, erwartete sie ein außergewöhnlicher Anblick. Sie versuchten, nicht zu lachen, und starrten Mr. Gates an, dessen Hut fort war und dessen Haar sowie der graue Vollbart voll dicker Melasse waren, die über sein Gesicht tropfte. Er hatte Vierzig-Gallonen-Fässer mitgenommen, um sie zu verkaufen; dann hatte sich offenbar der Keil unter einem von ihnen verschoben, das Faß war auf der holprigen Straße umgekippt, worauf der Zapfen herausgerutscht war und sich ein Melassestrom über den Fahrer ergossen hatte. Anscheinend hatte Gates versucht, das Loch mit dem Daumen zuzuhalten, und damit nur erreicht, daß das Zeug ihn noch stärker bespritzt hatte, bis er halb blind war.

»Hilfe! Können Sie den Zapfen finden?« schrie er und zog den Daumen heraus.

Blue tastete in der klebrigen Flut auf dem Boden des Wagens herum, fand den Zapfen und steckte ihn hinein.

»Gibt es in der Nähe Wasser?« fragte der arme Tropf. Sie führten ihn zu einer Lache, wo er sich Kopf und Gesicht wusch und die Hände an der Hose abwischte. Tom lieh ihm sein rotes Taschentuch, damit er sich das Gesicht abtrocknen konnte. Erst jetzt, als seine Augen offen waren, erkannte er seine Helfer.

»Ah, du bist es, Brown!« meinte er. »Du hältst diesen Vorfall wahrscheinlich für komisch!«

Und ohne ein Wort des Dankes kletterte er in den Wagen und gab dem Pferd die Peitsche.

»Eine schöne Art, sich zu bedanken«, meinte Blue.

Als die Saison in Queensland zu Ende war, machte sich Blue auf den Weg zum nördlichen Teil von Neusüdwales, wo die Saison später begann, doch Tom ritt an die Küste, um sich eine Weile zu erholen. Er wollte im Meer schwimmen. Doch danach zog es ihn wieder in den Westen, wo das Gras nicht so grün, die Luft trocken und der Himmel klar und nicht mit dichten Wolkenmassen verhängt war.

Das Zuckerrohrschneiden war eine harte, schmutzige Arbeit, aber das störte ihn eigentlich nicht. Für ihn gab es kaum etwas Schöneres als ein abgeerntetes Zuckerrohrfeld.

In Toms zweitem Jahr in Queensland traf ein Brief von Bridget ein, der ihm von einem Arbeitsplatz zum anderen nachgeschickt worden war. Hierin teilte sie ihm mit, daß sein Vater in Kanada gestorben war – eine Woche bevor sie an Bord gehen und zurückkehren wollten. Die Kälte hatte Jamie sehr zu schaffen gemacht, und er hatte sich nach dem warmen Klima in Australien gesehnt. Bridget nahm das nächste Schiff. Sie wollte bei ihrem unverheirateten Bruder Brian in Brisbane leben.

Aber Tom las auch zwischen den Zeilen, die nüchternen Worte berichteten von Jamies Ende, und er verstand den Schmerz seiner Mutter. Eine Erkältung hatte sich zu einer Lungenentzündung entwickelt, und Jamie, der sehr geschwächt war, hatte diese Krankheit nicht mehr überwunden. In ein paar Tagen war alles vorbei gewesen.

»So ruht er also zu guter Letzt doch in der Erde, die sein Vater bebaute«, schrieb Bridget, »obwohl der alte Mann nicht mehr am Leben war, um ihn daheim willkommen zu heißen. Aus Liebe zu Kanada wurde er über das weite Meer fortgebracht, und so gehört es sich, daß er in kanadischem Boden ruht. Er liegt in Vancouver, in Sichtweite der großen Berge begraben, denn von dort wollten wir absegeln, als ihn die Krankheit niederwarf. Ich werde Irland nie wiedersehen, aber ich bin froh, daß er das Land, in dem er zur Welt kam, wiedergesehen hat.«

Tom fuhr nach Brisbane, um seine Mutter zu treffen. Sie war sehr gealtert und konnte noch immer nicht glauben, daß Jamie dahingegangen war. Natürlich war sie glücklich, Tom wieder in die Arme schließen zu können. »Ich bin Gott dankbar, daß er mir einen Sohn geschenkt hat«, beteuerte sie und streichelte seine sonnengebräunte Hand. »Es genügt mir, wenn ich weiß, daß du da bist, mein geliebtes Herz, ein Teil von ihm.«

»Weißt du, Mama, ich könnte nie in der Stadt leben. Es gibt hier zu viele Menschen. Mir gefällt nicht einmal die Küste, sie ist zu grün, und das Meer ist zu salzig. Im Zuckerrohr bin ich mir wie eine Ameise vorgekommen, die großen Grashalme haben mich erdrückt. Was war es für ein Vergnügen, wenn sie alle abgeschnitten und zermahlen waren.«

»Außerdem ist es für einen Weißen keine passende Arbeit, die Hitze und der ganze Schmutz. Ich erwarte nicht, daß du bleibst, ich möchte dich nur dann und wann wiedersehen.«

»Ich werde dich jedes Jahr nach der Schur besuchen. Das ist ein Versprechen. Aber jetzt gehe ich wieder in den Westen. Und hier sind meine Ersparnisse. Ich würde sie ohnehin nur verlieren, oder sie würden mir gestohlen werden oder so, im Busch brauche ich kein Geld.«

»Ach, Tommy, mein Liebling! Ich brauche es auch nicht. Aber ich werde es für dich aufheben.«

Bridget hatte kein Vertrauen zu Banken. Sie legte die Rolle von fast zweihundert Pfundnoten in eine flache Dose, die sie unter ihrer Matratze versteckte, und jedes Jahr fügte Tom neue Geldscheine hinzu. Er gab nicht viel Geld für Trinken und Frauen aus, aber er liebte Pferde. Er bat sie ein einziges Mal, Geld aus der Dose zu nehmen, und zwar, als er ein gutes Pferd kaufen wollte. Und manchmal brachte er ihr ein Geschenk mit, weil er wußte, daß sie das Geld nie für sich ausgeben würde.

3

Seit seine Mutter in Brisbane ansässig geworden war, wo ihr Bruder Brian O'Brien im Hafen als Schauermann arbeitete, kam Tom weniger oft nach Neusüdwales. Er beschloß, für bessere Arbeitsbedingungen der Landarbeiter in Queensland zu kämpfen.

Brian hatte ihm erzählt, daß die Schauerleute vorhatten, sich in einer Hafenarbeiter-Gewerkschaft zu organisieren, die ihre Mitglieder überall in Australien vertreten würde. Die Bergarbeiter in Neusüdwales hatten einen Streik in den Kohlebergwerken ausgerufen, um ihre Tagesarbeit von zwölf auf zehn Stunden zu verkürzen.

»Wir sind alle Sklaven der großen Reeder, Farmer und Zukkerbarone«, schimpfte Brian, »also heißt es immer wir oder sie, und sie werden nicht kampflos nachgeben. Deshalb müssen wir uns organisieren. Inzwischen können wir für etwas mehr Gleichheit sorgen.«

Im Vergleich zu den Bergleuten und den Hafenarbeitern blieben die Landarbeiter teilnahmslos.

»Es wird schon in Ordnung kommen, Kumpel«, sagten sie träge, als Tom sich an sie wandte. »Allmählich wird alles besser.«

»Nichts wird besser!« rief Tom. Die Scherer gerieten nur dann einigermaßen in Wut, wenn sie beim Eintreffen in einem Schuppen feststellten, daß die Hälfte der Plätze mit Chinesen besetzt war. Denn die Arbeitsaussichten und der Goldrausch der siebziger Jahre hatten sechzigtausend chinesische Auswanderer nach Queensland gelockt.

Tom hatte jetzt eine Freundin in Cunnamulla und eine zweite in Neusüdwales, in Collarenebri am Barwon. Gertie war ein lebenslustiges, blondes, sinnliches Mädchen. Er machte sich keine Illusionen darüber, was Gertie trieb, wenn er nicht bei ihr war. Nancy, die auf einer Farm außerhalb von Cunnamulla arbeitete, war anders. Sie erinnerte ihn mit ihrem schwarzen Haar und den blauen Augen an seine Mutter, aber sie war nicht so groß, und ihre Gestalt war angenehm gerundet, mit vollen Brüsten und Hüften.

Nancy schrieb ihm gelegentlich, und er schickte ihr seine neuesten Verse und Lieder, die sie mit ihrer adretten flüssigen Schrift ins reine schrieb. Ihre verwitwete Mutter, die die Frau des Farmschmiedes und -sattlers gewesen war, stammte aus Lancashire und sprach mit breitem nordenglischen Akzent.

Nancy hatte als Kind an dem Unterricht teilnehmen dürfen, den die Gouvernante den Kindern des Bosses erteilte. Später blieb sie im Haus und unterrichtete die jüngeren Geschwister selbst.

Tom war Nancy sofort aufgefallen. Während die meisten Männer Bärte trugen, war Tom Brown glattrasiert, so daß er mit seiner schlanken, muskulösen Gestalt täuschend jungenhaft aussah. Er war jetzt achtundzwanzig, abgebrüht und selbstsicher, galt als harter Kämpfer mit bloßen Fäusten: ein sympathischer Mann mit dunklem Haar, leuchtenden braunen Augen und einem kräftigen, ausgeprägten Kinn.

Als er zur Schur nach Charlesville und Miles aufbrach, küßte er sie zum Abschied und sang mit seinem hellen Bariton:

»O Nancy, liebste Nancy, halte mich nicht zurück.
Die Männer sind versammelt, in die Ferne geht mein Blick.
Ist das letzte Schaf geschoren am Ufer des Condamine,
Kehre ich hierher wieder, denn ich lieb' nur dich allein.«

»Wer will dich zurückhalten?« fragte Nancy ärgerlich. »Dieses dumme Lied! Es ist fast so dumm wie das, in dem die Frau sagt, sie wird ›ihre nußbraunen Locken abschneiden und auch Schererin werden!‹ Schöne Aussichten! Ich würde bestimmt nicht kochen, deine geschorenen Schafe zählen und deine speckigen Hosen waschen. Männer sollten selbst schauen, wie sie ihre dreckigen Hosen sauberkriegen. Wer will schon Schafe scheren, nur um die Sklavin eines Mannes zu sein?«

Tom sang unbeeindruckt weiter:

»O Nancy, liebste Nancy, du kannst nicht mein Kumpel sein,
Die Siedler haben's verboten: du darfst nicht in den Schuppen rein.
Die Frauen sind zu schwächlich, zu zart und zu klein,
Sie können nicht schuften am Ufer des Condamine.«

»Was für ein Blödsinn! Mein Körper ist genauso kräftig wie der deine. Und was soll das heißen, ›die Siedler haben's verboten‹.

Seit wann lassen sich die australischen Männer und Frauen von den Siedlern etwas verbieten?«

»Reg dich doch nicht darüber auf; es ist ja nur ein Lied.«

»Ja, ein Männerlied. Wenn ich dich begleiten wollte, würde ich es nur als Gleichberechtigte, nicht als dein Dienstmädchen tun.«

Tom lachte über ihren Ausbruch, aber ihre temperamentvolle Art gefiel ihm. Er sang weiter: »Nancy, Nancy, keine lieb' ich wie sie.«

Als die Schur in Queensland beendet war, zog er nach Neusüdwales weiter, wo die Saison später begann.

Er reiste von Scherschuppen zu Scherschuppen und kam schließlich zu Macdonalds Balranald-Farm im westlichen Riverina. W. G. Spence, der die Bergleute in Victoria bei ihrem erfolgreichen Kampf für eine Arbeitszeitverkürzung geführt hatte, wollte hier die Scherer in einer Gewerkschaft organisieren.

Bei einem Treffen unter freiem Himmel in der Gemeinde Balranald forderte er die Männer mit echt schottischem Schwung und Eifer, die sogar Fergus Macdonald imponiert hätte, dazu auf, sich zusammenzuschließen, in allen Schuppen in Victoria und Neusüdwales nur Gewerkschaftsmitglieder zuzulassen und Chinesen und Kanaken auszuschließen, die niedrige Löhne akzeptierten. Fergus gehörte zu der Gruppe wütender Siedler, die auf ihren Vollblutpferden um die Versammlung herumritten, mit den Peitschen knallten und über »Spence, den Aufwiegler« spotteten.

An diesem Tag wurde die Vereinigte Scherergewerkschaft gegründet, und als der Jubel sich gelegt hatte und die Siedler abgezogen waren, sprach Tom mit William Spence, einem Mann, der etwa zehn Jahre älter war als er.

»Und wie steht es mit Queensland, Mr. Spence?« fragte er. »Die dort oben sind zu gleichgültig, sie wollen nicht kämpfen.«

»Queensland steht als nächstes Ziel auf meiner Reiseroute«, antwortete Spence. »Das heißt, vorher kommt noch Südaustralien. Australien ist ein so großes Land, daß es seine Zeit dauert, bis man alle Landarbeiter unter einen Hut bekommt; aber später werden alle dabeisein. Und nicht nur die Scherer, sondern alle Arbeiter: Viehtreiber, Bergleute, Hafenarbeiter, Fabrikarbeiter – eine australische Arbeitergewerkschaft für das ganze Land! Denken Sie nur an die Macht, die die Arbeiter dann in Händen halten werden! Wir können es schaffen; wir müssen nur zusammenhalten.«

Tom war beeindruckt.

Zu dem zornigen Treffen war es gekommen, weil die Siedler sich angesichts der Kosten für die Ausrottung der Kaninchen und des Preisverfalls der Wolle darauf geeinigt hatten, den Lohn für das Scheren von hundert Schafen auf siebzehn Shilling und sechs Pence herabzusetzen, während der bisherige Standardlohn ein Pfund betragen hatte.

Für die Scherer, die schon beunruhigt waren, weil die Maschinen ihre Arbeitsplätze bedrohten, war die Gewerkschaft der letzte Strohhalm. Bald würden die kürzlich erfundenen Schermaschinen auf allen größeren Farmen in Betrieb genommen werden. Zu der ersten entscheidenden Kraftprobe zwischen Scherern und Farmern war es auf der Balranald-Farm gekommen, wo die Männer sich geweigert hatten, Macdonalds Schafe zu scheren. Da die Wolle aber herunterkommen mußte, bevor sie in der Hitze auf dem Rücken der Schafe im Wert vermindert wurde, mußte Fergus schließlich nachgeben und die Bedingungen der Scherer akzeptieren. Die Männer stimmten ein lautes Siegesgeschrei an.

Tom Brown schrieb den Text eines Liedes, das er »Des Siedlers Niederlage« nannte. Es wurde ein beliebtes Gewerkschaftslied, das mit seinen mitreißenden Zeilen in einem allgemein verbreiteten Liederbuch abgedruckt wurde.

Aushungern wollt ihr uns, hol' euch der Teufel.
Doch wir leben auch ohne euch, ohne Zweifel;
Glaubt meinem Wort, auch wenn ihr euch wundert,
Die Schur kostet immer ein Pfund für hundert!

Dazu wurde eine mitreißende Melodie gefunden, an die sich jedermann erinnerte, und die Scherer sangen es abends lauthals am Feuer. Es war Toms erster Versuch mit einem »politischen« Lied, und es brachte ihm mehr Beachtung ein als all seine Buschballaden, die im *Sydney Bulletin* erschienen waren, manche unter dem Pseudonym »Tom der Reimer«.

Bald darauf fuhr er nach Sydney, um »die Großstadt« zu sehen und die Büros von *The Bulletin* in der George Street aufzusuchen. Dort lernte er den Herausgeber seiner Buschgedichte und seiner Artikel über »Aboriginalitäten« kennen. Dann fuhr er mit der Bahn nach Westen, nach Bourke, und folgte dann der Wollpiste flußaufwärts nach Collarenebri. Unterwegs verbrachte er eine Woche mit Gertie, kaufte zwei neue Pferde und machte sich schließlich nach Brisbane auf.

In Brisbane schloß ihn Onkel Brian in die Arme.

»Du gehörst zu den Barden, mein Junge!« rief er. »In Irland ist ein Dichter ein König. Und du kannst dich so bezeichnen, wenn du deinen Kameraden klargemacht hast, daß wir jetzt eine Hafenarbeitergewerkschaft haben. Falls sie sich mit den Siedlern auseinandersetzen wollen, stehen wir hinter ihnen. Wenn wir uns weigern, die Wollballen in die Schiffe zu verladen, was können die Siedler dann schon tun?«

Tom erinnerte sich an diese Worte, als der Arbeitskonflikt später auf Queensland übergriff.

Er verbrachte den Rest des Jahres bei seiner Mutter, arbeitete in Haus und Garten und überredete sie, etwas von seinen Ersparnissen für seine Verköstigung anzunehmen. Betroffen bemerkte er, wie alt sie aussah, wie sehr ihre blauen Augen und ihr schwarzes Haar matt und grau geworden waren und ihre helle, glatte Haut jetzt von vielen Fältchen durchzogen war.

Vor zwei Jahren war Tom das letzte Mal in Cunnamulla gewesen. Sobald die Schurzeit kam, verließ er Brisbane auf seinem braunen Wallach. Auch führte er sein Packpferd mit, eine sanfte Fuchsstute, die er mit dem Scheck von seiner letzten

Schur gekauft hatte, bevor er Neusüdwales verlassen hatte. Nie war es schwierig gewesen, sie nach dem Grasen einzufangen. Sie kam auf seinen Pfiff wie ein Hund herbei und lief auch ohne Strick dem braunen Pferd nach.

Während seiner Reise dachte er daran, wie sehr doch Gertie, die er zuerst als ungewöhnlich und erregend empfunden hatte, für ihn an Reiz verloren hatte. Um so mehr freute er sich auf Nancy. Wie hatte er eigentlich so lang von ihr fernbleiben können?

Er traf früh ein, um etwas Zeit für Nancy zu haben, bevor die schwere Arbeit des Zusammentreibens und Einpferchens vor der Schur begann. Ihr Zimmer auf der Farm ging auf die Veranda hinaus. Hier verbrachte er die erste Nacht.

»Wie ist es dir die letzten zwei Saisons ohne mich ergangen?« fragte er, stemmte seine nackten Füße gegen das Ende des Eisenbettes und spielte mit einer Strähne ihres dunklen Haares. »Ich wette, du mußtest die Burschen mit Gewalt vertreiben, die alle auf eine schöne Frau wie dich scharf waren?«

»Sie wissen, daß du mir dein Brandmal aufgedrückt hast.«

Etwas später erwachte Tom aus erquickendem Schlummer und hob den Kopf von einer weichen, glatten Brust, denn aus dem angrenzenden Zimmer schrie jemand. Ein Kind, das weinte?

»Mammie!« jammerte eine hohe, quengelnde Stimme.

Nancy rappelte sich unter dem Laken auf und zog einen Schlafrock über. »Ich komme schon, Liebling!«

Sie lief über die Veranda ins nächste Zimmer. Während Tom sich aufsetzte und die Arme über der nackten, behaarten Brust kreuzte, kam sie mit einem kleinen Jungen auf ihrem Arm zurück: hellbraunes, naßgeschwitzes Haar, rosa Wangen, große, blaue Augen und ein weinerlich verzogener Mund.

»Das ist Charlie«, erklärte sie herausfordernd.

»Aber – aber – er ist dein Sohn?«

»Wessen sonst, glaubst du?«

»Deiner und – meiner?«

»Selbstverständlich. Sag hallo zu Daddy, Liebling.«

Das Kind starrte den Fremden an, dann wandte es noch immer schluchzend das Gesicht zur Brust seiner Mutter.

Tom fand zunächst keine Worte.

»Wie alt ist er?«

»Er wird bald zwei.«

»Nancy! Und du hast mir kein Wort davon gesagt!«

»Ich habe deine Rückkehr abgewartet. Ich wollte sicher sein, daß du mich willst. Ich wollte dich nicht erpressen, um –«

»Erpressen! Du verrücktes Huhn. Ich will dich ohnehin heiraten. Aber jetzt mehr denn je. Mein Sohn, tatsächlich!« Er war außer sich vor Freude.

Nancy wußte nichts von Gertie, und Tom fand, daß sie das auch nichts anging. Gertie würde ihm fehlen, doch er wußte jetzt, daß er sie nicht wiedersehen würde. Er mochte sie, aber ihr würde seinetwegen nicht das Herz brechen.

Nancy und Tom wurden in der kleinen Methodistenkirche im nächsten Ort getraut, so wollte es Nancy. Ihre Mutter lebte in Sydney, und keine Verwandten der beiden wohnten der Trauung bei. Obwohl Tom von seiner Mutter römisch-katholisch erzogen worden war und keine Vorurteile gegenüber andersgläubigen Menschen besaß, hielt er nicht viel von Priestern und Pastoren. Seine einzige Religion war die »Solidarität« – die Religion des Busches.

4

Wann immer es Tom möglich war, verbrachte er die Zeit bis zum Beginn der nächsten Schur bei seiner größer werdenden Familie in Cunnamulla. Nancy kam es so vor, als wäre sie mit einem Seemann verheiratet. Er kam und ging, und sie hatten nie Zeit, einander überdrüssig zu werden. Mittlerweile hatten sie ein kleines Mädchen, Emma, und ein Baby, Agnes.

Nancy half noch immer in dem großen Haus; daher hatte

man ihnen eines der Häuschen der Farmarbeiter überlassen. Tom hätte zwar einen ständigen Job als Viehhüter bekommen können, aber ihm lag das Wanderleben im Blut. Er wollte sich noch immer ein eigenes Grundstück kaufen, wußte aber nicht, in welcher Stadt im Westen er sich niederlassen sollte. Nancy schlug die Küste vor, aber ihm war das trockene Landesinnere lieber, wo ihm das Klima eher zusagte und er Arbeit finden konnte.

Charlie wuchs zu einem langbeinigen, sonnengebräunten kleinen Jungen heran und lief barfuß und ohne Kopfbedeckung in der Sonne herum, so daß sein Haar wie gebleichtes Stroh mit braunen Streifen darin aussah.

Er weinte selten und trotzte nie, war ein gutmütiger, hilfreicher kleiner Kerl, wenn er auch gelegentlich Emma gern neckte, die dann immer in Tränen ausbrach. Andererseits aber kümmerte er sich rührend um sie und half ihr beim Anziehen.

Manchmal schrieb Nancy einen Brief an Bridget und legte Fotos von den Kindern bei, die ein reisender Fotograf aufgenommen hatte. Sie hatte sich allen Bitten ihrer Schwiegermutter widersetzt, die Kinder »im wahren Glauben zu erziehen«. Es war eine so lange Reise mit Kutsche und Zug nach Brisbane, daß sie einander nie kennengelernt hatten.

Obwohl Tom Mr. Spence gegenüber behauptet hatte, daß die Queensländer apathisch wären, spitzte sich die Feindschaft zwischen Scherern und Siedlern ausgerechnet in Queensland zu. Dies vor allem auf der Aramac-Farm bei Longreach, wo die Männer sich weigerten, unter einem Aufseher zu arbeiten, der Chinesen einstellte.

Im Jahr 1887 war die Queensland-Scherergewerkschaft gegründet worden. Auf der Beaconsfield-Farm stellten die Männer ein Schild auf, auf dem stand: »Dieser Schuppen fällt unter die Q. S. G.-Bestimmungen.« Diese besagten, daß keine Chinesen, Japaner, Kanaken oder Angehörige einer anderen farbigen Rasse mit Ausnahme der australischen Aborigines der Gewerkschaft beitreten durften.

Als die Siedler hier, wie jene in der südlichen Kolonie, beschlossen, den Lohn auf siebzehn Shilling und sechs Pence pro hundert geschorene Schafe zu drücken und Chinesen zu beschäftigen, die diesen Tarif akzeptierten, kam es aus Protest zu Massenversammlungen. Die Redner erklärten den Männern, daß sie nach dem *Masters and Servants Act* »nichts anderes als Sklaven« waren. In Meteor Downs, Logan Downs und Wellshot bestanden die Scherer auf dem Gewerkschaftstarif für Schuppenarbeiter. 1891 beteiligten sich über zehntausend Beschäftigte am Kampf um bessere Arbeitsbedingungen.

Aber auch die Siedler gründeten ihrerseits eine Organisation, die *Pastoralists Association.* »Sie behaupten, daß es ihnen nur um ›Vertragsfreiheit‹ geht«, erklärte Tom, »damit sie aufnehmen können, wen sie wollen; und daß sie ›ihre Schurtische nicht mit Kanaken und Chinesen besetzen wollen‹. Aber wir alle wissen, daß es Farmen gibt, auf denen die Arbeit von Aborigines gemacht wird, die nur ihren Lebensunterhalt verdienen, und auf denen bis zu siebzig Chinesen bei einer Schur beschäftigt werden.«

Auf mehreren Versammlungen in West-Queensland hielt Tom Reden. Die Empörung gegen die Siedler nahm zu, und im März 1891 riefen die Scherer den Generalstreik aus. Als Reaktion forderten die Siedler von der Regierung, das Militär einzusetzen. Einer von ihnen ließ seine Wolle von Streikbrechern scheren und fuhr seinen Wollwagen selbst zum Hafen in Brisbane. Das Ergebnis war ein Aufruhr im Hafen; der Siedler wurde entschieden zurechtgewiesen, und die Seeleutegewerkschaften traten gleichfalls in den Ausstand. Die Regierung des Staates entschied sich für Anwendung von Gewalt.

Westlich der großen Städte, in direkter Nähe der Flüsse, errichteten die Landarbeiter währenddessen große Lager. Posten wurden in Abständen von fünfundzwanzig Meilen an den Seitenarmen und Flüssen aufgestellt, um, sobald »freie Arbeitskräfte« eintrafen, eine Warnung durchzugeben. In Barcaldine wurde an den Ufern des Alice-Flusses ein riesiges Depot mit Zelten und gut organisiertem Nahrungsmittelnachschub angelegt. Jeden Tag wurden unter einem großen Eukalyptusbaum in der Nähe des Bahnhofes Versammlungen abgehalten. Sie sangen Francis Adams' »Laßt die Fahne wehen« und Tom Browns neues Lied »In den Schuppen schert die Gewerkschaft« oder »Es gibt keine Schur«.

Als der Schererstreik ausbrach, lebte Nancy noch mit den Kindern in Cunnamulla, während Tom seiner Wanderlust frönte; als sie ihn heiratete, hatte sie gewußt, daß es so kommen würde. Jetzt wollte sie ihrem Mann helfen und beim Kampf gegen die Siedler dabeisein. Sie packte ihre eigene Kleidung und die der Kinder und fuhr zu Tom ins Lager in Barcaldine. Dort wurde sie eine der Köchinnen bei der Streik-Zentrale am Alice River, zwei Meilen außerhalb der Stadt.

Sie half auch mit, Flugschriften auf einer Kopiermaschine abzuziehen, darunter auch Blätter mit Toms Liedern, »Des Siedlers Niederlage« und »In den Schuppen schert die Gewerkschaft«.

Tom Brown und Julian Stuart, ein rotbärtiger Schotte, schrieben weiterhin Lieder und Gedichte, um die Scherer aufzustacheln. Bald kam die gesamte Arbeit in den ländlichen Gebieten zum Stillstand. Tom wurde von seiner eigenen Beredsamkeit mitgerissen. Er gehörte zu den Anführern, die den ungerechten *Masters and Servants Act* außer Kraft setzen wollten, um statt dessen einen garantierten Lohn von fünfundzwanzig Shilling plus Unterhalt für die Landarbeiter, ein Arbeitsverbot für Farbige, den Achtstundentag und die Sechstagewoche sowie den freien Samstagsnachmittag zu erreichen.

In Auguthella, Hughenden, Barcaldine und Clermont kam es zu vereinzelten Übergriffen. Einige Schurschuppen wurden in Brand gesteckt, und man sprach von Sabotageakten an Eisenbahnen und öffentlichen Gebäuden.

Angesichts des bevorstehenden Kampfes herrschte überall größte Erregung. Tom schrieb an seine Mutter:

»Tausend Männer lagern in einer echten Zeltstadt, und von einem Baum flattert die blaue Fahne... Der Geist von Eureka ist wiedergeboren. Es herrscht richtiger Kasernendrill, obgleich

nur wenige von uns Schußwaffen besitzen. Es hat keinen Zweck, daß wir Maiskuchen als Waffen verwenden, wenn sie das Militär einsetzen. Wir werden nicht diejenigen sein, die den ersten Schuß abfeuern, aber dieser Schuß könnte der Beginn eines Bürgerkrieges sein.«

Einige Hitzköpfe waren bereits wegen »Gebrauch von Schimpfworten« und »Störung der öffentlichen Ruhe und Ordnung« verhaftet worden. Verschiedentlich gingen dort, wo Streikbrecher arbeiteten, Wollschuppen auf mysteriöse Weise in Flammen auf, und angeblich hatten Männer aus dem Lager Clermont versucht, den Zug zu stoppen, der Streikbrecher aus dem Süden heranbrachte.

Premierminister Griffith setzte die Armee ein, ausgerüstet mit einem gewaltigen Aufgebot an Gatling-Kanonen und einem großen Nordenfeldtgeschütz, das auf das Lager gerichtet wurde. Ein großer Trupp Soldaten beschützte jede Gruppe von »freien Arbeitern«, die in den Bahnhöfen eintrafen. Sie wurden von den Streikenden mit Schmährufen empfangen und verspottet und mußten auf den Schurtischen in den Wollschuppen schlafen, wiederum bewacht von bewaffneten Soldaten. In den Städten im Süden machte sich die Wirtschaftskrise bemerkbar, und es mangelte nicht an Männern, die bereit waren, selbst unter diesen Bedingungen zu arbeiten.

Der Kampf erreichte seinen Höhepunkt im »Clermont-Aufruhr«, als zweihundert Streikende in die Stadt ritten und, so der Polizeibericht, »versuchten, alle staatlichen Einrichtungen, einschließlich der Eisenbahn, in ihre Gewalt zu bekommen. Eine Puppe, die Griffith darstellte, wurde auf der Straße verbrannt. Erst als das Militär mit dem Nordenfeldtgeschütz anrückte, zogen sich die Streiker ins Lager zurück«. Für Tom stellte sich dieser Vorfall anders dar.

»Die Männer kehrten friedlich ins Lager zurück, als die Soldaten mit der großen Kanone erschienen. Ihr angeborenes Gefühl für Gesetz und Ordnung hielt sie zurück, nicht Feigheit«, schrieb Tom seiner Mutter.

Am nächsten Tag wurde er zusammen mit allen Streikführern im westlichen Queensland mit vorgehaltener Waffe verhaftet.

»Keine Bewegung, sonst werden Sie erschossen; die Lagerinsassen sind ernstlich ermahnt worden«, teilte man ihm mit, als er zum Eingang des Zeltes kam.

Sein Zorn machte sich Luft. »Schießt!« schrie er. »Nur zu, schießt auf wehrlose Männer!«

Er wandte sich seinen beiden ältesten Kindern zu, um sie zu trösten, Charlie, der den uniformierten Soldaten mit großen Augen anstarrte, und Emma. »Lauft hinüber zum Küchenzelt und sagt Mutter, daß ich für einige Zeit fortgehen muß«, trug er ihnen auf. »Ich komme zurück, sobald ich kann.«

Zusammen mit sechs anderen Männern aus dem Lager wurde er mit Handschellen an eine Kette gefesselt und in einen für Jericho bestimmten Waggon der westlichen Eisenbahnlinie gesteckt. Dort wurde er mit vierzehn anderen Männern, von denen einige aus Hughenden hergebracht worden waren, in zwei jeweils acht Quadratfuß großen Zellen untergebracht. Wenn er nachts auf die Toilette wollte, mußte Tom mit einer schweren Kette versehene Fußfesseln tragen. Außerdem wurde er immer von einem Polizisten mit gezogenem Revolver begleitet. Nach neun Tagen in den stickigen Zellen wurden sie in den Zug nach Rockhampton verladen, wo sie vor Gericht gestellt werden sollten. Für die Fahrt wurden ihnen Fußschellen angelegt.

Als sie zum Bahnhof stolperten, setzte sich Tom plötzlich auf die Straße und weigerte sich aufzustehen. »Ich werde erst weitergehen, wenn mir diese verdammten Fußfesseln abgenommen werden!« erklärte er.

»Ich ebenso.« Und ein Mann nach dem anderen ließ sich in den Staub fallen.

Obwohl ein Polizist sie mit seiner Pistole bedrohte, blieben die Gefangenen sitzen.

Endlich wurden die Fußfesseln geöffnet, und sie bestiegen unter schwerer Bewachung und mit Handschellen den Zug.

In Rockhampton wurden sie wegen Aufwiegelung und »öffentlicher Ruhestörung« angeklagt. Jeder wurde zu zwölf Jahren Gefängnis verurteilt, ein Strafmaß, das alle schockierte, glaubten sie doch wegen eines politischen Vergehens keine so schwere Strafe zu erhalten. Mein Sohn wird erwachsen sein, ein junger Mann, wenn ich ihn wiedersehen kann! dachte Tom.

Er wurde mit den anderen »Verschwörern« in das Gefängnis auf der »St. Helena« genannten Insel in der Moreton Bay geschickt. Die anderen Gefangenen waren Verbrecher und Mörder mit hohen Gefängnisstrafen.

Bridget, die jetzt über siebzig war, empfand diese Nachricht wie einen körperlichen Schlag. Sie hatte befürchtet, daß Tommy tot oder in dem Kampf, den alle erwarteten, verwundet worden sei. Aber das war schlimmer. Er war, wie sein Vater vor ihm, zu einem lebenden Toten geworden.

»Der Teufel soll sie holen!« schrie sie. »Der Teufel soll jeden verdammten Tyrannen holen! Gott verdamme die Königin, die Regierung und alle anderen Verbrecher!«

Dann stürzte sie bewußtlos zu Boden. Sie erlangte das Bewußtsein nicht wieder, da ein zweiter Schlaganfall sie endgültig dahinraffte.

Der Streik war ein Mißerfolg. Die Kombination aus Wirtschaftskrise, der Erfindung der Schermaschine und der Feindseligkeit der »verlogenen kapitalistischen Presse« war zuviel für die Gewerkschaft. Mit diesen wunderbaren Geräten, die die Wolle so sauber abschnitten, konnte jedermann in ein paar Tagen das Scheren erlernen. Dennoch war der Streik angeblich nützlich gewesen, weil er die Arbeiter enger zusammengeschlossen hatte; die Gewerkschaft zog sich zurück, damit die Wunden heilen konnten, und konzentrierte sich darauf, daß Gewerkschafter ins Parlament gewählt wurden.

So entstand die Wahlliga der Arbeiter, und die Australische Arbeitergewerkschaft wurde 1894 gegründet.

Als Tom verurteilt wurde, hatte er bei Gericht leidenschaftlich ausgerufen, er könne genausogut in der Hölle nach Eis suchen, wie von diesem Gericht Gerechtigkeit erwarten.

Auch die Öffentlichkeit war davon überzeugt, daß den Männern keine Gerechtigkeit zuteil geworden war, und einer der Kandidaten der Labour Party, der von der Wahllobby zum Abgeordneten für Bourke gewählt worden war, setzte sich später im Parlament entschieden für die eingekerkerten Landarbeiter ein. Er bezeichnete einige der Gefangenen als »wertvolle Bürger«, und sagte von Thomas Brown: »Er ist ein echter Australier, edelmütig, anständig, der jedoch dagegen ist, daß die Arbeiter von den Kapitalisten unterdrückt werden. Er besitzt eine überdurchschnittliche Intelligenz, hat einige schöne Gedichte über den Busch geschrieben und sich immer ehrenhaft verhalten, wie es ihn seine Eltern gelehrt haben…«

Diese Fürsprache sowie die anhaltende Kampagne der Labour-Zeitung *The Worker* zeitigten Erfolg. Im November 1893 wurden die dreizehn »Märtyrer« endlich aus dem Gefängnis entlassen.

The Worker brachte eine Extraausgabe mit einem Gruppenfoto der in Rockhampton verurteilten Männer. Sie waren zwei Jahre und sechs Monate eingekerkert gewesen, und diese Erfahrung hatte sie altern lassen.

Tom war jetzt vierunddreißig. Er hatte zuerst gedacht, daß man im Gefängnis Verse schreiben könne, aber nachdem er erfahren hatte, daß seine Mutter an einem Schlaganfall gestorben war, grübelte er in seiner arbeitsfreien Zeit nur noch vor sich hin. Er wußte, daß der Kummer sie getötet hatte, und machte die Regierung dafür verantwortlich; es war genauso, als hätte sie einer der gegen die Streikenden eingesetzten Soldaten ins Herz geschossen.

Nachdem Tom das Gefängnis verlassen hatte, bekamen seine Gedichte eine böse-satirische Note und waren daher weitaus weniger beliebt als früher. Er sah um Jahre gealtert aus, denn er hatte eine hohe Stirn bekommen und in den schwarzen Bart, den er sich im Gefängnis hatte wachsen lassen, mischten sich graue Strähnen. Es kam ihm vor, als wäre er fast drei Jahre lang tot gewesen und nun auferstanden.

Nancy hatte, wie Tom aus einem ihrer Briefe erfahren hatte,

durch ihre Verbindung mit den Streikenden die Möglichkeit verloren, in ihre Stellung auf der Farm zurückzukehren. Sie arbeitete jetzt in einem Hotel in Longreach, fünfhundert Meilen westlich von Rockhampton, genau auf dem Wendekreis des Steinbocks. Im Sommer war es dort höllisch heiß und im Winter bitter kalt, aber trocken und sonnig. Sie und die Kinder hatten im Hotel freie Kost und Quartier.

Aus einem Brief von Onkel Brian O'Brien erfuhr Tom, daß Bridget ihm alles hinterlassen hatte, ausgenommen ihre Möbel, die sie Brian selbst geschenkt hatte. Außerdem hatten fast tausend Pfund in alten Zigarettendosen unter ihrer Matratze gelegen, als sie starb. Er hatte nur ein wenig davon verwendet, »um ihr ein anständiges Begräbnis zu geben.«

Tom trug jetzt das restliche Geld zusammengerollt in seiner Brieftasche bei sich. Er nahm den nächsten Zug nach Rockhampton, wo er in einem Hotel am Flußufer abstieg.

Von dort ging er zum Bahnhof, um sich für den nächsten Tag einen Platz im Zug reservieren zu lassen. Die Bahnlinie war soeben bis Longreach verlängert worden. Jetzt konnte er mit den Ersparnissen, die ihm seine Mutter hinterlassen hatte, ein kleines Haus für seine Familie kaufen.

Es war die längste Reise, die er je gemacht hatte. Irgendwann gegen Mittag erreichten sie Barcaldine. Um den kurzen Aufenthalt auszunutzen, ging Tom in ein Wirtshaus an der Hauptstraße und bestellte sich eine Pastete mit Erbsen und Kartoffelpüree, doch als er beginnen wollte zu essen, pfiff der Lokomotivführer. Er hatte gerade noch Zeit, die Pastete in die Hand zu nehmen und zur Station zu laufen, wobei er kräftig fluchte, weil die heiße Sauce ihm die Hand verbrannte.

Abgesehen davon, daß es im Zug nichts zu essen gab, enthielt auch der verstaubte Behälter in der Ecke keinen einzigen Tropfen Wasser. Tom hatte den ganzen Zug für sich allein. Wohlwissentlich benutzten die Leute im Westen diesen Zug nur äußerst selten.

Als die Nacht hereinbrach, legte er sich auf die Sitzbank und zog die grauen Decken über sich.

Plötzlich und mit einem Ruck hielt der Zug, und Tom fiel auf den Boden. Mühsam rappelte er sich auf und legte sich wieder hin. Mit einem erneuten Ruck setzte der Zug sich wieder in Bewegung. Die Decken rutschten von dem glatten Sitz. Tom beschloß, auf einen weiteren Schlafversuch zu verzichten, setzte sich auf und lehnte die Stirn gegen das kalte Glas.

Wieder ein Ruck, kreischende Bremsen, und sie fuhren langsamer in den Bahnhof Longreach ein. Es war fast neun Uhr; er hatte achtundzwanzig Stunden, ohne auch nur eine Tasse Tee, im Zug gesessen. Erschöpft nahm er seinen Reisesack. Der Bahnhof war leer, nur ein paar Eisenbahnbedienstete luden die Bahngüter aus.

Er fühlte sich wie gerädert, die Erregung, mit der er den Zug bestiegen hatte, war längst verflogen; er stieg auf den Bahnsteig hinunter und warf sich den Reisesack über die Schulter, der seine neuen Kleidungsstücke enthielt, die er in Brisbane von dem Geld gekauft hatte, das ihm die Gewerkschaft zur Verfügung gestellt hatte. Wo blieb Nancy? Sie hätte ihn wenigstens abholen können.

Draußen auf der langen, breiten Straße band jemand ein Pferd, das einen leichten Wagen zog, an einen Pfosten: eine rundliche kleine Gestalt, eine Fülle dunklen Haares... Er erkannte sie sofort, lief auf sie zu und schloß sie in die Arme.

»O Nancy, liebste Nancy!«

»O Tom!«

Dann stürzten sie sich in eine wortlose, lange, innige Umarmung, in der sie in einer anderen Dimension zu schweben schienen. Die ganze Sehnsucht, die Einsamkeit, die dreijährige Trennung waren in diesem Moment beinahe aufgehoben.

»Wo sind die Kinder? Geht es ihnen gut?«

»Allen geht es gut. Meine Freundin gibt auf sie acht. Ich war schon dreimal hier, und dann hieß es, daß der Zug erst um neun ankommen würde.«

»Ich bin am Verhungern. In diesem verdammten Zug gab es nichts zu essen oder zu trinken.«

»Du hättest einen anderen nehmen sollen.«

»Da hätte ich zwei weitere Tage warten müssen, und ich wollte so schnell wie möglich bei dir sein.«

»O Tom! Du bist so mager geworden!« Sie fügte nicht hinzu: »Und so alt und anders, daß ich dich fast nicht erkannt hätte.«

»Können wir etwas zu essen bekommen?«

»Nein, die Essenszeit ist vorbei; wir gehen lieber zum Griechen und essen Steak und Eier. Die Kinder schlafen jetzt ohnehin schon.«

Er betrachtete sie unter den Bahnhofslampen, als könne er sich nicht an ihr satt sehen.

»Weißt du, daß ich seit fast drei Jahren kaum eine Frau zu Gesicht bekommen habe?« fragte er. »Das ist eine der schlimmsten Dinge am Gefängnis, abgesehen von der Freiheitsbeschränkung. Es ist so entmutigend, so unnatürlich. Gelangweilt habe ich mich weniger, da ich schreiben konnte. Auch haben sie mir Bücher zu lesen gegeben, wenn auch nicht genug. Ich habe die Bibel zweimal vom Anfang bis zum Ende gelesen... Was für ein böser, rachsüchtiger alter Kerl war doch der Gott des Alten Testaments... Ich kann noch immer nicht glauben, daß ich wirklich bei dir bin.«

Sie streichelte seinen seidigen schwarzen Bart. »Bitte, nimm ihn doch ab, er macht dich älter.«

»Ich bin älter«, erwiderte er grimmig.

»Jetzt ist alles vorbei. Komm nur. Ich habe mir den Wagen ausgeliehen, ich war nicht sicher, ob du nicht zu schwach bist, um zu gehen. Geht es dir gut, Tom?«

»Ja, Liebste, jetzt geht es mir gut.«

5

Vom ersten Schultag an wurde Charlie Brown »Chukka« Brown genannt. Der Name haftete ihm an, teils weil er beim Cricket den Ball mit tödlicher Sicherheit »chucken« konnte, indem er ihn an den Torstäben vorbeisausen ließ, und teils weil er das Wort in jedem passenden und unpassenden Zusammenhang ungeniert verwendete.

Wenn er krank war, chuckte er sein Dinner auf, und wenn er seine Schwestern bat, ihm die Butter oder das Salz zu reichen, sagte er: »Chuck mir die Butter rüber« oder »Chuck doch mal das Salz her«, obwohl ihn seine Mutter wegen solcher Slang-Ausdrücke unaufhörlich rügte.

»Du solltest immer einwandfreies Englisch sprechen«, mahnte sie.

»Ach, chuck es, Mam«, meinte er nur. »Es ist ein gutes australisches Wort.«

Chukka wuchs meist ohne Vater auf, da Tom, nachdem er aus dem Gefängnis entlassen war, oft zum Scheren außer Haus ging. Als einziges männliches Familienmitglied entwickelte er sich zum Beschützer seiner Mutter und seiner Schwestern.

Chukka war von dem üblichen Ehrgeiz erfüllt, ein Rekord-Scherer zu werden und vielleicht die Rekorde von Jimmie Power oder dem berühmten Jackie Howe zu brechen, der das ärmellose Unterhemd erfand, um mehr Bewegungsfreiheit zu haben, wenn er dreihunderteinundzwanzig Schafe mit Klingenscheren in weniger als acht Stunden schor.

Sein Vater war ein guter Scherer und war mehr als einmal der *ringer* des Schuppens geworden. Wenn Tom daheim war, sprach er gern von den großen Tagen, als die Labourbewegung unter dem großen Eukalyptusbaum in Barcaldine ins Leben gerufen worden war. Sie besaßen jetzt ein Haus in Longreach, und Nancy arbeitete nicht mehr im Hotel. Tom nahm die beiden Mädchen Agnes und Emma auf seine Knie und sang ihnen die Lieder und Reime vor, die er während des Schererstreiks gedichtet hatte: alle über mutige Kämpfer für die Gerechtigkeit und über die verachteten Streikbrecher, die sich ihnen nicht anschließen wollten.

»Euer Vater war kein Streikbrecher«, pflegte Nancy stolz zu bemerken. »Er befand sich im dichtesten Kampfgetümmel, und sie haben ihn ins Gefängnis gesteckt, weil er sich für seine Kameraden eingesetzt hat.«

Aber Tom hatte genug vom Gefängnis und hielt sich aus dem Kampf in Neusüdwales heraus, der 1894 mit dem Brand des Raddampfers *Rodney* auf dem Darling in der Nähe der Tolarnofarm seinen Höhepunkt erreichte.

Die Wolsey-Maschine mit kraftbetriebenen Scheren wurde nun überall verwendet, nur nicht bei preisgekrönten Widdern, die noch immer mit Blattscheren geschoren wurden.

»Achtung auf seine Hoden«, mahnte der besorgte Besitzer, der genau zusah, wenn ein prächtiger Widder seines dichten schweren Fells beraubt wurde.

Zur Schurzeit herrschte auf den großen Farmen ein Betrieb wie in einer Fabrik, wobei in den großen Schuppen bis zu hundertfünfzig Scherer arbeiteten und die Wolle auf der Farm sortiert, gereinigt und für den Export in Ballen verpackt wurde. Die dampfbetriebenen Maschinen klapperten und surrten, während die Männer mit der unfehlbaren Sicherheit von Maschinen nahezu lautlos werkten.

Chukka mochte Maschinen nicht. Nachdem er sich einige der Geschichten seines Vaters vom grünen Zuckerland an der Küste angehört hatte, fand er, »daß er die Vorstellung, Scherer zu werden, chucken und es mit dem Zuckerrohr versuchen könne«.

»Es wird dir nicht gefallen«, wandte Tom ein. »Es ist harte, dreckige Arbeit. Sieh doch, wie weich und sauber meine Hände von der Arbeit sind. Das bewirkt das natürliche Lanolin in der Wolle. Aber Zuckerrohrschneiden! Verdammt, das ist wirklich hart. Deine Hände bekommen Schwielen, du bist mit klebrigem Saft beschmiert, auf dem der rote Staub haftet, und wenn du dich mit dem Rohrmesser schneidest – sie verwenden große *pangas,* die höllisch scharf sind –, beginnt die Wunde in der Hitze und bei dem Schmutz zu eitern, und du bekommst Furunkel. Nein, ich habe einmal versucht, Zuckerrohr zu schneiden, und hab' es gleich wieder aufgegeben.«

»Sie brennen jetzt das Rohr ab, bevor sie es schneiden. So werden sie den ganzen Dreck los und auch die Schädlinge, die Schlangen und Ratten –«

»Woher weißt du das, Sohn?«

»Jemand hat es mir erzählt. Und man kann dort auch gut verdienen, besonders jetzt, wo sie die Kanaken hinausschmeißen werden.«

Chukka hatte in den Zeitungen gelesen, daß alle Pazifik-Insulaner bald auf ihre Heimatinseln abgeschoben werden würden, da es sich erwiesen hatte, daß Weiße doch in den Tropen arbeiten konnten.

»Es wird auch Zeit«, brummte Tom. »Australien dem weißen Mann, ist meine Parole! Das ist ein Punkt des Labour-Programms.«

Nach seinem achtzehnten Geburtstag verließ Chukka, wie sein Vater vor ihm, das Elternhaus; nicht um Scherer zu werden, sondern um Zuckerrohr zu schneiden. Er küßte seine Mutter und die Schwestern zum Abschied und schüttelte Tom die Hand. Sobald der Zug auf die ferne Küste zustampfte, legte er seine Füße auf den gegenüberliegenden Sitz, und sein Gesicht entspannte sich zu einem zufriedenen Lächeln.

Von Rockhampton fuhr Chukka nach Süden bis Maryborough, wo er sich einer Gruppe anschloß, die auf der Chindera-Farm des alten Angus Johnstone Zuckerrohr schnitt; an die zweihundert Mann arbeiteten hier auf dem Feld und in der Entsaftungsfabrik.

Griffith, der bis 1890 alle Kanaken deportieren wollte, war dazu überredet worden, die Frist zu verlängern, und es dauerte praktisch bis 1906, bis die letzten auf ihre Heimatinseln zurückgeschickt wurden, an die die meisten von ihnen sich gar nicht mehr erinnern konnten und wo sie wie Fremde behandelt wurden.

Chukka trug die übliche Arbeitskleidung: Shorts bei heißem Wetter, lange Arbeitshosen bei kaltem, drei ärmellose Unterhemden, ein Paar schwere Arbeitsstiefel mit großen, dicken Socken, die er über den oberen Rand der Stiefel umschlug, um Kletten, Schlangen und Tausendfüßler abzuhalten. Er hatte ein Hemd aus Wollserge für Tage, an denen die Sonne zu heiß auf seine nackten Schultern herabbrannte, und ein Hemd für den Sonntag. Ein breitrandiger Hut mit flacher Krone vervollständigte die Kleidung.

Sie arbeiteten von Tagesanbruch bis zur Dämmerung, ungefähr zwölf Stunden mit zwei Rauchpausen von je dreißig Minuten und einer Stunde Mittagspause. Die Unannehmlichkeiten der Arbeit wurden dadurch vergrößert, daß die Schlafstellen in den Schlafräumen äußerst primitiv und voller Staub und Ungeziefer waren. Nur schmutziges Stroh oder Bagasse, die trockenen ausgepreßten Stengel des Zuckerrohrs, wurden als Matratzenfüllung verwendet.

Der höchste Lohn, den ein weißer Rohrschneider erwarten konnte, betrug acht bis neun Shilling am Tag. Nach einer kalten Nacht war das Zuckerrohr oft bis zehn Uhr vormittags taunaß, so daß es nicht lange dauerte, bis die Rohrschneider selbst bis auf die Knochen durchweicht waren.

Die farbigen Arbeiter wohnten in Strohhütten ohne Wasserversorgung und sanitäre Einrichtungen. Ihre Mahlzeiten bestanden aus Reis, Maisbrei und manchmal am Wochenende aus Fisch. Angus Johnstone hatte aus dem Gewinn, den er dank der Hungerlöhne machte, ein prächtiges Herrenhaus erbauen lassen.

Unter den weißen Arbeitern machte sich Unzufriedenheit breit, aber solange es noch ausreichend billige Arbeitskräfte von den Inseln gab, die nie murrten, konnte man nichts unternehmen.

Nach Toms Schilderungen überraschten Chukka die Zustände nicht. Was er allerdings nicht erwartet hatte, war die weitverbreitete Trunksucht unter den weißen Rohrschneidern. Die Kanaken tranken keinen Alkohol, spielten aber eifrig in den chinesischen *fan-tan* Häusern. Chukka, der sich nach der Arbeit gern ein Bier genehmigte, hatte für das Trinken an sich, nur um betrunken zu werden, nichts übrig. Er freundete sich mit einem Mischling von den Inseln an, George Tombua, der etwa ebenso alt war wie Chukka selbst. Georges Kraushaar, das ihn als Insulaner auswies, war von ungewöhnlicher, fast kastanienbrauner Färbung.

Eines der ersten Gesetze der neuen Bundesregierung – die sich dann 1901 konstituierte, als der Australische Bund ausgerufen wurde – war das *Pacific Islands Labourers*-Gesetz, das das Ende der Beschäftigung von farbigen Arbeitern bedeutete.

»Wirst du auswandern müssen, wenn der Ausweisungsbefehl in Kraft tritt?« fragte Chukka George Tombua. »Es ist für Männer, die hier geboren wurden oder deren Familien hier ansässig sind, sehr hart. Die Regierung hat kein Recht, sie einfach rauszuchucken wie einen abgetragenen Schuh.«

»Du hast vollkommen recht, Kumpel. Aber sie werden es dennoch tun. Ich muß nicht weg, weil meine Familie seit über dreißig Jahren hier lebt. Ich wurde hier geboren und hatte außerdem einen mir unbekannten australischen Vater. Dad hat mich wie einen eigenen Sohn aufgezogen. Ich bin der einzige in der Familie mit heller Haut und roten Haaren.«

George und Chukka blieben zusammen, zogen die Küste hinauf und hinunter und folgten dem Zuckerrohr. Sie beteiligten sich an den derben Späßen am Ende der Saison, wenn der letzte Waggon mit Zuckerrohr für die Fabrik beladen wurde. Es war Brauch, das Ende des Zuges mit Teilen ihrer schmutzigen Arbeitskleidung, die vor Zuckersaft klebten, rußgeschwärzt waren und die man nicht mehr waschen konnte, zu verzieren. George legte nicht nur sein Hemd, sondern auch seine Shorts und den Hut auf den Waggon und tanzte, bis auf seine schweren Stiefel und Socken splitternackt, hinterdrein.

Nach einem gemeinsamen Urlaub pflanzten sie Setzlinge oder hackten den Boden zwischen den Zuckerrohr-Schößlingen auf, doch »Schößlinge-Zerschlagen« übernahmen sie nur als letzten Ausweg – dabei mußte man nachwachsende Triebe auf frisch gerodetem Land abschlagen, denn die besten Zuckerrohrgebiete waren überwuchertes Buschwerk oder grüner Regenwald gewesen, bevor das Land gerodet wurde.

Bald würde das Rohr wieder zehn Fuß hoch sein und die grünen Stempel von gefiederten, violetten Rispen gekrönt werden. Sobald die Blätter trocken wurden, setzte man das Feld in Brand, die lodernden Flammen prasselten wie Gewehrfeuer durch das Rohr und hinterließen nur die geschwärzten Stengel, die nun geschnitten werden konnten.

Am Ende der darauffolgenden Saison fuhr Chukka heim zu seiner Familie. Seine Mutter wollte alles über die Küste erfahren, wohingegen Tom, der sich jetzt den Fünfzig näherte, mehr in der Vergangenheit lebte. Er litt dermaßen unter Rheumatismus im Rücken – vermutlich von dem vielen Bücken beim Scheren –, daß er nicht mehr arbeiten konnte.

»Glaubst du, daß Scheren eine schwerere Arbeit war als Rohrschneiden, Pa?«

»Nicht schwerer. Es war anders. Wenn jemand nicht ehrgeizig war, ging es ja noch, aber sonst stand man die ganze Zeit unter dem Druck, seine Leistung zu verbessern; selbst der *ringer* im Schuppen versuchte seinen eigenen Rekord zu brechen.«

Tom arbeitete ein wenig im Garten, schnitt Brennholz für den Herd, baute Tomaten an, aber sein altes Wanderleben, das ihm so gefallen hatte, fehlte ihm.

»Ich sehe es noch vor mir, obwohl ich jetzt nicht mehr schere... und ich habe noch den Geruch der fetten Wolle in der Nase.«

Dem praktisch veranlagten Chukka, der die poetische Ader seines Vaters nicht geerbt hatte, wurde bei dieser Gefühlsduselei über die »alten Tage«, wie er es nannte, unbehaglich. Tom hatte die Hitze, den Staub und die Fliegen, das schmerzende rechte Handgelenk, den steifen Rücken, die Mahlzeiten aus zähem Schöpsenfleisch von alten Hammeln vergessen. Wie alle älteren Menschen sah er die Vergangenheit plötzlich in einem anderen Licht. Er hatte sich jetzt in Charleville, dreihundert Meilen südlich von Longreach, mit den Ersparnissen, die Bridget ihm hinterlassen hatte, ein Haus gekauft, aber er widersetzte sich Nancys Vorschlag, an der Küste zu leben, weil er ja nicht mehr scheren ging. Er konnte die Feuchtigkeit und das ewige Grün nicht ertragen.

Statt dessen schickte er Nancy und die Mädchen zur Erholung nach Bundaberg. Emma verlobte sich mit einem jungen Mann, der dort im Kaufmannsladen arbeitete, und somit würde Agnes bald die einzige sein, die noch zu Hause war.

Zu Beginn der Zuckerernte fuhr Chukka nach Mackay. Nancy bat ihn, wenigstens einmal im Monat ein paar Zeilen zu schreiben, was er natürlich prompt vergaß. Sein Vater trug ihm auf, falls er nach Brisbane käme, seinen alten Onkel Brian O'Brien zu besuchen, der jetzt schon weit über achtzig war. Die Verabschiedung war herzlich, und Chukka versprach, der Bitte seines Vaters so bald als möglich nachzukommen.

6

George Tombua hatte ein Mädchen von den Inseln kennengelernt, das im Maryborough Krankenhaus als Schwester arbeitete.

»May ist ein prächtiges Mädchen«, schwärmte George. »Ich weiß nicht, Chukka, was über mich gekommen ist, aber ich habe sie gebeten, meine Frau zu werden.«

»Wirklich? Du chuckst mir kein Märchen auf? Ich kann mir nämlich nicht vorstellen, daß du seßhaft wirst und ein Kind nach dem anderen zeugst.«

»Auf den Inseln hätte ich sie schon längst geheiratet. Dort werden die Kinder rasch erwachsen.«

May Efate hatte ihm erzählt, daß sie besser, schneller, tüchtiger sein mußte als die weißen Schwesternschülerinnen, um vor dem scharfen, kritischen Auge der Oberschwester zu bestehen.

George zweifelte nicht daran, daß May den jungen Ärzten

im Krankenhaus gefiel, ihr braunes Gesicht war glatt, die dunklen Augen klar, und ihr lustiges Wuschelhaar quoll unter der weißen Schwesternhaube hervor.

Als George Mays Familie aufsuchte, nahm er Chukka Brown zur moralischen Unterstützung mit. Er hatte eine Heidenangst davor, Mays Mutter kennenzulernen, die eine Stütze der presbyterianischen Kirche und die Tochter eines Pastors war. Ihr Mann, Joseph Tula Efate, war mit fünfzehn Jahren von den Loyalty Inseln entführt worden und hatte dann in Queensland die blonde Tochter eines schottischen Missionars, für den er einmal als Hausbursche auf Lifu gearbeitet hatte, geheiratet. Er war jetzt Küster in der St. Andrews Kirche.

Fiona war Mays ältere Schwester. Ihr einziger überlebender Bruder Tula war als Missionar zu seinem Volk auf die Inseln zurückgekehrt.

Fiona hatte eine hellere Hautfarbe als ihre Schwester, aber die gleichen großen Augen. Und sie war nicht nur hübsch, fand Chukka, sondern auch intelligent; sie war die Klassenbeste gewesen und hatte einen Posten in der Shire Bibliothek bekommen. Sie beteiligte sich auch an dem Kampf um Menschenrechte und um soziale Fürsorge für Eingeborene und Inselbewohner, die nach den Gesetzen von Queensland Bürger zweiter Klasse waren. Sie durften nicht nur keine Hotelbar betreten, sondern nicht einmal bei sich zu Hause Alkohol trinken. Die in Reservaten lebenden Aborigines konnten über das Geld, das sie verdienten, nicht selbst verfügen. Ein weißer Verwalter oder, wenn sie in einer Stadt arbeiteten, der örtliche Polizeibeamte bewahrte es für sie auf. Ferner brauchten sie eine schriftliche Erlaubnis, wenn sie sich nur für einen Tag entfernen wollten.

Chukka saß in Mrs. Efates vorderem Salon und hielt eine zarte Porzellantasse in seinen großen, narbenbedeckten braunen Händen. Joseph, Mays Vater, kam ohne Schwierigkeit mit seiner Tasse zurecht; seine Füße waren nackt, seine Zehen hatte er um die Querleiste seines Stuhls geschlungen, und statt eines Hemdes trug er nur ein schneeweißes Unterhemd.

Während George mit Joseph Efate locker über das Zuckerrohrschneiden plauderte, machte Chukka verzweifelt mit Fiona und ihrer Mutter Konversation. Mrs. Efate hatte George merklich kühl begrüßt. Sie war eine zerbrechlich wirkende Frau mit hellem, gelblichgrauem Haar, das früher blond gewesen war. Sie zeigte Chukka die silberne Standuhr, die ihr Vater aus Schottland nach Lifu mitgebracht hatte.

»Ich bin auf den Inseln zur Welt gekommen«, erzählte sie. »Und meine Brüder ebenfalls; aber keiner von ihnen ist mehr am Leben...«

Als Chukka versuchte, Fiona wegen ihres Kreuzzuges für die Aborigines ein wenig aufzuziehen, brauste sie sofort auf. Er war von dem rosa Hauch fasziniert, der ihre hellbraunen Wangen überzog, und von dem Feuer, das in ihren dunklen Augen aufleuchtete. »Wie ein Blitz, der sich im stillen Wasser spiegelt«, dachte er insgeheim.

Auf dem Rückweg zur Plantage, auf der sie arbeiteten, schwärmte Chukka träumerisch: »Sie ist eine richtige Schönheit, nicht wahr?«

»May? Ich sagte dir ja, daß sie eine ist!«

»Ich meinte Fiona. Ich habe sie für Sonnabend ins Kino eingeladen.«

»Bei Gott, du verlierst keine Zeit! Aber ihre Mutter wird wie ein Habicht darauf achtgeben, wann ihr heimkommt. Sie hat immer Angst davor gehabt, daß ein Weißer Fiona in Schwierigkeiten bringen könnte.«

»Es würde mir nicht das geringste ausmachen, mit Fiona in Schwierigkeiten zu geraten«, sagte Chukka feurig.

»Man sollte annehmen, daß sich Mrs. Efate über May und mich mehr freut, weil wir vorhaben, richtig zu heiraten. Sie hat bestimmt gehofft, daß beide Mädchen Weiße heiraten. Wahrscheinlich hat sie dich schon als Ehemann ins Auge gefaßt.«

»Nicht mich, Kumpel! Ich gehöre nicht zu der Sorte derjenigen, die gleich heiraten. Jedenfalls noch nicht.«

Chukka wußte nicht, wie sehr der Zufall bei der Heirat seiner Eltern die Hand im Spiel gehabt hatte und daß Thomas

Nancy erst zwei Jahre nach seiner Geburt zu »einer anständigen Frau gemacht hatte«. Chukka war viel herumgekommen. Er hatte in Sydney und Brisbane verschiedene Liebschaften gehabt, wo die kräftigen Saisonarbeiter aus dem Norden einen gewissen Reiz auf die Mädchen ausübten.

Aber Fiona war unerwartet sittenstreng. Auf dem Heimweg vom Kino hatte er, wie er George am nächsten Tag gestand, bei ihr nichts erreicht, obwohl er sich ganz schön bemüht hatte.

»Hast du es mit May getrieben?« fragte er neugierig.

»Selbstverständlich. Aber sie ist nicht in Schwierigkeiten.«

»Ich gehe nächste Woche zu einer Versammlung zur Förderung der Ureinwohner und Insulaner. Fiona hält dort eine Rede.«

»Donnerwetter, Chukka! Dich hat es aber ganz schön erwischt.«

Nur Fiona wußte, daß sie beinahe nachgegeben hätte, als sie sich heftig gegen Chukka gewehrt hatte – nicht ihrer Jungfernschaft wegen, die sie schon vor Jahren verloren hatte, sondern um ihrer Selbstachtung willen. Sie hatte früher einmal einem wandernden Rohrschneider nachgegeben und hatte sich wahnsinnig in ihn verliebt, vielleicht weil er der erste war. Er hatte ihr eingeredet, daß er das gleiche empfand – er war schmeichlerisch, redegewandt und überzeugend. Sie wartete voller Sehnsucht auf die nächste Saison, und als sie kam, saß sie jeden Tag zu Hause und lauschte darauf, daß er an die Tür klopfen würde. Er hatte ihr nur kurz nach seiner Abreise eine Postkarte geschrieben. Darüber hinaus hörte sie nie wieder etwas von ihm.

Chukka jedoch hatte nichts von einem Schmeichler an sich. Ihr gefiel sein mageres, knochiges, ehrliches, sonnengebräuntes Gesicht mit den Lachfalten um Mund und Augen und sein glattes blondes Haar. Er gefiel sichtlich auch ihrer Mutter.

Aber als er »in einem Augenblick des Wahnsinns«, wie er George erzählte, sie auf dem Rückweg von der Versammlung um ihre Hand bat, nahm sie nicht sofort an. Sie mißtraute seinen Beweggründen und glaubte nicht, daß er sie wirklich heiraten wollte.

George, den seine Verlobung mit May anspornte, sparte in der nächsten Saison eisern und besaß nun mit seinen bisherigen Ersparnissen genügend Geld, um eine kleine Zuckerrohrplantage zu kaufen. Er würde im nächsten Jahr sein eigener Boß sein. Chukka, der leichtlebiger war als sein Freund, erkannte, daß George vernünftig handelte.

Als er in der nächsten Saison wieder nach Norden zog, dachte er nur an Fiona. Er war entschlossen, sie sofort zu heiraten.

»Du mußt diesen Job chucken, wenn wir heiraten«, erklärte er, sobald es ihm gelungen war, sie unter den mißbilligenden Blicken der Bibliothekarin aus der Bibliothek, in der sie arbeitete, loszueisen. »Ich kann es nicht ertragen, wenn du nicht bei mir bist. Und wenn wir Kinder haben –«

»Wer sagt, daß wir heiraten?«

»Ich, und das steht eisern fest. Außerdem habe ich mit deiner Mutter gesprochen, und sie ist einverstanden.«

»Das kann ich mir denken! Mutter hat sich meinetwegen immer schrecklich viel Sorgen gemacht. Sie hat mich nie gefragt, aber ich weiß, daß sie ständig annahm, ich wäre schwanger.«

»Ab jetzt braucht sie sich keine Sorgen mehr zu machen.«

»Ich bin gar nicht sicher, ob ich eine Familie haben will. Alle wollen Kinder haben, aber sie sind nicht immer ein Segen. Meine Mutter hatte vier; sie verlor eines als kleinen Jungen an einer Arsenikvergiftung, und dann brach ihr anderer Sohn ihr das Herz, indem er auf die Inseln zurückkehrte. Der Vater meiner Mutter war ein schottischer Geistlicher, und er ist nie darüber hinweggekommen, daß sie meinen Vater, einen Pazifik-Insulaner, geheiratet hat. Er ist aus Kummer darüber gestorben. Du siehst also –«

»Mach dir keine Sorgen, du wirst sehen, alles wird sich einrenken.«

Fiona seufzte und lehnte ihren Kopf an Chukkas Schulter. »Also gut«, stimmte sie zu. »Du hast gewußt, daß ich schließlich nachgeben würde, nicht wahr? Aber was werden dein Vater und deine Mutter zu mir sagen?«

Diese Frage brachte ihn für einen Augenblick aus dem Gleichgewicht. Er hatte nicht an die Reaktion seiner Eltern gedacht.

»Sie werden dich ebenso lieben wie ich«, antwortete er schnell. Aber er erinnerte sich an Toms Worte über das Ehepaar, das er auf dem Berg Buderim gesehen hatte: »Keine anständige weiße Frau würde einen Schwarzen heiraten... Man sieht es nicht gern, wenn eine Frau sich so erniedrigt.« Würde er von Fionas Mutter genauso denken? Er müßte Emily Efate nur kennenlernen, um zu sehen, wie sehr er sich irrte.

»Selbst wenn sie nicht einverstanden wären«, beruhigte sie Chukka schließlich, »du heiratest schließlich mich und nicht sie... Und meine Mutter wird dir gefallen. Sie hat unterrichtet, weißt du, bis sie es chuckte und heiratete. Und ich muß dir gestehen, daß mein alter Herr einmal im Gefängnis gesessen hat, als ich klein war.«

»Oh!« Fiona, Enkelin eines strengen Geistlichen, erschrak ein wenig. »Weswegen?«

»Weil er für seine Rechte eingetreten ist und zu seinen Kameraden gehalten hat. Er hat sich an dem großen Schererstreik beteiligt, und sie haben ihn als einen der Rädelsführer verhaftet. Viele revolutionäre Lieder sind von ihm – ich meine, den Text –«

»Er ist doch nicht etwa der berühmte Tom Brown? ›Tom der Reimer‹ vom *Bulletin*?«

Chukka grinste verlegen. »Ja, genau der.«

»Der ist doch ein Dichter! Einer von den wirklichen Buschdichtern – und du bist sein Sohn!«

Chukka, der immer versucht hatte, seine Verwandtschaft mit jemandem geheimzuhalten, der etwas so Ausgefallenes machte wie Verse zu schreiben, nickte schüchtern.

»Wie wunderbar! Warte, bis ich es allen in der Bibliothek erzählt habe! Und er war auch einer der Märtyrer des großen Streiks!«

»Ja, aber nach drei Jahren haben sie die Häftlinge freigelassen.«

Fiona sah ihn mit ihren großen braunen, leuchtenden Augen an, die, wie er immer sagte, »wie Teiche in einem dunklen Sumpf aussahen«.

»Ach, Chukka! Kein Wunder, daß du Verständnis für unseren Kampf hast, ein Stück eigenes Land auf der Insel Fraser zu bekommen. Meine Schwägerin Maud ist eine Eingeborene, und sie hat mich in das Komitee zur Förderung der Insulaner und Aborigines gebracht. Du wirst mir bei meinen Reden helfen können –«

»Ich nicht, Liebste. Ich kann keine Reden halten oder dergleichen. Du mach nur weiter, chuck die Worte herum, soviel du willst, aber rechne nicht mit mir. Ich bin nur zu dieser Versammlung gekommen, um dir zu gefallen.«

»Das habe ich gewußt, du verdammter Heuchler. Wenn ich dich nur nicht so liebhätte! Ich sollte eigentlich mit dir Schluß machen.«

Aber ihre sanften Augen straften ihre Worte Lügen.

Chukka, der niemals Briefe schrieb, sandte seiner Familie die kurze Mitteilung, daß er heiraten würde. Er ging auf keine Einzelheiten ein, erwähnte aber seiner Mutter wegen, daß Fionas Großvater presbyterianischer Pastor gewesen war. Nancy, die auf der Farm, auf der ihre Eltern arbeiteten, in einer besseren sozialen Stellung aufgewachsen war, würde sich sicherlich hierüber besonders freuen. Und vielleicht konnte sie auch seinen Vater dahingehend beeinflussen, daß er Fionas Vater – einen kraushaarigen reinrassigen Insulaner aus Loyalty akzeptierte, einen der »Kanaken«, die die Gewerkschaft von der Mitgliedschaft ausschloß.

Chukka selbst hatte Joseph Efate sofort gemocht – ein großer, bedächtig sprechender Mann im ruhigen Bewußtsein seines eigenen Wertes, dessen Lächeln sich auf seinem Gesicht ausbreitete wie weißes Wasser auf einem Korallenriff. Fiona hatte die gleichen großen, kräftigen, ebenmäßigen Zähne.

7

Erst als ihre älteste Tochter Anna drei Jahre alt war, brachte Chukka seine Frau in den Westen, um sie seinen Eltern vorzustellen. Nancy machte ihn in einem Brief darauf aufmerksam, daß sein Vater frühzeitig gealtert war.

»Verdammt, ich wußte nicht, daß mein alter Herr nicht gesund ist«, murrte Chukka, als er Fiona den Brief vorlas.

»Aber deine Mutter meint, daß ihn der Besuch aufmuntern wird.«

»Ja... vielleicht. Aber...«

»Chukka! Es handelt sich um mich, nicht wahr? Es wird ein Schock für ihn sein, wenn er mich sieht! Hast du ihnen nichts über mich geschrieben?«

»Eigentlich nicht, nein. Er ist ein alter Gewerkschafter, und die waren strikt dagegen, daß farbige Arbeitskräfte ins Land gebracht werden. Sie wollten die Kan- die Pazifik-Insulaner rausschmeißen, nach Hause abschieben, lange bevor sich die Regierung dazu entschloß. Es war eigentlich kein Vorurteil gegenüber den Farbigen, sondern mehr eine wirtschaftliche Maßnahme. Aber ich weiß, wenn er dich erst zu sehen kriegt, wird er dich so akzeptieren, wie du bist – ein reizendes Mädchen und die Mutter seiner Enkel.«

»Die braunhäutig und kraushaarig sind.«

»Aber was denn! Sie sind nicht einmal so braun wie ich.«

»Ja, aber deine Haut ist von der Sonne gebräunt.«

Anna und die Zwillinge waren zu jung, um alle Umstände dieses unglücklichen Besuchs voll zu erfassen. Aber sie spürten die Spannung, die in der Luft lag, und verhielten sich dementsprechend. Agnes, Chukkas Schwester, tat ihr Bestes, um die Situation ein wenig aufzulockern.

Als dann aber die kleine Anna, die gewohnt war, ihren Willen durchzusetzen, eines Tages schreiend ins Schlafzimmer getragen worden war, hörte Fiona, wie sich Tom bei seiner Frau über »diesen verzogenen Kanakenfratz« beklagte. Sie ging zu

Chukka, der für seine Mutter im Garten ein Spalier aufstellte, und bestand darauf, daß sie am nächsten Tag abreisten. Sie konnte die nur mühsam beherrschte Feindseligkeit und Abneigung seines Vaters nicht länger ertragen.

»Dann werde ich mich eben heute abend von euch verabschieden«, sagte Tom eigensinnig und traurig, als Chukka ihm mitteilte, daß sie am nächsten Tag den Morgenzug zur Küste nehmen würden. »Warum hast du uns nichts über deine Frau geschrieben, mein Sohn, uns ein wenig vorbereitet?«

»Was für einen ›Schock‹? Hör zu, Vater, mein bester Kumpel ist Halb-Insulaner, er arbeitet viel härter als ich und besitzt eine eigene Zuckerrohrfarm, während ich noch immer ein verdammter armer Tagelöhner bin. Und Fionas Mutter ist ebenso weiß wie du und eine wirkliche Lady. Sogar um einiges weißer. Hast du dich einmal ganz genau im Spiegel betrachtet? Bist du sicher, daß du nicht einen australischen Ureinwohner irgendwo unter deinen Vorfahren hast?«

»Red keinen Unsinn«, ärgerte sich Tom. »Ich bin ein ›schwarzer Ire‹ wie mein Onkel Brian O'Brien.«

»Du hast jedenfalls keinen Grund, Fiona und die Kinder schlecht zu behandeln, nur weil ihr Vater ein Kanake ist. Er ist nicht freiwillig hergekommen. Er wurde von einem Kapitän aus Queensland auf ein Sklavenschiff gechuckt und gegen seinen Willen hierhergebracht. Auf jeden Fall ist sie meine Frau, ich lasse nicht zu, daß sie beleidigt wird, und deshalb reisen wir ab. Laß dir das gesagt sein.«

»Man hätte sie nie hierherbringen dürfen. ›Australien den Weißen –‹ «

»Ja, ich weiß, das ist das Motto eures verdammten rassistischen Bulletins. Was ist mit den Eingeborenen, die schließlich als erste hier lebten? Wir haben ihnen ihr Land gestohlen, sie von allen guten Küstengebieten vertrieben, alle guten Siedlungsgebiete übernommen und dafür gesorgt, daß Australien dem weißen Mann vorbehalten blieb.«

Chukka küßte seine Mutter zum Abschied, brachte es aber nicht über sich, Tom die Hand zu schütteln.

Im folgenden Sommer erhielt Fiona eine Medaille der Königlichen Lebensrettungs-Gesellschaft, weil sie von der Touristenbarkasse bei Keppel Island ins Wasser gesprungen war, um einen älteren Mann zu retten, der über Bord gegangen war. Sie war eine ausgezeichnete Schwimmerin und hielt ihn in dem unruhigen Seegang über Wasser, bis die Barkasse umkehrte und sie an Bord nahm.

Chukka sandte seinen Eltern einen Zeitungsausschnitt aus dem Rockhampton *Star*, schrieb aber keine Zeile dazu. Von Tom kam keine Antwort, aber Nancy gratulierte Fiona herzlich. Sie schrieb, daß Toms Gesundheit sich immer mehr verschlechterte und daß sie das Gefühl hatte, daß sein Leiden auch seinen Geist beeinflußte. Er verlor die Haare, sogar die Augenbrauen und die Haare auf der Brust und lag die meiste Zeit dösend auf der Veranda. Er schien seinen gesamten Lebenswillen verloren zu haben.

Da Charleville Brisbane viel näher lag als Longreach und seit über zehn Jahren durch eine Bahnlinie mit der Hauptstadt verbunden war, konnte Nancy Agnes – einem tüchtigen, wenn auch unscheinbaren Mädchen – Toms Pflege anvertrauen, während sie Emma und ihre Kinder besuchte. Aber ihr Sohn fehlte ihr. Er hatte seit dem Besuch vor zwei Jahren, als seine Frau von Tom so unfreundlich behandelt worden war, das Haus seiner Eltern nicht wieder betreten. Fiona schrieb ihr manchmal.

Tom erwähnte Chukkas Familie nie, zu der jetzt noch ein kleines Mädchen namens Ellen gehörte. Nancy fand, daß ihre Enkel schöne Kinder waren, sie besaßen die schwarzen Locken und großen braunen Augen ihrer Mutter, ihre Haut war mehr elfenbeinfarben als braun – sogar wesentlich heller als Toms sonnengebräuntes Gesicht, das mit zunehmendem Alter immer dunkler wurde. Sie hatte ihn dazu überredet, um eine Invalidenpension anzusuchen, um die er sich bis jetzt aus Stolz nicht gekümmert hatte.

Die *Amalgamated Workers' Association* von Queensland rief 1911 einen Generalstreik in der Zuckerindustrie aus. Sie verlangten einen Mindestlohn von dreißig Shilling die Woche für die Fabrik- und die Plantagenarbeiter, den Achtstundentag und ein Viertel des Lohns als Überstundenzuschlag.

In jedem Streikzentrum an der Küste wurden Lager mit einem wirkungsvollen System von Streikposten eingerichtet. Als Streikbrecher aus den südlichen Staaten herangeschafft wurden, »überredeten« die Unionisten die meisten von ihnen dazu, sich dem Streik anzuschließen. Überall im Westen wurde Geld für die Streiklager gesammelt. Scherer und Schuppenarbeiter, die sich an ihre Arbeitskonflikte erinnerten, steuerten dem Fonds bei. Nach drei Monaten beschloß die Gewerkschaft der Transportarbeiter, die Streikenden zu unterstützen. Die *Associated Sugar Producer*, die sich geweigert hatten, mit der Gewerkschaft zu verhandeln, gaben nun klein bei. Das Ergebnis war, daß alle Forderungen der Arbeiter erfüllt wurden.

»Es ist wie im Jahr 1891!« schrieb Tom Brown triumphierend seinem Sohn, mit dem er lange keinen Kontakt gehabt hatte. Er hatte den Verlauf des Streiks in den Zeitungen verfolgt. Seiner Meinung nach waren die Berichte voreingenommen, kein Wunder, waren doch die Zuckerbarone in den meisten Fällen die Besitzer der Zeitungen.

Die sechstausend Männer, die in den Lagern in Bundaberg, Childers, Maryborough, Bauple, Gin Gin, Mackay, Proserpine, Burdekin, Ayr, Mossman und Herbert River lebten, feierten ihren Sieg mit einem großen Trinkgelage. Chukka schickte seinen Eltern eine Postkarte mit den quer darüber gekritzelten Worten »Wir haben gesiegt!«

Obwohl er sich mit seinen Kameraden am Streik beteiligt hatte, konnte er auch den Standpunkt der Zuckerrohrpflanzer, besonders der kleinen Pflanzer, verstehen. Fiona lebte jetzt mit den Kindern in Keppel Sands bei Yeppoon, etwa auf halbem Weg an der Küste, die Chukka während der Wintermonate bereiste. Sie hatte es auch nicht weit zu ihrer Schwester May, da sich Georges Farm im Bezirk Yaanba-Farnborough befand – wo in manchen Jahren das Wetter zu niederschlagsarm für eine reiche Ernte war.

Tom war über die Worte empört, die Chukka über den »großen Kampf« nach Hause geschickt hatte. Er erinnerte sich an die langen, ausführlichen Briefe, die er seiner Mutter während des Schererstreiks aus Barcaldine geschrieben hatte.

»Charlie hat offenbar kein Gefühl für Worte«, knurrte er.

»Du weißt ja, wie unbekümmert er ist«, sagte Nancy. »Er hat sich über den Streik nie aufgeregt, er hat nur mit seinen Kumpeln mitgemacht.«

»Man würde nie auf die Idee kommen, daß er mein Sohn ist.«

Er saß müßig auf der Veranda in der Sonne und begann über dieses Thema zu brüten, bis er sich eingeredet hatte, daß er nicht Chukkas Vater war.

»Warum gibst du es nicht zu?« fragte er eines Abends verbittert. »Du hast die ganze Zeit über gewußt, daß Charlie nicht mein Sohn ist. Er sieht mir überhaupt nicht ähnlich – er ist blond und blauäugig. Es ist doch wohl klar –«

»Tom, du wirst doch in deinem Alter nicht anfangen, dir etwas einzubilden? Du weißt ganz genau, daß er dein Sohn ist.«

»Hör auf! All diese Scherer, die darauf aus sind, sich zu unterhalten – erzähl mir doch nicht, daß du keinem nachgegeben hast, so wie mir.«

»Nicht, nachdem ich dich kennengelernt hatte. Ehrlich! Manchmal geriet ich zwar in Versuchung«, fügte sie selbstgefällig hinzu. »Als du im Gefängnis warst, meine ich. Man bekommt eine Menge Anträge, wenn man in einer Kneipe arbeitet. Aber dann dachte ich daran, daß du wegen deiner Grundsätze in St. Helena leidest, und da konnte ich es nicht tun. Ich war dir treu, Tom.«

Gänzlich überzeugen konnte Nancy ihn dennoch nicht. »Das ist es eben. Chukka hat überhaupt keine Grundsätze. Er läßt sich einfach treiben. Er ist überhaupt nicht wie ich. Nicht wie mein Sohn und der Enkel eines kanadischen Patrioten.«

»Und Emma und Agnes? Die hältst du wohl auch nicht für deine Kinder.«

»Natürlich sind sie es. Aggie ist mein Ebenbild, und Emma gerät dir nach.«

»Ich versichere dir, daß sie alle denselben Vater haben.«

Das große artesische Becken mit unterirdischem Wasser war im Westen entdeckt worden, es belebte die Landwirtschaft und versorgte Städte wie Longreach und Charleville mit warmem, mineralhaltigem Wasser. Obwohl es zum Trinken nicht sehr gut geeignet war, gediehen die Pflanzen, die damit bewässert wurden, sehr gut. Nancy besaß jetzt anstelle einiger staubiger Geranien einen Garten mit blühenden Sträuchern, Hibiskus, Weihnachtssternen und anderen exotischen Blüten, die die Hitze liebten.

Eines Abends meinte Tom plötzlich: »Ich nehme es dir eigentlich nicht übel, Liebste... schließlich hatte ich lange Zeit ein anderes Mädchen. Sie hieß Gertie und arbeitete in der Kneipe in Collarenebri.«

»Das ist doch jetzt alles Vergangenheit. Du hast sie nicht mehr gesehen, nachdem wir geheiratet haben, nicht wahr?« entgegnete sie und war überrascht, daß sie so etwas wie Eifersucht empfand.

»Nun ja – ein paarmal, als ich in dem Bezirk geschoren habe... und ein paar Gläser getrunken hatte. Aber ich habe ihr gesagt, daß ich verheiratet bin«, fügte er rechtschaffen hinzu.

»Das hat sie bestimmt nicht sehr gestört.«

»Sie hat mir nichts bedeutet. Es war nur eine Art Gewohnheit.«

»Tatsächlich? Es ist eine Gewohnheit, die du in letzter Zeit sogar bei mir abgelegt hast.«

»Ja, ich weiß.« Tom seufzte. »Was würde ich dafür geben, wieder jung zu sein! Ich bin einfach ständig müde...«

»Du bist doch noch kein alter Mann, Tom! Erst sechsundfünfzig. Der alte Ogilvie hat noch mit achtzig Söhne bekommen.«

»Er hatte keinen schmerzenden Rücken. Und mit meinem Blut dürfte etwas nicht stimmen. Vielleicht sollte ich einen Arzt aufsuchen.«

»Das wäre nicht schlecht. Verlange ein stärkendes Mittel von ihm.«

Aber Tom konnte sich nicht entschließen, einen Arzt zu konsultieren.

Im Sommer 1912, als die große Trockenheit über die Weideflächen im Landesinneren hereinbrach und der heiße Wind das wenige Gras und die noch vorhandene Feuchtigkeit vertrocknen ließ, litt Tom mehr als sonst unter der Hitze. Er beklagte sich darüber, daß er nicht schwitzte, so daß seine Haut immer heiß war und seine Lippen trocken und rissig. Dann stand er eines Morgens von seinem Stuhl in der warmen Küche auf und fiel bewußtlos auf den Boden.

»Ich habe gewußt, daß mit Dad etwas nicht stimmt!« rief Nancy Agnes zu, die bestürzt versuchte, ihn wiederzubeleben. »Er wollte nicht zum Arzt gehen... Glaubst du, daß es ein Schlaganfall ist? Seine Mutter ist an einem gestorben.«

»Vielleicht ist es nur ein Hitzschlag, Mutter.« Agnes schlug Stückchen von dem Eisblock im Eisschrank ab, legte sie Tom auf die Stirn. Sein Gesicht sah eher dunkel als blaß aus.

»Aber es ist doch gar nicht so heiß?«

Da es ihnen nicht gelang, ihn aus der Ohnmacht zu erwekken, ließen sie den Krankenwagen kommen. Nancy machte sich Vorwürfe, weil sie ihn nicht schon früher zum Arzt geschickt hatte. Sie war in letzter Zeit Tom gegenüber ungeduldig gewesen, hatte ihn gescholten, weil er herumgesessen und vor sich hin gestarrt hatte oder ihr im Weg gestanden hatte. Er bewegte sich langsam, sein Haar war dünn und grau geworden. Sie erkannte in ihm nicht den kräftigen jungen Scherer, den sie geheiratet hatte.

Tom wachte im Krankenhaus von Charleville auf und wußte nicht, wie er dorthin gekommen war. Er starrte verwirrt um sich, während ihm eine junge Schwester die Temperatur maß und die Laken glattstrich. Als er auf die Wand neben dem Bett sah, erblickte er in großen Lettern das Wort »MITTELLOS«.

Für Tom war das eine unfaßbare Beleidigung. Während er gearbeitet hatte, hatte er immer den Krankenhausbeitrag an die Gewerkschaft bezahlt, wie jeder Scherer, der auf einer Farm im

Busch arbeitete, dies tat. Außerdem besaß er Ersparnisse und ein eigenes Haus. Und hier brandmarkten sie ihn als mittellos!

Die Krankenschwester verstand seine Verzweiflung nicht. Als der Arzt kam, war er so schwach und aufgeregt, daß er ein wenig weinte. Der Arzt begriff, wie schwerwiegend die Beleidigung war, und versprach ihm, ihn in ein anderes Bett in der Abteilung zu verlegen.

Tom wurde vor allem von Schwindel und schweren Kopfschmerzen geplagt. Der Arzt stellte vorläufig die Diagnose »Hitzschlag«, da aber das Fieber nicht sank und es Tom auch nicht besser ging, wurde er mit dem Zug und dann mit einem Krankenwagen in das Allgemeine Krankenhaus nach Brisbane geschafft.

Nancy fuhr mit ihm in die Stadt, doch als er nach einem Monat noch immer im Krankenhaus lag und sein Zustand sich nicht besserte, kehrte sie nach Charleville zurück. Sie und ihre Tochter Emma waren einander zu ähnlich, um sich längere Zeit zu vertragen.

Tom litt an einer seltenen Krankheit. Drei jüngere Ärzte wurden von dem leitenden Chirurgen beigezogen, um ihn zu untersuchen, sie tasteten den schmerzenden Teil seiner Brust und des Unterleibs ab, interessierten sich für einige braune Flecken und sogar für den geringen Rest seines Schamhaars.

Der für diesen Fall verantwortliche Arzt nahm seine Krankheitsgeschichte auf, solange der Patient noch sprechen konnte. Tom war schon zu benommen und schwach, um sich etwas daraus zu machen, es wäre ihm aber lieber gewesen, wenn sie ihn in Frieden gelassen hätten. Er urinierte, wenn man es von ihm verlangte; er aß seine Mahlzeiten, schlief und wachte auf. Sie sprachen von einer »zuckerfreien Diät« und bezeichneten seine Krankheit mit einem langen, unverständlichen Namen.

Nachher schrieb der Arzt einen vollständigen Bericht über den Fall, der später unter dem Titel »Klinische Studie eines Falles von Hämochromatose oder Bronze-Diabetes« in einer medizinischen Zeitung veröffentlicht wurde.

Thomas Brown starb fern von dem trockenen Busch, den er liebte, auf der sauberen weißen Insel eines Krankenhausbettes, das in einem glänzenden Linoleummeer stand. Er war Führer des Streiks, Dichter, Vater von Charles, Großvater von Anna und Ellen und wurde neben seiner Mutter Bridget auf einem Friedhof in South Brisbane bestattet.

Infolge einer doppelten Ironie – sein Name war ja Brown – war seine Haut bei seinem Tode so dunkel wie die der melanesischen Rassen, die er verachtete, und beträchtlich dunkler als die seiner Nachkommen, die zum Teil von Insulanern abstammten. Ein einfaches Pigment namens Melanin, ein Protein, das Schwefel, Oxydationsprodukte von Aminosäuren und Ablagerungen von Hämosiderin aus der Zersetzung von Hämoglobin im Blut enthielt, hatte ihn von einem weißen in einen braunen Mann verwandelt.

8

Anna Brown und Johnny Tumbua saßen in dem kleinen Dinghi und fischten in der Emu Bucht. Johnny, Georges und Mays Sohn, war über die Sommerferien von der Zuckerrohrfarm seines Vaters in Farnborough bei Yaamba herübergekommen. Im Augenblick war das Meer glatt wie Glas, aber am Nachmittag würde es wegen des üblichen Südostwinds unruhig sein.

»Wir könnten doch zu den Inseln hinausrudern?« fragte der siebenjährige Johnny und blickte zu der Großen und der Kleinen Keppel am Horizont hinüber.

»Du bist ja verrückt! Das sind zehn Meilen«, antwortete Anna verächtlich. »Obwohl meine Mutter bis dorthin schwimmen könnte, möchte ich wetten.«

»Ich wette, daß sie es nicht kann.«

»Sie hat doch von der *Royal Saving Society* eine Medaille bekommen. Dafür, daß sie den alten Mummelgreis gerettet hat, der ins Wasser gefallen ist.«

»Vielleicht würde sie uns dann hinausrudern. Schade, daß wir keinen Motor haben.«

»Billy und David haben ein Boot mit einem Motor. Sie bringen Tante Maud zum Fischen auf die Inseln.«

Anna starrte über das türkisblaue Meer zu den kobaltblauen Umrissen, die vor dem blassen Himmel wie der Hintergrund einer riesigen Bühne wirkten.

»Wenn ich erwachsen bin, werde ich Ballettänzerin«, erklärte sie, während sie nachdenklich ihre Angelleine aufwikkelte. Der Köder war fort. Sie befestigte eine kleine, durchsichtige Garnele an dem Haken, schwang die Angelschnur ein paarmal im Kreis und warf sie geschickt aus.

»Hör schon auf. Warum glaubst du, daß du tanzen kannst?«

»Ich übe jeden Tag vor dem Spiegel. Und später werde ich nach Brisbane fahren und Kurse besuchen.« Sie war erst acht, besaß eine rege Phantasie und hatte ein Bild von Anna Pawlowa als Sterbender Schwan aus einem Magazin ausgeschnitten.

»Wer wird dafür bezahlen, daß du in Brisbane wohnen und Ballettstunden nehmen kannst? Und außerdem haben alle Ballettänzerinnen auf den Bildern glattes Haar und Ballettschuhe. Du könntest nicht auf den Spitzen tanzen!«

»Und ob ich es könnte.« Annas Gesichtsausdruck war mürrisch. Sie hatte mit und ohne Schuhe versucht, auf den Spitzen zu stehen, aber festgestellt, daß es schmerzhaft und wirklich unmöglich war.

Es ruckte an ihrer Leine, die auslief, und der Stock, auf dem sie aufgerollt war, klapperte auf dem Boden des Bootes.

»Das ist ein Großer!« rief Johnny neidisch. Bis jetzt hatte Anna den größeren Teil der Beute gefangen.

Sie zog eine schöne silberne Brasse ins Boot, die größer aussah, als sie tatsächlich war, weil sie die Stacheln auf dem Rücken vor Schreck aufgestellt hatte. Anna schloß eine Hand fest über ihren Kiemen, löste sie vom Haken und schob sie in den nassen Sack, der jetzt ein halbes Dutzend Fische enthielt.

»Das genügt«, meinte Johnny. »Steck keinen Köder mehr an.«

Er ruderte dem Strand entgegen, wo sich die kleinen Wellen gleichmäßig brachen, und sang:

»Frisch auf, schönes Boot, und fliege beschwingt,
Ruft der Seeleute großes Heer.
Bring den Jungen, der uns zum König bestimmt
Nach Skye hin über das Meer...«

»Das hat mich Oma Efate gelehrt«, erklärte er. »Es ist ein schottisches Lied. Man hört wirklich den Rhythmus des Ruderns darin. Ihre Mutter hat ihr erzählt, daß die Inseln vor der Küste genauso aussehen wie die Hebriden in Schottland, wo sie zur Welt gekommen ist. Ich könnte es nicht ausstehen, fern vom Meer zu leben.«

»Ich auch nicht.«

Johnny sah über die Schulter nach hinten, um abzuschätzen, wie weit sie von der Küste entfernt waren. »Wenn ich das nächstemal hinausrudere, werde ich Ellen mitnehmen. Die Schwierigkeit ist allerdings, daß du alle Fische fängst.« Eine größere Welle kam heran. »Nur Mut!« sagte er und zeigte zum Land. Johnny ruderte wie verrückt. Sie erwischten die Welle genau, bevor sie brach und glitten sanft auf ihr ans Ufer. Der breite sandige, verlassene Strand erstreckte sich meilenweit.

»Was willst du werden, wenn du erwachsen bist?« fragte Anna.

»Weiß ich nicht. Wahrscheinlich ein Zuckerrohrfarmer wie mein Dad.«

»Ich möchte auf einer Insel leben.«

»Wie die Pinjarras? Denen gehört so ziemlich ganz Pandanus. Dort drüben gibt es nur Schwarze, nicht wahr? Und sie sind alle mit der alten Nyora verwandt. Aber wie kannst du auf einer Insel leben und gleichzeitig Ballettänzerin sein?«

Sie seufzte. »Das geht wahrscheinlich wirklich nicht.«

Sie säuberten die Fische am Strand und warfen die Reste den

kreischenden Möwen zu, dann befestigten sie einen Wurfanker an dem Boot und ließen es auf dem Strand liegen, während sie die Fische zum Haus hinauftrugen. Normalerweise wurde das Boot unter dem Haus aufbewahrt, das hinter den Dünen auf dem hohen Holzpfosten stand.

An einem langen Wochenende Ende Juli nahm Fiona die Kinder zu einem Ausflug nach Brisbane mit. Sie wollten den Botanischen Garten sehen und mit einer Straßenbahn fahren.

»Und können wir das Ballett sehen?« fragte Anna.

»Was für ein Ballett? In Brisbane gibt es kein Ballett, Dummerchen. Du mußt nach London oder Paris fahren, um eines zu sehen.«

Aber Brisbane mit seinen elektrischen Trambahnen, seinen Geschäften, seinen Gärten voller blutroter Weihnachtssterne war interessant genug. Das Aufregendste war für Anna der Ausflug nach Stradbroke Island.

Fiona steckte die fünfjährigen Zwillinge in genau gleiche Matrosenanzüge mit marineblauen Krawatten und kleinen weißen Mützen, die flott auf ihren dunklen Locken saßen. Die Mädchen trugen lange Strümpfe und geknöpfte Schuhe, die Kleider bedeckten sittsam ihre Knie, ihre alten Strohhüte waren mit gekräuseltem Tüll besetzt. Fiona wußte, daß sie als »Kanakenkinder« angesehen wurden und legte Wert auf ordentliche Kleidung, wenn sie ausgingen. Sie verstand jetzt, warum ihre Mutter Emily sie immer gezwungen hatte, Schuhe anzuziehen, wenn sie in die Stadt fuhren, obwohl viele Kinder barfuß gingen.

Es war ein strahlender, sonniger Tag, obwohl starker Südostwind wehte, und die Fähre war überfüllt. So viele Passagiere wie möglich begaben sich auf das Oberdeck in die Sonne und auf die windgeschützte Seite. Vor ihnen erblickte man das langgestreckte Stradbroke undeutlich gegen die Sonne. Im Norden lag, durch einen Kanal getrennt, Moreton Island. Es war mitten im Winder, die kälteste Zeit des Jahres. Fiona brachte die Kinder ins Innere des Schiffes, wo sie sie im Auge behalten konnte, und wo die Glasfenster sie vor dem kalten Wind schützten. Sie gab jedem Käsebrötchen und Schokoladeplätzchen. Anna war beinahe benommen vor Freude. Sie liebte es, auf dem Meer zu sein, ein Picknick zu veranstalten und die Familie um sich zu haben. Natürlich vermißte sie ihren Dad, aber der war ja immer fort und schnitt Zuckerrohr.

Niemand wußte genau, wie es geschah. Gerade noch hatten sie leewärts leichte Schlagseite, der Gischt spritzte hoch und brach sich über dem Bug. Dann sah jemand einen Delphin – oder war es ein Hai? – vor Backbord, wo die meisten Passagiere versammelt waren, und alle anderen liefen ebenfalls auf diese Seite. Während sie schrien und mit den Armen herumfuchtelten, traf eine mächtige Welle die Steuerbordseite. Das Ausflugsboot legte sich auf die Seite, hing einen entsetzlichen Augenblick lang in der Schwebe und kenterte. Die schreienden Passagiere wurden ins Meer geschleudert.

Die Zwillinge Frank und Freddie waren zum Heck gewandert und blickten in dem Moment, als die Fähre kenterte, auf das Kielwasser. Im letzten Augenblick sah Fiona, wie sie in den Wirbel der sich noch drehenden Schraube stürzten.

Sie packte beide Mädchen, kletterte durch ein offenes Fenster auf der obenliegenden Seite und sprang. »Schwimmt!« schrie sie. »Schwimmt von der Fähre weg, bevor sie euch hinunterzieht.«

Beide Mädchen schwammen wie die Fische. Anna, die ältere, war die kräftigere Schwimmerin. Aber sie waren tiefes Wasser und große Wellen nicht gewöhnt. Fiona schwamm verzweifelt zum Heck des sinkenden Schiffes.

»Freddie! Frank! Wo seid ihr!«

Rings um sie schlugen Menschen um sich und versanken. Andere waren noch in dem verglasten Deck gefangen, aber Fiona konnte nur an ihre Kinder denken.

»Frank! Freddie!«

Keine Antwort; aber eine kleine weiße Matrosenmütze trieb an ihr vorbei.

»O Gott! Wo sind meine Söhne?« Und dann erinnerte sie sich an die Mädchen. Die konnte sie wenigstens retten. Die Fähre begann über das Heck zu sinken; sie schwamm kräftig gegen den Sog.

»Mami! Mami! Mami!« schrie Ellen entsetzt auf und schluckte Wasser. Anna, ein vernünftiges Mädchen, schwamm schweigend, um genügend Luft zu bekommen. Ein älterer Mann packte Fiona an der Schulter und zog sie hinunter. Sie riß sich los; seine Augen starrten betäubt, sein Mund öffnete sich zum Schreien, und er ging unter. Sie konnte nichts für ihn empfinden. Ihre Söhne waren noch so klein!

»Hör auf zu schreien, Ellen, und halte den Mund geschlossen. Atme durch die Nase. Leg beide Hände auf meine Schultern, während ich schwimme, und stoß mit den Beinen gerade so viel, daß sie oben bleiben. Verstanden? Anna, mein Liebling, ist alles in Ordnung?«

»Ja – ich habe Angst.«

»Selbstverständlich, aber du brauchst dich nicht zu fürchten. Du bist schon früher in tiefem Wasser geschwommen. Es ist nicht gefährlicher, nur weil wir im tiefen Meer sind.« Bis auf die Haie, dachte sie und sprach ein kurzes Gebet. »Jetzt müßt ihr einige Zeit Wassertreten.«

Die Fähre war gesunken, bevor Rettungsringe oder Schwimmwesten verteilt werden konnten. Ein Ring von Passagieren hielt sich an jedem schwimmenden Sitz fest, der unter ihrem Gewicht unterzugehen drohte. Rund um sie riefen, weinten und ertranken Menschen. Offenbar hatte kein anderes Schiff die Katastrophe gesehen. Und das Wasser war kalt. Annas Zähne klapperten, teilweise aus Angst.

Von jenseits der Sandbank setzte eine Strömung ein, und sie wurden von der Insel weggetrieben, zur Küste zurück, die sie verlassen hatten. Wie sollte ein Rettungsschiff sie in dieser bewegten See finden? Eine eisige Vorahnung lag wie ein kaltes Gewicht in Fionas Brust.

»Mami... wo sind – sind Freddie und Frankie?«

»Ich weiß es nicht, Liebes. Vielleicht schwimmen sie irgendwo auf einem Wrackstück.« Aber sie wußte, daß es nicht wahr war.

Anna begann zu weinen. »Wir werden alle ertrinken«, schluchzte sie.

»Anna! Hör mich jetzt an. Das Schlimmste, was du tun kannst, ist in Panik zu geraten. Und du machst der kleinen Ellen angst. Leg die Hand auf meine andere Schulter. Ich werde versuchen, mit der Strömung an Land zu schwimmen. Was immer ihr tut, ihr dürft euch nicht von mir trennen. Ist alles in Ordnung, Ellen?«

»J-j-ja. Mir ist kalt.«

»Ihr müßt beide eure Schuhe aufknöpfen und sie abstreifen. Ich kann meine Schuhe jetzt nicht ausziehen, die Schnürsenkel sind aufgequollen, und ich kann sie nicht öffnen. Aber ich kann meinen Rock ausziehen. Tretet jetzt Wasser, während ich mich bereitmache. Ich werde euch an den Strand bringen.«

Ihre ruhige Stimme beruhigte die beiden, obwohl die drei Meilen entfernte Küste unerreichbar schien. Fiona begann zu schwimmen.

Sie hatte etwa eine Meile zurückgelegt, als sie plötzlich feststellte, daß sie nicht weiterkam. Sie hörte auf zu schwimmen, und sofort wurden sie wieder von der Küste weggetragen. Die Gezeiten hatten gewechselt, und sie wurden aufs offene Meer gezogen.

9

Als die gerichtliche Untersuchung über die Fährboot-Katastrophe abgehalten wurde, machte man die Konstrukteure des Schiffes nicht dafür verantwortlich. Es war kein toplastiges Fahrzeug und hätte unter normalen Umständen sogar bei rauherem Wetter im Gleichgewicht bleiben müssen. Aber der Coroner rügte die Verantwortlichen, weil sie zugelassen hatten, daß sich die Passagiere auf der Leeseite des Oberdecks zusammengedrängt hatten und nicht vorausgesehen hatten, daß ein plötzlicher Ansturm der übrigen Passagiere auf diese Seite gefährlich werden konnte. Der große Verlust an Menschenleben, fast fünfzig Personen, darunter viele Kinder, war eine Folge der starken Gezeitenströmung und der Tatsache, daß sich zu dieser Zeit kein großes Schiff in diesem Gebiet befunden hatte, das Rettungsmaßnahmen hätte ergreifen können.

Unter den Toten befanden sich die Zwillinge Brown, Frank und Freddie; ihre Schwestern Anna und Ellen waren gerettet worden.

Der schlimmste Moment war der Gezeitenwechsel, als die Strömung sie wieder in die Bucht hinausgetragen hatte. Doch da suchten schon Rettungsboote nach Überlebenden. Sie trieben schnell an einem von ihnen vorbei, während Fiona verzweifelt schrie und versuchte zu winken.

Man sah sie nicht. Später kam ein anderes Boot – eine Barkasse der Wasserpolizei – langsam auf sie zu. Fionas Stimme war nur noch ein Krächzen geworden.

»Ruft sie, Kinder«, krächzte sie. »Schreit ›Hilfe!‹, so laut ihr könnt.«

Sie schrien, und die Barkasse änderte ein wenig ihren Kurs. Sie wurde langsamer, stoppte fast; dann zog ein Arm Ellen aus dem Wasser, darauf Anna. Aber als sie nach Fiona griffen, war sie fort. Sie hatte mit letzter Kraft die Mädchen hochgehoben, damit man sie sah, und war dann bewußtlos geworden. Zwei Polizisten sprangen ins Wasser und suchten sie, aber die Strömung war jetzt so stark, daß eine Rettung aussichtslos war.

Die Mädchen waren in eine Decke gehüllt und hielten einander umschlungen; sie waren zu entsetzt und erschöpft, um auch nur zu weinen.

Chukka Brown eilte verzweifelt nach Brisbane, um seine Töchter abzuholen. Ihre Tante May und Onkel George Tombua boten Chukka an, sie bei sich aufzunehmen, während er Zuckerrohr schnitt.

Seine Schwester Emma tat nichts dergleichen. Trotz ihres

Kondolenzschreibens war er davon überzeugt, daß sie die Ansichten seines Vaters über die »Kanakenkinder« teilte.

Die Mädchen blieben bei May, während sie zur Schule gingen, und während der Ferien brachte sie Chukka in den Westen nach Charleville, wo Nancy sie verwöhnte und sie von Tante Agnes – die klein, geschäftig, dunkeläugig und scharfzüngig war – erzogen wurden. Chukka fand, daß ihnen ein wenig Disziplin nicht schaden würde.

Im Landesinneren, am schläfrigen Warrego, vergaßen sie fast das Meer. Aber Anna stammte von Inselbewohnern ab; sie fühlte sich nur ganz lebendig, wenn sie der herbe Salzgeruch umgab. Sie liebte die Ferien, wenn sie mit ihrem Vater in dem Holzhaus wohnten, das wie ein gestrandetes Schiff zwischen den Dünen stand. Er fuhr mit ihr zum Fischen hinaus und angelte im Dinghi Makrelen. Ellen kam nicht mit. Sie hatte seit dem Unglück solche Angst vor dem Meer, daß sie kaum mehr schwimmen ging und nur noch am Strand planschte.

Dann brach im August 1914 der Weltkrieg aus, der sechzigtausend jungen Australiern das Leben kostete. Nach der tragischen, heroischen Landung bei Gallipoli, wo Tausende Angehörige der australischen und neuseeländischen Streitkräfte bei dem unmöglichen Versuch starben, den Türken eine Stellung zu entreißen, beschloß Chukka, sich freiwillig zu melden. Er verpflichtete sich 1916 zum Dienst bei der AIF. Es gab keine allgemeine Wehrpflicht, das gesamte australische Heer war eine freiwillige Streitmacht.

Nancy hatte vor kurzem wieder geheiratet, einen Witwer, der jetzt in ihrem Haus in Cunnamulla wohnte, also kam Agnes an die Küste, um die Kinder zu betreuen, während Chukka fort war. Er verschwand für über zwei Jahre aus ihrem Gesichtskreis. Zwar überlebte er das Blutbad der Schützengräben ohne sichtbare Wunden, sprach aber nach seiner Rückkehr im Jahre 1918 nie oder nur selten von seinen Erlebnissen. In seinen Augen lag ein gequälter Ausdruck, und bei jedem plötzlichen lauten Geräusch zuckte er zusammen und zitterte.

Er war mit einer Kriegsneurose aus der Armee entlassen

worden. Selbst der Donner oder eine Fehlzündung eines der neuen Motorfahrzeuge brachten ihn außer Fassung. Die Bombe, die Chukka das Bewußtsein geraubt hatte, hatte seinen Kameraden, der der Explosion das Gesicht zugewandt hatte, das Augenlicht gekostet.

Als sich seine Nerven allmählich wieder erholten, kaufte Chukka eines der neuesten T-Modelle Fords, eine »Blech-Lizzie« mit einer Anlaßkurbel vorne. Der Motor war beim Anlassen störrisch, doch sobald Lizzie gestartet war, wollte sie nicht mehr aufhören zu laufen.

In den Schulferien im Mai bot Chukka den Mädchen an, mit ihnen eine Campingfahrt an die Küste, vielleicht nach Bundaberg, zu unternehmen, wo sie ihre Vettern, Emmas Kinder, kennenlernen konnten. Anna wollte nach Charleville fahren, um Nancy und ihren neuen Ehemann zu besuchen. Ellen hatte ihre Mutter beinahe vergessen, aber Anna trauerte noch immer um sie und flocht an jedem Jahrestag ihres Todes einen Kranz, den sie ins Meer warf.

Die Mädchen halfen Chukka, alles in den Wagen zu laden: Matratzen, Klappstühle, Bettzeug, Handtücher, einen Kerosinkocher, Lebensmittelkonserven und Kleidung. Die Hündin saß bei den Kochtöpfen, der Bratpfanne und dem Feldkessel obenauf. Sie war ein intelligent aussehender Mischling mit gelben Augen und hieß Angelina.

Das Packen hatte so lange gedauert, daß es schon Nachmittag war, aber Chukka wollte mit der Abreise nicht bis zum nächsten Morgen warten.

»Wir können nicht hierbleiben, im Haus befindet sich nichts mehr«, erklärte er, denn sie hatten alle Nahrungsmittel und Konserven eingepackt.

Also kletterten die Mädchen in den Wagen, und Chukka begann die Anlaßkurbel zu drehen... und zu drehen... und zu drehen... und zu drehen. Chukka fluchte leise. Angelina bellte ermutigend.

Eine halbe Stunde später drehte er noch immer die Kurbel, und seine Ausdrücke wurden schauerlicher. Das einzige Mal, als die Maschine zum Leben erwacht war, war es eine Fehlzündung gewesen.

»Springt er nicht an, Daddy?« fragte Ellen unnötigerweise.

Chukka explodierte. »Steigt aus und geht nach hinten, während ich ordentlich fluche!« schrie er. »Ich werde diesen verrotteten Metallhaufen ins Meer chucken. Er taugt nur noch als Anker.«

Um vier Uhr gab er auf. Die Mädchen kehrten zurück und sahen, wie er müde ihre Koffer und etwas Bettzeug auslud.

»Wir müssen noch einmal hier übernachten«, sagte er.

Anna und Ellen fanden das lustig, aber ihr Vater verzieh dem Wagen seine eigenwillige Arbeitsweise nie. Am nächsten Morgen versetzte er ihm einen kräftigen Tritt, pumpte etwas Benzin in den Vergaser, drehte die Anlaßkurbel, und er sprang sofort an, rollte vorwärts und stieß ihn zu Boden. Chukka rannte dem Wagen nach und erwischte ihn noch, bevor er auf die Straße hinausratterte.

Auf einem Ausflug zum Pandanus Island lernte Anna Bert Pinjarra kennen, Nyoras Sohn, einen Vollblutaborigine und Matrosen, der in Queensland von seinem portugiesischen Schiff abgehauen war. Bert war ein großartig aussehender junger Mann, geschmeidig und dunkel, hatte glattes braunes Haar und einen großen, lachenden Mund.

Anna mit ihren sechzehn Jahren war eine Romantikerin. Sie teilte ihr Haar in der Mitte, glättete es mit Wasser und band es mit Schleifen hinten zusammen, damit es wie die Frisur einer geschmeidigen Ballettänzerin aussah. Sie glaubte, daß ihr ihre Augen und die zarten dunklen Brauen das Aussehen einer Ballerina verliehen. Verträumt lauschte sie der Musik zu Schwanensee aus dem kleinen Koffergrammophon ihres Vetters Johnny und bewegte dabei geziert ihre Arme. Johnny gab sein ganzes Taschengeld für Grammophonplatten aus. Er besaß sogar eine Platte von Caruso und von Australiens Nellie Melba.

Sobald Annas Haar trocken war, kamen die drahtigen Lokken eigensinnig wieder. Manchmal hätte sie sich am liebsten die Haare ausgerissen oder sie dicht am Kopf abgeschnitten, besonders nachdem sie in der Schule deshalb geneckt und von den anderen Mädchen Wuschelkopf genannt worden war.

Doch als sie von der Schule abging und Bert kennenlernte, der ihr sagte, ihr Haar gefalle ihm so, wie es war, hörte sie auf, sich darüber zu ärgern. Sie gab es auf, Tänzerin oder auch nur Krankenschwester oder Lehrerin werden zu wollen. Ihr ganzer Ehrgeiz war vergessen, als Bert Pinjarra mit ihr im Mondschein das erste Mal über den Strand von Pandanus ging, den Arm um sie legte und ihre Brust umfaßte. Nichts war mehr wichtig. Wenn sie schlief, träumte sie von ihm; wenn sie wach war, träumte sie mit offenen Augen von ihm. Jede Nacht schwelgte sie in Erinnerungen an seine Liebkosungen, bevor sie einschlief.

Bert kam in seinem Fischerboot vorbei, wenn er zum Fischmarkt auf dem Festland fuhr, und richtete es jedesmal so ein, daß er Anna zwischen den Sandhügeln traf. Als sie siebzehn war, war ihr erstes Kind unterwegs. Tante Agnes war empört, Oma Brown fand sich damit ab, Nyora war belustigt, Chukka reagierte eher besonnen. Er erklärte, daß die jungen Leute unverzüglich heiraten müßten.

»Ich weiß nicht, was deine Mutter gesagt hätte«, bemerkte er besorgt. »Sie hätte besser auf dich achtgegeben. Tante Agnes meint, du solltest irgendwohin fahren, das Kind bekommen und es adoptieren lassen. Sie ist entsetzt, daß du mit einem Aborigine-Fischer auf einer Insel leben wirst. Sie befürchtet, daß bei dir die Angewohnheiten deiner kanakischen Vorfahren durchgebrochen sind.«

»Vielleicht stimmt das«, antwortete Anna ernst. »Jedenfalls spielt es keine Rolle, Dad. Wir lieben uns und wollten ohnehin heiraten.«

Chukka führte seine Tochter bei der Zeremonie in der presbyterianischen Kirche in Rockhampton zum Altar, wo ihr Vetter Johnny Tombua wunderschön »Die Stimme, die über Eden atmete« intonierte. Da er inzwischen den Stimmbruch überwunden hatte, bezahlte ihm die Kirche Gesangsstunden in Melbourne, wo man hoffte, daß er ein Stipendium für Übersee bekommen würde. Er hatte Ellen einen Heiratsantrag gemacht. Chukka schnitt weiterhin Zuckerrohr. Die dankbare Regierung hatte ihm im Rahmen des Repatriierungsprogramms ein kleines Stück Land geschenkt, auf dem er, wenn er schwer arbeitete, gerade seinen Lebensunterhalt verdienen konnte; er wurde ein »Soldatensiedler«. Inzwischen arbeitete er aber auch als Tagelöhner, um ein wenig Kapital für Verbesserungen zu erwerben.

Die kleinen Zuckerrohrfarmen, die ehemaligen kanakischen Arbeitern wie George Tombua gehörten, stachen vielen Neidern in die Augen. Sie warfen nur deshalb Gewinn ab, weil ihre Besitzer hart und lang arbeiteten, was viele der unbeschwerten weißen Australier nicht tun wollten. Aber sie übten Druck auf die Regierung aus, und vor dem Krieg war ein Gesetz verabschiedet worden, das Chinesen oder Pazifik-Insulanern verbot, Land zu erwerben, auf dem Zuckerrohr angebaut wurde, und das für Zucker von weißen Farmern eine Subvention vorsah.

10

Am frühen Morgen ging Anna Pinjarra über den silbernen Strand auf der geschützten Seite von Pandanus Island. Es gab keine anderen Fußabdrücke auf dem festen Sand, nur ein paar Krabbenlöcher, um die man die Abdrücke ihrer spitzen Klauen sah. Spitzentänzer! dachte Anna lächelnd. Sie konnten mühelos auf Zehenspitzen laufen, während sie ihre Scheren in verschiedenen Stellungen über ihre Köpfe hielten.

Anna steckte den kurzen Rock in ihr Höschen, trat in das klare, smaragdfarbene seichte Wasser und tastete mit ihren empfindlichen Zehen nach den glatten Körpern der Schalentiere im Sand. Weil die Gezeiten gewechselt hatten, fraßen sie in der Nähe der Oberfläche. Morgan, Berts älterer Bruder, hatte ihr gezeigt, wie man lebende Herzmuscheln findet, die er *worwongs* nannte.

»So machen es die Schwarzen«, sagte er ihr und drehte sich in den Hüften, so daß seine schwarzen Füße tief im nassen Sand versanken. »Du mußt den Sand aufwühlen, bis du mit deinen Zehen etwas Hartes, Glattes spürst, dann schnappst du sie schnell, bevor sie sich tiefer eingräbt. *Worwongs* oder *eugaries* sind die besten Köder; aber sie müssen frisch sein. Sie schmekken auch gut.«

Er zeigte ihr die großen Haufen ausgebleichter Muschelschalen, die, nachdem die Aborigines ihren Inhalt verzehrt hatten, weggeworfen worden waren. Jetzt kochte Nyora aus ihnen und Gemüse dicke Suppe.

Sie kümmerte sich um die Kinder, Marie und Dan, während Anna draußen *worwongs* suchte.

»Geh ein wenig an die frische Luft«, hatte Nyora sie gedrängt. »Du siehst blaß aus. Sie sind brave Kinder und machen ihrer alten Großmutter keine Schwierigkeiten.« Sie hob kichernd das kleinere Kind auf und setzte es sich dann auf die weit ausladende Hüfte. Der kleine Dan packte lachend seine Großmutter bei den Haaren. »Au! Laß los, du kleiner Kerl, du reißt mir die Haare aus.«

Wenn die nasse Jahreszeit mit den gelegentlichen Wirbelstürmen kam, war der Himmel nicht so blau, aber interessanter als in den klaren, trockenen Wintermonaten. Während die Kleinen ihren Nachmittagsschlaf hielten, fühlte sich Anna am Strand dem Himmel näher als der Erde. Sie beobachtete die massiven Schlagsahnewolken, die sich am Horizont türmten und wie ein Traum hinter dem blauen Nebelschleier, der über dem Meer hing, aufstiegen. Gestalten bildeten sich und lösten sich wieder auf: ein dicker Redner, der eine weiße Faust hob; eine Marmor-Venus mit blauumschatteten Brüsten; ein großer Vogel mit spitzen Flügeln und ein riesiges graues Tier, das langsam zurückwich und den bei Tag am Himmel stehenden Mond verschlang.

Anna war zwei Generationen von ihren Vorfahren auf den

pazifischen Inseln entfernt, bei denen es vielleicht eine Legende über ein Tier gegeben hatte, das den Mond verschlang. Geistig stand sie ihren angeheirateten Aborigine-Verwandten näher: Nyora, ihrer Schwiegermutter, und Morgan mit seinen dramatischen Geschichten über behaarte Männer, schöne Wassernixen, Teufels-Wildhunde und alte Weiber, die sich in Inseln im Meer verwandelten. In seiner Jugend war er von den anderen Kindern in der Missionsschule »Dingbat« genannt worden; der Name war ihm geblieben, und er hieß bei der gesamten jüngeren Generation liebevoll »Onkel Dingbat Morgan«.

Die Insulaner auf Pandanus Island waren fast alle durch Blutsbande oder Heirat miteinander verwandt. Sie betrachteten den Ort als »ihre« Insel, und obwohl es unbestätigt war, stimmte es wahrscheinlich, daß ihre Vorfahren zwanzigtausend Jahre lang dort gelebt hatten. Die wenigen Weißen, die sich dorthin verirrt hatten, wurden wie Eindringlinge behandelt, wenn sie keine Eingeborene heirateten, und verließen für gewöhnlich die Insel bald wieder.

Sobald Ellen Brown, Annas Schwester, alt genug war, heiratete sie ihren Vetter ersten Grades, Johnny Tombua, sehr zum Ärgernis der angeheirateten Aborigines: Ihrer Meinung nach kam diese Heirat einem Inzest gleich und war fast so schlimm, als würde ein Mann seine Stammesschwester heiraten. Das jungvermählte Paar siedelte nach Townsville über, und Johnny änderte seinen Namen der beruflichen Laufbahn wegen in »Harold Brown« um. Als seine Stimme entdeckt und ausgebildet wurde, zog er in den Süden und unternahm sogar eine Reise nach Amerika.

Anna sah Ellen zu dieser Zeit nicht oft. Ihre Schwester war seit ihrer Heirat und Johnny-Harolds Erfolg ein wenig hochnäsig geworden, während Harold Brown zweifellos vergessen hatte, daß er als Johnny Tombua mit Anna im Dinghi gefischt hatte. Sie selbst ging noch gern zum Strand angeln.

Wenn sie am Nachmittag mit den *worwongs* angelte, die sie bei Ebbe gefunden hatte, fing sie für gewöhnlich genug zum Abendessen.

Während der Wirbelstürme im Jahr 1927 kam Bert ums Leben. Selbst innerhalb des Barrierenriffs waren die Wogen gewaltig gewesen, sie hatten große Klumpen von lebenden Korallen losgerissen und sie auf die umgebenden Riffe weit über die Reichweite normaler Gezeiten geschleudert. Bert konnte es nicht erwarten, zum Fischen zurückzukehren, denn er hatte einen Vertrag mit einem Fischgeschäft in Rockhampton. Dieses Jahr hatte er einen schlechten Fang gehabt, und wenn er der Fischereibehörde nicht sein volles Kontingent meldete, konnte er seine Lizenz verlieren.

Bert lief früh aus, ohne sich um den Sturm zu kümmern, sein Innenbordmotor knatterte laut, als er aus der schützenden Sheoak-Bucht hinausfuhr. Als er am nächsten Tag nicht zurückgekehrt war, suchte ihn Morgan, aber ohne Erfolg. Dann wurde eine allgemeine Suchaktion organisiert.

Nyora wußte, daß man ihn nicht mehr lebend finden würde. Sie wußte, daß er ertrunken war, als der Totenvogel, der Regenpfeifer, über die Hütte flog. Man fand ihn, in sein eigenes Fischernetz verwickelt. Sein führerloses Boot war zum äußeren Riff getrieben, ohne auf Grund zu laufen. Es wurde unversehrt zurückgeschleppt. Als die Leiche gefunden wurde, war Nyora darauf vorbereitet, Anna zu trösten. Nach dem Begräbnis gingen sie zu ihrem Haus zurück. Nyora hatte sich am offenen Grab ihres Sohnes wildem Schmerz hingegeben, hatte gejammert, sich die Haare gerauft und sich zu Boden geworfen. »Sei du jetzt ein tapferes Mädchen«, mahnte sie Anna. »Du hast noch die Kinder, sie sind ein Teil von ihm. Und vielleicht hat er dir noch eines hinterlassen, das unterwegs ist. Dann lebt ein Teil von ihm noch.«

»Daran liegt mir nichts!« schluchzte Anna wild. »Ich will kein Kind mehr, wenn Bert nicht da ist... Einen Haufen vaterloser Kinder! Ich will keine mehr.«

Als ihr erstes Kind Marie zur Welt gekommen war, hatte Anna gehofft, daß ihre Tochter Tänzerin werden und ihren eigenen Traum verwirklichen würde. Doch als sie die breite Nase, die großen Füße und das dichtgelockte Haar der Kleinen sah, hatte sie gewußt, daß sie niemals Karriere machen würde. Marie wurde ein kräftiges, stämmiges, eigenwilliges, furchtloses Kind, war aber überhaupt nicht künstlerisch begabt.

Ihr Bruder Daniel sah seinem Onkel Morgan sehr ähnlich. Er würde zweifellos Fischer werden oder zumindest einen Beruf wählen, der mit Booten und dem Meer zusammenhing.

Anna versuchte noch immer vergebens, die schwere Depression nach dem Verlust ihres Mannes zu überwinden, bis Nyora sie drängte, Urlaub zu machen: »Fahr weg, Mädchen, du mußt von alldem für eine Weile fort.«

Sie ließ also ihre beiden Kinder bei Nyora und fuhr mit dem Küstenzug und dann dem Bus in ein Seebad nördlich von Bribie Island.

Dort mietete sie ein Surfbrett und ging oft am frühen Morgen fischen, wobei sie sich weit von der Stadt entfernte; hier, zwischen dem dunklen Buschwerk und dem leeren Meer, fand sie ihre Ruhe wieder.

Eines Morgens, als gerade die Sonne aufging, erblickte sie die schwarze Jacht. Aus irgendeinem Grund begann ihr Herz schneller zu schlagen, und sie atmete mühsam. Die Jacht, die regungslos vor der Küste ankerte, hatte etwas Seltsames, beinahe Unheimliches an sich.

Während Anna sie beobachtete und Anstalten traf, die Angel zum ersten Mal in die Brandung zu werfen, bekam die lange Wolkenbank am östlichen Horizont, über dem Meer, einen schmalen feurigen Rand.

Als die Sonne dann endlich über der Wolkenbank emporstieg, spürte Anna ihre zunehmende Wärme auf Armen und Schultern. Auch der lange schwarze Rumpf und die nackten Maste der vor Anker liegenden Jacht wurden von den Strahlen erfaßt. Das Meer schimmerte bläulich.

In den nächsten fünf Minuten war Anna so mit ihrer Angelleine beschäftigt, daß sie das kleine schwarze Dinghi nicht bemerkte, das auf den Strand zufuhr, bis es die Linie der brechenden Wellen erreichte und darauf wartete, daß es ein Brecher an den Strand treiben würde. Zum Glück trug sie heute einen Badeanzug, denn an anderen Tagen nahm sie oft nackt ein Sonnenbad. Etwas zupfte vorsichtig am Köder, und dann – na also! Die Rute bog sich fast durch, als sie begann, die Leine aufzuspulen. Der Fisch schwamm in wildem Zickzack und zog wie ein Pferd. Er zappelte wild, als sie ihn an Land zerrte, und gleichzeitig setzte das schwarz gestrichene Dinghi auf den Sand.

Anna war stolz darauf, daß der Fremde gesehen hatte, wie sie ihren Fang einbrachte. Und was für einen Fang! Eine Goldbrasse! Sie tötete sie rasch und wischte das blutige Messer im Sand ab.

»Sie haben einen prächtigen Fisch gefangen.« Der hochgewachsene, braungebrannte, kräftige Mann, dessen blondes Haar in einem jungenhaften, salzverfilzten, sonnengebleichten Schopf emporstand, trug nur ausgebleichte Shorts, die vielleicht einmal blau gewesen waren. »Ist es eine Goldbrasse?«

Anna nickte.

Sie stand auf, wischte sich den Sand von den nackten Knien und behielt das Messer in der Hand. Es war ein einsamer Strand.

»Oh, Sie tragen eine Uhr? Wird sie nicht rosten, oder ist sie wasserdicht?«

Sie lachte, denn sein Ton hatte sie beruhigt, war aber noch immer wachsam. »Sie ist längst kaputt und verrostet. Aber sie ist ein Geschenk von jemandem, und ich trage sie noch immer als eine Art Talisman.«

»Na, so was! Das ist allerhand! Eine Uhr, die nicht die Zeit anzeigt! Sie müssen sehr scharf auf den Kerl gewesen sein, der sie Ihnen geschenkt hat!«

»Ich habe nicht gesagt, daß es ein Mann war.« Bert hatte sie ihr geschenkt, als sie jung verheiratet waren. Bert, dessen Herz aufgehört hatte zu schlagen wie das verrostete Werk der silbernen Uhr. Sie trug sie immer.

»Sind Sie die Küste entlanggesegelt?« fragte sie nun.

Er sah sie belustigt an. »Wir sind gerade aus den Vereinigten Staaten von Amerika gekommen.«

»Aus den Staaten! In diesem kleinen Kahn – quer über den ganzen Pazifik? Gehen Sie hier zum ersten Mal an Land?«

»Nicht ganz. Wir haben in Neuseeland angelegt. Ich bin nur an Land gegangen, um mich zu orientieren. Wir werden heute abend zweifellos ein Leuchtfeuer sichten. Befinden wir uns in der Nähe von Moo-lo--lah-ba?«

Sie lachte. »Moolóolaba. Die Betonung liegt auf der zweiten Silbe. Sie sind ungefähr zwanzig Meilen vom Kurs abgekommen. Was nach einer Reise von sechstausend Meilen nicht übel ist.«

»Australien ist doch ein wenig zu groß, um es zu verfehlen. Sollen wir nach Norden oder Süden fahren?«

»Norden. Die nächste Flußmündung, die Sie sehen, ist der Mooloolah-Fluß. Südlich von hier liegt die Moreton-Bucht.«

»Ja, es muß der Leuchtturm von Moreton gewesen sein, den wir letzte Nacht gesehen haben, aber ich habe es nicht geglaubt. Ich habe die Zwei-Knoten-Strömung, die von Fraser Island an diese Küste herunterkommt, einkalkuliert.«

»Sie haben Ihre Karten sehr gut studiert.«

»Auf See hat man sonst nicht viel zu tun. Die letzten paar Tage sind wir langsam vorangekommen, wir mußten gegen den verdammten Westwind kreuzen. Kann man hier irgendwo frische Vorräte bekommen?« Er betrachtete den langen, leeren Strand, das dunkle wirre Gestrüpp aus Teebäumen und Geißblatt.

»In Caloundra gibt es eine Gemischtwarenhandlung, aber ich würde Ihnen nicht raten, mit der Jacht oder auch nur mit dem Dinghi über die Sandbank zu fahren. Aus der Pumistone Passage kommt eine starke Gezeitenströmung. Die hiesigen Fischer haben Respekt vor ihr.«

»Wir haben allmählich genug von Bohnen in Dosen.«

»Ich könnte Ihnen den Fisch überlassen«, meinte sie zögernd.

»Das kommt gar nicht in Frage. Mein Kamerad hat inzwischen wahrscheinlich selbst etwas gefangen.«

Während er sprach, hatte sie die Angel wieder ausgeworfen

und holte jetzt einen schönen silbernen Pfeilfisch ein, der wie frisch geprägtes Metall in der Sonne blitzte. Der Amerikaner faßte ihn fest an den Kiemen und löste ihn vom Haken.

Dann schnupperte er an seinen Fingern. »Er riecht sehr komisch. Schmeckt er gut?«

»Sehr gut, gegrillt und sofort gegessen. Es ist ein Pfeilfisch. Der Geruch verschwindet beim Kochen. Aber draußen, wo Sie vor Anker liegen, können Sie ihn nicht fangen, nur in der Brandung. Möchten Sie ihn versuchen?«

»Das ist sehr nett von Ihnen, Ma'am. Ich kann Ihnen nur mit einem Kuß danken.«

Der Fisch fiel unbeachtet in den Sand. Sie wurde an eine nackte, braune Brust gedrückt, während ein harter Mund den ihren umschloß. Als er sie losließ, schwankte sie, und ihr schwindelte einen Augenblick. Die hinter seinem Kopf stehende Sonne umrahmte sein helles Haar mit einem goldenen Heiligenschein. Es schien ihr so lange her, seit sie geküßt worden war, auch wenn Bert erst seit drei Monaten tot war.

»Auf Wiedersehen«, flüsterte er leise, trat zurück und hob den Fisch auf, während er sich entfernte.

»Warten Sie. Wie heißen Sie? Wer sind Sie?«

»Nur einer der Ritter, die in einem Schiff vorbeikommen«, lachte er, warf ihr einen Handkuß zu und lief zu seinem Dinghi.

»Welches Schiff?« rief sie ihm nach.

»Die *Schwarze Hexe* – aus Kalifornien.«

Während er zu der Jacht hinausruderte, beschattete Anna ihre Augen und sah ihm lange nach. Sie drehte das Band der silbernen Uhr an ihrem Handgelenk. Wie eine stehengebliebene Uhr – so hatte sie sich seit Berts Tod gefühlt.

Das Wetter blieb ruhig und schön. Im Lauf der Nacht legte sich der Westwind, so daß sie bestimmt nicht nach Norden segeln konnten. Am Morgen begann sich die See im sanften Südostwind zu kräuseln. Aufgeregt lief Anna kurz nach Sonnenaufgang aus der Stadt zu ihrem Angelplatz. Die schwarze Jacht lag vor Anker und ließ ihr Herz höher schlagen.

Kurz darauf sah sie, wie das schwarze Dinghi vom Heck ablegte. Sie tat, als interessiere sie sich nur für das Fischen, warf die Angel ungeschickt aus und verlor den Köder vom Haken. Das Dinghi kam direkt auf sie zu. Mit zitternden Fingern begann sie den Köder wieder anzubringen. Der Amerikaner erwischte die nächste Welle und brachte das Dinghi weit hinter der Flutlinie an Land. Sie sah ihm wie hypnotisiert entgegen und rollte unbewußt ihre Leine ein. Er kam lächelnd auf sie zu, nahm ihr die Angel aus den Händen und steckte sie in den Sand. Er legte Anna den Arm um die Taille und führte sie zu den im Schatten der Teebäume liegenden Sandhügeln.

»Ich konnte nicht wegsegeln, ohne dich wiederzusehen«, sagte er. »Meinem Kameraden habe ich eingeredet, daß ich mir noch einen Fisch holen will. Aber er errät vermutlich, was mich hier festhält.«

»Du darfst nicht bleiben«, widersprach sie schwach. »Es ist keine sichere Küste. Wenn der Südostwind stärker wird, liegst du an einer Leeküste und hast vielleicht keine Zeit mehr, hinauszukommen.«

Seine Hand war von ihrer Taille zu ihrer Brust emporgeglitten und umschloß sie sanft. Sie lehnte sich an ihn und fühlte, wie sie schwach wurde. Kein Wort wurde zwischen ihnen gewechselt, während sie in der perlmutterfarbenen Vertiefung zwischen zwei silbernen Sandhügeln lagen. Ihr Badeanzug und seine verblichenen Shorts waren die einzigen Hindernisse, aber auch sie wurden bald abgelegt. Anna erlebte die tiefste, vollkommenste Vereinigung, an die sie sich erinnern konnte. Er war wie ein Wassermann direkt aus dem Meer zu ihr gekommen. Ihre Bewegungen waren wie das rhythmische Atmen der Wellen auf dem Sand.

Sie schrie einmal laut auf, und der Schrei einer Möwe antwortete ihr. Dann bemerkte sie, daß er sich sanft zurückzog, aufstand, fortging; er hob die zerfetzten Shorts auf und war verschwunden. Sie blieb lange regungslos, gedankenverloren, mit sich im Frieden liegen. Dann brannte die über die Bäume emporsteigende Sonne auf ihr Gesicht, und sie erhob sich.

Sie ging zum Rand der Sandhügel und blickte auf das Meer hinaus. Der schwarze Rumpf mit dem weißen Segel verschwand im Norden.

Obwohl sie Nyora gesagt hatte, sie wolle kein Kind mehr, empfand Anna, als ihr drittes Kind geboren wurde, große Zärtlichkeit für das kleine Wesen, dessen glattes dunkles Haar wie ein winziger Kamm von ihrem Schädel emporstand. Sie sah Tante Agnes ein wenig ähnlich, fand Anna. Sie erinnerte sich, wie ihre Tante ihnen erzählt hatte, daß ihr Name »Lamm Gottes« bedeutete, und beschloß, das Kind Agnes zu nennen.

Nach Agnes' Geburt im Jahr 1928 trat bei Anna die unheilbare Blutkrankheit auf – keiner von ihnen hatte je zuvor das Wort »Leukämie« gehört –, die in wenigen Jahren zu ihrem Tod führte. Als die Ärzte ihr mitteilten, daß ihr Fall hoffnungslos war, kam Annas Schwester Ellen auf die Insel und versprach, etwas für die Ausbildung der Kinder zu tun, wenn sie älter waren. Inzwischen gab es die Missionsschule in Keppel Sands.

Agnes oder Maggie, wie sie sich nannte, wuchs zu einem schönen schlanken Kind mit hellbrauner Haut und leicht gewelltem Haar heran, das Anna unermüdlich bürstete, bis sie auch dafür zu schwach wurde. Sie verbrachte viel Zeit auf einem alten Sofa unter einem Schirm aus geflochtenen Pandanuswedeln neben dem Haus, von wo aus sie das Meer sehen konnte.

»Hallo, ich bin Maggie«, pflegte Klein Agnes sich vorzustellen, und sie hieß von nun an Maggie Pinjarra.

Die kleine Maggie besaß außer der mütterlichen Nyora und ihrer älteren Schwester Marie so viele Tanten und Onkel, daß sie ihre Mutter kaum vermißte, als sie starb. Inzwischen hatte die große Depression die ganze Welt ergriffen, und Tausende verließen die Städte, in denen es keine Arbeit für sie gab, und vergrößerten das Heer der Wanderarbeiter, die durch den Busch zogen. Unter ihnen befand sich Maggies Großvater Chukka Brown.

Zucker war ein Luxus, und die Nachfrage danach sank stetig. Die Tombuas schafften es, ihre Zuckerrohrfarm weiterzuführen, aber Chukka, dessen Soldaten-Landstück zu klein war, konnte nicht weitermachen, als der Zuckerpreis fiel. Das Gebiet war zu trocken für Zuckerrohr; er hatte seit Jahren keine ergiebige Ernte gehabt und war bei der Bank verschuldet. So verkaufte er seinen Wagen, und die Bank übernahm sein mit Hypotheken belastetes Haus und Land.

Chukka verließ seinen Besitz und begann wieder Zuckerrohr zu schneiden. Aber mit fast fünfzig war er nicht mehr schnell genug, um mit den jüngeren Männern Schritt zu halten.

Dennoch rollte er ein paar Kleidungsstücke und Bettzeug in eine graue Decke, fügte eine Bratpfanne, einen Lagerofen und einen Feldkessel für Tee hinzu und machte sich mit seinem Bündel auf der Schulter auf den Weg. Der Enkel von Jamie Brown, dem kanadischen Patrioten, war ein Tramp geworden, der über die staubigen Straßen zog und neben den trockenen Wasserläufen im Inneren von Australien lagerte.

DRITTES BUCH

Das Regenbogengold

1853 – 1933

1

Wie Joseph Forbes King war auch sein Vorfahre Samuel King im Zeichen des Skorpions fast genau hundert Jahre früher, im November 1849, zur Welt gekommen. Er war der jüngste Sohn eines Anwalts in einer kleinen Stadt, der aus Aylesbury in Buckinghamshire in eine Stadt mit Kupferminen in Südaustralien ausgewandert war, die angeblich einen Boom erlebte.

Sam sah schon früh, wie die blau, purpurn und grün gesprenkelten, zu Stößen gestapelten Kupferbarren von Kulduna mit der Bahn in die Häfen im Süden transportiert und von dort nach Übersee verschifft wurden. Südaustralisches Kupfer war so hervorragend, daß es auf dem Markt den höchsten Preis erzielte. Aber Sam Kings erste Liebe galt nicht dem Kupfer, sondern dem Gold. Später erwähnte er oft, daß der süßeste Ton auf Erden das Klingeln von kleinen Nuggets war, die in die Schalen der Goldwaage eines Bankiers fielen.

Sam hielt augenscheinlich nicht viel von dieser Welt, als er sie mit dem Kopf voran brüllend gegen Mitternacht im Frühsommer betrat. Sein Zwillingsbruder Albert noch weniger, denn er schloß sofort die Augen und öffnete sie nie wieder. Seine Mutter hatte immer das Gefühl, daß Sam mehr Energie und Entschlossenheit besaß, als ihm zustand – als hätte er Alberts gesamte Lebenskraft übernommen.

Seine Mutter, die dickliche, hübsche Henrietta, geborene Edmond aus Ivinghoe, hatte schon drei Kinder geboren, bevor sie in das neue Land auswanderten. Arthur, Henry und Caroline waren in England zur Welt gekommen, und Bessie, James, Albert und Sam in Australien.

Robert Kings Anwaltskanzlei ging schlecht, denn die Bergleute, die zumeist aus Cornwall stammten, waren offenbar gesetzestreuer, als es in Bergwerksgemeinden allgemein üblich war. So eröffnete er also auch ein Eisenwarengeschäft, in dem er Werkzeuge und Ausrüstungen für Bergleute verkaufte. Später, als die Minen erschöpft waren, führte das Geschäft landwirtschaftliche Maschinen und sorgte so für den Lebensunterhalt eines seiner Söhne.

Als Sam und sein Bruder Jim das Schulalter erreichten, machten sie sich jeden Morgen zusammen auf den Weg; sie gingen die weiße, staubige Straße mit den grünen Pfefferbäumen entlang. Die Familie hielt eisern zusammen, und niemand versuchte je, mit Samuel oder James King »anzubinden«, denn sie wußten, daß sie es dann mit den großen Brüdern Henry und Arthur zu tun bekamen. Caroline und Bessie verschmähten die Gesellschaft der »groben Jungen«, hielten sich abseits und gingen gemessenen Schrittes ihrer Wege. Sie trugen Trägerröcke und große Sonnenhüte, um ihren zarten Teint vor der australischen Sonne zu schützen.

Als Sam fünf Jahre alt war, konnte er die Regenschauer, die er erlebt hatte, an den Fingern einer Hand abzählen. In dem trockenen nördlichen Teil der Provinz Südaustralien regnete es so selten und so kurz, daß die Kinder lachend hinausliefen und sich in den Regen stellten, wenn einmal Gewitter die lange Trockenheit unterbrachen. Der Regen war warm, und es gab keinen süßeren Duft als den Geruch des trockenen Grases und der ausgedörrten Erde, die die Liebkosung des Regens empfingen; kein süßeres Geräusch als das gleichmäßige Trommeln des Regens auf das Wellblechdach.

»Hört ihr das, Kinder?« fragte ihr Vater und zeigte mit der weißen, wohlgeformten Hand zu der verzierten Decke. »Das ist Geld, das auf das Land fällt. Dieses Land ist auf den Bauern und den Viehzüchter angewiesen, und jedem nützt es, wenn es regnet. Jeder in diesem Ort und sogar in der Stadt weiß, daß es gut fürs Geschäft ist. Der Mann auf dem Land –«

»Was ist mit den Bergleuten?« fragte Sam.

»Der Bergbau ist sehr wichtig für die Wirtschaft, und Trokkenheit und schlechte Ernten beeinträchtigen ihn nicht. Aber die Hauptprodukte – Weizen und Wolle – sind die solide

Grundlage, auf der Südaustralien beruht. Kennt ihr das Wappen des Staates nicht? Auf einer Seite hält ein Mann ein Schafsvlies, und auf der anderen befindet sich eine Frau mit einer Garbe Weizen und einem Füllhorn; und zwischen ihnen die Sonne, die alles wachsen läßt. Allein im letzten Jahr brachte die Ausfuhr von Wolle fast eine Million Pfund ein! Und Weizen und Mehl ebensoviel. Nicht übel für eine kleine, junge Provinz!«

Ihr Vater las ihnen gern »erbauliche« Bücher vor. Zum Beispiel geschichtliche Ereignisse aus schweren, in Kalbsleder gebundenen Bänden, doch ihre Mutter, die jedes Jahr dicker und schwerer wurde, aber mit ihren blonden Haaren noch immer gut aussah, trug ihnen, wenn sie im Bett lagen, lieber Märchen vor. Eines Abends las sie eine Geschichte über den Goldtopf am Ende des Regenbogens.

Sam hatte nie einen Regenbogen gesehen, außer im Bilderbuch. Eines Tages, als er sechs Jahre alt war und gerade aus der Schule nach Hause kam, wölbte sich am östlichen Himmel ein Regenbogen über Kuldunda. Ein Ende verschwand in den niedrigen, nackten Hügeln im Nordosten; das andere reichte scheinbar zu dem ausgetrockneten Bach hinunter – den man hochtrabend als Fluß bezeichnete –, der nur nach schweren Regenfällen Wasser führte und die Vororte der Stadt im Süden und Osten begrenzte. Das Bergwerk befand sich im Westen.

Noch nie hatte Sam so leuchtende Farben gesehen. Er sagte sie sich leise vor: Rot, Orange, Gelb, Grün, Blau, Indigo, Violett. Und am Fuß des Regenbogens befand sich der strahlende Goldtopf. Aber welches Ende war der Fuß? Daran hatte er nicht gedacht: der Regenbogen hatte zwei Enden. Mami hatte erzählt, daß Regenbogen nicht lange währten, und das war ein Grund, weshalb es so schwer war, das Gold zu finden. Er hatte nicht genügend Zeit, um die Enden zu erreichen, deshalb wollte er zum Fluß gehen.

Ohne seinem Bruder ein Wort zu sagen, holte Sam die Schaufel seines Vaters – sie war größer als er – aus dem Werkzeugschuppen, zog sie hinter sich her und machte sich auf den Weg, um das Gold am Ende des Regenbogens auszugraben.

Der ungewöhnliche, neblige Regen, der das Phänomen verursacht hatte, zog nach Osten weiter. Der Regenbogen hing noch immer vor ihm und lockte ihn. Obwohl die Oberfläche des Bodens feucht war, wurde die Luft klar. Der trockene wilde Hafer, der weiß wie Papier und weich wie Federn war, beugte sich in der sanften Brise. Sam quälte sich tapfer weiter, er trug noch immer seine Schuluniform – eine kurze graue Hose, Hemd und Krawatte, lange gestrickte Socken und Schnürstiefel.

Er war müde und erhitzt, als er die letzten breiten Straßen der Stadt erreichte und sich den Eukalyptusbäumen näherte, die den Flußlauf bezeichneten. Und als er dann aufblickte, sah er etwas Merkwürdiges, Beunruhigendes. Der Regenbogen hatte sich bewegt! Er erreichte die Erde nicht mehr vor den Bäumen, sondern hinter ihnen, weiter im Osten. Seine Farben waren noch strahlender geworden, und neben ihm befand sich ein schwaches Spiegelbild, ein Schatten des Regenbogens.

Er erreichte das tief ausgewaschene Flußufer, das mit totem, stacheligem Unkraut bestanden war, oberhalb eines Tümpels, der nach dem letzten schweren Regen übriggeblieben war. An einer steinigen Stelle überquerte er den Fluß.

Als er aus den Bäumen auf der anderen Flußseite heraustrat, blieb er bestürzt stehen. Der Regenbogen endete nicht hinter den Bäumen, wie es ihm geschienen hatte, sondern erst jenseits der baumlosen Ebene. Er lief weiter, seine kleinen Beine begannen zu schmerzen. Er blickte zurück. Die Sonne ging unter, sie sank hinter die Eukalyptusbäume am Flußufer; doch noch immer hing das strahlende schöne Versprechen am Himmel, und ein Ende reichte zur Erde vor ihm.

Er blickte auf, um sich zu orientieren, und blieb mit einem erstickten Schrei stehen. Der Regenbogen verblaßte und löste sich auf. Zuerst verschwand der rechte Teil, dann der obere, bis nur noch der glühende Pfeiler aus farbigem Licht vor ihm stand. Der Junge trottete weiter und ließ die Schaufel liegen; sobald er die Stelle bezeichnet hatte, an der er graben mußte, konnte er zurückkommen und sie holen.

Er lief, bis er erschöpft war, und dann wurde ihm zu seinem Schrecken klar, daß sich das Ende des Regenbogens wieder bewegt hatte, jenseits des Kalkrisses und der schwarzen Felsen, die sich nicht mehr hinter ihm, sondern vor ihm befanden.

Dann war es also Zauberei! Man mußte ein Zauberer sein, um den Regenbogen daran zu hindern, sich zurückzuziehen. Und dann, als wolle es ihn verhöhnen, verschwand das Ganze einfach. Nur noch der graue Himmel und die leere Ebene lagen vor ihm.

Plötzlich verschwand die Erregung, die ihn vorwärtsgetrieben hatte, wie die sich auflösenden Farben des Regenbogens. Es wurde dunkel, und er befand sich weit weg von daheim. Hier gab es keine Dämmerung wie in den kühleren Gegenden. Ein kurzes Nachglühen von orangefarbenem Licht im Westen, das blaßgrün wurde und dann Dunkelheit. Obwohl er müde war, begann er zum Fluß zurückzutrotten. Dann erinnerte er sich an die Schaufel.

Wo hatte er sie liegenlassen? Ging er die gleiche Strecke zurück? Als er annahm, daß er sich in der richtigen Gegend befand, suchte er herum, da und dort, und hoffte in der zunehmenden Finsternis die Schaufel zu finden. Doch er hatte kein Glück.

Sam war nah dran, sich hinzusetzen und in Tränen auszubrechen. Aber Jungen weinten nicht – nur Mädchen weinten. Als er den Fluß erreichte, war das Glühen im Westen verschwunden; er konnte sich nicht mehr danach orientieren.

Als es dämmerte und noch immer nichts von Sam zu sehen war, machte man sich im Hause der Kings ernsthafte Sorgen. Die Lampen wurden angezündet, der Tisch zum Abendessen gedeckt, aber niemand setzte sich. Henrietta, deren für gewöhnlich rosa Wangen kalkweiß waren, ging verzweifelt im Speisezimmer auf und ab und rang die dicken Arme.

»Ich habe von der Veranda aus gerufen und die Glocke geläutet… Ach, Robert!« jammerte Henrietta. »Wo kann er nur sein?«

»Ich habe keine Ahnung, meine Liebe. Er ist mit Jimmy von der Schule nach Hause gekommen, der ihn danach nicht mehr gesehen hat. Meinst du, er könnte *Yabbies* (kleine Flußkrebse) suchen?«

»Ohne es jemandem zu sagen? Und wenn er zum Schwimmloch gegangen ist?« Das war eine tiefe Wasserstelle unter der Stadtbrücke.

Sie starrten einander an, unfähig, ihre Angst in Worten auszudrücken.

Robert King machte kehrt. »Ich rufe Storr, und wir gehen zu der Brücke. Ich muß eine Laterne mitnehmen – wir brauchen zwei Laternen.« Storr war Gärtner und bewohnte ein Häuschen in einer Ecke des Besitzes.

King und Storr bewaffneten sich jeder mit einer Laterne und machten sich auf den Weg zum Fluß. Unterwegs forderten sie andere Männer zum Mitkommen auf, bis ein Suchtrupp von acht Mann beisammen war. James hatte ebenfalls mitgehen wollen, doch seine Mutter ließ es nicht zu; er war erst acht Jahre alt.

»Als wir von der Schule heimkamen, haben wir einen Regenbogen gesehen«, erzählte James und blickte zum dunklen Himmel.

»Was hast du gesagt, Jimmy? Einen Regenbogen?« wiederholte seine Mutter.

»Ja – er war wirklich schön. Genauso wie der im Märchen. Hast du ihn nicht gesehen, Mama?«

»Ich war unten im Keller und habe die Vorräte überprüft.« Sie ließ den Kopf sinken. Sie wußte, wohin Sam, der Unabhängige, gegangen war – er wollte das Ende des Regenbogens finden.

»Jinnie!« Sie lief in die Küche. »Bitte gib den Kindern ihr Abendessen. Hannah, komm mit mir und nimm noch eine Laterne mit. Wir suchen Sam. Ich weiß, wohin er gegangen ist.«

Sie waren noch nicht weit gekommen, als rechts Lichter blinkten und Stimmen ertönten. Es war der Trupp Männer, der zurückkam. An ihrer Spitze ging Robert, auf dessen Schultern

Sam ritt; er war schmutzig, sein Gesicht wies Tränenspuren auf, aber er lächelte glücklich. Papa war nicht einmal wegen der Schaufel böse gewesen – er hatte nur gemurmelt, daß er sich aus dem Laden eine neue Schaufel holen könnte, aber wo konnte er einen zweiten Sam bekommen?

Seine Mutter lief ihm mit einem Schrei entgegen und vergaß dabei, ihren Rock zusammenzuraffen und vor dem Staub zu schützen. Im nächsten Augenblick hielt sie ihn in den Armen und drückte das Gesicht an ihn, und ihre warmen Tränen durchnäßten seinen Kragen. »Ich hatte mich nicht verirrt, Mami«, sagte er. »Ich war unterwegs zur Hauptstraße, aber der Fluß beschreibt so viele Windungen.«

An diesem Abend wurde er von beiden Eltern gründlich gescholten, weil er fortgegangen war, ohne jemandem etwas zu sagen, und weil er den Fluß allein überquert hatte. Die verlorene Schaufel wurde mit keinem Wort erwähnt.

»Du hast versucht, den Goldtopf am Ende des Regenbogens zu finden, nicht wahr?« fragte Henrietta und streichelte seinen goldblonden Kopf.

»Ja, und ich konnte das Ende nicht erreichen, Mammi, der Regenbogen ist immer weiter weggegangen.«

»Morgen erkläre ich dir, wie ein Regenbogen entsteht«, sagte sein Vater. »Dann wirst du verstehen, warum nie jemand sein Ende erreicht.« Er wandte sich lächelnd Henrietta zu. »Und da er alles so wörtlich nimmt, meine Liebe, solltest du ihm in Zukunft nur noch Geschichten vorlesen, die auf Tatsachen beruhen.«

Obwohl er es Sam nicht sagte, war Robert King von dem Orientierungssinn seines Sohnes beeindruckt. Am Wochenende führte er seinen Vater unfehlbar zu der Stelle, an der die Schaufel lag.

»Hmm«, machte sein Vater. »Der Boden ist jedenfalls zu hart zum Graben. Daran hast du nicht gedacht, wie?«

Sam ließ enttäuscht den Kopf hängen.

»Du würdest eine Hacke brauchen. Aber wenn du wirklich Gold finden willst, hättest du bei dem Eisenstein und Schiefer die besten Aussichten. Wahrscheinlich gibt es dort auch Spuren von Kupfer. Gold und Kupfer werden oft zusammen gefunden. Manchmal verlaufen goldhaltige Adern durch das Gestein. Aber vergiß nicht, daß nicht alles Gold ist, was glänzt.«

»Können wir jetzt weiter suchen, Papa?«

»Nein, Mami will, daß wir rechtzeitig zum Lunch zurück sind. Aber wir werden einmal ein Picknick am Fluß veranstalten, und du kannst jetzt eine Probe mitnehmen – ein Stück Felsen, um es zu Hause zu zerkleinern. Storr wird dir zeigen, wie man einen Mörser und eine Waschpfanne verwendet.«

»Fein!« rief Sam mit leuchtenden Augen. »Wann machen wir das Picknick?«

»Nächstes Wochenende nicht, aber bald. Warum versuchst du nicht inzwischen, den Bachsand zu waschen, der an unserer hinteren Koppel vorbeifließt? Dort könnte es ein paar Körnchen geben. Falls du eine Stelle findest, in der noch Wasser für deine Pfanne vorhanden ist.«

Sam hatte zu seiner Enttäuschung erfahren, daß der schöne Regenbogen nicht Wirklichkeit war, daß die Farben, die er sah, wenn die Sonne durch die Regentropfen schien, immer als Bestandteile des weißen Lichts vorhanden waren. Um das Prinzip zu veranschaulichen, hängte sein Vater eines der Kristallprismen von dem kleinen Kronleuchter im Vorzimmer auf und ließ Sam einen Sonnenstrahl durch dieses Prisma betrachten.

»Das nennt man Spektrum, nicht Regenbogen«, erklärte sein Vater. »Es ist die gleiche Reihe von Farben, die du am Himmel siehst: rot, orange, gelb, grün, blau, indigo, violett. Der Regenbogen befindet sich immer der Sonne gegenüber, weil er in Wirklichkeit das durch Millionen Wassertropfen gebrochene Sonnenlicht ist, von denen jeder als winziges Prisma wirkt.«

Sam beobachtete das Zimmer durch das Glasprisma. Jeder Gegenstand war von einem farbigen Lichthof umgeben. Er hatte das Gefühl, daß er den Regenbogen in der Hand gefangenhielt, in dem glatten, klaren, dreiseitigen Glasstück, das magische Eigenschaften besaß.

2

Als Sam acht Jahre alt war, besaß er bereits eine kleine Sammlung von feinem Goldstaub und -flocken in einem Glasgefäß. Seine älteren Brüder spotteten über Sams »Goldmanie«, und James teilte sein Interesse nicht, obwohl er ihn auf seine Goldsuchexpeditionen begleitete.

Sam vergaß nie, was er bei seinem ersten Versuch, Gold zu finden, gelernt hatte.

Er holte sich aus der Küche die größte eiserne Bratpfanne und war jeden Nachmittag nach der Schule »oben am Fluß«. In einem Rucksack hatte er außerdem einen Glasbehälter für Muster, eine Pinzette seiner Mutter und eine Flasche Trinkwasser.

Er ging stromaufwärts – obwohl es derzeit keinen Strom gab –, denn Storr hatte gesagt, daß Gold als schweres Material sich dort absetzt, wo der Fluß durch ein Hindernis aufgestaut wurde. Am ersten Tag sah er tatsächlich Goldflocken im Sand schimmern. Zitternd vor Aufregung wusch er den Sand aus, wirbelte das Wasser langsam und drehte die Pfanne mit einer leichten Bewegung, genau wie Storr es ihm gezeigt hatte. Leider blieb das Gold nicht im Rückstand, wie es eigentlich sollte. Die Flocken waren so dünn, daß sie praktisch schwammen. Er holte sie heraus und beförderte sie mit der Pinzette in sein Glasgefäß mit dem Schraubdeckel. Bald war der Boden des Gefäßes mit Gold bedeckt. Weitere Flocken leuchteten im Sand, doch die Sonne stand tief, und er lief mit seinem Schatz zum Haus zurück. Storr behauptete, daß weiter stromaufwärts, wo der Bach begann, die Ader lag, aus der das Gold stammte, das weiter unten gefunden wurde.

Er drehte das Gefäß in seiner knorrigen Faust, warf einen Blick auf die Körner, die in den letzten Strahlen der Sonne golden schimmerten. »Ja«, meinte er, »sieht wirklich hübsch aus, wenn die Sonne darauf scheint. Aber es ist kein Gold, Junge. Warte, bis du es drinnen siehst, im Morgenlicht. Es ist eher silbern als golden, eigentlich messingfarben. Das ist Eisenkies.«

»Eisenkies?« Sam erinnerte sich an die Worte seines Vaters: »Es ist nicht alles Gold, was glänzt.« – »Aber es ist Metall, und es ist gelb, und –«

»Und es ist Pyrit, Eisenkies. Nicht Eisen, sondern Kupferpyrit, würde ich sagen, denn es sieht fast aus wie echtes Gold. Natürlich gibt es eine Menge Kupfer in diesen Hügeln. Aber glaube mir, wenn es viel Gold im Bach gäbe, hätte es ein Goldgräber längst gefunden. Ich will nicht sagen, daß es keines gibt, aber so leicht findet man es nicht.«

Sam war niedergeschlagen. »Ich war todsicher, daß es Gold war.«

»Hör mal zu«, tröstete ihn Storr. »Ich nehme dich am Sonntagmorgen mit an den Fluß und zeige dir, wie man Gold auswäscht. Du mußt den Trick heraushaben. Falls es in dem Flußbett überhaupt Gold gibt, werden wir es finden.«

»Ich muß in die Sonntagsschule«, jammerte Sam, »und danach in die Kirche.« Als würden fünf Tage Schule nicht genügen! Er hielt es für eine himmelschreiende Ungerechtigkeit, daß man den Sonntagmorgen im Zimmer verbringen mußte. Er hörte der langweiligen Predigt nicht zu, sondern beobachtete einen Sonnenstrahl, der durch ein Goldquadrat in dem farbigen Kirchenfenster über dem Altar hereinfiel.

»Dann gehen wir eben am Sonnabendnachmittag hinaus«, beschloß Storr.

Das Ergebnis ihrer Expedition war armselig. Storr schob die Rückstände mit seinem großen Daumen auseinander und zeigte Sam ein paar Goldflocken. Sam nahm sie vorsichtig mit der Pinzette heraus und legte sie in sein Glas, in dem immer ein Zoll hoch Wasser stand.

Später durfte er mit Jim hinuntergehen – vorausgesetzt, daß sie dem Schwimmloch nicht in die Nähe kamen –, und eines Tages erkannte Sam, als er die Schüssel fachkundig schwenkte, daß der feine gelbe Staub im Rückstand, den er für Sand gehalten hatte, in Wirklichkeit Goldstaub war – Gold in so feinen Körnchen wie Senf, die er mit seiner neuerworbenen Geschicklichkeit vom wertlosen Zeug abgesondert hatte.

Nachdem Sam mit seinem Vater die versprochene Expedition zum Felsen jenseits des Flusses unternommen hatte, zeigte er Storr seine ersten Goldproben. Es waren Klumpen von unkristallinischem weißen Quarz, in dem eine rote Ader verlief, die nicht dicker war als eine Messerklinge. Stellenweise war sie grünlich und wies Flecken eines glänzenden Metalls auf, wahrscheinlich ein Gemisch aus Kupfer und Gold. Storr zeigte ihm, wie er die Klumpen in einem alten Eisentopf zerstampfen und pulverisieren konnte, indem er ein Brecheisen mit flachem Ende verwendete; dann mußte er den Schmutz in der flachen Bratpfanne auswaschen.

Nach einer Stunde Arbeit besaß Sam zwei Körnchen, die eindeutig Gold waren: Fliegendreck nannte sie Storr, denn sie wogen weniger als ein Gran. Sam fügte sie stolz zu seiner Sammlung von feinem Goldstaub aus dem Flußbett hinzu.

Als die beiden Jüngsten, Sam und Jim, alt genug waren, wurden sie in ein Internat in der Stadt geschickt. Da ihr Vater Methodist war, besuchten sie ein methodistisches College am Rand der Parklandschaft, das große Sportanlagen und beeindruckende Gebäude besaß. Obwohl die meisten Schüler vom Land kamen, stammten leider die einzigen Lektionen über Landwirtschaft, die sie erhielten, aus dem Georgikon von Vergil.

Sam haßte die Schule – bis auf Geologie und Chemie, seine Lieblingsfächer. Mittlerweile waren die Kupferbergwerke aus der Stadt verschwunden, da im Jahre 1872 ein zweiter Kupferboom an der Westküste entstanden war. Der Plan seines Vaters, Sam zum Bergwerksingenieur ausbilden zu lassen, wurde somit fallengelassen. Statt dessen sollte er, da er gut rechnen konnte, Buchhalter werden.

Sam studierte also Rechnen und Buchhaltung und las in seiner Freizeit Bücher über Goldbergbau und Geologie. Er bewahrte seine kostbaren Goldproben in seinem Zimmer auf. Manchmal breitete er eine Zeitung auf dem Bett aus, entkorkte das Fläschchen, hielt es mit der Öffnung nach unten über das Papier und klopfte mit dem Kork auf die Flasche, um alle Teilchen herauszuschütteln. Dann starrte er auf das glänzende Häufchen. Er träumte davon, eines Tages ein Nugget zu finden, ein Ungeheuer wie den »Willkommenen Fremden«, der 1866 Schlagzeilen gemacht hatte: er wog 2284 Unzen. Aber das war in Victoria gewesen, einem Land mit Alluvialgold. Und leider konnte man nicht lernen, wie man einen Goldklumpen findet; es war genauso ein Zufall wie die Drehung eines Rouletterades.

Sobald er wieder daheim war, begann er wieder mit der Goldsuche. Einen *dab* nannte man die Stelle, wo zwei goldführende Adern zusammentrafen, einander bereicherten, so daß Goldspuren an die Oberfläche gelangten. Indem man sorgfältig wusch, konnte man diesen Ort finden. Häufig wiesen Adern oder Fasern den Weg.

»Du brauchst eine Unmenge Geduld, um ihn aufzuspüren«, hatte Storr ihm erklärt. »Wenn du die Faser verlierst, bist du erledigt. Sie ist wie ein Stück Schnur, die in den Felsen führt. Aber einmal hab' ich gesehen, wie ein Kerl drei Eimer voll Golderz gefunden hat, die zusammen tausend Unzen Gold ergeben haben. Doch das Land rundum ist karg – du wirst nichts finden, sonst würde ich selbst suchen.«

Sam wollte sich jedoch nicht abhalten lassen und ging wieder zu dem Eisenstein-Felsen jenseits des Flusses. In der vorangegangenen Nacht hatte es ungewöhnlich stark geregnet. Sam mußte mit seinen Werkzeugen den Fluß durchwaten. Die Sonne schien, Frösche quakten und braune Tauben gurrten zwischen den Blättern. Der Himmel war so hellblau wie Sams Augen. Er pfiff fröhlich, als er zu arbeiten begann.

Die Oberfläche des Felsens war sauber gewaschen, der Boden rundum aufgeweicht. Sam schlug einige Felsstücke vorsichtig mit dem Hammer ab, schabte etwas Erde von den Spalten und wusch sie in dem Wasser aus dem Wassersack, den er mitgebracht hatte. Plötzlich, und er glaubte seinen Augen nicht zu trauen, glänzte und funkelte es in der Schüssel. Und dann sah er es – eine dünne, süße Quarzfaser wie eine Kette aus kleinen Glasperlen, zwischen denen sich das Gold in kleinen, groben Stücken befand. Als er sie ausgrub, klebten Stücke von Eisenstein und Quarz an ihnen.

Vorsichtig folgte er der Faser. Der Felsen wurde härter, so daß Sam eine kleine Ladung Dynamit ansetzen mußte. Die losen Erzstücke zog er heraus; dennoch war er dem *dab* noch immer nicht näher gekommen. Er folgte der Ader nach unten, bis sie sich verlor. Als er gegen Abend sein Tagwerk betrachtete, hatte er mindestens vier Unzen Gold, die etwa zwanzig Pfund wert waren.

»Und es ist auch kein Eisenkies«, sagte sich Sam glücklich. Er wusch sein Werkzeug in dem großen Teich und kehrte nach Hause zurück.

»Du bist ein kluger Junge!« rief seine Mutter bewundernd, als er ihnen das Ergebnis seiner Mühen zeigte.

»Hm. Ich hoffe, du hast nicht am Sabbath gearbeitet«, meinte sein Vater.

»Das war keine Arbeit, Papa! Das war ein Vergnügen!«

Von da an war er süchtig. Gold hatte ihn in seinen Bann geschlagen, er wurde Goldsucher und Goldgräber, so wie manche Männer Alkoholiker werden. Von jetzt ab jagte er sein Leben lang den Edelmetallen nach. Er führte ein wechselvolles Leben, während seine Brüder das Eisenwarengeschäft der Familie führten oder die Anwaltskanzlei King, Foyle und King betrieben oder große Schaffarmen weiter im Norden kauften.

Es nützte nichts, wenn Storr ihm vorhielt, daß noch kein Goldsucher, nicht einmal einer, der einen großen Fund gemacht hatte, reich gestorben war.

Als Sam seine Buchhaltungsprüfungen bestanden hatte, war über den Norden eine lange Dürre hereingebrochen; die »ständigen« Wasserlöcher waren ausgetrocknet, und das verhungernde Vieh scharrte verzweifelt in dem steinigen Boden und grub sogar die Wurzeln der Melde aus, um sie zu fressen. Die Melde, die Feuchtigkeit aus der Luft aufnahm und jahrelang ohne Regen auskommen konnte, war die Hauptstütze der Schafzucht jenseits der Gebiete mit zehn Zoll Regen im Jahr gewesen. Jetzt war sie durch die zu extensiv betriebene Viehhaltung und durch das Abweiden beinahe ausgerottet. Eine finanzielle Depression setzte ein, denn im Gegensatz zum Regen fielen die Kupferpreise, und das leicht zu verarbeitende Erz in den Minen von Kuldunda war bereits gefördert worden. Bergleute wurden entlassen, und Viehtreiber auf der Suche nach Arbeit kamen in die Städte.

Da es für einen jungen Buchhalter keinen Posten gab, war Sam arbeitslos. Sein Vater stellte ihn pro forma als Buchhalter seiner Kanzlei ein.

Sam war jetzt größer als sein Vater und hatte das gute Aussehen und den hohen Wuchs seiner Mutter geerbt. Die junge Mary Tregona, die schwarzhaarige, dunkeläugige Tochter eines Steigers im Bergwerk, die ein nettes Mädchen war und hoffentlich einen guten Einfluß auf ihn ausübte, hatte es ihm angetan.

Henrietta wußte, daß Sam im *Miner's Arms*, einer Kneipe, Zigarren rauchte und trank. Schlimmer war, daß er sich außerdem mit einem stadtbekannten leichten Mädchen eingelassen hatte, einer gewissen Ida Ryan. Ida wußte immer, was ablief, und erfuhr als erste von Geburten, Todesfällen und bevorstehenden Hochzeiten. Wenn ihr jemand etwas erzählte, antwortete sie verächtlich: »Das willst du mir erzählen? Ich habe es schon vergangene Woche gewußt.«

James, der nur zwei Jahre älter war als Samuel, verursachte seinen Eltern hingegen nie Sorgen. Er war immer ordentlich gekleidet, ehrgeizig und fleißig.

Samuel trug oft weder Schleife noch Krawatte, und es war schwierig, ihn am Morgen aus dem Bett zu bekommen; er vergaß, seine Schuhe zu putzen und ging an heißen Tagen ohne Jacke aus. Robert King dachte daran, ihn als Buchhalter auf einen der Besitze seiner Brüder im Norden zu schicken. Aber die Trockenheit hatte so viele Schafe getötet, daß die Wollindustrie fast gänzlich zum Erliegen kam und weder Viehtreiber noch Büroangestellte gebraucht wurden.

Sam wußte, daß er mit Ida nicht mehr zusammenkommen dürfe, denn wenn Mary herausfand, daß er das andere Mädchen nicht aufgegeben hatte, würde sie ihn niemals heiraten. Gerade letzte Woche hatten sie einander versprochen, obwohl ihre Verlobung noch nicht offiziell bekanntgegeben worden war. Sam war neunzehn, und Mary war gerade siebzehn geworden; es war an der Zeit, daß sie einen Hausstand gründeten. Es würde schwierig genug sein, auf den Hochzeitstag zu warten. Brave Mädchen wie Mary verstanden nicht, was das für einen Mann bedeutete, und daß Mädchen wie Ida ihnen halfen, die Wartezeit bis zur Hochzeit durchzustehen.

Ja trotzdem, diesen Abend würde er endgültig mit Ida Schluß machen. Er suchte nur noch nach einem passenden Abschiedsgeschenk und fand schließlich ein buntes Seidentuch, das ihm eine Tante aus Indien geschickt hatte.

»Hallo, Liebling«, begrüßte ihn Ida vor dem *Miner's Arms*, wo sie sich mit einigen Jungen aus Kuldunda unterhielt.

»Komm rein, ich lade dich auf einen Drink ein, Ida«, sagte Sam. »Du weißt ja, gestern war Zahltag.«

»Das erzählst du Ida! Ich habe mich schon gefragt, wann du kommst.«

Er bestellte ihr einen Rum und trank selbst einen und ein Bier zum Nachspülen. Ida sah ihn liebevoll an. »Du arbeitest noch immer für deinen Dad? Du solltest selbständig werden wie deine Brüder.«

»Ja. Der Alte zahlt nicht sehr gut, das steht fest.«

»Du willst doch nicht umsonst für ihn arbeiten.«

»Das erwartet er nicht, aber von dem Lohn, den ich bekomme, kann ich nicht genug sparen, um zu heiraten.«

Idas grüngraue Augen wurden etwas größer. Sie klimperte kokett mit den Wimpern.

»Warum – denkst du daran zu heiraten?«

Sam lächelte selbstzufrieden und schmallippig. »Na ja – wer weiß? Wäre möglich.« Er legte die Arme um sie und hob sie vom Barstuhl. Sie lehnte sich einen Moment an ihn, und ihre rötlichen Locken fielen auf seine Schultern.

»Gehen wir wohin, wo wir allein sind«, murmelte sie drängend. »Zur Brücke hinunter? Oder in die Scheune?«

»Was, schon?« Ihre Direktheit belustigte ihn, weckte aber auch seine Begierde. Er legte ihr den Arm um die Taille, und sie gingen hinaus. Die Jungen vor der Kneipe lachten und machten sich über sie lustig, während sie die Straße hinunterschlenderten. Die Scheune gehörte dem Kneipenbesitzer und befand sich in dem leeren Block. Dahinter lag das Bürogebäude, in dem Sam arbeitete. Es war ein zweistöckiges Brettergebäude, das an den Zaun stieß.

Sam führte Ida um die Seite herum, die vom Büro seines Vaters abgewandt war, damit niemand sah, wie sie von der Straße aus zum Heuschober gingen. Er kletterte über den Holzzaun und zog sie hinter sich her.

»Mein Gott, bist du stark«, hauchte Ida, als seine Hände sie unter den Achseln packten und sie mühelos hochhoben – obwohl sie ein kräftiges Mädchen mit großen, üppigen Brüsten und Hüften war. »Zeig doch Ida deine Muskeln«, murmelte sie und knöpfte sein Hemd auf. »Ach, Sam, Liebster. Ach –! Das ist gut. Das ist so gut. Ach –! Sam, du bist besser als alle anderen Männer. Wir beide passen so zueinander.«

Sams Leidenschaft wurde durch diese Worte etwas gedämpft, als er daran dachte, wie viele seiner Freunde sein derzeitiges Glück geteilt hatten. Aber er reagierte auf ihre wohlbekannten Reize und warf sich mit ihr ins Heu.

Nachher lagen sie ruhig nebeneinander, während sie ihn mit einem Strohhalm am Hals kitzelte. »All diese Sterne«, murmelte sie. »Manchmal glaube ich, daß dort oben Menschen sind, die mit ihren gelben Augen auf uns herunterschauen, Millionen Menschen überall am Himmel.«

»Unsinn, Ida, die Sterne sind Feuerbälle, genau wie die Sonne. Sie sind nur sehr weit entfernt.«

»Feuerbälle! Was für Geschichten erzählst du Ida? Wenn sie Feuerbälle wären, würden sie verbrennen, nicht wahr?«

»Sie werden letzten Endes auch verbrennen, in Millionen und Abermillionen Jahren. Auch die Sonne, aber deswegen müssen wir uns noch keine Sorgen machen, Ida... ich möchte dir gern etwas schenken, aber du weißt ja, wie kurz mich der

Alte hält, verdammt noch mal!« Er zog das Seidentuch heraus und band es ihr um den Hals. »Da, das ist für dich – ein Abschiedsgeschenk.« Er küßte sie.

»Abschied? Was meinst du damit?«

»Ich kann dich nicht wiedersehen, Ida. Ich war gern mit dir zusammen, aber ich muß daran denken, seßhaft zu werden – eine Familie zu gründen...«

»Ich hatte gehofft, daß du mich heiraten wirst.« Sie zerzupfte wütend einen kleinen Ballen Heu.

»Dich heiraten?« Sam war so erstaunt, daß er in Lachen ausbrach. »Mein liebes Mädchen, was würden meine Eltern sagen, wenn ich die Stadtschlampe heiraten würde!«

Sie sprang in dem weichen Heu auf, verlor beinahe das Gleichgewicht und warf ihm einen Armvoll Heu ins Gesicht.

»Du – verdammter – Bastard!« knurrte sie durch die Zähne. »Deinen Spaß hast du gehabt, nicht wahr, jetzt kann die arme Ida zum Teufel gehen. Ich habe dich immer am liebsten gehabt, und ich habe geglaubt, daß du mich magst, und – und...« Sie begann zu schluchzen.

»Aber ja, ich mag dich, Ida. Tut mir leid, daß ich das gesagt habe, es ist mir nur so rausgerutscht. Hör jetzt auf zu weinen. Es tut mir leid.« Er versuchte, ihr die Hände vom Gesicht zu ziehen, doch sie schlug wütend auf ihn ein.

»Laß mich in Frieden. Und komm mir nie wieder in meine Nähe.«

Sie brachte schweigend ihre Kleider in Ordnung. Er half ihr wieder auf den Zaun, hob sie herunter und küßte sie in dem dunklen Hof des Anwaltsgrundstücks. Sie löste sich von ihm und ging voraus zum *Miner's Arms*. Er folgte ihr und zog die verräterischen Strohhalme aus seinem Haar.

»Ich spendiere dir noch einen letzten Drink«, schlug er vor, als sie das Haus mit den hölzernen Verandapfosten und dem Schild mit Hacke und Schaufel erreichten.

»Nein, danke, ich will nichts von dir«, antwortete sie leise. »Und wen gedenkst du zu heiraten?«

»Mary Tregona. Wir werden es bald bekanntgeben. Und du

hast es als erste erfahren, und wenn es dir jemand erzählt, kannst du sagen: ›Das erzählst du Ida? Ich habe es schon vergangene Woche gewußt.‹«

Sie lächelte widerwillig, dann warf sie den Kopf zurück. »Die Tochter eines Bergmannes! Die taugt nicht viel.« Sie ging zur Veranda und schob ihren Arm durch den eines jungen Mannes, der an einem Pfosten lehnte. »Komm, Bill! Ida lädt dich ein.« Sie ging in die Bar, ohne sich umzudrehen.

In den frühen Morgenstunden ratterte der Feuerlöschwagen mit bimmelnden Glocken am Haus der Kings vorbei. Sam stand auf, sah verschlafen aus dem Fenster und erblickte einen Feuerschein am Himmel. Er überlegte, ob er sich das Ereignis genauer ansehen sollte, kehrte aber statt dessen ins Bett zurück. Es schien irgendwo in der Nähe des *Miner's Arms* zu brennen.

Dann wurde an die Vordertür geklopft. Sein Vater ging im Morgenrock hinunter, die Jungen drängten sich auf der Treppe hinter ihm. Es war einer der Foyle-Partner der Anwaltskanzlei.

»Schnell, das Bürogebäude steht in Flammen«, rief er. »Sie glauben, daß das Feuer vom danebenliegenden Heuschober ausgegangen ist. Alle unsere Akten, außer denen, die in der Bank liegen, sind vernichtet.«

Sam überlief es kalt. Der Heuschober! Hatte er eine Zigarre geraucht, während er mit Ida dort war? Nein, ganz bestimmt nicht. Sie war so überstürzt weggegangen, daß er keine Zeit gehabt hatte, ans Rauchen zu denken.

Als die Kings das Gebäude erreichten, war das Feuer schon unter Kontrolle, aber der Heuschober und ein Teil des Zauns waren zerstört worden. Sam, sein Vater und dessen Bruder, der Anwalt, begannen nasse, geschwärzte Papiere zu sortieren.

Über das Feuer herrschte große Empörung. Der Wirt, der sein ganzes Heu in einem Dürrejahr verloren hatte, in dem Futter so wertvoll war wie Gold, schrie besonders laut, ebenso seine Frau. Ein Friedensrichter und zwölf Bürger versammelten sich am nächsten Tag im *Miner's Arms*, um zu untersuchen, ob das Feuer durch Zufall oder böswillig und vorsätzlich verursacht worden war.

Am nächsten Morgen stand auf der Titelseite des *Kuldunda Morning Herald:*

»Laut Zeugenaussagen hatte Ida Ryan, eine Person zweifelhaften Leumunds, am Abend vor dem Brand mit jungen Männern aus der Stadt, darunter Samuel King, getrunken. Ryan sagte aus, daß Sam halb betrunken war und damit geprahlt habe, er würde in der Nacht das Büro seines Vaters anzünden, weil der Alte ihm für seine Arbeit im Büro nicht genug bezahlte.«

Der Barmann gab bei seiner Zeugenaussage an, daß Mr. King nur ein Bier getrunken hatte. Niemand im Lokal hatte gehört, daß er Drohungen äußerte. Ebensowenig jemand von der Gruppe auf der Straße.

Mr. Robert King sagte, er kenne niemanden, der absichtlich einen Brand legen würde, um ihm eins auszuwischen. Er habe um dreiundzwanzig Uhr dreißig mit seinem Sohn gesprochen, als er nach Hause kam und in sein Schlafzimmer ging. Danach habe er wach gelegen und nicht gehört, daß Samuel das Haus wieder verlassen hätte.

Die Frau des Wirtes, die Ida nicht mochte und der Ansicht war, daß sie ihrem Wirtshaus einen schlechten Ruf verschaffte, sagte, daß der Heuschober ihrem Mann gehörte. Sie hatte Ida im Flammenschein erblickt. Sie hätte ausgesehen »wie eine Katze, die Rahm gegessen hat«.

Robert King hielt es für unnötig, daß sein Sohn wegen einer so absurden Anklage vorgeladen wurde. Als Ida Ryan nochmals in den Zeugenstand gerufen wurde, sagte sie, sie habe sich nicht in der Nähe des verdammten Feuers aufgehalten. Ja, sie habe früher, in anderen Nächten, im Heuschober übernachtet. Letzte Nacht habe sie unter der Brücke geschlafen und erst am Morgen von dem Feuer erfahren.

Der Friedensrichter entschied, daß nicht bewiesen worden war, daß das Feuer absichtlich gelegt worden sei, und auch nicht von wem; daß aber Ida Ryan in der Nähe gesehen worden war und vermutlich nichts Gutes im Schilde geführt habe; und daß er sie wegen ihrer Bemerkungen über King junior vorsätzlichen Meineides anklage.

Sam jedoch erhielt einen strengen Verweis von seinem Vater. »Laß dir das eine Lehre sein«, mahnte Robert King, der Sam in sein vom Feuer geschwärztes Büro kommen ließ. »Pech kann man nicht anfassen, ohne selbst schmutzig zu werden.«

»Sie ist nicht wirklich schlecht. Sie hätte mir bei Mary Schwierigkeiten machen können und hat es nicht getan.«

»Sie trug doch den Schal, den dir Tante Ada aus Indien geschickt hat?«

»Ja. Ich wollte ihr etwas schenken, als ich ihr sagte, daß ich sie nicht wiedersehen würde.«

»Du hast also mit ihr gebrochen? Und das war der Grund für ihre Gehässigkeit dir gegenüber?«

»Ja, aber ich hatte nie im Traum gedacht, daß sie so weit gehen würde.«

»Die Hölle kennt keine solche Wut wie eine verschmähte Frau«, zitierte Mr. King, der eine Vorliebe für derartige Aphorismen hatte.

»Wie hoch ist die Strafe für Meineid?«

»Mindestens zwölf Monate, vielleicht mehr. Und es geschieht ihr recht.«

Ida tat Sam leid, doch er nahm wie alle Bewohner der Stadt an, daß sie das Feuer gelegt hatte.

»Du hast Schande über deine Mutter und mich gebracht, abgesehen von der Vernichtung der Unterlagen im Büro. Nur ein erbärmlicher Vogel beschmutzt sein eigenes Nest.«

Sam konnte es nicht erwarten, dieses Nest zu verlassen und ein eigenes Heim zu gründen, doch er antwortete nur: »Es tut mir leid, Vater. Ich hoffe nur, daß Mary mich nach alldem noch haben will.«

»Wenn sie nicht zu dir steht, ist sie deiner Liebe nicht wert«, antwortete sein Vater.

Sam sah Mary erst am Sonntagmorgen wieder. Beide Familien besuchten die methodistische Kapelle. Für die Familie King war es eine Qual, weil sie wußten, daß hinter ihrem Rükken getuschelt und gemunkelt wurde, denn der Brand und seine Folgen waren das Stadtgespräch. Henrietta trug ihren besten Hut und hielt den Rücken sehr gerade.

Marys Vater war ein sittenstrenger Mann aus Cornwall, dessen kleiner Spitzbart so dunkel wie seine buschigen Augenbrauen war. Er hatte Mary einen Vortrag über das Benehmen wilder junger Männer gehalten und erklärt, er wolle nicht, daß sie sich an einen jungen Tunichtgut wegwerfe, der zuviel trank und anscheinend auch anderen Lastern frönte, auf die er nicht näher eingehen wolle.

»Versprich mir, Mädchen, daß du ihn aufgeben wirst«, verlangte er und zweifelte nicht daran, daß sie es tun würde.

»Das tue ich nicht«, erwiderte Mary beherzt. »Soll ich Sam gerade dann, wenn er mich braucht, im Stich lassen? Wir sind verlobt, Vater. Ich bin ihm versprochen, auch wenn wir dich nicht um Erlaubnis gefragt haben. Ich war sicher, daß du dich darüber freuen würdest.«

»Freuen? Ja, die Kings sind eine ehrenhafte und angesehene Familie, aber der Charakter des Jungen macht mir Sorgen. Er gefällt mir, sieht gut aus, man muß ihn mögen, aber breite Schultern und blaue Augen sind nicht alles. Überleg doch, Mary! Das Elend der Trunksucht und Verworfenheit –«

»Samuel ist kein Trinker, Papa, nur ein normaler junger Mann. Was sagt Mutter?«

»Sie steht leider auf deiner Seite. Aber als dein Vater kann ich dir die Heirat verbieten, und ich verbiete sie.«

Trotz ihres lieblichen, fröhlichen Aussehens konnte Mary eigensinnig wie ein Maultier sein. »Dann werden wir eben ohne deine Erlaubnis heiraten«, erklärte sie ruhig. »Gewöhne dich also besser an den Gedanken.«

Ihre Eltern stammten aus Cornwall. Bergleute aus Cornwall waren schlichte, tief religiöse Menschen, die gleichzeitig an das Übernatürliche glaubten. Die Burra-Mine hatte fünfzigtausend Tonnen Kupfer hervorgebracht, die die Männer aus Cornwall fast zur Gänze aus tiefen Schächten oder offenen Gräben geholt hatten, doch um 1880 waren beide Bergwerke,

Kuldunda und Burra, erschöpft. Die Bergleute behaupteten, daß weiter unten noch Kupferadern versteckt waren, daß aber die »Knacker« aus irgendeinem Grund böse waren und ihnen daher das Kupfer mißgönnten.

Die »Knacker« waren kleine Gnome, die, so der Glaube der Männer aus Cornwall, in den tiefen Minen lebten. An dem Klang ihrer Koboldhacken und -hämmer konnte man vernehmen, wo sich die reichen Erzlager befanden. Stets ließen die Bergleute die besten Stücke von ihren Lunchpaketen für die Knacker zurück und horchten, ob sie sie vor Gefahren unter Tag warnten. Manche behaupteten sogar, daß sie am Weihnachtsabend gehört hatten, wie die Knacker sangen.

3

Samuel King und Mary Tregona wurden in der nonkonformistischen Kapelle in Kuldunda getraut. Mr. Tregona war dazu gebracht worden, widerwillig zuzustimmen, während Sams Mutter, wie alle liebenden Mütter, der Ansicht war, daß ihr hochgewachsener Sohn mit seinem guten Aussehen, das er von ihr geerbt hatte, etwas Besseres als nur die Tochter eines Bergmanns aus Cornwall hätte heiraten können.

Sam hatte Mary einen ungewöhnlichen Verlobungsring mit einem großen Amethyst geschenkt, den er selbst gefunden und zu einem quadratischen Stein geschnitten hatte. Dies Geschenk paßte vorzüglich zu dem mit weißem Seidenbesatz am Saum versehenen blaßlila Taftkleid der Braut.

Beide Familien mußten zugeben, daß das junge Paar glücklich wirkte. Nach beinahe genau neun Monaten kam im heißen Monat März 1869 ihr erster Sohn William zur Welt. Während das Baby noch in seiner Korbwiege lag, beschloß Sam, daß William Ingenieur werden sollte, möglichst Bergwerksingenieur, was er selbst gern geworden wäre – oder Geologe.

Mary tat die Mutterschaft gut. Ihre Wangen glühten, ihre dunklen Augen leuchteten, ihr Haar schimmerte, und ihre kleine Gestalt rundete sich an den richtigen Stellen. Die nächsten beiden Kinder waren Mädchen, Ada und Alice, und sie war enttäuscht. Als Alice zur Welt kam, schürfte ihr Vater in den Hügeln südlich von Adelaide Gold.

Mary hatte an ihrem zweiten Hochzeitstag in ihr Tagebuch geschrieben: »Die beiden glücklichsten Jahre meines Lebens!« Jetzt wurde ihr allmählich klar, daß ihr großer, stattlicher, blauäugiger Samuel, dessen körperliche Anziehungskraft auf sie nie nachließ, immer unbekümmert seinen eigenen Weg gehen würde.

Es war besser, als mit einem Trinker verheiratet zu sein, doch in gewisser Hinsicht ähnlich. Sam hatte das Goldfieber im Blut, und er brannte darauf, jede neue Fundstelle aufzusuchen. »Goldsuchen ist wie Trinken«, vertraute Mary ihrer Mutter an, »und Sam kann es nicht lassen.«

Die dritte Geburt war schwer, und Mary hatte Angst und fühlte sich verlassen. Ihre Mutter war bettlägerig und konnte ihrer Tochter nicht beistehen. Sam war wie üblich fort, der ortsansässige Arzt bei einer Notoperation, und Mary wurde nur von der Hebamme betreut, während ihre Schwiegermutter William und Ada zu sich nahm.

Sams Goldsucherei schien zumindest fürs erste dadurch gerechtfertigt, daß er in Echunga einen lohnenden Fund gemacht hatte. Er verkaufte sein Schürfergrundstück aufgrund von Proben, die zwei Unzen pro Tonne enthielten, und mit der Wahrscheinlichkeit, daß sich eine ergiebige Ader in der Nähe befand, an ein Syndikat. Da er verheiratet war und seine Familie wuchs, mußte er mehr verdienen als die Beträge, die er durch gelegentliche Rechnungsprüfungen in der Stadt und die Chance auf einen Goldfund erworben hatte. Sein älterer Bruder, der bereits im Norden Land gekauft hatte, ermutigte ihn, und er bewarb sich um drei Parzellen der königlichen Ländereien, die an die Gebiete mit niedrigen Zehn-Zoll-Regenfällen grenzten. Die Regierung stellte diese Randgebiete gegen eine geringe Anzahlung als Farmen und Weiden zur Verfügung, der Rest von einem Pfund pro Morgen mußte in fünf Jahren bezahlt werden. Bis dahin hoffte er, ein Vermögen erworben zu haben.

Sams Besitz war von runden Kalksteinfelsen bedeckt. Er besaß eigentlich immer mehr Steine als Schafe pro Morgen. Vor den guten Regenfällen der Jahre 1873 und 1874 baute er Weizen und Gerste an. Neben dem kleinen, aber soliden Haus aus Kalkstein, das zu einer Außenstation gehört hatte und bereits vorhanden war, als er den Besitz gekauft hatte, errichtete er Viehhöfe und mehrere Schuppen.

In dem neuen Haus, in dem ihr die Tochter eines Farmers half, betreute Mary die wachsende Familie; sie gebar zwei weitere Töchter und einen Sohn, James. Zuweilen ging sie in die methodistische Kirche der nahe gelegenen Stadt und lieh sich in der Institutsbibliothek Bücher aus. Solange Sam zu Hause blieb, war sie zufrieden.

Sam King war kräftig und energisch, aber er konzentrierte seine Energie nicht auf die Landwirtschaft. Überall dort, wo eine Quarzschicht zutage trat, war sein Besitz mit tiefen und flachen Löchern bedeckt. Die gesamte Gegend von Ulooloo im Süden bis Oodlawirra im Norden war hochgradig vererzt: Mangan, Silber, Blei, Kupfer, Magnesit und Gold, das alles war zu finden.

Als er den jährlichen Betrag für das Eigentumsrecht an die Regierung zahlen mußte, hatte er kein Geld. Robert King kam ihm zu Hilfe, übernahm eine Hypothek von tausend Pfund auf den Besitz und ließ Sam als Manager dort. Inzwischen hatte Mary eine Fehlgeburt; der Arzt sagte ihr, es wäre ein Junge gewesen, wenn das Kind gelebt hätte.

Die hübsche, fröhliche, rundliche Mary schien für die Mutterschaft wie geschaffen, doch nur einer ihrer Söhne erreichte das Erwachsenenalter, und der zog in ein fernes Land, die heißen Ebenen von Zentralindien. Sie hing sehr an James, ihrem zweiten Sohn. Im Gegensatz zu Willy, der so dunkel war wie sie, war James, der nach Sams Lieblingsbruder benannt war, ein Ebenbild seines Vaters: engelhaft blond, blauäugig und kräftig.

James besaß mit vier Jahren ein so ausgeglichenes Wesen, ein so gewinnendes Lächeln und eine so durchscheinend seidige Haut, daß Mary manchmal, wenn sie ihn ansah, den Atem anhielt. Sie behütete ihn liebevoll.

Willy war sehr intelligent, glänzte in Mathematik und Chemie, den einzigen wissenschaftlichen Fächern an der örtlichen Schule. Außerdem war er ein guter Zeichner; er konnte eine Bleistiftskizze von einem Gebäude, einem Damm, einer Brücke anfertigen oder sehr gekonnt eine Radierung kopieren. Vielleicht sollte er Künstler werden. Aber Sam war dagegen.

Sam eignete sich nicht zum kleinen Farmer. Er war zu sehr Spieler, zu sehr auf rasche Gewinne aus. Er spekulierte auf gute Ernten und steigende Preise für Schaffleisch – indem er zu viele Tiere für sein Weideland kaufte – und verlor. Im Norden der Kolonie brach eine Dürre aus – eigentlich war Trockenheit der Normalzustand. Das Land dörrte aus, die Erde zwischen den Steinen wurde fortgeblasen. Verhungerndes Vieh ließ teilnahmslos den Kopf hängen und fiel um, wo es stand.

Sam setzte seine Hoffnungen wieder auf das Gold. Er würde seinen Besitz nicht verkaufen, wenn die Farmer überall ihr Land aufgaben und die Preise lächerlich niedrig waren. Er hatte im Gebiet von Oodlawirra ein vielversprechendes Gelände gefunden und es sorgfältig abgesteckt. Noch immer war er auf der Suche nach »dem Felsen, der das Gold verstreute«.

Sam hatte unter der Küche einen Keller gegraben und dabei einen Teil der Erde, die er herausholte, »für alle Fälle« ausgewaschen. Die Kinder liefen den ganzen Tag über die kühlen Schieferstufen, um Butter, Zitronensirup, kaltes, hausgemachtes Ingwerbier, Fleisch und Milch zu holen. Nicht einmal im Keller waren Fleisch und Zucker vor Ameisen sicher; Mary stellte die Beine des mit Fliegennetzen gesicherten Stahlschranks in mit Wasser gefüllte Dosen, um die Ameisen abzuhalten. Das rote giftige Pulver, das von anderen Hausfrauen verwendet wurde, verstreute sie nicht, da sie befürchtete, es könnte irgendwie ins Essen gelangen oder von den Kindern und Haustieren aufgenommen werden.

Da sie keinen Eiskasten besaßen, hatten sie natürlich auch keine Eiscreme, wie sie sie für einen Penny pro Tüte in Kuldunda kaufen konnten. Aber in Jamestown gab es einen kleinen Italiener, der das Eis nach einem Spezialrezept herstellte, mit einem kleinen, von einem winzigen Pony gezogenen Karren durch die Straßen fuhr und eine Handglocke läutete, die die Kinder anzog, als wäre er der Rattenfänger. Aber auch die Fliegen fühlten sich von seinem cremigen Produkt eingeladen, solange es noch nicht gefroren war. Mary hatte den Kindern verboten, diese Eiscreme zu kaufen, da sie vermutete, daß sie verunreinigt war.

William war vierzehn und sollte am Ende des Schuljahres in die Stadt ziehen und dort die Schule und anschließend die Universität besuchen. Sam wußte noch nicht, wie er das Schulgeld aufbringen sollte, war aber entschlossen, seinen Ältesten Ingenieur werden zu lassen. Es war keine Frage, daß Willy seine Prüfungen bestehen würde.

Die Novembertage waren staubfrei, aber glühend heiß. Als die beiden Jungen von der Schule heimgingen – die älteren Mädchen waren mit dreizehn abgegangen und die jüngeren besuchten sie noch nicht –, kamen sie an dem Karren des kleinen Eismannes vorbei, der dahinrollte und lockend klingelte. Er blieb an der Ecke stehen, weil ihn eine Gruppe von Kindern aufhielt. Jimmy starrte sehnsüchtig hinüber.

»Ich habe noch meinen Penny Taschengeld«, sagte er. »Können wir uns nicht wenigstens eine Eiscreme kaufen, Willy? Mami wird es nie erfahren.«

»Nein. Sie hat es uns verboten.«

»Oooohh!« Jimmy schnaubte unglücklich. Willy blickte zum Karren zurück, wo die anderen Kinder schwelgerisch an ihren Tüten mit der gelben Eiscreme leckten.

Jetzt wurde auch er schwach. »Eine Tüte um einen alten Penny wird uns wohl nicht schaden. Und es ist ein so heißer Tag«, rechtfertigte er sich.

Jimmy stürmte sofort davon und zog seinen Penny aus der Tasche. Er leckte schon an seinem Eis, als William nachkam.

Dieser kaufte auch eine Tüte, der Karren fuhr weiter, die Glocke klingelte und lockte die Kinder hinterher.

Jimmy war schon weitergegangen, und William beeilte sich, ihn einzuholen, stolperte dabei aber über einen Stein, fiel der Länge nach hin, und seine Schultasche flog davon. Die Eistüte landete im Staub der Wagenspuren. Zornig stand er auf und stieß die Reste mit einem Tritt angeekelt weg.

»He, Jimmy! Laß mich doch an deinem lecken«, rief er seinem kleinen Bruder nach. Jimmy, dessen engelhaftes Aussehen über das normale Wesen eines Sechsjährigen hinwegtäuschte, verschlang rasch den Rest seiner Eiscreme.

»Kann nicht. Alles weg«, grinste er.

Wiliam sah ihn böse an. »Schuft! Wenn ich dich verpetze, was dann?«

»Du bist selbst ein Schuft. Du hast ja selbst ein Eis gekauft!«

»Morgen bekomme ich einen Penny, dann werde ich mir eine Eistüte kaufen, und du darfst nicht ein einziges Mal daran schlecken!«

»Mir schnuppe.«

»Wie war das Eis? Gut?« fragte Willy, weich werdend.

»Pfundig! Wie gefrorener Pudding, nur besser.«

»Cornische Pasteten zum Tee!« sagte Mary, die trotz der Hitze den ganzen Nachmittag gebacken hatte. Ihre Pasteten waren ein Genuß, auf den sich alle freuten, und sie waren auch preiswert; ganz wenig Schaffleisch, aber große Mengen Kartoffeln, Lauch, Zwiebeln, Steckrüben, kleingeschnitten und alles zusammen im eigenen Saft zu einer knusprigen Pastete gebacken.

»Ich bin nicht sehr hungrig«, sagte Jimmy. Seine Mutter sah ihn scharf an.

Jimmy aß an diesem Abend nichts, und um acht Uhr wand er sich und stöhnte vor Magenschmerzen. Ständiges Erbrechen und Durchfall schwächten ihn. William nahm an, daß die Eiscreme schuld war, fand aber selbstgefällig, daß Jimmy für seine Gefräßigkeit bestraft werden mußte, weil er nicht mit ihm hatte teilen wollen.

Aber die Strafe für diesen einmaligen Ungehorsam war furchtbar. Um neun Uhr hatte Mary aus den Jungen herausbekommen, daß sie Eiscreme gekauft hatten und zumindest Jimmy davon gegessen hatte. Sie ließ sofort den Arzt kommen. Es dauerte eine Stunde, bis er endlich kam. Acht weitere Kinder in der Stadt waren von der »Ptomainvergiftung«, wie er es nannte, befallen. In diesem Stadium konnte man nur gesüßte Flüssigkeiten verabreichen, falls die Kranken sie bei sich behalten konnten. Wärmflaschen mochten die Unterleibskrämpfe erleichtern, die inzwischen qualvoll geworden waren. Um Mitternacht war Jimmy zu schwach, um zu erbrechen; er schlürfte ein wenig Limonade, konnte aber nicht schlucken – sie floß aus seinem Mundwinkel wieder heraus. Seine entsetzte Mutter drückte seinen Kopf, die schweißnassen goldenen Locken, die kalten bleichen Wangen an ihre Brust. Seine durchscheinenden Lider mit den blauen Venen schlossen sich über den eingesunkenen Augen. Er öffnete sie wieder und flüsterte: »Mami – ich kann dich nicht sehen! Wo bist du?«

»Ich bin hier, Liebling, ich halte dich. Schau, da ist die Lampe – kannst du sie nicht sehen?« fragte sie verängstigt.

»Ja – aber es ist alles verschwommen.«

Wieder schüttelte ihn ein Krampf. »Durstig«, murmelte er.

»Sam!« schrie Mary hysterisch. »Du mußt den Arzt holen und sofort wiederkommen – rasch!«

Sam, der hilflos auf den Zehenspitzen in das Zimmer und wieder hinausgeschlichen war, machte sich sofort auf den Weg. Es gab kein Krankenhaus in der Stadt. Der einzige Arzt war völlig erschöpft und hatte sich gerade zu einer Tasse Tee hingesetzt. Sam fragte, ob er den Jungen den weiten Weg nach Kuldunda ins Krankenhaus bringen solle.

»Nicht in diesem geschwächten Zustand. Er würde die Reise nicht überleben. Es ist eine virulente Form von Lebensmittelvergiftung. Ich muß Ihnen gestehen, daß ich heute abend schon einen Patienten verloren habe, und das war ein Teenager.«

Sam erzählte ihm von dem verschwommenen Sehvermögen, den wiederkehrenden Krämpfen. Der Arzt war mutlos.

»Leider ist die Prognose nicht gut.«

»Was meinen Sie damit, Doktor?«

»Ich meine, daß Ihr Sohn sterben könnte.«

Sam stolperte zu einem Stuhl. »Wenn Sie nur kommen und ihn noch einmal untersuchen könnten... Nur um zu wissen, daß alls getan wurde, was möglich war...«

»Also gut... Mein Pferd frißt jetzt und braucht Ruhe. Ich war die ganze Nacht bei Kranken. Wenn Sie mich mitnehmen wollen –«

»Selbstverständlich.«

Bis auf William schliefen alle Kinder. Er warf sich herum, horchte auf das leise Weinen aus dem Vorderzimmer, in das sie Jimmy gebracht hatten. William fühlte sich schuldig. Er war der Ältere, er hätte klüger sein müssen, hätte die Eiscreme nicht kaufen oder Jimmy keine kaufen lassen sollen. Wenn er seine nicht fallen gelassen hätte, würde er ebenfalls leiden und sich weniger schuldbewußt fühlen.

Er stand auf und ging ins Zimmer seiner Mutter. Sie hielt Jimmys Kopf, aber er warf sich mit geschlossenen Augen ruhelos herum.

»Wird er wieder gesund werden?«

Seine Mutter sah ihn geistesabwesend an. »Ich weiß es nicht – ich habe Angst – hoffentlich kommt der Arzt bald.«

In ganz Jamestown saßen Mütter in dieser Nacht an den Betten ihrer schmerzgepeinigten Kinder; manchmal waren zwei und drei in einer Familie erkrankt. Ein zehnjähriges Mädchen war die nächste, die starb. Der Arzt kam, fühlte Jimmys schwachen Puls, seine feuchtkalte Stirn und lauschte seinen seufzenden Atemzügen. »Ich werde ihm ein Anregungsmittel verabreichen, vielleicht hilft ihm das ein wenig.«

Am nächsten Tag bei Sonnenuntergang war Jimmy tot, »in den Himmel eingegangen«, wie Mary den schweigenden, unglücklichen Mädchen sagte. William war aus dem Haus gestürzt und streifte allein durch die Koppeln. Mary war wie versteinert und hielt noch den erkaltenden Körper ihres Sohnes in den Armen. »In den Himmel eingegangen.« Ja, das war er natürlich. Er pflückte bereits zwischen Gottes Engeln Blumen auf den himmlischen Feldern. Was sie in den Armen hielt, war nur noch eine Hülle. Aber sie liebte diese körperliche Hülle, Blut von ihrem Blut, Fleisch von ihrem Fleisch.

Sie stand auf, ging zu ihrer Nähschachtel und schnitt mit ihrer Schere eine gelockte blonde Strähne von seinem Haar ab. Sie fühlte sich plötzlich schrecklich müde. Sam führte sie sanft in das Zimmer der Mädchen und brachte sie dazu, sich ein bißchen hinzulegen.

Am nächsten Tag war der Totengräber sehr beschäftigt, denn nicht weniger als acht Kinder aus der kleinen Stadt und den umgebenden Farmen waren gestorben. Der kleine Eismann hockte weinend und händeringend in seinem Häuschen; hätte er es verlassen, wäre er in Gefahr gewesen, gelyncht zu werden. Eine gerichtliche Untersuchung wurde abgehalten, bei der vorgeschlagen wurde, eine Überprüfung der Sauberkeit in allen Unternehmen durchzuführen, die Nahrungsmittel herstellten. Mr. Giorgio, der Eismann, verließ die Stadt für immer – noch vor dem Massenbegräbnis, dem alle Bürger des Bezirks beiwohnten.

Mary erklärte, daß sie Jamestown verlassen wolle.

»Meine Liebste, du mußt für eine Weile wegfahren. Zu deiner Mutter nach Kuldunda oder auch in die Stadt. Wir werden es irgendwie schaffen.«

»Nein, ich will meine Familie nicht verlassen. Ich will nur, daß wir wegziehen. Irgendwohin, fort von diesem Haus, diesem Ort.«

Sie suchte Trost in ihren Lieblingsgedichten, aber Sam versuchte sie auf praktischere Art zu trösten.

»Wir werden noch einen Sohn bekommen, meine Liebste. Ich weiß, er kann Jimmy nie ersetzen, aber zumindest wird er den leeren Platz am Tisch füllen. Er fehlt mir ja auch.«

»Ja, aber Ada ist dein Liebling, sie war es immer. Die Mädchen können dich um den Finger wickeln, wie es die Jungen nie konnten. Und... ich fürchte mich davor, noch einen zu bekommen – wenn wir ihn auch verlieren – was dann?«

»Gott würde es nicht noch einmal zulassen.« Sam war jedoch nicht so sicher, wie er klang. Er dachte an die verzweifelte Mutter in Jamestown, die durch die giftige Eiscreme beide Söhne verloren hatte. Einer war ein Klassenkamerad von Willy gewesen, ein großer, dreizehnjähriger Junge. Sie konnten wenigstens dankbar sein, daß William, offenbar durch einen glücklichen Zufall, davongekommen war. Doch die Wege Gottes waren rätselhaft; vielleicht war es ihm vorbestimmt gewesen.

Mit der Zeit überwand Mary den ärgsten Schmerz. Der erste Jahrestag von Jims Tod war am schwersten zu ertragen. Sie wurde wieder schwanger und betete um einen Sohn.

Als das Baby kam, war Sam wieder unterwegs und schürfte Gold. William, der während der langen Sommerferien zu Hause war, holte die Hebamme und unternahm mit den jüngeren Kindern ein Picknick. Aber sie mußten wieder heimgehen, weil sich ein Sturm erhob.

Das Baby war tot geboren worden.

Der heiße, beißende Nordwind aus den Wüsten des Landesinneren hatte wie ein Sandsturm in der Sahara eine gewaltige, greifbare Wolke aus Sand und rotem Kies mitgebracht; im Haus wurde es dunkel, die Sonne stand zu Mittag als seltsam blaue Scheibe am roten Himmel, der Sand drang überall unter Türen und Fensterscheiben ein.

»Und wo warst du?« fragte Mary, als Sam endlich zurückkehrte und starrte ihn vorwurfsvoll mit ihren dunklen Augen an, die noch groß und schön, aber infolge der Hitze und Trokkenheit des Nordens von einem Netz feiner Fältchen umgeben waren. »Wo warst du, als ich dich brauchte? Für den Mann ist alles gut und schön, du kommst heim, hast dein Vergnügen, und dann verschwindest du wieder, die arme Frau muß daheim bleiben und die Folgen ertragen. Es ist schlimm genug, in dieser Hitze schwanger zu sein, aber das alles vergeblich ertragen zu haben! Vergeblich!« Sie begann zu schluchzen. »Und der Boden war zu hart, um ein Grab zu graben.«

»Mary, mein Liebling, du weißt, ich muß nach Gold schürfen. Es ist unsere einzige Hoffnung, Gold in lohnenden Mengen zu finden – das Land ist wertlos, wenn die Dürre nicht aufhört.«

»Das ist mir gleichgültig. Du bist nie daheim.«

»Und ich bin es, der die Mittel aufbringen muß, um die Münder zu füttern, die wir in die Welt setzen. Ich trage die Verantwortung für euch alle.« Obwohl er gern noch einen Sohn gehabt hätte, war es vielleicht gar nicht so übel, daß er im Augenblick keinen zusätzlichen Mund zu füttern hatte. »Mach mir also keine Vorwürfe, liebes Herz. Ich tue das, was ich kann: Minerale finden. Es heißt schon: ›Sam King kann Gold riechen.‹ «

Mary wandte das Gesicht zur Wand.

Als sie das Bett verließ, versuchte Sam wieder, sie zu einem Urlaub bei ihren Eltern zu überreden.

»Nein! Sie waren mit meiner Heirat nicht einverstanden, und ich werde nicht dorthin zurückkriechen, damit sie mir erklären: ›Ich habe es dir ja gesagt.‹ Außerdem geht es meiner Mutter nicht gut, und wer würde sich hier um die Kinder kümmern?«

»Dann nimm die beiden Jüngsten und mach mit ihnen bei meiner Familie Urlaub.«

»Hast du vergessen? Sie haben ihr Haus vermietet und sind auf mindestens ein Jahr nach England gereist. Wir haben ein Foto von deiner Mutter bekommen, das sie in ihrem Reisekleid zeigt, erinnerst du dich nicht? Sie sind am 18. September mit einem der neuen Dampfer gereist.«

»Ja, natürlich.«

Gerade als tiefste Ebbe in ihrer Kasse herrschte und Sam sich fragte, wo in aller Welt er das Geld für Willys Internat in der Stadt aufbringen würde – ganz zu schweigen von den Gebühren für die Universität –, hörte die Dürre auf, der Regen wusch den Staub von den Felsen und zeigte Sam die Ader, die er gesucht hatte.

Er grub einen Schacht in einen schönen weißen Quarzfelsen aus milchigem Stein mit Kupfer- und Goldadern. Bis zu zwanzig Fuß tief blieben die Funde gut, hörten dann aber auf. Sam trieb einen horizontalen Schacht ein paar Fuß weit, dann bohrte er wieder hinauf. Wieder tauchte zwischen den grünen Kupferflecken im Quarz Gold auf. Er wußte aus Erfahrung, daß man das freie Gold in lohnenden Mengen erst sah, wenn das Erz zermahlen und ausgewaschen war. Der Felsen mußte sehr reich sein. Er grub und wusch eine Woche lang und stellte fest, daß die Proben etwa acht Unzen pro Tonne ergaben. Endlich hatte er den Felsen gefunden, »der Gold verstreute«.

Die Dürre war vorbei, die darauffolgenden Regenfälle waren gut, und die Bodenpreise stiegen, während sich die Weiden im Landesinneren durch das Wunder einer guten Saison mit wogendem Grün und wilden Blumen bedeckten. Sam steckte einen Claim ab, dann schloß er einen Schürfvertrag und verkaufte den Rest seiner Farm einem gierigen Käufer für mehr, als er für den ganzen Besitz bezahlt hatte. So konnte er seinem Vater seine Schuld zurückzahlen, in die Hauptstadt übersiedeln und von den Erträgen seiner Goldmine leben. Laß andere Männer arbeiten und das Zeug ausgraben... Es wird Zeit, dachte er, daß ich Mary etwas Luxus biete. Sie ließen sich zu Beginn des südlichen Winters in den grünen Vorhügeln von Adelaide nieder.

Mary war durch die Schwangerschaften – drei weitere innerhalb von vier Jahren – verbraucht und begrüßte die Übersiedlung. Aber Sam begann viel Zeit im Hotel *Maid and Magpie* zu verbringen, wo er Geschichten von seiner Goldsuche erzählte und immer neue Drinks bestellte. Das Geld war ihm zu Kopf gestiegen.

Er wußte jetzt, was er mit seinem Leben anfangen wollte, und er wollte weder Buchhalter noch Farmer sein: Er würde auf der ganzen Welt nach Gold suchen.

4

Es dauerte nicht lange, und Sam brach nach Südafrika auf, wo 1884 Gold entdeckt worden war. Wasser kostete ein Pfund pro Eimer, das Leben war hart, aber Sam war in Hitze und Dürre aufgewachsen. Er ließ William daheim, damit er sich um seine Mutter kümmerte. Willy besuchte tagsüber die Schule, schlief aber daheim. Er war erst siebzehn, aber in diesem Alter hatte seine Mutter schon geheiratet. Mary besaß ein eigenes Girokonto, kontrollierte die Finanzen und führte den Haushalt sparsam mit Hilfe der vier Mädchen Ada, Alice, Elizabeth und Mae. Ada war mit dem Sohn eines Siedlers verlobt, der im Norden ihr Nachbar gewesen war, sie würde also versorgt sein. Frances war noch klein, und Mary fragte sich, wie sie Ehemänner für so viele Töchter finden würden. Wenigstens hatten sie die Hitze und den Staub des Busches verlassen.

Den ersten Frühling in Adelaide vergaß Mary nie. Die runden Hügel, von den Schafen abgegrast, leuchteten grün nach den Winterregen. Die Akazienblüte ging gerade zu Ende, und die Blütenblätter der Mandelbäume bedeckten den Boden wie Schnee. Die blühenden Pflaumenbäume in den Gärten hoben sich wie ein rosiger Hauch von den weißen Wolken am blauen Himmel ab. Es war ein Traum – der taufrische Gesang der Amseln, das zauberhafte Blau von Vergißmeinnicht und Hyazinthen an den Gartenwegen.

Sam kam ohne Reichtümer aus Südafrika zurück, nur seine Kenntnisse über Goldadern und deren Vorkommen hatten zugenommen. Obwohl schöne Quarzblöcke seine große Liebe blieben, wußte er nun, daß in den vollkommen unergiebig aussehenden Felsen, brauner Eisenstein und Hämatit, Gold in verschiedenen Formen und chemischen Verbindungen versteckt sein konnte. Jeder Narr konnte Nuggets aus dem Staub holen und freies Gold aus sandigen Flußläufen waschen, wenn es dort war; aber er zog es vor, durch beharrliche, sorgfältige Detektivarbeit die Hauptader zu finden. Es war natürlich nicht wahr, daß er »Gold riechen« konnte, wie es hieß, aber die Gefühle, die ihm manchmal spektakulären Erfolg brachten, mußten schon mit seinem besonderen Talent zusammenhängen.

Sam pachtete den felsigen Teil eines Hügels und Tales bei Waterfall Gully und entnahm dem Land unzählige Gesteinsproben. Hiermit konte er allerdings kaum den Lebensunterhalt seiner Familie aufbringen. Dann pflügte er den fruchtbaren Schlamm am Boden des Tales und pflanzte Obst- und Zitrusbäume. Diesmal war er auf eine andere Art von Gold gestoßen. Die Aprikosen wurden so groß wie Pfirsiche, die Orangen hingen wie goldene Kugeln im glänzenden grünen Laub. Der Fluß führte nur nach den Winterregen Wasser, bis Sam ihn mit einer Reihe von kleinen Dämmen aufstaute und zur Bewässerung benützte. Sein Obstgarten gedieh.

Mary war seit James' Tod nicht mehr so zufrieden gewesen. Ihre beiden Männer waren zu Hause, William half im Obstgarten und pflückte in den langen Sommerferien Obst. Das kleine Haus war aus dem örtlichen blauen Tonsandstein gebaut, und die fußdicken Mauern hielten die Hitze ab. Es stand im kühlen Schatten großer Bäume, und man überblickte von ihm aus die grüne Ebene. Sie richteten Schlafstellen auf den Veranden ein, die sie mit Drahtnetzen abschlossen und die in dem gemäßigten Klima während des ganzen Jahres benützt werden konnten. Nach der Hitze und dem Staub im Norden erschien es Mary wie das Paradies. Das Wort, hatte sie irgendwo gelesen, stammte aus dem Persischen, wo es einen orientalischen, von einer Mauer umgebenen Garten bedeutete. Auch ihr Garten war teilweise durch eine natürliche Felsmauer geschützt, außerdem aber von einer hohen Ziegelmauer umgeben, die ursprünglich als Schutz gegen die Ureinwohner erbaut worden war. Aborigines waren jetzt allerdings nur noch wenige übrig. Sie lebten in primitiven Hütten am Murray oder in einem Lager am Patawalonga in der Nähe der Stadt.

Es dauerte nicht lange, bis Sam wieder vom Schürffieber gepackt wurde. Nach dem Pine-Creek-Ansturm im nördlichen

Territorium hatte im fernen Norden von Westaustralien ein Goldrausch am Hall's Creek eingesetzt. Sam wollte der Überland-Telegraphenlinie, die von Adelaide mitten durch den Kontinent nach Darwin gelegt worden war, zu Pferde folgen; der Weg bestand bereits, und es gab unterwegs Niederlassungen an Orten wie Oodnadatta, Alice Springs und Newcastle Waters.

Vorher aber versammelte er einen Trupp um sich, bestehend aus drei arbeitslosen Bergarbeitern aus Cornwall – kräftige Arbeiter, doch keine Buschleute –, einem Deserteur von einem Schiff in Port Adelaide und zwei jungen Brüdern, die das Landesinnere kennenlernen wollten. Unter Sams Führung machte sich die Gruppe auf den Weg, um Australien von Süden nach Norden über nahezu zweitausend Meilen feindseliges Territorium zu durchqueren.

Als sie unterwegs durch Kuldunda kamen, verließ Sam seine Gefährten und besuchte seinen Bruder Jim, der jetzt das Eisenwarengeschäft besaß, in dem er solide, praktische Dinge wie landwirtschaftliche Maschinen und Löffelbagger statt Bergwerksausrüstungen führte. Sam hatte mit Jim viel mehr gemeinsam als mit Arthur, dem langweiligen, aufgeblasenen Anwalt. Er forderte seinen Lieblingsbruder auf, bei seinem Abenteuer mitzumachen, doch James lachte nur und schüttelte den Kopf.

»Mein Reichtum liegt in meiner Familie«, sagte er lächelnd und sah seine schlichte, freundliche Frau an, »und ich würde sie nicht für all den Tee in China verlassen – oder für alles Gold im Territorium...«

Sam und seine Leute brachen in den fernen Norden auf, wo bald der Sommer zu Ende ging und die Temperaturen in den steinigen Wüsten am Lake Eyre etwas niedriger waren. Sie verbrachten die letzte behagliche Nacht auf Henrys Schaffarm bei Lyndhurst.

Sams ältester Bruder warf ihm vor, er sei nie erwachsen geworden und jage immer noch »dem Goldtopf am Fuß des Regenbogens« hinterher.

»Du wirst sehen!« antwortete Sam ruhig. »Eines Tages

werde ich genügend Geld haben, um dich aufzukaufen, und Arthur und James auch. Ich werde ein Vermögen machen und hundert Jahre alt werden.«

Am nächsten Tag ritten die Männer durch Gebiete mit Melde und Stachelkopfgras, über steile Sandhügel, die sich quer zu ihrer Route von Osten nach Westen erstreckten. In vielen Trockengebieten mußten sie Wasser mitführen, denn sie liefen Gefahr, von den Aborigines aufgespießt zu werden, wenn sie deren Wasserlöcher benützten. Sie lebten von Pökelfleisch, Mehl, Zucker und Tee und den Zwiebeln, die Sam immer anstelle von Obst und grünem Gemüse mitnahm. In Newcastle Waters lernten sie sechs Goldgräber kennen, die von der Ostküste kamen, ein ausgemergelter Reitertrupp, und aus den glorreichen Sieben wurden die zerlumpten Dreizehn. Als sie im Winter 1886 Hall's Creek erreichten, arbeiteten bereits zweitausend Männer auf dem Feld.

Natürlich gab es dort nur noch wenige ergiebige Stellen. Viele Goldsucher fanden nicht genug, um die Kosten ihrer langen Reise von den fernen Küstenstädten zu decken. Viele starben am Fieber oder kamen schon unterwegs um. Die Temperatur blieb ständig über vierzig Grad Celsius. Fliegen und Staub waren allgegenwärtig.

Gegen Ende der trockenen Jahreszeit bemerkte Sam plötzlich, daß seine Augen immer voller Sand zu sein schienen. Er wusch sie mit Wasser und Salz, doch es wurde schlimmer, und seine Sehkraft nahm ab. Er begriff, daß er an der gefürchteten schmerzhaften Entzündung der Augenlider, dem Trachom des staubigen Nordens, litt.

So schloß er sich einer Gruppe an, die in das dreihundert Meilen entfernte Broome ritt, doch als sie aufbrechen wollten, ging es ihm so schlecht, daß sein Pferd geführt werden mußte. Während er in dem kleinen Perlhafen auf das Schiff wartete, behandelten ihn die katholischen Nonnen und gaben ihm Tropfen in die Augen, um das unerträgliche Gefühl, daß er Sand unter den Lidern hatte, zu lindern. Als er abreiste, machte er der Mission ein Geschenk. Mit dem Rest des Goldes, das er geschürft hatte, bezahlte er die Überfahrt und die Behandlung im öffentlichen Krankenhaus in Adelaide.

»Mary, meine Liebe, ich bin geheilt – in jedem Sinn«, sagte er, als er heimkam. »Es gibt wunderschönes Land in der Mitte des Kontinents, aber dort draußen im Nordwesten ist es die reine Hölle. Ich muß verrückt gewesen sein. Von nun an bleibe ich zu Hause.«

»Das glaube ich erst, wenn ich es sehe«, antwortete Mary.

5

Fast vier Jahre lang blieb Sam zu Hause. Ada war verheiratet, und Alice hatte beschlossen, Krankenschwester in einem Privatkrankenhaus in Adelaide zu werden. Elizabeth und Frances besuchten die Schule, und Mae half im Hause. Dann kam eines Tages Frances zu ihrer Mutter und berichtete: »Dad hat seine Landkarten auf dem Tisch im Eßzimmer ausgebreitet. Er ist wieder übergeschnappt.«

»Frances!« wies ihre Mutter sie scharf zurecht. »Sprich nie wieder so respektlos von deinem Vater... Ach, du liebe Zeit! Sind es Überseekarten oder australische?«

»Es sind Karten von Westaustralien.«

»O nein!«

Sam hatte an Wochenenden in den benachbarten Hügeln von Dashwoods Gully ein wenig nach Gold gegraben. Am vergangenen Wochenende hatten zwei junge Leute, William Goodman und dessen Gefährte, ebenfalls erfolglos dort gearbeitet. Wie Angler neidisch zusehen, wenn ein anderer mehr Glück hat oder geschickter ist, sahen sie zu, wie Sam etwas Gold auswusch und es in ein Glas füllte. Die beiden trugen hochgeschlossene weiße Hemden und waren offensichtlich Neulinge. Der von Natur aus großzügige Sam sah, daß sie kein Glück hatten, gab ihnen einige Ratschläge für das Goldschürfen und -waschen und Tips, wo sie in der dünnen Kiesschicht »erzreiche Erde« finden konnten.

Die drei Männer arbeiteten mehrere Wochenenden gemeinsam, was ihnen aber nur Gold im Wert von etwa fünf Pfund einbrachte. Zu Frühlingsbeginn, als die wilden Blumen die Hügel gelb und violett sprenkelten, ritt ein Freund zu Goodman heraus und brachte ein Exemplar des *Register* aus Adelaide mit. Darin befand sich ein Bericht über Bayley Fords neuesten Fund bei Coolgardie in Westaustralien, »wo es Gold gibt wie Rosinen in einem Plumpudding«.

Das genügte Sam. Goodman ließ sich bald einreden, daß, wenn es dort so viel Gold an der Oberfläche gab, die darunterliegenden Felsen ungeheuer ergiebig sein mußten. Und wenn es Adern gab, würde Sam sie finden. Goodmans Bruder war Finanzfachmann, also übernahm er die Haftung für ihr Unternehmen bis zum Betrag der Schiffsreise nach Esperance in Westaustralien, der Goldgräberausrüstung und der Vorräte, die sie nach Norden zu der neuen Fundstelle mitnahmen.

Sam King hatte sich auf sein größtes Abenteuer eingelassen.

Mary weinte, als er ihr sagte, daß er abreisen wollte. Sam versprach, ihr bald so viel Geld zu schicken, daß sie einen Mann ständig im Obstgarten beschäftigen konnte.

»Weine nicht, meine Liebe«, sagte er beruhigend. »Das ist meine große Chance. Ich spüre es in meinen Knochen.«

»Was ich in meinen Knochen spüre, ist der Beginn von Arthritis«, antwortete Mary scharf. »Du erwartest doch hoffentlich nicht, daß ich bei jedem Wetter draußen Obst pflücke; aber wir können es natürlich nicht verfaulen lassen. Die Mädchen werden lernen müssen, mit dieser Arbeit allein fertig zu werden, da William die Universität besuchen muß.«

Sam King und William Goodman genossen die Fahrt mit dem Küstendampfer in den Goldenen Westen. Diesmal verhielt sich die Große Australische Bucht ruhig; sie sahen Wale, die weit draußen auf der seidenglatten See Fontänen in die Luft bliesen. Sam spielte oft Karten und gewann häufig, weil er wie beim

Goldsuchen geheimnisvollen Ahnungen folgte. Manchmal schien es ihm, daß er das Blatt des anderen Spielers im Geist sah, auch wenn sein Gegner die Karten sorgfältig verdeckte.

In Esperance gingen die beiden Freunde zugleich mit vielen anderen, die zu demselben Bestimmungsort unterwegs waren, an Land, obwohl einige nach Perth weiterfuhren, um zu dem weiter nördlich gelegenen Murchisonfeld zu gelangen. Sie kauften im Hafen einen gedeckten Wagen und ein Pferd. Das Zelt und das Bettzeug, die Kochgeräte, Hacken, Schaufeln, Hämmer und Landkarten, Zündschnüre und Dynamitstangen, alles wurde auf den Wagen geladen. Sobald sie die Küste bei Esperance hinter sich hatten, verlief der Weg fast eben, aber das Pferd schaffte es nur mühsam, die Last zu ziehen. Sam und Bill gingen in dem weißen Staub, der so fein war wie Mehl, daneben her.

Als sie die Zone mit größeren Regenfällen und das blaue Wasser der Großen Australischen Bucht hinter sich ließen, wurde das Gelände staubiger und das Klima heißer. Sie gingen jetzt vor dem Wagen, um der von den Rädern aufgewirbelten Staubwolke zu entgehen. Zwei Wassersäcke aus Segelleinen baumelten vorne unter dem Gefährt. Obwohl die Säcke mit einer Staubschicht überzogen waren, verdunstete durch die Leinwand genügend Wasser, damit der Inhalt kühl blieb. Während des heißesten Teiles des Tages lagerten sie, saßen im Schatten des Wagens und standen vor Sonnenaufgang auf, um in der Kühle des Morgens weiterzuziehen.

Das erste Gold schürften sie allerdings nicht aus dem Boden, sondern erwarben es durch einen grausigen Fund. Während sie Wasser an einer Stelle suchten, an der eine Baumgruppe darauf hinwies, daß zumindest unterirdisches Wasser nahe war, stießen sie auf das Skelett eines Mannes. Ein paar Knochen lagen herum, als hätten Wildhunde sie verstreut, und im Schutz eines hohlen Baumes lagen seine noch erhaltenen Stiefel aus gelbbraunem Leder und ein gebleichter Schädel. Unter dem Schädel des Toten befand sich ein kleiner Lederbeutel mit einer Zugschnur. Sie öffneten den vermoderten, ungewöhnlich schweren Beutel vorsichtig über einem Stück Pappe: Er war mit Goldstaub gefüllt.

»Schau dir das an!« murmelte Sam mit gedämpfter Stimme. »Er hätte das ganze Gold wahrscheinlich für einen einzigen Tropfen Wasser gegeben.«

»Verdurstet!« stellte Bill fest. »Sieht so aus, als läge er seit Jahren hier. Ich möchte wissen, ob er Hannans Fundstelle in Coolgardie schon früher entdeckt hat und es nicht mehr zur Küste geschafft hat?«

Sie untersuchten die verstreuten Überreste nachdenklich – kein Stoff, kein Hinweis auf den Namen des toten Fremden.

»Wir sollten ihn begraben«, meinte Bill. Sie nahmen ihre Hacken und Schaufeln vom Wagen und machten sich an die Arbeit. Bill richtete sich auf, als sie im Begriff waren, Erde über die paar trockenen Knochen und die armseligen Stiefel zu schaufeln. »Was geschieht mit dem Gold?«

»Es hat keinen Sinn, es mit ihm zu begraben oder es der Polizei zu melden«, fand Sam. »Sie können seine Verwandten nie finden.«

Sie stellten ein rohes Kreuz aus zwei kleinen Ästen, die sie zusammenbanden, auf das Grab, füllten das Gold sorgfältig in ein Glas mit Schraubverschluß und zogen weiter.

Ihre Tagesration hatten sie auf einen Liter Tee beschränkt. Der Großteil ihrer Vorräte war unter den schweren Werkzeugen und der Leinwand im Wagen verstaut, nur eine Schachtel mit dem täglichen Bedarf lag obenauf.

Die beiden Freunde kamen zu spät, um etwas von dem sagenhaft reichen Quarzgebiet um Bayleys Reward abzustecken. Arthur Bayley und sein Freund Ford, die weiter draußen im trockenen Land jenseits von Paddy Hannans Goldgrube gesucht hatten, hatten kurz nach einigen schweren Regengüssen neben einem Wasserloch gelagert. Als sie erwachten, schimmerte überall freies Gold im Morgenlicht. Es war wie ein Traum vom Reichtum. Das Gold lag auf der Oberfläche und wartete nur darauf, eingesammelt zu werden.

Bayley und Ford steckten einen Claim auf einem schmalen

Kamm von Goldquarz ab. Sie brachten Gold im Wert von achthundert Pfund nach Southern Cross mit und lösten hier einen Goldrausch aus.

Sam und Bill Goodman hatten einer Vorführung der Ergiebigkeit von Bayleys Reward-Quarz beigewohnt. Nachdem sie gesehen hatten, wie eine geringe Menge in einem kleinen Mörser zerstampft und ausgewaschen worden war, setzten sie sich unglücklich in ihr Zelt am Rand des neuen Feldes.

»Wir haben unsere Chance verpaßt«, stellte Sam wehmütig fest, während er das kleine Stück weißes Gestein zwischen den Fingern drehte, das man ihm als Muster gegeben hatte. Im Quarz befand sich freies Gold. »Aber es muß in der Gegend mehr geben; es ist zweifellos goldhaltiges Land. Vielleicht sind die Eisensteinhügel drüben einen Versuch wert. Ich weiß, daß die Eisenmütze manchmal den Goldkopf verhüllt.«

Nur wenige der damaligen Goldsucher konnten den »Letten« erkennen, die Eisensteinkappe einer reichen Erzlagerstätte. Aber Sam King hatte sich mit Geologie befaßt und erkannte, was die Hügel mit den dunklen Kuppen, den an die Oberfläche tretenden Schichten von Diorit und den Eisenadern, die die anderen Goldsucher übergangen hatten, bargen. Er besaß das Wissen und die Erfahrung, vor allem aber hatte er das »Gefühl«. Er lag auf dem rundesten, höchsten Hügelchen, hatte den Filzhut über die Augen geschoben, einen Strohhalm zwischen den Lippen, entspannte sich und atmete die warme, trockene Luft unter dem klaren, reinen Himmel tief ein.

Kein Wind wirbelte den Staub auf, keine Wolke war zu sehen. Die Blätter der spärlichen Eukalyptusbäume schimmerten in der Sonne, schwitzten Eukalyptusöl aus, während ihre tief rosa-orangefarbenen Stämme und Äste so glatt und gerundet erschienen wie weibliche Gliedmaßen. Über dieser Landschaft wölbte sich der makellos blaue Himmel und spannte sich wie durchscheinende Seide über seinem Kopf. Sam spürte in seinen Knochen und seinem Blut, daß irgendwo unter ihm riesige Mengen Gold lagen. Er mußte es nur finden.

Er stand auf, ging einen oder zwei Meter nach Norden und

schaute in eine Spalte in dem Dioritkamm, und da sah er es – Gold. Er sank auf die Knie und begann Muster herauszuschlagen, um sie seinem Gefährten zu zeigen, der sich auf den Weg nach Coolgardie machte, sobald sie ein vierundzwanzig Morgen großes Grundstück abgesteckt und einen kleinen Schacht gegraben hatten. Laut dem Bergbaugesetz mußte ein Claim an jeder Ecke mit einem Pflock versehen werden, wobei kurze Gräben die Richtung und Linie der Grenze angaben. Der Boden war so hart und steinig, daß sie statt dessen eine Linie aus Steinen zogen. Der Claim mußte rechteckig, und die längeren Seiten durften nur doppelt so lang wie die kürzeren sein.

Fast sofort stießen sie auf weiteres Gold.

Der Eisenstein war außerordentlich reich geädert; es war fast unmöglich, ein Stück Stein zu zerbrechen, ohne auf freies Gold zu stoßen. Nachdem sie ein paar Proben zerstampft hatten, erklärte Sam, daß dieser Claim mindestens acht Unzen Gold pro Tonne ergeben würde. »Oben eine Schmiede, aber darunter ein Juweliergeschäft«, jubelte er.

Der Eisenstein wurde noch ergiebiger; es handelte sich tatsächlich um eine schwarze Kappe, die den goldenen Kopf bedeckte. Unter ihr befand sich ein Hügel von fast reinem Gold, der später »Sams Hügel« genannt wurde und von dem man an allen Lagerfeuern sprach, an denen Goldsucher zusammenkamen. Sie hatten die reichste Mine im gesamten Goldenen Westen entdeckt: den Beginn der sagenhaften Goldenen Meile.

Bill fragte, wie sie die Mine nennen sollten, wenn sie den Claim eintragen ließen. Sam dachte an seinen ersten steinigen Besitz und an die runde Form des goldenen Hügels und schlug »Der Felsen« oder »Der Große Felsen« vor. Während Bill nach Coolgardie ritt, um die Fundstelle eintragen zu lassen, entdeckte Sam die Lake View- und Ivanhoe Minen, die Three Australias und die Royal Mint. Am Ende hatten sie fast fünfhundert Morgen goldhaltiges Land in Pacht.

Für andere Goldsucher war es zu spät, sich in die Eisenstein- und Dioritlager einzudrängen, die sie nicht beachtet hatten. King und Goodman gehörten die besten Gründe auf dem Feld.

Daheim in Adelaide gründete Bill Goodmans Bruder die *Boulder Perseverance* und bildete ein Syndikat, die *Ivenhoe Venture Gold Mining Company*. Er überwies Sam und Bill einen beträchtlichen Finderlohn als Vorschuß. Sam schickte Mary fünftausend Pfund, die sie auf die Bank bringen sollte. »Und das ist erst der Anfang, liebste Mary. Wir besitzen ein Vermögen, ich werde Dir das größte und bequemste Haus kaufen, das Dein Herz sich wünscht. Du verdienst es, meine Liebste. Dir und den Mädchen sende ich meine innigsten Grüße«, schrieb Sam nach Hause.

Im nächsten Brief schrieb er Mary wieder: »Hier gibt es überall Gold, zentnerweise starrt es einem ins Gesicht; das Gestein, ob grob oder fein, ist überall so ergiebig, daß man es zur Gänze zertrümmern muß, sobald es losgeschlagen ist, und die Ergebnisse erreichen tausend Unzen Gold pro Tonne... nie im Leben habe ich so viel auf einmal gesehen, das Gold schaut aus dem Stein, glänzt aus dem Schacht, wo immer wir hinschauen, Tausende Pfund wert! In weiteren fünf Jahren wird hier eine Stadt stehen... Kein einziger unserer Claims hat sich als Fehlschlag erwiesen, sie sind alle gut, kein einziger unter ihnen ist unergiebig... Meine Bekannten hier haben keine Familiennamen oder verwenden sie nicht. Sie heißen Großer Jack, Bluey (ein Rotkopf), Bill der Wahrsager, Eisenrinde-Bob, Pilz-Fred, Gartenwicke-Sam, Holz-Dick und so weiter... Wasser ist weiterhin rar... ich bemerke, daß der Wirt die Wasserflasche festhält, um den Whisky kümmert er sich nicht.«

Und wirklich, wie Sam es vorausgesehen hatte, entstand über kurz oder lang eine richtige Stadt. Der Markt für Bergwerksaktien war unersättlich. Auf den breiten Straßen wimmelte es von Wagen, Kutschen, Lastwagen, Gespannen und Männern auf Fahrrädern und zu Pferde. Aus dem einzigen Lager in *Great Boulder*, dessen Dach aus Eukalyptusästen und Stachelkopfgras bestand, wurde ein elegantes Hotel, und das war der Anfang von Boulder City, einer Stadt in der Sandwüste. Tag und Nacht vibrierten Stampfmühlen, die das ergiebige Erz zermalmten.

Die Boulder-Goldadern hatten sich als phantastisch reichhaltig erwiesen, das Gebiet erhielt den Namen »Die goldene Meile«. Große Gesellschaften aus England kauften die ergiebigsten Minen und begannen Schächte zu bohren – tausend, zweitausend Fuß tief –, und je tiefer sie kamen, desto mehr Gold fanden sie.

Sam war nicht anwesend und sah die Ergebnisse seiner Prophezeiungen und Entdeckungen nicht. Er wollte immer nur neue Goldminen finden, nicht das Zeug aus der Erde holen oder große Gewinne erzielen.

Er war weiter nach Süden gezogen und hatte bei Norseman wieder reiche Adern entdeckt, die bei dem Goldrausch vor Jahren übersehen worden waren. Seine Minen, der Leviathan, die Lady Mary, nach seiner Frau benannt, und das Golden Horseshoe, waren fast ebenso reichhaltig wie Lake View und Boulder. Als der Bericht der Prüfer über das Golden Horseshoe eintraf, brachte Sam etwas Gold in einem Schubkarren zur Schmiede und ließ vier goldene Hufeisen für sein Pferd anfertigen, auf dem er dann die Hauptstraße auf und ab galoppierte und bei jedem Kieselstein Goldblättchen verstreute.

Eine Woche lang bezahlte er allen Gästen in der Bar die Getränke. »Der König hält frei!« brüllte Sams fröhliche Stimme. »Noch einmal, meine Herren. Getränke für alle!« und die Trinker spendeten Beifall und leerten hastig ihre Gläser, um für die nächste Runde bereit zu sein.

Sam sehnte sich jetzt nach seinem Zuhause. Es war aufregend gewesen, im Palace Hotel eimerweise Champagner zu kaufen, aus dem Pantoffel einer einheimischen Tänzerin von internationalem Ruf zu trinken, britische Investoren kennenzulernen, die zu den Feldern gereist waren, um die sagenhaften Minen zu sehen, die sie finanziert hatten, an Konferenzen der Freiluftbörse teilzunehmen, zu spielen und zu prahlen und Zigarren mit Fünfpfundnoten anzuzünden. Aber der größte Moment war für ihn jener gewesen, als er einen halbvollen Schubkarren Gold von seinem Hotel zur Bank gerollt und das Metall auf der Waage geklirrt hatte.

Trotz seiner Wanderlust liebte er seine Familie und sehnte sich danach, Mary und die Mädchen wiederzusehen. Er war während der langen Zeit seiner Abwesenheit natürlich nicht vollkommen treu gewesen. Er hatte den Weg in das Bett des bezaubernden Tanzstars gefunden und gelegentlich die Gefälligkeit eines Mädchens in Anspruch genommen, das sein Gewerbe in der Nähe der Goldfelder betrieb. Es war nicht das körperliche Bedürfnis, das ihn ihre Gesellschaft suchen ließ. Mit ihrer sinnlichen, offenen Art und ihrem schamlosen guten Aussehen erinnerte sie ihn an sein erstes Mädchen, Ida aus Kuldunda. Manchmal fragte er sich, was aus Ida geworden war, ob sie ins Gefängnis gekommen war und wo sie jetzt sein mochte.

6

William saß in seinem Zimmer und zeichnete sorgfältig Bilder von massiven gewölbten Brücken, Eisenbahntunnels, Dämmen. Zu Sams Enttäuschung interessierte er sich weder für Metallurgie noch für Bergbau. Er wollte Architekt werden, eindrucksvolle Bauwerke errichten, die ihn lang überleben würden.

Seit James' Tod verfolgte ihn der Gedanke an die Sterblichkeit. Er besuchte jetzt die Universität von Adelaide, wo sein Enkel Vincent King später Jura studieren sollte. Willy hatte zwar nicht die Spielleidenschaft und das Goldfieber seines Vaters geerbt, besaß aber das gleiche Interesse für Reisen und Abenteuer. Weil er seine Kindheit im fernen Norden von Südaustralien verbracht hatte, liebte er das heiße Klima und außerdem das Reiten.

Willy war ein eifriger Student, hörte gerne Vorlesungen, aber noch besser gefiel ihm die Außenarbeit, wenn er mit Theodolit und Meßkette ins Freie ging, Bauplätze für Dämme ausmaß und neue Straßen und Wehre für das *Engineering and Wa-*

ter Supply Department begutachtete oder Bodenproben und basische Gesteinsformationen studierte.

Seine Arbeit vermittelte ihm ein Gefühl von Macht, denn der Tiefbau war jener Zweig menschlichen Strebens, durch den die Kräfte der Natur gefügig gemacht und unter menschliche Kontrolle gebracht wurden. Flüsse konnten begradigt, Täler ausgefüllt, Hügel eingeebnet werden, alles durch menschliche Erfindungsgabe. In Westaustralien hatte der Chef-Ingenieur D. Y. O'Connor eine gewaltige Pipeline geplant, durch die das Wasser über 346 Meilen zu den Goldfeldern gepumpt werden sollte, die Sam King mitentdeckt hatte.

Immer schon, von den Bewässerungssystemen am Nil und Euphrat bis zu den römischen Straßen und Aquädukten, vom Suezkanal bis zu den großen Bewässerungsanlagen des Industales, hatte der Mensch geplant, entworfen und das Antlitz der Erde verändert.

Im Bauwesen kamen Eisen und Stahl zur Geltung: der Eiffelturm in Paris war zur Gänze aus vorgefertigtem Schmiedeeisen errichtet worden, und Monier hatte Eisenbeton als Baumaterial benutzt. Es war eine aufregende Zeit.

Willy erhielt im Alter von dreiundzwanzig Jahren seinen akademischen Grad und reiste im Jahr 1895, nach einem Jahr Praktikum, nach Indien, wo er sich bei der Regierung um einen Posten in der Abteilung für öffentliches Bauwesen als zweiter Ingenieur in Bengalen bewarb.

Mary hatte sich nach der wundervollen Nachricht und der ersten Geldsendung, die aus Westaustralien eingetroffen war, auf einen Einkaufsbummel begeben. Sie war glücklich und erregt und konnte es sich leisten, Dienstboten und Arbeiter für den Garten anzustellen, so daß William sein Zuhause verlassen konnte, bevor sein Vater zurückkehrte. Doch als Mary ihren Sohn zum Postdampfer in den Äußeren Hafen begleitete, war sie tränenüberströmt. Wenn er nach England gefahren wäre, wäre es nicht so schlimm gewesen, obwohl es weiter entfernt war. Es war wenigstens ein zivilisiertes Land mit ordentlichem Essen und sanitären Einrichtungen!

Bevor das Schiff auslief, mußte William seiner Mutter versichern, daß er sehr vorsichtig sein würde.

Er ging in Madras an Land, so daß er mit der Bahn nach Kalkutta fahren und das Land sehen konnte. Eine flache, unfruchtbare, sandige Küste begrüßte ihn in seinem erträumten Indien. Willy war beeindruckt von dem künstlichen Hafen, dem Bootshafen, der großen Zitadelle Fort George, den blühenden Bäumen und Parks voller leuchtender Farbflecke.

Sobald der Zug die ärmlichen Elendsviertel hinter sich gelassen hatte, in denen sich ausgemergelte Ziegen und Rinder auf den Geleisen herumtrieben, wurde er schneller. Durch die Äste der Bo-Bäume schimmerten die Türme von an der Straße stehenden Tempeln, Büffel wälzten sich in schlammigen Tümpeln und Kinder hüteten sie.

Große Kraniche stolzierten auf langen Beinen durch die Felder und folgten den primitiven Holzpflügen, die von buckligen Ochsen gezogen wurden.

William mußte seinen Posten nicht sofort antreten. Er hatte die Absicht, noch weiter zu reisen, doch da er ein Einführungsschreiben für den Kalkutta-Klub besaß und seine Reitkunst ihm den Zutritt zu Rennkreisen ermöglichte, begann er das Leben in Kalkutta sehr angenehm zu finden. Es war die sogenannte »kühle« Jahreszeit um Weihnachten. Er wurde bei den Crosley-Sheridans eingeführt, spielte auf dem Maidan Polo und ritt im Gentlemen-Bewerb auf dem Rennplatz, nachdem er sich einen ordentlichen Wallach namens Sahib gekauft hatte, der aus Australien gekommen war; er gewann den Point-to-Point-Bewerb und außerdem mehrere kleinere Preise.

Ursprünglich hatte er die Absicht gehabt, nach Delhi zu fahren, das Rote Fort und dann das Taj Mahal in Agra zu besuchen und vielleicht im Oberen Pradesch ein wenig auf Tigerjagd zu gehen. All diese Pläne waren vergessen, als sein Blick zufällig auf eine Anzeige in der *Times of India* fiel, die er gerade in seinem Hotel in den Papierkorb werfen wollte. Sie betraf den Posten eines Bau-Ingenieurs für den Maharadscha von Gorobhundsch, einem unabhängigen Feudalstaat, der an den Staat

Orissa im Süden grenzte. William suchte den Chefingenieur der Abteilung für Öffentliche Arbeiten in Kalkutta auf und fragte, ob es ihm etwas ausmachte, wenn er sich um den Posten bewarb. Dieser machte William darauf aufmerksam, daß es sich um einen Posten für einen verheirateten Mann handelte.

William besuchte daraufhin oft den Salon der Crosley-Sheridans und machte ihrer statuenhaften Tochter Diana den Hof. Die war jedoch kühl und schweigsam, außer wenn es um Hunde ging. Sie besaß zwei reinrassige Pekinesen, die von einer eigenen *Ayah* betreut wurden. Wenn sie zu diesen Tieren in einer Art Babysprache sprach, war Diana lebhafter als in menschlicher Gesellschaft.

7

Nicht jeder im Westen machte ein Vermögen. Am meisten verdienten die gerissenen »Bergbausachverständigen«, die das verrückte Goldfieber ausnutzten, um wertlose Minen auf den Markt zu bringen, und ihre Anteile verkauften, bevor die Konjunktur einen Tiefstand erreichte. Viele gutgläubige Geldanleger verloren die Ersparnisse ihres Lebens.

Wasser war auf den Feldern so rar, daß ein Bad im Hotel zwei Shilling und sechs Pence kostete. Bergleute waren für ihren gesamten Bedarf auf neun Liter täglich rationiert.

Frauen waren noch seltener als Wasser. Die meisten waren jung und ohne Bindungen, aber die Verheirateten wollten ihre Frauen nicht in die heißen, staubigen Goldstädte bringen. Es gab zwar wenig Wasser, aber viel Champagner. Jeden Tag wurden in den Hotels Hunderte Flaschen für erfolgreiche Goldsucher oder für Partys von Gesellschaftsgründern kaltgestellt.

Manche Männer starben an Durst, manche an Typhus und manche, wenn sie keinen Erfolg hatten, von eigener Hand. Es gab kein richtiges Krankenhaus.

Goodmans Bruder in Adelaide, der das *Coolgardie Gold Mining and Prospecting Syndicate* gegründet hatte, gründete drei weitere Gesellschaften. Die Mitglieder erhielten Ein-Zehntel-Aktien an Ivanhoe, Great Boulder und Lake View, die zusammen – hätten die ursprünglichen Aktienbesitzer es nur gewußt! – Gold im Wert von hundert Millionen Pfund produzieren würden. Sam King und William Goodman erhielten jeder drei Anteile und wurden über Nacht reich. Aber für Sam hatte es keinen Sinn, nur auf dem Papier reich zu sein; er wollte greifbare Besitzstücke und großartig leben. Wenn er auf der Straße ging, sollten die Leute sagen: »Da geht Samuel King, der ›Die goldene Meile‹ entdeckt und ein Vermögen gemacht hat.«

Er verkaufte seine Anteile für einen Soforterlös von zweihunderttausend Pfund – Anteile, die ihn in wenigen Jahren zum Millionär gemacht hätten. Doch wer brauchte sich Sorgen um die Zukunft zu machen, wenn er so viel Geld in der Tasche hatte?

Er kehrte zu seiner Familie zurück und fing an, das Geld auszugeben. Er mietete Mary und die Mädchen in einem Hotel am Strand ein, verkaufte den Besitz auf dem Hügel und kaufte eine Hochsee-Jacht, für die sogar die Vorhänge an den Bullaugen speziell angefertigt wurden. Dann sah er sich nach einem passenden Haus um, das sein Herrensitz werden sollte.

Zufällig erlebten die Staaten im Osten zu der Zeit, als Sam seinen großen Fund entdeckte, eine Finanzkrise. Banken schlossen ihre Tore, Gesellschaften gingen pleite, Kaufleute verloren ihr Geschäft. Robert King verlor sein gesamtes Vermögen, als die Bank von Adelaide im Jahr 1893 bankrott machte, denn er hatte nicht nur sein eigenes Geld bei der Bank, sondern war auch Mitglied des Verwaltungsrats und bürgte für ihr Kapital.

Sam konnte ihm mit einem Geschenk helfen, das das Fünffache vom einstigen Vorschuß seines Vaters auf das Land in Jamestown betrug, doch der Schock des Verlustes schwächte den alten Mann körperlich und geistig. Er starb im folgenden Jahr, und Henrietta siedelte zu Arthur und seiner Frau über.

Sie war schon eine beeindruckende Frauengestalt, sah noch immer gut aus, war korpulent und trug noch immer die Kleider aus den siebziger Jahren, mächtige zweiteilige Komplets aus schwarzem Samt und Taft mit Besätzen und Volants wie Möbelstücke. Ihr Kopf war von einem weißen Spitzenkäppchen gekrönt. Obwohl Mary ihre Schwiegermutter bewunderte, war sie immer von ihr eingeschüchtert und froh, daß sie bei Arthur in Kuldunda und nicht bei ihnen wohnte.

Wegen der allgemeinen Depression war der Wert des Bodens gesunken. Viele große Häuser wurden von ihren Besitzern, die sich ihre Erhaltung nicht mehr leisten konnten, zum Verkauf angeboten.

Sam kaufte den größten erhältlichen Besitz für nur dreitausend Pfund. Später übernahm er noch sechs Morgen angrenzendes Land und bewässerte es vom Fluß. Er ließ den gemalten Plafond im Salon mit echtem Blattgold ausstatten.

Mary war durch den plötzlichen Reichtum ein bißchen verwirrt. Sie war in einem einfachen Bergarbeiterhäuschen zur Welt gekommen – obwohl ihr Vater später Leiter einer der Minen geworden war. Sie überließ Sam die Einrichtung des Hauses.

Eine Gouvernante und ein Hauslehrer für Musik wurden für die jüngeren Mädchen angestellt, und Sam kaufte für sie einen schwarzen, mit Japanlack überzogenen Stutzflügel.

Auch das Grundstück um das Haus veränderte er, indem er tausend Weinstöcke, dreihundert Pfirsich- und Aprikosenbäume sowie zweitausend Orangen- und Zitronenbäume anpflanzte. Kisten mit französischem Champagner füllten den Keller. Mary fuhr in einer weißgestrichenen offenen Kutsche, die von zwei Schimmeln gezogen wurde, auf Besuch, obwohl sie in der Stadt wenige Freundinnen hatte. Sie hatten in der Küche einen Fleischschrank, ein Patent, das auf der Erfindung eines Bergmannes beruhte: nasse Tücher bedeckten seine Wände und kühlten das Innere.

Die jüngeren Mädchen spielten vergnügt in dem seichten Fluß und pflückten wilde Lilien, die sie nach Hause brachten.

Elizabeth hatte einen jungen Mann geheiratet, den sie kennengelernt hatte, als sie ihre Vettern in Kuldunda besuchte. William war nach Indien gereist und Alice nach England, wo sie ihren Beruf als Krankenschwester ausübte. Marys jetzt so großes, geräumiges Nest war fast leer. Sie trauerte um ihre Söhne, die durch Tod und Entfremdung von ihr getrennt waren. Den Jahrestag von James' Tod verbrachte sie immer in ihrem Zimmer, schloß die Jalousien und legte sich ein feuchtes Tuch auf die Augen, um das Licht abzuhalten. Am nächsten Tag tauchte sie wieder ruhig und freundlich auf, als hätte es den vorhergehenden Tag nicht gegeben.

Mary war in die Wechseljahre gekommen, während sich Sam im Westen aufhielt. »Gott sei Dank!« sagte sie. »Ich bin es zutiefst überdrüssig, Kinder zu bekommen, Sam. Ich war tatsächlich erleichtert, als das letzte nicht am Leben blieb. Es scheint schrecklich, aber nach so vielen Schwangerschaften habe ich einfach keine mütterlichen Gefühle mehr. Ich habe mir immer noch einen Sohn erhofft, aber es sollte nicht sein.«

Ihr Vater war gestorben, und ihre Mutter war nach Cornwall zurückgekehrt. Sie hatte den Kontakt zu ihren Brüdern und Schwestern verloren, seit sie in die Stadt gezogen war. Ohne ihre Kinder würde sie in den Hügeln von Adelaide schrecklich einsam sein, aber sie konnte wenigstens nie wieder schwanger werden.

Jetzt blieb Sam daheim, und sie konnte ihn umarmen, ohne eine Schwangerschaft befürchten zu müssen. Sie war fast fünfundvierzig Jahre alt, dick wie immer, aber nicht mehr so hübsch, obwohl sie für Sam noch immer die Mary war, die er geheiratet hatte, als er neunzehn war. Sam war beschäftigt, glücklich, unternehmungslustig, verbesserte den Besitz oder unternahm mit der herrlichen Jacht Segelfahrten den Port River hinunter und in den Spencer's Golf hinaus.

Er kaufte sich einen Smoking und eine schwarze Fliege, ein weißes Rüschenhemd mit schwarzen Perlknöpfen und ließ sich ein Erz-Muster von Bayley's Reward – ein edelsteinähnliches Stück von seidigem weißen Quarz mit Goldadern – in Golddraht fassen, das er an seine goldene Uhrkette hängte. Trotz allem konnte ihn ein einfacher Regenbogen immer noch in gehobene Stimmung versetzen. Er hatte den magischen Goldtopf gefunden; er war für sein ganzes Leben reich, und es war unmöglich, daß sein Vermögen sich in Erde und Steine verwandelte. Es war kein Märchengold; es war wirklich, und er, Sam King, hatte es gefunden.

8

Elaine Hamilton Forbes, eine Urenkelin des Pioniers Fergus Macdonald von den Farmen Rothsay und Balranald, hatte einen Vornamen, der auf eine romantische Gestalt wie die Lady von Shalott schließen ließ. Doch sie war ein offenes, energisches, praktisches Mädchen, das gesunde Bewegung im Freien liebte.

Ihr Vater betete sie an, ihre Mutter war gestorben, als sie noch ein Kind war, und daher konnte Elaine alles tun, was ihr gefiel. Doch zuerst betreute sie ihre kleine Schwester und ihren Bruder Joseph wie eine Mutter. Sie lernte, den Haushalt ihres Vaters in Sydney zu führen, mit dem Haushaltsgeld und den Dienstboten auszukommen und die Kleinen bei Kinderkrankheiten zu pflegen. Sie hatte von ihrer Mutter, Moira Macdonald, mit dem kastanienbraunen Haar nicht nur die dichten Locken, die so gut zu ihrer weißen Haut und ihren großen grünen Augen paßten, sondern auch den praktischen Verstand der Schotten geerbt.

Als Elaine siebzehn war, starb ihre jüngere Schwester Margaret an der Tuberkulose, der auch ihre Mutter zum Opfer gefallen war. Margarets Tod hatte sie zutiefst erschüttert. Da Joseph im Internat war, waren Elaines einzige Beschäftigungen Tennispartien, Picknicks und Bälle, wozu sie keine Lust hatte. Außerdem hatten diese Anlässe in Wirklichkeit nur den

Zweck, daß junge Männer und Frauen zusammenkamen, um Verbindungen anzuknüpfen und zu heiraten. Elaine hatte nicht die Absicht, Ehefrau zu werden und sich irgendwo niederzulassen, wie so viele ihrer Freundinnen, und beschloß, Krankenschwester zu werden.

Zufällig hatte Lucy Bainbridge, ihre Zimmergenossin im Schwesternheim des Krankenhauses, in dem sie ausgebildet wurde, vor, als Missionsschwester nach Indien zu gehen. Da Elaine einen Chirurgen im Krankenhaus liebte, der sie jedoch nicht beachtete, entschloß sie sich ebenfalls zur Missionsarbeit in einem fernen Land, denn sie sehnte sich danach zu reisen. Sie sah sich bereits, wie sie unter Leprakranken arbeitete, vielleicht selbst daran erkrankte, nach Hause gebracht wurde und von dem berühmten Chirurgen an den befallenen Fingern und Zehen operiert wurde, der sich dann für sie interessieren würde.

Sie wußte nicht einmal, daß es unter den Ureinwohnern im Norden ihres eigenen Landes Leprakranke gab. Es war ein Thema, über das man nicht sprach, wie man nicht über Leprakolonien in abgelegenen Gebieten oder auf Inseln vor der Küste von Queensland sprach. Sie wußte, daß die Lepra im subtropischen Klima bei Überbevölkerung und Unterernährung auftrat, und daß sie in Indien sehr verbreitet war.

Elaine war durch die Geschichte von Pater Damien und seine Arbeit in der Leprakolonie Molokkai auf Hawaii angeregt worden. Robert Louis Stevenson hatte Sydney besucht und seinen »Damien-Brief« an den *Australian Star* und einen leidenschaftlichen Bericht über sein Leben sowie eine Verteidigung des Priesters geschrieben. Aber die Mission auf Molokkai war katholisch, und Elaine war streng presbyterianisch erzogen worden. Sie entschloß sich für die *Church Missionary Society*, die in Kalkutta ein Krankenhaus für die Armen betrieb.

Sie reiste 1894, als Königin Victoria noch Kaiserin von Indien war und das britische Empire auf dem Höhepunkt seiner Pracht und Macht stand. Ihre weißen Hauben und gestärkten Schürzen waren in eine runde, gelbe Hutschachtel aus Blech gepackt, die die Aufschrift »Auf der Reise nicht benötigt« trug.

Als der Dampfer den Hooghly River, einen der Flüsse des Gangesdeltas, hinauffuhr, erhielt Elaine einen ersten flüchtigen Eindruck von Indien: Kokosnußpalmen und Reisfelder, die sich grün von dem zartblauen Himmel mit den dichten Wolken abhoben. Die Einfahrt nach Kalkutta war beeindruckend, so schöne botanische Gärten am linken Ufer, so große, weiße Häuser umgeben von blühendem Strauchwerk auf parkartigem Gelände, und der Gebäudekomplex von Fort William als Symbol britischer Macht.

Das war der »Haupteingang« der Stadt. So viele Menschen strömten den Strand entlang: Fußgänger, Radfahrer, Ochsengespanne und von Pferden oder von Männern gezogene Karren.

»*Memsahib! Memsahib!*«

Jemand zupfte sanft an ihrem Rock.

Eine Frau hockte in einem farblosen Baumwoll-Sari auf dem Boden und trug ein kränklich aussehendes Kind in einer Stoffschlinge über der mageren Brust. »Memsahib! Mann ist tot, sehr viele Kinder, kein Essen, Baby krank. Ich kann mein Baby nicht stillen, Memsahib, es wird sterben. Ein bißchen Geld...«

Das gleichmäßige Murmeln ging weiter. Das Baby mit dem verschrumpelten Gesicht starrte Elaine aus großen, dunklen Augen an.

»Tut mir leid, ich habe kein Kleingeld – kein indisches Geld. Ich bin ohne Geld an Land gekommen – von dem Schiff dort drüben. Warte! Da –« Sie versuchte das einfache Goldarmband abzunehmen, das sie seit Jahren trug und das nun so eng geworden war, daß sie Mühe hatte, es abzustreifen.

»Was ist los? Belästigt Sie diese Frau? Verschwinde! *Dschau!*«

Ein Passagier vom Schiff, ein Anglo-Inder, der sie an Bord zuvorkommend behandelt hatte und gerade einen Träger anwies, sein Gepäck zu seiner wartenden Kutsche zu bringen, blieb neben Elaine stehen. Die Frau duckte sich, bewegte sich aber nicht. Ihr Blick war auf das Armband gerichtet.

»Nein, nein, sie belästigt mich nicht! Ich habe nur keine Rupien.« Das Armband glitt ihr zögernd über das Handgelenk. Sie reichte es der Frau, die es rasch ergriff, die Handflächen vor der Stirn aneinanderdrückte, sich dankbar verbeugte und dann in die Menge entschlüpfte.

»Das hätten Sie nicht tun sollen«, ermahnte sie ihr Bekannter. »Sie kennt den Wert des Armbands nicht, ein Händler wird sie betrügen. Ich hätte ihr ein paar Geldstücke gegeben, meine liebe Miss Forbes. Ich muß Sie warnen, es hat gar keinen Sinn, zu versuchen, allen Bettlern in Kalkutta zu helfen. Das ist ihre Lebensweise. Sobald sie Sie kennen, wird Ihr Leben zur Hölle, wenn Sie den Fuß auf die Straße setzen.«

»Ich weiß. Ich werde in Zukunft versuchen, hart zu bleiben; man kann unmöglich allen helfen. Aber sie hatte ein krankes Kind.«

»Und wenn Sie zu Ihrem Hotel kommen, wird ein blinder Junge auf den Stufen warten und vielleicht auch sein Bruder, der nur einen Arm hat, weil ihm seine Eltern, um Mitleid zu erregen, den anderen abgeschnitten haben, als er noch ein Baby war.«

»Das gibt es doch nicht!«

»Leider doch. Inder sind primitive Heiden.«

»Um so notwendiger ist die Missionsarbeit, die ich tun werde.«

»Kalkutta ist am schlimmsten. Ich fahre zum Glück in die Berge... Kann ich Ihnen eine Kutsche besorgen?«

»Nein, danke, meine Freunde holen mich ab.«

Er begleitete sie zum Landungssteg und zurück auf das Schiff. Der diensthabende englische Offizier an der Gangway begrüßte sie mit einem Lächeln. Sie hatte sich während der Reise an die indische Mannschaft gewöhnt und mochte sie: die Laskaren, die bereitwillig ein- und ausluden, die Decks wuschen, den Rost abklopften; die raschen, tüchtigen und unaufdringlichen goanesischen Stewards im Speisesaal. So angenehme Züge, so mitfühlende braune Augen, solch dankbares Lächeln für ein freundliches Wort!

Als sie später den Hooghly hinauffuhren, konnte sie den Lebensstil der in der Vorstadt Garden Reach wohnenden Engländer beobachten, die in feudaler Pracht mit etwa zwanzig Dienstboten pro Haushalt lebten. Während der Hitze des Tages blieben alle *Mems* im Hause, so daß die leuchtenden Gärten verlassen wirkten, doch bei Sonnenuntergang erschienen sie frisch gebadet, in frischen weißen Leinenkleidern zur abendlichen Kutschenparade. Sie begaben sich nie ohne breitrandigen Hut oder Sonnenschirm ins Freie oder auch nur in den Garten, und sie verließen ihren Besitz niemals zu Fuß. Einige der jüngeren Frauen ritten abends aus, jede begleitet von einem Stallknecht, dessen einzige Aufgabe darin bestand, das Pferd seiner Herrin zu betreuen.

Ein Mitglied der *Church Missionary Society* war inzwischen eingetroffen, um Elaine im Namen ihrer Mitarbeiter der medizinischen Abteilung der Missionsstation willkommen zu heißen. Er bot ihr an, ihr die Zentrale am Rand des altmodischen Eingeborenenviertels der Stadt im Norden zu zeigen, da ihre Freunde sie erst zur Dinnerzeit abholen würden, wenn es kühler war. Das waren Verwandte der Hamiltons, der Familie ihrer Großmutter väterlicherseits, die sie für ein paar Wochen zu sich eingeladen hatten, bis sie sich akklimatisiert hatte. »Es wird Ihnen nicht schaden, etwas Luxus zu genießen, bevor Sie mit der Arbeit in den Slums beginnen«, hatten sie geschrieben.

Der hochwürdige Mr. Chandler war hager und hatte infolge der Hitze der bengalischen Sommer ein fahles Gesicht, denn im Gegensatz zu den britischen Regierungsbeamten ging er in den heißesten Monaten nicht regelmäßig auf Urlaub in die Berge; das konnte er sich nicht leisten. Er trug einen Khakianzug mit Priesterkragen.

»Wie frisch Sie aussehen, meine liebe Miss Forbes!« rief er fast unwillkürlich, als Elaine in die Kabinentür trat, um ihn zu begrüßen. Sie trug eine frisch gewaschene, weiße Musselinbluse und dazu einen hellbraunen Tussahseidenrock. Einige ihrer widerspenstigen Locken waren dem glatten Knoten ihres aufgesteckten Haares entschlüpft, und infolge der feuchten Hitze fielen sie ihr weich in die Stirn. Aber es war ihr Teint, die reine, helle Haut eines Mädchens aus einem weniger ermattenden Klima als dem des Gangesdeltas, der den armen Mr. Chandler, der an die erschöpften gelben Gesichter seiner Frau und seiner Mitarbeiter gewöhnt war, so beeindruckt hatte.

Mr. Chandler hatte eine indische Kutsche mit einem schrecklich mageren Pferd und einem ebenso ausgemergelten Kutscher gemietet. Sie fuhren durch die North Circular Road und kamen an den Basaren der Chitpore Road vorbei, wo die Waren direkt auf der Straße unter Planen ausgestellt waren. Elaine starrte mit großen Augen auf das bunte Treiben, und all ihre Sinne sogen das Geschehen auf: den Staub, den Lärm, die Farben, die Gerüche, die wimmelnde Menschenmenge.

»Ich hatte erwartet, daß die indische Kleidung sehr bunt ist«, sagte sie, während sie die Buden betrachtete, in denen leuchtende Seidenstoffe, Schals und Saris verkauft wurden. »Aber die meisten Menschen sind so farblos gekleidet!«

Die Kleidung der Bevölkerung war schäbiger, gebrochen weißer Baumwollstoff, und die *dhotis* der Männer hingen zwischen ihren Beinen wie schlecht befestigte Windeln. Der Turban oder das Kopftuch war aus der gleichen farblosen Baumwolle. Obwohl viele Frauen sich mit Glasarmbändern, Fußspangen und Nasenringen schmückten, waren sie zumeist in farblose Baumwolle gehüllt. »Sie sind unglaublich arm, und Färbemittel kosten Geld«, erklärte Mr. Chandler.

Die Missionsstation lag im Nordteil der Stadt, wo die verzierten Häuser reicher Inder neben den Wellblechhütten der Armen standen. Die Straßen waren eng und hatten offene Abwässerkanäle, die einen unangenehmen Geruch verbreiteten. Niedrige Läden und Werkstätten säumten die Straßen, die Licht nur durch die offene Vordertür erhielten; die Wohnräume für die Familie befanden sich darüber.

»Aber Sie werden nicht in dieser Gegend arbeiten«, erklärte Mr. Chandler, »sondern im Krankenhaus in der Nähe der Alten Missionskirche bei der Chowringhee Road, am anderen Ende der Stadt. Wir unterhalten hier nur eine Apotheke. In Kalkutta gibt es ein ausgezeichnetes Medizinisches College, wo sogar Hindus aus hohen Kasten, die Medizin studieren, im Dienste der Wissenschaft eine Autopsie durchführen, ohne mit der Wimper zu zucken.«

Als sie ihn verdutzt ansah, erklärte er: »Ein Hindu betrachtet das Berühren einer Leiche als niedere Tat. Deshalb sind nur die Unberührbaren als Leichenträger beschäftigt, und deshalb arbeiten nur sie an den Verbrennungsstätten.

»Wirklich?« Elaine war leicht übel, aber schuld war zweifellos der Geruch der offenen Kanäle – die eher Kloaken waren –, der in der Hitze des Nachmittags am schlimmsten war.

Als Mr. Chandler sah, daß sie grün um die Nase wurde, tätschelte er ihre Hand, während die Kutsche vor einer Gruppe niedriger weißer Gebäude hielt, die zwischen Bo- und Mango-Bäumen auf dem Missionsgrundstück standen.

»Sie bekommen sofort eine Tasse indischen Tee und können sich in einen kühlen Raum setzen.« Er bezahlte den Kutscher und führte sie hinein, um sie dem Stab vorzustellen.

»Für gewöhnlich bin ich nicht zimperlich«, meinte Elaine verdrießlich. »Ich hoffe sogar, daß ich später unter Leprakranken arbeiten werde. Es ist nur die Hitze und –«

»Meine liebe Miss Forbes«, lachte Mr. Chandler, »das ist die kühle Jahreszeit. Zum Glück sind Sie nicht während des Monsuns an Land gegangen.«

»Aber ich bin an Hitze gewöhnt! In Benangal im Westen Australiens hatten wir manchmal fünfundvierzig Grad Celsius im Schatten. Aber es war eine trockene, reine Hitze. Die hier ist viel ermattender.«

»Natürlich. Aber man gewöhnt sich daran.«

Der Missionar, ein hochgewachsener, asketisch aussehender Mann, trug eine Brille mit Stahlfassung, seine Frau war beängstigend mager; zwei kräftige junge englische Mädchen erinnerten Elaine an ihre Freundin Lucy Bainbridge, die vorgehabt hatte, sie zu begleiten und im letzten Moment doch zu Hause geblieben war, um ihren kranken Vater zu pflegen. Die Frauen trugen eine Uniform aus einfachen, hochgeschlossenen weißen Blusen und dunkelblauen Röcken.

Dann tranken sie Tee und aßen kleine süße Kuchen. Das indische Mädchen von der Apotheke gesellte sich zu ihnen, eine der »modernen Frauen«, die noch einen Sari trug, aber ihren Platz in der Welt wie ein Mann einnahm. Sie war Christin – einem Hindu war es verboten, in Gesellschaft von Ungläubigen zu essen.

Die Räume waren kühl, weiß und hoch. Vashti unternahm mit Elaine einen Rundgang durch die Gebäude, einschließlich der christlichen Kapelle und des Gebetsraums für die anderen Religionen. Außer der Apotheke gab es ein Büro, ein Schulzimmer und eine kleine Bibliothek mit religiösen Büchern in Hindi, Bengali und Gujarati.

Als sie mit Mr. Chandler wieder auf die Straße trat, traf sie die Hitze wie ein Schlag.

»Sie haben keinen Sonnenschirm, Miss Forbes?« fragte Mr. Chandler und betrachtete ihren Hut, der nur aus Musselin und Blumen bestand. »Kaufen Sie sich lieber einen, um Ihren Teint vor der indischen Sonne zu schützen.« Er winkte einer Kutsche vor dem Eingang.

»Sie ist nicht stärker als die australische Sonne«, antwortete Elaine ärgerlich und bedauerte, daß sie keinen vernünftigen Strohhut aufgesetzt hatte. »Ein Sonnenschirm ist zu beschwerlich. Ich werde hoffentlich zu viel zu tun haben, um so ein Ding mit mir rumzuschleppen. Das Beste ist, ich kaufe mir einen Tropenhelm mit einem Schleier.«

»Höchst vernünftig.«

Die Freunde, die Elaine gegen sechs abholten, waren ganz anders als die Missionare. Das Mädchen aus Sydney musterte die glitzernden hellen Seidenkleider der Damen, ihre eleganten Hüte und Spitzenhandschuhe aus Baumwolle. Mrs. Crosley-Sheridan und ihre Tochter Diana stammten aus englischem Landadel und pflegten in Indien die gleichen Interessen und das gleiche gesellschaftliche Leben wie zu Hause: Sie besuchten Abendeinladungen und Bälle, Polospiele und Pferderennen.

Die Europäer mit den geschmackvollen Häusern und den Scharen von billigen Dienstboten führten in der ehemaligen

Zentrale der Ostindischen Kompanie, die jetzt die Verwaltungshauptstadt von Indien war, ein bewegtes, glänzendes gesellschaftliches Leben.

Mit ein paar scharfen Worten auf Hindi wies Mrs. Crosley-Sheridan ihre Bediensteten an, wo sie Elaines Koffer in dem Landauer verstauen sollten, während Elaine dem Träger, der sie vom Kai heraufgebracht hatte, ein viel zu hohes Trinkgeld gab. Dann unternahmen sie eine Rundfahrt zu den beeindruckenden öffentlichen Gebäuden, dem Government House mit seinen vier mit Säulen versehenen Veranden und der zentralen Kuppel, dem Bengal-Club, dem grünen Maidan, den beiden Kathedralen, dem eleganten neuen Theater mit seinen griechischen Säulen und den Gebäuden der Ostindischen Kompanie, bei der Mr. Crosley-Sheridan beschäftigt war.

Es war eine andere Welt als die engen, immer überfüllten, unter Menschenmassen erstickenden Straßen des nördlichen Teiles der Stadt.

Nach einer Runde auf dem freien Platz zwischen der Esplanade und dem Rennplatz kehrten sie auf der breiten Chowringhee Road in die Vorstadt mit den schönen Privathäusern zurück, die Elaine vom Schiff aus gesehen hatte. Hier wohnten auch die Crosley-Sheridans.

»Ich bin überwältigt.« Elaine lehnte sich im ledergepolsterten Sitz zurück, betrachtete die makellos weißen Turbane des Kutschers und des Stallknechts und die schönen Gärten und Häuser, die wie weiße Marmorpaläste aussahen – obwohl sie in Wirklichkeit aus mit weißem Stuck bedeckten Ziegeln bestanden –, die zu beiden Seiten vorbeiglitten. »Ich hatte nicht erwartet, daß Kalkutta eine so prächtige europäische und zugleich indische Stadt ist.«

»Das Eingeborenenviertel ist natürlich ganz anders«, erklärte ihre Gastgeberin. »Mit den schmutzigen Straßen und der armen Bevölkerung – manche Männer sind halb oder sogar ganz nackt – es ist abstoßend. Und dann der Lärm, die offenen Kanäle, die Elendshütten, die Bettler –! Die Inder haben keine Ahnung von Klassentrennung, so daß sogar in den besseren indischen Vororten reiche Herrenhäuser neben den schmutzigen Hütten der Armen stehen. Wirklich schrecklich.«

»Schrecklich für die Armen, meinen Sie?«

Mrs. Crosley-Sheridan sah Elaine an, als hätte sie nicht richtig gehört.

»Ich meine, so übersehen zu werden«, fuhr Elaine fort. »Ich war heute nachmittag mit meinen Missionarsfreunden im Eingeborenenviertel der Stadt. Ich fand alles ungeheuer interessant. Wenn die Leute getrennt leben, Weiße von Schwarzen, Reiche von Armen, ist man vor den Bedürftigen abgeschirmt, man kann sie vergessen.« Sie sprach erregt, und ihr blasses Gesicht war gerötet. Daß ihre Gastgeberin sich leichtfertig einer Rasse und einem Land überlegen fühlte, in dem ihre Landsleute damit beschäftigt waren, ein Vermögen zu machen, ärgerte sie. »Haben Sie denn keinen gesellschaftlichen Kontakt mit Indern?«

»O natürlich, die Hindus aus höheren Kasten – und auch die Mohammedaner – bekleiden Vertrauensstellungen in der Kompanie und bei den Regierungsstellen. Mein Mann bringt sie manchmal nach Hause mit. Aber ich lerne nie ihre Frauen kennen. Ich habe auch einen indischen Arzt, einen prächtigen kleinen Mann, der in Edinburgh studiert hat.«

»Ja, das ist wahrscheinlich die beste medizinische Schule der Welt. Aber wie ich höre, gibt es jetzt ein gutes medizinisches College an der Universität von Kalkutta.«

Sie fuhren an einem von Bäumen beschatteten christlichen Friedhof vorbei. Jasmin- und Tulpenbäume ließen ihre blassen Sterne und roten Blüten auf die Gräber fallen, von denen manche kunstvolle Marmormonumente aufwiesen. Es war vielleicht makaber, doch Elaine konnte sich des Gefühls nicht erwehren, daß der indische Brauch der Verbrennung in einem Land, in dem Cholera und Typhus endemisch waren, weit hygienischer war als eine Beerdigung.

Kurz darauf fuhr die Kutsche durch ein in eine hohe Steinmauer eingelassenes Tor und über eine Kieseinfahrt zwischen blühenden Sträuchern und Bäumen, die auf spärlichen, vertrockneten Rasenflächen standen, zu einem großen, von der Straße zurückgesetzten Haus. Ein Vorbau, in den der Wagen einfahren konnte, schützte die Eingangstür, die ein sich verneigender Butler in weißem Gewand und fleckenlosem Turban aufhielt.

»Meine Liebe, Sie werden sich vor allem nach einem kalten Bad sehnen. Diana, zeige Miss Forbes das Chintzzimmer. Es hat ein eigenes Badezimmer. Ich werde Ihnen Ayah schicken, damit Sie Ihnen beim Auspacken hilft. Um halb acht nehmen wir Drinks auf dem oberen Balkon, und um acht essen wir zu Abend.«

Die schlanke, stille Diana führte Elaine die Treppe hinauf und antwortete einsilbig auf ihr erregtes Geplauder. Was sie gesehen hatte, hatte sie aufgeputscht, und sie wollte darüber sprechen. Aber Diana ließ sie allein, sobald sie sie in ein Schlafzimmer im zweiten Stock geführt hatte, dessen mit Chintzvorhängen versehene Fenster auf den vorderen Garten gingen. Sie zeigte ihr zuerst das Badezimmer mit den Steinfliesen, der Badewanne aus Zink, der Waschschüssel und den Messingkrügen mit kaltem Wasser und das in einer Holzkommode stehende Nachtgeschirr.

Elaine zog die Strohjalousien zurück und betrachtete das Abendrot auf dem pfauenblauen Himmel, der noch zu hell für Sterne war. In dem Zwielicht verströmten die wundersamen Gartenpflanzen ihre tropischen Düfte, die sie um diese Zeit besonders sehnsüchtig stimmten.

Sie fühlte, daß sie sich … nach etwas sehnte, konnte sich aber nicht klar darüber werden, nach was. Sie riß sich zusammen, ging ins Badezimmer und spritzte sich kaltes Wasser ins Gesicht. Wieder im Schlafzimmer sah sie sich in dem langen Spiegel im Schrank an.

Sie war mehr als mittelgroß, aber so schlank, daß die Patienten in dem Krankenhaus, in dem sie ausgebildet wurde, die »kleine Schwester« verlangten, wenn sie ihren Namen nicht kannten. Aber sie hatte nicht umsonst rotes Haar und ein entschlossenes Kinn. Noch während ihrer Probezeit hatte sie nach einer Operation mit der Operationsschwester über die Anzahl der Tupfer im Behälter zu streiten gewagt. Die Schwester versuchte sie einzuschüchtern und erklärte: »Ich habe siebenundzwanzig gezählt, Schwester«, worauf Elaine ruhig antwortete: »Sechsundzwanzig.« Der Chirurg hatte die Brauen über der Maske hochgezogen, mit einer Pinzette gesucht und »Siebenundzwanzig« gesagt, als er den Tupfer in den Behälter fallen ließ.

Während Elaine noch aus dem Fenster auf den dunkel werdenden Himmel starrte, kam Ayah in einem einfachen weißen Sari mit dunkelblauem Rand herein. Sie legte Elaines Abendkleid für das Dinner zurecht und hängte ihre übrigen Kleider in den Schrank.

»*Dhobi* – Wäsche, Memsahib?« Sie nahm eine schmutzige Bluse und Strümpfe aus dem Wäschesack.

»Ja, danke«, antwortete Elaine.

Sie nahm an, daß sie ihre Sachen nicht selbst waschen durfte. Ayah machte die *Namaste*-Gebärde, indem sie die Handflächen vor der Stirn aneinanderlegte und ging.

Elaine nickte lächelnd. Sie beschloß, so bald wie möglich *Hindustani* zu lernen.

Ayah verließ lächelnd das Zimmer. Sie hatte hellbraune Augen und eine graue Strähne im schwarzen Haar, das im Nacken zu einem Knoten zusammengesteckt war. Sie war Dianas Amme gewesen und war seither bei der Familie.

Elaine zog sich um und ging die breite Steintreppe zum Parterre hinunter, wo gewölbte Türen auf die Veranda hinausführten. Ihr Gastgeber hatte ein rotes Gesicht und einen schwarzen Schnurrbart und trug eine dunkle, mit einer Borte besetzte Abendhose, doch dazu statt einer Jacke ein gestärktes weißes Hemd mit Fliege und eine Schärpe aus glänzender indischer Seide. Er begrüßte sie höflich. Er war ein richtiger *pakka sahib*, ein Herr.

Im Speisezimmer wehte eine angenehme Brise, obwohl der Abend auf der Veranda, wo sie die Drinks genommen hatten, drückend heiß gewesen war. Elaine blickte hinauf und sah einen breiten Stoffstreifen, der fast über die ganze Breite des Raumes reichte und über dem Tisch vor und zurück schwang. Eine seidene Kordel war an einem Ende befestigt und verschwand in einen Alkoven, wo der *punkah-wallah* auf dem Boden saß und regelmäßig an der Kordel zog, während die *sahib-log* aßen. Manchmal, wenn er faul war, bemerkte Mrs. Crosley-Sheridan, band er die Schnur um seine Zehe und legte sich während der Arbeit hin; dann schlief er unweigerlich ein, und sie mußten einen Serviettenring oder eine Nuß nach ihm werfen, um ihn aufzuwecken.

Zum Glück mochte Elaine Curry-Gerichte, obwohl ihre Augen tränten und ihr infolge der Schärfe des zweiten Gerichtes Schweiß auf die Stirn trat. Das Curry wurde mit kühlenden Melonen- und Gurkenscheiben serviert.

Sie gewöhnte sich an den Luxus. Am nächsten Morgen wurde sie von einem Diener geweckt, der ihr *chota-hazri*, ihr erstes Frühstück, auf einem Tablett brachte: englischen Tee, wäßrige blasse Milch, ausgezeichneten Toast und auf einem eigenen Teller Butter mit einem Stück Eis. Auf der gestrigen Fahrt hatte man ihr die großen Eishäuser gezeigt, in denen das Eis gelagert wurde, das aus Nord-Amerika kam.

Sie setzte sich an den runden Tisch bei einem der Fenster und frühstückte in der schwachen, duftenden Morgenbrise. Es klopfte, und Ayah brachte ihr die frisch gewaschenen, gestärkten und geplätteten Kleider. Elaine dankte ihr beschämt. Sie hatte ihre Sachen sorglos liegen gelassen, und sie waren nicht nur aufgehoben, sondern gereinigt worden, während sie schlief. Das gehörte zu dem unauffälligen Service, der die britischen Mems, trotz der Hitze, die sie erduldeten, zu den verwöhntesten Frauen der Welt machte.

Mrs. Crosley-Sheridan hatte Elaine erzählt, daß das Diwali-Lichtfest ein phantastischer Anblick war und daß sie Glück hatte, weil sie dazu zur rechten Zeit gekommen war; es fand nur einmal im Jahr, im November, statt.

»Wir werden heute abend später eine Rundfahrt machen und einen Teil des Eingeborenenviertels besuchen«, hatte sie beim

Gabelfrühstück gesagt. »Dann werden wir zu den Gärten fahren, um das Feuerwerk auf dem Fluß zu sehen.«

Trotzdem war Elaine nicht auf die zauberhafte Veränderung der Stadt zu Ehren der Göttin Lakshmi, der Frau Vishnus, vorbereitet. Jeder Dienstbote des Hauses, es waren zwanzig, hatte sein eigenes Licht auf das Geländer der Veranda gestellt: kleine *chirags*, flache Tonteller, die Öl und einen Baumwolldocht oder eine halbe Kerze enthielten.

Als sie das Haus in dem offenen Landauer verließen, zeichneten flackernde Lichter seinen Umriß nach. Jede Mauer, jedes Geländer, jedes Fenstersims und sogar jeder Gehsteigrand in der Stadt war mit kleinen Lichtern bestückt. Die ärmsten Bettler, die in ein Stück Stoff gewickelt auf dem Pflaster schliefen, oder die, denen es ein wenig besser ging, die auf Bettgestellen schliefen – jeder hatte ein Licht an seinem »Platz« befestigt.

Als sie die Howrah-Brücke überquerten und über den Fluß zurückblickten, sahen sie Kais, Stufen und Uferstraßen im tanzenden Licht, das sich in den Wellen des Flusses widerspiegelte.

Dann begannen die Feuerwerke. Der Himmel wurde von bunten Chrysanthemen und explodierenden Sternen erhellt, denen dahintreibende Spinnen aus Rauch folgten. Sie beobachteten aus der Kutsche die sich im dunklen Hooghly spiegelnden Raketen und die Reihen von Lichtern, die die Umrisse aller Fähren, Leichter und Eingeborenenboote an den langen Anlegestellen beleuchteten.

Sogar zwischen den riesigen Wurzeln der großen Banyan-Bäume blinkten die Lampen und hießen Lakshmi willkommen.

Elaine führte zwei Wochen lang das Luxusleben einer verwöhnten Memsahib. Sie fand, daß ihre Gastgeber langweilig waren, aber die Stadt mit den herrlichen Botanischen Gärten, der Uferstraße, den eindrucksvollen öffentlichen Gebäuden und der schöne Garten mit den blühenden Sträuchern – das alles und ihre täglichen Hindi-Lektionen bei Ayah machten ihre

Tage interessant. Dennoch wußte sie, daß ihr wahres Leben in Indien erst im Missionskrankenhaus beginnen würde.

Bis jetzt hatte sie noch keine Leprakranken gesehen, doch sie fühlte die Berufung, unter den Ausgestoßenen der Menschheit zu arbeiten. Nach einem Jahr im Krankenhaus würde sie sicherlich auch ihre Sprache verstehen.

9

Elaine, die einen wissenschaftlich geschulten Verstand besaß, nahm astrologische Voraussagen, die auf der Konjunktion der Planeten bei der Geburt beruhten, im allgemeinen nicht besonders ernst. Doch als sie ein Buch über Astrologie in die Hand nahm, das auf dem Nachttisch liegen gelassen worden war, konnte sie nicht anders, als darin über ihr Schicksal als Skorpion nachzulesen.

Die Skorpionfrau bedauert im geheimen nur eines: daß sie nicht als Junge zur Welt kam. Ihr ist klar, daß sie dann mehr Möglichkeiten gehabt hätte. Sie kann anmaßend und herrschsüchtig sein; aber sie ist nie unentschlossen. Sie kann oft ihren zukünftigen Gefährten auf den ersten Blick erkennen. Sie sucht einen Mann mit Kultur, Mut und Intelligenz.

Habt keine Angst, Skorpionfrauen... Die durchschnittliche Skorpionfrau meistert Schmerz, Lächerlichkeit und Mißerfolg in der Regel mit Bravour.

»Das bin ich!« dachte sie zustimmend.

War es wegen dieses lächerlichen Buches, daß ihr der Fremde so besonders auffiel? Es war ihre Gewohnheit, nach einem langen Tag im Krankenhaus eine Stunde in der Alten Missionskirche in der Mission Row beim Dalhousie Square zu verbringen. Es war ein hübsches Steingebäude, das zwischen riesigen Paternosterbäumen stand. Sie entspannte sich in einer der Bankreihen, ohne zu beten, und betrachtete nur durch die blauen, grünen und goldenen Kirchenfenster das farbige Licht.

Der Mann saß auf einer Mauer, die einmal weiß getüncht gewesen, aber jetzt grau mit dem Meltau und Schimmel Indiens bedeckt war, und zeichnete die Fassade der Steinkirche auf einem großen Skizzenblock, den er auf den Knien hielt. Er war schlank, hatte dunkle Augen unter schön geschwungenen schwarzen Brauen und einen dichten, dunklen Schnurrbart, war jedoch sonst glattrasiert. Etwas an seinem klaren, empfindsamen Blick, als er vom Objekt zum Papier und wieder zurück blickte, zog sie an.

Er hob den Kopf und begegnete ihrem Blick. Sie sah sofort weg und ging in die Kirche zurück. Er hatte sie dabei ertappt, daß sie ihn anstarrte wie »eine schlecht erzogene Kolonialfrau«, und dafür würde er sie auch halten, wenn er sie sprechen hörte.

Sie lugte vom Portal zu ihm hinüber und sah, daß er den Deckel seines Skizzenblocks zuklappte und wegging. Er war groß, hatte eine gerade Haltung und schritt leichtfüßig von dannen, als wäre er an große Entfernungen gewöhnt. Seine ganze Erscheinung strahlte Selbstsicherheit aus.

Was für eine Arroganz! dachte sie.

Und im nächsten Moment, hoffentlich sehe ich ihn wieder.

Doch ihr nächstes Zusammentreffen sollte nicht in der Kirche, sondern bei einem Wochenend-Lunch im Hause der Crosley-Sheridans stattfinden.

Es war zu Mittag zu heiß, um die Drinks auf der Veranda zu nehmen. Der Salon war infolge der Strohmatten vor den Fenstern dunkel, obwohl die Fensterläden offenstanden, so daß Elaine den hochgewachsenen Fremden in dem eleganten Rohseidenanzug zuerst nicht sah. Ihr Gastgeber stellte sie einander vor. »Miss Forbes, das ist jemand, der Sie interessieren wird; erlauben Sie mir vorzustellen –«

»– Mr. William King, der auf dem Weg zum Bezirk Orissa und zu einer Verabredung mit dem Maharadscha von Gorobhundsch in Kalkutta Station macht. Miss Forbes kommt aus Australien«, fügte er hinzu.

Sie erwartete fast, daß der Mann fragte: »Australien? Wo ist das?«, doch statt dessen ergriff er mit dem charmantesten, freundlichsten Lächeln ihre Hand und sagte: »Guten Tag. Die Schwesternuniform ist Ihnen nicht gerecht geworden, aber ich habe Sie an Ihrem kastanienbraunen Haar sofort erkannt.«

Er betrachtete ihr weißes Musselinkleid anerkennend.

»Wie ich sehe, sind Sie ein Diplomat«, lachte sie. »Mein Haar ist jedenfalls rot. Sind Sie Mitglied des diplomatischen Korps? Und Ihr Akzent – ist nicht englisch.«

»Ich spreche mit Adelaide-Akzent, wenn es so etwas gibt. Ich komme aus Süd-Australien.«

»Und Sie sind Architekt!« schloß sie eifrig. »Sie werden einen Palast für den Maharadscha von wo auch immer entwerfen, und Sie haben die alte Missionskirche gezeichnet, weil Sie sich für Form und Proportionen interessieren, nicht weil Sie ein Künstler sind. Habe ich recht?«

Ihre auffallend großen grünen Augen waren hypnotisch auf ihn gerichtet, wie damals im Kirchhof. Ihr Blick machte ihn verlegen. Er räusperte sich nervös. »Nicht ganz, Miss Forbes. Die Wahrheit ist prosaischer. Ich bin Bauingenieur, und was ich für den Maharadscha bauen soll, sind Kanäle und Brücken. Entschuldigen Sie.« Er wandte sich Diana zu, die links von ihm stand und ihm einen kleinen Whisky Soda auf einem Tablett anbot. Elaine fühlte sich ein wenig zurückgesetzt. Doch beim Mittagessen saß sie links von ihm, und offenbar, weil sie ihn diesmal nicht direkt anstarrte, unterhielt er sich die ganze Zeit über angeregt mit ihr. Englische Mädchen konnten natürlich bezaubernd sein, aber ihn erfrischte die heitere Freimütigkeit seiner australischen Landsmännin.

Da Elaine in den letzten Wochen von Gemüse-Curries und *dahl* gelebt hatte, studierte sie das gedruckte Menü eifrig.

»Mmmm, Lachsmayonnaise und Taubenpastete mit Pilzen!« murmelte sie. Es gab auch kalten Kapaun, kalten Schinken und Salat, stellte sie fest, und danach Dessert und Obst.

»Ich bin so hungrig, daß ich ein Pferd essen könnte!«

William war belustigt. Für junge Damen gehörte es sich, in ihrem Essen herumzustochern und zu erklären, daß sie bei der Hitze keinen Appetit hatten.

»Sie würden es sich vielleicht überlegen, wenn Sie schon einmal Pferdefleisch gegessen hätten«, wandte er ein.

»Warum, haben Sie es je gegessen?«

»Ja, aber nicht freiwillig. Es war noch in Australien. Bei einem Ritt durch ein abgelegenes Gebiet brach sich mein Pferd in einem Wasserloch das Bein.«

»Sie mußten es töten? Wie schrecklich.«

»Ja. Ich hatte eine Pistole bei mir, die aber für Wild nicht taugte. Sogar Vögel waren nach der langen Dürre selten. Nachdem ich den alten Wallach erschossen hatte, trocknete ich Teile seines Fleisches in der Sonne. Es war das zäheste Zeug, das ich je gekostet hatte. Aber ich wußte, daß ich an Ort und Stelle bleiben mußte, bis mich jemand suchte oder bis es regnete.«

»Und was geschah?«

»Es regnete, ein höchst ungewöhnlicher Zufall. Somit war ich imstande, zu Fuß zurückzugehen. Ich erinnere mich an einen Regenbogen am späten Nachmittag, in diesem Land ein seltener Anblick. Er erschien mir wie das Versprechen von Hilfe. Mein Vater erzählte mir dann, wie er versucht hatte, das Ende des Regenbogens zu finden, als er ein kleiner Junge war. Bis zu seinem fünften Lebensjahr hatte er kaum Regen gesehen.«

»Sie haben doch gesagt, daß Sie aus Adelaide kommen?«

»Ja. Wir sind dorthin übersiedelt, nachdem mein Vater den Topf mit dem Gold gefunden hat.«

Sie verstand nicht ganz und ging nicht darauf ein, sondern sagte: »Meine Großeltern hatten einen Besitz im Westen von Neusüdwales. Dort ist es auch sehr trocken. Aber es gibt wenigstens Flüsse.«

»Wir haben Flüsse und Seen, alle sind auf der Landkarte blau eingezeichnet. Nur führen sie leider selten Wasser.«

»In diesem Teil Indiens ist es anders! Der Ganges muß jenseits des Deltas ein gewaltiger Fluß sein. Ich sehne mich danach, ihn zu sehen. Und den Himalaja und den... –«

»Nanda Devi.«

»Was ist das?«

»Nur ein Berg, von dem ich gelesen habe. Man kann ihn von Moussouri in den Bergen aus sehen. Aber erzählen Sie mir von Ihrer Arbeit.«

»Später«, erwiderte Elaine.

Sie wollte in diesem Augenblick nicht an ihre Arbeit im Krankenhaus denken oder überhaupt an die andere Seite ihres Lebens. Was sie von Indien gesehen hatte, faszinierte und erschreckte sie. Zunächst hatte sie das Gefühl völliger Unwirklichkeit gehabt, als sie in die ordentlichen Straßen, die palastartigen Häuser des englischen Viertels gekommen war. Sie fühlte sich in einer bestimmten Weise schuldig, wenn sie sich zum Mittagessen mit einem halben Dutzend Gängen hinsetzte. Sie schloß die ausgemergelten Gestalten, die eingefallenen Wangen und die dürren Arme, die sich von Krankenhausbetten hilfeflehend emporreckten, aus ihrem Geist aus.

Der Anblick von zwei Bettlern, die sie beim Missionsareal gesehen hatte, quälte sie; ein etwa sechsjähriger, splitternackter Junge, dessen Hodensack durch eine Krankheit so geschwollen war, daß er wie ein Fußball zwischen seinen Beinen hing, und ein Mann ohne Beine, der sich auf Händen und Gesäß mit der Schnelligkeit einer Spinne und mit unglaublicher Behendigkeit durch die Füße der Menge bewegte; und die Leiche eines alten Mannes, die sie gefunden hatte; er lag in ein Tuch gehüllt im Rinnstein wie ein toter Hund, Fliegen krochen in seinen Mund, und die gleichgültige Menge ging an ihm vorbei. Die Crosley-Sheridans lebten völlig abgeschirmt von alledem; ihre Dienstboten wurden verhältnismäßig gut bezahlt und waren entsprechend gut ernährt. Nie gingen sie in das indische Viertel, in das lebendige, wuchernde, sich ungeheuer vermehrende andere Indien! In dem die Basare voller leuchtender Stoffe und fremdartigem Zuckerwerk waren, in dem zum Rhythmus einer Trommel oder einer Flöte Affen tanzten und Kobras sich wiegten, in dem Tanzmädchen in ihren farbigen Röcken vorbeirauschten und blitzenden Schmuck in den Nasenflügeln trugen, und hochgestellte Brahmanenfrauen sich den Weg zum Gemüsemarkt bahnten, gefolgt von einem Diener mit einem schönen, handgeflochtenen Korb über dem Arm.

Die Kinder im Krankenhaus brachten Elaine am meisten außer Fassung. Die Fälle von Unterernährung und Beriberi, die kleinen aufgeblähten Bäuche und runzligen Glieder, ihre alt aussehenden Gesichter. Kinder, die nie gewußt hatten, wie es ist, wirklich gesund zu sein. Abnorme Kinder, Kinder mit mißgestalteten Gliedern, ohne Augen, mit Tuberkulose, mit Krebs...

Elaine nahm entschlossen das zweite Gericht in Angriff. Es half niemandem, wenn sie das Essen ablehnte, das schon zubereitet war, und sie mußte sich ihre Kraft erhalten, damit sie ihre, wenn auch noch so geringe Arbeit weiter leisten konnte, um einigen wenigen von den leidenden Millionen helfen zu können.

Diese Nacht verbrachte Elaine bei ihren Freunden. In ihrem Schlafzimmer im zweiten Stock löste sie ihr langes rotes Haar und zog die Bluse und das Mieder aus. Es war heiß, aber vom Garten wehte eine warme Brise herein und trug sehnsuchtsvolle Düfte von Jasmin und Magnolien ins Zimmer. Sie saß vor dem Spiegel und betrachtete ihre Brüste, die in der Hitze voller und entspannter schienen.

Sie ging in ihrem Baumwollnachthemd zu Bett und dachte an William King und an das Astrologiebüchlein:

Die Skorpionfrau kann oft ihren zukünftigen Gefährten auf den ersten Blick erkennen. Sie sucht einen Mann mit Kultur, Mut und Intelligenz...

Ja, sollte sie ihr Schicksal tatsächlich auf einem Kirchhof in Kalkutta ereilt haben?

10

Nachdem William Elaine Forbes bei dem Dinner getroffen hatte, wäre er trotz ihres auffallend guten Aussehens nie auf die Idee gekommen, daß sie vielleicht eine passende Frau für ihn wäre. Sie war ihm sofort sympathisch gewesen, einfach weil sie beide Australier in einem fremden Land waren. Aber die riesigen Augen, der hypnotische Blick hatten ihn abgeschreckt. Und sie hatte eine Menge Sommersprossen, zweifellos eine Folge der australischen Sonne und ihres sehr hellen, zarten Teints.

Doch dann hatte der Zufall seine Hand im Spiel. Sein Kutscher hatte nämlich plötzlich, als sie sich gerade in der Nähe des Church-Mission-Krankenhauses befanden, eine Art Anfall. Es gelang William, den Mann in die Klinik zu bringen, und wer nahm ihn in Empfang? – natürlich die rothaarige Miss Forbes! Sie wirkte in ihrer Uniform groß und beeindruckend und notierte alle Einzelheiten des Anfalls rasch und präzise.

»Er ist einfach umgekippt, die Augen waren verdreht, und sein Mund stand offen. Es gelang mir, die Zügel zu ergreifen und das Pferd hierher zu lenken, da wir in der Nähe waren. Übrigens, wenn ich das Fahrzeug hereinfahren und das Tier in den Schatten unter die Bäume bringen könnte –?«

»Natürlich. Im Moment ist der Arzt nicht zur Stelle, aber ich werde inzwischen tun, was ich kann.«

William ging hinaus, fuhr den Wagen unter die großen, schattigen Bäume und gab dem Pferd, das genauso aussah wie sein Kutscher, etwas zu trinken.

Miss Forbes kam auf die Krankenhausveranda, während er dem Pferd behutsam das Zaumzeug abnahm.

»Sie haben ein Gefühl für Pferde, nicht wahr?« rief sie.

Er wurde rot. »Sie meinen, mehr als für Menschen?«

»Keineswegs. Viele Leute hätten einfach eine andere Kutsche gerufen und den Mann auf der Straße sterben lassen, ohne ihn ins Krankenhaus zu bringen.« Sie kam die zwei niedrigen

Stufen herunter und tätschelte den mageren Hals des Kutschpferdes. »Er ist übrigens wieder bei Besinnung. Er wird sich erholen.«

»Es könnte beißen«, warnte William, »aber wie ich sehe, haben Sie keine Angst vor Pferden.«

»Ich reite, seit ich gehen kann«, erklärte sie. »In Benangal ließen sie mich sogar die Pferde zusammentreiben, aber natürlich im Damensattel. So stumpfsinnig! Frauen sollten an Rennen und Hindernisreiten teilnehmen dürfen.«

Sie mochte Pferde und war eine gute Reiterin!

»Sie haben, wie ich höre, dieses Jahr das Point-to-Point-Rennen gewonnen.«

Von diesem Moment an blühte ihre Freundschaft. William ahnte nicht, daß Elaine Forbes sich bereits entschlossen hatte, ihn zu heiraten. Er selber fragte sich, warum er nicht sofort gesehen hatte, was für ein wunderbares Mädchen sie war. Außerdem war ihr Familienname Hamilton und ihre Verwandten waren die schottischen Macdonalds, denen mehrere Schaffarmen im westlichen Neusüdwales und im südwestlichen Queensland gehörten; ihre Eltern gehörten zu der Schafzüchterfamilie Forbes. Für eine Australierin besaß sie sehr einflußreiche Verwandte.

Im Grunde aber war ihre Herkunft für ihn nicht von Bedeutung; nur Mary, seine Mutter, würde hier sicherlich anderer Meinung sein.

Abgesehen von seiner eher lauen Affäre mit Anne, der Freundin seiner Schwester, beschränkten sich Williams Erfahrungen mit Mädchen auf einige flüchtige Küsse. Mütter von heiratsfähigen Töchtern mochten ihn instinktiv, sie spürten, daß er »nett« war, aber die jungen Frauen bildeten sich natürlich selbst ein Urteil, und je weniger ihre Mütter auffallenden jungen Männern trauten, desto mehr zogen sie diese dem ruhigen verläßlichen Willy vor.

Er erzählte Elaine von der Arbeit, die er in Gorobhundsch machen würde, und von seinen Plänen. Sie begann ihn Hindi zu lehren, das sie bereits ganz gut beherrschte.

»In Indien gibt es so viele Sprachen«, sagte er, »die Bücher werden in zumindest zehn Sprachen gedruckt; dort, wo ich hingehe, sprechen sie Orija.«

»Sie werden wenigstens die Greuel von Kalkutta verlassen«, antwortete sie. »Manchmal ist es mir einfach zuviel.«

»Sie sind übermüdet«, tröstete er sie zärtlich. »Die heiße Jahreszeit beginnt –«

»Nein, ich meine, daß das wenige, was wir in einem solchen Meer von Leiden tun können, kaum der Mühe wert erscheint. Ich fühle mich manchmal so schuldig und so hilflos.«

William erkannte die günstige Gelegenheit. »Meine liebe, liebste Miss Forbes... Elaine. In Gorobhundsch, einem kleinen, unabhängigen Staat, könnten Sie unendlich vielen helfen und die Ergebnisse Ihrer Bemühungen erleben. Es ist medizinisch sehr rückständig, und außer dem einen indischen Arzt des Maharadschas und einer Apotheke, in der die Bauern ihre Heilmittel kaufen, gibt es nichts. Wenn du mich nur heiraten würdest...« Er ergriff ihre Hand.

Elaine warf ihm ein strahlendes Lächeln zu. »Aber ja, mein lieber Willy! Ich dachte schon, du würdest mich das nie fragen.«

Ihre Direktheit und der Mangel an mädchenhafter Zurückhaltung verblüfften ihn derart, daß er sie schnell in seine Arme nahm, um seine Verwirrung zu überspielen. Sie waren fast gleichgroß, und ihre Körper ergänzten sich wie zwei Hälften eines vollkommenen Ganzen. Dann küßte er sie zärtlich. Was für einen langen Weg mußte er zurücklegen, um hier in Indien endlich ein Mädchen zu finden, das von nun an die wichtigste Frau in seinem Leben sein würde.

11

Sam King hatte sich in einem Adelaider Atelier fotografieren lassen, mit steifem Hemd, schwarzer Fliege und schimmernden Kragenknöpfen. Sein Haar war noch immer voll, doch zwei Silbersträhnen verliehen seinem frischen Gesicht einen Anstrich von Würde. »Samuel King, Esq. von Kingsland Hall« schrieb er mit kindlichem Stolz auf die Rückseite der Fotografien und schickte je eine an jeden seiner Brüder.

Für eine Zeit schienen die Tage seines ruhelosen Wanderns und Suchens vorüber zu sein. Natürlich konnte er der Versuchung nicht widerstehen, hin und wieder etwas Sand im Creek auszuwaschen. Meistens jedoch spazierte er über seine neuen Besitztümer, freute sich darüber, wie schnell die Sträucher, die er gepflanzt hatte, wuchsen: blühende Kamelien und Japanische Zierpflaumen, und eine Reihe kalifornischer Mandelbäume, die schon jetzt, noch vor dem Ende des Winters, blühten.

Auch in Waterfall Gully hatte er Orangen in die fruchtbare Erde gepflanzt. Sie gediehen so gut, daß er daran dachte, dieses Stück Land *Orangenhain* zu nennen. Der Duft der Orangenblüten erfüllte die Luft und versprach zugleich eine reiche Ernte goldener Früchte im nächsten Winter. Mary schlug den Namen *Goldener Hain* vor.

»Genügend Blüten, um Hochzeitskränze für alle unsere Töchter daraus zu winden«, sagte er. Doch Mae und Alice hatten keine Freier; nur Elizabeth und Ada hatten schon Orangenblüten getragen. Frances war noch zu jung, und Harriet und Sarah gingen noch in die Schule.

William schrieb aus Indien, daß er heiraten wolle; auch habe er eine interessante Stellung als Ingenieur beim Maharadscha von Gorobhundsch, dem Herrscher eines der Feudalstaaten im Bezirk von Orissa, südlich von Kalkutta, bekommen. Der junge Maharadscha sei voller fortschrittlicher Ideen und wolle eine Bahnlinie und gute Straßen bauen, was natürlich Brücken bedeute. Sein früherer Berater, ein aufrechter Engländer namens Cadell – verheiratet mit einer Australierin – habe noch immer einigen Einfluß auf ihn. Mit ihm müsse man also gut auskommen. Er und seine künftige Frau würden mit allem Komfort ausgestattet sein, und sein Gehalt könne man, verglichen mit dem beim Amt für Öffentliche Arbeit üblichen Tarif für einen Nachwuchsingenieur, getrost als *fürstlich* bezeichnen.

Mary freute sich über diese Nachricht. Jetzt, wo sie selbst keine Kinder mehr bekommen konnte, sehnte sie sich nach weiteren Enkelkindern.

»Wie gern würde ich zur Hochzeit nach Kalkutta fahren«, seufzte sie.

»Aber das kannst du doch, meine Liebe. Wir können alle hinfahren, wenn du willst. Wir können uns alles leisten, was wir wollen.«

Doch die seßhafte Mary, die Sam niemals auf einer seiner Gold-Expeditionen begleitet hatte, konnte sich nicht an den Gedanken gewöhnen. Also würde sie zu gegebener Zeit ein Hochzeitsgeschenk schicken und im übrigen darauf hoffen, daß Willy sie mit seiner Braut einmal besuchen würde.

»Ich bezweifle, daß er so lange wegbleiben kann, nachdem er gerade eine neue Stelle angetreten hat.«

William schickte ihnen eine in silberner Schrift gedruckte Einladung zu den Crosley-Sheridans, die die Hochzeit ausrichten würden. Auch Elaines Vater, Hamilton Forbes aus der bekannten Schafzüchter-Familie aus Neusüdwales, würde zu der Feier nach Indien kommen. Unerwähnt ließ William, daß seine Braut vorhatte, unter Leprakranken zu arbeiten.

Gerade, als alles zum Besten zu stehen schien – keine Geldsorgen, ein schönes Heim, William kurz vor der Hochzeit mit einem standesgemäßen Mädchen – tauchten neue Sorgen auf. Elizabeth, die dritte Tochter der Kings, deutete in einem Brief an, daß es ihr gar nicht gut ging. Sie hatte sich mit ihrem Mann, der zwanzig Jahre älter war als sie und vorher noch nie verheiratet war, in Kuldunda niedergelassen.

»O Mutter, ich bin so unglücklich. Ich kann dir gar nicht sagen, was ich durchgemacht habe. Ich weiß auch nicht, ob ich es dir jemals überhaupt erzählen kann.«

Mary antwortete ihr sofort, bat sie, sie zu besuchen. Sie kam mit dem nächsten Zug, allein, weil ihr Mann in seinem Geschäft zu tun hatte. Sie war überwältigt von der Größe und eindrucksvollen Pracht von »Kingsland Hall«, lief wie ein Schulmädchen von einem Raum zum anderen, war begeistert von allem und jedem und schwatzte das Blaue vom Himmel, wie Mary später Sam erzählte. Als sie dann die Arme auf das Holzgeländer des Balkons lehnte und auf die goldenen Früchte der reifen Orangen und das tiefe Dunkelgrün ihrer Blätter in der Orangerie hinunterblickte, wurde sie plötzlich sehr still. Zwei große Tränen liefen über ihre Wangen und tropften von ihrem Kinn.

Mary legte einen Arm um sie und zog ihren blonden Kopf auf ihre Schulter. Im ersten Augenblick war sie entsetzt über Elizabeths Aussehen gewesen: die großen, traurigen Augen, die Schatten darunter, die mageren, blassen Wangen. Hatte sie Tuberkulose oder eine andere schlimme Krankheit? Ihr Mutterherz zog sich angstvoll zusammen.

»Was ist los, mein Liebes? Erzähl es mir. Du machst dir Sorgen wegen deiner Gesundheit, nicht wahr?«

»Ja... nein, das ist es nicht.«

»Ich dachte, du würdest uns schon ein Baby mitbringen können. Stimmt etwas nicht? Bist du nicht glücklich mit Reuben? Ada hat jetzt schon vier Kinder.«

»*Glücklich!* O Mutter! Du hast mir gesagt, daß ich alle seine Wünsche erfüllen müsse, daß ich es schließlich sogar mögen würde! Aber er ist ekelhaft. Ich kriege eine Gänsehaut, wenn er mich berührt. Ich gehe immer als erste ins Bett, tue so, als schliefe ich, aber es ist zwecklos. Er – er – er...« Sie begann an Marys gewaltigem Busen zu schluchzen. Die kleineren Mädchen äugten neugierig durch die Terrassentür herein.

»Geht zu Bessie und sagt ihr, daß sie Tee kochen soll, Mädchen«, sagte Mary schnell. »Ich möchte allein mit Elizabeth reden... Nun, mein Liebes, erzähl es mir. Ist es schmerzhaft und unangenehm? Du mußt einen Arzt aufsuchen. Schau nicht so entsetzt, es gibt jetzt auch Ärztinnen. Jemand wie Dr. Violet Plummer kann dir helfen. Vielleicht genügt schon ein einfacher Eingriff.«

»Mutter. Ich könnte nicht mit einem Arzt darüber reden, auch nicht mit einer Ärztin. Ich kann nicht darüber reden.«

»Beruhige dich, Kind. Es ist ganz natürlich –«

»Das ist es ja gerade! Es ist nicht natürlich. Da bin ich sicher. Er nimmt mich... von hinten... und an der falschen Stelle. Und es tut weh! Mutter! Es ist widerlich, schrecklich! Und hinterher verlangt er, daß ich – in meinem Mund!... Ich muß Dinge tun – ich kann es gar nicht glauben, wenn ich ihn am nächsten Tag ordentlich gekleidet und wie einen honorigen Mann im Laden stehen und sich höflich mit den Damen unterhalten sehe. Dabei ist er eine Bestie! Eine Bestie! Eine Bestie!« Sie begann zu schluchzen.

»Ruhig, ruhig.« Mary wiegte sie in ihren Armen und suchte nach Worten. »Du armes Kind. Was hast du durchmachen müssen! Und ihr hattet niemals – normale Beziehungen – auch nicht am Anfang?«

»Nein, nie! Zumindest nicht in der Weise, wie du es mir geschildert hast und wie ich es in einigen Büchern gelesen habe. Ich bin sicher, daß ich deshalb auch nie empfangen habe.«

»Du gehst nicht zu ihm zurück«, bestimmte Mary entschieden. »Du kommst nach Hause zurück. Ich bin sicher, das ist Grund genug für eine Scheidung, oder besser noch, für eine Annullierung der Ehe. Zum Glück kann dein Vater sich die besten Anwälte leisten, und wir können vielleicht verhindern, daß du vor Gericht erscheinen mußt.«

»Ich würde eher sterben, als daß ich das, was ich dir eben erzählt habe, vor Gericht aussage.«

»Ja, mein Liebes, ja. Ich werde mit Sam darüber reden und ihn nach seiner Meinung fragen.«

»Erzähl Vater nichts. Er ist auch ein Mann, und für mich scheinen alle Männer Wilde zu sein.«

»Nicht alle, meine liebe Eliza. Nicht einmal die meisten. Du hast einfach Pech gehabt. Wie du selbst sagst, er sieht so anständig aus! Aber ich fürchte, als Junggeselle hat er sich schlechte Gewohnheiten angeeignet, hat gemeine Frauen, sogar junge Männer aufgesucht, die ihn für Geld befriedigten.«

»Junge Männer! Mutter, was um alles auf der Welt meinst du damit?«

Mary tätschelte ihre Schultern. »Mach dir keine Gedanken darüber, du Unschuldskind. Ich habe nur laut gedacht. Jetzt trockne deine Augen und trink mit uns eine Tasse Tee. Bessie hat dir extra deinen Lieblingskuchen gebacken.«

Trotz ihrer verständnisvollen Haltung Elizabeth gegenüber war Mary ziemlich beunruhigt bei dem Gedanken, daß sie mit Sam über die Probleme ihrer Tochter reden mußte. Doch in der Vertrautheit ihres Doppelbettes sprach sie mit ihm darüber und auch über ihren Entschluß, Elizabeth nicht mehr zu ihrem Mann zurückkehren zu lassen.

»Natürlich braucht sie das nicht«, sagte Sam. »Ich habe den Burschen nie gemocht. Ich erinnere mich, daß er kleine, gemeine Augen hatte, trotz all seiner feinen Manieren. Ich würde sagen, er mag lieber Jungen als Mädchen.«

»Das versuchte ich ihr zu erklären, doch diese Vorstellung schockierte sie nur noch mehr.«

»Nun ja, das verstehe ich. Ich habe eine gute Idee. Warum holen wir uns nicht einen Geschäftsführer her und gehen alle auf Weltreise? Natürlich muß Liza zuerst aus dieser Farce von einer Ehe herauskommen.«

»Sie würde eine Gerichtsverhandlung nicht durchstehen, Sam. Das Beste wäre, wenn er aufgrund von Ehebruch in eine Scheidung einwilligt – und das wird ihm wahrscheinlich lieber sein, als wenn all die schmutzigen Details ans Licht befördert werden. Doch ich bezweifle, daß unser Mädchen jemals wieder heiraten will. Sie sagt, alle Männer seien widerlich.«

»Armes Kind! Sie hat überhaupt keine Ahnung. Was für ein gefühlloser Prolet dieser Mann doch ist. Mein Gott, sie hatte gerade die Schule verlassen. Du hältst doch nicht alle Männer für widerlich, nicht wahr, meine Mary?«

»Dich jedenfalls nicht! Obwohl ich das Kinderkriegen leid bin. Die Frauen ziehen doch immer den kürzeren.«

Sam brach in dröhnendes Gelächter aus und zog sie an sich. »Komm her«, sagte er. »Ich weiß, du magst es. Oder nicht?«

»Ja«, entgegnete Mary ergeben. Und dann lauter: »Ja, ja, ja.«

12

Ihre Hochzeitsreise nach Kaschmir vergaß Elaine nie. In ihrer Erinnerung hatte das Land etwas Unwirkliches, als hätte sie es nur im Traum gesehen: so schön, so unglaublich malerisch im wahrsten Sinne des Wortes; wohin man auch sah, war die Landschaft von bildhafter Schönheit.

Wenn sie die Augen schloß, sah sie den stillen, blauen Dal-Lake vor sich, wo ihr Hausboot vertäut war. Das blasse Rosa der Lotosblüten, die sich am Ufer zusammendrängten, das mit Blumen beladene Boot der Blumenverkäufer, die schneebedeckte Kette des Karakorum, die sich wie eine Wolke in dem stillen Wasser widerspiegelte: und über allem eine vollkommene, von keinem Windhauch unterbrochene Stille und eine Luft, wie es sie erst in dieser Höhe gibt.

William zuliebe waren sie über Delhi und Rawalpundi gereist. Sie hielten sich eine Woche in Rawalpundi im Quellgebiet des Indus auf, wo sie in einem luxuriösen Bungalow im Park des Flashman's Hotels wohnten. Hier sah Elaine ihren ersten Mungo und war fasziniert von diesem kleinen Wesen, über das sie bisher nur gelesen hatte. Pfauen stolzierten umher, und Vögel mit zwei lang herunterhängenden Schwanzfedern saßen in den blühenden Sträuchern.

Dann hatten sie einen aufregenden Ritt in das Tal von Kaschmir unternommen, wo an manchen Stellen die halbe Straße von Erdrutschen blockiert war, während der Straßenrand an anderen Stellen ins Tal hinuntergerutscht war. Einmal versperrte ein umgestürzter Baum die ganze Straße, und sie mußten warten, bis er beiseite geräumt war.

Überall trafen sie auf Arbeitertrupps, die die Straße reparierten. Auf ihrer Zwei-Tage-Reise übernachteten sie in einem Bungalow und kamen schließlich müde, aber guter Dinge in Srinigar an, der Stadt der Hausboote.

Ihr Hausboot besaß einen kunstvoll geschnitzten, hölzernen Vorderbalkon und einen mit einem Sonnensegel versehenen Dachgarten. Es war am hinteren Ende des Sees vertäut, und ein hübscher, junger Moslem brachte sie in dem *shikara,* einem luxuriösen, überdachten Boot mit bestickten Kissen und Vorhängen, hinüber. Täglich wurden sie durch gewundene Wasserläufe gerudert, glitten dahin wie im Traum, während die sich im Wasser widerspiegelnden Wolken und Berge an ihnen vorbeischwammen.

Die Mahlzeiten wurden auf dem hinter ihrer Unterkunft vertäuten Boot des Schiffseigners zubereitet: köstliche Lamm- und Gemüse-Currys und Reisgerichte, die von seinen moslemischen Söhnen an Bord gebracht wurden. Abdul, der Jüngste, war fasziniert von Elaines Haarfarbe und verehrte sie beinahe wie eine Göttin, nachdem sie ihm, als er sich den Fuß aufgerissen hatte, diesen mit Bandagen aus ihrem Erste-Hilfe-Kasten verbunden hatte. Er wurde zu ihrem Fremdenführer auf ihren Ausflügen.

»Sie fahren jetzt?« pflegte er fröhlich und begierig zu fragen, wenn sie das von seinem Schwager geruderte *shikara* herbeiriefen. »Ich fahren mit? *Wir* fahren?«

Elaine brachte es nicht über das Herz, ihn abzuweisen, obwohl William in einer lächerlichen Anwandlung von Eifersucht meinte, daß er seine Frau ganz gerne eine Weile für sich allein haben würde. Sie wies ihn darauf hin, daß er sie Abend für Abend für sich allein habe, denn wenn der Abendbrottisch abgeräumt war, zogen sich die Dienstboten diskret in ihre eigenen schwimmenden Heime zurück.

Sam und Mary King und ihre fünf Töchter brachen zu ihrer Weltreise auf und machten als erstes in Kalkutta Station, um William und seine Frau zu treffen, die von Gorobhundsch heraufgefahren kamen. Elaine war bereits schwanger, wie sie Mary anvertraute. So unterschiedlich sie auch in ihrem Aussehen, Temperament und von ihrer Abstammung her waren, mochten Elaine und Mary sich auf Anhieb.

Sam mietete eine Suite im Great Eastern-Hotel und bewirtete Williams Freunde aus dem Jockey-Club und jeden anderen, den er dazu überreden konnte, seine Gastfreundschaft in Anspruch zu nehmen. Zu Elaines geheimer Erleichterung machten die Crosley-Sheridans gerade Urlaub in England. Sie fand ihren überschwenglichen Schwiegervater zwar sehr interessant, doch sie konnte sich lebhaft Mrs. Crosley-Sheridans hochgezogene Augenbrauen vorstellen und den britischen Akzent ihres Mannes: »Der Bursche ist wie all diese verdammten Kolonisten, schmeißt auf vulgäre Art und Weise mit seinem Geld um sich.«

Sam, der früher schon einmal in Indien gewesen war, liebte es, vor seiner Familie mit seinen wenigen Brocken Hindi anzugeben. Er fuhr mit ihnen in Rikschas zum Botanischen Garten und den anderen Sehenswürdigkeiten der Stadt und verteilte dabei reichlich Bakschisch.

Elizabeth war nicht zu ihrem Mann zurückgekehrt. Mary hatte der Reise vor allem deshalb zugestimmt, um ihre Tochter von ihren Sorgen abzulenken, während Sam hoffte, auf ihrer Reise einen Ehemann für die schlichte, unscheinbare Mae zu finden. Arthurs Anwaltskanzlei zog Elizabeths Scheidung durch, der Reuben wider Erwarten sofort zugestimmt hatte. Wie Sam seiner Frau erklärte, galt Perversion laut Gesetzbuch als Verbrechen, und obwohl eine Ehefrau nicht gegen ihren Mann auszusagen brauchte und sie wußte, daß nichts auf der Welt Eliza dazu bewegen konnte, vor Gericht auszusagen, hatte Reuben viel zuviel Angst um seinen Ruf, als daß er sich einer Scheidung widersetzt hätte.

Elizabeth hatte sich verändert; sie war lebhaft und lachte

viel, schlenderte Arm in Arm mit ihren Schwestern auf dem Deck umher. Sobald das Schiff Port Adelaide und den äußeren Hafen verlassen hatte und die Küste Südaustraliens mit all ihren verhaßten Erinnerungen hinter ihnen lag, schien sie die Vergangenheit zu vergessen. Nur manchmal wurde sie still, starrte mit großen Augen vor sich hin; dann kniff sie schnell die Augen zusammen, als wollte sie ein unangenehmes Bild vertreiben. Sie sprach nie wieder mit Mary über die Gründe ihres Kummers und vermied es, allein mit ihrem Vater zu sein.

Sam hatte die Seereise in vollen Zügen genossen. Er war schon immer gern auf See gewesen: die offene Bar, die Plaudereien an Deck, die Kartenspiele im Salon. Er war bald bekannt als einsatzfreudiger Wetter, unbekümmerter Spieler und guter Verlierer. Er wettete um alles: die relative Geschwindigkeit zweier Sturmvögel, die dem Schiff folgten, oder den Zeitpunkt, wann sie wieder Land erblickten, oder die Strecke, die das Schiff täglich zurücklegte. Auf jeder Reise wurde er zu einer Persönlichkeit, die jeder, die Stewards eingeschlossen, kannte.

Von Kalkutta aus segelten sie weiter nach Colombo und später dann durch den Suez-Kanal nach England, eine wunderbare, zeitsparende Route. In England fuhr Sam nach Buckinghamshire, um sich in Aylesbury und Ivinghoe Familiengräber anzusehen. Vielleicht hoffte er insgeheim, ein paar adlige Vorfahren zu finden, die einmal ein Heim wie Kingsland Hall besessen hatten. Doch alles, was er fand, war der Eintrag über kleine Bauern im Kirchenregister und ein paar alte Gräber.

Sie wohnten in einem teuren Hotel in Marble Arch, die sieben Kings und die Gouvernante. Mary reiste nach Truro, um das Grab ihrer Mutter zu besuchen, die etwa zur selben Zeit wie Robert King gestorben war.

»Sollen wir jetzt auf den Kontinent fahren«, fragte Sam, nachdem sie die Sehenswürdigkeiten von London gesehen hatten, »oder in die Neue Welt: – die Vereinigten Staaten, Kanada, die Rocky Mountains, Niagara-Fälle –«

Im Gegensatz zu Mary wollten die Mädchen lieber nach Paris, einen Wunsch, den Sam ihnen erfüllte. Mary blieb in London, erledigte Einkäufe und packte. Dann segelten sie über den Atlantik, Mary und Sam in einer fürstlichen Suite. Es war das letzte Mal, daß Samuel King wie ein König lebte.

Elaine und William waren allein in der warmen, duftenden Dunkelheit, riesige gelbe Sterne standen am Himmel. Anfangs hatte Elaine darauf bestanden, das hochgeschlossene, langärmelige Nachthemd aus ihrer Aussteuer zu tragen, doch William widersprach ihr mit dem Hinweis, daß dies viel zu heiß sei.

»Aber ich kann nicht *ohne* schlafen.«

»Warum nicht? Die ganze letzte Nacht war das Ding ohnehin bis zu deinem Hals hochgerutscht.«

»Also wirklich, William!« Sie lachte. In dieser Nacht schlüpfte sie nackt ins Bett und entdeckte eine neue Freiheit. Dankbar bedeckte er ihren Körper mit Küssen. Sie dachte an jenen Abend, als sie im Haus der Crosley-Sheridans am Fenster gesessen und ihre Brüste bewundert hatte.

»Wir wurden dazu erzogen, Nacktheit als etwas Schreckliches zu fürchten, mußt du wissen«, sagte sie. »Selbst die Untersuchung durch einen Arzt wird kompliziert, weil die Laken, oben und unten, um seine Patientin gebunden und gesteckt werden und er nur eine winzige Stelle an dem Körperteil sieht, das er sehen will. Sogar beim Baden im Krankenhaus – wir mußten ein Laken über die Patientin halten, so wurde ihr Oberkörper bedeckt, wenn wir sie unten wuschen, und umgekehrt. Es ist wirklich lächerlich!«

»Hat es dich nie irritiert, wenn du einen männlichen Patienten waschen mußtest – überall?«

»Oh, wir wuschen sie nur bis zur Taille, und dann gaben wir ihnen den Waschlappen, damit sie sich selbst an den intimen Stellen wuschen. Es sei denn, sie waren zu schwach dazu, und dann spielte es auch keine Rolle.«

»Nein, wahrscheinlich nicht. Hat sich jemals ein Patient in dich verliebt?«

»Ja, hin und wieder. Das gehört zum Berufsrisiko. Aber Romanzen im Krankenhaus sind wie Schiffsromanzen; sie dauern selten länger als bis zum Ende der Reise oder des Krankenhausaufenthaltes. Krankenschwestern verlieben sich natürlich auch in Ärzte. Ich war einmal schrecklich verliebt in einen Chirurgen in Sydney. Er hatte eine schöne Frau und drei Kinder, und ich wußte, daß es hoffnungslos war.«

»Bist du sicher, daß du ihn nicht mehr liebst?«

»Vollkommen. Obwohl das einer der Gründe war, warum ich nach Indien gehen wollte, wo ich ihn nicht mehr sehen konnte. Wenn er die Station betrat, wurde mir schwindlig, und ich zitterte am ganzen Körper. Ich war wütend über mich selbst, weil ich so dumm war, aber ich konnte nichts ändern.«

»Ist dir jemals schwindlig geworden, wenn *ich* den Raum betrat?« fragte William eifersüchtig.

»Nein, du Dummer. Mit dir war alles ruhig und vollkommen und richtig. Vom ersten Augenblick an, da ich dir begegnete, wußte ich, daß ich dich heiraten wollte – und niemanden sonst. Es war wirklich Liebe auf den ersten Blick. Und als du mich dann küßtest, war ich mir noch sicherer.«

Als sie Kalkutta verließen, stand die Zeit der Monsunregen kurz bevor. Um den Speisewagen des Zuges zu erreichen, mußte man sich durch die glühende Hitze auf der Plattform wagen. Das Abendessen war immer das gleiche: Mulligatawny-Suppe, gebratenes Huhn und Karamelpudding.

Obwohl Elaine sich darüber freute, daß sie schwanger war, hätte sie doch gern ein Jahr Zeit gehabt, um sich an ihre neue Position, die Dienstboten und die Führung des Haushalts zu gewöhnen. Sie war zwar schon immer eine gute Hausfrau gewesen, doch sie wußte kaum etwas über die Haushaltsführung in Indien. Immerhin hatte Mrs. Crosley-Sheridan ihr ein paar gute Ratschläge gegeben: »Das Wasser muß stets abgekocht werden, selbst wenn es nur zum Zähneputzen benutzt wird. Vergewissern Sie sich, daß im Gemüsegarten keine Jauche verwendet wird. Waschen Sie alle frischen Salate in ›Condy‹-Kristallösung. Und halten Sie alle Ihre Lebensmittel unter Verschluß. Wenn der Koch etwas braucht, muß er sich von Ihnen die Speisekammer aufschließen lassen.«

Elaine hielt die ersten drei Ratschläge für sinnvoll, denn Typhus und Cholera waren auf dem Land nun einmal verbreitet. Doch sie weigerte sich, die Lebensmittelvorräte unter Verschluß zu halten und die Speisekammer aufschließen zu müssen, wann immer der Koch etwas Mehl oder Reis brauchte.

»Ich habe vor, den Dienstboten Vertrauen entgegenzubringen«, sagte sie zu William. »Und ich glaube, daß sie mich nicht hintergehen werden, wenn ich sie anständig behandle. Und selbst wenn sie mich bestehlen, so wird es nicht schlimm sein. Für sie muß es doch so aussehen, daß wir alles in Hülle und Fülle, sie jedoch nur sehr wenig haben.«

Mrs. Cadell, deren Mann der Berater des jungen Maharadschas gewesen war, als dieser heranwuchs, während die alte Maharani nach dem Tod seines Vaters die Macht übernommen hatte, besaß noch immer großen Einfluß im Palast. Sie war auch sehr freundlich zu ihrer Landsmännin Elaine und half ihr bei der Einstellung der Dienstboten. Auch sie hatte ihre Vorratsschränke nie verschlossen gehabt und war auch nie bestohlen worden. Sie versprach, Elaine jeden Nachmittag während der Siestazeit Unterricht in Orija zu geben.

Elaine hatte gedacht, daß sie mit nur zwei oder drei Dienstboten auskommen könnte, doch bald schon erkannte sie, daß das in Indien nicht möglich war. Jeder Dienstbote hielt sich strikt an seine Aufgaben: der Kutscher, der Stallbursche und die *syces* hatten mit nichts anderem als mit Pferden zu tun; andererseits würden sie sich jedoch auch nicht dazu herablassen, die Ställe auszufegen, das war Aufgabe der Männer der Putzkaste. Für das Putzen der Badezimmer und das Aufräumen der Schränke wiederum mußten Männer einer niedrigeren Kaste angestellt werden.

Der Gärtner und sein Gehilfe rangierten etwas weiter oben in der Hierarchie, dann folgten die Hausangestellten, nicht nur der Koch und seine Küchenhilfen, sondern auch die Diener, die die Speisen ins Eßzimmer trugen, die Getränke servierten, mit den Kindern spazierengingen und den Tisch abräumten, jedoch nicht das Geschirr abwuschen. Der Butler regierte über das Küchenpersonal und führte die Oberaufsicht bei den Mahlzeiten.

Frauen wurden nur selten beschäftigt, höchstens als persönliche Zofen oder Kindermädchen.

Insgesamt gab es ein Dutzend Dienstboten, manche mit Frauen und Kindern, zu denen auch Williams Hausdiener Hoitri gehörte, der sich um Schlafzimmer und Bad kümmerte und dafür sorgte, daß die Kleider des Herrn zum Wäscher gebracht wurden. Gewaschen wurde am Fluß unterhalb des Palastes, wo es ein paar flache Felsen gab, und hier rubbelten Männer und Frauen die Kleidungsstücke mit gelber Seife in dem klaren, kalten Wasser, hoben sie dann hoch und schlugen sie kräftig gegen die Steine, um den Schmutz zu entfernen. In der Sonne im Gras zum Trocknen ausgebreitet, kamen sie schließlich frisch und duftend zurück.

Elaine und William wohnten in einem großen, ebenerdigen Bungalow mit hohen, luftigen Wohnräumen, die – verbunden durch weiß gestrichene Bögen – ineinander übergingen und so ein Gefühl der Weitläufigkeit vermittelten. Die Fußböden waren der Kühle wegen gekachelt, die Fenster mit Jalousien und Außenfensterläden versehen. Doch die Annehmlichkeit, ebenerdig mit nur zwei Stufen zur Veranda zu wohnen, hatte auch ihre Schattenseiten: Innerhalb des Grundstücks waren sie zwar sicher vor Dieben, doch es ließ sich nicht vermeiden, daß Schlangen in die Schlafzimmer eindrangen. Bei so vielen Dienstboten konnte man nur hoffen, daß sie sofort entdeckt und entfernt wurden.

Auch anderes Getier kam ins Haus. An ihrem ersten Abend in ihrem neuen Heim nahm Elaine nach der Hitze und dem Staub der langen Bahnreise ein genüßliches, kühles Bad. Sie drückte den weichen Schwamm aus, ließ das Wasser über ihren Rücken rieseln und stieß einen Seufzer der Zufriedenheit aus. Dann fiel ihr Blick über den Rand der Badewanne, und sie hielt entsetzt die Luft an, schrie dann gellend auf.

William, der im angrenzenden Schlafzimmer bereits im Bett lag und ungeduldig auf sie wartete, sprang, wie von der Tarantel gestochen, auf. Er ergriff seine Reitpeitsche, die einzige Waffe in Reichweite, und stürzte ins Badezimmer.

Elaine deutete mit zitternder Hand auf den Boden.

»Was gibt es? Eine Python? Oder eine Kobra?« rief er.

»Nein, nein, sieh her! Die größten – schrecklichsten – widerlichsten – Kakerlaken, die ich je gesehen habe! Iih! Sie nur, wie sie davonrennen! Ich traue mich nicht, barfuß herumzulaufen. Tu was!«

William warf die Reitpeitsche auf den Zementboden.

»Wirklich, Elaine! Kakerlaken! Das ist ja wohl lächerlich! Ich dachte –« Er suchte nach einem Gegenstand, mit dem er sie zerquetschen konnte, ergriff dann einen Schrubber.

»Nein, nein! Nicht zerdrücken! Ich kann den Gestank nicht ertragen! Trag mich nur hier heraus.«

William merkte, daß ihre Angst echt war. Er ergriff ein Badetuch, hob ihren nassen Körper aus der Wanne und wickelte ihn in das Handtuch. Dann trug er sie wie ein Paket ins Schlafzimmer, wo er sie ziemlich unsanft auf das Bett fallen ließ.

»Ich werde morgen früh Insektenpulver besorgen. Das liegt nur daran, daß das Haus eine Zeitlang nicht bewohnt war.«

»Es tut mir leid, Liebling. Du hältst mich sicher für verweichlicht. Aber ich kann dieser Viecher nicht *ertragen*. In dem alten Krankenhaus, in dem ich gelernt habe, gab es auch welche, und ich hatte furchtbare Angst vor ihnen. Aber diese hier –! Sie sind so groß wie Mäuse!«

»Und ebenso harmlos! Schmutzige Tiere, da stimme ich dir zu, und wir werden sie loswerden. Aber ich dachte, es wäre eine Schlange. Du hast mir mit deinem Geschrei einen richtigen Schrecken eingejagt. Du bist doch sonst ein vernünftiges Mädchen.«

»Auch vernünftige Mädchen können Angst haben. Manche Frauen haben Angst vor Mäusen oder vor Fledermäusen, die sich in ihrem Haar verfangen, oder vor Spinnen. Ich hätte weniger Angst vor einer Schlange im Badezimmer als vor diesen Biestern. Bitte, mach die Schiebetür zu, damit sie nicht herein können.«

Murrend gehorchte er. »Wie auch immer, ich wette, du schreist das ganze Haus zusammen, wenn du eine Schlange in der Badewanne siehst.«

»Das würde ich nicht! Zu Hause habe ich viele giftige braune Schlangen erschossen. Auch Tigerschlangen. Und rote –«

»Gut, gut, du hast keine Angst vor Schlangen.«

Dieser Vorfall führte dazu, daß sie am nächsten Tag mit Williams Gewehr ein Wettschießen durchführten. Als Elaine auf fünfzig Meter eine Flasche traf, gab er zu, daß sie wahrscheinlich in der Lage war, eine Schlange zu erschießen – sogar eine, die sich bewegte.

Der Putz-Boy besprenkelte alle Ritzen im Badezimmer mit Insektenpulver, und William legte Köder mit Borax und Zukker aus.

Danach sah Elaine nur noch ein paar leblose Körper, die sie mit Seidenpapier bedeckte, damit sie sie nicht mehr ansehen mußte, bis sie am nächsten Morgen entfernt wurden.

Doch auch Elefanten machten Elaine nervös, wenn sie in ihre Nähe kamen. Ihre klugen Augen, die so klein und wissend in ihrem riesigen grauen, faltigen Kopf wirkten, schienen für sie einen berechnenden Ausdruck zu haben, als überlegten sie, ob sie sie mit ihren Rüsseln in die Höhe heben oder sie mit ihren Füßen zertreten sollten. Natürlich wußte sie, daß sie vollkommen zahm waren und daß die Elefantentreiber, die auf ihren Nacken so klein wirkten, sie nur mit ihrer Stimme und einem kleinen, spitzen Stock unter Kontrolle halten konnten; trotzdem hatte sie ganz unvernünftigerweise Angst. »Sie sind einfach zu groß«, sagte sie zu William.

Wenn der Boden vom Regen aufgeweicht war, ritten sie manchmal auf einem Elefanten aus. In der trockenen Jahreszeit machten sie kürzere Picknick-Ausflüge. Wenn sie dann durch den weichen Sand eines leeren Flußbettes ritten, konnte sie die schweren Füße der Elefanten mit jedem Tritt im Sand versinken sehen.

Eines Tages, kurz bevor es Elaine in ihrem Zustand zu anstrengend wurde, um überhaupt zu reisen, begleitete sie William auf einer seiner Inspektionsreisen in den Süden, ins Tigerland. Sie kamen in ein Dorf, wo die Leute noch immer verängstigt waren, weil zwei Tage zuvor ein Tiger eine Dorfbewohnerin getötet hatte, als sie allein zum Wasserholen ging. Die Dunkelheit war angebrochen, und William erklärte, daß sie an diesem Abend nichts mehr tun könnten, doch falls die Leute eine Tigerfalle errichteten und in der Nähe eine Ziege anbänden, würden sie den Tiger erlegen, wenn er gefangen war. Elaine war empört. Sie fand es unfair, ein in der Falle sitzendes Tier zu erschießen, aber noch unfairer, eine Ziege als lebenden Köder zu benutzen.

In jener Nacht schlief Elaine nur sehr wenig. Sie stand auf und stellte Stühle unter die Klinken der dünnen Türen des kleinen Bungalows. Sie blieb wach und bildete sich immer wieder ein, das Tappen großer Pfoten auf der hölzernen Veranda zu hören. Gegen Morgen tat ihr der Tiger schon weniger leid. William, der den blutbefleckten Sari und einen abgerissenen Arm der unglücklichen Frau gesehen hatte, tat er überhaupt nicht leid. Vor Aufregung und weil Elaine ständig umherhuschte, um zu prüfen, ob die Fensterläden fest geschlossen und die Stühle richtig unter den Türklinken standen, konnte er auch kaum schlafen.

Es war fast eine Enttäuschung für sie, als sie am Morgen feststellten, daß die Falle leer war. Der Tiger war offensichtlich zu klug, um sich auf diese Weise in die Falle locken zu lassen. Die Dorfbewohner befanden sich in heller Aufregung, denn der Tiger hatte sich in der Nacht einen ihrer Arbeitsochsen aus dem Pferch geholt. Bei ihrer Armut war das fast noch schlimmer für sie als der Tod einer Frau. Die Bestie war dreist und würde wahrscheinlich wieder zuschlagen. Sie deuteten auf die Schleppspuren in dem sandigen Flußbett, die zu einer Insel mit nur einem großen Baum in der Mitte führten. Auf einem Elefanten ritt William zu der Insel hinüber, wo er unter dem Baum den verstümmelten Bullen und Fußabdrücke eines großen Tigers fand.

In der Gabel des Baumes ließ er ein Moskitonetz als behelfsmäßigen Hochsitz und eine Leiter aus gewundenem Wein, die er hinter sich hochziehen konnte, befestigen. Vor Sonnenuntergang richtete er sich darauf ein, die Nacht allein im Baum zu verbringen. Nachdem er vom Rücken des Elefanten auf die schwingende Leiter gestiegen war, brachte der Elefantentreiber Elaine bis zum Morgen aus der Gefahrenzone. Sie blieb im Haus und machte sich Sorgen um William.

Später erzählte er ihr, daß es die längste Nacht seines Lebens gewesen sei. Moskitos summten um seine Ohren, riesige rote Ameisen krochen über seinen Körper, Motten flogen gegen sein Gesicht, doch er mußte regungslos und still ausharren und wach bleiben. Kleine Dschungeltiere raschelten im Unterholz, Nachtvögel schrien, doch es war kein Anzeichen des Tigers im hellen Licht des Mondes zu entdecken. William nahm keine Bewegung wahr, keinen Laut, nicht einmal das Rascheln eines Blattes, doch plötzlich stand er da, am hinteren Ende des freien Platzes unter dem Baum. Er blickte sich träge, offensichtlich völlig ahnungslos, um und gähnte wie eine Hauskatze. Es war ein Männchen, ein herrliches Tier, dessen gestreiftes Fell sich mit dem Spiel von Licht und Schatten vermischte. Langsam und majestätisch bewegte sich der Tiger zu den Überresten des Bullen.

Williams Herz hämmerte. Dann schoß er. Der Tiger tat einen mächtigen Satz, drehte sich in der Luft und landete auf den Beinen. Bevor William nachladen konnte, war er verschwunden. William war wütend über sich, die Dorfbewohner jedoch waren froh, daß ihnen zumindest für den Augenblick keine Gefahr mehr drohte. Elaine fiel ein Stein vom Herzen – sie hatte ihren Mann unverletzt zurück.

Der Salon des Bungalows war elegant mit seinem Stutzflügel und den Kerosinlampen an den Wänden: Messing mit blaßrosa chinesischen Lampenschirmen in der Form von Wasserlilien, die ein sanftes Licht verbreiteten.

Das Eßzimmer beherbergte den verschlossenen Gewehrschrank, Schmuckschwerter und einige von Williams Jagdtrophäen: einen ausgestopften Fasan, einen Fächer aus Pfauenfedern und den Kopf eines Bären mit gläsernen Knopfaugen. Hier hielt William jeden Sonntag um zehn Uhr einen Gottesdienst ab, dem das gesamte Personal beiwohnen sollte: Christen, Hindus und Moslems sangen die Lieder in ihrer jeweiligen Sprache, während Elaine auf dem Harmonium spielte.

Wenn sie abends noch eine Ausfahrt unternehmen oder Besuchern die Gegend zeigen wollten, taten sie das am liebsten in dem offenen, von einem Vierergespann gezogenen Landauer. Ruhig trabten die Pferde durch das Tor, die von Saulbäumen umsäumte Straße hinunter, um den See herum und an dem Missionsgelände vorbei, hinauf zu den riesigen Mangowäldern mit ihren Laubgewölben, wo sich die Staatsgebäude befanden, das Gebäude des Amtes für Öffentliche Arbeit, in dem William sein Büro hatte, inbegriffen. Seine erste Aufgabe war es gewesen, glatte, neue Straßen von und zu diesem Gebiet zu entwerfen, über die der Landauer jetzt elegant dahinrollte.

Vom Büroviertel führte eine breite, schmutzige Straße zu den verstreuten Dörfern und Gehöften und schließlich zum Dschungel, den Teak- und Ebenholzwäldern und den Magasini-Bergen am Horizont. In der entgegengesetzten Richtung, hinter dem Palast, dem Dorf und dem Basar, lagen weite Reis-, Jute- und Maisfelder, dahinter das fruchtbare Überschwemmungsgebiet des Great Python River und die Sümpfe, wo Krokodile, Kobras und Tiger lauerten.

Alles war grün und üppig, wuchs schnell und im Überfluß: Wasserlilien auf dem See, blühende Hibiskus- und Tulpenbäume im Garten, reife Mangofrüchte, die ins Gras fielen. Manchmal dachte William an die trockenen Ebenen von Beetoota im fernen Südaustralien. Es hätte auf einem anderen Planeten liegen können. Er sagte Elaine, daß er gerne in das Deccan und die Wüstenregionen hinter dem Indus reisen würde, bis an die Grenzen von Persien und Afghanistan.

»Manchmal sehne ich mich nach einer schönen, sauberen, leeren Wüste«, sagte William. »Hier ist das Leben so voller Überfluß, sowohl in der Flora als auch bei den Menschen. Und obwohl es hier aussieht wie im Garten Eden, wimmelt es von Giftschlangen.«

Er hatte den Vorfall mit einer Paraguda nicht vergessen.

Eines Abends hatten sie im Bett wieder eine ihrer ziemlich lautstarken Auseinandersetzungen über die Bedeutung irgendeines Wortes. Elaine sprang aus dem Bett und rannte barfuß ins Eßzimmer, um ein Wörterbuch aus dem Bücherregal zu holen. Nach dem Vorfall mit den Kakerlaken nahm William es nicht allzu ernst, als er sie schreien hörte.

Dann jedoch wankte sie mit kreidebleichem Gesicht durch die Schlafzimmertür.

»Willy! Willy! Ich bin gebissen worden... von einer Paraguda. Sie lag im Schatten des Bücherregals auf dem Boden, und ich bin auf sie getreten. Sieh nur, sieh!« Und sie zeigte auf zwei rote Einstiche auf ihrer Fußsohle, aus denen dunkles Blut sikkerte.

Ohne zu zögern, zog William an der Zigarre, die er stets in der Hand hielt, und preßte das brennende Ende gegen die Bißwunde. Elaine schrie auf und wurde ohnmächtig. Einer der Diener wurde losgeschickt, um Dr. Gupta zu holen, und als sie wieder zu sich kam, stellte Elaine fest, daß William ihr Bein über dem Knie abgebunden, die Schlange aufgespürt und getötet hatte. Er schüttete ihr etwas Whisky und Wasser zwischen die klappernden Zähne.

Als Dr. Gupta eintraf, lobte er Williams Geistesgegenwart; obwohl Elaine eine häßliche Brandwunde hatte und eine bleibende Narbe davontragen würde, hatte das Gift sich nicht weiter ausgebreitet, weil er innerhalb von Sekunden nach dem Biß die Kauterisation vorgenommen hatte. Der Arzt besaß viel Erfahrung mit Schlangenbissen, und nachdem er die Wunde versorgt hatte, versicherte er ihnen, daß sie nichts zu befürchten hätten.

»Sie brauchen auch nicht mit ihr hin- und herzulaufen und sie wachzuhalten«, fügte er hinzu. »Das war schon immer eine weit verbreitete falsche Methode. Sie sollte den Fuß hochlegen und ruhen.«

»Danke, Doktor.« Elaine schenkte ihm ein schwaches Lächeln. »Es tut mir leid, daß ich Sie mitten in der Nacht herrufen mußte.«

Ihr erstes Dinner im Palast war für Elaine beinahe eine Qual. Zunächst erschien die alte Maharani erst gar nicht. Sie mußte aus dem Zenana, dem Frauenhaus des Palastes, herbeigerufen werden, das um einen mit Marmorfliesen ausgelegten Hof herum gebaut war, in dem weiße Pfauen zwischen Brunnen und Blumenbeeten herumstolzierten. Maharani Vashti war eine kleine, sich sehr aufrecht haltende Person in einem einfachen weißen Witwensari ohne Juwelen oder irgendwelchen Schmuck. Sie gab sich sehr würdevoll, doch wenig mitteilsam.

Es gab lange Pausen, in denen Elaine verzweifelt nach einem Thema suchte, über das sie sich mit dieser seltsam faszinierenden, klugen, jedoch völlig in sich zurückgezogenen Frau unterhalten konnte. Sie saß sehr aufrecht mit gefalteten Händen und einem freundlichen Lächeln auf den roten Lippen da, während ein leicht ironischer Ausdruck in ihren dunklen Augen lag. Wäre da nicht ihre Tochter Diwa gewesen, die in ihrem orangeblauen, mit Gold besetzten Sari, einem in ihrem linken Nasenloch glitzernden Diamanten und Saphiren in den Ohren farbenprächtig wie ein Papagei aussah, wäre das Schweigen unerträglich gewesen. Doch als Diwa zusammen mit ihrer hübschen, kleinen Nichte Devi den Raum betreten hatte, hellte sich die Szene auf. »Sie kommen aus Australien wie Mrs. Cadell?« fragte sie angeregt. »Welch ein Zufall, nicht wahr? In meinem ganzen Leben bin ich nur drei Australiern begegnet: Ihnen, Ihrem Mann und Mr. Cadells Frau. Es ist ein großes Land wie Indien, nicht wahr? Aber nicht so heiß, glaube ich.«

»Im Landesinnern kann es sehr heiß sein«, erwiderte Elaine. »In manchen Gegenden wie in Marble Bar in Westaustralien sogar monatelang. Ich komme aus dem Osten Australiens, aus Neusüdwales; Mr. King stammt aus Südaustralien, wo es sehr heiß ist. Und trocken. Diese herrlichen blauen Seen, die Sie auf der Landkarte sehen, sind trockene Salzseen.«

Devi, die nur sehr wenig Englisch konnte, zerrte an Elaines Hand. Sie wollte ihr ihr geschecktes Lieblingsreh zeigen, das sie auf einer kleinen Grasfläche hinter dem Haus hielt. Dann führten sie die Tänzerinnen, die überhaupt kein Englisch verstanden, auf das flache Dach zum Federballspielen.

Devi spielte sehr gut, bewegte sich schnell wie ein junger Panther, schlug den Federball schnell und scharf; doch ihr Sari blähte sich im Wind auf, behinderte und ärgerte sie. Ihr schwarzes glänzendes Haar lag in einem schweren Zopf auf ihrer Schulter. Ihre Taille war so schmal, daß man hätte glauben können, sie könnte in der Mitte auseinanderbrechen, wenn sie grob angefaßt wurde. Die Tänzerinnen kicherten vor Freude, wann immer sie einen Punkt machten, was ihnen jedoch nicht oft gelang.

Schließlich gingen sie ins Wohnzimmer der Maharani, um den Nachmittagstee einzunehmen. Dieser wurde von Dienerinnen serviert; zuerst wurde die Maharani, dann ihre Gäste bedient. Elaine nahm einen Schluck und stellte die Tasse wieder ab. Der Tee war mit Rosenwasser zubereitet, was ihm einen Übelkeit auslösenden, schweren Geschmack verlieh. Sie trank ihn nur aus Höflichkeit, lehnte eine zweite Tasse jedoch ab.

Diwa wollte mehr über Australien wissen. Die meiste Zeit ihres Lebens hatte sie in der Abgeschiedenheit des Purdah verbracht, und obwohl sie in Kalkutta gewesen war, sehnte sie sich danach, mehr über die Welt jenseits des Jenana zu erfahren.

»Sie sind Krankenschwester, nicht wahr? In einem Krankenhaus, mit männlichen Ärzten?«

»Ja, und ich habe mich viel mit der Lepra befaßt. Ich würde gern eine Klinik eröffnen, in der die Leprakranken behandelt, und nicht gemieden und geächtet werden –«

»Und wie kommen Sie auf die Idee, daß es hier in Gorobhundsch Leprakranke gibt, Mrs. King?« mischte sich die Maharani mit seidenweicher Stimme ein. »Dies ist ein sehr fortschrittlicher Staat, wir haben unsere eigene medizinische Versorgung, unabhängig von den Engländern. Wie Ihnen mein Sohn bestätigen wird.«

Elaine war beschämt, doch sie erwiderte geistesgegenwärtig: »Die Lepra ist vorherrschend in Indien, und bevor nicht Erziehung anstelle des Aberglaubens tritt –«

»Wir haben auch vom Staat subventionierte Schulen in den Dörfern.«

»Ich meine die Erziehung der Bevölkerung, der Erwachsenen, damit sie lernen, wie man eine Infektion vermeidet, und die Kinder nicht von ihren Familien angesteckt werden.«

»In jedem Falle ist dies ein sehr unerfreuliches Thema. Bitte, nehmen Sie eine Süßigkeit, Mrs. King.«

Elaine verstand den Wink und sprach während des Dinners nicht mehr über die Lepra-Klinik; doch sie glaubte zu spüren, daß es ihr mit Ruth Cadells Hilfe gelingen würde, den Maharadscha für ihr Anliegen zu interessieren und seine Unterstützung für ihr Projekt zu gewinnen. Denn natürlich *gab* es Leprakranke in Gorobhundsch; sie hatte unter den Bettlern außerhalb des Missionsgeländes Gesichter ohne Nasen und fingerlose Hände gesehen.

William fertigte in seiner Bude Zeichnungen an und informierte sich in Craigs Fachbuch »Damm-Konstruktion« über die Anforderungen des Baus von Erddämmen, die seit Urzeiten in Indien errichtet wurden.

Seine nächste Aufgabe würde die Kleinbahn sein, was den Bau verschiedener schluchtenüberquerender Viadukte miteinschloß. Dies war ein Projekt, das dem Maharadscha sehr am Herzen lag, der an der Universität von Kalkutta studiert hatte und sehr gut Schach spielte.

William, dessen Lieblingssportarten Reiten und Schießen waren, hatte keine Geduld für Spiele, da er die wenige Freizeit, die ihm neben der Arbeit blieb, zum Lesen, Reiten und für Ausflüge brauchte; außerdem war er viel auf Inspektionsreisen. So wurde Elaine in den Palast gerufen, um mit dem Maharadscha auf seinem exquisiten, handgeschnitzten Brett aus Elfenbein und Ebenholz Schach zu spielen.

Elaine hatte sofort erkannt, daß der Maharadscha trotz seines traurigen Gesichtes und seiner melancholischen Augen ein

Frauenheld war, der – ebenso wie ein sich produzierender Pfau – nicht anders konnte, als jede hübsche Frau beeindrucken zu wollen. Er machte ihr raffinierte Komplimente und berührte während des Spiels ihre Hand öfter als notwendig. Glücklicherweise fühlte sie sich nicht von ihm angezogen, obwohl er sicherlich für viele eine ungeheure sexuelle Ausstrahlung besitzen mochte. Trotzdem wurde jedes Spiel zu einer Art sexueller Auseinandersetzung. Er stand unter dem Zwang zu gewinnen, zu dominieren, sie zu bezwingen und pflegte seine Figuren mit arroganter, lächelnder Bedachtsamkeit in Schachmatt-Position zu bringen und ihre Dame mit seiner glatten braunen Hand vom Brett zu wischen. Sie spielte bewußt so, daß sie nicht zu häufig gewann, denn dann bekam er schlechte Laune.

Wenn die Gäste des Maharadschas ausritten oder auf Rebhuhnjagd gingen, war es dasselbe. Elaine, eine exzellente Reiterin, pflegte vorauszugaloppieren. Er trieb dann stets sein Pferd mit der Peitsche an und überholte sie – weil er das bessere Pferd hatte, einen wunderbaren weißen Araberhengst – mit einem triumphierenden, siegessicheren Blick in seinen dunklen Augen. Elaine, geborgen in ihrer Liebe zu William und den kommenden Mutterfreuden, genoß seine Aufmerksamkeiten. Obwohl sie das Reiten wegen ihres Zustands bald aufgeben mußte, so spielte sie doch weiterhin Schach mit ihm und scheute sich nicht, ihren Charme einzusetzen, um ihn für das Lepra-Heim zu interessieren.

Sobald sie das Orija beherrschte, ging sie hinaus und sprach mit den Aussätzigen, die in den Dorfstraßen bettelten: in Lumpen, kastenlos und beinahe mehr geächtet als die Unberührbaren oder Harijans der niedrigsten Kaste. Anfangs konnten sie nicht glauben, daß sich eine Memsahib – eine weiße Dame, die in einer Kutsche fuhr – tatsächlich mit ihnen unterhielt, und das auch noch in ihrer eigenen Sprache. Sie waren verwirrt und antworteten ihr kaum. Allmählich jedoch gewann sie ihr Vertrauen, sagte ihnen, daß sie in Medizin und in der Anwendung von Chaulmoogra-Öl, dem neuen Wundermittel, das ihren schrecklichen, allmählichen Verfall aufhalten sollte, ausgebildet sei. Sie versprachen, zur Behandlung zu ihr zu kommen, sobald ein Heim für sie errichtet war. In ihrer Arbeit wurde sie von zwei englischen Damen undefinierbaren Alters unterstützt, die als Missionarinnen hergekommen waren und mit dem Segen des liberalen Hindu-Regenten eine christliche Schule für die Dorfkinder leiteten.

Elaine schrieb an ihren Vater:

Du fragst, ob wir jemals im Palast diniert hätten, und wenn, was wir dann zu essen bekamen. Wenn Staatsbesucher aus Europa da sind, essen wir gelegentlich dort... Was wir bei den wenigen Gelegenheiten, an denen ich dort war, gegessen haben, kann ich dir nicht genau sagen: Es war jedenfalls sehr scharf und heiß. Jedem Gast wurde auf einem riesigen Teller ein großer Berg dieses Curryzeugs vorgesetzt, und um den Teller herum standen in kleinen Schüsseln all die Dinge, die zu Currys gehören – süße Chutneys, Reis und so weiter.

Der zweite Gang war irgendeine Süßspeise, aber ebenso heiß und scharf wie der erste. Unsere Kehlen brannten. Ich hatte beinahe das Gefühl, daß mir der Dampf zu den Ohren herauskam! Dann kam eine saftig aussehende Scheibe Ananas, genau das, was wir uns wünschten – bis wir sie kosteten und uns die Tränen in die Augen traten.

Bereiten Sie Ihre Ananas immer mit Curry zu? fragte ich den Cousin des Maharadschas, der neben mir saß.

Nein, erwiderte er freundlich, aber wir reiben sie mit Chili ein, damit sie schärfer schmecken.

Als ein Diener schließlich mit duftendem Wasser gefüllte Waschschüsselchen für die Hände brachte, hätte ich es am liebsten getrunken, um meine arme Kehle zu beruhigen.

13

Für die meisten Europäer, die ihn kennenlernten, hatte der Maharadscha von Gorobhundsch großen Charme. Er war immer höflich, sprach sehr gut Englisch mit minimalem Akzent; er besaß ein melancholisches Lächeln, konnte jedoch manchmal auch wie ein Schuljunge losprusten. Über maßgeschneiderten weißen Hosen trug er einen prächtigen, goldbesetzten Uniformrock aus weißer Seide, bei kühlerem Wetter einen mit Goldtressen und kostbaren Steinen besetzten Samtrock und auf dem Kopf eine verzierte Samtkappe oder einen weißen Turban mit einem juwelenbesetzten Federbusch.

Elaine sah gerne Männer, die wie Pfauen herausgeputzt waren: Das war so viel interessanter als die einfachen Geschäftsanzüge von zu Hause. Manchmal kam der Gouverneur aus Kalkutta her, prachtvoll gekleidet in Weiß mit goldenen Schulterstücken und einem goldbesetzten Tropenhelm, der mit weißen Hahnenfedern geschmückt war. William lief bei der Arbeit in khakifarbenen Shorts und Buschhemd und einem Tropenhelm herum. Zum Dinner pflegte er einen Anzug aus Tussahseide zu tragen, und Elaine hatte ihm eine glänzende Schärpe gekauft, die zu tragen er sich bisher geweigert hatte.

Bei Reisen durch den Dschungel oder durch die Sümpfe trug er zum Schutz gegen Schlangen und Blutegel lange Hosen und Reitstiefel. Er fand die Straßen gefährlich; die dicke Staubschicht darauf verbarg die Schlaglöcher, von denen manche so tief waren, daß Wasserlilien darin wuchsen. Doch für den Regenten hatten Dämme und Wassertanks Vorrang.

Mit einer ständigen Wasserversorgung für jedes Dorf würde die Gefahr, daß Frauen auf dem Weg zum Wäschewaschen am Fluß von Tigern oder Krokodilen getötet wurden, geringer sein, denn das Wasser in den Dorfbrunnen durfte nur zum Kochen und als Trinkwasser verwendet werden. Und die Dämme konnten zur künstlichen Bewässerung eingesetzt werden, wenn der Monsun einmal ausblieb, so wie in dem schrecklichen

Hungerjahr 1865. William erkannte, daß der Maharadscha den aufrichtigen Wunsch hegte, seinem Volk durch seinen großen Reichtum zu einem besseren Leben zu verhelfen. Schon jetzt hatte er in den abgelegenen Dörfern Schulen errichten lassen.

Ram Chandra Gobind regierte über ein Gebiet von nahezu viertausend Quadratmeilen: sumpfige Ebenen an der Küste, Berge im Landesinnern und Wälder, die dem Land mit ihrem Ebenholz und Elefanten, Teakholz und der wilden Seide der Tussah-Seidenraupe Reichtum bescherten. Elaine war fasziniert von dem Maharadscha. Während einer seiner häufigen Reisen nach Kalkutta fragte sie Mrs. Cadell nach ihm aus. Ruth Cadell, eine mütterliche Frau um die Fünfzig, hatte ihn bereits als den »kleinen Maharadscha« gekannt, als er noch ein Jüngling war.

»Er liebt seine Kinder sehr«, sagte Elaine, »insbesondere Devi. Was ist mit ihrer Mutter geschehen?«

»Sie starb an Pocken; im Garten des Palastes steht ein Denkmal für sie. Sie war sehr jung, sehr schön. Sie war erst fünfzehn, als sie heirateten.«

»Es scheint mir unnatürlich für solch einen vitalen, gutaussehenden Mann, allein zu leben.«

Mrs. Cadell lächelte und bohrte ihre Nadel durch den unteren Teil eines gestickten Blattes. »Genaugenommen lebt er nicht allein. Er hat eine Frau in Kalkutta und eine Konkubine im Palast.«

»Aber wieso in Kalkutta?«

»Ach, meine Liebe, das ist eine lange, traurige Geschichte. Als er jung war und an der Universität in Kalkutta studierte, verliebte er sich in ein sehr kluges, sehr emanzipiertes Mädchen. Selmi war die Schwester eines seiner Studienfreunde. Die Affaire dauerte mehrere Jahre, und man betrachtete die beiden als verlobt; doch sie war kein orthodoxer Hindu, und deshalb, und wegen der Kastenunterschiede, waren Staat und Familie gegen diese Heirat. Sie bestanden darauf, daß er ein Hindu-Mädchen einer hohen Kaste heiratete und einen angemessenen Erben zeugte.«

»Wie romantisch! Er gab also dem Thron zuliebe die Liebe seines Lebens auf?«

»Er gab sie auf aus Pflichtbewußtsein seinem Volk gegenüber, glaube ich. Das war sehr ausgeprägt in ihm, und er hatte viele Ideen, die er verwirklichen wollte – Schulen und Krankenhäuser und bessere Straße und so weiter. Er bat meinen Mann um Rat, denn für ihn war George wie ein Vater.«

»Und Selmi?«

»Liebte nie einen anderen. Sie lehnte alle Heiratsangebote ab, sehr zum Verdruß ihres Vaters. Drei Jahre, nachdem Gobinds erste Frau gestorben war, heirateten sie, doch im Staat gilt sie noch immer als *Persona non grata.* Weder sie noch ihre Kinder dürfen je hier leben. Er hat ihr in Kalkutta ein wunderschönes Haus gebaut, das er, der öffentlichen Meinung zum Trotz, Gorobhundsch-House nannte.«

»Wie lange hat sie auf ihn gewartet?«

»Vierzehn Jahre.«

»Glauben Sie nicht, daß man ihm erlauben könnte – nachdem sie so lange auf ihn gewartet und er dem Staat einen Hindu-Erben geschenkt hat –, die Frau seines Herzens zu heiraten?« fragte Elaine.

»Nein, Sitten und Religion sind zu stark.«

»Und obwohl sie seine rechtmäßige Frau ist, kann er sie nicht in sein Haus bringen?«

»Niemals. Seine Mutter würde sie nicht akzeptieren.«

»Kennen Sie sie? Ist sie schön?«

»Ja, ich bin ihr in Kalkutta begegnet. Sie ist sehr schön, aber sie hat ein trauriges Gesicht.«

»Und das alles geschieht im Namen der Religion! Und er ist offiziell noch immer Hindu?«

»Ja, ein strenger, wenn er zu Hause ist, wahrscheinlich nicht, wenn er im Ausland ist. Hier ißt er kein Fleisch und keine Mahlzeit, die nicht von einem brahmanischen Koch der höchsten Klasse zubereitet ist. Doch er hat andere Religionen studiert, und ich glaube, er ist ebenso sehr ein Christ wie ein Hindu oder auch ein Buddhist.«

Mit Williams Zustimmung beschloß Elaine, selbst ein Heim für die Leprakranken von dem Geld bauen zu lassen, das ihr Vater ihr als Mitgift gegeben hatte. Sie schnitt dieses Thema dem Maharadscha gegenüber an, als er nach einem gewonnenen Tennismatch in guter Stimmung war. Als sie eine Woche später nach einer Partie Schach aufbrechen wollte, bückte er sich plötzlich und hob einen Kattunsack, der vor eine der großen Doppeltüren zum Empfangsraum gestellt war, damit sie offenblieb. Der Sack war ziemlich klein, aber schwer, wie Elaine selbst festgestellt hatte, als sie sich einmal in ihren Abendpumps schmerzhaft daran gestoßen hatte. Sie dachte, er sei mit Kieselsteinen gefüllt.

»Hier, nehmen Sie das für Ihre Leprakranken, Mrs. King«, sagte Ram Chandra und schob ihr den Sack zu.

Sie ergriff ihn ungeschickt mit beiden Händen.

»Binden Sie ihn auf«, befahl er.

Sie löste die Bänder und zog die Zugschnur mit ihren starken, weißen, geschickten Händen auf und stellte den Sack auf die Ecke eines Mosaik-Marmortisches. Heraus fielen zwei Handvoll Steine, aber nicht Quarz oder Kiesel, sondern rote Rubine und Saphire, kantig und ungeschliffen, Granat- und Topassteine und Smaragde, sie alle schimmerten im Licht der Lampe auf.

Elaine starrte darauf, ihre Augen schienen aus ihrem Kopf zu treten. Mrs. Cadell lächelte. Der Maharadscha lachte über ihre Verblüffung.

»Also! Wird das reichen?« fragte er gelassen.

»Aber das sind Juwelen!« stammelte sie, noch immer sprachlos.

»Natürlich sind es Juwelen. Geschliffen wären sie wesentlich mehr wert, aber auch so wird ein Händler in Kalkutta gut für sie bezahlen.«

»Sie sind sehr großzügig, Sir.«

»Überhaupt nicht. Für den Bau eines Heims für Leprakranke sind sie wesentlich besser geeignet als zum Offenhalten einer Tür.«

Sie zeigte sie William, der sich auf einer Rohrliege ausgestreckt hatte und eine Zigarre rauchte.

»Wie großzügig von ihm, nicht wahr? Und wie vertrauensselig. Woher weiß er, daß ich mir nicht ein paar von den Edelsteinen für mich selbst schleifen lasse?«

»Weil er deinen Charakter kennt, mein Herz. Nicht, daß du ein Unschuldslamm wärst, aber er weiß, daß du die uneigennützigste Frau der Welt bist und nicht einmal einen Verlobungsring gewollt hättest, wenn ich nicht darauf bestanden hätte.«

Das stimmte. Sie verlor ihren Schmuck leicht oder verschenkte ihn nach kurzer Zeit, obwohl sie das silberne, schlangenförmige Armband und die Halskette aus Kaschmir noch besaß und auch das Paar runder, silberner, mit Türkisen besetzter Ohrringe, die William ihr zum Einzug in ihr erstes Heim geschenkt hatte.

Aus einem Brief seiner Mutter hatte William gerade erfahren, daß Sam eine Orangenplantage und eine Ranch in Kalifornien gekauft hatte, wo sie jetzt lebten, während er in den nahegelegenen, erschöpften Goldfeldern herumgrub. Der Verwalter, so schrieb sie, habe ihnen aus Südaustralien mitgeteilt, daß die Orangenernte in diesem Jahr ein Mißerfolg gewesen war und daß sämtliche Früchte vom Rost befallen seien und die Geldmittel, die sie zur Verfügung hatten, zur Neige gingen. William ärgerte sich ein wenig über seinen leichtfertigen Vater. Zweihunderttausend Pfund konnte er doch nicht schon verwirtschaftet haben!

»Schön, daß du wieder da bist«, sagte Elaine, strich über sein dunkles Haar und genoß den Duft seiner Zigarre.

»Und wie ist es erst schön, daß du deine gute Figur nicht verloren hast.« Beifällig blickte er durch die Rauchwolken hindurch auf ihre große, schlanke Gestalt.

»Ich mußte meine Röcke schon in der Taille auslassen. Bald werde ich kugelrund sein.«

Sie breitete die Edelsteine auf der Tischplatte aus Peddigrohr aus, beleckte einen Stein und hielt ihn vor die Lampe. Ein blaues kristallenes Glühen war zu sehen.

»Mein Gott, sind die Steine groß! Sie müssen ein Vermögen wert sein.«

»Vergiß nicht, daß sie viel kleiner sind, wenn sie geschliffen und facettiert sind. Der Käufer wird die dadurch entstehende Wertminderung und mögliche Einschlüsse sicher miteinkalkulieren. Aber wie auch immer, wir müssen nach Kalkutta fahren und sie von einem Experten schätzen lassen, ehe wir versuchen, sie zu verkaufen.«

Als sie von ihrer Reise nach Kalkutta zurückkamen – wo Elaine auch den englischen Arzt im Missionskrankenhaus aufsuchte, der ihr bestätigte, daß ihre Schwangerschaft normal verlief –, fanden sie den Palast in gedrückter Stimmung und heller Aufregung. Die kleine Devi, acht Jahre alt, hatte Typhus. Glücklicherweise war ihr Bruder, der kleine Maharadscha, nicht im Palast, er besuchte das Adschmir-College für Prinzen in den Bergen.

Der Maharadscha war beunruhigt. Dr. Gupta, der kleine indische Arzt, befürchtete, daß sich auch der Vater anstecken könnte, weil er ständig in ihrem Zimmer war. Elaine ging sofort hin und bot ihre Dienste als Krankenschwester an und schickte die weinende Ayah, die viel zu aufgeregt war, um von irgendwelchem Nutzen zu sein, aus dem Zimmer.

Der Körper des Kindes war völlig ausgetrocknet; sie glühte vor Fieber und war von Krämpfen gequält. Elaine wußte, wie wichtig in solchen Fällen Hygiene war, die dringende Notwendigkeit, alle Abfälle aus dem Krankenzimmer zu verbrennen oder zu desinfizieren, wenn sich keine Epidemie ausbreiten sollte. Man vermutete, daß Devi sich während ihres Aufenthaltes bei ihren Vettern, den Kindern des Maharadschas von Cooch Bihar, wo die Krankheit inzwischen ausgebrochen war, angesteckt hatte.

»Es geht ihr sehr schlecht, fürchte ich«, sagte Elaine zu William. Er machte ihr Vorwürfe, daß sie ihre Kräfte überschätze und gerade jetzt das Risiko einginge, sich anzustecken.

»Er hat ein solch trauriges Leben, und er ist ganz vernarrt in das Kind«, wandte Elaine ein.

»Und was ist mit unserem Kind? Was ist, wenn du ihn – oder sie – verlierst, weil du dich überanstrengst? Was ist, wenn du Typhus bekommst?«

»Ich verspreche dir, daß ich mich nicht anstecken werde. Ich bin sehr vorsichtig. Außerdem bin ich gesund und kräftig. Ich *muß* alles tun, was in meinen Kräften steht, um sie zu retten.«

Doch es kam die Zeit, in der Elaine und Dr. Gupta nichts mehr tun konnten. Der indische Arzt hatte Tränen in den Augen, als sie den Maharadscha allein ließen mit dem zerbrechlichen, kleinen Bündel Mensch, das in ein Koma versunken war, aus dem es nie mehr erwachen würde.

Als es vorüber war, kam der Maharadscha stumm aus dem Krankenzimmer. Nur die tiefen Schatten unter seinen Augen und die geröteten Augenlider ließen erkennen, was er fühlte. Er drückte Elaine beide Hände und ging davon, um Anordnungen für ein großes Blumenarrangement für den Trauerzug zu geben. Bald lag ein ganzer Teppich aus Blumen im Innenhof, und seit dieser Zeit war für Elaine der intensive Duft von Ringelblumen für immer mit dem Gedanken an den Tod verbunden.

Ehe er nach der Beisetzung nach Kalkutta aufbrach, um seinen Schmerz mit Selmi zu teilen, sagte er zu Elaine: »Ihr Heim für Leprakranke soll eine Gedenkstätte für sie werden. Wir werden es Shri-Devi-Lepra-Heim nennen, und ich werde ihren Namen in einen der Torpfeiler gravieren lassen. Ich werde nie vergessen, wie Sie sie gepflegt haben.«

Obwohl William seine Frau anbetete, ihre Fähigkeiten als Krankenschwester bewunderte, so wäre es ihm doch im Grunde seines Herzens lieber gewesen, wenn sie wie andere europäische Ehefrauen zu Hause geblieben und sich damit begnügt hätte, Bridge und Tennis zu spielen und samstags Besuche bei den indischen Damen im Purdah zu machen. Tatsächlich verwirrte sie ihn sogar ein wenig. Und obwohl er ihre Arbeit unter den Leprakranken, die Fürsorge so verzweifelt brauchten, im Prinzip billigte, so war er doch der Meinung, daß sie jetzt, wo die Londoner Mission Arbeitskräfte hergeschickt hatte und das Heim in Betrieb war, ihre regelmäßigen Besuche dort aufgeben könnte.

Sie hatte ihm erklärt, daß Lepra – ebenso wie Typhus – nur durch langfristigen, intimen Kontakt, wie zum Beispiel zu Hause, übertragen werden konnte. Aus diesem Grunde wurden die Kinder kranker Eltern fortgebracht und in »saubere« Schulen geschickt, bis ihre Eltern geheilt waren. Wenn sie von ihren Besuchen zurückkam, badete sie und desinfizierte sich stets, wechselte die Kleider und weichte sie zur Sicherheit in einer Phenyl-Lösung ein. Trotzdem empfand William an solchen Tagen eine Art Widerwillen, sie zu küssen oder zu lieben.

Elaine war es inzwischen gelungen, sämtliche ansteckenden Fälle aus der Umgebung ins Heim zu bringen und zu isolieren. Das Heim wurde von zwei Fachkräften geleitet, die von der Londoner Mission für Leprakranke hergeschickt worden waren. Nichtansteckende Fälle wurden in der Klinik oder in den Häusern der Patienten behandelt. Im Heim gab es jetzt neben den Quartieren des Personals Schlafsäle für Männer und Frauen – Gebäude, die mit den Edelsteinen des Regenten bezahlt worden waren. Elaine hatte eine Klinik und eine Apotheke gebaut. Es hatte einige ermutigende Heilerfolge gegeben, und – was das Beste von allem war: Die Leprakranken brauchten nicht mehr als Ausgestoßene auf der Straße zu leben, um Almosen zu betteln und ihre grauenvollen Handstümpfe und nasenlosen Gesichter zur Schau zu stellen, um Mitgefühl und Bakschisch zu erheischen.

Es gab einen Gebetsraum für die verschiedenen Religionen, und einen ständigen Religionslehrer für die Christen unter ihnen.

Elaine hielt die Ehe noch immer für eine wunderbare Einrichtung, doch ihre eigene Persönlichkeit bedeutete ihr ebenso viel: Sie war sie selbst, nicht nur Mrs. William King. Doch sie erkannte, daß sie das Zusammenleben mit William verändert hatte. Sie mochte das Schießen und Töten nicht und hielt sich fern, wenn eins der Hühner geschlachtet wurde. Die Jagd war zu Williams zweiter Natur geworden. Er ging nie ohne Gewehr aus dem Haus und brachte häufig tote Fasanen mit zurück, die sie dann ohne Begeisterung zum Dinner aß. Es schien ihr nicht richtig, Fleisch zu essen, das einmal ein Stück solch wunderbar glänzender Herrlichkeit gewesen war. Ganz allmählich war sie unzugänglicher geworden, ebenso, wie sie sich an das indische Klima gewöhnt hatte.

Sie sprach mit Mrs. Cadell darüber. Sie waren beide der Ansicht, daß man durch die Ehe ebenso viel verlöre wie gewänne.

»Es ist, als wolle man zwei Kreise zusammenpressen«, meinte Elaine. »Man verliert seine eigene, vollkommen runde Persönlichkeit, wenn die Kreise an der Seite, wo sie sich treffen, flachgedrückt werden. Wenn sie *nicht* flachgedrückt werden, werden sie sich nie wirklich treffen, und das Ende ist Unglücklichsein und Einsamkeit. Und wenn sie sich vollkommen vereinigen, werden beide verformt.«

»Vielleicht sollten sie sich nur auf einem kleinen Abschnitt des Kreises treffen«, sagte Ruth Cadell nachdenklich. »Und das genügt, um sie zusammenzuhalten.«

»Sie meinen die physische Seite – Bett und Kinder? Ja, für die meisten Paare ist das wahrscheinlich genug. Ich meine – wenn sie sich in dieser Beziehung lieben, und ihre Kinder.«

»Mir wäre es nicht genug.«

»Natürlich nicht. Und außerdem werden die Kinder ja einmal erwachsen, und dann bleibt nur noch das Bett, und das wird vielleicht nur noch Gewohnheit.«

»Eine sehr angenehme Gewohnheit!«

Beide lachten. Ruth Cadell schüttelte fröhlich den Kopf. Ihr kräftiges, lockiges Haar war silberdurchzogen, doch noch immer mehr braun als weiß. Ihre braunen Augen besaßen einen warmen Glanz, ihr Gesicht einen zufriedenen Ausdruck, der nicht träge war, sondern lebhaft und freundlich.

»Man braucht Sie nur anzusehen, um zu wissen, daß Sie glücklich sind«, sagte Elaine. »Ich glaube manchmal, das Beste an einem Doppelbett ist die Tatsache, daß man mitten in der Nacht aufwachen und reden kann und seine Gedanken und seine Ängste und Hoffnungen mit einem anderen menschlichen Wesen teilen kann. Glauben Sie, daß zwei Frauen dasselbe empfinden würden, wenn sie nebeneinander schliefen? Es ist so wichtig, nicht allein zu sein.«

Doch das Thema war zu fortschrittlich für Mrs. Cadell. Ihr Gesicht drückte leichte Mißbilligung aus, und sie wechselte das Thema.

Elaine schätzte die Freundschaft der älteren Frau, und ihr auf dreißig Indienjahren basierender Rat war ihr ungeheuer wertvoll. Auch George Cadell war eine faszinierende Persönlichkeit. Für Elaine war er »der Engländer« schlechthin, denn er schien die Personifizierung sowohl der besten als auch der schlechtesten Seiten dieses außergewöhnlichen Volkes zu sein. Seine Manieren waren untadelig, sein Akzent reinstes Oxford, und er wurde nie ohne Jackett gesehen, wie heiß es auch immer sein mochte. Er behandelte den Maharadscha wie einen Gleichgestellten und alle niederen Sterblichen mit einer gelassenen Arroganz, die er aus seinem Gefühl der Überlegenheit durch seine englische Abstammung bezog.

George Cadell saß gut zu Pferde. Wie William liebte er die Jagd und brachte oft viel Beute mit nach Hause; außerden organisierte er Tiger- und Leopardenjagden. Doch sie hatte auch gesehen, wie er einen Brief auf einem frischen Bogen Papier neu schrieb, um ja nicht mit seinem Federhalter einen der unzähligen, winzigen, glänzenden grünen Käfer zu töten, die – angezogen durch die nasse Tinte – über das Papier schwärmten.

Seine Integrität stand außer Frage, und sein Zorn war fürchterlich, wenn er unter den Staats- oder Gefängnisbeamten einen Fall von Korruption entdeckte. Gefangene, die, auf dem Boden sitzend, auf ihre Vernehmung warteten, griffen nach seinen Füßen, seinen Knöcheln, wenn er an ihnen vorbeiging, und baten ihn, sich beim Maharadscha für sie zu verwenden, denn er war bekannt dafür, daß er Ungerechtigkeit haßte. Als er einmal feststellte, daß die Insassen eines abgelegenen Gefängnisses allesamt an Beriberi und Unterernährung litten, weil sie ihre monatliche Zuteilung an Fisch und Huhn zu der üblichen Reiskost nicht erhalten hatten, verlor er die Nerven, warf einen Blechteller nach dem Oberaufseher und riet ihm dringend, sich zu bessern.

»Der große Sahib ist wütend«, murmelten die Gefangenen grinsend.

Mit unnachgiebigem Blick pflegte er einen Sirdar anzusehen, der seine Pflicht nicht erfüllte, und der Mann spürte, wie diese Augen ihn durchbohrten und bis in die Tiefen seiner Seele drangen.

14

Drei Monate bevor das Baby erwartet wurde, fuhr Elaine wegen des gesünderen Klimas in die Berge. Während der heißen Jahreszeit schloß eine der Privatkliniken in Kalkutta, die von einer britischen Oberschwester geleitet wurde, ihre Pforten und wurde in Darjeeling wieder eröffnet. Dort hatte sie ein Zimmer gebucht. Mrs. Cadell begleitete sie bis Kalkutta, wo sie ihr noch eine Ayah, die ihr als besonders gut empfohlen worden war, besorgte. Mrs. Cadell setzte sie in den Nachtzug nach Siliguri, wo sie in eine winzige Spielzeugeisenbahn mit einer Spurbreite von sechzig Zentimetern umsteigen mußte. Vor ihr lag der steile Anstieg auf die Ausläufer des Himalaja. Selbst mit zwei Lokomotiven, einer, die zog, und einer, die schob, war der kleine Zug unerträglich langsam. Ayah kochte ihr auf dem mitgebrachten Kerosin-Kocher Tee. Die Reise dauerte Stunden, und Elaine litt an Verdauungsstörungen. Sie wäre zu gern hinausgegangen und gelaufen, denn so schnell wie der Zug, der sich durch Teeplantagen und über reißende Gebirgsbäche überspannende Brücken schlängelte, hätte sie auch sein können.

Als sie in der auf der anderen Straßenseite des kleinen Krankenhauses gelegenen Pension ankam, ging Elaine, die total erschöpft war, direkt ins Bett, um sich am nächsten Morgen in aller Frühe von der kühlen, klaren Höhenluft erfrischen zu lassen.

Sechs Wochen nach ihrer Ankunft bemerkte Elaine ein Kratzen im Hals, dann einen Husten, der sich zu einer Bronchitis entwickelte. Der Arzt kam vom Krankenhaus herüber und verschrieb ihr einen Saft. Doch sie hustete weiter. Und da ihr Magen sich durch den wachsenden Foetus verschoben hatte, mußte sie bei jedem Husten erbrechen. Sie begann abzunehmen. Ayah, die sie aufheitern wollte, wand ihr einen Kranz aus Ringelblumen. Doch Elaine konnte den Geruch der Blüten nicht ertragen. Sie bekam Angst und begann, sich einsam zu fühlen, wünschte sich, daß William da wäre, doch er konnte nur wenige Tage Urlaub bekommen, weil er mitten in der Arbeit an einem großen Dammprojekt steckte. Er würde später kommen, um sie nach Hause zu holen.

Elaine war auch als Hebamme ausgebildet; daher wußte sie, was an diesem entlegenen Ort in den Ausläufern des Himalaja alles schieflaufen konnte. Sie begann sich zu wünschen, daß sie nach Australien gefahren wäre, um ihr Kind dort zur Welt zu bringen.

Der Arzt warnte sie scherzhaft, sie solle das Baby nicht am Abend des Junggesellen-Balles, dem gesellschaftlichen Ereignis der Saison, bekommen, denn da wäre er nicht verfügbar.

Als es soweit war, war er tatsächlich nicht zu erreichen. Als der Kopf des Babys erschien, operierte er gerade einen akuten Blinddarm auf einer Teeplantage. Die Oberin kam zwar ganz gut ohne ihn zurecht, doch das Baby war ein runzeliges, kleines Ding, nur sechs Pfund schwer und mit dünnen Ärmchen, an denen das Fleisch in Falten herunterhing wie bei einem kleinen, alten Mann. Der Junge war auch völlig kahl und litt an Gelbsucht und Unterernährung. Elaine betrachtete ihn mit gemischten Gefühlen. So hatte sie sich ihren Sohn nicht vorgestellt!

Ayah jedoch fand das Baby schön. Die Oberin gab nicht auf in ihren Bemühungen, bis Elaine es endlich stillen konnte, doch obwohl der Arzt zusätzliche Nahrung verordnete, wollte das

Kind nicht wachsen. Nach vierzehntägigem Krankenhausaufenthalt bereitete Elaine sich darauf vor, nach Hause zurückzufahren, doch der Arzt sagte, das Baby sei nicht reisefähig. Er berichtete ihr, er habe ein Telegramm an ihren Mann geschickt, in dem er ihn aufforderte, sofort zu kommen, wenn er seinen Sohn lebend sehen wollte.

Elaines Herz schien stillzustehen, dann schmerzhaft weiterzuschlagen. Sie hatte so etwas befürchtet. Sie waren übereingekommen, das Baby Stanley zu nennen, wenn es ein Junge würde, und Anne, falls es ein Mädchen war. Ursprünglich hatte sie ihn James nennen wollen, doch William hatte die Stirn gerunzelt und gesagt, das sei ein unglücklicher Name. Jetzt hielt sie es für angebracht, ihn so schnell wie möglich taufen zu lassen. Elaine wickelte das stille, lethargische Kind in Decken und Tücher und ging zusammen mit Ayah zur nächsten Kirche und ließ es taufen.

Als der Priester den Finger in das Taufbecken tauchte und das heilige Kreuz auf die Stirn des Babys malte, versetzte das kalte Wasser dem Kind einen Schock. Es öffnete den Mund und schrie. Es schrie während der gesamten restlichen Zeremonie. Für Elaine war es der schönste Klang, den sie je gehört hatte, denn seit seiner Geburt hatte es nicht ein einziges Mal auf normale, gesunde Weise geschrien.

Als hätte das heilige Wasser irgendeinen magischen Zauber ausgeübt, begann sich der Zustand des Babys von diesem Zeitpunkt an zu bessern. Es nahm zu und schrie, wenn es Hunger hatte. Aber es schien die Nahrung nicht richtig zu verdauen.

Als William, dem es gelungen war, Urlaub zu nehmen, und der die lange Reise mit dem Zug gemacht hatte, endlich eintraf, war Stanley außer Gefahr. Sie warteten noch eine Woche und brachten ihn gemeinsam nach Hause.

»Es ist wie ein Wunder!« sagte Elaine, fügte jedoch hinzu, daß das Baby ohne die Hilfe des erfahrenen Arztes und die aufopfernde Pflege Ayahs nicht durchgekommen wäre.

In Kalkutta machten sie kurz halt. An diesem Ort sollte man sich während der heißen Jahreszeit besser nicht aufhalten.

Elaine suchte wegen der Verdauungsstörungen des Babys einen Spezialisten auf, der ihr riet, es, sobald es entwöhnt sei, auf Sauermilch oder Quark und Molke zu setzen.

Elaines alte Freunde von der Mission besuchten sie. Mrs. Crosley-Sheridan kam mit Blumen und einem Jäckchen für das Baby ins Hotel. Falls sie Elaine jemals Feindseligkeit entgegengebracht hatte, weil sie Diana den Verehrer ausgespannt hatte, so hatte sie ihr inzwischen vergeben. Sie war sogar bereit, ihr zu helfen, denn immerhin genoß Elaine ja die Freundschaft des Regenten von Gorobhundsch. Sie war noch ganz erfüllt von Dianas Hochzeit mit einem Vicomte, dem Sohn eines Earls, die gerade in London stattgefunden hatte.

»Sie tun mir leid, meine Liebe, daß Sie in diesem primitiven Dschungel-Staat, so weit weg von Kalkutta, leben müssen«, sagte sie.

»Oh, so viel Dschungel ist da gar nicht. Der Maharadscha ist ein sehr fortschrittlicher Mann; es gibt Schulen und Krankenhäuser überall im Land, und er läßt William eine Kleinbahn und viele neue Dämme und Straßen und Brücken bauen.«

»Aber die Schlangen, die Insekten –«

Elaine gab zu, daß sie darauf hätte verzichten können.

Bevor sie Kalkutta verließen, kaufte Elaine Ayah einen neuen Sari und eine silberne Fußspange, weil sie mit dazu beigetragen hatte, das Leben des Babys zu retten.

Schon jetzt sahen sich Stanley und sein Vater auf geradezu absurde Weise ähnlich. Als das Kind zunahm, waren auch seine Backen rundlich geworden, so daß Elaine schließlich erklärte, wenn Williams Gesicht ein bißchen dicker wäre und das Baby einen Schnurrbart hätte, würde es schwierig sein, sie auseinanderzuhalten.

Das Baby schlief, durch ein Moskitonetz vor Schlangen und Insekten geschützt, im Kinderzimmer. Ayah ruhte neben ihm auf ihrem niedrigen Netz-*charpoy*, das sie einem europäischen Bett mit Matratze vorzog, weil es kühler war. Nachts brachte sie das Baby zweimal zum Stillen zu Elaine und legte es dann wieder in sein Bettchen, wenn es satt war. Auf diese Weise brauchte Elaine zum Stillen kaum richtig aufzuwachen und konnte gleich darauf wieder in Schlaf sinken. Als Stanley der Brust entwöhnt war, vermißte sie diese innigen Augenblicke mit ihrem Sohn.

»Er wird einmal ein guter Reiter werden«, verkündete William, während er bewundernd seine großen Füße und leicht gekrümmten Beine betrachtete. Und kaum daß er laufen konnte, kaufte er ihm sein erstes Pony. Doch Stanley war ein kränkliches Kind. Er lebte fast ausschließlich von Milch und Quark, denn alles andere schien bei ihm Asthma auszulösen. Es schien unwahrscheinlich, daß er einmal ein Reitchampion werden sollte.

Mit einer langärmeligen weißen Bluse und einem cremefarbenen Rock, der tatsächlich ihre Knöchel sehen ließ, spielte Elaine auf dem ziemlich spärlichen Rasen der eindrucksvollen, in der Nähe des Palastes gelegenen Residenz der Cadells Tennis. Sie hatte festgestellt, daß sie nach der Geburt des Babys zunahm, also begann sie, in der morgendlichen Kühle Tennis zu spielen. Sie spielte zusammen mit Mr. Cadell – einem sonnengebräunten, konditionsstarken Fünfundfünfziger – gegen Ruth Cadell und den Maharadscha. An manchen Morgen spielte sie auch Einzel mit George Cadell. William erklärte, er habe schon in der Schule Tennis nicht gemocht und spiele lieber Polo. Er ging morgens gerne zu den Ställen hinunter, um die Pferde zu besuchen: seine beiden Polo-Ponys, Charmian, Elaines Araberstute, die vier birmanischen Kutschpferde und die beiden Waler.

Elaine wurde nicht braun. Sie bekam Sommersprossen von der Sonne, also trug sie einen breiten, mit einem Band festgebundenen Hut. Mrs. Cadell, die aus Wales stammte und einen dunklen Teint besaß, schlang nur ein großes, buntes Halstuch über ihr lockiges Haar. Sie hatte Elaine erzählt, wie ein aufdringlicher Einwanderungsbeamter während einer Reise nach Australien, die sie ohne ihren Mann unternommen hatte, einmal versucht hatte, sie aufzuhalten.

»›Sie glauben, ich bin schwarz, nicht wahr, nur weil ich aus Indien komme!‹ sagte ich zu ihm. ›Nun, dann sehen Sie selbst, wenn Sie mir nicht glauben.‹ Und ich zog meinen Rock hoch und zeigte ihm die weiße Haut über meinen Strümpfen. Er war so schockiert, daß er beinahe umgekippt wäre.«

An diese Begebenheit mußte Elaine gerade denken, als sie mit Ruth Cadell im Schatten saß und auf das nächste Spiel wartete, während die Männer ein Einzel spielten. »Diese Feindseligkeit Fremden gegenüber in Australien ist schwer zu erklären, nicht wahr?« sagte sie zu Mrs. Cadell. »Als man anfing, indische Einwanderer im Zuckerrohr arbeiten zu lassen, gab es beinahe einen Aufstand in Queensland. Meine indischen Freunde können das nicht verstehen.«

»Es ist wahrscheinlich ein Überbleibsel aus der Zeit des Aufstandes der Goldgräber gegen die Chinesen. Aber wieso tun sich die Engländer da um so vieles leichter?«

»Ein reicher Inder kann sich in London sicher sehr wohl fühlen«, meinte Mrs. Cadell. »Ich habe den Maharadscha von Mysore einmal im Claridges gesehen; er hatte eine ganze Etage für sich, seine Diener und den brahmanischen Koch gemietet.«

»Vielleicht liegt es daran, daß Australien noch ein so junges Land ist; wir haben es ja gerade erst den Schwarzen, die dort lebten, entrissen. Und wir sind richtiggehend isoliert in einem Ozean, der voller farbiger Nationen ist. Vielleicht fühlen wir uns bedroht.«

»Aber sicher nicht durch die Aborigines! Ich glaube nicht, daß ich schon einmal einen gesehen habe.«

»Ich erinnere mich an sie. Sie lebten an der Flußbiegung unterhalb von Benangal in einem Lager. Damals waren sie völlig harmlos, doch einer meiner Großonkel, Donald Macdonald, wurde im westlichen Queensland von einem Speer durchbohrt. In den Anfangszeiten gab es eine Reihe von Massakern.«

»Ich glaube, es ist das Bewußtsein, ein Außenposten des Empire zu sein, so wie die Engländer in Kabul.«

»Dann dürften wir hier wohl auch Außenposten sein«, sagte Elaine. »Trotzdem haben wir uns nie bedroht gefühlt.«

»Jetzt vielleicht nicht mehr. Aber wußten Sie, daß Georges Leben in der ersten Zeit nach unserer Ankunft mehr als einmal in Gefahr war? Es gilt hier als beliebte Freizeitbeschäftigung, aus Versehen statt eines Tigers einen Menschen zu erschießen.«

»Das ist doch nicht Ihr Ernst?«

»Aber ja! Als wir einmal für den Gouverneur ein offizielles Dinner gaben – er hatte seine eigenen Diener aus Kalkutta mitgebracht –, wollte ich gerade den süßen Gang servieren lassen, als der Koch mich dringend zu sprechen verlangte. Er hatte gerade festgestellt, daß der Zucker mit zermahlenem Glas versetzt war.«

»Um Gottes willen! Und ich dachte, wir brauchten uns nur vor Schlangen in acht zu nehmen.«

»Keine Sorge, das ist lange her. Heute stehen die Inder uns weniger feindselig gegenüber. Aber die bengalischen Kommis werden alles wieder aufwühlen. Die durchgefallenen Studenten der Universität in Kalkutta sind es, die die Engländer in Indien ablehnen, obwohl das Land ohne sie auseinanderbrechen würde.«

»Trotzdem werden die indischen Patrioten eines Tages die Macht übernehmen.«

»Ja, das muß wahrscheinlich kommen, aber erst in fünfzig oder hundert Jahren. Dann werden sie das britische Rechtssystem anwenden, britische Eisenbahnen und Straßen – und Tontechnik benutzen. Die Brücken, die Ihr Mann baut, werden noch in Benutzung sein, wenn die Engländer Indien verlassen haben... Oh, ein guter Schlag!« Sie applaudierte einem Vorhandschlag von Ram Chandra Gobind, mit dem er einen Punkt gemacht hatte.

Elaine war schon immer eine gute Tennisspielerin gewesen. Ihr Aufschlag war hart, und am Netz spielte sie aggressiv und wirkungsvoll.

»Satz und Sieg!«

Der Maharadscha hatte das Spiel gewonnen. Über seiner maßgeschneiderten weißen Hose trug er heute ein europäisches weißes Hemd, um sein dichtes schwarzes Haar hatte er einen Nackenschutz gewunden. Mit erfreutem Lächeln schritt er wie ein Eroberer vom Platz.

In vielerlei Beziehung ist er immer noch wie ein Schuljunge, dachte Elaine, als sie ihm gratulierte.

In diesem Punkt und in seiner großzügigen Art, seine Reichtümer zu verteilen, hatte er etwas mit ihrem Schwiegervater, dem überschwenglichen Sam King, gemeinsam.

Laut William, der einen regelmäßigen Briefwechsel mit seiner Mutter unterhielt, waren die letzten Nachrichten, daß er in die Wildnis Alaskas und der Northwest-Territories aufgebrochen sei und Mary und die Mädchen in Vancouver allein ihrem Schicksal überlassen hatte. Dort gab es in diesem Jahr 1897 einen neuen Goldrush zum Yukon und Klondike, und das war natürlich etwas, dem Sam King nicht widerstehen konnte.

»Kommen Sie, Sie müssen das nächste Mal meine Partnerin sein, Mrs. King«, sagte der Maharadscha. »Wir beide sind ein unschlagbares Paar, meinen Sie nicht auch?«

15

Während ihrer Reise, wo er »seine Frauen« kreuz und quer durch den nordamerikanischen Kontinent jagte, war Sam King ganz in seinem Element. Als Mary vorwurfsvoll bemerkte, daß sie gerne einmal für eine Weile an einem Ort bleiben würde, ließ er sich in Kalifornien nieder – dem ehemaligen Schauplatz eines großen Goldrushs – und kaufte ein großes, möbliertes Haus in einem Orangenhain, damit sie sich wie zu Hause fühlten. Doch bald schon nahm er seiner Familie dieses Zuhause wieder, und sie machten sich mit dem Zug auf die Reise durch die Vereinigten Staaten, wobei ihr »Reisezirkus«, wie Mary ihn nannte, beinahe einen ganzen Waggon belegte.

Sie besuchten New York und Buffalo, wo Sam eine ganze Wagenflotte mietete, um mit seinen Töchtern einen Ausflug zu den Niagara-Fällen zu machen. Von dort aus reisten sie weiter nach Norden nach Toronto, über die kanadische Grenze, und dann mit der Canadian-Pacific-Railway nach Vancouver.

Die Mädchen verbrachten viel Zeit im Aussichtswagen, starrten hinaus auf die weiten Great Lakes, mehr klares Süßwasser, als sie jemals in ihrem Leben gesehen hatten. Am ersten Morgen hielt der Zug in Thunder Bay am Lake Superior. Man sah ein paar flache Inseln im See, das andere Ufer jedoch war nicht zu sehen. Nachdem sie die weiten, flachen Prärien durchquert hatten, die sie an zu Hause erinnerten, kamen sie zu den tiefen, sich ständig windenden Flußschluchten, denen die Eisenbahnlinie durch die schneebedeckten Rocky Mountains bis zur Küste hin folgte.

Frances mochte den Aussichtswagen gar nicht mehr verlassen, nicht einmal zum Essen im Speisewagen. Es war alles so exotisch, so anders – die schlanken, sich nach oben hin verjüngenden Fichten und Tannen, die wie dunkelgrüne Kerzen aussahen, das Gold der Birken und Espen, die sich vereinzelt zwischen ihnen zeigten, ein ihrem Blick langsam entgleitender Wasserfall und der kalte grüne Fluß, der, als die Schlucht enger wurde, zwischen den Felswänden dahinglitt.

Sie saß allein auf der hintersten Bank des Aussichtswagens, so konnte sie sowohl zurück, zu den Gipfeln der Berge hinauf, als auch zum Seiten- oder Vorderfenster hinausblicken. Ein junger Mann mit frischer Gesichtsfarbe, den sie während ihrer dreitägigen Reise schon einmal im Speisewagen bemerkt hatte, kam die Stufen herauf und setzte sich mit einem um Erlaubnis bittenden Blick neben sie. Sie begannen sich zu unterhalten, und ihr Akzent und ihr Heimatland schienen ihn zu faszinieren.

»Australien!« rief er. »Ich bin noch nie jemandem aus diesem Land begegnet. Obwohl ich glaube, daß im Augenblick viele Australier, ebenso wie Männer aus aller Welt, nach Kanada in die Northwest-Territories strömen. Es herrscht ein wahrer Ansturm auf den Klondike.«

»Oje!« stöhnte Frances bedrückt.

»Wieso? Haben Sie etwas gegen das Goldfieber?«

»Es ist wegen Sam – ich meine, meinem Vater. Er kann der Verlockung durch ein neues Goldfeld nicht widerstehen. Wir hatten vor, in vierzehn Tagen mit dem Schiff von Vancouver nach Sydney zu fahren. Hoffen wir, daß er nichts davon erfährt.«

Der junge Mann, der aus Vancouver stammte, meinte, sie würden mindestens vierzehn Tage brauchen, um die Schönheiten der Stadt zu entdecken. Sie unterhielten sich angeregt, als der Zug ohne Vorwarnung in einen Tunnel glitt und alles schwarz wurde. Frances schrie leise auf, sie war erschrocken. Er streckte seine warme, feste Hand aus und umschloß ihre Hände, bis sie wieder ans Tageslicht kamen.

Er zog seine Hand sofort zurück, doch sie blickten sich lange voller Überraschung und Ernst in die Augen.

Am Abend trafen sie sich wieder in dem Wagen, um die hinter den majestätischen Gipfeln untergehende Sonne zu beobachten. Ehe sie am nächsten Nachmittag in Vancouver ankamen, hatte er ihr einen Heiratsantrag gemacht, und sie hatte ihn angenommen – unter der Bedingung, daß ihre Eltern mit dieser Verbindung einverstanden sein müßten.

Sam und Mary hatten zunächst Bedenken, doch als sie dann den jungen Mann kennenlernten und von seiner gesicherten Existenz erfuhren – er war Zahnarzt, der gerade von einem Lehrgang im Osten zurückkehrte und dessen Vater ihm in Vancouver eine Praxis einrichten wollte –, stimmten sie zu.

John McNaughton, so hieß er, erwähnte Sam gegenüber mit keinem Wort den Goldrausch am Yukon, doch in der Bar ihres Hotels waren »der Klondike« und »der Yukon« in aller Munde. Diejenigen, die Geld zum Investieren hatten – und selbst die, die keins besaßen –, kauften Anteile an den neuen Goldminen. Es war wieder genau dasselbe wie bei der Goldenen Meile. Und Sam konnte nicht widerstehen. Da war der Reiz des Kalten Nordens, das Land, wo Männer noch Männer waren; und da war der Reiz neuen Goldes, das gefunden werden konnte.

Innerhalb von einer Woche hatte Sam seine Familie in einem komfortablen, zwölfräumigen Steinhaus in einem der besseren Vororte Vancouvers mit Blick auf die dahinterliegenden Berge und die Bucht davor untergebracht. Er wartete nur noch Frances' offizielle Verlobungsfeier ab, kaufte sich ein paar warme Sachen und Stiefel, dann stürzte er sich in sein neues Abenteuer. Er ging an Bord eines kleinen Küstendampfers, der mit vom Goldfieber gepackten Bergleuten beladen war, denn die Zeitungen hatten die Geschichte von den Goldsäcken an den Werften von Vancouver mit Schlagzeilen wie »Eine Tonne Gold vom Klondike eingetroffen!« aufgegriffen.

Den größten Teil der Strecke durch Inseln geschützt, fuhren sie die Westküste Kanadas hinauf; an der Steuerbordseite glitten tiefe, enge Fjorde mit unermeßlich hohen Felswänden vorbei, wo sie bei schlechtem Wetter vor Anker gehen konnten. Sie mußten die tiefen Wasser des Eingangs zum Skagway hinter sich bringen, bevor der Winter kam und das Eis ihn unpassierbar machte. Abgesehen davon, daß der Dampfer bereits mit seiner menschlichen Fracht überbeladen war, transportierte er auch noch an die hundert Hunde: der Speisesalon war mit Pferden besetzt, so daß jeder Mahlzeit ein Stallgeruch anhaftete. Während sie weiter nach Norden fuhren, kamen immer wieder Eisberge in Sicht.

Um zum Klondike zu gelangen, würden sie die Grenze von Alaska nach Nordwest-Kanada überschreiten und dabei den gefürchteten White Pass überqueren müssen, um ins Quellgebiet der Nebenflüsse des Yukon zu kommen; dann weiter über Seen und Flüsse nach Dawson, wo der Yukon und der Klondike sich vereinigten.

An Bord der kleinen *Williamette* hatte Sam zwei Kameraden gefunden: Sie reisten gemeinsam, Dandy Dan, genannt Diamond, und sein Freund, der »Einäugige Reilly«, der ebenso groß und stark wie sein Freund klein und schmächtig war. Mit ihrer Ausrüstung wurden sie auf dem kalten grauen Kieselstrand abgesetzt, hinter dem sich die kalten weißen Berge auftürmten. In Vancouver hatten sie sich mit warmen Pelzmänteln, mit schaffellgefütterten Stiefeln und fingerlosen Handschuhen, wasserdichten, gesteppten Daunenschlafsäcken und einem Zwei-Mann-Zelt eingedeckt. Um Gewicht zu sparen, hatte sich Sam entschlossen, im Freien zu schlafen.

In der ersten Nacht ließ der flackernde Schein von etwa hundert Lagerfeuern den Strand weniger trostlos erscheinen, die Rum-Rationen wurden angebrochen, und über dem Ganzen breitete sich so etwas wie Picknickstimmung aus. Dann machten die drei sich auf den Weg durch das gefährliche Küstengebiet zum Lake Bennett, wo Männer fieberhaft damit beschäftigt waren, aus Fichten- und Kiefernholz Boote zu bauen. Sie hatten Pferde mitgebracht, doch im kommenden Winter würden sie kein Futter für sie haben. Wenn sie ihre Aufgabe als Packpferde auf dem Weg zum Lake Bennett erfüllt hatten, würden sie sie erschießen müssen. Sam hatte für eine ziemlich hohe Summe ein Packpferd gekauft, um seine Vorräte an Mehl, getrockneten Bohnen, Schiffszwieback, Tee und Zucker zu transportieren. Auch zwölf Pfund Zwiebeln hatte er bei sich.

Obwohl Dan das leichteste Gepäck hatte, mußten Sam und der »Einäugige Reilly« ihm den letzten steilen Pfad zum White Pass hinaufhelfen. Als sie sich dort dann auf ihre Gepäckstücke setzten, um wieder zu Atem zu kommen, sah Sam zum ersten Mal den kalten, stillen Norden. Von hier aus kamen sie direkt an die Grenze des nördlichen Polarkreises. Er betrachtete die unzähligen kahlen, vom Wind blank gefegten Felsen, die Wände aus Stein, die die Küste von den Binnenseen trennten, und empfand etwas, was er in der australischen Wüste nie empfunden hatte. Dort schien das Land weit und teilnahmslos. Hier jedoch wirkte es ausgesprochen feindselig: »unheimlich, grausam und bedrohlich«, wie der Dichter Robert Service es beschrieben hatte. Es war ein Land, in dem Menschen nicht erwünscht waren. Obwohl es fast noch Sommer war und der Herbst gerade erst begann, lag bereits Schnee in den geschützten Mulden; die kurze »offene Jahreszeit«, in der der Yukon nicht zu eisigem Schweigen gefroren war, dauerte nur von Ende Mai bis Mitte Oktober.

Nach einem Vier-Tage-Marsch erreichten sie schließlich den Lake Bennett, eine langgestreckte, stahlgraue Wasserfläche, die durch eine Kette von Seen zum Yukon, dem besten Weg zum Klondike, führte. Hier erzählten ihnen die Männer, die vor ihnen angekommen waren, daß die Redcoats, die Berittene Kanadische Polizei, weiter vorn einen Posten errichtet hätte, denn sie hatten die Grenze Alaskas überschritten und befanden sich jetzt in Kanada. Die Polizei beaufsichtigte die verrückten Goldgräber und schickte jeden zurück, der keinen Wintervorrat an Lebensmitteln bei sich hatte; es war klar, daß sonst eine Hungersnot in Dawson drohte.

In düsterer Stimmung setzten sich Sam und seine Kameraden zusammen, um das Problem zu besprechen. Sam entdeckte einen Mann, den er für einen Schotten hielt, und bot ihm an, ihm beim Bootbau zu helfen, wenn er ihnen dafür Lebensmittel gäbe. Macrae, der Schotte, war einverstanden.

Macrae beschloß, zusätzlich zu dem größeren Boot ein kleines Schiff zu bauen, das er getrennt durch die gefährlichen Passagen bringen wollte, damit sie nicht aufgeschmissen waren, falls das große Boot zu Schaden kam. Beim Überqueren der Seen konnte es ins Schlepptau genommen werden.

Jeden Tag ging die Sonne ein bißchen später auf und etwas früher unter. Um die Mittagszeit war es noch immer warm, doch die Nächte waren bitterkalt. Sam, der jetzt beinahe fünfzig war, spürte die Kälte in seinen Knochen. Doch während der Finsternis war er in seinem Schlafsack gut verpackt.

Als alles fertig und verstaut war, ließen sie die Boote ins Wasser, tauften sie mit einer Flasche Rum, achteten jedoch darauf, daß sie nicht zerbrach. Dann setzten sie Segel für die Durchquerung des langgezogenen Sees, mit sechs Mann an Bord und zwei Tonnen Lebensmitteln: Mehl, Reis, Bohnen, Speck, Kaffee, Zucker und Kondensmilch. Der Beginn war vielversprechend; der See lag still und klar zwischen den grauen Kieselufern; der Himmel, die schneebedeckten Gipfel der Berge und ein paar bewegungslos am Himmel stehende Wolken spiegelten sich darin wider.

Sam erkannte, daß seine Verpflegung am Klondike aus Bohnen, Speck und Kaffee bestehen würde anstatt aus gesalzenem Rindfleisch, Tee und Zwiebeln. Damper, der flache, mit Backpulver gesäuerte Mehlkuchen, der das tägliche Brot im Busch darstellte, war nun einmal nicht dasselbe wie der Sauerteig der amerikanischen Hinterwäldler. Sam hatte seine eigene Campingausrüstung bei sich, bestehend aus einer Bratpfanne, einem Campingkocher, einem Feldkessel und einem Emaillebecher, einem guten, scharfen Messer und ein paar Löffeln.

Der einzige Luxus, den er beim Campen im Busch vermißt hatte, war Butter; denn Fett jeder Art schmolz in der Hitze der Wüste dahin. Hier war er in der Lage, eine Dose Butter für besondere Gelegenheiten bei sich zu haben. Er hatte auch einen Plumpudding und eine Flasche Whisky mitgenommen, die er zur Feier seines Geburtstags öffnen wollte.

Beim Campen und Herumziehen in dieser freien und unbeschwerten Männerwelt fühlte er sich jung und glücklich. Das war das richtige Leben für Sam King! Er übernahm seinen Dienst an der Ruderpinne und fragte sich, ob diese Männer ihm wohl glauben würden, wenn er ihnen sagte, daß er zu Hause eine seetüchtige Jacht im Hafen liegen hatte.

Um in die Caribu-Crossing, die sie zum Tagish, dem nächsten See in der Kette, hinunterbringen sollte, einzufahren, nahmen sie die schweren Ruder. Im Mondlicht glitten sie näher ans Ufer heran, um sich vor dem scharfen Wind zu schützen, der ihnen frontal entgegenschlug, als sie in den berüchtigten Windy Arm hineinfuhren. Durch die Berge ringsum wurden die Winde aus allen Richtungen auf den Tagish heruntergedrückt. Sie ärgerten sich zwar über die Verzögerung, aber sie mußten zwei Tage warten, während der Wind mit unaufhörlicher Wildheit blies und eine unangenehme, schwere See aufwühlte.

Hinter dem Tagish lag der Lake Marsh; von dort stürzten die Wasser in den gefürchteten Miles-Canyon.

Macrae war ein bedächtiger Mann, der sich gut mit Stromschnellen auskannte. Sam jedoch, der aus einem Land mit ebener oder nur leicht gewellter Wüste kam, hatte Angst vor dem tobenden weißen Wasser, das in wie Reihen grausamer Wolfszähne aussehenden Spitzen herunterbrach.

»Ich werde lieber laufen, wenn Sie nichts dagegen haben«, sagte er. »Glauben Sie nicht auch, wir sollten die Vorräte sowieso lieber tragen und das große Boot leer von zwei Männern hinunterbringen lassen? Auf diese Weise wird uns weniger verlorengehen.«

»Nein«, erwiderte Macrae. »Wir haben keine Zeit, uns mit dem Abladen und dem Transport abzugeben. Die nächste Mannschaft wird bald da sein, und ich möchte kein Verkehrschaos in diesem Canyon auslösen. Setzen Sie sich nur hin, und halten Sie sich fest, und ich werde Sie durchbringen.«

Sam dachte, seine letzte Stunde sei gekommen. Zuerst schloß er die Augen, doch die heftige Bewegung des schweren Bootes auf dem unruhigen, quirlenden Wasser, sein Eintauchen in wirbelnde Wellentäler und Hinaufklettern auf Wasserberge, verliehen ihm das Gefühl, als würde er in einem Faß die Niagara-Fälle hinuntersausen. Sie schossen aus dem Canyon mit seinen drohenden Wänden in einen ruhigen, schnell dahinfließenden Strom grünen Schneewassers hinaus. Doch kaum war er wieder zu Atem gekommen, hatten sie die Squaw-Rapids gepackt, wo scharfkantige Felsen mitten im Fluß standen und darauf warteten, sie zu vernichten. Macrae lenkte das Boot mit ungeheurem Geschick und brachte sie sicher durch. Das kleine Schiff folgte.

Dann rauschten sie durch das endlos lange Gefälle der White Horse-Rapids, wichen den riesigen Gischtwolken aus, wo die nackten Felswände bis auf weniger als zehn Meter an sie herankamen. Es war, als befänden sie sich inmitten einer Herde in Panik dahinrasender weißer Pferde. Sam umklammerte eine Stange, bis seine Knöchel weiß hervortraten. Wenn das Boot hier sinken würde, würde niemand aus dieser Schlucht hinauskommen, selbst wenn man es bis zum Ufer schaffen sollte.

Als sie in breiteres und ruhigeres Gewässer gelangten, sahen sie die Wrackteile mehrerer Boote auf den Felsen und noch eine Meile flußabwärts verstreut herumliegende Ausrüstungsteile.

Sie waren so schnell gefahren, daß das ganze Inferno in wenigen Minuten vorüber war, doch sobald sie eine flache Sandbank entdeckten, mußten sie das Boot auf den Strand ziehen und ihre durchnäßten Kleider und Ausrüstungsgegenstände zum Trocknen ausbreiten. Dandy Dan überraschte sie mit einer Angel, die er hervorzauberte, und einem Festessen aus gegrillten Bergforellen. Am nächsten Tag war schönes Wetter. Sie überquerten den Lake La Burge, den letzten in der Seenkette. Dann waren es »nur« noch vierhundertfünfzig Meilen leichten Flußabwärtsfahrens, wo ihre Boote von der Strömung bis Dawson getragen wurden.

In seinen warmen Schlafsack gerollt, angetan mit seinen langen, wollenen Unterhosen und seiner gesamten Kleidung außer Stiefeln und Mantel, lag Sam im Lager am Seeufer und starrte in den herrlichen Himmel des Nordens hinauf.

All diese Sterne! Was, wenn es wirklich Lebewesen in einem anderen Universum als dem unseren gab oder sogar auf einem anderen Stern unseres Sonnensystems? Ob sie auch voller Ehrfurcht und Staunen auf den überwältigenden Glanz und die Weite des Himmels starrten?

Er erinnerte sich an Idas argloses Geplapper, als sie in dem Heuschober lagen – wie viele Jahre war das jetzt her? Es mußten dreißig Jahre sein! Sie hatte sich vorgestellt, daß der Himmel voller Lebewesen war, die mit ihren gelben Augen herunterblickten, und er hatte sie ausgelacht. Und doch ... es war beinahe so, als sprächen sie zu ihm, diese unendlich vielen Lichtpunkte. Er fühlte sich nicht als Fremder, sondern irgendwie als Teil all dessen, als Teil von etwas, das größer und weiter war als sein eigenes Bewußtsein. Sein Leben war nichts als ein Augenblick, weniger als ein Sekundenschlag im Äon der Zeit, und doch war er sich in seinem kleinen menschlichen Gehirnkasten, seiner Seele, dieser Unendlichkeit von Zeit und Raum bewußt.

Doch als die Lagerfeuer heruntergebrannt waren und völlige Dunkelheit sich ausbreitete, hielt Sam unwillkürlich den Atem an. Die Höhe, die klare, kalte Luft, das Fehlen jeglichen Staubes in der Atmosphäre oder jeglichen Lichtes machte den Himmel so brillant, wie er ihn nur in mondlosen Nächten auf seinen Wanderungen in Zentralaustralien gesehen hatte. Da glühte die Milchstraße in einem fahlen Glanz, bei dem man beinahe lesen konnte. Jetzt war der vertraute Himmel verändert, enthielt seltsame Konstellationen, die er nur dem Namen nach kannte, aber noch nie gesehen hatte.

Lange lag er schlaflos da; er zog die Kapuze seines Schlafsacks über die Augen und vergrub das Gesicht in den Decken. Der Bart, den er sich wachsen ließ, kitzelte ihn am Kinn. Sein letzter schläfriger Gedanke war, daß er froh war, die gefährlichen Stromschnellen heil hinter sich gebracht zu haben. Es wäre eine wahre Ironie des Schicksals gewesen, wenn er, der so oft dem Tod durch Verdursten entronnen war, ausgerechnet ertrinken sollte.

Sie hatten sich zu früh gefreut. Hinter dem Lake La Burge gerieten sie in eine Strömung und liefen auf eine verborgene Sandbank auf. Sie mußten wie die Biber arbeiten, um wieder freizukommen; mitten im Fluß tauchten Inseln auf; Felsen und unter der Wasseroberfläche verborgene Steine gefährdeten ihre Fahrt. Macrae lenkte sie mit dem Mut der Verzweiflung hindurch, doch am Ende der Dreißig-Meilen-Stromschnelle war er total erschöpft. Sie alle trieften vor Nässe, die Lebensmittel waren feucht. Trotz der starken Strömung hatten sie beinahe fünf Stunden für die dreißig Meilen gebraucht. Die Sonne würde bald untergehen. Sie verbrachten eine üble Nacht in ihren nassen Kleidern und fuhren am nächsten Tag spät weiter, weil sie erst auf die Sonne warteten, damit sie wieder trocken wurden.

»Ich wette fünf zu eins, daß wir in einer Woche in Dawson sind – also genau in sieben Tagen«, sagte Sam am Morgen zu Dandy Dan. Eine Gruppe erfahrener Waldläufer, die an der Flußbiegung gelagert und die Fahrt nach Dawson schon einmal gemacht hatten, hatten ihm versichert, daß jetzt wirklich keine Stromschnellen mehr kämen.

»Das bedeutet sechzig Meilen am Tag!« sagte Dan. »Du bist verrückt, alter Junge.«

»Man hat mir gesagt, von hier aus könnte man leicht siebzig am Tag schaffen.«

»Hah! Das ist es, was sie dir *sagen!*«

Sam fand ein paar Männer, die bereit waren, mitzuwetten, und setzte seine fünfhundert Pfund gegen ihre hundert. Anfangs sah es so aus, als würde er leicht gewinnen, denn sie glitten schnell mit der beständigen Strömung dahin; der Fluß schien sich zu beeilen, als ahnte er das Ende seiner Reise, das immer noch tausend Meilen entfernt in der arktischen See lag. Nach der Einmündung des Pelly River sank die Temperatur bis nahe an den Gefrierpunkt. Eisschollen, von den Nebenflüssen aus dem Norden heruntergebracht, tauchten auf. Dann wachten sie eines Morgens auf und mußten feststellen, daß die Boote am Ufer festgefroren waren.

Sam war einer der härtesten Arbeiter beim Freihacken des großen Bootes – das Skiff hatten sie über Nacht an Land gezogen.

Nicht, daß das Geld ihm viel bedeutet hätte, aber er wollte beweisen, daß er recht hatte, und die Wette gewinnen. Die Mitte des Flusses, dort, wo die Strömung am stärksten war, war noch immer eisfrei, doch am vierten Tag wurde die eisfreie Fahrrinne so schmal, daß sie festsaßen, und sie mußten sich ihren Weg etwa dreißig Meter weit freihacken, um wieder flottzukommen. Sams Mut sank.

Durch die Einmündung eines von Süden her kommenden Nebenflusses stieg die Wassertemperatur wieder an. Am späten Vormittag des sechsten Tages glitten sie um eine Flußbiegung, und alles brach in Jubel aus – selbst diejenigen, die ihr Geld verloren hatten.

Hinter einem steil abfallenden Berg, der mit dunklem Tannen- und Fichtenwald bedeckt war, sahen sie rechter Hand die ersten Anfänge des sagenumwobenen Dawson: unter einer dünnen, frischen Schneedecke zusammengedrängte Häuser und Zelte.

Sam sammelte seinen Gewinn ein und beschloß, den größten Teil davon für ein Zechgelage zur Feier ihrer Ankunft zu spendieren. Glücklicherweise hatten zwei Versorgungsdampfer ihre letzte Fahrt flußaufwärts vor Wintereinbruch geschafft, und es gab reichlich Grog. In dieser Nacht machten sie sämtliche Bars in der Stadt unsicher.

16

An das anspruchslose Leben im Busch gewöhnt, mußte Sam King feststellen, daß die subarktische Kälte und die zugefrorenen Flüsse im Yukon das Leben mindestens ebenso schwierig und ungemütlich machten wie die Hitze und der Wassermangel in Westaustralien.

Da gab es zunächst einmal während des Winters kein fließendes Wasser zum Waschen, da zu dieser Zeit alles gefroren war. Selbst der Boden im Gebiet der Running Creeks zwischen dem Klondike und den Indianer-Flüssen war bis auf zwei, drei Zentimeter unterhalb der Oberfläche vereist. Die einzige Möglichkeit, einen Schacht hineinzutreiben, bestand darin, Feuer anzuzünden und das Erdreich allmählich aufzutauen.

Dandy Dan hatte schon bald Glück, da die Schürfer mit den Taschen voller Geld und bereit, es zu verspielen, zurückkamen. Im Winter war die Strecke zu den näher gelegenen Creeks leichter zu bewältigen, weil der zugefrorene Klondike den größten Teil des Weges zur Stadt hin eine Art Landstraße bildete; im Sommer hingegen mußte er mit der Fähre überquert werden. Sobald die Flüsse zuzufrieren begannen, trafen die Männer mit dem Gold ein, mit dem man sie für ihre Arbeit in den Minen bezahlt hatte.

In jenem ersten Winter des Goldrushs gab es in Dawson nur zwei Dinge im Überfluß: Goldstaub und Whisky. Gold gab es beinahe ebenso reichlich wie die Schneekristalle, die wie ein silbriger Gazevorhang in der gefrorenen Luft hingen.

Für die nächsten sechs Monate würde die Stadt von der Außenwelt abgeschnitten sein. Bis zum nächsten Mai oder Juni, wenn das Eis aufbrach, würde es keine Dampfer mehr geben, die den Fluß heraufkamen, oder Goldsucher, die flußabwärts fuhren. Während dieser Zeit stieg der Verkaufswert von Schaufeln und Nägeln enorm. Eier, ein seltener Luxus, wurden für zwölf Dollar das Dutzend verkauft. Frauen waren die teuerste Ware: ein Mädchen aus der Tanzhalle versteigerte sich als Wärmflasche für den Winter und bekam ein Honorar von fünftausend Pfund in Gold.

Tag und Nacht zogen die Hunde-Teams die Hauptstraße herauf und herunter, ihre Schlittenglöckchen klingelten in der eisigen Luft. Sie brachten das letzte Gold der Sommersuche und Brennholz und andere Güter in die Lager.

Dawson hallte wider von den Heldentaten des »Klondike-Mike«, eines riesigen, rothaarigen Irisch-Kanadiers, der jetzt mit seinen Huskies allein zum Skagway fahren und für einen Dollar pro Unze die Post nach »draußen« bringen wollte. Sam schrieb Mary einen Brief nach Vancouver, in dem er ihr sagte, daß es ihm gutginge – er fügte nicht hinzu: glücklich wie seit Jahren nicht mehr.

Als der Winter hereinbrach und die Sonne, außer für kurze Zeit um die Mittagszeit, verschwand, schienen Tag und Nacht ihre Bedeutung verloren zu haben. Die Nächte waren kaum dunkel, die Tage kaum hell. Es herrschte ein graues Zwielicht und eine helle Dunkelheit, die entweder vom Mond oder den Sternen erhellt und vom weißen Schnee reflektiert wurde, oder durch die unheimlichen, dunstigen Vorhänge der Nordlichter.

In der Stadt herrschte eine ständige Samstagnacht-Stimmung. Die Männer gingen, wann immer sie wollten, in die Bars, die ständig geöffnet waren. Sie bildeten die einzigen Stätten der Unterhaltung und die Quelle aller Neuigkeiten und Gerüchte – obwohl es seit kurzem zwei Zeitungen gab.

Sam hatte sich in Bars schon immer wohl gefühlt. Diese Männerwelt von hartgesottenen Waldläufern und trinkfesten Neulingen paßte ihm wie ein gut sitzender Anzug. Dank seiner Erlebnisse im australischen Hinterland und in Südafrika konnte er endlose Geschichten erzählen. Und ein Mann, der Lake View gefunden hatte – eine der reichsten Goldadern der Welt –, wurde als kenntnisreicher Schürfer respektiert. Unter den erfahrenen Goldschürfern, die zum Klondike gekommen waren, gab es Männer aus aller Welt, auch Australier, die Sam Kings Ruf kannten und wußten, daß er im Coolgardie-Rush einen ganzen Berg Gold gefunden hatte. Er erhielt viele Angebote, sich mit einem Partner zusammenzutun.

Doch er hatte keine Eile. Bis die ärgste Kälte vorüber war, konnte im Hinblick auf das Schürfen wenig getan werden. Der Fluß war in beiden Richtungen nicht befahrbar, und er würde genügend Zeit haben, um mit denjenigen zu reden, die sich auskannten, um seine Chancen, im Frühjahr einen lohnenden Claim abstecken zu können, abzuschätzen. Sein Plan war, zunächst eine geeignete Schürfstelle zu errichten und dann in der Nähe des Claims eine Hütte zu bauen, so daß er bei der Mine überwintern konnte.

Sobald der Fluß eisfrei war, würde ein neuer Strom von Goldsuchern eintreffen, und die ohnehin schon hohen Preise würden ins Uferlose steigen. Also begann er, sich einen Vorrat an Holz und Nägeln, Fensterglas und Futter für die Pferde, die er im nächsten Sommer brauchen würde, anzulegen.

Kaum jemand konnte das Aufbrechen des Eises erwarten. Wenn die Reinigung des Wintervorrats an Goldsand abgeschlossen war und das feine Gold nach Dawson zu strömen begann, würden die Männer auf der Suche nach den vielversprechenden Plätzen in die entgegengesetzte Richtung strömen.

Im frühen November machte sich Sam zusammen mit dem »Einäugigen Reilly« auf den Weg zu der Stelle, wo der Bonanza-Creek und der Klondike, der jetzt zugefroren war, sich vereinigten. Der Bonanza war von Claims umsäumt, Reilly übernahm für siebzehn Pfund pro Tag einen Job in einem Schacht im Abgang. Das war eine gute Bezahlung, doch für Sam war es harte und schmutzige Arbeit.

Er war enttäuscht, als er feststellte, daß kaum Nebengestein zu sehen war, nichts, das auf eine Ader hindeutete; und das nicht wegen des Schnees, sondern weil eine dicke Schicht von Eismoränen – Lehm und Kies – wie eine gefrorene Decke über dem Muttergestein lag. Er sah sich ein paar andere Minen an, in denen der Lehm auf mühsame Weise fortgegraben worden war: Man hatte in den Erdlöchern Feuer angezündet, um den Boden aufzutauen.

Nachdem er sich gründlich umgesehen hatte, beschloß er, nach Dawson zurückzukehren und sich nach Dampfkesseln und -öfen zu erkundigen. Außerdem würde er ein paar Packpferde zum Transport benötigen. Sollte jedoch der erste Schacht auf Gold hinweisen – die Durchschnittstiefe in der Grundschicht schien bei sechs bis neun Metern zu liegen, auf der eine Schicht Alluvialgold lag –, würde es sich lohnen, aus Gründen der Zeit- und Arbeitsersparnis mit Dampf zu arbeiten.

Sam respektierte Macraes Fähigkeiten, seine schottische Entschlossenheit und seine Klugheit. Wenn er nicht sein Partner sein wollte, würde er es allein versuchen und ihm die Stelle eines Aufsehers anbieten, denn er würde eine Menge Leute beschäftigen müssen.

Nach Dawson zurückgekehrt, unterhielt er sich bei jeder sich bietenden Gelegenheit mit den Bergleuten, die sich mühsam über die gefrorenen Wege gequält hatten, das harte Leben in den Creeks leid waren und sich jetzt in den Bars amüsierten und ihr Gold ausgeben wollten. Sam bestellte Drinks für alle. Dank seiner Gastfreundschaft und seines Talents zum Geschichtenerzählen war er inzwischen jedermann bekannt.

Doch es gab ein paar Männer, die ihm seinen Erfolg in der kleinen Gemeinschaft mißgönnten. Zu ihnen gehörte insbesondere Big Ole, ein Schwedisch-Amerikaner, auch Yankee Ole genannt, der der Held des letzten Sommers gewesen war, als er mit tausend Unzen Feingold vom Bonanza zurückkam.

»Ja, es war so heiß am Lake Eyre«, sagte Sam, als er sich gegen die Bar lehnte und seinen Blick über seine Zuhörerschaft wandern ließ, »daß man sich am Eisen der Steigbügel die Hand verbrannt hätte. Die Vögel fielen tot von den Bäumen herunter. Es müssen fünfundsechzig Grad im Schatten gewesen sein –«

»Du hältst uns wohl für dumm, wenn du denkst, daß wir all das glauben! Es kann gar nicht so heiß gewesen sein.«

Sam hielt inne, nahm einen Schluck Whisky und fuhr fort »– im Schatten. Der Himmel weiß, wie heiß es in der Sonne war. Es gelang uns, ein paar Wüsteneichen zu finden, unter denen wir am Tag lagerten. Nachts sind wir dann weitergereist. Beim Einatmen schien einem die Luft die Lunge zu verbrennen, wie ein Feuerstoß. Der Lake Eyre war natürlich knochentrocken – nichts als eine wunderschöne blaue Fata Morgana.«

»Das glaube ich nicht!« Yankee Ole, in dicker karierter Wolljacke und mit halb über die Ohren heruntergezogener Pelzkappe, knallte sein Glas auf die Theke.

»Willst du mich einen Lügner nennen?« fragte Sam drohend. Er war nahe daran, wegen der dauernden Unterbrechungen die Geduld zu verlieren.

»Und wenn ich es tue?«

Obwohl Sam schon reichlich getrunken hatte, hatte er nicht vor, sich auf einen Streit einzulassen. Er war alt genug, um sein Temperament in der Gewalt zu haben. Obwohl ihm das Blut in die Wangen gestiegen war und seine Augen drohend hervortraten, behielt er die Ruhe. Der Mann wirkte primitiv und war zwanzig Jahre jünger als er selbst, obwohl sie beide gleich groß waren.

Doch ehe er sich abwenden und Ole ignorieren konnte, schoben ihn seine Trinkkumpane vorwärts. Dabei stieß er gegen Oles Arm und verschüttete seinen Drink. Ole fluchte.

»Lieber, alter Sam, laß dir nichts von ihm gefallen!«

»Mach schon, Sam, worauf wartest du noch?«

»Das ist ein Kampf, Leute. Geht aus dem Weg. Wer wird Sekundant? Kommt her, ihr beide!«

Der gewalttätige Ole brauchte nicht gedrängt zu werden, doch Sam wich zurück. »Ich kann nicht gegen ihn kämpfen, mein Rücken ist krumm«, wandte er ein, denn seitdem er auf der nassen, kalten Fahrt von Skagway im Freien geschlafen hatte, hatte er öfter rheumatische Beschwerden im Rücken.

»Du kannst jetzt nicht kneifen!«

Sam sah ein, daß das nicht ging, und faßte einen schnellen Entschluß. »Also gut. Ich fordere ihn zum Duell. Pistolen im Morgengrauen.« Er hoffte, daß alle, der betrunkene Ole eingeschlossen, das bis morgen früh vergessen haben würden.

»Er hat dich beleidigt«, sagten seine Kumpane. »Du solltest lieber jetzt gleich kämpfen, alle warten darauf. Sam wird sich duellieren!« riefen sie.

»Ein Duell bis zum Tod?«

»Nein, bis zum ersten Blutstropfen.«

»Wer hat ein Paar Pistolen?«

Ole blickte alarmiert um sich, doch die Menge griff den Ruf auf. »Pistolen auf zwanzig Schritte! Sie duellieren sich!«

»Ich duelliere mich nicht. Faustkampf.«

Sam bekam es mit der Angst zu tun. Warum nur hatte er Pistolen vorgeschlagen? Er hatte gefürchtet, im Faustkampf zusammengeschlagen zu werden. Aber besser eine gebrochene Nase als eine Kugel im Herzen.

»Ich kämpfe nicht mit Pistolen!« sagte Ole eigensinnig.

»Du mußt. Er hat die Wahl der Waffen.«

Ole holte tief Luft und sah Sam finster an. Dann sagte er:

»Okay, es war so heiß. Ich glaube dir.« Dann bahnte er sich unter dem Gejohle der Menge seinen Weg in die Nacht hinaus. Er war nicht beliebt, weil er bekannt dafür war, stets ältere oder kleinere Männer zum Kampf herauszufordern. Die Männer, die Blut gewittert hatten, knurrten ärgerlich, doch Sam bestellte eine Runde doppelten Whisky, und der Frieden war einigermaßen wiederhergestellt.

Noch vor dem Ende des Winters verkündete Sam, daß er sich auf den Weg zu den Running Creeks machen wolle, um sich ein wenig »umzusehen«. Er schlief in Macraes Hütte, die aus dem Holz des großen Bootes gezimmert worden war. Sie wurde von einem Yukon-Ofen beheizt, einem in Steine gepackten und mit Lehm isolierten Ding, das mit Holz gefeuert wurde. Wenn er erst einmal ein paar Tage lang brannte, waren die Steine durch und durch erwärmt, und selbst wenn das Feuer über Nacht einmal ausging, blieb die Hütte warm und gemütlich.

Macrae war an einer Partnerschaft mit Sam durchaus interessiert, doch er wollte mit einer Erkundungstour auf den Frühling warten, weil man dann bis zur Mündung des Indian River den Yukon hinunterfahren konnte, und von dort aus westwärts ins Quellgebiet des Dominion Creek. Er war ein eher praktisch veranlagter Arbeiter und kein fanatischer Goldsucher wie sein Partner.

Für fünfundzwanzig Pfund buchte Sam eine Fahrt auf einem Hundeschlitten zu den Grand Forks. Für die kleine Bergarbeitersiedlung am Zusammenfluß von Bonanza und Eldorado hatte er Lebensmittel mitgenommen. Die Hunde folgten einer viel befahrenen Spur über den zugefrorenen Yukon und Klondike und an den Ufern des Bonanza-Creek entlang. Für diejenigen, die die Reise zu Fuß machten, gab es jetzt etwa alle zehn Meilen einfache Gasthäuser.

Bald hatten sie Dawson weit hinter sich gelassen. Um die Mittagszeit kroch die Sonne über die Berge im Süden und tauchte die Spur in warmes rosafarbenes Licht. Die ansonsten kalte und monotone Szenerie erschien mit einem Mal völlig verändert. Der Schnee nahm die Farbe der von der untergehenden Sonne angestrahlten Wolken an. Jeder Baum und jeder Busch glitzerte von bunten, schillernden, gefrorenen Tropfen. Während sie sich in der Dunkelheit des Nachmittags den Forks näherten, sah Sam den von einem wunderschönen Regenbogen umgebenen Vollmond. Dieses Schauspiel wurde, so hieß es, von winzigen Eiskristallen ausgelöst.

Das Versprechen des Regenbogens! Sams Herz wurde weit und Bilder seiner Jugend stiegen in ihm auf.

Aus reiner Freude begann er zu singen.

Sam war inzwischen ein kräftiger brauner Bart gewachsen, der im Kontrast zu seinen ergrauten Haaren stand. Die Augenbrauen über seinen blauen Augen, die inzwischen durch seine Wanderungen durch die Wüste, das Geblendetwerden durch den weißen Sand und gelegentlichen übermäßigen Alkoholgenuß recht blutunterlaufen waren und unter denen sich dicke Tränensäcke gebildet hatten, waren noch immer dunkel. »Das Leben beginnt mit fünfzig«, dachte er zufrieden und streckte seine in weichen, warmen Stiefeln steckenden Füße aus. Was würde das für ein Fest werden, wenn er im nächsten November sein halbes Jahrhundert feierte! Für ihn stand fest, daß er dabei war, ein weiteres Mal sein Glück zu finden.

Er übernachtete in einem der Gasthäuser an den Forks, machte sich dann in der Dunkelheit des Wintertags auf die Weiterreise zu den Ufern des Bonanza. Seinen Schlafsack und seine Decken packte er zusammen mit einer kleinen Bratpfanne, einem Feldkessel und einem Spirituskocher zu einem Bündel, das er sich auf den Rücken schnallte. Er hatte keine Schneeschuhe, doch der Schnee lag ohnehin nicht so hoch, wie er es befürchtet hatte; in der Gegend um Dawson gab es meist nur wenig Niederschlag, und bis jetzt war der Winter ziemlich mild gewesen.

Nach zwanzig Meilen hatte er über den Dom und eine Reihe von Bergen und mit Schnee gefüllten Wasserläufen das Tal des Dominion Creek erreicht, wo er entlang des Flußbetts überall Anzeichen von Schürfungen bemerkte. Doch niemand, so stellte er fest, arbeitete an den Böschungen, den zu beiden Seiten des Flusses abfallenden Hängen. Er beschloß, im Frühjahr als einer der ersten hier zu sein. Auf dem Rückweg beauftragte er zwei kräftige Hinterwäldler, deren Claims am oberen Bonanza sich als Reinfall erwiesen hatten, ihm im Frühjahr zweihundertfünfzig Klafter Holz zu schlagen, das zum Dominion geliefert werden sollte. Er wußte, daß es teuer sein würde, es von Dawson aus mit Hundeschlitten dorthin bringen zu lassen. Er bezahlte ihnen die Hälfte ihres Lohns im voraus, und sie blickten mißtrauisch auf die ihnen fremden, neuen Dollarnoten. An den Creeks, und sogar in der Stadt, wurde sonst alles in Goldstaub bezahlt.

In jenem Jahr 1898 verschwand das Eis schon in der ersten Mai-Woche. Sam stand am Ufer und beobachtete fasziniert, wie der zugefrorene Yukon zersprang, wobei das aufplatzende

Eis wie zuckende Blitze mit einer Reihe lauter Knalle über den Fluß hallte. Die zerborstene Masse hob sich, und die Mitte des Flusses setzte sich in Bewegung, während das Eis am Ufer noch immer fest blieb. Dann löste sich auch dies. Der Yukon würde über kurz oder lang frei sein.

Er beobachtete das Schauspiel bis nach neun Uhr abends, als die Sonne für kurze Zeit verschwand, um wenige Stunden später wieder zu erscheinen. Bald würden die Goldsucher vom Skagway ankommen, und wiederum ein, zwei Monate später würden die stromaufwärts fahrenden Dampfer weitere herbringen. Es kursierte das Gerücht, daß am Lake Bennett dreitausend Boote, Flöße und Kanus darauf warteten, ihre Fahrt nach Dawson antreten zu können. Sam würde startbereit sein, ehe der goldgierige Pöbel ankam und die Wege zertrampelte und jede einigermaßen erfolgversprechende Mine mit Beschlag belegen würde. Er hatte bereits die Pferde für die Reise gekauft und einen Platz auf der Fähre für die Überquerung des Klondike gebucht.

Als erste sollte eine Abteilung der Royal Canadian Mounted Police auf dem noch immer gefährlichen, mit Treibeis übersäten Fluß eintreffen. Von jetzt ab würde in Dawson, das nie eine solch wilde Stadt wie Skagway gewesen war, Ordnung herrschen. In Anbetracht der in Umlauf befindlichen Gold- und Whiskymengen war es in diesem Winter recht ruhig gewesen.

Sam kaufte ein Faß Whisky »zu medizinischen Zwecken«, wie er Macrae, der nicht trank, erklärte. Die zwölf Pferde waren fertig bepackt, mit Heu, Kerosin für die Lampen, Hacken, Schaufeln, Sägen, Hämmern, Nägeln, sogar zwei kleinen Glasscheiben für die Hütte sowie Reservekleidung und -decken. Sandy Macrae war eine Teilhaberschaft mit ihm eingegangen, obwohl ihm Sams Idee mit dem teuren Dampfkessel nicht gefiel. Er war ein großer, hagerer, grobknochiger Schotte, der seit seinem zwölften Lebensjahr ein hartes Leben in kanadischen Holzfällerlagern geführt hatte. Er hatte seine Holzmühle zu Hause in Ottawa verkauft, um alles in das Spiel ums Gold zu investieren.

Am 14. Mai brachen Sam King und Sandy Macrae auf. Der »Einäugige Reilly« begleitete sie, obwohl er, da kapitalschwach, kein Teilhaber war. Er würde mit den anderen Arbeitern gegen Lohn arbeiten – vorausgesetzt, sie stießen auf Gold. Sam wollte ihn zum Vorarbeiter machen, doch da er nicht lesen und schreiben konnte, war er nicht in der Lage, über die Löhne Buch zu führen.

Die Sonne stand hoch am blauen Himmel. Dunkel wurde es erst um Mitternacht, und das auch nur für kurze Zeit. Das todesähnliche Schweigen des Winters war dem erwachenden Leben gewichen: Überall war das Geräusch fließenden Wassers zu hören, das Tropfen tauender Eiszapfen. Die Knospen der Weiden und Eschen am Fluß brachen auf, Fichte und Erle erhielten neuen Lebenssaft, Wildgänse flogen in langen Formationen schreiend über ihre Köpfe hinweg. Das leuchtende Weiß des Kanadischen Berufskrauts bedeckte die Erde.

Die *»Klondike News«* hatte eine kleine Landkarte abgedruckt, die das »Kanadische Department des Inneren« erstellt hatte. Sam besaß eine dieser Kopien und ein Vergrößerungsglas. Sie zeigte das Labyrinth von Creeks und Bergketten, die Wege und Abbaustellen entlang der Creeks zwischen dem Klondike und dem Yukon. Beinahe jeder Creek wies eine Flut von Punkten auf, die die registrierten Claims markierten.

Als sie nach einer Zwei-Tages-Reise am Dominion Creek ankamen, sah Sam sich sorgfältig um und begann sofort mit der Markierung des von ihm beanspruchten Gebiets. Die Claims entlang des Tals waren bereits alle im letzten Sommer abgesteckt worden, manche bereits erschöpft.

»Wir werden bis zum Muttergestein hinunter schürfen müssen«, erklärte Sam. »Gut, daß ich schon vorgesorgt habe.« Als die beiden Männer, die er beauftragt hatte, das Holz mit Sams Pferden zum Claim brachten, lachten sie über dessen Lage am Hang unterhalb eines hohen Grats.

»Hier wirst du kein Gold finden, Kumpel!« höhnten sie.

Sam grinste nur in seinen Bart und stellte die beiden Männer, Stan und Merv, ein, beim Graben des ersten Schachtes zu helfen. Zuerst trugen sie den weichen Mutterboden ab, dann entzündeten sie Nacht für Nacht Feuer in dem Loch, um die obersten Zentimeter Dauerfrostboden aufzutauen. Macrae und Reilly, der ein Auge beim Holzhacken verloren hatte, als ihm ein harter Keil ins Gesicht flog, machten sich daran, Hütte und Ofen zu bauen, nachdem sie Baumstämme für die Wände zugeschnitten hatten.

Als die ersten Eimer geschmolzener Erde nach oben kamen, wusch Sam jeweils eine Probe in eisigem, halb geschmolzenem Schneewasser, doch er entdeckte nicht einen Funken Gold. Macrae und Reilly begannen einen zweiten Schacht und schimpften dabei, daß der Boden wertlos sei und sie ebensogut irgendwo anders graben könnten. Sam ging nach Dawson zurück, um die Gebiete, die er abgesteckt hatte, beim Gold-Registeramt eintragen zu lassen. Das dauerte länger als erwartet, weil nie zuvor jemand versucht hatte, einen an einem Hang liegenden Claim registrieren zu lassen und es dafür keine Bestimmungen gab.

Als er zurückkam, war der erste Schacht beinahe sechs Meter tief, doch noch immer zeigte sich kein Gold.

»Es ist völlig sinnlos, Sam«, murrte Macrae. »Alle sagen, es gibt kein Gold in den Hängen. Wir hätten ein Jahr früher herkommen und im Creekbett abstecken sollen.«

»Es gibt ein altes Sprichwort, das heißt ›Gold ist da, wo man es findet‹«, entgegnete Sam. »Es gibt keine festen Regeln für Gold; es ist ein seltsamer Stoff. Aber ich habe so eine Vorahnung, daß wir hier auf reiche Beute stoßen werden. Zu Hause pflegten sie zu sagen: ›Sam kann das Gold riechen!‹«

»Wie du meinst, du bist der Experte.«

Am nächsten Tag stießen sie in fünfeinhalb Meter Tiefe auf Felsgestein. Von unten drang ein gedämpfter Schrei herauf. Sam, der sich bereit erklärt hatte, das Kochen zu übernehmen und den Jüngeren das Graben überlassen hatte, stürzte zum Schacht hinüber.

»Großer Gott!« kam die Stimme von unten her. »Komm und sieh dir das an! Sieh dir das an!«

Sam kletterte in den Schacht, sein Puls jagte vor freudiger Erwartung. Merv, der unten gearbeitet hatte, machte ihm, seine Laterne schwenkend, Platz. Der gesamte Boden glänzte von goldenen Strängen. Sam ergriff eine Handvoll Dreck und hielt ihn ans Licht. Das Gold war so fein, daß der Dreckklumpen wie mit gelber Butter verschmiert schien. Seine Vorahnung war also richtig gewesen. Sofort wusch er ein paar Pfannen des Sandes, und jede Waschpfanne brachte einen Goldwert von mehr als einem Dollar hervor. Sie schmolzen weiteres Wasser und erhielten aus fünfzig Eimern gewaschenen Sandes einen Wert von zweitausend Dollar Feingold und kleiner Nuggets.

Macrae war völlig aus dem Häuschen. Sam, der nichts anderes erwartet hatte, freute sich vor allem darüber, daß er wieder einmal recht behalten hatte.

Am nächsten Tag stieß der zweite Schacht auf Muttergestein. Wieder war der ganze Boden »wahnsinnig voll Gold«, wie der jubelnde Macrae verkündete.

»Wir müssen die Sache jetzt im großen Stil angehen«, verkündete Sam, als sie den Zwiebel-Eintopf aßen, der mit einem Schneehasen, den Reilly geschossen hatte, angereichert war. »Ich werde den Dampfkessel, den ich bestellt habe, von Dawson herbringen lassen. Dafür können wir auch unsere eigenen Pferde nehmen, sie fressen ohnehin nur sinnlos herum, und das Heu ist bald verbraucht... Zuerst einmal brauchen wir mehr Arbeiter zum Holzhacken und zum Abtragen der Schicht über dem Muttergestein. Die Kosten spielen keine Rolle, wichtig ist nur, das Gold vor Einbruch des Frostes aus dem Boden zu kriegen. Also, wir werden hundertachtzig Meter Dampfrohre zu fünfzehn Dollar den Meter brauchen. Transportkosten für den Kessel, es sei denn, wir bringen ihn selber her –«

»Mein Gott!« stöhnte Macrae. »Wir haben den ganzen Winter vor uns, Mann. Ich finde, wir sollten die Ausrüstung in kleineren Teilen mit dem Hundeschlitten herholen.«

»Zu spät!« rief Sam.

Sofort machte er sich nach Dawson auf. Mit keinem Wort erwähnte er den ihm entgegenkommenden Männern gegenüber seinen Goldfund am Hang. In der Stadt heuerte er einen Vorarbeiter für das Lager an, einen Koch und acht Arbeiter und besorgte Zelte für sie. Der Bankdirektor blickte ihn wegen der Höhe des Betrages, den er abheben wollte, mißtrauisch an, bis Sam ein mit Goldstaub gefülltes Säckchen aus Karibuhaut auf seinen Schreibtisch warf und ihm sagte, daß jede halbe Stunde genau die gleiche Menge aus der Mine käme. Dann hinterlegte er zweitausend Dollar in Gold auf ihrem gemeinsamen Teilhaberkonto und ging los, um sich nach dem Dampfkessel umzusehen.

Sam nannte seinen Fund »Eureka«. Als er von Dawson zurückkam, war Macrae gerade dabei, Wanderprospektoren abzuwehren. »Ich habe zweitausend Dollar für den Kessel bezahlt«, sagte Sam. »Jetzt müssen wir ihn nur noch herkriegen.«

Macrae schlug vor, ihn per Boot den Indian Creek herunter und dann bis zum Dominion herauf zu befördern, doch Sam traute Booten nicht. Sie konnten sinken, und dann wäre die teure Ausrüstung verloren.

Macrae hatte einen Goldwaschtrog mit Riefelungsbrettern im Boden zusammengebaut, über die das Wasser floß, das durch einen hölzernen Kanal von einem höher gelegenen Bach hergeleitet wurde. Schon hatten die beiden Schächte einen Wert von weiteren viertausend Dollar ergeben. Fast alle Arten von Alluvial- oder Seifengold hatten sie gefunden: vom »Senf« oder »Mehl« bis hin zum Staub, zum »Fliegendreck« oder kleinen Körnchen, zu Weizenkörnern und kleinen Nuggets.

»Es gibt nichts, was sich mit Gold vergleichen läßt«, schwärmte Sam. In diesem Augenblick hatte er Mary, die Mädchen, William, sein Enkelkind in Indien, sein schönes Heim und die Obstgärten im fernen Australien vergessen. Das Gold faszinierte ihn wie eine schöne, geheimnisvolle Frau. Der Wert, den es verkörperte, war für ihn von zweitrangiger Bedeutung.

»Teufel noch mal!« sagte Macrae voll Bewunderung. »Dieses Mal haben wir einen Royal Flush bekommen.«

Sam und Reilly packten das neue Gold in die Satteltaschen und machten sich im hellen Sonnenschein auf nach Dawson.

Die Stadt brodelte vor Unzufriedenheit. Weil es seit dem neuen Rush soviel Verwirrung und gegenseitige Beschuldigungen an den Creeks gegeben hatte, war das Gold-Registeramt für alle Hang-Claims geschlossen worden, die jetzt nicht registriert werden konnten.

Gerüchte machten die Runde. Auf öffentlichen Anschlägen war zu lesen, daß am Dominion im Juli wieder geschürft werden dürfe, aber nur mit Sondergenehmigung. Diese Genehmigung sollte am 11. Juli zu bekommen sein. Hastig beluden Sams Leute ihre Packpferde, von denen vier den Kessel auf einer Art Rollschlitten zogen, während die anderen Vorräte und die Rohre trugen. Sam hatte vor, am Morgen des 9. Juli zu starten, um dem zu erwartenden Ansturm zuvorzukommen. Doch am Abend des 8. herrschte allgemeine Aufbruchstimmung am Bonanza. Das Gerücht ging um, daß man keine Erlaubnis brauche. Und am nächsten Morgen hing ein auf den 8. datierter, dementsprechender Aushang am Gold-Registeramt.

»Verdammt noch mal!« schrie Sam. Er fluchte und stampfte wild herum, verwünschte das gesamte Beamtentum. Als er am frühen Morgen mit Reilly aufbrach, fanden sie den Weg von Männern und ihrer Ausrüstung verstopft. Sie mußten sich wohl oder übel dem Trott der Langsamsten in der Schlange anpassen. Der Boden war auf Meilen hinaus zu Matsch zerstampft. Die Füße so vieler Männer und Tiere – der Haupttroß des Rushs wurde später auf viertausend geschätzt – hatte die Oberfläche dermaßen erwärmt, daß der Dauerfrostboden darunter aufzutauen begann. Das in dem gefrorenen Boden enthaltene Wasser wurde freigesetzt und trat in langen, schmutzigen Seen an die Oberfläche.

Sam schäumte vor Ungeduld. In der Nähe des Oberlaufs des Bonanza mußten sie den berüchtigten Carmac-Sumpf durchqueren, wo Kriebelmücken und Moskitos die Pferde fast wahnsinnig machten und die Gesichter und Nacken der Männer so zerstochen wurden, daß ihnen das Blut herunterrann. Als sie dann auf den zum Dom führenden, ansteigenden Pfad kamen, blieb Sam stehen.

»Ich kann dieses langsame Tempo nicht mehr aushalten«, sagte er. »Laß uns hier abseits der Spur lagern, bis sie vorbei sind.«

Sie verließen die Spur, gaben den Pferden eine Ration Heu und zündeten ein Feuer an, um ein paar Bohnen und Speck zu braten. Sie brauchten keine Angst zu haben, in die Dunkelheit hineinzugeraten; es gab keine Nacht, und der Tag war klar und sonnig, beinahe heiß.

Von ihrem erhöhten Lagerplatz aus blickte Sam auf den endlosen Strom der Männer hinunter, die sich wie Ameisen durch das weite Yukon-Gebiet bewegten. Auf die gleiche Weise kamen Schlangen von Männern von Skagway und Dyea herauf, quälten sich über den White Pass und den Chilkoot, zum Klondike und Yukon und dann zu den Creeks hinauf, um Löcher zu graben und Erdhaufen wegzukarren. Goldkörner, Zuckerkörner... Und wozu das alles? Welchen Sinn hatte es? Plötzlich dachte Sam an zu Hause, seine herrlichen Möbel und die Luxusjacht...

Er mußte verrückt sein! In der schaurigen Wildnis im Dreck in einer Holzhütte zu leben! Er beschloß, daß dieser Winter der letzte war; er würde weggehen, nach Hause. Er würde seinen Anteil verkaufen.

Es gab noch immer keine Lücke in der langen Reihe von Männern und Packpferden, die die Spur heraufkamen.

»Es hat keinen Zweck zu warten, Sam«, sagte Reilly. »So wie es aussieht, wird die Schlange um Mitternacht noch ebenso dicht sein wie jetzt.«

Sam breitete seine Karte auf der Satteltasche aus und erwiderte: »Schau, von hier aus können wir eine andere Route nehmen, die Spur umgehen und eine Abkürzung am Caribou-Creek entlang zum Dominion nehmen. Wenn wir dieser Bergkette hier folgen...«

»Wenn du willst, ich bin dabei«, meinte Reilly. »Mir hängt dieser Mob zum Hals heraus.«

Sie folgten der Bergkette, die nach Südwesten führte. Der Stand der Sonne irritierte sie, und Sam verließ sich auf seinen

Kompaß, um den Kurs zu halten. »Ich hoffe, diese Karte stimmt«, brummte er, einen zweiten Blick darauf werfend. »Sie ist ganz schön ungenau.«

In der oberen rechten Ecke befand sich ein freies weißes Gebiet, das als »unerforscht« ausgewiesen war. Dort würde er eines Tages einmal schürfen.

Das Gebiet wurde von zwei Wasserläufen durchzogen, die zum Klondike flossen. Ein weiterer Weg führte zum Sulphur-Creek herunter, weiter nach Westen; sie konnten sich also kaum verlaufen, denn beide, sowohl der Sulphur als auch der Caribou, flossen in den Dominion. Sam rechnete damit, am unteren Teil des Dominion Creek herauszukommen, dem sie dann nur flußaufwärts bis zu dem Claim zu folgen brauchten. Es gab nur wenig Schnee, der die bepackten Pferde hätte behindern können. Die Pause hatte den Tieren offensichtlich gut getan, denn sie kamen zügig voran.

Alles lief bestens, bis sie nach ein paar Stunden die Berge verließen und in ein scheinbar endloses Sumpfgebiet abstiegen. Versteckt unter einem einladenden grünen, von Wildblumen übersäten Teppich lag ein See schmutzigen Wassers, aus dem die Moskitos, die in den langen, warmen Frühsommertagen hier gebrütet hatten, sich blutgierig in die Lüfte erhoben.

Die beiden Männer schlugen wie wild um sich und mußten ihre Köpfe trotz der Hitze bis zu den Augenbrauen mit Tüchern umwickeln und sich Pullover überziehen. Die Pferde stampften wie rasend in den Boden, wieherten und warfen die Köpfe hin und her und versanken dabei immer tiefer im Sumpf. Das hohe, schrille Summen der Millionen von Insekten ließ sie in Panik geraten. Als Sam einen Handschuh auszog, um sie damit von den Augen des Leitpferdes wegzuschlagen, war sein Handrücken im Nu von einem schwarzen Pelz blutgieriger Insekten bedeckt. Wie von einem Ring schwarzer Farbe waren die Augen des Pferdes von gefräßigen schwarzen Körpern umgeben. Er wischte sie weg, doch sie kehrten sofort zurück. Er mußte eine Sonnenbrille aufsetzen, um seine eigenen Augen zu schützen.

Stolpernd und sich in ihrem Geschirr verwickelnd, sanken die Pferde, die den Kessel zogen, hoffnungslos in den Sumpf ein. Die schweren Rohre, die die anderen Pferde trugen, lösten sich aus ihren Halterungen, rutschten zur Seite und zogen die Tiere herunter.

Die beiden Leitpferde waren durchgegangen, doch jetzt blieben sie unsicher stehen. Sam lief zu ihnen hin, um sie voranzutreiben, doch sie rührten sich nicht von der Stelle, bis er an den Zügeln zog. Dann erkannte er, daß sie blind waren. Ihre schrecklich geschwollenen Augenlider hatten den ganzen Augapfel bedeckt.

»Laß es sein!« schrie er Reilly, der, obwohl er selbst fast blind war, weil sein eines Auge völlig zerstochen war, verzweifelt versuchte, ein hingefallenes Pferd wieder auf die Beine zu bringen. »Hilf mir, diese beiden herauszuführen. Diese verdammten Moskitos werden uns alle töten, wenn wir nicht weiterkommen.«

Die in Wasser und Schlamm eingesunkenen Pferde boten den Angreifern ihre ungeschützten Köpfe dar. Das erste der beiden Pferde wurde auf den festen Boden hinter dem Sumpf geführt, wo eine leichte Brise die Moskitos in Schach hielt.

»Wir können sie nicht so ihrem Schicksal überlassen«, sagte Sam. »Die Maschinen sind hin, und auch die Pferde. Wir müssen sie erschießen.«

Beide trugen ein Gewehr bei sich. Sie tauchten wieder ein in die singende Masse der Insekten, und innerhalb weniger Minuten waren die verwundeten Pferde erlöst und der Sumpf rot vor Blut.

»Nun, jetzt wissen wir es«, stellte Reilly, sein Auge auswischend, fest.

»Was?«

»Warum die Spur nicht über Caribou-Creek führt.«

Sie führten die beiden blinden Pferde am Rande eines Baches entlang. Reilly, der fürchtete, blind zu werden, badete sein Auge und half Sam dabei, die Augen der Pferde mit kaltem Wasser auszuwaschen. Dann führten sie die Tiere, die stolperten und scheuten und nicht sehen konnten, wohin sie ihre Füße setzen sollten, am Zügel hinter sich her. Es dauerte Stunden, bis sie das Tal des Dominion erreicht hatten und ein Stück flußaufwärts hinter einem Bergrücken Rauch aufsteigen sahen.

17

Bis zu diesem Zeitpunkt hatte Sam King ein Leben geführt, das man als glücklich hätte bezeichnen können. Glücklich in seiner Kindheit, glücklich in seiner Ehe, in der glücklichen Lage, ein Vermögen zu finden, ehe er fünfzig war – vielleicht war es da unvermeidlich, daß es nicht so weitergehen konnte. Vielleicht hätte er auf dem Höhepunkt seines Erfolges am Yukon sterben sollen...

Es war sicher Pech, daß der nächste Winter einer der härtesten seit Jahren werden sollte, daß die Wege von Schnee blokkiert und der Claim ständig unter einer Neuschneedecke lag. Der Verlust des Dampfkessels bedeutete, daß die Arbeit wesentlich langsamer voranging und ein großer Teil des Goldes noch immer im Boden lag, als die Creeks wieder zufroren. Da die Rohre allein wertlos gewesen wären, hatten sie zumindest insofern Glück, daß die beiden überlebenden Pferde mit den notwendigsten Vorräten und Lebensmitteln bepackt waren.

»Unter diesen Umständen brauchen wir ein Leben lang, um das Gold rauszukriegen«, knurrte Sam.

»Ja, wenn du den Kessel nicht verloren hättest...« Das war der einzige Kommentar, den Sandy Macrae abgab, nachdem die beiden Männer, total erschöpft und mit ihrer Leidensgeschichte und zwei Pferden, die sich allmählich wieder erholten, zurückgekommen waren.

Die Arbeit ging weiter; achtzehn Stunden am Tag Feuer anzünden, schmelzen, Erde wegschaufeln; die von Gold strotzende Erde wurde mit einer Bauwinde in Eimern an die Oberfläche geholt. Sie arbeiteten jetzt direkt über dem Muttergestein, und genau dabei wäre Dampf so nützlich gewesen.

Nach jedem Feuer mußten sie lange warten, bis der Schacht abkühlen und das Kohlenmonoxyd entweichen konnte. Sam begann mit der Arbeit an einem neuen Schacht, der etwas weiter oben unter einem Felsüberhang lag. Er war zu dem Schluß gekommen, daß das Gold sich dichter an der Hauptader, also auch näher an der Oberfläche, befinden müsse. Er hatte da wieder so eine seiner Vorahnungen: Der Claim würde mehr Gold enthalten als die anderen beiden zusammen. Obwohl er abgesteckt war, hatte er keine Registriernummer und auch keine Papiere, die seinen Claim bestätigten. Doch das war auch nicht notwendig, denn die Flut der Goldsucher hatte nachgelassen und schließlich ganz aufgehört. Viele waren enttäuscht, weil sie kein Gold in den Hängen gefunden hatten und in die Stadt zurückgekehrt: und dann setzte ein neuer Rush in die entgegengesetzte Richtung ein, zum achtzig Meilen westlich von Dawson gelegenen Jack Wade Creek.

Im September fiel der erste Schnee, es war der Beginn dieses schrecklichen Winters. Im Oktober waren die Creeks zugefroren, doch da war Sam unter Einsatz von zwei Schichten rund um die Uhr bereits auf Muttergestein gestoßen. Die erste Waschpfanne erbrachte einen Dollar fünfzig. Es war das fetteste Gold, das er seit Lake View gesehen hatte. Im November feierte er sein halbes Jahrhundert und seinen neuen Fund, indem er das Whiskyfaß anzapfte und eine Dose Plumpudding öffnete, die sie für Weihnachten aufgehoben hatten.

Der erste Schacht zeigte keine Farbe mehr, also wurden alle Arbeitskräfte zur Vergrößerung des neuen eingesetzt.

Am Tag nach Neujahr machte sich Macrae, der nicht trank, allein auf den Weg nach Dawson, um das neue Gold, das sie gewaschen hatten, zu deponieren und den neuen Claim beim Gold-Registeramt registrieren zu lassen. Er ließ Sam und Reilly ihren Kater pflegen, vergewisserte sich, bevor er abreiste, jedoch, daß die Männer wieder an der Arbeit waren. Da sie kein Futter mehr für sie hatten, nahm er die beiden Pferde mit und sagte, daß er sie in Dawson verkaufen und mit dem Hundeschlitten zurückkommen werde.

Wegen seines wertvollen Gepäcks nahm er sein Gewehr mit. Sam hätte nicht im Traum daran gedacht, daß er nicht heil durchkommen könnte; es waren nur läppische vierzig Meilen bis Dawson, und nur gute zwanzig bis zur nächsten Siedlung. Dominion selbst war seit dem späten Dezember verlassen, weil die Männer zu Weihnachten nach Dawson zurückgegangen waren – das heißt, diejenigen, die sich nicht schon vorher dem neuen Rush zum Jack Wade angeschlossen hatten. Bald nach Macraes Aufbruch setzte einer der schweren Blizzards ein, unter denen der Norden in diesem Jahr zu leiden hatte.

Am nächsten Tag lud Sam Reilly ein, mit ihm den Rest des Whiskyfasses zu leeren.

Die beiden Männer prosteten einander zu. Die Hütte war dank des in der Ecke brennenden Yukon-Ofens gemütlich warm. Sie fühlten sich schläfrig und zufrieden. Der arme, alte Macrae, da draußen im Schnee und in der Dunkelheit – doch er würde jetzt schon in Grand Forks sein und eine heiße Mahlzeit zu sich nehmen. Oben vom Berg her war ein gedämpftes Donnern zu hören, die Hütte erbebte.

»Waas – war das?« fragte Reilly leicht angetrunken.

»Was – war was?« fragte Sam, der sich darauf konzentrierte, den Rest aus dem Faß in einen Krug zu schütten.

»Weiß nicht – der Boden hat gewackelt.«

»Ich dachte, ich hätte gewackelt, ha-ha!« sagte Sam. »Komm – wo ist dein Becher? Ex!«

Beide waren der Meinung, daß es sich nicht lohnte, den im Krug verbliebenen Rest aufzuheben, und sie tranken weiter. Als sie das Faß geleert hatten, schliefen sie sofort ein.

Zwischen den langgezogenen grauen Wolken beinahe gespenstisch aussehend, kämpfte sich die Sonne über die Berggipfel im Süden. Sam wachte fröstelnd auf, weil das Feuer ausgegangen war und selbst die Steine kalt waren. Die Welt draußen war seltsam still. Er kannte die geräuschtötende Wirkung des

Schnees, doch nicht das leiseste Klappern einer Schaufel oder eine ferne Männerstimme waren zu hören. Schliefen sie alle? Der Vorarbeiter hatte die Aufgabe, sie bei der Arbeit zu halten, sie aus den Baracken zu treiben.

Sam taumelte ins Freie und hatte dabei das Gefühl, als ob seine Hirnmasse sich verschöbe. Er hob eine Handvoll Schnee auf, um seinen quälenden Durst zu löschen, rieb sich damit über die blutunterlaufenen Augen.

Alles war totenstill. Er ging hinter die Hütte und blickte den Hügel hinauf zu dem Haufen aufgeschütteter dunkler Erde, der Bauwinde, dem Waschtrog. Niemand war zu sehen. Er strich sich über die Augen. Nichts. Nur ein riesiger weißer Hügel, formlos, ein Berg von Neuschnee. War da, während sie schliefen, ein Blizzard gewesen?

»Heh, Reilly! Komm raus und sieh dir das an! Es ist etwas passiert!«

Er begann, den geräumten Weg hinaufzugehen, auf dem kein Neuschnee lag. Dann ließ ihn etwas zu dem Felsüberhang über der Mine aufblicken. Er war schneefrei, der Fels glänzte unheimlich und dunkel. Die gesamte Schneehaube war heruntergerutscht und hatte das Lager weggewischt.

Reilly folgte ihm. Sie standen mit vor Entsetzen weit aufgerissenen Mündern da. Dann begannen sie, ihre Übelkeit vergessend, zu rennen. Nur der Griff einer einzelnen Schaufel ragte am Rand des Hügels aus dem Schnee heraus. Sam packte sie und begann wütend zu graben, während Reilly den Schnee mit den Händen wegkratzte. Sie schrien, doch es kam keine Antwort von unten, und sie hatten keine Ahnung, wo sie graben mußten. Es war Pulverschnee, fein und weich wie Mehl. Sie quälten sich mühsam darin herum, bis Reilly mit dem Fuß gegen eine Schaufel stieß. Er zerrte sie heraus, und sie gruben beide wie die Verrückten. Die Markierungspflöcke, die Winde, der Waschtrog und acht Männer samt Vorarbeiter – alles war unter diesem breiten weißen Mantel aus Schnee verschwunden, der so groß war wie der Berg, von dem er heruntergefallen war.

»Die Männer im Schacht – sie werden noch leben!« rief Sam.

»Dort könnte sich eine Art Luftblase gebildet haben ... nur ...« Er zögerte. »Wieviel Zeit ist vergangen, seitdem sie begraben wurden?«

Sie überlegten, wann sie den Donner gehört und das Beben der Hütte gespürt hatten. »Gestern nachmittag? Mein Gott, wie lange haben wir nur geschlafen? Es kann zwei Tage her sein. Der Ofen war kalt.«

Reilly warf keuchend die Schaufel weg. »Es hat keinen Zweck, Sam. Sie sind tot.«

»Wir können sie doch nicht einfach so liegen lassen! Und die Mine! Acht Leute, Reilly! Acht Männer, und ein Vermögen in Gold, da unten begraben.«

Wenn es nicht mitten im Winter gewesen wäre und die meisten Männer über Weihnachten nach Dawson gegangen wären, hätten sie einen Bergungstrupp organisieren können, um die Männer auszugraben. Doch sie waren allein, bis Macrae zurückkam. Sie schaufelten bis zur Erschöpfung weiter. Dann schlug das Wetter um, und wieder tobte ein Blizzard über den Dom hinweg und füllte die Löcher und Rinnen, die sie ausgeschaufelt hatten, wieder auf. Sie besaßen kein Pferd und keinen Hund, die sie hätten nach Dawson bringen können, um das Unglück zu melden.

»Wir werden warten müssen, bis Sandy mit dem Hundegespann zurück ist«, sagten sie sich, während sie sich in der Hütte ums Feuer kauerten. Das Brennholz wurde knapp, sie würden hinausgehen und neues holen müssen, obwohl alle Bäume in der näheren Umgebung bereits gefällt waren. Als der Blizzard vorüber war, umgab sie das schreckliche Schweigen des Winters, das nur vom mitternächtlichen Heulen der Wölfe unterbrochen wurde.

Das war ein Klang, bei dem sich Sam die Haare im Nacken sträubten; dünn und voll wortloser Sehnsucht, der zu den glitzernden Sternen hinaufstieg, die so unbeteiligt am Himmel standen.

Als Sam das Yukon-Gebiet schließlich an Bord eines in Richtung Vancouver fahrenden Dampfers verließ, war er in schlechterer Verfassung als im Jahre 1887, als man ihn, sandblind und vom Skorbut geschwächt, aus Hall's Creek herausbrachte.

Drei Wochen lang hatten er und der »Einäugige Reilly« auf Macrae gewartet; Wochen, in denen die Temperatur auf fünfzig Grad unter dem Gefrierpunkt sank; Wochen, in denen sie den Schnee wegschaufelten, nur um festzustellen, daß der Neuschnee am nächsten Tag die Löcher, die sie geschaufelt hatten, wieder gefüllt hatte. Dann mußten sie ihre Kräfte fürs Holzhacken und das Schleppen der Stämme zur Hütte schonen, keine leichte Aufgabe, wenn die Luft so kalt war, daß jeder Atemzug schmerzte und sich durch den gefrierenden Atem Eiszapfen auf ihren Bärten bildeten.

Schließlich kehrten sie dem stillen Grab neben Eureka den Rücken, schlossen die Hütte ab und machten sich, die beiden selbstgebauten, mit Lebensmitteln und Schlafsäcken und einem Zelt beladenen beiden Schlitten hinter sich her ziehend, über den tief verschneiten Pfad auf den Rückweg nach Dawson.

Als sie um den Grat von Queen's Dome bogen, zog erneut schlechtes Wetter auf. Sie bauten ihr Zelt zum Schutz gegen das wirbelnde Weiß, die stechenden Schneeflocken, auf. Dann weiteres Pech: Sam, der hinausgegangen war, um sein Kochgeschirr auszukratzen, leckte geistesabwesend sein Messer ab. Sofort fror es an seinen Lippen und seiner Zunge fest. Er zog es weg und schrie laut auf, weil er sich gleichzeitig ein Stück Haut abgerissen hatte. Dann fiel Reilly am nächsten Morgen über die Spiritusflasche, als er den Kocher füllen wollte. Es blieb gerade genug für eine Mahlzeit mit Bohnen und Kaffee im Ofen. Sam konnte wegen der Schmerzen in seiner Lippe ohnehin kaum etwas essen. Drei Tage blieben sie in ihren Schlafsäcken, speicherten die Wärme, bis das Wetter besser wurde. Dann standen sie im kalten Grau der Winternacht auf und setzten ihren Weg, nur wenig gestärkt durch eine Handvoll halbgefrorener, gekochter Bohnen, fort.

Bei jedem Schritt versanken sie sechzig Zentimeter tief im weichen Schnee. Sam bemerkte, daß sein Blut in einem Bein nicht zirkulierte. Es fühlte sich taub an und prickelte und stach, wenn er ging. Seine Zehen spürte er überhaupt nicht mehr.

Bis sie die ersten Hütten, dann den fast zivilisierten Ortskern von Grand Forks erreichten, war die Reise der reinste Alptraum. Nachdem er sich eine Nacht ausgeruht hatte, wurde Sam auf eine Trage gelegt und die letzten fünfzehn Meilen mit dem Hundeschlitten gefahren. Reilly ging direkt zum Posten der Berittenen Polizei, um eine zweifache Tragödie zu melden, denn Sandy Macrae war noch immer nicht angekommen, und nach fast vier Wochen mußte man annehmen, daß er ums Leben gekommen war. Die Rancher machten sich mit Schneeschuhen auf die Suche nach ihm und wollten auch die Unglücksstätte in Augenschein nehmen. Die Männer mußten längst tot sein, und vor dem nächsten Sommer war nicht daran zu denken, ihre Leichen zu bergen.

Sam büßte einen kleinen Zeh ein, mußte aber noch froh darüber sein, daß er nicht das ganze Bein verloren hatte. Von da an bewegte er sich nur noch sehr vorsichtig, sein Haar war vollkommen grau.

Als er langsam genas, traf ein Brief von Mary ein, dem ein Schreiben des Geschäftsführers von Kingsland Hall beigefügt war. Das Anwesen war mit Hypotheken belastet und müßte, wenn er nicht sofort finanzielle Hilfe erhielt, verkauft werden.

Sam hatte das Gefühl, als bräche eine Lawine von Sorgen über ihn herein. Das schmerzlichste Gespräch jedoch war das mit dem Direktor seiner Bank. Während sie seine Kontoauszüge, einen nach dem anderen, durchgingen, stellte sich heraus, daß sein Kontostand ständig gesunken war. Er besaß nur noch ein Guthaben von weniger als fünfhundert Dollar. Er ließ sich seinen Anteil auszahlen und Macraes Hälfte für eventuell Anspruchererhebende zu treuen Händen verwahren. Von den sechstausend Dollar jedoch, die sie in Gold eingezahlt hatten, war beinahe die Hälfte für den Kessel, die Dampfrohre und Pferdefutter draufgegangen, und der Rest für Löhne und Holz.

Auf dem Konto befanden sich nur noch wenig mehr als tausend Dollar.

Sam war niedergeschmettert. Krank und von Schmerzen geplagt, mußte er zugeben, daß der Yukon ihm den K.-o.-Stoß versetzt hatte, ebenso wie dem armen Sandy Macrae. Ob er nun einen falschen Weg eingeschlagen hatte und in unbekanntes Gelände gelangt war oder die Pferde auf dem Eis eines Creeks eingebrochen und alle ertrunken waren – er wurde nie wieder gesehen. Irgendwo da draußen lagen die Leiche eines Mannes und zwei tote Pferde mit einem Vermögen in Goldstaub. Die Redcoats schlossen auch ein Verbrechen nicht aus, doch man hielt es für wahrscheinlicher, daß er wie die Mine von einer Lawine begraben worden war, denn zu jener Zeit hatte es in Alaska ein schweres Erdbeben gegeben.

Sam selbst fuhr mit dem Hundeschlitten nach Skagway, genau die Strecke, an der jetzt viele Gasthäuser errichtet waren, während eine Eisenbahnlinie über den Chilkoot-Paß führte und es am White Horse eine richtige Siedlung gab. Sam konnte es sich nicht leisten, in Dawson zu bleiben, und er wollte nicht bis zum Sommer warten, er war zu krank. Er wollte nur weg, weg aus dem Norden, weg von der Kälte. Die Pflöcke, mit denen er den neuen Claim abgesteckt hatte, würden verschwunden sein, und auf die verschüttete Mine hatte er keinen offiziellen Anspruch. Nur Reilly und er kannten ihren Wert. Er verkaufte die Rechte an Eureka Nr. 1 für tausend Dollar an Reilly und erhielt weitere tausend Dollar, die dieser ihm schuldete.

Sobald der Hafen offen war, humpelte Sam in Skagway an Bord des kleinen Küstendampfers. Eingesperrt in die Grenzstadt, die jetzt größer und mit mehr Leben erfüllt war, in der es an jeder Ecke eine Spielhölle und Tanzlokale gab, war er versucht, mit seinem restlichen Geld zu spielen – doch er deponierte es lieber bei der Bank bis zum Tag seiner Abfahrt.

Er hatte abgenommen, weil der Kältebrand an seinem Mund sich entzündet hatte und er lange Zeit nur unter größten Schmerzen essen konnte. Der Arzt verbot ihm, Alkohol zu trinken.

Alles in allem war er ein gedemütigter Mann, der schließlich sehnsüchtig dem herannahenden Schiff entgegenblickte, das ihn von dieser unglückseligen Küste fortbringen sollte.

Dem Agenten hatte er geschrieben, sofort seine Jacht zu verkaufen, die wunderschönen, handgearbeiteten Vorhänge jedoch für ihn aufzuheben. Zweifellos würde er sich auch von den Obstgärten trennen müssen. Vielleicht würden sie gerade noch in der Lage sein, eine zweite Hypothek auf Kingsland Hall aufzunehmen und das Haus somit zu halten.

Sobald etwas Geld eingetroffen war, fuhr Mary nach Kalifornien, wo Sam in der segensreichen Wärme bald wieder zu Kräften kam. Sie machte ihm keine Vorwürfe, obwohl sie ihn kaum wiedererkannt hatte, als er, alt, dünn und zusammengefallen aus dem Schiff stieg. Doch als sie, zweiter Klasse, mit dem Schiff nach Sydney fuhren, war er wieder bei guter Gesundheit und voller Optimismus.

»Ich hatte ein Vermögen in Händen, Mary«, sagte er. »Es war in meinen Händen, und dann wurde alles weggefegt. Pech! Es war ganz einfach Pech, das ist alles!«

»Zumindest bist du am Leben«, erwiderte Mary, »und bist zu uns zurückgekommen.« Sie hatte nichts gegen ihren Aufenthalt in Vancouver gehabt, in einem komfortablen Haus in einem guten Stadtteil, mit einer verheirateten Tochter, die sie besuchen konnte. Frances hatte jetzt eine kleine Tochter, William und Elaine hatten vier Kinder in Indien, und Adas Familie in Südaustralien wurde immer größer. Ganz sicher würde Sam als zehnfacher Großvater jetzt seßhaft werden, dachte sie.

18

Während Sam am Yukon sein Vermögen und seine Gesundheit verloren hatte, hatte sein Sohn William ihm drei weitere Enkelkinder geschenkt. Anne, das einzige Mädchen, war in Sydney zur Welt gekommen, als sie einen Heimaturlaub machten; Elaine nannte sie »meine kleine Aussie«.

Abgesehen von der langen Zeit, in der sie, als sie zur Schule gingen, von ihren Eltern getrennt waren, hatte die jüngere Generation der Kings eine glückliche und interessante Kindheit. Die Entfernungen waren so groß, daß sie nur einmal im Jahr, aber dafür drei Monate lang, Ferien von ihrer Schule in Darjeeling hatten. Ihr ganzes Leben lang behielten sie jenes frühreife Selbstbewußtsein anglo-indischer Kinder, dessen Wurzeln sicher darin lagen, daß sie von ihrem ersten Atemzug an von oben bis unten von einer ergebenen Dienerschar bedient wurden und diese auch schon bald herumkommandierten.

Zu Hause hatte jedes Kind seine eigene Ayah und, wenn sie zu Pferd Ausflüge zum Dorfbasar unternahmen, einen Stallburschen oder Syce. Sie hielten sich Frösche und Echsen als Haustiere und zogen verwaiste Tigerbabys auf, nachdem der Maharadscha die Muttertiere erschossen hatte. Die Jungen führten das Leben kleiner Prinzen, brauchten nie in Haus oder Garten zu helfen. William bestand jedoch darauf, daß sie sich selbst um Futter und Pflege ihrer eigenen Pferde kümmerten.

Anne wurde als einziges Mädchen von ihrer Ayah, die sie anbetete und sich nie beklagte, wenn ihre Schutzbefohlene sie in den Arm kniff oder ihr einen kräftigen Puff versetzte, wenn sich ihr Kamm beim Kämmen schmerzhaft in einem Knötchen verhedderte, nach Strich und Faden verwöhnt. Die Jungen jedoch zogen sie auf und lachten sie aus, wenn sie weinte.

Stanley, der Älteste, war selbstverständlich der Anführer bei ihren Spielen, doch er war dünn und nicht sehr kräftig und oft durch einen Asthma-Anfall an die Liege auf der Veranda gefesselt. Stephen, der Zweitälteste, der als einziger seiner Mutter mit ihren roten Haaren nachschlug, war bald größer und kräftiger als sein Bruder. Harry, gutmütig und von Natur aus ein Jasager, hatte nie Streit mit einem von ihnen.

Als die beiden Ältesten eingeschult werden mußten, fuhr Elaine mit ihnen nach Darjeeling. Zuerst fanden sie die Bahnreise aufregend, nach zweihundert Meilen durch das heiße, feuchte Tal des Ganges jedoch wurden sie beide müde. Dann mußten sie in die kleine Schmalspureisenbahn umsteigen, die sich durch die Ausläufer des Himalaja wand, vorbei an terrassenförmig angelegten Teeplantagen und Dschungelflecken mit kleinen gelben Affen in den Bäumen.

Zuerst rannten sie ständig von einem Fenster zum anderen, dann jedoch schliefen sie, in Decken eingepackt, weil die Bergluft frisch, dann richtiggehend kalt wurde, ein. Müde und schlechtgelaunt kamen sie schließlich nach Einbruch der Dunkelheit in Darjeeling an.

Die Hermitage-Schule, im Stil einer englischen Public School erbaut, war eins der größten Gebäude Darjeelings, ein massiver Steinbau. Die Schulleiterin schien eine freundliche Seele zu sein, trotzdem empfand Elaine einen Stich im Herzen, als sie ihre beiden Söhne der sanften Obhut der Lehrer und den Neckereien ihrer Schulkameraden überlassen mußte. Sie wußte, daß sie sie in der ersten Zeit vermissen würden.

Stanley konnte beinahe so früh reiten, wie er reden konnte, ebenso wie er sich mit den Hausangestellten in Hindi unterhielt, ehe er richtig Englisch sprechen konnte. Elaine war ständig beschäftigt, mit Besuchen bei den Damen der Mission und den Leprakranken, den indischen Damen im Zenana, oder mit Tennisspielen. Sie hatte ihn einmal ins Heim für Leprakranke mitgenommen, doch obwohl ihm die Frau des Religionslehrers köstliche indische Süßigkeiten gegeben hatte, weigerte er sich, noch einmal hinzugehen. Die schrecklichen Deformierungen der Patienten hatten ihm Alpträume bereitet.

Die wenige Zeit, in der er seine Mutter für sich allein hatte, war die Zeit vor dem Schlafengehen, obwohl er sie auch dann mit Stephen teilen mußte. Doch er liebte es, sich in ihre langen

Röcke zu kuscheln, sein Gesicht in ihrem Schoß zu vergraben und den klaren, kühlen Lavendelduft zu riechen, der sie nach ihrem Bad umgab und sie so angenehm von Ayah und den indischen Damen unterschied, in deren Haaren und Saris stets ein Geruch nach Moschus und Weihrauch hing.

Als er größer wurde, durfte er, zusammen mit seinem Syce, außerhalb ihres Grundstücks auf seinem Pony Silvertail ausreiten, das zur Frühstückszeit die beiden Stufen zur Veranda heraufkam, um sich ein Stück Zucker zu holen. Der Syce war selbst fast noch ein Kind. Als dieser eines Morgens vor ihm einen grasbewachsenen Weg hinunterging, der neben einem schmalen Bach entlangführte, hob er träge ein Stück weißes Papier vom Boden auf – ein Stück eines großen offiziellen Umschlags – und faltete daraus ein Papierschiffchen, um dem jungen Sahib eine Freude zu machen. Stanley hatte einige Probleme mit Silvertail, der bockte, ausschlug und sich weigerte, weiterzugehen, sosehr er ihm auch mit seinen Hacken in die weichen Seiten trat.

Stanley riß einen Zweig von einem Baum ab, unter dem sie gerade standen, und gab ihm einen scharfen Hieb aufs Hinterteil. Das Pony tat einen Satz nach vorn und galoppierte dann den Reitweg hinunter. Als es am Bach um eine Kurve bog, wo der Syce auf ihn wartete, sah es plötzlich das vor ihm schwimmende weiße Papierschiff. Es scheute, tat einen wilden Satz und warf den Jungen aus dem Sattel.

Stanleys Fuß verhakte sich im Steigbügel. Halb hing er unter dem Leib des Pferdes, als er einen heftigen Tritt gegen die Brust erhielt. Sein Kopf schlug hart auf den Weg auf, und als es dem Syce endlich gelang, das Tier einzufangen, war Stanley bewußtlos. An seinem Kopf klaffte eine große Wunde. Der Stallbursche, zunächst völlig verstört, wusch zuerst mit etwas Wasser aus dem Bach das Blut ab, legte Stanley dann quer über den Sattel und brachte ihn heim. Als sie die leblose Gestalt erblickten, begannen die Syces im Stall zu schreien, da sie dachten, der junge Stanley-Sahib sei tot.

Elaine, die den Lärm gehört hatte, wollte gerade einen

Dienstboten hinausschicken, um zu erfahren, was die Ursache dafür war, als ein Trauerzug die Stufen zur Veranda heraufkam. Stanleys Syce war in Tränen aufgelöst, die anderen jammerten und klagten.

Elaine weinte nicht und fiel auch nicht in Ohnmacht. »Hört sofort mit diesem Krach auf und sagt mir, was passiert ist«, schrie sie scharf und nahm Stanley in ihre Arme.

»Das Pony scheute – der junge Herr verfing sich mit dem Fuß – sein Kopf schlug auf einen Stein. Es war Schicksal.«

»Unsinn!« Sie bettete ihn auf die Couch, ließ Brandy, kaltes Wasser und Binden holen. Ein Diener lief los, um Dr. Gupta zu holen.

Sie fühlte Stanleys Puls. Er schlug schwach. Vielleicht wird ihm ein wenig Brandy helfen, dachte sie und sprang auf, um die Flasche zu holen. Es gelang ihr kaum, Stanley ein paar Tropfen einzuflößen.

»Stanley! Stan, mein Liebling, kannst du mich hören? Ich bin es, Mami. Sag mir, daß es dir gutgeht.«

Seine Augenlider flatterten. »Hallo, ist es Schlafenszeit?« fragte er mit klarer Stimme.

»Du bist gefallen und ohnmächtig geworden.«

»Mein Kopf tut weh.«

»Ja, mein Liebling, er wird noch eine Weile weh tun.«

»Bin ich von Silvertail heruntergefallen? Ich erinnere mich nicht. Geht es ihm gut?«

»Ja.«

Auf seinem Hemd war der schmutzige Abdruck eines Pferdehufes zu sehen. Sie öffnete die Knöpfe und entdeckte eine hufförmige Quetschung. Waren seine Rippen gebrochen und könnten diese womöglich in seine Lunge eingedrungen sein?

»Tut deine Brust weh?«

»Ein bißchen. Beim Atmen.« Seine Stimme war schwach, sein Atem flach.

»O Gott! Wo ist Dr. Gupta?« schrie Elaine. Sie bemerkte die Symptome eines Schocks, wahrscheinlich auch einer Gehirnerschütterung.

»Macht einen süßen, starken Tee«, befahl sie den Dienern, die um sie herumstanden. Sie gab Stan noch einen Schluck Brandy. »Und schickt jemanden zu meinem Mann ins Büro. Er soll herkommen.«

»Ja, Mam.«

Als der Arzt eintraf, stellte er fest, daß keine Rippen gebrochen waren, nur eine leichte Gehirnerschütterung, und er beruhigte Elaine, daß Stan nach ein paar Tagen Ruhe schon bald völlig genesen sein würde. »Zum Glück hat er eine gute, stabile Schädeldecke«, sagte er, den dunklen Kopf des Jungen abtastend.

»Eine wichtige Voraussetzung für einen Jagdreiter«, erklärte William, der nach Hause gerast war.

»Es war meine Schuld«, sagte Stanley, der nicht wollte, daß der Syce bestraft wurde. »Ich habe Silvertail mit einer Gerte geschlagen, und daran ist er nicht gewöhnt.«

Stanley King behielt eine Narbe für den Rest seines Lebens, einen kleinen weißen Fleck, wo das Haar nie mehr wachsen würde.

In dem Jahr bevor Stanley nach Übersee in die Schule geschickt wurde, herrschte während der Schulferien noch immer die Regenzeit in Gorobhundsch. Stans Asthma wurde schlimmer. Elaine glaubte, daß Mehltau und Schimmelpilz, die sich überall, selbst auf den Kleidern im Schrank und auf Stanleys Stiefeln, verbreiteten, die Ursache dafür seien. Der Arzt empfahl eine Luftveränderung. Stanley sollte eine Zeitlang entweder in die Berge oder zumindest in ein trockeneres Klima im Landesinneren.

William schlug Ranchi vor, einen im benachbarten Bihar gelegenen Ort. Er lag nur sechshundert Meter über dem Meeresspiegel, sollte jedoch ein trockenes, gesundes Klima besitzen. Außerdem hatten sie dort Freunde von der Armee, die Elaine besuchen konnte.

Während der heißen Jahreszeit war Ranchi Hauptsitz der Regierung. Neben mehreren Tennis- und Golfplätzen und einem europäischen Club besaß es ein Krankenhaus und einen europäischen Arzt. Das Leben in Ranchi war sehr abwechslungsreich; es gab Mitternachtspicknicks, Dinners und Tanzveranstaltungen während der Saison; als Elaine und Stanley jedoch ankamen, waren die Herren der Regierung und ihre Begleitung bereits abgereist und Ranchi wieder zu einem normalen Bergörtchen geworden.

Fast unmittelbar nachdem der kleine Zug auf das breite Ranchi-Plateau hinaufgeklettert war, begann sich Stanleys Gesundheitszustand zu bessern; sein eingeschnürter Brustkorb weitete sich, und er konnte laufen und klettern, ohne in Atemnot zu geraten. Es war eine glückliche Zeit für ihn, eine Zeit, an die er sich stets erinnern würde, weil er seine Mutter ganz für sich allein hatte.

Gegen Ende ihres Aufenthaltes in Ranchi besuchten sie zum Lunch Freunde von Elaine, die in einem der geräumigen Bungalows im Militärviertel wohnten, als kurz vor dem Essen etwas Seltsames geschah. Das Silber und die Gläser auf dem Tisch begannen zu klirren, als befänden sie sich in einem Zug, und eine Hängelampe schwang gegen die Wand. Ein unheimliches rauschendes, stöhnendes, polterndes Geräusch wie von einem fernen Sturm war zu hören. Es kam schnell näher, während die Gäste sich entsetzt ansahen; dann begann sich der Boden unter ihren Füßen zu heben und zu senken. Aus der Küche war ein Krachen zu hören.

Elaine packte ihren Sohn und preßte ihn an sich. Sie versuchte, nach draußen zu rennen, doch es war unmöglich, sich, ohne hinzufallen, zu bewegen. Sie schien Pudding in den Knien zu haben.

»Ein Erdbeben«, stieß Elaine hervor. »Es wird bald vorbei sein.«

»Mami, ich möchte weinen.«

Alle starrten wie gebannt zur Decke.

Nach weniger als einer Minute, die ihnen allerdings wie eine Ewigkeit vorkam, flaute das Beben ab. Alle taumelten ins Freie – die Gastgeberin, deren Mann im Offizierskasino war, die Dienerschaft und die Gäste. Die Diener stimmten ein Wehgeschrei an, als sie in die Richtung des Basars blickten, wo ihre Quartiere waren und sich eine große Staubwolke in den Himmel erhob. Ein zweites Beben, nicht so stark wie das erste, doch wesentlich länger, erschütterte die Erde, die sich wie eine schwere Dünung unter ihren Füßen hob und senkte.

Als es vorüber war, sagte Elaine: »Ich muß sehen, ob ich helfen kann, Stanley. Sei ein braver Junge und bleib bei den Damen –«

»Nein! Ich will nicht, daß du weggehst«, jammerte er.

»Stan, ich bin Krankenschwester, und es ist meine Pflicht zu helfen. Ich möchte nicht, daß du das siehst. Joice, würdest du –«

»Natürlich, meine Liebe. Aber meinst du wirklich, daß du das riskieren solltest?«

»Allerdings.«

Sobald die leichteren Beben aufgehört hatten, machte Elaine sich auf den Weg zu ihrem Gasthaus, um ihren Erste-Hilfe-Kasten zu holen. Das Haus hatte zwar viele Risse, doch es stand noch. Dann ging sie in das Viertel beim Basar, wo der größte Teil der indischen Bevölkerung in Lehmhäusern in den schmalen Sträßchen wohnte.

Auf dem Weg dorthin kam sie an dem nicht mehr wiedererkennbaren Polofeld vorbei. Der ehemals ebene Platz war in scharfkantigen, terrassenförmig abfallenden Stufen aufgerissen und erinnerte eher an ein verwildertes Reisfeld. Aus den tieferen Bodenschichten schoß das Wasser in Fontänen empor und bildete kleine Krater aus Schlamm und Sand. Direkt neben dem Basar klaffte ein riesiger Spalt, die Erde war über zwei Meter tief abgesunken und hatte die darauf stehenden Häuser verschluckt.

Die Frauen waren fast alle in ihren Häusern beim Kochen des Mittagessens gewesen, und nur wenige hatten sich rechtzeitig in Sicherheit bringen können. Denjenigen in den engen Straßen war es nicht viel besser ergangen. Staub und Trümmer und halbverstümmelte Leichen versperrten die Straße. Frauen weinten, Männer wühlten und gruben in den Trümmern, die einmal ihr Zuhause gewesen waren. Ein Mann lief benommen wie ein Schlafwandler, den leblosen Körper seiner kleinen Tochter in den Armen haltend, umher. Ein anderer hockte weinend am Boden und hielt die Hand seiner Frau. Nur ihr Arm und ihr Kopf waren zu sehen, und ihr war offensichtlich nicht mehr zu helfen. Einer der Diener aus dem Bungalow, in dem Elaine zu Gast gewesen war, kam zu ihr und flehte sie an, etwas für seine alte Mutter zu tun, deren Bein gebrochen war.

Man hatte behelfsmäßige Operationstische errichtet, und die Ärzte gaben schmerzstillende Mittel und führten Notoperationen durch, doch es gab nicht genügend Ärzte. Elaine tat, was sie konnte: schiente gebrochene Knochen, verband klaffende Wunden, sprach denjenigen, die darauf warteten, aus den Trümmern befreit zu werden, Mut zu.

In jener Nacht schliefen sie und Stanley in einem Zelt im Freien auf dem Grundstück ihres Gasthofs, aus Furcht, daß die bereits wackligen Mauern durch Nachbeben einstürzen könnten. Für Stanley, der die Schrecken des Basars nicht gesehen hatte, war das Ganze eher wie ein Picknick, als sie im Freien beim flackernden Schein des Holzkohlengrills saßen. Beinahe alle Diener hatten einen Familienangehörigen verloren, und ihr Weinen und Wehklagen über die Toten und Vermißten drang vom Basar her zu ihnen herüber. Später erfuhren sie, daß andere Orte in Bihar, wie Muzzaffapur zum Beispiel, beinahe völlig zerstört worden waren. Eisenbahnlinien waren zerknickt, die Erde war zu einer Art flüssigem Schlamm geworden, der Häuser und Menschen verschlang.

»In Anbetracht der Schwere des Erdbebens sind wir relativ gut davongekommen«, schrieb Elaine für William in ihr Tagebuch. Sie fuhren früher als geplant nach Hause. Und da die Telegraphenmasten umgestürzt waren und die Verbindung zur Außenwelt abgeschnitten war, verbrachte William eine qualvolle Zeit der Angst, nachdem die Nachricht über das Erdbeben nach draußen gedrungen war. »Es war ein fürchterliches Erlebnis zu spüren, wie die Erde sich unter unseren Füßen bewegte... Ich bin mir noch nie so hilflos vorgekommen, so gnadenlos einer höheren Gewalt jenseits menschlicher Kontrolle ausgeliefert; genauso würde es einem wahrscheinlich bei einem Tornado oder einem Taifun ergehen. Dann sind wir nichts als namenlose Ameisen oder Käfer. Unser Leben liegt allein in Gottes Hand...«

Anne war ebenso anfällig und vom Pech verfolgt wie ihr Bruder Stanley. Als sie die Schule beendet hatte und nach Hause zurückgekehrt war, wachte sie eines Nachts auf und entdeckte eine Python, die sich um ihre Nachttischlampe geschlängelt hatte. Als sie an der anderen Seite aus dem Bett sprang und losrannte, um Hilfe zu holen, knallte sie so heftig mit dem Kopf gegen den Türpfosten, daß sie beinahe bewußtlos wurde. Glücklicherweise war ihre alte Ayah durch das Poltern wach geworden und half ihr dabei, die Schlange zu entfernen, die nicht sehr groß für eine Python war.

»In dem trüben Licht hielt ich sie für eine Kobra!« sagte Anne zitternd, als sie die große Beule an ihrer Stirn betastete.

Eines Tages kam eine Tante aus der Hamilton-Linie auf Besuch und machte den Vorschlag, Anne für ein Jahr mit nach England zu nehmen, um sie »in die Gesellschaft einzuführen«. Anne sollte sich schon bald aufmachen. Ihre Eltern brachten sie zum Schiff in Kalkutta und gingen anschließend in ihr Hotel zurück. Gegen Mitternacht hörten sie ein Klopfen an ihrer Schlafzimmertür. William öffnete, und als Elaine schlaftrunken die Augen aufschlug, sah sie die weiße, gespenstische Erscheinung ihrer Tochter zitternd und vor Wasser triefend am Fußende ihres Bettes stehen. Mit einem Entsetzensschrei setzte sie sich auf. Doch es war kein Geist. In dem gefährlichen Hooghly River war das Postschiff auf eine Sandbank aufgelaufen und gekentert. Glücklicherweise war eine ganze Reihe von Tendern in der Nähe gewesen, und alle Passagiere waren gerettet worden; für einige Mitglieder der Besatzung aus dem Maschinenraum hingegen war alle Hilfe zu spät gekommen.

Als sie schließlich in England war, gefiel es Anne dort so gut, daß sie heiratete und in der Heimat ihrer Ururgroßeltern blieb.

19

Nach Hause zurückgekehrt, begann Sam King zunächst, sich als Gärtner zu betätigen und nach Kartoffeln anstatt nach Nuggets zu graben. Das Land war gut, aber schwer verschuldet. Er konnte weder pünktlich die Zinsen bezahlen noch Arbeiter für das Einbringen der Orangenernte entlohnen. Im Jahre 1900, sechs Monate nach ihrer Rückkehr aus Amerika, wurde das Anwesen zum Verkauf angeboten: »Herrenhaus und hundertsechzig Morgen herrliches Land, als ›Kingsland Hall‹ bekannt.« Das Land, das Haus und der größte Teil des Mobiliars – außer den geschnitzten Zodiac-Eßzimmerstühlen, dem Klavier und dem mit Monogrammen versehenen Tafelsilber – wurden für achttausend Pfund verkauft, von denen die Hälfte sofort zur Zahlung der Hypothek verwendet wurde. Sie zogen in ein einfaches Haus an der See, nicht weit entfernt von Sams Lieblingspub, in dessen Nähe seine Jacht vor Anker gelegen hatte. Er versah eine der Veranden mit Glasscheiben, hängte die Vorhänge von der »Tub« davor und konnte sich dann, wenn er dort in der Sonne saß, einbilden, er steuere sie wieder um Kangoroo-Island herum.

Wieder hatte er eine neue Idee, wie er sein verlorenes Vermögen zurückgewinnen oder zumindest so viel verdienen könnte, um den Lebensunterhalt seiner Familie zu sichern. Er hatte die Goldgräberkreise verlassen; niemand konnte sich in Verbindung mit der Golden Mile mehr an seinen Namen erinnern, und sein Abenteuer am Klondike war ein Mißerfolg geworden. Er hatte die Buchführungskenntnisse aus seinen jungen Jahren vergessen. Er sagte Mary, das Schürfen sei ihm zu unsicher, lieber wolle er sich etwas Praktischerem zuwenden. Er habe so etwas wie eine Goldmine in seiner Brieftasche.

Er faltete ein schmutziges Stück Papier auseinander, auf dem die Tinte an den Knickstellen fast verblaßt war, und breitete es so ehrfurchtsvoll auf dem Tisch aus, als wäre es die Karte eines verborgenen Schatzes.

»Aber Sam! Das ist doch nur ein Rezept!«

»So ist es.« Er lächelte selbstgefällig. »Das ist meine neue Goldmine. Dandy Dan Diamonds Geheimrezept für Ketchup – er gab es mir damals am Yukon und riet mir dringend, es für mich zu behalten. Es ist das beste Ketchup, das ich kenne. Ich habe es einmal in seiner Spielhölle probiert; doch da oben hatte er natürlich Schwierigkeiten, die richtigen Zutaten zu bekommen.«

Mary und die Mädchen waren entsetzt. Eine Hinterhoffabrik zum Saucenmachen! Welch ein schrecklicher Abstieg von Kingsland Hall, dem Zweispänner, dem Musik- und Französisch-Unterricht, dem Gewächshaus, den Ställen... Tatsächlich war das neue Eßzimmer kaum groß genug für den langen Tisch und die zwölf geschnitzten Stühle mit ihren Lehnen aus Saffianleder. Doch bald würde ein Ende des Tisches mit Saucenflaschen beladen sein, die auf den Verkauf warteten.

»Warum nicht?« meinte Sam. »Ich war schon immer ein guter Koch, das weißt du ja. Ich habe ja nicht vor, das Zeug Flasche für Flasche zu verkaufen. Ich werde es in großen Mengen an eine der großen Lebensmittelketten verkaufen. Und es wäre etwas, das ich tun kann, bis ich mein steifes Bein wieder etwas bewegen kann.«

»Solange du nicht den ganzen Verdienst vertrinkst«, erwiderte Mary bitter, denn Sam verbrachte viel Zeit im Pub, wo er wahrscheinlich großzügig »Runden ausgab«, damit keiner merkte, daß er sich das eigentlich gar nicht mehr leisten konnte.

»Aber, aber, Mary, jetzt werde nicht verletzend«, entgegnete er warnend. Er hatte seine gute Laune und seine Gelassenheit während des ganzen traumatischen Verkaufs, der Mary mit Migräne ins Bett gebracht und die Mädchen zu Riechsalz hatte flüchten lassen, nicht verloren. Er hatte es genossen, ein Herrenhaus und weite Morgen Land zu besitzen, doch es war ihm stets unwirklich erschienen, zu schön, um wahr zu sein. Er war sich wie Aschenputtel vorgekommen, als sie sich um Mitternacht wieder von der Prinzessin in eine Magd verwandelt hatte – enttäuscht, aber nicht wirklich überrascht. Was er am meisten vermißte, war die Jacht und die mit ihr verbundene Möglichkeit, sich mit einer Männergesellschaft zu einer Sauftour an der Küste entlang auf- und davonzumachen, zu trinken und zu fischen und sich von den köstlichen, frischen King-George-Hechtdorschen zu ernähren, die direkt aus dem Meer in die Pfanne kamen – es gab nichts Köstlicheres auf der Welt. Ja, wenn Mary und die Mädchen nicht gewesen wären, hätte er alles andere verkauft und das Schiff behalten; und er hätte immer noch leben können wie ein König.

Doch wie dem auch sei, sie konnten nicht ewig von ihrem bißchen Kapital leben. Er kaufte also ein paar große Kupfertöpfe, eine Menge leerer Flaschen und Bienenwachs als Stöpsel und installierte einen Gasofen in einem großen, alten Schuppen im Hinterhof. Dann kaufte er riesige Mengen an Gewürzen, braunem Zucker, Essig, Zwiebeln, Soyabohnen und all die anderen Zutaten für das Geheimrezept.

Der erste Rückschlag erfolgte, als Mary ihm sagte, daß er Essig nicht in Kupfertöpfen kochen könne, wenn er niemanden vergiften wolle. Sie würden gußeiserne oder rostfreie Stahltöpfe brauchen. Dann war der erste Schub zu lange gekocht worden und kam, dünn wie Kaffee, als klebrige Masse heraus. Außerdem schmeckte sie bitter.

Er warf sie weg und begann von vorn.

Die Mädchen halfen protestierend, die Flaschen zu füllen. Mary stellte fest, daß es »jedenfalls gut schmeckt«, und so probierten sie es zum Abendessen auf ihrem Corned Beef und befanden es für gut. Jetzt brauchte er nur noch einen Absatzmarkt.

Und hier gab es Probleme. Die große Rosella-Gesellschaft, deren Handelsmarke ein heller Rosellapapagei war, hatte den Markt fest in der Hand. Sie produzierte ihre Saucen und Suppen auf dem Fließband in einer großen Fabrik in Kent Town in solchen Mengen, daß Sam mit deren Preisen nicht konkurrieren konnte. Er würde mit Verlust verkaufen müssen. Er packte eine Flasche seines besten Ketchups ein und suchte den Manager auf; und er nahm ein Stück Brot und Corned Beef mit und bestand darauf, daß der Mann hier und jetzt sein »Dandy Dan's Ketchup« probierte. Amüsiert befolgte der Mann seinen Wunsch. Er stimmte zu, eine geringe Summe für das Geheimrezept zu bezahlen. Auf dem Heimweg kaufte Sam eine Flasche Champagner, und an diesem Abend feierten sie die Schließung der Ketchup-Fabrik.

Sein einziger Besitz war jetzt das Haus und die verbliebenen Möbel aus Kingsland Hall. Die Mädchen, so bestimmte Sam, würden arbeiten müssen. Mae wies darauf hin, daß sie ja bereits arbeite, indem sie das Haus versorgte und, weil es Mary gesundheitlich nicht gut ging, kochte. Mary hatte einen leichten Schlaganfall erlitten und hatte Sprach- und Bewegungsstörungen. Oft lag sie im Wohnzimmer auf der Couch und klagte, daß sie Mae doch helfen müsse, blieb aber liegen.

Harriet war schon immer an Mode interessiert gewesen und fand eine Anstellung als Einkäuferin in einem Modegeschäft in der Stadt. Sarah nahm, noch immer protestierend, eine Aushilfsstellung bei der örtlichen Post an. Elizabeth machte wie ihre Schwester Alice eine Ausbildung als Krankenschwester und wohnte im Adelaider Public-Hospital.

Mary starb im Alter von nur achtundfünfzig Jahren. Sie hatte Sam King mit siebzehn Jahren geheiratet, und die Ehe war nicht leicht für sie gewesen. Sie hatte ihm neun Kinder geschenkt und weitere neun tot geboren.

Gramgebeugt über den Verlust seiner Lebensgefährtin, verkaufte Sam den Rest der Möbel aus Kingsland Hall, um die Kosten für das Krankenhaus und die Beerdigung aufzubringen.

»Zumindest blieb Mutter das erspart«, sagte Mae weinend, als die Auktion begann.

Sam teilte den Erlös unter den Mädchen auf. Mae und Sarah verließen ihr Elternhaus und mieteten zusammen ein billiges Haus in Nordwood. Ein paar Jahre später heiratete Harriet, die jüngste, und Sam brach auf, um in den Bergen südlich von Adelaide ein weiteres Mal nach Gold zu suchen.

Seit seiner Rückkehr aus Kanada hatte er keinen Kontakt mehr mit seinen wohlhabenden Brüdern gehabt. Er ließ sie in dem Glauben, daß er sich in Übersee niedergelassen habe, und war zu stolz, sie um Hilfe zu bitten oder sein Versagen einzugestehen. Als Mr. S. E. King aus Echunga war er eine anonyme Gestalt. Der Lagerhalter, der ihm Verpflegung und Ausrüstung gegeben hatte, beschloß, ihn als Assistenten einzustellen, damit er seine Schulden abarbeiten könne, und übergab ihm schließlich die Leitung des Lagers. Sam, der des Alleinseins müde war, bot der unverheirateten Schwester seines Partners die Ehe an. Pearl war fünfunddreißig Jahre alt, kräftig gebaut und hatte ein breitflächiges Gesicht. Ihre Tugenden waren eher negativ. Sie war nicht dumm, und sie war keine Xanthippe.

Da sie auf dem Land lebten, bekamen sie von dem großen Weltkrieg kaum etwas zu spüren. Doch Sam blieb in Kontakt mit William, der ihm die traurige Mitteilung machte, daß sowohl Harry als auch Stephen als vermißt galten. In diesem Krieg, dem Ersten Weltkrieg, starben vier von Sams Enkelsöhnen. Seine Tochter war beinahe ums Leben gekommen, als sie sich als Krankenschwester beim »Queen Alexandra's Imperial Military Nursing Service« verdingte. Das Truppenschiff, auf dem sie arbeitete, wurde vor Alexandria torpediert. Zum Entsetzen ihrer Kabinengenossin weigerte sich Alice, das Schiff zu verlassen, ehe sie nicht ihre volle Uniform angelegt und den vorgeschriebenen Panama-Hut aufgesetzt hatte. Gerade als ihr überladenes Rettungsboot sank, wurden sie aus dem Wasser gefischt.

Einer der Männer, die sie an Bord eines Truppenschiffs vor Gallipoli pflegte, war Williams dritter Sohn, ihr Neffe Harry King, der dann an Typhus starb. »Ich bin zu jung zum Sterben!« sagte er zu ihr.

William hielt weiter Kontakt zu seinem Vater. Er schrieb ihm, daß es ihm nicht allzu gut gehe und der Arzt ihm das Rauchen verboten habe. Elaine, so schrieb er, habe der Tod ihrer beiden Söhne schwer getroffen. Stanley, der Älteste, war nicht sehr kräftig, und man hatte ihm geraten, das ungesunde Klima Indiens zu verlassen. Er kehrte nach Australien zurück, um sich in Adelaide niederzulassen.

Der nächste Brief an Sam kam aus London: ein kurzes, trauriges Schreiben von Elaine, in dem stand, daß sie nach England gefahren seien, damit William einen Spezialisten aufsuchen konnte. Die Diagnose lautete: unheilbarer Kehlkopfkrebs.

Sams erster Gedanke: »Mary bleibt auch das erspart!«

Anders als Mary war die neue Mrs. King bereit, Sam auf seinen Reisen auf der Suche nach einem neuen Glück zu begleiten. Im Jahre 1920 reisten sie nach Coober Pedy, wo sie wegen der Hitze in einer Höhlenwohnung lebten. Pearl – sie war fast die einzige Frau auf dem Feld – eröffnete einen Laden für die Goldgräber, der mehr einbrachte als Sams Goldsucherei. Sein Herz gehörte dem Gold und nicht Edelsteinen; trotzdem gingen sie zu den sechshundert Meilen westlich von Sydney gelegenen White-Cliffs-Opalfeldern, und als jemand am Reward Creek, in der Nähe von Anakie in West-Queensland, einen riesigen blauen Saphir fand, drängte ihn Pearl so lange, bis auch sie dorthin gingen. Dort baute Sam einen Schwingtrog – oder Trockenschüttelbox –, weil Wasser kaum zu bekommen war. Auf diese Weise fanden sie unter dem Kies so viele Steine – gelbe und blaue und die als Smaragde bekannten grünen –, daß ihnen ein komfortables Leben für zumindest die nächsten zwei Jahre sicher war.

Dennoch wurde Pearl das Leben im Zelt, im Staub des trokkenen Reward Creek bald leid. Sie verkauften ihre Steine und nahmen ein Schiff nach Tasmanien, einem Inselstaat, der ebenso grün wie England sein sollte. Sam suchte ein bißchen in den alten Minen in der Gegend von Fingal Mathinna herum und ging dann westwärts zum Mount Lyell. Doch es war zu kalt für seine alternden Knochen. Sie segelten nach Melbourne, zogen weiter nach Ballarat und Stawell und kehrten dann nach Südaustralien zurück.

Hier bemühte er sich jetzt um eine Altersrente. Da er sein ganzes Leben lang gearbeitet und Steuern gezahlt habe, könne jetzt die Regierung für ihn sorgen. Er wußte, daß das für die Mädchen die letzte »Schande« sein würde – ihr Vater als Rentner!

20

Wie William wurde auch Stanley King ein exzellenter Reiter. Nachdem er eine Stellung in einer Bank in Kalkutta bekommen hatte, gewann er, wie sein Vater zuvor, das Point-to-Point-Rennen von Kalkutta. Nach einem der jährlich wiederkehrenden, schweren Fieberanfälle jedoch und wachsender, auf sein Asthma zurückzuführender Atemnot riet man ihm, Indien zu verlassen und in ein Land mit trockenerem, gesünderem Klima zu ziehen. Er bemühte sich um eine Stellung in Adelaide, der Stadt, aus der sein Vater als junger graduierter Ingenieur gekommen war.

Daher gab es, als seine Eltern nach England reisten, um einen Spezialisten für William zu konsultieren, keine Kings mehr in Gorobhundsch. Kurze Zeit später existierte auch der Maharadscha nicht mehr, er wurde »versehentlich anstelle eines Tigers erschossen«, als er bei einer Jagd zu schnell von seinem *machan* herunterkletterte. Ein ehrgeiziger Kusin, ein orthodoxer Hindu mit vielen Erben, wartete darauf, seinen Platz im Palast einzunehmen.

Stanley, der noch immer das Reiten liebte, trat dem Jagdclub von Adelaide bei, stellte jedoch nach dem ersten Winter fest, daß die kalten Winterwinde sich auf seine Brust legten. So nahm er im nächsten Winter, anstatt auf die Jagd zu gehen, eine Einladung von Verwandten seiner Mutter, den in Balranald im sonnigen, trockenen Westen von Neusüdwales lebenden Macdonalds, an. Dort traf er zufällig seine älteste Kusine Rosetta Macdonald Forbes aus Queensland, die ebenfalls dort zu Besuch war.

Stanley und Rosetta ritten zusammen aus, und als sie wieder nach Hause zurückfuhr, waren sie verlobt. Er war groß und sehr dünn – beinahe mager –, doch sie war beeindruckt von seinen Manieren und dem ihn umgebenden Flair.

Nach ihrer Heirat nahm Stanley eine Stellung als Direktionsassistent einer Adelaider Versicherungsfirma an und stieg bald schon zum Geschäftsführer auf. Doch sein Asthma hatte sich inzwischen auf sein Herz gelegt, und er hatte immer noch Fieberanfälle. Da sein Vater sich in London einer Radium-Behandlung unterzog, hatten er und Elaine nicht zur Hochzeit nach Australien kommen können. Elaine hatte der Braut ein wunderschön geschnitztes Elfenbeinkästchen aus Gorobhundsch geschickt. Jetzt befanden sie sich auf dem Schiff, das sie nach Australien brachte.

Stanley ging allein zum äußeren Hafen hinunter. Seine Mutter hatte ihm geschrieben, daß sein Vater bei ihrer Abreise krank gewesen war, ein paar Wochen später jedoch erhielt er ein Telegramm, in dem stand, daß William vom Dampfer verschwunden, wahrscheinlich im Indischen Ozean ertrunken war...

All diese Gedanken gingen Stanley durch den Kopf, als er in der kalten Dämmerung darauf wartete, daß die *Multan* anlegte. An Bord ließ er sich von einem Steward den Weg zu Elaines Kabine auf dem B-Deck zeigen und ging durch einen glänzend polierten Korridor, der vom Summen der großen, verborgenen Generatoren und dem unbeschreiblichen Unter-Deck-Geruch erfüllt war, an den Stanley sich so gut erinnerte. Stewards eilten mit Stapeln von Wäsche oder Essentabletts vorbei. Als die Tür sich auf sein Klopfen hin öffnete, bemerkte er sofort das unberührte Frühstückstablett in Elaines Kabine.

Seine Mutter wirkte blaß, aber gefaßt. Alle mit Williams Tod zusammenhängenden Formalitäten waren im ersten Hafen, den das Schiff anlief, in Südaustralien erledigt worden. Ihre hohe Gestalt in einem grauen Schneiderkostüm, die großen, nach vielen indischen Sommern fahl gewordenen Augen, das rote Haar – sie hatte sich kaum verändert, obwohl sie fast fünfzig Jahre alt war.

»Mein lieber, lieber Stan!«

»Mutter!«

Sie hielten sich in den Armen, und als sie den Kopf hob, waren ihre Augen feucht. Sie ergriff seine Hand und führte ihn zu einer der schmalen Kojen, wo er sich neben sie setzte.

»Als er erfuhr, wie wenig Zeit ihm noch blieb, wollte er nach Australien zurück«, sagte sie. »Doch unterwegs verschlechterte sich sein Zustand. Er hatte ständig Schmerzen. Die Ärzte hatten ihm höchstens noch drei Monate gegeben.«

»Arme Mutter! Wie schrecklich für dich!«

»Ja. Mitansehen zu müssen, wie er von Tag zu Tag dünner wurde – nicht in der Lage zu essen – seine Stimme nur noch ein Flüstern.« Sie hob den Kopf und sah zum Bullauge hinaus. »Ich glaube, das war der Grund, warum – er wollte es mir ersparen, sein Leiden bis zum Ende mitanzusehen; mir, einer ausgebildeten Krankenschwester, und ich war nicht in der Lage, ihm irgendwie zu helfen! Er war der tapferste Mann, den ich je gekannt habe.«

»Er ist immer ein furchtloser Mann gewesen. Ich erinnere mich daran, wie er sprang, im vollen Galopp ohne Sattel ritt.«

»Das war eine andere Form von Mut als ein Hindernisrennen. Mich, und die Welt, zu verlassen, ohne seine Kinder und Australien wiedergesehen zu haben! Wenige Tage, bevor wir Fremantle erreichten, sagte Willy: ›Ist nicht ein Onkel von dir auf dem Weg nach Australien im Meer ertrunken?‹ Zu jenem Zeitpunkt hätte ich wissen müssen, was er vorhatte. Tatsächlich war es ein Großonkel von mir, der Älteste aus Josiahs und Kates Familie; und er hieß Will.

In jener Nacht stand er nach Mitternacht auf. Er konnte nie lange schlafen. Ich war halb eingeschlafen. Er beugte sich über mich und küßte mich.

Er preßte meine Hand an seine arme, hohle Wange – seine Finger waren noch immer kräftig! – und flüsterte: ›Ich gehe nur ein bißchen an Deck spazieren, es kann eine Weile dauern.‹ Ich muß wieder eingenickt sein, und als ich aufwachte, kroch die Dämmerung gerade hinter diesen riesigen Wolken über das Meer. Willys Koje war leer.«

Sie war in ihrem Bademantel hinausgestürzt, hatte die verlassenen Decks bis hinauf zum Bootsdeck und hinunter zum Achterdeck in der zweiten Klasse abgesucht, wo sie lange in das Kielwasser hinunterstarrte. Dann war sie an den öffentlichen

Räumen vorbei zurückgegangen, doch sie hatte im gleichen Augenblick, in dem sie aufgewacht war, gewußt, daß er von ihr gegangen war.

Ihr erster Impuls war, hinauszulaufen und einen Schiffsoffizier zu alarmieren. Statt dessen war sie in die Kabine zurückgegangen, hatte ein »Bitte-nicht-stören«-Schild an die Tür gehängt und diese abgeschlossen. Dann saß sie und starrte durch das Bullauge hinaus, bis sie die Schiffssirene das Mittagssignal blasen hörte. Erst dann ging sie, um zu berichten, was geschehen war.

»Hat der Kapitän dich nicht gefragt, warum du nicht früher Alarm geschlagen hast?«

»Doch. Ich sagte, ich hätte geschlafen.«

In der Tat war der Kapitän wütend gewesen und hatte ihr erklärt, daß es seine Pflicht sei, nach über Bord gefallenen Passagieren zu suchen. »Aber er ist nicht gefallen, Kapitän Stephens«, hatte Elaine gesagt, und er hatte die stille, blasse Frau mit den dunklen Schatten unter ihren großen, traurigen Augen angestarrt. »Und er hätte auch nicht gewollt, daß das Schiff umdreht und die Passagiere seinetwegen Unannehmlichkeiten bekommen. Außerdem konnte er in seinem Zustand ohnehin nicht schwimmen. Und es ist zwölf Stunden her.«

Elaine sagte: »Er fragte mich, ob dein Vater vielleicht unter dem Einfluß schmerzstillender Medikamente gestanden haben könnte. Er wußte, daß er unheilbar krank war. Ich sagte ihm, daß William sich geweigert habe, solche Medikamente zu nehmen. Er wollte die Zeit, die ihm noch bliebe, bei vollem Bewußtsein erleben.

Ich mußte der Polizei in Fremantle natürlich eine eidesstattliche Erklärung abgeben.«

Stan drückte wortlos ihre Schulter.

Da das Schiff erst am nächsten Tag nach Melbourne weiterfahren würde, nahm er sie für diese Nacht mit zu sich nach Hause. Sie hatte eigentlich vorgehabt, ihr Gepäck an Bord zu lassen und über Land weiterzureisen, denn das Leben auf dem Schiff war für sie jetzt sehr schmerzlich geworden, fand jetzt jedoch, daß das mit zu vielen Umständen verbunden wäre. Es lagen auch immer noch ein paar Tage der Reise vor ihr.

Rosetta war sehr taktvoll ihr gegenüber und ließ Mutter und Sohn nach dem Abendessen allein, damit sie sich ungestört unterhalten konnten.

Stanley King sah seine Mutter erst mehrere Jahre später wieder, als sie auf ihrem Rückweg nach Indien, wo sie ihre Arbeit bei den Leprakranken wiederaufnehmen wollte, mit dem Postschiff in Adelaide Zwischenstation machte. Zu der Zeit war Stans einziger Sohn Vincent bereits geboren, und so nahmen sie ihn mit zum Hafen hinunter, damit er seine Großmutter kennenlernte.

21

Die zweite Mrs. King hatte niemals Marys Platz in Sams Herz eingenommen, obwohl sie ihm eine gute Lebensgefährtin war.

Um sich etwas dazuzuverdienen, stellte Sam inzwischen Toffees her, die er an einen Zuckerwarenladen als »Macraes Clan-Toffee« verkaufte; dieses Rezept hatte Sandy Macrae von seiner schottischen Großmutter, und er hatte es einmal in ihrer Hütte in Dawson zubereitet. Es waren gute Toffees, doch für das Rezept wurde viel Butter gebraucht, und es war daher teuer und brachte nicht viel Profit.

»Mein Wort, Pearl, ich wünschte, ich könnte wie in den alten Zeiten meine Zigarren mit Zehnern anzünden«, sagte Sam. Tatsächlich hatte er manchmal Fünfpfundnoten dafür benutzt, nicht Zehner, doch Sam liebte es, seine Geschichten mit übertriebenen Details auszuschmücken. »Habe ich dir je von dem Duell erzählt, das ich in Dawson City ausgetragen habe? Mehrere tausend Unzen Gold wurden auf den Sieger gesetzt... Und rate mal, wer gewonnen hat? Ich natürlich. Schließlich lebe ich, sonst könnte ich die Geschichte ja nicht erzählen?«

Pearl war jetzt vierundvierzig, und Sam über siebzig, als er zu seinem Entsetzen erfuhr, daß sie schwanger war. Trotzdem war er ziemlich stolz darauf, in seinem Alter noch ein Kind zeugen zu können, doch er hatte geglaubt oder gehofft, daß sie zu alt war, um ein Kind empfangen zu können. Jetzt würde es Unruhe im Hause geben! Die Vorstellung, ein Baby in ihrem kleinen Haus zu haben, gefiel ihm ganz und gar nicht, ganz abgesehen von den Kosten.

Irgendwie erfuhren seine Töchter davon und waren angemessen entrüstet. Nicht daß sie Angst gehabt hätten, durch eine neue Familie ihr Erbe zu verlieren! Sam hatte jetzt ohnehin nichts mehr zu hinterlassen. Aber er hätte sich keine Gedanken um die Versorgung eines Kindes zu machen brauchen. Die arme Pearl war übergewichtig und in keiner guten Verfassung, da sie ihrem Lieblingsgetränk, Port und Lemon, allzu reichlich zusprach. Sie bekam ein Nierenleiden und starb, ehe das Baby geboren werden konnte. Der Arzt sagte Sam, daß es ein Mädchen geworden wäre.

Sam, ein Greis, ging ein weiteres Mal in den Busch. Obwohl er Pearl vermißte, konnte er sich eines gewissen Gefühls der Selbstgefälligkeit nicht erwehren, wann immer ein Jüngerer als er zu Grabe getragen wurde. Er hatte seinen Bruder James überlebt, und Henry und Arthur waren bereits vor Jahren gestorben; sein Sohn William und seine Tochter Elizabeth waren tot, und Mary natürlich, und mehrere seiner Enkelsöhne...

»Ich werde hundert Jahre alt«, sagte sich Sam.

Wieder einmal suchte Sam in den felsigen Bergen südlich von Adelaide nach Gold, kampierte am Bull's Creek in der Nähe von Echunga. Am Rentenzahltag pflegte er in die Stadt zu gehen, sich auf dem Weg über einen Zaun hinweg eine Blume zu pflücken und in sein Knopfloch zu stecken. Sein weißer Bart war sauber gestutzt, ein alter Filzhut saß auf seinem Kopf, und er trug eine kleine Einkaufstasche bei sich für eine Flasche Sherry und ein Päckchen Tabak; Zigarren konnte er sich nicht mehr leisten; er drehte sich seine Zigaretten selbst.

In der Bar vertrank er dann seinen Rentenscheck. Eines Tages kam ein Zeitungsreporter auf der Suche nach einer »menschlich interessanten« Story zusammen mit einem Fotografen in die Bar. Am nächsten Wochenende erschien Sams Bild in einer Wochenzeitschrift:

Mr. S. E. King, Entdecker der Golden Mile, mehr als sechzig Jahre lang Goldsucher.

Dann folgte, mehr oder weniger wahrheitsgetreu, die Geschichte seiner Abenteuer in Westaustralien und am Klondike.

Als er am Rentenzahltag auf seinem steifen Bein, alt und weißhaarig und mit feuchten Augen in das Pub stampfte, breitete er die Zeitung auf der Theke aus. Und nach ein paar Drinks begann er, seine Glanzzeit noch einmal zu durchleben.

»Stürmt die Bar!« rief er. »Sam King zahlt alles! Also, meine Herren – stürmt die Bar!«

Die wenigen Farmer und Straßenarbeiter, die vor der Hitze in die Bar geflüchtet waren, sahen ihn neugierig an. Der Barkeeper lächelte mitleidig. Er wußte, wieviel Geld Sam alle vierzehn Tage zur Verfügung stand und daß es nicht einmal für eine Runde für die wenigen Kunden, die jetzt in der Bar waren, reichen würde.

Er schob Sam noch einen Drink zu und ergriff die Zeitung.

»Das sind Sie, nicht wahr?« fragte er gleichgültig.

»Das sehen Sie doch, oder? Lesen Sie!« sagte Sam. »Ich hatte einmal genug Geld, um dieses Pub und seine gesamten Vorräte zu kaufen. Ich besaß ein großes Herrenhaus mit einem Park, einen Zweispänner und eine seetüchtige Jacht –«

»Tatsächlich?«

»Allerdings. Ich hatte Anteile in Lake View und Great Boulder und –«

»Was haben Sie damit gemacht? Alles verspielt?«

Sam blickte ihn irritiert an. »Ja, ich glaube, so könnte man es nennen. Aber nicht bei Pferderennen. Es schien einfach dahinzuschmelzen, wie im Märchen.«

»Tatsächlich?« Der Barkeeper füllte sein Glas nach und schob es zu ihm hinüber.

»Schenken Sie sich auch einen ein. Machen Sie schon, ich kann bezahlen. Und ich erzähle Ihnen meine Lebensgeschichte.«

Von da an wußten die Leute in der Stadt, daß sie eine Berühmtheit in ihrer Mitte hatten.

Abgesehen von seiner Rente fand Sam genügend Gold, um sich seine Tabak- und Sherry-Ration leisten zu können, und die billigen Fleischscheiben, aus denen er sich, zusammen mit Zwiebeln, Kartoffeln und Möhren, die er vom Feld eines Bauern auflas, einen nahrhaften Eintopf kochte. Er besaß ein Zelt, einen Schlafsack und Decken, einen Wasserkessel für den Tee und einen großen, stabilen Eisentopf, in dem er sowohl seine Eintöpfe kochte als auch vielversprechend aussehende Quarzblöcke zerstieß.

Wenn er dann am Lagerfeuer im Schatten des Gummibaumes saß, sein Stew umrührte, ein herrlich gebackenes Brot aus dem Feuer nahm und seinen Teekessel zum Abkühlen beiseite stellte, war Sam wunschlos glücklich. Er war noch immer gesund – darum hätte ihn sicherlich mancher Millionär beneidet.

VIERTES BUCH

Der siegreiche Held

1933 – 1949

Ich bin der Spiegel der Familie,
Fleisch vergeht, ich lebe fort,
trage in mir ihre Spuren, ihre Linie
von jetzt an und immer fort,
und wo ich wandre, ich finde
Vergessen allerorts.

THOMAS HARDY

1

»Dein Vater«, sagte seine Mutter mit Bestimmtheit, »darf nicht gestört werden. Geh nach draußen zum Spielen, Vincent.«

Widerstrebend hörte Vincent King auf, auf seinen Socken über den polierten braunen Linoleumboden zu schlittern, der von der Küche, an Flos Zimmer vorbei, zur Hintertür führte. Leise schimpfend, drückte er sich an der Wand entlang zu der Fliegengittertür, hinter der der Garten in der Hitze verdorrte.

»Und zieh deine Sandalen an, Kind. Geh nicht in deinen guten Socken nach draußen.«

Vincent rannte schnell zu seinen Sandalen zurück, die auf dem glänzenden Holzboden der Halle standen: Er schlitterte auf sie zu und packte sie im Vorbeisausen. Tempo, Tempo! Er war ein Skifahrer, der einen schneebedeckten Hang hinuntersaust. Er war ein Schnellboot, das über einen See schießt. Er glitt durch die Eingangstür hinaus und ließ sie hinter sich zuknallen. Dort setzte er sich auf die Kante der Stufen zur Veranda und zog seine gelben Ledersandalen an. Eine Schar von Ameisen kam aus einem Spalt in den Steinstufen heraus. Was sie sich wohl erzählten, als sie einen Augenblick stehen blieben, die Fühler ausstreckten und dann weiterliefen?

Neugierig trat er auf eins der Tiere. Die anderen rannten aufgeregt davon, tauschten sich hastig mit ihren Fühlern aus. Dann begannen sie, den toten Körper davonzuschleppen.

»Dumme, alte Ameise!« Eine Ameise, was machte das schon all den anderen? Mit einem Mal würde er sich der totalen Stille über sich bewußt. Der Himmel schien zu brüten. Wenn ein riesiger Fuß durch die Wolken herunterkäme...

Er spähte zum Himmel hinauf und bekam plötzlich ein wenig Angst; dann, beinahe ebenso schnell, schob er diese Gedanken wieder beiseite und schlenderte durch den großen Garten.

Vincent King schämte sich nicht direkt seiner Eltern, doch er war sich bewußt, daß sie anders waren als die anderer Kinder. Im Alter von vier Jahren war er einmal zu einer Kinderparty eingeladen gewesen, und als die anderen Eltern kamen, um ihre Kinder abzuholen, sah er, daß die Mütter hübsch und jung aussahen, die Väter lustig und braungebrannt. Seine Eltern waren alt. Sein Vater mußte sich beim Gehen auf einen Stock stützen und tat sich schwer mit dem Atmen. Er konnte sich nicht erinnern, seine Mutter ohne graue Haare gesehen zu haben. Sein Vater war oft krank, lag mit einem seiner »Anfälle« darnieder. Andere Väter gingen sonntags mit ihren Söhnen zum Schwimmen an den Strand. Oder sie hatten Brüder und Schwestern zum Spielen. Er hatte niemanden, nicht einmal einen Hund. Seine Mutter hielt eine Katze, einen Hund wollte sie nicht haben. »Sie übertragen schlimme Krankheiten wie die Hydatide«, sagte sie. Hunde waren nur gut zum Schafehüten; als sie noch ein Kind war, hatten sie immer Hunde auf ihrer Schaffarm, aber sie hielten sie nicht als Haustiere.

Manchmal quälte Vincent die Katze aus purer Langeweile. Jetzt hielt sie sich von ihm fern. Er schabte mit den Schuhspitzen in den Kieselsteinen der Auffahrt, suchte zwischen den weißen und grauen Steinen nach Diamanten, zumindest irgendeinem klaren Kristall oder Quarz. Sein Vater sagte, daß in weißen Quarzstücken manchmal Gold gefunden würde. Vaters Großvater war ein erfolgreicher Goldsucher gewesen.

Doch da waren keine Diamanten oder Goldstückchen, nur ein paar winzige amethystfarbene Blumen, die wie Miniatur-Schwertlilien zwischen den Kieselsteinen wuchsen. Vincent rollte sich über den glatten Rasen, verbrauchte ein wenig von seiner überschüssigen Energie. Das Gras war weich und warm in der Sonne. Er rollte sich auf den Bauch, vergrub das Gesicht in den kurzen Halmen und atmete den Duft von Wärme und Grün. Auf der Hauptstraße brummte ein Auto vorbei. Die Sonne glitt hinter einer der großen, ruhig am Himmel stehenden Wolken hervor. Ihre Strahlen trafen auf seinen Nacken, brannten durch das dünne Hemd hindurch auf seine Schultern.

Plötzlich wußte er, daß all das schon einmal geschehen war. Er erinnerte sich lebhaft – oder sah er es voraus? – an eine saftige Rasenfläche, auf der er jetzt lag, während Geräuschwellen über ihn dahinglitten: abfallend, ansteigend zu einem dünnen, hohen Ton wie zerreißender Seide, dann in der Ferne entschwindend. Und sein Herz begann seltsam erregt zu hämmern.

»Vincent!«

Er klammerte sich an diesen zeitlosen Augenblick, die Stimme seiner Mutter ignorierend. Sei still, sei still, sei still, murmelte er ins Gras.

»Vincent! Hörst du mich? Leg dich nicht ohne deinen Hut in die Sonne, du wirst einen Sonnenstich kriegen. Hier, setz sofort deinen Sonnenhut auf.«

Sie trat an den Treppenrand und warf ihm einen verblaßten grauen Baumwollhut zu, den er, um sie loszuwerden, sofort aufsetzte.

Jetzt hörte er, außer dem Brummen eines zwei Blocks weiter vorbeifahrenden Autos, keinen Ton mehr. Sein Puls verlangsamte sich, doch etwas blieb in ihm, ein Hauch, eine Spur jenes Gefühls der Freude, das er noch vor kurzem empfunden hatte. Woran hatte er sich zu erinnern geglaubt?

Da war seine Mutter, die ihn im Sommer ständig mit Sonnenhüten und Sonnenschutzcremes und im Winter mit Wollmützen bedrängte. Andere Jungen gingen ohne Kopfbedekkung, sausten mit wehenden Haaren mit dem Fahrrad die Straße hinunter. Er hatte sich ein Fahrrad gewünscht. Nein, zu gefährlich bei all den Autos auf der Straße. Dann wenigstens Rollschuhe? Oder ein Dreirad? Doch er durfte überhaupt nichts mit Rädern haben, nichts, womit er hätte auf der Straße spielen können.

»Du bist alles, was wir haben, Vin«, pflegte seine Mutter zu sagen und strich seine gerade geschnittenen hellbraunen Haare zurück.

Doch er hatte sich gegen die Strickmütze gewehrt. Und er erinnerte sich an das erregende Gefühl, sich selbst zu behaupten, auch wenn er Angst vor seiner Mutter hatte. Er fand, daß sein Wille ebenso stark war wie der ihre.

Sie schlug ihn nie, wenn er ungehorsam war; sie brachte lediglich seinen Protest zum Schweigen.

Er hatte die Mütze in die stachelige Hecke vor dem Haus geworfen, sie auf der Straße »verloren«, in den Fluß fallen lassen. Sie strickte ihm einfach eine andere. Sie strickte ein ganzes Set. Sie wartete in der Halle auf ihn, wenn er nach draußen ging, um ihm eins dieser verhaßten Dinger über die Ohren zu ziehen. Er zog die Mütze aus. Sie setzte sie ihm, etwas weniger sanft, wieder auf.

Dann ließ er sie ins Waschbecken fallen – sie ist hineingefallen, sagte er – und verstopfte damit das Abflußrohr.

»Ich glaube, die Tage werden wärmer«, sagte sie, obwohl der Winter erst halb vorüber war. »Du brauchst jetzt keine Mütze mehr.«

Er hatte sie mit seinen warmen, dunkelgrauen Augen angesehen, in denen schon jetzt, mit sechs Jahren, ein Hauch altkluger Ironie lag, was seine Lehrer seinen »unverschämten Blick« nannten. Er starrte in ihre grauen, ziemlich kalten Augen, und sie blickte zur Seite. Sie drehte sich um und schritt, majestätisch wie ein Schiff unter vollen Segeln, davon.

Rosetta Forbes, ältere Tochter von Elaines Bruder Joseph und Enkeltochter von James Forbes, war stolz auf ihre Abstammung aus einer Schafzüchter-Familie. Stanley arbeitete zwar mehr im Büro als auf dem Land, und das tat ihrer gesellschaftlichen Stellung ein wenig Abbruch, doch er war ein Cousin ersten Grades, und seine Vorfahren waren im wesentlichen die gleichen wie die ihren. Sie hatten sich bei einem Besuch bei den Macdonalds in Riverina kennengelernt. Sie war zwar fast drei Jahre älter als ihr Mann, doch Stanley war es, der vor der Zeit alt und zum Halbinvaliden wurde.

Rosetta hatte ihr Haus in einem Vorort am Fuß der Berge in leicht exotischem Stil elegant eingerichtet mit indischen Teppichen, Ebenholzschnitzereien und eingelegtem Messinggeschirr, das Stanley aus Kalkutta mitgebracht hatte. Vin mochte das kleine Elfenbeinkästchen am liebsten, das fein wie eine Spitzenarbeit geschnitzt war und mit einem goldenen Schlüssel geöffnet wurde.

Samstag nachmittags besuchten sie, wenn es seinem Vater gut ging, den Bowling-Club, in dem King Mitglied war. Seine Frau begleitete ihn, spielte aber selber nicht; sie bevorzugte ein Tennismatch auf dem privaten Rasenplatz von Freunden.

Vin langweilte sich entsetzlich in dem Bowling-Club, doch sie wollten ihn nicht allein zu Hause lassen. Heute war es sehr heiß, aber trocken und klar.

Sein Vater war draußen auf der Bowling-Bahn; er trug seine cremefarbene Flanellhose, ein Fuji-Hemd und einen weißen Schlapphut auf seinem kahl werdenden Kopf. Eine Zeitlang beobachtete Vin die dunklen, glänzend polierten Holzkugeln, die auf die kleinen weißen Kegel zurollten. Manchmal kollidierten sie mit einem hörbaren Klick. Doch es war ein entsetzlich langsames, stumpfsinniges Spiel. Er schwenkte den Eiswürfel in seinem Limonadenglas und ließ ihn gegen das Glas klimpern.

Das Eis war wunderschön, durchsichtig und von winzigen Silberbläschen durchzogen. Das Glas, die glitzernde Limonade und das Eisstückchen hatten alle die gleiche klare Farbe, wie Kristall.

Er fischte mit seiner kleinen Faust in dem Glas herum und holte das Eis heraus. Es rutschte ihm aus der Hand und fiel auf den kurzgeschnittenen Rasen der Bowling-Bahn, die etwas niedriger als der darum verlaufende Weg angelegt war.

»Heh! Schaffen Sie das Kind vom Platz!«

Mit dem zurückergatterten Eisstückchen, an dem jetzt etwas von dem abgemähten Gras klebte, kletterte er wieder an seinen Platz zurück. Er ließ es wieder in die Limonade fallen. Das Gras schwamm im Glas herum.

»Das kannst du nicht mehr trinken, Vin, es ist schmutzig.« Von jener höheren Ebene, auf der die Erwachsenen lebten, senkte sich die Hand seiner Mutter herunter und schob das Glas weg. Es wurde auf das Fenstersims hoch über seinem

Kopf gestellt. Er warf sich auf den Boden, schrie und schlug um sich.

Nach einer Weile stand er auf und ging, weil niemand ihm Beachtung schenkte, wütend davon. Er langweilte sich fürchterlich. Die Bowlingspieler bewegten sich auf rätselhafte Weise zwischen den schwarzen glänzenden Kugeln – machten seltsame Gesten, knieten sich auf Matten nieder. Sie hätten Angehörige einer fremden Religion sein können.

Vin kletterte auf einen Baum und lehnte sich unglücklich in die Baumgabel; dabei bemerkte er zu seiner Freude, daß sein weißer Matrosenanzug schmutzig zu werden begann.

Vom Clubhaus her rief seine Mutter nach ihm. Sie hielt ein neues Glas Limonade in der Hand, in der anderen seinen Baumwollhut. Schnell stieg Vin wieder zur Erde hinab und nahm Hut und Limonade entgegen. Abermals fischte er das Eis heraus und versuchte, es zwischen den Zähnen zu zerbeißen. Dabei löste sich der lockere Milchzahn, leichter Blutgeschmack erfüllte seinen Mund. Sorgfältig wickelte er den Zahn in sein Taschentuch. Er würde ihm Sixpence an der Zahnbörse bringen.

Als er die Limonade ausgetrunken hatte, legte er sich auf den Grashang, der die Bowling-Bahn umgab, und starrte in den Himmel hinauf, wo ein paar runde Wölkchen wie eine Schafherde dahinzogen. Die Sonne wärmte seine Glieder und vergoldete die Schäfchenwolken. Die langsam dahinziehenden Wolken machten ihn schläfrig. Er schloß die Augen. Die Stimmen der Spieler schienen von weit her zu kommen, zu verblassen.

»Komm, Junge. Es ist Zeit, nach Hause zu gehen.«

Er wurde hochgehoben, von starken Armen getragen. Dann war er im Wagen, auf dem Vordersitz zwischen seinen Eltern, spürte mit allen Fasern seines Körpers die geheimnisvolle Einheit, die sie bildeten. Der Arm seiner Mutter umfing ihn, ihre Brust an seiner Wange war erstaunlich weich. Ihre Hand spielte sanft in seinem Haar.

Rosetta und Stanley King waren zum Pferderennen, zum Adelaide-Cup, gegangen. Rosetta hatte sich ebenso sorgfältig gekleidet wie für den Besuch einer Gartenparty mit einem breitrandigen Hut, der genau zu ihrer bestickten Bluse und ihrem plissierten Seidenrock paßte. Zu seinem Morgenanzug trug Stanley eine makellose graue Seidenkrawatte und einen grauen Zylinder. Es war ein gesellschaftliches Ereignis, das sie besuchten, um zu sehen und gesehen zu werden, wenn auch ihr Interesse für die Pferde echt war.

Stanley King war in Indien mit Pferden aufgewachsen, hatte von einem bösen Sturz als Kind eine bleibende Narbe davongetragen und mit nur einundzwanzig Jahren das Point-to-Point-Rennen von Kalkutta gewonnen.

Um vor einem Rennen seine Nerven zu beruhigen, war er zum starken Raucher geworden. Jetzt war seine Lunge ruiniert. Er hatte ein durch sein Asthma kompliziertes Emphysem und konnte nicht mehr reiten; das langsame Bowlingspiel war alles, was er noch schaffte.

Die Medikamente, die er gegen sein Asthma einnahm, und die ständigen Atembeschwerden hatten sein Herz angegriffen. Er weigerte sich, das Arbeiten aufzugeben, obwohl er sich hätte zur Ruhe setzen und vom Geld seiner Frau und seinen eigenen Kapitalanlagen leben können. Er redete sich ein, daß die Versicherungsfirma ohne ihn nicht bestehen könne, obwohl er genau wußte, daß es – wenn er morgen tot umfiele – auch ohne ihn ganz gut weitergehen würde.

Er hatte gehofft, daß sein Sohn in seine Fußstapfen treten und eines Tages ein Reiterchampion werden würde. Doch Vincent, der geradezu eine Höllenangst vor Pferden hatte, hatte es erfolgreich vermieden, reiten zu lernen. Als er das erste Mal auf ein Pferd gesetzt wurde, bekam er heftigen Heuschnupfen. Seine Allergie war so ausgeprägt, daß er sich nicht einmal in die Nähe eines Stalles begeben konnte.

Rosetta, die keine Schwester hatte, hätte gerne ein Mädchen gehabt, doch nach Vincents Geburt, zwei Fehlgeburten und bei Stanleys zunehmend schlechtem Gesundheitszustand hielt sie es schließlich für klüger, keine Kinder mehr zu bekommen. All ihre Hoffnungen und Ambitionen ruhten auf ihrem Sohn. Ihr Wunsch war es, daß er später Jura studierte, da Australiens Premierminister traditionsgemäß von den Rechtswissenschaften kamen und sie überzeugt war, daß er für ein höheres Amt bestimmt war.

Vincent kam ganz gut in der Schule zurecht, ohne jedoch überragend zu sein. Er war gut in jeder Art von Wettbewerben, brachte mehrere Schwimm-Pokale mit nach Hause und gewann die Tennismeisterschaft der Klasse der bis zu Zwölfjährigen.

Seine Lieblingsfächer waren Mathematik und Chemie. Und was ihn noch sehr interessierte, waren Mädchen. Ohne Hilfe oder Führung durch seine Eltern oder Lehrer machte er die ersten Erfahrungen und Entdeckungen.

Seine ganze Leidenschaft jedoch galt Automobilen, Autos jeder Art und Größe, insbesondere schnellen Rennwagen. Seine Helden waren Nurobari und Caracciola. Und als er die Schule verließ, wußte er, was er werden wollte: Rennfahrer.

2

Nach seiner Immatrikulation wurde Vincent an der Universität von Adelaide für ein vierjähriges Jura-Studium eingeschrieben, das seine Mutter beinahe schon bei seiner Geburt für ihn ausgewählt hatte.

Außer Latein und Psychologie, die ihm einigermaßen Spaß machten, fand er viele der Fächer langweilig, die Lehrbücher trocken und stumpfsinnig und die Vorlesungen zum Einschlafen.

Im dritten Studienjahr dann arbeitete er neben den Vorlesungen als Praktikant in einer Anwaltskanzlei.

Das bedeutete, daß er für einen Hungerlohn so anspruchsvolle Aufgaben zu erledigen hatte wie das Zustellen gerichtlicher Vorladungen wegen Nichtzahlung der Urteilsschuld, das Abstempeln von Urkunden, Post versenden und das sorgfältige Vernichten des Inhalts der Papierkörbe des Senior-Chefs. Tatsächlich machte er fast alles, außer »die Klinke der großen Eingangstür zu polieren«.

Tödlich gelangweilt durch das Schadensersatzrecht, begann er, zusammen mit zwei verwandten Seelen, Vorlesungen auszulassen und in dem kleinen MG TC, den seine Mutter ihm zu seinem achtzehnten Geburtstag geschenkt hatte, zum Strand hinunterzubrausen.

Der Krieg, für den sie zu jung gewesen waren, war gerade vorüber, Benzin war nicht mehr rationiert, und sie waren voller jugendlichem, ungeduldigem Überschwang.

Sie lebten in der Gegenwart und verschwendeten keinen Gedanken an das Morgen. Stanley King fand die Einstellung seines Sohnes verwerflich.

Als er das Auto bekommen hatte, war Vin sofort dem Automobil-Sportclub beigetreten. Obwohl seine Mutter diesen Sport als gefährlich ansah und sich Sorgen machte, stellte sie doch voller Stolz die Cups auf der Kommode auf, die er bei Bergrennen und -prüfungen gewonnen hatte. Sein kleiner MG war sehr wendig, und er war mehrmals Tages-Zeitschnellster gewesen.

Für das Mittsommer-Treffen in Hillview war sein Wagen in perfektem Zustand. Der Motor heulte klangvoll auf, als er die Maschine auf Touren brachte, der Auspuff knallte und knatterte, aber nirgendwo war ein Fehler. Er war Dritter in der Startreihe. Der Rennleiter hielt das elektronische Startgerät an den Vorderreifen des ersten Wagens. Er nickte. Der Wagen schoß in einem Schotterwirbel, einen Streifen geschmolzenen Gummis hinterlassend, davon. Er fuhr in ruckartigen Bewegungen über den leichten Zickzackkurs und verschwand. Bald darauf erschien er wieder etwas weiter oben, wie eine blaue Kugel, die sich durch die Bäume wand.

Man hörte ein Knacken in der Gegensprechanlage, dann eine

Stimme von der Ziellinie her: »Masters, Austin 7... 1 Minute 3 Sekunden.«

Über eine Minute! Wenn er das nicht schlagen konnte... Der zweite Wagen war, gelenkt von seinem Freund Burton, gestartet. Er sah kaum hin. Sein Magen schien bleischwer zu sein, gleichzeitig flatterte er, als kröchen tausend Schmetterlinge darin herum.

Er war der nächste, er war dran. Seine Hand zitterte, als er den ersten Gang einlegte und an den Start fuhr. Schweiß perlte auf seiner Oberlippe. Dann war er weg, seine Räder berührten den automatischen Zeitnehmer. Er flog den Berg hinauf, die Räder berührten hier und da den Boden, manchmal alle vier, manchmal nur zwei. Er schlitterte um die Todesmauer, schoß durch die S-Kurven, bremste in der Haarnadelkurve scharf herunter, schoß gerade aus ihr heraus, drehte für das letzte Stück nach oben noch einmal voll auf, wurde dann langsamer, wendete und hielt unter den Bäumen, von wo aus er die Strecke überblicken konnte.

Der Lautsprecher verkündete: »Großartige Kurventechnik... nicht überraschend zu hören... 57 Sekunden und 3 Zehntel. Die Sechzig-Sekunden-Grenze reichlich gebrochen.«

Als die Wagenkolonne den Berg wieder herunterfuhr, spürte er die Wärme der Sonne über sich, die von seinem goldenen Helm reflektiert wurde. Vincent King, jetzt komme ich! Jemand war 58,5 gefahren, doch seine Bestzeit hielt. Die unter dem Schatten der Gummibäume versammelten oder auf dem trockenen Grashang neben der Strecke sitzenden Zuschauer spendeten Applaus.

Das zweite Rennen begann.

Der erste Mann verbesserte seine Zeit. Der zweite, Burton, war ein wenig schlechter. Das beste von drei Rennen wurde in die Wertung genommen. Er würde auf den Geraden unterhalb der Todesmauer neunzig Meilen pro Stunde fahren müssen, um seine Fahrt zu verbessern.

Der Starter nickte ihm zu.

Er fuhr los, das Blei wich aus seinem Magen, die Schmetterlinge verschwanden. Er hielt den Fuß auf dem Gaspedal. Er schien beständig in der Mitte eines schmalen, dunklen Tunnels von Bäumen zu liegen, die an ihm vorbeirasten. Er nahm den Fuß vom Gaspedal und riß das Lenkrad herum.

Es gab einen schwachen Knall, das Lenkrad hing lose in seiner Hand, und das Auto fuhr weiter geradeaus.

Einen Augenblick lang empfand er nichts als blankes Erstaunen. Dann so etwas wie Bedauern. Nun, das war es also. Vincent King, ein vielversprechender junger Fahrer, hat es an der Todesmauer in Hillview bei der Bergfahrt erwischt. Schade um ihn...

Aus dem Nichts schien ein schwerer Sandsack auf seinen Kopf zu fallen. Einige Zeit später fand er sich unter dem Wagen wieder, seine Füße waren unentrinnbar zwischen den verbogenen Pedalen eingeklemmt. Er spürte nichts. Natürlich der Schock. In einer Minute würde der Schmerz einsetzen, dann würde er wissen, wo er verletzt war. Nicht seinen Arm, bitte, lieber Gott! Nicht einen Arm verlieren!

Mit größter Anstrengung streckte er die Hand nach oben und drehte das Zündschloß herum. Akkumulationssäure tropfte auf den Boden neben ihm... oder war es Benzin? Mein Gott, warum kam denn niemand, warum hoben sie das Ding nicht von ihm weg, bevor es Feuer fing? Mehr als vor irgend etwas anderem fürchtete er sich davor, bei lebendigem Leib zu verbrennen.

Wenigstens hatte der Anzug gehalten, und der Schutzhelm hatte ihn davor bewahrt, sich den Hals zu brechen. Er hing mit dem Kopf nach unten im Wagen.

Über ihm ertönte ein metallisches Pochen, ein Lichtspalt war zu sehen.

»Vorsichtig... seid vorsichtig. Verdreht nicht seine Beine. Macht zuerst seine Füße frei. Wir sind bei dir, Kumpel. Es ist alles in Ordnung... Du bist völlig in Ordnung. Habt ihr ihn frei? Nein... Also macht Platz und laßt die Männer von der Ambulanz durch.«

Sie hatten ihn herausbekommen, frei, in der segensreichen

frischen Luft, unter dem offenen Himmel. Er weigerte sich, sich auf die Trage zu legen. Die beiden Männer von der Ambulanz führten ihn zu einem umgestürzten Baumstamm, und er setzte sich; er fühlte sich gut. Wie geht es Ihrem Kopf? fragten sie. Können Sie normal sehen? Sein linker Ellbogen tat höllisch weh, schwoll bereits an und wurde blau. Nur eine Verstauchung, sagten sie fröhlich.

»Ich bin völlig in Ordnung, wirklich«, sagte er ernst. Er wollte zu der Gruppe zurückgehen, die sich um das Autowrack scharte. Als er schließlich dort angelangt war, redete er sehr schnell. Er war euphorisch, fühlte sich wohl und war erregt wie nach dem Genuß eines schweren Weines.

»– wußte nicht, was passiert war. Beim ersten Rennen lief er astrein, und dann –«

»Das ist Ihr Glückstag, Mann!«

»Das glaube ich gern. Für einen Augenblick dachte ich –«

»– die Lenkung schien zu blockieren. Reagierte überhaupt nicht.«

»– überschlug sich, die Räder drehten sich noch immer.«

»– gefangen unter dem Wagen. Wir hatten Angst, er könnte Feuer fangen.«

»Sie hatten Angst? Was glauben Sie, wie ich mich fühlte?«

»Verdammtes Glück, daß er an den Bäumen vorbeikam.«

»– Der alte MG ist völlig abgeschmiert, fürchte ich.«

»Vielleicht können Sie die Maschine ja noch verkaufen. Wir werden einen Abschleppwagen kommen lassen.«

»Ich muß volle 90 gefahren sein, als es passierte. Ich hatte keine Zeit mehr, irgend etwas zu tun, dachte nur –«

Plötzlich verloren der helle blaue Himmel, die graublauen Blätter der Eukalyptusbäume, die rote Erde neben der Straße, die Gesichter der Männer ihre Farbe. Es war, als wäre die ganze Szene auf einem Farbfilm gewesen, der in ein Bleichbad getaucht worden war. Die Stimmen entfernten sich...

Die Stimmen entfernten sich, schwollen wellenförmig an. Er war schläfrig, lag auf dem Rasen des Bowling-Clubs in der Sonne.

»Er sieht so friedlich aus, wir wollen ihn nicht stören.«

Die Stimme seiner Mutter. Er wurde sanft emporgehoben, von starken Armen getragen. Dann war er im Wagen zwischen seinen Eltern, die lebende Verbindung zwischen ihnen. Der Arm seiner Mutter umfing ihn, sein Kopf ruhte schwer an ihrer Brust. Er öffnete die Augen und starrte zum Seitenfenster des Wagens hinaus. Es war spät und sehr dunkel. Die Straßenlaternen waren erloschen, und alle Sterne am Himmel leuchteten.

Nein! Das Licht der Sterne fiel direkt in sein Gesicht. Er konnte sich nicht erinnern, daß da oben ein Fenster gewesen wäre. *Wo war er?* Die schattenhaften Umrisse der Möbel waren ihm nicht vertraut. Er lag in einem schmalen, hohen Bett in einem kleinen Raum. Hinter der halbgeöffneten Tür war ein schwacher bläulicher Lichtschein zu sehen. Er lag entsetzlich flach, und die Bettücher waren wie Bandagen um ihn herum festgesteckt.

Dann erinnerte er sich an den Unfall, an das seltsame Verblassen der Landschaft. War er tot? War dies das Leichenschauhaus? Bei diesem Gedanken wollte er in Panik hochfahren, doch die Bettücher hielten ihn fest. Das angstvolle Hämmern seines Herzens sagte ihm, daß er lebte. Blut wurde durch seine Adern gepumpt; es juckte ihn überall, und sein linker Ellbogen begann, fürchterlich weh zu tun.

Er griff mit dem rechten Arm nach der Nachttischlampe. Er mußte im Krankenhaus sein. Etwas fiel polternd zu Boden. Sofort wurde das Licht angeknipst, und eine junge Krankenschwester trat leise an sein Bett.

»Oh, Sie sind wach«, flüsterte sie. Sie steckte ihm ein Thermometer in den Mund, ergriff sein Handgelenk und begann, seinen Puls zu zählen.

Er sah sie düster an. Er hatte tausend Fragen, Wünsche, und sie verschloß ihm den Mund mit diesem albernen Thermometer. Sie beugte sich zu ihm herunter und nahm es unsanft heraus.

»Temperatur normal, Puls erhöht«, murmelte sie und machte ein paar Notizen in ein kleines Notizbuch, das von ihrem Schürzenband herunterbaumelte. In der Schürze wirkte ihre Taille lächerlich schmal, wie die einer Ameise. Als könnte sie auseinanderbrechen, wenn man sie grob anfaßte.

»Natürlich ist mein Puls erhöht«, knurrte er. »Ich wache in einem fremden Zimmer auf, weiß nicht, warum ich hier bin, weiß nicht, ob mir ein paar Knochen fehlen, und alles, was Sie tun, ist meine Temperatur messen! Also, wo bin ich?«

»Privatzimmer Nr. 26, Concord-Hospital«, antwortete sie. »Ich bin Ihnen zugeteilt. Ich habe wie ein Drachen über Sie zu wachen, und Sie müssen tun, was ich sage.«

»Das ist ja wie in der Hölle!« Doch er blickte sie dieses Mal weniger feindselig an. Sie sah nicht einmal schlecht aus. Er versuchte, sich aufzusetzen.

»Nein, das dürfen Sie nicht!« Sie hielt ihn mit Bestimmtheit fest. »Sie müssen flach liegen, bis wir die Röntgenaufnahmen geprüft haben. Anweisung des Arztes. Es ist nur eine Routinemaßnahme, aber es ist besser für Sie, wenn Sie jetzt auf Ihrem Rücken liegen bleiben.«

»Mein Rücken!« Glaubten sie, sein Rücken wäre gebrochen? Er beleckte seine plötzlich trockenen Lippen. »Ich brauche etwas zu trinken.«

»In Ihrem Becher ist Zitronensaft mit Traubenzucker. Ich hole Ihnen ein anderes Glas«, sagte sie und hob die Scherben auf. »Sie haben einen verstauchten Ellbogen und wahrscheinlich nichts Schlimmeres, außer einer leichten Gehirnerschütterung. Ich hole Ihnen die Flasche.«

Er wartete ungeduldig.

Sie brachte ihm ein silbernes Ding mit einem langen Hals und einem Henkel an der Seite.

»Und was soll ich damit?«

»Das sollten Sie eigentlich wissen. Es wurde eigens für die männliche Anatomie entworfen.«

Er nahm das Ding mit düsterer Miene entgegen. »Sie sollten lieber gehen und etwas zu trinken holen. Solange Sie da stehen und warten, wird überhaupt nichts passieren. Ich bin ein Mann, keine Maschine zur Wasserproduktion.«

»Wie spät ist es?« fragte er die junge Krankenschwester, als sie mit einem Glas zurückkam.

»Drei Uhr morgens. Sie sollten jetzt wieder schlafen. Ich werde Sie um sechs Uhr zum Waschen wecken.« Sie schüttelte die Flasche und sagte: »Braver Junge.«

Er sah sie wütend an. Wie Frauen es doch liebten, einen Mann hilflos zu sehen! Sobald er seinen Arzt zu fassen kriegte, würde er hier abhauen. Mit ihrem Gerede von den Röntgenaufnahmen wollten sie ihm doch nur Angst machen.

Er begann, sich schlapp und schläfrig zu fühlen, und war beinahe schon eingeschlafen, bevor sie das Licht ausgeschaltet hatte.

»Mach das Licht aus«, hatte Irene dicht an seinem Ohr gemurmelt. Doch er wollte das Licht nicht aus haben; dies war seine erste Gelegenheit, den Körper einer Frau zu erforschen, und er fand ihn faszinierend und wissenschaftlich interessant. Und wie wunder-, wunderbar zweckgeeignet.

Er wollte ihn noch einmal untersuchen und schaltete, leise stöhnend, das Licht aus. Das war etwas anderes als das Gefummele auf dem Rücksitz eines Autos, das bis jetzt seine einzige Erfahrung gewesen war.

»Du bist so weich«, murmelte er berauscht. »So weich!« Selbst ihr Name besaß einen weichen Klang: Irene.

Am nächsten Morgen war er früh aufgewacht, weil er geträumt hatte, mit seinen Eltern, den Kopf an die Brust seiner Mutter gelehnt, spät abends im Auto nach Hause zu fahren. Das war ein ständig wiederkehrender Traum. Das erste, worauf sein Blick sich heftete, war ein Vorhang aus altrosafarbener Brokatseide, durch dessen feines Gewebe die ersten Sonnenstrahlen ins Zimmer fielen. Die weiche Brust an seiner Wange war nackt. Ohne sich zu bewegen, blickte er auf. Guter Gott! Das war nicht seine Mutter, und es war auch kein Traum. Er war kein Kind mehr. Er war jetzt ein Mann und hatte es im Bett einer reifen, verheirateten Frau bewiesen.

Wie ein Krebs glitt er rückwärts aus dem Bett. Sie war älter, als er gedacht hatte. Er war erst neunzehn, und sie mußte schon gute Vierzig sein. Der schlafenden Gestalt im Bett den Rücken zukehrend, zog er sich schnell an. Er hatte das sichere Gefühl, daß sie wach war, ihn aber im Morgenlicht nicht ansehen wollte. Ihr Make-up war verschmiert, ihr zerzaustes Haar unvorteilhaft. Zweifellos reichte es ihr, morgens in den Spiegel schauen zu müssen, ohne den Blick zweier klarer, junger, kritischer Augen auf sich gerichtet zu sehen.

Doch sie war ein guter Typ, Irene. Fröhlich, amüsant, weitgereist. Ihr Mann war für drei Monate geschäftlich in die Staaten gefahren. Bei der Party gestern abend hatte sie sich um Vin gekümmert, ihn davon abgehalten, zuviel zu trinken, und andere aufdringliche Frauen abgewimmelt. Dann hatte sie, allzu beiläufig, gesagt: »Wenn du mich nach Hause bringen magst, mache ich dir einen Kaffee.«

Als er sich im Zimmer umsah, ob er etwas liegengelassen hatte, fiel sein Blick auf die sich im Spiegel auf dem Frisiertisch widerspiegelnden rosa Rosen. Er brach eine Blüte ab – keine Knospe, sondern eine vollerblühte Schönheit – und legte sie in ihre halbgeöffnete, auf dem Bettuch liegende Hand.

Er beugte sich über sie und küßte sie hastig. Sie lächelte mit geschlossenen Augen. »Auf Wiedersehen, Liebling«, murmelte sie.

Es war kurz nach sechs, als er in den kalten, hellen, frühen Morgen hinaustrat. Eine in der Halle stehende Uhr schlug die volle Stunde und ließ ihn zusammenfahren.

Sein Wagen stand, geduldig wartend, ein Stück weiter unten auf der Straße.

Er war nach Hause gefahren, die Auffahrt hinaufgerollt und hatte leise die Tür aufgeschlossen. Er zog die Schuhe aus und schlich auf Socken über den glänzenden Boden der Halle... auf Socken.

»Vincent! O Vin, du hast uns solch einen Schrecken eingejagt.«

Seine Mutter beugte sich über sein Bett; er war im Krankenhaus, und sein Ellbogen pochte schmerzhaft.

»Hallo, Mutter. Hallo, Paps. Es geht mir gut bis auf den kaputten Arm.«

»Nun, wenigstens ist er nicht gebrochen, Gott sei Dank. Laut Röntgenaufnahme hast du dir nichts Schlimmeres getan. Geht es deinem Kopf jetzt wieder gut?«

»Ja.« Er schüttelte ihn probehalber. »Aber ich habe viel geschlafen und geträumt.«

»Der Schlaf hat dir gutgetan, sagt der Doktor. Er hat verboten, dich heute früh zum Waschen aufzuwecken.«

»Wetten, das ärgert sie.« Er grinste. »Ich habe eine herrische Krankenschwester.«

»So sind die Frauen alle, wenn ein Mann hilflos ist, Sohn.« Die müden, fahlen braunen Augen seines Vaters lächelten ihn an. Er ergriff die knochige Hand und empfand eine Welle des Mitgefühls und der Zuneigung. Wie schrecklich es sein mußte, sich nie richtig wohl zu fühlen! Er würde nicht einmal eine Woche im Bett ertragen.

»Du hast mehr Erfahrung mit Krankenschwestern als ich«, erwiderte er. »Wie geht es deinem Asthma, Vater?«

»Viel besser, nicht wahr, Stanley? Doch der Schock über die Nachricht von deinem Unfall brachte einen neuen Anfall. Heute nacht saß er, nach Luft ringend, neben mir im Bett«, verkündete seine Mutter.

»Du brauchst dir meinetwegen keine Sorgen zu machen, Vater. Ich habe einen Schädel wie ein Stein. Fast unzerbrechlich.«

»Das hat ein indischer Arzt auch einmal über meinen gesagt.«

Vincent bemerkte, daß auch seine Mutter müde und blaß aussah. Er fühlte sich schuldig.

»Ich weiß, daß ich euch viel Kummer bereitet habe. Ich verspreche, ich werde in Zukunft vorsichtiger fahren.«

Seine Eltern wechselten einen Blick, seine Mutter schüttelte leicht den Kopf. Er erklärte ihnen, daß der Unfall nichts mit seiner Fahrweise oder mangelnder Umsicht zu tun hatte. Die Lenkung hatte versagt, und er hatte gar nichts tun können. »Der Wagen ist hin, obwohl ich noch etwas vom Schrotthändler kriegen werde. Der Motor ist noch in Ordnung und die Reifen auch. Aber ich werde einen neuen haben müssen«, sagte er unbekümmert.

Ein kurzes Schweigen trat ein.

»Wenn du genügend gespart hast, wirst du zweifellos wieder einen haben. Ich kann dich nicht daran hindern«, sagte sein Vater. »Aber wir werden dir keinen mehr kaufen. Und wenn du hier heraus bist, wirst du anfangen, in meiner Firma zu arbeiten.«

»Oh!« Er hatte geahnt, daß das kommen würde, aber es war trotzdem ein Schock für ihn. Im letzten Jahr hatte er nur in zwei Fächern bestanden. Er machte sich an die nachträgliche Prüfung, ohne sich wirklich darauf vorzubereiten, und machte es nicht besser. Sein Vater hatte finster dreingeblickt und gesagt, es sei die reine Geldverschwendung, ihn zur Universität zu schicken. Die Firma seines Vaters! Versicherung! Er verzog angewidert das Gesicht. Seine Mutter hielt es für den Ausdruck plötzlichen Schmerzes.

»Wir sollten ihn jetzt nicht damit belasten, Stanley. Er braucht noch ein paar Tage Ruhe. Wir sollten jetzt lieber gehen und ihn schlafen lassen.«

Die Krankenschwester kam mit einem Krug eisgekühlten Wassers herein.

Rosetta King konnte, wenn sie wollte, sehr liebenswürdig sein, und die Krankenschwester war angetan von ihr. Vins Vater bedachte ihn mit einem ironischen Lächeln und ging hinaus. Seine Mutter blieb zögernd an der Tür stehen, kam zurück. »Mach dir keine Sorgen wegen des Wagens, Liebling«, sagte sie mit gesenkter Stimme. »Wir werden uns schon etwas einfallen lassen.« Sie beugte sich zu ihm herunter und küßte ihn auf die Stirn.

»Gute, alte Mutter«, murmelte er. »Wenn ich zwei gesunde Arme hätte, würde ich dich an mich drücken.«

»Der Ellbogen tut ganz schön weh, nicht wahr?« fragte der junge Arzt, der sich bei der Nachmittagsvisite auf die Bettkante gesetzt hatte und den Arm vorsichtig hin- und herbewegte. Vin stöhnte auf und biß sich auf die Lippe. »Ja, eine Verstauchung kann beinahe ebenso schmerzhaft sein wie ein Bruch, aber sie läßt sich schneller heilen.«

»Solange sie mich nicht beim Fahren behindert. Mit dem Arm muß ich schalten.«

»Nicht im mindesten, alter Knabe. Ich werde Ihnen ein paar stärkere Schmerzmittel verordnen. Außerdem hatten Sie eine leichte Gehirnerschütterung. Sie hatten verdammtes Glück, wenn Sie mich fragen. Soviel ich gehört habe, ist der Wagen ein Wrack.«

»Ja, ich hatte Glück, daß ich in einen Graben gefahren und nicht voll in die Bäume gerast bin. Kann ich jetzt nach Hause gehen?«

»Morgen wahrscheinlich.«

Als er gegangen war, brachte ihm die Krankenschwester zwei in einem winzigen Schälchen liegende Kapseln und wartete, bis er sie geschluckt hatte. Er ging ins Bad und versank, als er zurückkam, in einen solch tiefen Schlaf, daß er nicht einmal träumte. Als er kurz aufwachte, war es bereits Abend. Die Schwester kam mit der unvermeidlichen Uhr und dem Thermometer herein. Als sie neben dem Bett stand und das Thermometer herunterschüttelte, war er noch so schlaftrunken, daß er sie kaum richtig wahrnahm. Er rollte sich auf die Seite, sein gesunder Arm fiel über die Kante des Bettes und streifte ihr Knie. In einer Art Reflex griffen seine Finger nach ihrem Bein, lösten sich wieder. Die Schwester trat schnell zurück.

Am nächsten Morgen besuchte ihn überraschend noch vor ihrer üblichen Morgenvisite die Oberschwester.

Sie war eine Frau in den Vierzigern, doch sie war nicht in die Breite gegangen. Sie war rundum dünn, dünne Arme, dünne Beine, dünne Augenbrauen, ein flacher Busen unter der gestärkten Schwesterntracht.

»Mr. King«, sagte sie, nach jedem Wort den Mund fest schließend, »ich dulde nicht, daß meine Krankenschwestern belästigt werden.«

»Wie nett von Ihnen«, hätte er beinahe gesagt, zog jedoch nur fragend die Augenbrauen hoch.

»Schwester Everett hat sich darüber beschwert, daß Sie gestern abend versucht haben, ihr zu nahezutreten, als sie Ihren Puls maß.«

»Was um alles auf der Welt –?« Er setzte sich auf, blickte sie irritiert an. »Wovon sprechen Sie?«

»Streiten Sie ab, daß Sie ihr Knie gestreichelt haben?«

»Großer Gott!« platzte er heraus. »Ich stand unter Einfluß von Schlafmitteln, schlief halb. Ich erinnere mich, daß ich mich umgedreht habe... falls ihr Knie meiner Hand in den Weg gekommen sein sollte, tut es mir leid. Aber es geschah sicher nicht mit Absicht.«

»Schwester Everett war jedenfalls sehr aufgeregt und berichtete es mir. Ich habe Ihnen eine andere Schwester zugewiesen.«

»Ich versichere Ihnen, Sie können ganz beruhigt sein. Schwester Everett hat mich überhaupt nicht interessiert. Mein Gott, wozu rege ich mich überhaupt auf?« Er dachte an Irene, und wenn er nicht so wütend gewesen wäre, hätte er der Oberschwester ins Gesicht gelacht.

»Nun, Mr. King, Schwester Everett ist sehr jung und unerfahren; vielleicht hat sie Ihr Benehmen mißverstanden«, die Oberschwester war ganz offensichtlich nicht überzeugt, »aber ich muß mein Personal schützen.«

»Aber nicht vor mir«, sagte Vin. »Ich gehe.«

Er stand auf und begann, seine Sachen aus dem Nachtschränkchen zusammenzusuchen. »Lassen Sie mir bitte ein Taxi rufen.«

»Ich fürchte, ohne die Erlaubnis des Arztes dürfen Sie nicht gehen. Ich kann die Verantwortung dafür nicht übernehmen.«

»Zu dumm. Dann entlasse ich mich eben selbst. Ich bleibe nicht an einem Ort, wo dem Wort eines neurotischen, hysterischen Mädchens mehr Glauben geschenkt wird als dem meinigen.«

»Mr. King! Gehen Sie sofort ins Bett zurück!« Sie streckte die Hand aus, um ihn festzuhalten. Er stieß sie mit dem gesunden Arm beiseite, und sie taumelte gegen die Wand. Er eilte hinaus und ging, ohne auf den Aufzug zu warten, die Treppe hinunter und trat in den Morgen.

3

Es war Vincents erster Tag im Büro der Versicherung, und er gefiel ihm kein bißchen. Zu seiner Überraschung lernte er seinen Vater hier als autoritäre, distanzierte Persönlichkeit kennen, den absoluten Herrscher über sein Königreich. Die teure Rufanlage auf seinem Schreibtisch ignorierend, pflegte er seine Sekretärin durch zweimaliges In-die-Hände-Klatschen herbeizurufen, so wie er es vom Umgang mit den Dienstboten in Indien her gewöhnt war.

Vin wußte, daß sein Vater sich in den meisten Dingen dem Willen seiner Frau fügte. Jetzt, da er in sein Heiligtum zitiert war und vor seinem großen, beeindruckenden Schreibtisch mit mehreren Telefonen und einem Tintenfaß aus Messing in der Form eines Falkenkopfes stand, erkannte er, daß sogar seine Sekretärin seinen Vater mit einer Mischung aus Furcht und Heldenverehrung betrachtete.

Als Sohn des Chefs hatte er nicht erwartet, wie ein dummer Bürojunge behandelt zu werden. Nach einer Woche, in der er nichts Geistvolleres zu tun hatte, als Botengänge zu machen, die Post zum Postamt zu bringen und Briefmarken zu kaufen, fühlte er sich gelangweilt und mißmutig. Als dann jedoch am Freitag der Zahlmeister mit einem lederfarbenen Umschlag kam, der sein erstes wirklich verdientes Geld enthielt, ging es ihm besser. Er beschloß, nach der Arbeit nicht nach Hause zu gehen und das Geld für ein Essen in einem guten Restaurant auszugeben. Alle rasten nach der Arbeit nach Hause – Rush-Hour nannte man das –, also würde er gegen den Strom schwimmen und bleiben.

Oft chauffierte er seinen Vater in dem großen Wagen; heute abend jedoch ging Stanley zu einem Dinner im Club, also konnte Vin den Wagen haben. Es war eine schwere amerikanische Limousine mit zuviel Chrom, weicher Lenkung und weicher Federung. Er sehnte sich nach dem Holpern eines kleinen englischen Sportwagens, dem harten Schalten mit einer Knüppelschaltung, der direkten Lenkung, die auf die leiseste Berührung eines Fingers reagierte. Er würde jetzt gern losgehen und sich Sportwagen ansehen... aber leider besaß er nur gerade das Geld für eine gute Mahlzeit. Er rief seine Mutter an und sagte ihr, daß er in der Stadt essen würde.

»Gut, dann werde ich nur eine Kleinigkeit essen, weil Ethel ihren freien Nachmittag hat. Vater wird mit dem Taxi nach Hause kommen, nicht wahr? Nun schau, daß du etwas Gutes zu essen bekommst. Und, Vin, was den neuen Wagen betrifft. Das geht in Ordnung, aber sag deinem Vater noch nichts, es würde ihn nur aufregen. Natürlich könntest du ein Darlehen auf dein dir zustehendes Erbe von meinem Vater aufnehmen, wenn du einundzwanzig bist. Aber dann kann ich dir das Geld ebenso gut vorstrecken.«

»Gute, alte Mutter. Das ist wunderbar. Ich fühle mich im Augenblick wie ein Krebs ohne Panzer.«

»Es wird alles einfacher, wenn du einundzwanzig bist. Hast du dich schon für ein Modell entschieden?«

»Ja, erst einmal einen gebrauchten. Ich dachte an einen Jaguar oder einen Triumph. Später kann ich mir einen größeren zulegen – einen 6-Zylinder-Maserati oder einen Alfa Romeo.«

»Hattest du einen guten Tag im Büro?«

»Hah! Ich hasse es! Ich würde lieber in einer Werkstatt arbeiten oder alten Damen das Autofahren beibringen.«

Um fünf Uhr war er frei. Er rannte nicht wie die anderen Sklaven nach unten. Er haßte das Menschengedränge; die Staus vor dem Aufzug, das Gegeneinandergepreßtwerden beim Hinunterfahren.

Er ging aufs Dach. Er lehnte sich auf die sonnenwarme Brüstung und blickte auf die kleinen schwarzen Figuren hinunter, die aus dem riesigen Termitenhaufen eines Gebäudes strömten. Wie Ameisen eilten sie zielstrebig die Straße herauf oder herunter, manchmal mit anderen zusammenstoßend, manchmal stehenbleibend, um sich mit jemandem zu unterhalten, dann weitereilend. Wenn sie jetzt durch irgendeine kosmische Katastrophe alle vernichtet würden...

Er hatte dieses Gefühl der Gleichgültigkeit schon einmal gehabt, als er eines Sonntags von einem Kliff oberhalb des Strandes von Sydney die Menschenmenge unten am Strand beobachtete. Die winzigen Punkte waren am äußersten Rand des Pazifiks wie Ameisen auf dem Rand einer mit Wasser gefüllten Badewanne hin- und hergehuscht. Nur eine Welle, die größer wäre als die anderen, und Hunderte von Menschen wären weggespült worden und ertrunken. O ja, so etwas passierte manchmal. Wie an jenem Schwarzen Sonntag im Jahre 1938, als dreihundert Menschen ins Meer hinausgespült wurden.

Jetzt war er selbst Teil dieser Welt von Ameisen, doch die armen Kerle da unten taten ihm mehr leid als er sich selbst. Er war frei; er konnte fortgehen, wann immer er wollte. Sie hatten Frauen, Verpflichtungen, Zahlungen für den Kauf einer Wohnung zu erfüllen. Sie schienen sich in ihr Schicksal ergeben zu haben, doch das machte es nicht besser.

Die blaßgesichtige Menge, die morgens in die Gebäude strömte, die müden, blassen Massen, die abends wieder herausströmten, durch die Straßen hetzten, die Straßen- und Eisenbahnen verstopften zu der Stunde, wenn das Ameisennest geleert wurde; tatsächlich führten Ameisen ein sinnvolleres Leben als sie. Sie schufteten sich nicht für das Wohl der Allgemeinheit ab, sondern für die wöchentliche Lohnzahlung. Und zwei Wochen Urlaub im Jahr – schrecklicher Gedanke.

Als die Massen sich lichteten, nahm er den Aufzug ins Erdgeschoß hinunter. Er kam sich schrecklich winzig vor. Hoch über ihm türmten sich die Gebäude auf, und darüber wölbte sich ein brütend heißer Himmel.

Er lief zu seinem Lieblingsrestaurant hinüber und bestellte Suppe, gegrilltes Kabeljaufilet und eine Flasche Chablis.

Nach einem guten Abendessen direkt nach Hause zu gehen, schien ihm reichlich stillos, doch es war ein wenig zu spät, um ein Mädchen anzurufen. Er startete den Wagen des alten Mannes und ließ den Motor aufheulen. Sofort weitete sich sein Ego und füllte nicht nur den Wagen, sondern die ganze Umgebung, in der das Geräusch seines Motors widerhallte. Er ließ den Motor gnadenlos aufheulen und schmiß lässig den ersten Gang rein. Sofort fühlte er sich lebendiger, wieder mehr er selbst. Er kurbelte das Seitenfenster herunter und streckte den Kopf hinaus und sog in tiefen Zügen die frische Luft ein, während sein Wagen durch die Vorortstraßen röhrte.

»Vincent King, jetzt komm' ich!« rief er den vorbeihuschenden Straßenlaternen zu. Er war Vincent King, und nicht länger eine der Ameisen. Er lehnte sich weit hinaus und lauschte dem süßen Klang der mächtigen Maschine, die an der Obergrenze ihrer Leistungsfähigkeit dahinraste.

Vin aß ein Hühnersandwich und trank einen Kaffee aus einem Plastikbecher, dann legte er sich wieder in das flache Gras neben der Strecke, um sich zu entspannen.

Für April war es erstaunlich warm, und ihm war ziemlich heiß in seinem weißen Overall. Er war in den Osterferien nach Melbourne gefahren, um sich einen neuen Wagen zu kaufen, ohne seinem Vater ein Wort davon zu sagen. In Melbourne hatte er dann erfolgreich das Templestowe-Bergrennen bestritten, um vor dem heutigen Rennen in Albert-Park ein Gefühl für seinen neuen, schnellen Special zu bekommen.

Das Gras war weich und warm und roch nach Grün und Wärme. Er lag still und ließ die Sonne auf seinen Nacken brennen.

Das Geräusch auf dem Rundkurs dahinfahrender Autos wogte in Wellen über ihn hinweg, schwoll an zu einem Crescendo, flaute mit plötzlich verändertem Klang ab, wenn die Fahrer in einen niedrigeren Gang schalteten... um wieder näher zu kommen und zum Geräusch zerreißender Seide anzuschwellen.

Sein Herz schlug ruhig und gleichmäßig, erfüllte seinen großen, trägen Körper mit einem Gefühl des Wohlbefindens. Irgendwo in den tiefsten Tiefen seines Unterbewußtseins spürte er, daß all das schon einmal geschehen war, in genau der gleichen Weise – der heiße, süße Geruch des verdorrenden Grases und verbrennenden Kraftstoffs, das vorüberziehende Geräusch der ihre Runden drehenden Autos. Doch gerade, als er glaubte, die Erinnerung fixiert zu haben, entglitt sie ihm wieder wie ein Fisch und ging unter im turbulenten Meer der Gegenwart.

Er wurde ehrenvoller Fünfter in dem großen Rennen, obwohl die anderen Wagen dem seinen überlegen waren und er zum ersten Mal ein Straßenrennen bestritt.

Nach dem Rennen wurde eine Party veranstaltet, wo eine Menge Bier getrunken wurde. Es bedurfte schon einer enormen Menge, um Vin betrunken zu machen, und als er Jeanne traf, war er, wenn auch ein wenig angeheitert, so doch immer noch nüchtern.

Sie schien aus seiner Heimat zu stammen und eine Art Fan von ihm zu sein. Sie war eine blasse Platinblonde mit schmalem Gesicht, einem kleinen, selbstbewußten Mund und hoch gewölbten Augenbrauen, als wäre sie über ihre Schönheit selbst überrascht. Sie hatte eine wunderbare Figur. Ihr Kleid – aus weißem Leinen mit einem langen, vom Saum bis zum Hals reichenden Reißverschluß, der in einem breiten Arrangement von Messingringen endete – paßte sich jeder Rundung ihres Körpers an.

Sie blickte Vin über den Rand ihres Glases hinweg aus großen Augen an.

»Seit Ihrem Sieg in Ihrem kleinen MG in der Klasse unter 1500 habe ich mir immer gewünscht, Sie einmal kennenzulernen«, sagte sie. »Ich besitze selbst einen MG.«

»Tatsächlich? Einen TC oder das letzte Modell?«

»Das letzte Modell.«

Er setzte sein Glas ab und spielte mit den Ringen an ihrem Kleid.

»Dieser Schmuck ist äußerst verlockend«, sagte er. »Was würde passieren, wenn ich daran zöge?«

»Hier und jetzt?«

»Hier und jetzt.«

»Ich würde schreien müssen.«

»Und – hm – wenn Sie keine Zuhörer hätten?«

»Nun, dann hätte es ja wohl keinen Sinn zu schreien, nicht wahr? Außerdem bezweifle ich, ob ich es dann überhaupt wollte.«

Sie sah ihm lächelnd in die Augen und ging zu einer anderen Gruppe hinüber, während er verwirrt und amüsiert zurückblieb. Er mußte herausbekommen, wo sie wohnte, oder sie auf dem Heimweg abfangen. Er brauchte im Augenblick dringend ein warmes, williges Mädchen.

Als die Party dann das lärmende Stadium der Rückblenden über das Rennen des Tages erreicht hatte, als die Präsentationen gemacht und die Reden gehalten worden waren, fand er sich, zusammen mit Jeanne auf einem schmalen Stuhl sitzend, wieder; einen Arm hatte er um ihre schmale Taille gelegt, damit sie nicht herunterfallen konnte.

Sie schlug ihre schönen Beine übereinander, der kurze weiße Rock rutschte in die Höhe und ließ ihr weißes Spitzenhöschen sehen.

»Mein Gott, wissen Sie, was Sie da mit mir anstellen?« stöhnte er.

Sie blickte ihn lächelnd an und tätschelte seine Hand.

»Mein armer Liebling«, sagte sie, und dann: »Wo wohnen Sie?«

Er verzog das Gesicht. »Im Savoy-Plaza. Es ist vom Spencer-Street-Bahnhof leicht zu erreichen.«

»Wollen Sie damit etwa sagen, Sie sind mit dem Zug gekommen?« Ihrem Ton nach hielt sie eine solche Fortbewegungsart für unerhört.

»Es ist billiger als Fliegen. Außerdem werde ich mit dem neuen Special nach Hause fahren.«

»Oh! Könnte ich da mitfahren? Ich würde so gerne –«

»Tut mir leid. Es ist ein Einsitzer.«

»Ja, natürlich. Dumm von mir. Ich dachte nur... Ich wohne auch im Savoy-Plaza.«

Vin wußte sehr wohl, daß, wo immer sie auch wohnte, es ein teures Hotel sein würde, wie das Menzies oder das Oriental. Er sah in ihre großen Augen und bemerkte, daß sie grün wie die einer Katze waren.

Er sagte: »Ich weiß nichts von Ihnen, aber es war ein langer Tag für mich. Ehrlich gesagt, ich bin müde.«

Sie lächelte. »Ich auch.«

Jeanne konnte nicht viel älter als zwanzig sein, aber sie besaß die Verführungskünste einer Dreißigjährigen. »Ich treffe Sie in der Halle des Plaza«, sagte sie. »Ich muß noch ins Menzies und meine Sachen holen.«

Auf dem Weg nach draußen wurde er an der Tür von einem angetrunkenen, redseligen Freund aufgehalten. Als er schließlich ins Plaza zurückkam, fuhr ihr Taxi gerade vor.

»Ich nehme an, Sie haben ein Einzelzimmer«, sagte sie sofort. »Es wäre also besser, wenn Sie vorausgehen. Geben Sie mir Ihre Zimmernummer, und ich komme später nach.«

Er bezahlte den Taxifahrer, der ihre Unterhaltung mit ausdrucksloser Miene mitangehört hatte. Sie hatte nur eine kleine Tasche und ein Schminkköfferchen bei sich. Er holte seinen Schlüssel von der Rezeption und fuhr in sein Zimmer im sechsten Stock hinauf. Das einfache Mobiliar, das Bett mit seiner grünen Überdecke wirkten provinziell und kein bißchen exotisch für ein Liebesnest.

Er zog sich aus, zog einen Bademantel über und wartete. Jedesmal, wenn er den Aufzug halten hörte, wuchs seine Erregung; er wartete auf ihr Klopfen an der Tür. Nachdem fünfzehn Minuten verstrichen waren, spürte er, wie seine Erregung sich legte. Er sehnte sich nach dem Bett, aber jetzt war er nur noch müde. Um sich wachzuhalten, nahm er eine belebende, heiße Dusche. Er rubbelte sich gerade sein nasses, dunkles Haar trocken, als es klopfte. Er wickelte ein Badetuch um die Hüften und öffnete die Tür.

»Oh, Vin, wie anheimelnd!« Sie strich über sein nasses Haar. »Hm, wie gut du riechst, wie ein Baby, ganz nach Seife und – was ist das für ein schöner Duft?«

»Seife!« Vin hielt Parfüm für unmännlich.

Sie stand vor ihm. »Du wolltest doch an den Ringen ziehen, erinnerst du dich?«

»Wo, zum Teufel, warst du so lange?« knurrte er, doch er schob einen Finger in den Messingring und zog daran. Der lange Reißverschluß öffnete sich bis zum Saum, und das weiße Kleid glitt von ihren sonnengebräunten, vollkommenen Schultern. Er zog ihr das Spitzenhöschen aus und mühte sich mit den drei Haken ihres Büstenhalters ab. Dabei spürte er, daß er ganz und gar nicht mehr in Stimmung war.

»Man sollte nur noch eine Toga oder ein Handtuch tragen«, murmelte er und entfernte das Badetuch von seinen Hüften. »Und dieses Messingzeug sollte von der Regierung verboten werden. Sieh dir nur den Abdruck auf deiner Haut an –«

Seine Hand glitt über ihren schlanken Körper, und er hob sie aufs Bett. Er küßte sie, erforschte jede Stelle ihres Körpers von den Knöcheln bis zum Kinn, von den Schultern bis zu den Ohren. Schließlich küßte er wieder ihren Mund, doch als sich ihre Lippen unter seinem Mund öffneten, erkannte er zu seinem Entsetzen, daß er nicht mehr bereit war. Er hatte zuviel getrunken, hatte zu lange gewartet, sie hatte ihn warten lassen, es war allein ihre Schuld... Eine Welle der Scham und Übelkeit überkam ihn, und er stürzte gerade noch rechtzeitig ins Bad.

Als er zurückkam, tränkte sie ein Taschentuch mit Eiswasser aus der auf dem Nachttisch stehenden Karaffe. »Ich bin ja vielleicht nicht allzu gut«, sagte sie, »aber ich habe noch nie zuvor einem Mann Übelkeit verursacht.« Vincent verzog reumütig den Mund. »Setz dich«, sagte sie und klopfte auf das Bett neben sich. Ein leicht belustigter Ausdruck lag auf ihrem Gesicht. Sie wischte ihm das Gesicht ab, stieß ihn dann in die Kissen zurück und legte ihm das kalte Tuch auf Augen und Stirn.

»Es tut mir so leid, Jeanne. Ich verstehe es selber nicht, ich muß mehr getrunken haben, als mir bewußt war.«

»Ich glaube es dir. Jetzt bleib still liegen und schlaf.«

Sie legte sich neben ihn und legte mütterlich den Arm um ihn. Er stöhnte. »Es ist solch ein Jammer...« brummelte er. Ihm war nicht mehr übel, aber er war todmüde. Er erwartete, daß sie jetzt gehen würde. Er schlief ein.

Als er irgendwann in der Nacht wach wurde und die Erinnerung an sein Versagen ihn überkam, wollte er es fast nicht glauben. Ach, wenn sie jetzt doch noch hier wäre... Er streckte den Arm aus, und da war dieser wunderbare, weiche, warme Körper neben ihm. Er zog sie in seine Arme. Jetzt endlich fanden sie sich, ganz natürlich, wie zwei Hälften einer perfekt zusammenpassenden Maschine.

Es dauerte lange, bis sie wieder einschliefen. Jeanne war unersättlich, erfahren, wunderbar. Er hätte nicht geglaubt, daß es so ein Mädchen gab. Vage fragte er sich, wie es wohl wäre, mit ihr verheiratet zu sein. Gut und schön für eine Nacht, aber –? Am Morgen liebten sie sich wieder; er döste wieder ein, und als er aufwachte, war sie fort. Ein zusammengefaltetes Stück Papier lag unter seinem Kissen. »Es war herrlich – Jeanne.«

Auf der Rückfahrt nach Hause machte er in den Außenbezirken der Stadt eine Frühstückspause und las die Morgenzeitung, während er ein großes Steak mit Eiern und Bratkartoffeln aß. Er trank gerade seinen Kaffee, als er die Sportseite aufschlug. Er wußte, daß über das Autorennen in Melbourne nicht viel drinstehen würde. Jeder Staat hatte seine eigene Zeitung, die hauptsächlich regionale Nachrichten brachten; im übrigen herrschte eine gewisse Eifersucht zwischen den Hauptstädten, die – wenn man in Sydney oder Adelaide lebte – behaupteten, daß in Melbourne niemals irgend etwas Interessantes passiere.

Die Schlagzeile fiel ihm sofort ins Auge. »Hillview von Tragödie überschattet.« Der Bericht über das Oster-Bergrennen befaßte sich hauptsächlich mit einem fatalen Unfall. Burton! Ian Burton war gegen die Todesmauer geprallt. Das war am Karfreitag gewesen. Seine Wirbelsäule war gebrochen, doch er hatte noch bis Samstag gelebt.

Vins Hand umklammerte den Kaffeebecher, seine Knöchel traten weiß hervor. Er fühlte sich körperlich elend. Er schlug wieder die Titelseite auf, die er zuvor nur flüchtig betrachtet hatte. Da war ein Bild des demolierten Wagens. Berichte über örtliche Rennen gelangten nur dann auf die Titelseite, wenn jemand getötet worden war.

Er rief Peter von einer öffentlichen Telefonzelle aus an.

Peter nahm schlaftrunken den Hörer ab.

»Tut mir leid, Peter. Ich weiß, es ist noch sehr früh für dich –«

»Macht nichts. Ich habe sowieso eine frühe Vorlesung. Hätte bald aufstehen müssen.«

»Hör zu. Ich komme gerade aus Melbourne zurück und lese das über Burton in der Zeitung.«

»Ja, Burton hat es an der Todesmauer erwischt, fast an der gleichen Stelle, wo du den Unfall hattest. Du hattest Glück... Er nicht. Ich war gestern auf seiner Beerdigung.«

»Sie schreiben, sein Rückgrat war gebrochen.«

»Was sie nicht schreiben, ist, daß seine Atemmuskeln gelähmt waren. Zwei Tage lang atmete er mit seinen Bauchmuskeln, bis diese ermüdeten. Seine Eltern wollten ihn in die Eiserne Lunge stecken, doch er weigerte sich. Wollte nicht den Rest seines Lebens in einem Blechtank verbringen.«

»Ja, das ist verständlich.« Vin war betroffen. Der Tod war eine schöne, abstrakte Angelegenheit, bis er näherkam und mit seinem verhaßten Antlitz über die Schulter eines Freundes blickte. »Was für eine Entscheidung!«

»Ja... Ging es dir gut in Melbourne?«

»Nicht schlecht. Ich wurde fünfter in der Klasse bis zu fünfzehnhundert Kubikzentimeter und gewann eine Bronzemedaille in Templestowe. Habe mir Andersens Special gekauft.«

»Wenn ich du wäre, würde ich die Bergrennen aufgeben; sind einfach zu gefährlich.«

»Ja, vielleicht sollte ich... Armer, alter Burton. Was für ein Pech!«

In düsterer Stimmung ging er langsam zu seinem Wagen zurück. Er war froh, daß er die Beerdigung versäumt hatte. Doch er würde Mrs. Burton ein paar Zeilen der Anteilnahme schreiben müssen, und auch Janet, Ians Freundin. War sie bis zum Ende bei ihm gewesen? Wie wurde sie damit fertig?

Er war nicht müde, denn er hatte gestern abend auf einem Parkplatz an der Landstraße ein Nickerchen gehalten. Er ließ den neuen Wagen in der Garage eines Freundes und fuhr mit der Straßenbahn nach Hause.

Als seine Mutter seine Schritte auf der Veranda hörte, rief sie ihn vom Salon aus zu sich herein. »Komm herein, mein Liebes, aber sei leise. Dein Vater hat einen Anfall. Er hat sich die Samstag-Ausgabe des »Melbourne Age« gekauft – wahrscheinlich wollte er den Wirtschaftsteil lesen – und las deinen Namen in der Startliste von Albert-Park. Er hat sich sehr aufgeregt, wie du dir denken kannst.«

»O Gott, Mutter! Das tut mir leid.«

»Und dann las er in unserer Zeitung, daß Ian Burton in Hillview ums Leben gekommen ist. Wußtest du es –«

»Ja, ich habe es erfahren.«

»Ich hatte eine schreckliche Auseinandersetzung mit ihm. Er sagte, du wirst dein ganzes Geld für schnelle Autos verschwenden, wenn du dich nicht gar umbringst, und daß du – wenn es nach ihm gegangen wäre – keinen Penny vom Geld deines Großvaters bekommen würdest, ehe du nicht älter und vernünftiger geworden wärst. Ich glaube, wir hätten ihm das mit dem Wagen sagen müssen.«

»Es war doch nur zu seinem Besten, damit er sich nicht aufregt, wie du selbst gesagt hast. Ich glaube, ich gehe jetzt zu ihm, um ihm alles zu erklären.«

»Nein, nein! Warte, bis er sich beruhigt hat. Wenn du jetzt zu ihm gehst, wird es nur Streit geben. Das könnte fatale Folgen für sein Herz haben. Ich werde ihm auch nicht sagen, daß du wieder zu Hause bist. Dusch dich im unteren Badezimmer.«

Am nächsten Tag ging es Stanley King immer noch nicht so gut, daß er ins Büro gehen konnte. Ohne seinen Vater gesehen zu haben, verließ Vin das Haus. Er war niedergeschlagen durch

Burtons Tod und das Bewußtsein, daß der schlechte Gesundheitszustand seines Vaters allein seine Schuld war.

Mittags rief er zu Hause an, um sich nach dem Befinden seines Vaters zu erkundigen. Rosetta klang verzweifelt.

»O Vincent! Ich wollte dich gerade anrufen. Dein Vater mußte ins Krankenhaus gebracht werden –«

»Ins Krankenhaus?«

»Ja, sie haben ihn in ein Sauerstoffzelt gesteckt. Er muß absolute Ruhe haben, du kannst ihn nicht sehen. Aber ich möchte, daß du nach Hause kommst.«

Ein kleines, unzureichendes Taschentuch in ihrer Hand zerknüllend, schritt seine Mutter ruhelos in ihrem Schlafzimmer auf und ab.

»Ich mache mir Vorwürfe, Vin! Ich mache mir solche Vorwürfe. Wir hätten ihn nicht hintergehen dürfen.« Ihr Kinn bebte, ihre kräftige Nase war rot.

Er legte einen Arm um ihre wohlgepolsterten Schultern und führte sie zu einem Stuhl. »Es hat keinen Sinn, sich Vorwürfe zu machen, Mutter. Wenn jemand Schuld hat, dann ich. Jetzt setz dich hin, und ich werde Ethel bitten, dir eine Tasse Tee zu bringen.«

Er setzte sie behutsam in einen Sessel, schob einen Schemel unter ihre Füße und legte ein Kissen hinter ihre Schultern. Wie die meisten großgewachsenen, willensstarken Frauen liebte sie es gelegentlich, verwöhnt und wie eine kleine, zerbrechliche Person behandelt zu werden. Sie ließ sich von ihrem großen, starken Sohn befehligen und brachte ein vages Lächeln zuwege.

»Ich habe die neue Medaille zu den anderen ins Regal gestellt«, sagte sie. »Da Stanley jetzt von deiner Melbourne-Reise weiß, brauchen wir sie nicht mehr zu verstecken. Jetzt erzähl mir von dem neuen Wagen.«

»Gleich, ich kümmere mich erst um den Tee.«

In der Küche fragte er Ethel, die gerade Möhren putzte: »Sah mein Vater sehr schlecht aus?«

»Ja, schrecklich sah er aus«, erwiderte Ethel, und ihr langes Gesicht wurde noch länger. »Er war blau wie Tinte um den

Mund herum, und seine Augen waren eingesunken. Er hat nach Ihnen gefragt.«

»Nach mir?«

»Ja, er sagte immer wieder: ›Wo ist Vincent? Ich möchte Vincent sehen...!‹«

Vin verließ abrupt die Küche und ging ins Schlafzimmer zurück, wo er seine Mutter wütend anfuhr:

»Du hast mir nicht gesagt, daß Vater nach mir gefragt hat.«

»Wer sagt das? Er wußte nicht, was er sagt, er war im Delirium.«

»Rede nicht darum herum! Hast du ihm gesagt, daß ich aus Melbourne zurück bin? Er wird sich gefragt haben, warum ich nicht zu ihm gekommen bin.«

»Nein, ich wollte ihn nicht noch einmal aufregen. Er weiß gar nicht, daß du zurück bist.«

Vin drehte sich auf dem Absatz um. »Ich gehe.«

»Wohin?«

»Ins Krankenhaus.«

»Ins Krankenhaus! Aber sie werden dich nicht zu ihm lassen.«

»Das sollten sie aber besser tun.«

Im Krankenhaus fragte er die in dem kleinen Glaskasten am Eingang sitzende Schwester nach dem Zimmer von Mr. King. Sie sah ihn erschrocken an und bat ihn zu warten. Schließlich kam sie, gefolgt von einer besorgten Oberschwester, zurück.

»Mr. King? Sind Sie Mr. Stanley Kings Sohn? Ich fürchte, ich habe schlechte Nachrichten für Sie, ich wollte gerade Mrs. King anrufen. Ihr Vater liegt im Koma, und es sieht nicht danach aus, daß er das Bewußtsein noch einmal wiedererlangen wird.«

»Was!« Vin konnte es nicht fassen. Auch sie gehörten also dieser Verschwörung gegen ihn an, wollten ihn nicht zu seinem Vater lassen.

»Welch ein Jammer!« sagte die Oberschwester in etwas menschlicherem Ton. »Er hat nach Ihnen gefragt, falls Ihr Name Vincent ist.«

»Lassen Sie mich zu ihm! Ich bin sicher, daß er mich erkennen wird.«

»Ich fürchte, das wird nicht möglich sein. Aber kommen sie mit.«

Im Zimmer stand ein großer, klobiger Eisenzylinder mit Druckmesser am Fuß des Bettes. Sein Vater lag regungslos unter dem durchsichtigen Plastikbaldachin eines Sauerstoffzeltes. Sein Gesicht war wachsbleich, dunkelblaue Schatten lagen unter seinen Augen. Die blauen Adern schimmerten durch seine gelblich-weißen dünnen Hände, die leblos auf der Bettkante lagen.

Vin griff unter den Baldachin und umschloß mit seinen starken, jungen braunen Händen eine dieser Hände. Er wünschte sich mit all seiner Kraft, daß etwas von seiner Vitalität und Lebenskraft auf mysteriöse Art und Weise auf seinen Vater übergehen möge. Doch die Hand blieb leblos und klamm.

»Vater! Kannst du mich hören? Ich bin es, Vincent. Ich bin hier, Paps. Kannst du mich hören? Ich bin es, Vin.«

Es war, als würde er zu einer Wachspuppe sprechen. Der kräftige, dunkle Schnurrbart, noch immer kaum von Grau durchzogen, wirkte auf den blassen Zügen so fehl am Platz, als wäre er für ein Faschingskostüm aufgeklebt worden.

Vin sah die Schwester mit schmerzerfülltem Blick an.

»Man hat mir nicht gesagt, wie schlecht es ihm geht. Ich wäre hier gewesen, wenn ich es gewußt hätte. Ich bin gerade aus Melbourne zurückgekommen«, jammerte er. Er war wütend auf seine Mutter. Warum hatte sie ihn absichtlich ferngehalten? Und jetzt war es zu spät.

Die Schwester brachte ihm einen Stuhl, und die Oberschwester verließ den Raum und sagte, sie würde seine Mutter anrufen. Sie hatte bereits den Arzt benachrichtigt.

Nach fünf Minuten war nicht die leiseste Veränderung eingetreten.

Dann kam der Arzt herein, und Vin mußte hinausgehen.

»Zumindest wird er friedlich einschlafen«, sagte der Arzt, als Vin ihn sprechen konnte. »Ich habe versucht, ihm Adrenalin zu spritzen, aber sein Herz macht nicht mit. Sein Gehirn bekommt nicht mehr genug Sauerstoff: klinisch ist er bereits tot.«

»Wollen Sie damit sagen, daß keine Chance besteht, daß er noch einmal zu sich kommt und mich erkennt?«

»Nicht die geringste, fürchte ich.«

Mit weißem versteinerten Gesicht ging Vin auf die Straße hinaus, wo er seinen neuen Special geparkt hatte. Für die Stadt war er eigentlich nicht geeignet, er würde sich einen kleinen Sportzweisitzer kaufen müssen. Und dann kam ihm plötzlich der Gedanke, daß er sich jetzt – wenn sein Vater starb – fast alles würde kaufen können, was er wollte. Er würde nicht mehr im Büro arbeiten müssen; seine Mutter würde gut versorgt sein. Und er war ein Einzelkind.

Aber wie sollte er sich je verzeihen, daß er diesen fatalen Anfall verschuldet hatte?

An diesem Abend fuhr er seine Mutter in ihrem Familienwagen, dem großen cremefarbenen Sedan, ins Krankenhaus, und sie saßen schweigend, auf ein Zeichen wartend, neben dem Bett. Es gab keine Veränderung, und sie kehrten wieder nach Hause zurück.

Um drei Uhr morgens klingelte das Telefon. Rosetta King hatte es neben ihr Bett gestellt. Als Vin zu ihr kam, starrte sie ihn wortlos an.

»Mutter! Ist er –?«

»Er ist tot. Eingeschlafen.«

Schweigend ging er zu seiner Mutter hinüber und legte einen Arm um ihre Schulter. Er setzte sich neben sie aufs Bett. Sie starrte schweigend auf den Teppich; dann schossen ihr die Tränen in die Augen. Sie suchte nach einem Taschentuch.

»Ich werde dir eine Tasse Tee machen«, sagte er.

»Ja, aber weck Ethel nicht auf.«

In der Küche hörte er ein Geräusch vom Fenster her, und für einen Augenblick zog sich sein Herz in abergläubischer Furcht zusammen. Ein weißes Gesicht erschien hinter der nackten Scheibe, zwei dunkle Augen starrten ihn an. Dann atmete er erleichtert auf.

»Zircon, du alter Teufel!« Er öffnete das Fenster, und die Katze sprang – über Ablaufbrett und Spüle – auf den Boden.

Zircon strich schnurrend um seine Beine, hob anmutig den schmalen Kopf und wollte gestreichelt werden. Wie seltsam, daß eine einfache Katze noch immer hier war, lebte, und sein Vater war tot! Der Ofen, der Teekessel, der Küchentisch, ein fest auf seinen vier Beinen stehender Stuhl – sie existierten in Zeit und Raum. Sein Vater war in Nichts zerfallen.

Vin füllte den Teekessel, zündete das Gas an und setzte den Kessel auf die Flamme.

Wie ergreifend war doch der Brauch der alten Ägypter, ihre Toten zu mumifizieren, die hilflosen Überreste in der Hoffnung zu konservieren, auf diese Weise ihre Seele weiterleben zu lassen. Die Ägypter hatten sogar ihre Lieblingskatzen mumifiziert.

Der Kessel begann zu pfeifen. Er drehte das Gas aus, schüttete kochendes Wasser auf den Tee und holte eine Flasche Milch aus dem Kühlschrank.

Im selben Moment rief seine Mutter nach ihm.

»Ich komme.«

Er hatte das Bestattungsunternehmen angerufen, eine Todesanzeige in der Morgenzeitung aufgegeben und all die anderen schrecklichen, bei einem Todesfall erforderlichen Dinge erledigt. Dann ging er ins Krankenhaus und bat, seinen Vater sehen zu dürfen.

Der Zylinder und das Sauerstoffzelt waren weggebracht worden.

Ein Laken war über das Gesicht der stillen Gestalt auf dem Bett gezogen worden. Alle »letzten Dienste« waren vorgenommen worden, wie ihm die Schwester, die zögernd den Raum betrat, mitteilte. Manche Leute mochten es nicht, mit einem Toten allein gelassen zu werden, es machte sie nervös.

»Ich würde gern allein sein, wenn Sie nichts dagegen haben«, bat Vin.

Als sie gegangen war, schlug er das Laken zurück und ergriff eine der kalten Hände. Wie lange hatte er seinen Vater nicht mehr geküßt? Seit seiner Kindheit nicht mehr. Er beugte sich über ihn und küßte die tote, kalte Wange. Wie tot die Toten doch aussehen! Dies hier war kein Mann mehr, dies war eine Sache. Dies war der tote Zweig, dem sein eigenes, blühendes Leben entsprungen war.

Er fühlte sich beinahe so schuldig wie ein Mörder. Wenn er nicht heimlich den Special gekauft und an dem Rennen in Melbourne teilgenommen hätte, wäre sein Vater vielleicht noch am Leben.

Er senkte den Kopf. »Es tut mir leid; es tut mir so leid, Vater«, flüsterte er.

»Es tut mir leid, Vater.« Vin ließ den Kopf hängen, so daß seine glatte dunkle Ponyfrisur wie ein Vorhang über sein Gesicht fiel. Seine kleinen Ohren waren gerötet. Die Zehen leicht eingezogen, stand er, ein Bild der Schuld, vor seinem Vater.

»Ich habe dir verboten, den Wagen anzurühren, oder?«

»Ja, Vater.«

»Und dies ist nicht das erste Mal, daß du ungehorsam bist. Jetzt hast du die Zündung angelassen, und die Batterie ist leer. Aber das ist es nicht, weshalb ich böse bin. Es ist gefährlich für dich, im Wagen zu spielen, solange du noch nicht groß genug bist, um ihn fahren zu können. Du könntest den Anlasser berühren, und falls ein Gang eingelegt ist, könnte der Wagen einen Satz tun und jemanden überfahren oder gegen ein Haus prallen.«

»Wirst du mir denn zeigen, wie er gestartet wird?«

»Wie bitte! Du bist erst sieben.«

»Aber ich möchte einfach die Zündung einschalten und hören, wie er anspringt. Ich verspreche dir, ich werde den Wagen nie wieder anrühren, wenn du nicht dabei bist; ich werde nie wieder –«

»Nun, wir werden sehen. Jetzt kann ich es dir ohnehin nicht zeigen, weil die Batterie leer ist. Aber steig ein, und ich werde dir erklären, wo die Gänge sind. Jedenfalls kannst du ihn jetzt nicht durch Zufall anlassen. Deine Beine sind zu kurz, nicht wahr? Ich werde die Kupplung für dich durchtreten müssen. Also, dies sind die Vorwärtsgänge; unten… 2.… 3.… oben. Hier ist der Rückwärtsgang – versuch es mal –«

Stan hielt inne, als er sah, mit welch leidenschaftlicher Konzentration das Kind die Gangschaltung betätigte, die ernste Freude, die sein rundliches Gesicht erhellte, die Ruhe, mit der die kleine Hand, die ums Handgelenk herum noch immer Babyfalten hatte, ihre Aufgabe ausführte.

Er würde den Wagen stets abschließen müssen, eine andere Möglichkeit gab es nicht. Vincent war nicht in der Lage, sich von dem Wagen fernzuhalten; die Versuchung würde unausweichlich wiederkehren.

Bestrafung – ins Bett geschickt werden, nicht hinaus dürfen, ins Bad eingeschlossen werden – nutzte nichts. Wie durch einen riesigen Magneten fühlte er sich zu dem Wagen hingezogen.

»Hör zu, Vin. Dich zu bestrafen scheint sinnlos zu sein. Ich werde dir also ein eigenes Auto kaufen, ein Tretauto, dann wirst du meinen nicht mehr anrühren wollen. Er wird einen Vorwärts- und einen Rückwärtsgang haben und ein Lenkrad und Bremsen und überhaupt alles, nur keinen Motor. Wie findest du das?«

»Juchheh!« rief Vincent. »Ich verspreche, ich werde deinen Wagen nie wieder anrühren. Das mit der Batterie tut mir leid, Vater.«

»Es tut mir leid! Es tut mir leid!« Als die Krankenschwester hereinkam, hatte Vin die Arme aufs Bett gestützt und vergrub schluchzend sein Gesicht in ihnen.

»Mr. King – es tut mir leid – der Leichenbestatter ist hier und möchte –« Willenlos wie ein Kind ließ er sich hinausführen.

4

Bunte internationale Flaggen, an hohen Fahnenmasten hängend, belebten das Blau des Himmels. Die grüne Mondsichel des Islam, das Blutrot und Blau und Weiß des Union Jack, das Grün, Weiß und Rot Italiens und die sieben Sterne auf himmelblauem Untergrund Australiens, das Land des Kreuzes des Südens, flatterten vor dem blauen Himmel.

Musik dröhnte blechern aus den Lautsprechern, unterbrochen von gelegentlichen Durchsagen. Die anmutige Form der Palmen, deren Wedel sich in der warmen Seebrise bogen, hoben sich vor dem Horizont ab, der vor Hitze und Feuchtigkeit flimmerte.

Vincent King war die unbekannte Größe unter den Gastfahrern. Nach seiner Ankunft im Malay Peninsula zum Autorennen in Johore hatte er den Ex-Kirra-cachorn-Maserati erworben. Der sanft lächelnde Thai, Prinz Kirra von Bangkok, hatte ein neues, unerprobtes Auto, einen Osta. Die offiziellen Wetten gaben alle dem Prinz und dem englischen Champion in seinem BRM die größten Siegchancen.

Beim Training am Tag zuvor war Vin ruhig und gleichmäßig gefahren, hatte den Kurs studiert und versucht, das Gefühl für den neuen Wagen zu bekommen. Sein mächtiger 6-Zylinder-Motor heulte zufriedenstellend auf, als er den Motor am Start aufdrehte. Er spürte sein Vibrieren durch Brust und Arme mehr noch, als er es hörte. Er war Hitze gewöhnt; er fühlte sich wohl und entspannt in seinem weißen Overall mit der auf die Tasche gestickten Krone und dem V. Der Rundkurs verlief teilweise durch eine Kautschukplantage mit düsteren Bäumen, zwischen Streifen warmer, roter Erde hindurch, vorbei an auf Pfähle gebauten Häusern und Bananenhainen.

Die Startreihenfolge für das große Rennen erfolgte entsprechend der Rennpraxis der Fahrer. So fand Vin sich weit hinten zwischen dem »Mob«, während die anderen schnellen Wagen, Smart, der englische Fahrer mit seinem grünen BRM und Kirra in dem glänzenden silberblauen Osta, in vorderster Linie standen.

Vin gab mehrmals kurz Gas, damit die Zündkerzen nicht verschmierten. Mit ohrenbetäubendem Lärm wurden die Wagen um ihn herum auf Touren gebracht. Ihre Motoren heulten auf, wurden leiser, heulten auf, wurden leiser wie das Brüllen in Schach gehaltener wilder Tiere. Vin wischte sich die schweißnassen Hände an seinem Overall ab und zog seine Handschuhe an. Sein Magen krampfte sich vor Anspannung nervös zusammen.

Das Startsignal erklang. Noch zehn Sekunden. Der Arm des Starters hob sich.

Los! Die Fahne fiel herunter, die Wagen schossen mit aufheulenden Motoren los. Durch die Beschleunigung wurde er hart in seinen Sitz zurückgepreßt.

Der Engländer lag in Führung, dann folgte eine kleine Gruppe mit Kirra an der Spitze, dann der dicht zusammenliegende Rest des Feldes. Vin war zwischen den langsameren Wagen eingeklemmt, versuchte verzweifelt, eine Lücke zu finden. Er überholte McCall in dem Neuseeland-Special.

Am Ende der ersten Runde war das Feld auseinandergezogen. In der Kurve klebte Kirra beinahe an Smarts Hinterrädern. Dicht dahinter folgte Franz Diamond, der eine Gruppe von vier Wagen anführte. Dann kam Vin mit dem blauen Maserati, der die langsameren Wagen schnell hinter sich zurückließ.

Nach der zweiten Runde waren die Positionen weitgehend unverändert, abgesehen davon, daß die Schlußlichter weiter zurückgefallen waren. Vin hatte zu Franz Diamond aufgeschlossen. Er beschloß, auf den richtigen Augenblick zu warten, und ließ Franz das Tempo bestimmen. Auf der Strecke war er ein Mistkerl, und er haßte es, einen anderen vorbeizulassen.

Als der Streckenposten Vin dicht hinter ihm sah, schwenkte er das blaue Fähnchen. »Ein anderer Fahrer ist dicht hinter Ihnen.« Franz nahm keine Notiz davon. Er gab Vin keine Chance, an ihm vorbeizukommen. Vin hatte nicht genügend Tempo, um im weiten Bogen um ihn herumzukommen. Eine weitere Runde lang wartete er auf seine Chance, stieß Franz leicht von hinten an, hoffte, daß er ihn endlich genug gejagt haben würde, daß dieser zur Seite fahren und ihn durchlassen würde.

In der nächsten Runde war er so dicht hinter Franz, daß der Streckenposten wie verrückt das blaue Fähnchen schwenkte. »Ein anderer Fahrer versucht, Sie zu überholen.« Franz blieb in der Mitte der Bahn und nahm seinen gewohnten Kurs in die nächste Kurve, doch er nahm sie eine Nuance zu schnell und kam ins Schleudern. Er geriet mit den Hinterrädern von der Strecke ab und wirbelte in die Strohballen.

Vin sah all das aus den Augenwinkeln heraus. Er ging nicht einen Augenblick lang mit der Geschwindigkeit herunter und ließ sich auch nicht im mindesten durch dieses Vorkommnis in seiner Fahrweise irritieren, als er die Kurve nahm. Er bremste erst in allerletzter Sekunde ab und fuhr in Ideallinie durch die Kurve; er spürte, daß er den Wagen voll und ganz unter Kontrolle hatte.

Jetzt sah er Smarts grünen Wagen vor sich; er mußte ins Schleudern geraten sein oder irgendwo einen »Aussetzer« gehabt haben, und jetzt lag Kirra, dicht gefolgt von drei anderen Wagen, in Führung.

Es gelang Vin mit erstaunlich wenig Mühe, Smart zu überholen. Der Motor des anderen Wagens gab ein ungesundes Knattern von sich, dann hob der Fahrer die Hand, um anzuzeigen, daß er an die Boxen fahren wollte.

Wieder spulte das alles in Vins Kopf ab, als sähe er sich das Rennen in der Wochenschau an. Es war außerhalb, jenseits der wirklichen Welt, die hier in dem blauen Maserati war, mit der Sichel des Wagens direkt vor ihm, dem langen, geschwungenen Kühler und der unter ihm dahinzischenden Rennbahn.

Die Zuschauermenge sah er nur undeutlich; neben der Strecke hielt sein Betreuerteam, jedesmal, wenn er an den Boxen vorbeikam, eine Tafel mit seiner Rundenzeit hoch. Um nach vorn zu kommen, würde er seine Zeit verbessern müssen.

Der Wagen war ein Traum. Wenn er ihn voll aufdrehte,

wuchs sein volltönender Bariton zu einem klaren Tenor an; ein beständiger, hoher Ton, der wie eine Fahne hinter ihm herschwang. Er beobachtete den Drehzahlmesser, den Öldruck, den Temperaturanzeiger, ließ seine Augen immer wieder über die Armaturen huschen, die ihm stumm Auskunft gaben. Alles ist in Ordnung. Er fuhr die lange Gerade mit hundertvierzig Meilen herunter. Er würde etwas mehr aus ihm herausholen müssen.

Franz mußte schon nach einer halben Meile wieder auf der Strecke gewesen sein; er lag schon wieder vor dem langsameren Feld und kam dem blauen Maserati langsam näher. Als er sich in der nächsten Runde der Geraden näherte, trat Vin schon in der Kurve das Gaspedal voll durch. Er raste mit Höchstgeschwindigkeit die Gerade entlang und sah Franz' roten Alfa im Rückspiegel zurückfallen. Vor der nächsten Kurve bremste er erst im letzten Augenblick ab.

In den S-Kurven und auf der Gegengeraden überholte er drei Wagen und sah bereits Kirra und den Neuseeländer, die einen erbitterten Zweikampf austrugen, vor sich. Er beschloß, sich herauszuhalten, bis die beiden ihre Positionen geklärt hatten. Er war jetzt Dritter und fuhr gleichmäßig seine Runden. Das Gefühl für die Geschwindigkeit war ihm abhanden gekommen. Mühelos – wie in einem Modellauto – schien er seine Bahnen zu ziehen. Trotzdem waren seine Nerven und Muskeln aufs äußerste gespannt; seine Augen huschten über die Instrumente, seine Ohren lauschten auf den Klang des Motors, seine Hände hielten das Lenkrad fest im Griff, seine Nase achtete auf Qualm oder Überhitzung, sein Gehirn erfaßte die Position des vor ihm liegenden Wagens, die Rundennummer – jetzt waren es neun, also lagen noch sechs vor ihm.

Jetzt machte McCall, der Neuseeländer, einen Fehler. Auf der Zielgeraden dicht hinter Kirra fahrend, hatte er am Palmeneck eine Idee zu spät heruntergebremst. Vin sah aus den Augenwinkeln heraus, wie der Wagen ins Schleudern geriet und eine rote Staubwolke aufwirbelte, doch er drehte sich nicht um. Das war seine Chance.

Kirra fuhr einen neuen Wagen, und obwohl dieser schneller war als sein alter, so war er in seiner Handhabung doch noch nicht so sicher und neigte dazu, ihn in den Kurven stärker abzubremsen und nur auf der Geraden das volle Tempo aus ihm herauszuholen.

Vin überholte ihn in der Hut-Kurve, doch als sie in die Zielgerade einbogen, war Kirra dicht hinter ihm und überholte ihn wieder.

Das war es, was die Zuschauer sehen wollten. Sie brüllten vor Begeisterung.

Noch zwei Runden. Vin wußte, wie hauchdünn seine Chance gegenüber dem anderen Wagen war; er konnte sich nicht den leisesten Fehler leisten. Ins Schleudern zu geraten, selbst nur ein Zögern würde ihn Sekunden kosten.

Ein Gefühl der Macht und Selbstsicherheit bemächtigte sich seiner. Die langsameren Wagen, die er bereits mehr als dreimal überrundet hatte, glitten wie im Traum an ihm vorbei. Es gab nur den Kühler des blauen Maserati vor ihm und Kirras silberblauen Osta.

Vin wiederholte das Manöver in der Hut-Kurve und ging wieder in Führung. In der im rechten Winkel verlaufenden Kurve vor der Zielgeraden ging er weiter nach außen als zuvor und beschleunigte früher, seine Außenräder wirbelten den Staub am Rande der Strecke auf. Er drehte bis auf hundertsechzig Meilen auf, bevor er wieder abbremsen mußte, und diesmal gelang es Kirra nicht, ihn einzuholen.

In den S-Kurven lag er noch immer vorn, und in der Hut-Kurve baute er seinen Vorsprung noch ein wenig aus. Doch in der letzten Runde klebte Kirra wieder dicht an seinem Hinterrad, und die Streckenposten schwenkten wie wild die blauen Fahnen. Als ob er nicht wüßte, daß Kirra ihn zu überholen versuchte!

Mein Gott, er war fast zu Hause! Nun komm schon, du Schönheit! rief er dem Wagen stumm zu. Er schoß wie eine Rakete über die Strecke.

Er konnte Kirra nicht sehen, er spürte ihn nur an seinem linken Hinterrad. Dann sprang vor ihm der Streckenposten mit der bunten Fahne vor. Für einen Augenblick wurde ihm fast schwarz vor Augen, und als er schließlich am Ende der Geraden langsamer zu werden begann, hörte er den Jubel.

Er hatte gewonnen. Er hatte gesiegt.

Nachdem der mit Jasminblüten und roten Orchideen umwundene Lorbeerkranz um seinen Hals gelegt worden war, fuhr er noch einmal langsam die Strecke entlang. Kirra und Diamond folgten. Vin hatte das Gefühl, als wollte seine Brust vor Stolz und Freude zerspringen. Nie wieder sollte er solch einen Augenblick erleben. Nicht einmal der Grand Prix im Surfer-Paradies in Queensland, den er mit einer halben Runde Vorsprung gewinnen sollte, ließ sich mit dem erregenden Gefühl, das ihn bei seinem ersten internationalen Sieg erfüllte, vergleichen.

Zusammen mit zwei Australiern kam er, rechtzeitig zu einem Festdinner, mit einem Taxi im Raffles-Hotel in Singapur an.

Vins Zimmer lag an einem Aufgang über einem großen, friedlichen Hof, wo sich Palmen wie Federfächer in der sanften Brise wiegten und die Jasminblüten wie duftende Schneeflokken ins Gras fielen.

Er klebte vor Schweiß und Schmutz, war müde, erhitzt und erschöpft. Er sehnte sich nach einer kalten Dusche. Die Badewanne in dem angrenzenden Badezimmer von der Größe eines Bahnhofwartesaals war zu Dreivierteln mit kaltem Wasser gefüllt. Er runzelte die Stirn, zog den Stöpsel heraus und drehte die Dusche auf. Nichts geschah.

Er steckte den Stöpsel wieder in die Wanne und läutete.

Der indische Steward, der unmittelbar darauf das Zimmer betrat, wirkte schuldbewußt. Er lächelte traurig.

»Tut mir leid, Sir, gibt kein Wasser. Muß alles über den Damm vom Festland geholt werden. Das Wasser auf Singapur-Island ist sehr knapp, kein Bad mehr nach elf Uhr abends. Also habe ich Ihre Badewanne mit Wasser gefüllt, als es noch angeschaltet war.«

»Mein Gott, ich habe das meiste wieder herausgelassen. Warum hat es mir niemand gesagt?«

Noch immer lächelnd, deutete der Steward auf einen kleinen, handgeschriebenen Zettel, der an die Wand geheftet war: Zeiten, in denen es Wasser gibt.

Vin fluchte laut. »Ich will mich duschen!« schrie er. »Das soll eins der besten Hotels der Welt sein, und ich kann mich nicht einmal duschen.«

Der Steward zuckte die Achseln. »Morgen früh, Sir. Sie gehen früh aus dem Haus, nicht wahr? Dann wird es Wasser geben, aber es wird gebeten, nur kurz zu duschen.«

Er ging hinaus, und Vin ließ seinen durchtrainierten Körper mißmutig in das verbliebene kalte Wasser gleiten. Bald war er sauber und erfrischt. Als er sich mit einem flauschigen Badetuch von der Größe eines Bettlakens abrubbelte, kehrte seine gute Laune allmählich zurück.

Der verwelkte Lorbeerkranz lag auf einem Stuhl, seine goldbedruckten Bänder baumelten herunter. Die Erinnerung an seinen Sieg stieg wie Champagner in seiner Kehle auf.

Er zog den hellen Seidenanzug an, den er sich in nur zwei Tagen von einem Chinesen hatte schneidern lassen. Dann ging er auf den Außengang hinaus, wo über jeder Tür eine Klimaanlage surrte; dann hinunter zu der dem Hotel angeschlossenen Ladenstraße, wo Silber und Seide aus Thailand, Saris aus Indien und Saphire aus Burma angeboten wurden; alles war zollfrei!

Vin kaufte einen Satz silberner Suppenlöffel für seine Mutter, und für Jeanne einen schmalen, silbernen Armreifen mit eingelegter Emaillearbeit.

Mit dem bescheidenen Erbe seines Vaters, der den größten Teil seines Besitzes Rosetta vermacht hatte, und dem Erbe seines Großvaters Forbes besaß er jetzt genug, um keiner geregelten Arbeit mehr nachgehen zu müssen. Doch er war weit davon entfernt, ein Playboy-Millionär zu sein. Er wollte das Autofahren zu seinem Beruf machen, sich von einer großen Firma sponsern lassen, auch wenn das bedeutete, daß er ausschließlich deren Wagenmarke fahren mußte.

Man hatte ihm bereits eine ansehnliche Summe dafür geboten, daß er eine bestimmte Zündkerzenmarke und ein bestimmtes Benzin benutzte. Sie machten Reklame in der Presse und in den Programmschriften von australischen Autorennen. Sein Gesicht, grimmig und entschlossen unter seinem goldenen Helm oder am Steuer eines Rennwagens, wurde den am Sport Interessierten immer vertrauter. *Wheels* hatte einen Artikel gebracht, »Der ungekrönte König der Autorennen«, in dem sein Special gezeigt und die wachsende Liste seiner Erfolge aufgeführt wurde.

Sein Freund Franz Diamond hatte ihn deshalb schon mehrmals aufgezogen. »Heh, Vin, hast du kürzlich mit dem Tod gewürfelt?« oder: »Wie geht es dem ungekrönten König des Moock-Haufens?« pflegte er zu rufen, schlug Vin dabei kräftig auf die Schulter und lächelte sein gewinnendes Filmstar-Lächeln, mit dem er so gut bei den Frauen ankam.

»Und wie geht es dem Renn-As?« hatte Vin gekontert und nannte ihn von da an nur noch »As«, und Franz nannte ihn »Den König« oder manchmal auch »König Vin«.

Seine Augen waren hell, klar und hart wie blaues Eis, sein glattes, etwas langes Haar kupferfarben. Mit seiner Adlernase erinnerte er Vin an das Tintenfaß in Form eines Falkenkopfes, das einmal auf dem Schreibtisch seines Vaters gestanden hatte. As besaß die katzenhafte Anmut eines wilden Tieres, seine Instinkte waren ausgeprägt wie die eines Raubvogels.

»Warte auf mich, König Vin!« Ein näselnder Ruf vom Ende des überdachten Weges her, und As kam, den Arm voller Pakete, herangehüpft. »Was ist los, ist dir dein großer Sieg zu Kopf gestiegen? Bei Gott, du hättest nicht gewonnen, wenn mein Wagen nicht in die Strohballen geschleudert wäre! Wo ist denn dein Siegerkranz? Du solltest ihn lieber in die Badewanne legen, damit er frisch bleibt.«

»Es gibt kein Wasser in dem verdammten Bad«, schimpfte Vin. »Erst morgen vormittag wieder.«

»Ich weiß. Ich habe in einer dieser chinesischen Buden ein türkisches Bad genommen. Sie haben dort Masseusen.«

»Weißt du, wie es Tony McCall geht?«

»Ja – Gehirnerschütterung und ein gebrochenes Bein. Er wird wieder gesund werden.«

»Kommst du nicht zu dem Dinner?«

»Doch. Ich will nur noch diese Pakete in mein Zimmer bringen«, erwiderte As. »Was hast du eingekauft?«

»Ach – ein Geschenk für meine Mutter.«

»Aha, und für wen noch?«

»Nun ja, einen Armreifen für Jeanne.«

»Das dachte ich mir. Sei vorsichtig, Vin. Sie ist ein hübsches Mädchen, aber sie will dich kapern. Hör auf deinen Onkel As; ehe du weißt, wie dir geschieht, bist du verlobt oder verheiratet oder sonst was.«

»Ich nicht! Da brauchst du keine Sorgen zu haben.«

»Na ja, aber sag nicht, daß ich dich nicht gewarnt hätte. Gib mir deine Sachen, und ich nehme sie mit in mein Zimmer. Bestell mir inzwischen schon einen Tom Collins, ja?«

»Willst du heute abend mit mir essen gehen?«

Sobald er zurück war, hatte Vin Jeanne angerufen und um ein Treffen gebeten. Sein Aufenthalt in Singapur und Malaysia war schön gewesen, doch er hatte körperliches Verlangen nach ihr, das immer stärker wurde, je mehr er sich dem Zuhause näherte.

Er holte sie ab, und sie drängte ihn, hereinzukommen, um ihre Mutter zu begrüßen, die – wie sich herausstellte – eine alte Schulfreundin Rosetta Kings war. Sie hatten zusammen eine vornehme Schule in den Bergen besucht. Das bedeutete wahrscheinlich, daß seine Mutter nichts gegen Jeanne einzuwenden haben würde.

Nach einem maßvollen, aus Steak und Salat bestehenden Essen und einer Flasche Champagner, die sie bestellt hatten, um seinen Sieg zu feiern, legte Vin Messer und Gabel mit zufriedenem Seufzen beiseite. »Und jetzt kann ich nicht mehr«, sagte er. »Nach den riesigen Fleischtöpfen in Singapur werde ich bald nicht mehr hinter das Steuer eines Jaguars passen, geschweige denn hinter das eines Maseratis. Aber du bestellst dir noch etwas, meine Liebe. Pfirsich Melba? Crêpes? Nun komm, in deine schmalen Wangen paßt schon noch etwas hinein.«

»Unglücklicherweise nehme ich im Gesicht nicht zu.«

»Der Rest von dir ist vollkommen, so, wie er ist. Wie dick ist dein Handgelenk? Ich habe dir ein Geschenk mitgebracht.« Er klopfte auf seine Brusttasche.

»Oh! Laß mich sehen!«

Er holte den in Seidenpapier eingewickelten Armreifen aus der Tasche und packte ihn aus. »Reich mir deinen Arm.«

»Oh, danke, Vin! Er ist sehr hübsch.«

Jeannes Mutter war eine Prominentenjägerin und war daher, nachdem sie über seinen Erfolg gelesen hatte, erfreut, Vin kennenzulernen. Ein Sieg in einem australischen Grand-Prix-Rennen hätte nicht gezählt, doch jetzt, wo er mit einem thailändischen Prinzen in einem Palast fotografiert worden war, war er ein berühmter Mann. Britische Titel waren in Mrs. Burgess Kreisen ziemlich aus der Mode, der Osten jedoch war »in«. Ihre Vorhänge waren aus thailändischer Seide; auf dem Kaminsims standen geschnitzte Holzfiguren aus Bali, und sie zündete in Kupferkrügen Weihrauch an.

Sie war die reiche Frau eines Mannes, der Geld und Besitz eines bekannten Viehbarons geerbt hatte und der in den frühen Kolonialzeiten sein Glück durch cleveren Viehdiebstahl gemacht hatte. Das bedeutete, daß ihr Geld »vom Land« kam und ihnen daher gesellschaftliches Ansehen brachte. Obwohl Mr. Burgess kein einziges Mal in seinem Leben ein Kalb mit einem Brandzeichen versehen hatte, hatte er im großen Stil Geld ins Fleischgeschäft investiert und sein Vermögen verdoppelt. Er war einer der »ganz Großen«, und Mrs. Burgess kannte die Frau des Fleischers an der Ecke nicht einmal, der einer der »Kleinen« in der gleichen Branche war.

Mr. Burgess hatte Vins Vater vom Jockey-Club her gekannt. Er sammelte Rennpferde, während seine Frau Prominente um sich versammelte.

Da Kunst in Mode war, wohnte sie, jedesmal einen neuen Hut tragend, sämtlichen Eröffnungen neuer Kunstausstellungen bei. Fast immer gelang es ihr, mit einem Bild von sich selbst und ihrer jüngsten, äußerst fotogenen Tochter vor einem Gemälde posierend, in den Gesellschaftsteil zu kommen. Jeanne war die älteste, und bis jetzt gab es noch keinen Heiratskandidaten für sie.

Mrs. Burgess hatte ein lebhaftes, wenn auch bereits von ziemlich vielen Falten durchzogenes braunes Gesicht, und sie kleidete sich stets gut und teuer. Heute abend trug sie ein dunkelblaues, einfach und doch wirkungsvoll mit groben weißen Sattlerstichen versehenes Kleid und um ihren braunen Hals eine Perlenkette.

»Alle diese Burschen schreiben oder malen oder tun so etwas Ähnliches, nicht wahr?« fragte Mr. Burgess, der die Partys seiner Frau für gewöhnlich mied, sich heute abend jedoch hatte überreden lassen, zu Hause zu bleiben und auf seinen üblichen Poker-Abend zu verzichten. Unsicher, ob er sie bewundern oder verachten sollte, sah er sich die Gäste an. Es war bekannt, daß Künstler schlechte Geschäftsleute und häufig mittellos waren; außerdem besaßen sie keine Moral, und wenn sie nicht reihum die Ehefrauen anderer Männer verführten, so nur, weil sie impotent oder irgendwie verkorkst waren. »Wer ist dieser Bursche da drüben – der da, der so aussieht, als könnte er ein Bad und einen Haarschnitt vertragen?«

»Nun, er ist kein Schriftsteller, zumindest nicht mehr. Er verkauft Bücher, anstatt sie zu schreiben. Er sagt den Leuten, was sie kaufen sollen. Du mußt ihn schon einmal im Radio gehört haben. Und er hat eine sehr künstlerische Buchhandlung, keine gewöhnliche.«

»Und der da mit den grauen Haaren, der wie ein Manager aussieht, oder vielleicht wie ein Erzbischof – sag mir nicht, daß er Künstler ist.«

»Er ist ein bekannter Dichter, hat zwei Bücher mit erotischen Gedichten herausgebracht. Ich bin sehr glücklich, daß er gekommen ist. Und der da drüben mit den freundlichen Augen und dem weltüberdrüssigen Blick ist der Herausgeber des *Perception*. Er leidet an Verfolgungswahn und haßt alle Menschen. Dem neben ihm gehört die Tynte-Street-Gallery. Er haßt Kunstkritiken.«

»Ein seltsamer Haufen, muß ich sagen.«

»Jetzt muß ich dich aber unbedingt mit Rapolzcki bekanntmachen. Das ist dieser gutaussehende Pole mit dem Bart, der uns ein Wandgemälde für das Treppenhaus malen will.«

Mr. Burgess schlenderte hinter seiner Frau her, fing Gesprächsfetzen auf. »Der Roman ist tot. Wer liest schon noch Thackeray oder Dickens?« »Mein Gott, er malt immer noch Gummibäume und blaue Berge!«

Jeanne huschte gehorsam zwischen den Gästen umher, reichte Knabbergebäck und gesalzene Nüsse herum, um den gemieteten Getränkekellner etwas zu entlasten. Sie war zu dem Schluß gekommen, daß sich Vin ihrer zu sicher zu werden begann und er ein wenig Konkurrenz brauchte, damit er sich wieder mehr um sie bemühte. Also wandte sie sich dem gutaussehenden Polen zu, dessen Profil dem eines Jesu in einem altmodischen Gemälde glich. Dessen Werk war avantgardistisch; er bevorzugte die Arbeit mit gebrannter Emaille und wenig Gold und Bronze und besaß ein besonderes Talent, reichen Damen zu schmeicheln, die möglicherweise Wandgemälde für ihre Häuser bestellen würden. Im Augenblick machte er sowohl Jeanne als auch ihrer Mutter den Hof. Was die Tochter betraf, so machte er sich Hoffnungen auf eine erfreuliche Liaison. Er bewunderte ihre große, helle Schönheit und die teure Bräune, die sie sich beim Sonnenbaden im Sommer und beim Skifahren im Winter erworben hatte.

Ihr Dreiergespräch mit Vin und dem Polen war kein Erfolg. Rapolzcki war entrüstet, als er feststellte, daß Vin seine Arbeit nicht kannte. »Ich bin nicht das, was Sie einen ›Maler‹ nennen«, erklärte er förmlich. »Diese Bezeichnung trifft eher auf Hausdekorateure zu. Ich kreiere Formen im Raum.«

»Und Vincent sendet bei hoher Geschwindigkeit Formen durch den Raum«, sagte Jeanne.

»Ach ja, Sie sind Rennfahrer, nicht wahr? Mir käme es sehr langweilig vor, stundenlang um denselben Platz herumzukurven.«

»Als langweilig habe ich es nie empfunden«, entgegnete Vin trocken.

»Sicher nicht. Es ist äußerst gefährlich und erfordert Mut zu –«

»Es ist nicht nur eine Frage des Mutes, es erfordert Geschick und Umsicht. Leute, die mehr Mut besaßen als Umsicht, sind nicht mehr unter uns.«

»Vincent ist auf seine Weise auch ein Künstler, Wladys«, mischte sich Jeanne in ihrem kühlen, schleppenden Tonfall ein. »Ihr beide habt eine Menge gemeinsam.«

Machte sie sich über ihn lustig? Plötzlich fand Vin ihr kühles Lächeln, ihre gewölbten Augenbrauen unerträglich. Und ebenso diesen verdammten Künstler mit seinen feinen, beleidigenden Manieren –!

Er leerte sein Glas und nahm es zum Vorwand, sich entfernen zu können, um sich einen neuen Drink zu holen. Die Feindseligkeit des polnischen Künstlers war ihm unter die Haut gegangen, nicht etwa, weil er, was seine Fahrerei betraf, ungebührlich empfindlich gewesen wäre, sondern weil er spürte, daß Jeanne die eigentliche Ursache dafür war. Sie spielte sie bewußt gegeneinander aus, es erregte sie. Nun, sollte sie nur!

Einige Zeit später saß Vin, den Kopf an die Wand gelehnt, auf dem Boden und diskutierte mit einem melancholischen Letten und einem extrovertierten Tschechen über die Zukunft Europas.

Sie alle hatten das Stadium halb betrunkener Feierlichkeit erreicht, in dem sie den gegenseitigen Argumenten mit ungeheurem Ernst zuzuhören schienen, in Wirklichkeit jedoch an nichts anderes als ihr eigenes nächstes Argument dachten.

Als er die Hand nach seinem Bierkrug ausstreckte, gewahrte er ein Paar hübsche Knöchel – tatsächlich hätte er aus Versehen beinahe nach ihnen gegriffen.

Sein Blick glitt aufwärts, er sah zu den Knöcheln gehörende Waden und Knie und schwellende Schenkel unter einem kurzen, weiten Rock. In einer einzigen anmutigen Bewegung stand er auf und stand vor ihr.

»Hallo!« sagte er. »Ich habe überall nach Ihnen gesucht.«

»Nach mir?« Sie hob fragend ihre feinen, dunklen Augenbrauen. Ihr Gesicht paßte zu ihrem Körper, wie er es nicht anders erwartet hatte.

»Ja, ich habe mein ganzes Leben lang nach Ihnen gesucht.«

Sie lächelte in ihr Glas hinein, sah ihn nicht an.

»Hallo, Maggie!« Der tschechische Künstler blickte vom Boden her zu ihr auf. »Wann soll das neue Buch herauskommen?«

»Ich weiß es nicht. Vor Weihnachten, hoffe ich. Aber du kennst ja die Verleger.«

»Sie schreibt Geschichten. Sie ist ein sehr kluges Mädchen«, erklärte er Vin.

»Oh, hör auf, Alex.«

»Aber das bist du!«

»Sie kennen dieses schöne Mädchen?« fragte Vin. »Stellen Sie mich ihr vor.«

Umständlich stand Alex auf, klammerte sich haltsuchend an Vins hochgewachsene Gestalt. »Maggie, darf ich dir Australiens Renn-As vorstellen, Mr. Vincent King. Vince – das ist Maggie Pinjarra, Schriftstellerin der Sonderklasse.« Er hatte große Mühe, die letzten drei Worte auszusprechen. Dann sank er wieder auf den Boden zurück.

»Sehr erfreut, Sie kennenzulernen«, sagte Vin förmlich und blickte forschend auf sie herunter. Pinjarra, überlegte er, sie muß Italienerin sein, eine Neuaustralierin. Doch sie spricht ohne erkennbaren Akzent. Vielleicht ist sie Tochter eines Einwanderers und hier zur Schule gegangen. Ihre Haut war makellos und glatt und von der Farbe leuchtenden dunklen Honigs, ihre Augen groß, dunkel und strahlend. Vielleicht war es nur eine Reaktion auf die lackierten Haare der chinesischen Mädchen oder Jeannes makellose blonde Frisur, doch Vin glaubte, nie etwas Hübscheres gesehen zu haben als die Art, wie das Haar des Mädchens über ihre Schulter fiel, so daß ihr Gesicht eine Vorwärtsbewegung zu haben schien wie das eines Vogels im Flug.

»Darf ich Ihnen einen Drink holen?« fragte Vin und nahm ihr das leere Glas aus ihrer schlanken Hand. Er ging zu einem Getränkekellner und brachte ihr ein Glas funkelnden Burgunders. Die meisten Gäste tranken jetzt Bier oder australischen Whisky, weil der Scotch ausgegangen war. Jeanne schien verschwunden zu sein, und Vin bemerkte, daß auch Wladys Rapolzcki fehlte. Nun, das paßte ausgezeichnet.

»Sie schreiben also?« fragte Vin und reichte ihr das Glas. »Nennen Sie mir die Titel Ihrer Bücher. Ich sollte sie wahrscheinlich kennen, aber ich tue es nicht.«

»Außer dem neuen gibt es nur eins. Es heißt ›Kleiner brauner Bär‹.«

»Oh! Ein Kinderbuch?«

»Nein, es ist ein satirischer Titel.«

»Oh, Verzeihung! Doch ich mußte an eine Geschichte in meinem ersten Lesebuch denken. Sie handelt von zwei kleinen braunen Samenkörnern in der Erde. Eins von ihnen beginnt zu sprießen, das andere nicht. So wuchs das eine der Sonne entgegen, während das andere in der Erde zurückblieb.«

»Meine Geschichten sind nicht sentimental.«

»Es mag sentimental klingen, aber ich habe oft wach gelegen und über das kleine, in der Erde gebliebene Samenkorn nachgedacht. Ich war als Kind ziemlich einsam und wünschte mir immer einen Bruder zum Spielen.«

»Ich hatte einen Bruder und eine Schwester und Kusinen und Tanten, eine große Familie. Doch die erste Geschichte, die ich mir ausgedacht habe, handelte von einem einsamen Veilchen, das in einer Dürreperiode zugrunde ging. Natürlich habe ich nie ein Veilchen gesehen, wir lebten in den Tropen, doch ich hatte immer englische Gedichte und Geschichten gelesen. In einer Geschichte kam auch ein Buchfink vor. Ich weiß bis heute nicht, wie ein Buchfink aussieht.«

»Wo in den Tropen?« fragte Vin. »Ich komme gerade aus Malakka, und in Penang war die Luft wie ein erdrückendes, nasses Tuch. In Singapur war es nicht so schlimm.«

»Ich wurde in Queensland geboren, fast im Wendekreis des Krebses, und die Luft war wunderbar. Ich habe gerade dort Urlaub gemacht.«

»Aha, daher Ihre Bräune. Sie ist so gleichmäßig und vollkommen, ich dachte, sie käme aus der Flasche.«

Maggie senkte die Nase in ihr Glas. Ein leicht rosa Hauch lag auf ihren braunen Wangen, als sie zu ihm aufblickte.

»Meine Hautfarbe gefällt Ihnen also?« sagte sie in leicht ironischem Ton.

Er begriff noch immer nicht. »Ja, ja, und mir gefällt dieses goldfarbene Kleid, es paßt zu Ihnen.« Er steckte zwei Finger unter den Armausschnitt ihres ärmellosen Kleides, tat, als wolle er den Stoff befühlen, spürte jedoch nur die seidige Haut ihrer Schulter. Ruhig begegnete sie seinem Blick. Sie lächelte nicht und trat auch nicht zurück. Er ließ seine Hand sinken.

»Ich nehme an, ich hätte Ihren Namen kennen sollen«, sagte sie, »doch ich lese niemals Rennberichte, ich wette nicht einmal.«

»Nein, ich bestreite keine Pferde-, sondern Autorennen«, verbesserte Vin. »Ich hasse Pferde. Außerdem haben sie keine Bremsen und einen äußerst unzulänglichen Steuermechanismus.«

»Oh, Autos... ich liebe es, schnell zu fahren.«

»Dann machen Sie mit mir eine kleine Spritztour. Ich habe meinen Rennwagen hier, und wir können das Verdeck herunterlassen. Trinken Sie aus, und dann machen wir, daß wir hier wegkommen.«

»Sind Sie immer so –?«

»Unverschämt? Ich bin immer direkt. Kommen Sie.«

Während sie sich ihren Weg durch die Menschenmenge bahnten, stand er plötzlich seiner Gastgeberin gegenüber. Er dankte ihr für den Abend; vage sah er sich nach Jeanne um, doch sie war nirgends zu sehen.

»Vincent King!« rief Mrs. Burgess, mit beiden Händen seine Hand ergreifend. »Sie gehen nicht! Ich habe Sie ja kaum zu sehen bekommen. Breite Schultern und schmale Hüften! Ich wußte es! In diesen unförmigen Overalls kann man das nie sehen.«

»Würden Sie Jeanne bitte meine Grüße ausrichten? Maggie hat Kopfschmerzen, und ich habe ihr angeboten, sie nach Hause zu bringen.«

»Aber haben Sie sich in mein Buch eingetragen? Sie müssen sich ins Gästebuch eintragen.« Sie zerrte ihn zu einem kleinen, glänzend polierten Tisch hinüber. »Und Maggie, meine Liebe – ich möchte ein signiertes Exemplar Ihres neuen Buches, vergessen Sie das nicht.«

»Sie will natürlich ein Freiexemplar«, murmelte Maggie ihm ins Ohr.

»Vergiß nicht, daß wir am Donnerstag zusammen zu Abend essen«, sagte Vin, als er sie zu ihrer Wohnung in der Stadt fuhr. Sie waren mit hohem Tempo zu den Bergen hinter der Stadt gefahren; dabei hatte er die Rechtskurven der sich dahinschlängelnden Straße bewußt, aber gekonnt zu schnell genommen, so daß sie gegen seine Schulter gepreßt wurde.

Sie hatten an einer Aussichtsstelle gehalten, von wo aus sie die Lichter der Stadt auf der Ebene unter sich, von Norden bis Süden, ausgebreitet liegen sahen, dahinter die dunkle Linie des Meeres. Die Lichter waren grün und bernsteinfarben und diamantgelb, Juwelen auf schwarzem Samt.

Maggie öffnete den Mund, wollte etwas sagen, doch er verschloß ihre Lippen mit einem harten, fordernden Kuß. »Sag nichts«, murmelte er, den Kopf hebend. »Laß mich dich nur ansehen.«

Ihre Augen glühten in dem von tausend Straßenlaternen reflektierenden Licht, die zahlreicher als die über ihnen flimmernden Sterne zu sein schienen. Mit einem Finger strich er sanft über ihre feinen Augenbrauen. Als er sie erneut küßte, glitt seine Hand in ihren Ausschnitt, umfing eine weiche Kugel, eine sich erhärtende Brustwarze. Seine Hand wollte weiterforschen, als sie mit unterdrückter Stimme sagte: »Ich glaube, ich würde jetzt gerne nach Hause fahren.«

»Aber Maggie! Du willst mich doch! Ich spüre es.«

»Bitte, Vin. Bring mich nach Hause.« Ihre Stimme klang jetzt fester.

»In Ordnung.« Er ließ sie los und startete den Wagen. In der Stadt angekommen, hielt er auf ihre Anweisung hin vor dem hohen Holztor eines Lattenzaunes. Doch als er sie hineinbegleiten wollte, hielt sie ihn am Arm zurück.

»Nein, Vin, lieber nicht. Ich möchte nicht, daß sie über mich reden.«

»Sie?«

»Die anderen Mädchen. Ich wohne in einem Wohnheim, mußt du wissen. Ein Wohnheim für Aboriginesmädchen, die in der Stadt arbeiten.«

Ein kurzes Schweigen trat ein, weil Vin diese Mitteilung erst verdauen mußte. Sie stand sehr ruhig da, wartete auf seine Reaktion.

»Natürlich!« sagte er und schnippte mit den Fingern. »Das erklärt, warum du bei Mrs. Burgess warst. Dein Buch ist weder ein Bestseller noch sonst irgendwie im Gespräch. Aborigines sind in. Du bist in Mode, mein liebes Kind.«

»Du hast völlig recht, wenn man davon absieht, daß mein Buch in Australien fast ein Bestseller ist. Die erste Auflage ist vergriffen, die nächste wird gedruckt. Ich fürchte, der Grund dafür ist, daß die Geschichte von jemandem geschrieben wurde, der Aboriginesblut in den Adern hat. Alles nur Neugier.«

»Aber warum hast du es mir nicht erzählt? Ich hielt dich für eine Italienerin oder irgendeine Südaustralierin. Doch du bist eine Ur-Australierin.«

»Nur teilweise. Mein Vater war halb Ureinwohner, halb Portugiese. Die Mutter meiner Mutter war zum Teil Schottin, zum Teil Pazifikinsulanerin. Sie heiratete in Maryborough, wo sie geboren wurde, einen weißen Rohrschnitter. Meine Mutter wurde in Farnborough nördlich von Yeppoon geboren. Damals pflanzten sie dort Zucker an. Die Familie meines Vaters hatte sich auf Pandanus-Island niedergelassen; die Pinjarras halten ungeheuer zusammen. Und alle meinen Verwandten aus der Efate-Linie wohnten in der Nähe, bis auf Onkel Davey, der in Melbourne lebte. Er war Boxchampion.«

»David Efate! Ich habe von ihm gehört. Aber natürlich! Jetzt verstehe ich, warum du so... exotisch aussiehst.«

»Ich habe es dir nicht erzählt, weil ich wollte, daß du mich magst, und ich hatte Angst... daß du mich dann nur für eine Nacht haben wolltest.«

»Maggie! Wie kannst du so etwas sagen! Ich mag dich sehr, wirklich.«

Gegen das Auto gelehnt, hob er sie hoch. In dieser Haltung versanken sie in eine Art sinnlichen Trancezustand. Als sie wieder zu sich kamen, starrten sie einander aus weitaufgerissenen Augen an.

»Mein Gott!« sagte Vin ehrfurchtsvoll. »Es ist – ich weiß es nicht. Ich habe noch niemals so empfunden. Geht es dir auch so?«

Sie nickte, unfähig zu sprechen.

Wieder küßte er sie und ließ sie langsam und vor Zärtlichkeit und Verlangen bebend, auf den Boden herunter.

»Ich nehme an, das ist ein chemischer Vorgang«, scherzte er leichthin, »und der Alkohol, den wir getrunken haben. Die Biologen könnten es auf eine einfache Formel bringen.«

»Mach dich nicht lustig darüber, bitte!« Maggie schien den Tränen nahe zu sein. »Ich habe nicht geglaubt, daß es so etwas gibt. Wenn ich nur daran denke, daß ich dich gestern abend noch nicht einmal kannte. Und ich wäre beinahe nicht zu der Party gegangen.«

»Ich auch nicht. Es war nur wegen Jeanne –«

Sie trat zurück. »Gehörst du zu ihren Eroberungen? Sie sammelt Männer, wie ihre Mutter Berühmtheiten sammelt. Es ist äußerst hilfreich, Geld zu haben –«

»Hör auf damit!« Er brachte sie mit einem Kuß zum Schweigen. »Boshaftigkeit paßt nicht zu dir. Und Jeanne hat sich bereits anderweitig orientiert. Maggie –? Geh noch nicht hinein. Laß uns irgendwohin gehen, wo wir allein sein können. Liebste, Liebste –«

Einen Augenblick lang lag sie hilflos in seinen Armen, dann schob sie ihn zurück.

»Nein«, entgegnete sie. »Morgen werden wir beide nicht glauben, daß wir so empfunden haben. Und was wirst du dann von mir denken? Gute Nacht, Vin.«

Er seufzte. »Denk daran, Donnerstag essen wir zusammen zu Abend. Ich hole dich ab.«

Vin gab sich noch immer den Anschein, als ginge er zur Arbeit, weil er seines Vaters wegen Schuldgefühle hatte, und er wußte, daß Mr. King das gern gesehen hätte. Der wöchentliche Lohn bedeutete ihm nicht mehr viel; er brauchte nicht mehr bis Freitag zu warten, um sich ein gutes Abendessen leisten zu können, und er besaß einen italienischen Sportwagen und einen Lieferwagen mit Anhänger, den er als Transporter für die Rennen benutzte. Am Donnerstag jedoch würde er sich, falls es regnete, den Sedan seiner Mutter ausleihen.

5

Maggie wartete im Schutz eines großen Steinpfeilers vor der City-Bank auf ihn, in der sie als Stenotypistin arbeitete. Maggie, eine der Ameisen! Wer hätte das gedacht? Leise kam er um den Pfeiler herum. »Miss Pinjarra«, sagte er leise, dicht an ihrem Ohr, »dies ist kein flüchtiges Urteil, sondern eine wohl überlegte Meinung: Sie sind schön.«

»Oh!« Sie zuckte zusammen und lachte. Ihr Lachen kam aus vollem Herzen. Ihre Zähne waren sehr groß und sehr weiß. Er ergriff ihren Arm und fühlte, wie schlank er war. »Du hast

Knochen wie ein Küken!« sagte er zärtlich und ließ seine Finger über ihren Arm gleiten, bis sie ihr Handgelenk umschlossen.

Sie stiegen ins Auto. Maggie glühte, ihre Augen sprühten, sie war atemlos, gesprächig, viel angeregter als an ihrem ersten Abend.

»Du siehst aus, als hättest du in der Lotterie gewonnen«, sagte er und ergriff ihre Hand, während er den Wagen zu einem Restaurant an der südlichen Küstenstraße lenkte. Es gab dort viel altes Kupfer, imitierte Eichenbalken, trübes Licht, aber das Essen war gut.

Bei Tisch bat er sie, ihm ein wenig über ihre Insel zu erzählen. Jetzt, so sagte sie, in der Zeit der Südostwinde, sei das Wetter wunderbar: klare, ruhige Morgen, ein Wind, der sich jeden Nachmittag erhob, nie Regen brachte.

»Im Winter bekomme ich Heimweh.«

»Ich hoffe, du wirst nicht gerade in der nächsten Zeit nach Queensland fahren, wo ich dich doch eben erst kennengelernt habe.«

Sie lächelte. »Das kann ich ohnehin nicht. Ich muß arbeiten. Bis zu meinem achten Lebensjahr habe ich die Insel nie verlassen. Ich weinte und weinte, als ich zur Schule gehen mußte. Nach dem Tod meiner Mutter lebte ich bei meiner verheirateten Schwester in Rocky. Als mein Onkel Harold Brown dann so erfolgreich als Sänger war – er heiratete meine Tante Ellen –, bot sie mir an, bei ihnen in Townsville zu wohnen, und ich ging dort zur High School.«

»Harold Brown, der Tenor? Ich habe ihn singen hören.«

»Ja, er ist ein wunderbarer Othello. Sein Name war John Harold Tombua – in der Schule nannten sie ihn ›Yellow John‹,bis er größer wurde und sie sich nicht mehr trauten. Ich glaube, das ist der Grund, warum er so hart an seiner Stimme gearbeitet hat. Er wollte sich diesen weißen Jungen gegenüber beweisen, die ihn immer gehänselt haben. Als er meine Tante heiratete, nahm er ihren Mädchennamen an.«

»Du hast eine recht berühmte Familie mit einem Schriftsteller, einem Opernsänger und einem bekannten Boxer in ihren Reihen.«

»Jedesmal, wenn einer von uns etwas erreicht – etwas in der Art wie Albert Namatjira als Maler, bedeutet das nicht nur für ihn selbst viel, sondern für die ganze Rasse. Es ändert zwar grundsätzlich nichts an den Vorurteilen einer alten Hexe wie Mrs. Burgess, für sie leben wir immer noch auf niedrigerem Niveau, selbst dann, wenn sie uns um ein Autogramm anbettelt.« Einen Augenblick lang war ihr Gesicht hart, nachdenklich. »Aber jedes erfolgreiche Konzert, jede in einer Kunstgalerie ausgestellte Arbeit, jedes veröffentlichte Buch ist ein kleines Sandkörnchen, das von der Mauer, die uns ausschließt, abgewaschen wird.«

»Stehe ich für dich auf der anderen Seite der Mauer, Maggie?«

»Anfangs warst du auf der anderen Seite, ja. Da ist immer dieses Gefühl von ›wir und sie‹. An jenem Abend jedoch, als du mich neben deinem Wagen küßtest, hatte ich die seltsamsten Empfindungen. Ich schmolz dahin. Jede Faser meines Körpers schien Teil von etwas anderem zu werden, jenseits meiner selbst, wie die Auflösung eines festen Stoffes in einer Flüssigkeit. Kennst du das?«

»Ja, mir ging es ebenso. Doch ich fühlte mich wie ein Fluß, der das Meer erreicht hat. Ein wundervoller Frieden.«

»Du solltest Bücher schreiben«, meinte Maggie.

Unter dem Schutz der Tischdecke ergriff er ihre Hand.

»Ich halte es nicht länger aus«, sagte er. »Iß auf, Liebling, und laß uns irgendwohin gehen, wo ich dich für mich allein haben kann.«

Auf dem Rückweg zum Wagen kamen sie an einem erleuchteten Obststand vorbei, wo zwischen Bananen und glänzenden roten und grünen Äpfeln Veilchen zum Kauf angeboten wurden. Vin blieb stehen und kaufte ihr einen Strauß. »Da! Und nicht ein einziges einsames Veilchen ist unter ihnen.«

Maggie sog gierig den Duft ein. »Noch niemals hat jemand mir Blumen geschenkt.« Sie blickte auf die Ananas und Kokosnüsse. »Wir haben sie auch grün gepflückt und die Milch getrunken. Wenn sie herunterfielen, konnten sie gefährlich werden. Onkel Dingbat Morgan schlief eines Nachts einmal unter einer Palme, als eine Nuß herunterfiel und ihm beinahe die Nase gebrochen hätte.«

»Was für ein herrlicher Name!«

»Er ist mein Onkel. Er ist Fischer und hat ein Holzbein. Das andere hat sich ein Hai geholt. Ich fuhr oft mit ihm zum Großen Riff hinaus, um Korallen- und Papageienfische zu fangen. Er sagte, ich wäre ebenso mutig wie ein Mann.«

Er ergriff ihre Hand, steckte sie unter seinen Arm und zog sie mit sich. »Ich bin froh, daß du kein Mann bist. Und ich mag deinen Namen, Maggie Pinjarra.«

»Ich mag Vin, aber nicht Vincent. Das klingt mir zu siegessicher. Vincent King! Wer hat deinen Namen ausgesucht?«

»Meine Mutter wahrscheinlich.«

»Wenn ich abergläubisch wäre, würde ich sagen, das war ein wenig wie eine Herausforderung des Schicksals. Ebenso, als wenn man ein Mädchen ›Die Kluge‹ oder ›Die Wahrheit‹ nennen würde.«

»Oder ›Die Unschuld‹.«

Sie waren beide leicht berauscht vom Wein. Sie fühlten sich glücklich und ungeheuer zufrieden mit sich; sie sprachen alles aus, was ihnen in den Sinn kam, und fanden, daß sie eine »intelligente Unterhaltung« führten.

Sobald sie im Auto saßen, hörten sie zu reden auf und fielen sich, ungeachtet der Passanten, in die Arme. Vin sah ihr tief in die Augen.

»Maggie –? Sollen wir irgendwohin fahren? Ich kenne ein Fleckchen, wo der Feldthymian wächst –«

Sie kicherte. »Ja, ein Fleckchen mit einer Uhr. Ich muß um neun Uhr morgen früh bei der Arbeit sein. Es darf heute abend nicht zu spät werden.«

»Das ist morgen. Daran brauchen wir jetzt nicht zu denken.«

»Bald sind wir an dem Platz, den ich suche.« Während Vin den Wagen lenkte, war seine Aufmerksamkeit geteilt zwischen der Straße, dem sich zu seiner Rechten öffnenden Ackerland und den im Licht des Armaturenbrettes aufleuchtenden Umrissen von Maggies Knien. Das Auto war geräumig, doch er wollte mit ihr im Freien sein unter den Sternen und dem aufgehenden Mond. Jetzt entdeckte er, wonach er gesucht hatte: einen halb verfallenen Heuschober, der abseits der Straße hinter einem Zaun aus Stacheldraht lag. Kein Bauernhaus war zu sehen. Sie stiegen aus, und er hielt den Stacheldraht für sie auseinander, während sie hindurchkroch.

Sie kletterten auf den Heuschober und legten sich nieder. Das taunasse Heu durftete wie Honig. Maggies Gesicht wirkte verklärt in dem fahlen Licht; ihre Augen waren dunkle Flekken, in denen weißes Feuer glitzerte.

Langsam, mit einem Gefühl der Unausweichlichkeit, fanden sie zueinander. Er war sanft, behutsam, instinktiv geduldig, als wäre sie noch Jungfrau. Dies war ihre wirkliche Hochzeit. Eine Zeremonie konnte nur besiegeln, was bereits vollzogen war. Es kümmerte ihn nicht, ob es andere gegeben hatte. Die Ehe war vollzogen, er war da, er war zu ihr gekommen wie einer der Könige des Alten Testaments, wie Ahasver zu Esther, David zu Bathseba. Sie war die seine, jetzt und für immer.

Als sie schließlich, sich noch immer umschlungen haltend, zur Straße zurückgingen, hatte der Mond den Zenit beinahe erreicht. Vin blickte hinauf zu diesem kalten, flachen Gesicht und hatte das Gefühl, daß dieses nicht sehr wohlwollend auf ihr Treiben herunterblickte. Er spürte ein warnendes Kribbeln.

Von irgendwoher hinter ihnen erklang lautes Wiehern. Vier schwarze Pferde kamen herangaloppiert, sie warfen die Köpfe hin und her, das Weiß in ihren Augen blitzte im Licht des Mondes auf.

Vin versteifte sich. Er haßte Pferde und fürchtete sie. Sein Vater hatte versucht, einen Reiter aus ihm zu machen, hatte darauf bestanden, ihn auf ein großes Pferd zu setzen, als er gerade fünf war. Er hatte vor Angst geschrien.

Er mochte noch immer nichts an ihnen, angefangen von ihren großen, gefährlich aussehenden Zähnen bis zu ihren harten, todbringenden Hufen. Er zwang sich, ruhig weiterzugehen, nicht zu laufen. Schützend drückte er Maggie fester an sich. Sie blickte unbehaglich über ihre Schulter zurück.

»Vin, ist das in Ordnung? Warum folgen sie uns?«

»Nicht laufen!« flüsterte er ihr zu, doch es war mehr eine an ihn selbst gerichtete Mahnung. »Beachte sie nicht; geh einfach weiter. Sie sind einfach nur neugierig.« Er begann zu niesen. Seine Augen trübten sich.

Die Entfernung bis zum Zaun schien endlos zu sein. Die Pferde blieben, wiehernd und schnaubend, dicht hinter ihnen. Vin war eiskalt, die Haare in seinem Nacken sträubten sich. Dann waren sie am Zaun.

Er zwang sich zu warten, bis Maggie durch die Drähte gekrochen war, obwohl er am liebsten darüber gesprungen wäre. Ihr Rock verfing sich im Stacheldraht. Er beugte sich herunter, um ihn loszumachen, und glaubte zu spüren, wie ein schwarzes Pferd sich hinter ihm aufbäumte, eiserne Hufe schicksalsschwer auf seinen Schädel krachten... Er legte eine Hand auf den obersten Draht und schwang sich hinüber in die Sicherheit.

Die Sicherheitsstrohballen lagen zu beiden Seiten verstreut. Eiserne Hufe krachten auf seinen Schädel herunter. Er öffnete die Augen und fand sich in seinem Maserati wieder, der gegen einen Baum gequetscht war. Gummibäume – Buschland – eine ansteigende, sich dahinschlängelnde Asphaltstrecke – ja, er war auf dem Mount-Panorama-Rundkurs in Bathurst, Neusüdwales, und er war gerade von der Strecke abgekommen und gegen einen Baum geschleudert.

Ja, ja, ja... Er versuchte gerade, nach dem Auftanken Zeit gutzumachen, hatte einen abfallenden Kurs zu schnell genommen und zu spät versucht, gegenzusteuern. Dabei war er in die entgegengesetzte Richtung geraten, direkt gegen den Baum...

Auftanken! Benzin! Er ließ den Sicherheitsgurt aufschnappen und kletterte mühsam aus dem Wagen. Er schien fast wie ein Kleidungsstück an ihm zu kleben, das er nicht schnell genug abschütteln konnte. Er glaubte, Benzingeruch in der Luft wahrzunehmen, und begann zu laufen, während sein Bein unter ihm einknickte. Der Schmerz war so groß, daß er beinahe wieder ohnmächtig geworden wäre.

Schluchzend und fluchend begann er zu kriechen, benutzte die Ellbogen und sein unversehrtes Bein, zog das andere über stacheliges Gras und kleine Steine hinter sich her. In der Ferne hörte er das Horn des Ambulanzwagens und das Aufröhren noch immer ihre Runden drehender Autos.

»Bringt mich nicht ins Krankenhaus«, bat er, als die Sanitäter ihn auf eine Trage legten. »Ich kann Krankenhäuser nicht ausstehen. Lieber ginge ich ins Gefängnis.«

»Nun, es gibt ein gutes Gefängnis in Bathurst«, spöttelte einer der Männer.

»Ihr fordert es ja geradezu heraus, ins Krankenhaus zu kommen«, sagte ein anderer. »Rast mit euren Grand-Prix-Wagen herum. Was erwartet ihr, wenn ihr mit hundertzwanzig Sachen von der Strecke abkommt? Leichte Abschürfungen?«

»Es sieht wahrscheinlich gefährlich aus«, meinte Vin, »in Wirklichkeit ist es heutzutage viel sicherer auf einem abgeschlossenen Rundkurs, wo alle in der gleichen Richtung fahren, als auf den Straßen. Wenn man einen Unfall hat, weiß man zumindest, daß es die eigene Schuld war. Einfach nur Dummheit, sonst nichts.« Dann sank er wieder in Ohnmacht. Er träumte wirre Dinge von Maggie, von großen schwarzen Pferden im Mondlicht, von seiner unvernünftigen Angst. Sie wollten nichts Böses, er wußte es...

»Ich weiß, ich bin zu schnell in eine Kurve gefahren«, sagte Vin, dem es gelungen war, aus dem Krankenhaus entlassen zu werden, nachdem man sein Bein geröntgt, gerichtet und in Gips gelegt hatte; es war kein böser Bruch. Er lag auf seinem Hotelbett und mußte As Diamonds Fragen über sich ergehen lassen.

»Warum, zum Teufel, hast du das gemacht, alter Knabe?«

fragte Franz, öffnete fachmännisch die Bierflasche und ließ den Verschluß ins Waschbecken springen. Er goß die kalte, bernsteinfarbene Flüssigkeit in ein Glas, setzte eine weiße Schaumkrone darauf und reichte es Vin; dann schenkte er auch sich selbst ein Glas ein und ließ sich auf der Bettkante nieder.

Nachdenklich die Stirn kraus ziehend, trank Vin sein Bier aus. Dann setzte er das leere Glas mit zufriedenem Seufzen ab. »Ah, das war gut... Warum ich das getan habe? Ich weiß es selbst nicht genau. Manchmal habe ich einfach das überwältigende Verlangen, zu schnell in eine Kurve zu fahren; ich muß mich dann richtiggehend zwingen, es nicht zu tun. Hat dich die Vorstellung, das schon die leiseste Drehung des Lenkrads einen Unfall auslösen kann, nie fasziniert? Es ist, als stünde man an der äußersten Kante einer Klippe, und Hunderte von Metern unter dir ist die See, oder du stehst hoch oben auf einem Gebäude und siehst auf die Straße hinunter. Es scheint dich herunterzuziehen, während der vernünftige Teil in dir Todesangst hat und dich vom Rand zurückhält.«

»Nicht mit Franz Diamond, danke. Ich habe nie den Wunsch gehabt, über eine Klippe zu springen oder so törichte Dinge zu tun, wie bei hundertvierzig Meilen am Lenkrad zu drehen. Nein, Sir! Ich will leben!«

»Willst du damit sagen, daß ich möglicherweise sterben möchte?«

»Mein Gott, nein! Warum solltest du sterben wollen? Es sei denn, du wärst verrückt, und das bist du nicht.«

»Nein, das bin ich nicht. Albern von mir. Ich nehme an, mein Kopf ist noch etwas benommen durch die Pillen, die sie mir gegeben haben.« Doch ihm fiel ein, einmal etwas über unbewußte Todessehnsucht gelesen zu haben. Wie aber konnte diese Sehnsucht unbewußt sein, wenn er offen mit jemandem darüber sprach? Nein, das war alles Unsinn. Abgesehen von dem hämmernden Schmerz in seinem Bein hatte er sich nie besser und lebendiger gefühlt. Und selbst der Schmerz war Teil des Lebens, er würde lieber leiden, als tot zu sein und nichts zu empfinden.

Er goß sich gerade ein zweites Bier ein, als an die Tür geklopft wurde und Giulio Mosca, eine Flasche Chianti in der einen, eine große grüne Weintraube in der anderen Hand, hereinstürzte.

»Vincent, Amigo, wie geht es dir?« rief er, seine weißen Zähne zeigend.

»Benissimo, danke, Giulio. Magst du ein Bier?«

»Hallo, Giulio, du siehst wie Bacchus persönlich aus; du brauchst dir nur noch ein paar Weinblätter in deine fettigen Haare zu stecken«, frotzelte As.

»Franz muß immer seine Späßchen machen«, stellte Giulio fest. »Nein danke, Vin, ich mache mir lieber den Wein auf, wenn ich darf. Si? Va bene?«

»Mach schon.«

Giulio zog einen Korkenzieher und ein leeres Glas aus der Tasche seines Overalls. Er klemmte die Flasche zwischen seine Knie und zog den Korken mit leisem »Plop« heraus, füllte das Glas zu drei Vierteln mit Wein und prostete Vin zu.

»Auf baldige Genesung, mein Freund. Und jetzt erzähl Giulio, was passiert ist.«

»Was passiert ist? Er ist gegen einen Baum gerast, weißt du das nicht?« fragte As.

»Doch, das weiß ich. Aber warum? Ich habe den Wagen äußerst sorgfältig durchgecheckt. Es war alles in Ordnung mit der Lenkung, den Bremsen, der Aufhängung – alles, bis auf das, was der Baum angerichtet hat. Also, warum?«

»Ich habe mich verkalkuliert, fürchte ich. Ich wollte die Kurve zu schnell anfahren.«

»Aber du bist schon mehrmals durch diese Kurve gefahren, im Training und im Rennen. Niemand hat dich bedrängt, du hattest einen beruhigenden Vorsprung. Warum bist du zu schnell gefahren?«

»Glaube mir, ich weiß es nicht. Ich habe die Kurve einfach falsch berechnet. Lassen wir es dabei, Giulio, bitte. Du bist ein erstklassiger Mechaniker, der Wagen war vollkommen in Ordnung, er lief perfekt, und ich habe einen Unfall gebaut. Mehr gibt es nicht zu sagen.«

»Das verstehe ich nicht. Du bist ein viel zu guter Fahrer, um solch einen Fehler zu machen.«

»Nun, ich habe ihn gemacht.«

Giulio schüttelte den Kopf, spülte Vins Glas im Waschbekken aus und schenkte ihm Wein ein. Die Flasche hoch haltend, blickte er As fragend an.

»Danke, ich bleibe beim guten, alten amerikanischen Bier«, sagte As. »Du kannst dein Dago-Gebräu allein trinken. Ich mag den Vino nicht.«

Vin zog die Augenbrauen hoch, Giulio zuckte mit den Achseln. Vin hatte seine beiden Freunde gern, doch As versuchte ständig, den Italiener zu ärgern. Giulio mochte As nicht, und das war kein Wunder.

Giulio war ein genialer Mechaniker. Wie ein guter Arzt war er in der Lage, durch Anschauen und Abhorchen Mängel festzustellen. Er brauchte nur um ein paar Häuserblocks zu fahren, um sagen zu können, ob und welchen Schaden der Wagen hatte.

»In Italien«, erzählte er Vin einmal, »sind Rennfahrer wahre Könige. In Pescata hängen die Leute vor einem großen Rennen ihre schönsten Wandteppiche über den Balkon und lange Fahnen, auf denen steht: ›Viva Carracciola‹ und ›Viva Fangio‹. Eines Tages steht vielleicht einmal ›Viva Vincent King!‹ darauf.«

»Das wäre nicht schlecht«, erwiderte Vin ernst. »Ich habe vor, in Europa und auf den großen, internationalen Rennstrekken zu fahren, bevor ich zu alt dafür bin. Ich werde eines Tages in Monza und auf dem Nürburgring, in Bern und in Monaco Rennen fahren... Allein schon bei diesen Namen bekomme ich eine Gänsehaut.« Seine hellen Augen glühten fanatisch.

Giulio nickte. »Das glaube ich auch. Und ich glaube nicht nur, daß du in Europa fahren wirst, Vincente, sondern daß du gewinnen wirst.«

»Ja, es ist nicht nur eine Frage des Glücks, sondern des Willens. Ich will nach Europa gehen, und ich will Weltmeister werden. Man muß sich nur genügend auf das konzentrieren, was man sich am meisten wünscht.«

»Was du jetzt brauchst, ist Ruhe«, erklärte As, die leere Bierflasche ergreifend und Giulio zunickend. »Lassen wir den verwundeten Helden jetzt schlafen. Ich lasse dir etwas zu essen schicken. Was möchtest du?«

»Nicht viel. Eine Tasse Suppe und ein Hähnchensandwich.«

6

Es gelang ihm, vom Büro des Krankenhausverwalters aus mit seiner Mutter zu telefonieren – er hatte kein Telefon im Zimmer – und ihr von dem Unfall zu berichten. Er bemühte sich, fröhlich zu klingen und den Schmerz in seinem Bein zu bagatellisieren. Auf keinen Fall wollte er, daß sie nach Bathurst kam.

»Jedenfalls bin ich für eine Weile lahmgelegt«, sagte er. »Der Wagen ist so ziemlich hin, und das Bein wird drei Monate brauchen – obwohl es ein sauberer Bruch ohne Komplikationen ist.«

An diesem Abend rief er Maggie in ihrem Wohnheim an und erzählte ihr von seinem Plan, daß sie so bald wie möglich übers Wochenende herkommen und ihn in seinem Sportwagen nach Hause fahren solle.

»Aber das sind fast achthundert Meilen!« rief sie.

»Nun ja, du könntest einen Flug am frühen Samstag vormittag buchen und vor Mittag hier sein. Wenn wir dann am Sonntag vormittag aufbrechen, und die ganze Nacht durchfahren, könntest du am Montag rechtzeitig zur Arbeit zurück sein.«

»Vin, du bist verrückt! Ich kenne deinen Wagen nicht, und was ist, wenn irgend etwas schiefläuft und ich nicht rechtzeitig zurück bin? Im Gegensatz zu dir brauche ich meinen Job.«

»Dann solltest du ihn lieber aufgeben und mich heiraten.«

»Wie bitte? Ich verstehe kein Wort. Es ist so laut hier.«

»Ich sagte: Mich heiraten. HEIRATEN.«

Langes Schweigen trat ein, so daß Vin schon glaubte, die Leitung sei unterbrochen.

»Hallo? Bist du noch da?«

»Ja.« Ihre Stimme klang sehr schwach. »Vin, sagtest du – hast du mich gefragt, ob ich dich heiraten will?«

»Drei Minuten. Verlängern Sie?« kam die Stimme der Telefonistin.

»Ja, um Himmels willen. Maggie, bist du noch da? Was hältst du davon?«

»Ich – ich weiß nicht. Ich hatte keine Zeit, darüber nachzudenken.«

»Deine Stimme klingt so weit weg. Wirst du jetzt herkommen und mich holen?«

»Vin, ich kann nicht. Du wirst dich von jemand anderem fahren lassen müssen. Kannst du nicht fliegen?«

»Es dürfte ein bißchen schwierig sein, mit diesem Bein ein Flugzeug zu besteigen. Giulio ist schon weg. Er hat den Lieferwagen und den Maserati mitgenommen. Ich werde warten müssen, bis er zurückkommen kann.«

»Ist der Wagen schwer beschädigt?«

»Hauptsächlich Blechschaden. Er ist seitlich gegen einen Baum geschleudert – kein Motorenschaden. Genau wie mein Bein, nichts, das sich nicht reparieren ließe.«

»Du fehlst mir.«

»Du mir auch.«

»Wenn ich es mir leisten könnte, würde ich zu dir herüberfliegen. Nur um deine Hand zu halten.«

»Tu das. Nächstes Wochenende, ja? Ich werde den Flug bezahlen.«

»Aber Vin –«

»Willst du mich nicht sehen?«

»Doch, natürlich –«

»Also dann. Ich glaube, die drei Minuten sind bald um, Liebling. Auf Wiedersehen. Ich erwarte dich Samstag vormittag.«

»Auf Wiedersehen. Sei vorsichtig mit deinen Krücken.«

»Ade.«

Maggie traf am folgenden Samstag ein und verbrachte den Rest des Vormittags in Vins Zimmer. Er hatte sie mit seinen starken Armen sofort ins Bett gezogen. »Mit meiner oberen Hälfte ist zum Glück alles in Ordnung«, sagte er fröhlich, obwohl er wegen der Schmerzen in seinem Bein die halbe Nacht wach gelegen hatte. Wenn er so hilflos war, liebte sie ihn fast noch mehr. Anfangs hatte sie Angst, sich zu bewegen, fürchtete, daß sein Bein wieder weh tun würde, doch er sagte ihr, daß es in dem Gipsverband sicher verpackt sei und nichts passieren könne, wenn er es nicht bewegte. Sie lag auf ihm, bestimmte den Rhythmus und war selbst überrascht über die Intensität ihrer Reaktionen.

Später bat er sie, mit ihm zu der nur wenig entfernten Garage hinüberzugehen, wo er seinen Sportwagen abgestellt hatte. Er habe beschlossen, so erzählte er ihr mit einschmeichelnder Stimme, daß sie noch am Nachmittag losfahren, in einem dieser neuen Motels – in denen man bis vor die Zimmertür fahren und sich nicht mit einem Aufzug oder Treppenhaus herumschlagen brauchte – übernachten und am nächsten Tag gemütlich nach Hause tuckern sollten.

»Du wirst nicht einmal schnell fahren müssen«, sagte er.

»Aber ich habe doch schon ein Rückflugticket –«

»Das kann man annulieren.«

»– und ich habe Angst, deinen Wagen eine so lange Strecke zu fahren. Du hast mich zwar ab und zu ans Steuer gelassen, aber ich bin einfach noch nicht mit ihm vertraut. Ich bin keine gute Fahrerin.«

»Wenn wir da sind, wirst du es sein. Du wirst einen hervorragenden Lehrmeister haben.«

»Ich werde dich verrückt machen. Und ich hasse es, nachts zu fahren.«

»Ich habe dir doch gesagt, daß wir nicht in der Dunkelheit zu fahren brauchen. Wenn wir einen Durchschnitt von vierzig Meilen fahren, können wir es in zwanzig Stunden schaffen.«

»Einen Durchschnitt von vierzig? Du bist verrückt? Und was ist mit Essen?«

»Wir werden Schokolade und belegte Brote essen. Komm, bring mich ins Hotel«, sagte er ungeduldig. »Wir müssen pakken und sehen, daß wir loskommen.«

Er lehnte seine Krücken gegen das Autodach, während er die Tür öffnete. Sie rutschten sofort auf die Erde.

»Verdammte Dinger! Ich hasse sie!« Er quälte sich in den Wagen und hob sein, vom Knie bis zu den Knöcheln eingegipstes Bein, nach. Er stöhnte auf.

»Ich glaube nicht, daß es dir schon gut genug geht, um eine so lange Reise zu machen, Vin. Du wirst einen Krampf bekommen, dein Knöchel wird anschwellen.«

»Sei still und steig ein.«

Sie tat wie geheißen, doch der Gedanke an die vor ihr liegende Fahrt flößte ihr Furcht ein.

Als sie erst einmal auf der Landstraße waren, fühlte sie sich besser. Sie hatte den Start verpatzt und den Motor abgewürgt. Jetzt glitten sie ruhig über die schwarze Straße, durch die Berge in die flachen Ebenen im Westen. Von Bathurst aus folgten sie der landeinwärts nach Westen führenden Autobahn. In den Städten herrschte reger Wochenendverkehr, doch die Straßen außerhalb waren leer.

Lange Zeit verlief ihre Route parallel zu dem sich durch die endlose Ebene schlängelnden Murrumbidgee, und als sie Hay und Narrandera erreicht hatten, fuhr der Wagen gleichmäßig mit achtzig Meilen die Stunde dahin, ohne daß Maggie es bemerkte. Beinahe so mühelos wie ein Vogel über die Erdoberfläche schien er dahinzugleiten.

Kurz vor Hay kamen sie nach einer langen Geraden an eine Kurve. Maggie bremste zwar etwas ab, doch nach der langen Fahrt mit hohem Tempo kamen ihr fünfzig Meilen schon langsam vor. Sie ging zu schnell in die Kurve, versuchte zu korrigieren und geriet ins Schleudern. Der Wagen kam mit zwei Rädern von der Straße ab, doch es gelang ihr, ihn wieder unter Kontrolle zu bekommen. Dann jedoch fuhr sie, am ganzen Körper zitternd, an den Straßenrand.

»Ich hoffe, du hast daraus gelernt«, sagte Vin ruhig. »Du hast deine Geschwindigkeit unterschätzt, hast nicht auf den Tacho gesehen. Wenigstens hast du die Bremse nicht durchgetreten, dann hätten wir uns um die eigene Achse gedreht.«

»Ich hätte uns beide töten können!« Maggie war den Tränen nahe.

»Das ist ein sehr gutmütiges, kleines Auto. Du kannst eine ganze Menge dummer Dinge tun, und es wird den Kurs halten; es gerät nicht so leicht ins Schleudern. Es war sehr klug von dir, hier an den Straßenrand zu fahren.«

»Ich bin zu schnell gefahren.«

»Wir alle machen manchmal Fehler. Hol uns eine Limonade aus dem Kofferraum, ja?«

Noch immer zitternd, öffnete sie die Limonadeflasche, trank einen Schluck und gab sie ihm. Anschließend fuhr sie sehr vorsichtig weiter, bis er sie schließlich drängte, schneller zu fahren.

»Ja, wir alle bauen manchmal einen Unfall«, murmelte er gedankenverloren. »Darum habe ich ja auch jetzt mein Gipsbein. Für mich jedoch gibt es keine Entschuldigung, ich hätte es besser wissen müssen. Erst in gefährlichen Situationen lernt man richtig Autofahren. Man spürt den Druck, die Zentrifugalkraft, die Schwerkraft und weiß genau, wie der Wagen reagiert. Ich wußte, daß ich den Wagen in dieser Kurve auf genau sechsundneunzig Meilen pro Stunde halten mußte, oder ich würde die Kontrolle über ihn verlieren. Das sind viertausendfünfhundert Umdrehungen. Der Wagen haftete gerade noch auf der Straße; ich konnte es spüren, ein Gefühl, als führe man über einen zugefrorenen See. Doch irgend etwas brachte mich dazu, die Kurve mit siebenundneunzig Meilen zu nehmen. Es war wie eine Mutprobe. Und so mußte ich natürlich einen Unfall bauen.«

Seine monotone Stimme beruhigte sie; allmählich gewann sie ihr Selbstvertrauen zurück und genoß den kleinen, wendigen Sportwagen mit seiner harten Knüppelschaltung. Er war nicht gerade sehr bequem; die Fahrt war holprig, die Federung hart. Vincent stöhnte auf, als er die Position seines Beines verlagerte.

Es gab genügend Platz, um es auszustrecken, doch es müßte hochgelegt werden. Sie hielt an und quetschte eine ihrer Reisetaschen vor seine Füße, auf die sie als Polsterung einen dicken Pullover legte, damit er sein Bein darauf legen konnte.

»Mein Gott, ich wünschte, ich könnte selbst fahren«, klagte Vin, »doch bei dem Gewicht des Gipses würde ich das Gaspedal direkt durch den Boden treten.«

Vor ihnen spulte sich das dunkle Asphaltband ab, um hinter ihnen wegzugleiten. Fahles, trockenes Gras am Straßenrand winkte sie weiter. Bäume stattlichen Ausmaßes tanzten vorbei, verneigten sich, zogen sich zurück und versanken im Boden. Der Himmel war wie eine große, sich schließende Perlmuschel, die sich über der Sonne schloß.

Als sie endlich anhielten, war Vin ziemlich erschöpft.

Sie fanden ein kleines, einstöckiges Hotel in einer am Rande einer flachen Ebene liegenden Stadt. Zwischen den verstreuten niedrigen Gebäuden erhob sich im fahlen Licht des Mondes ein hoher, schattenhafter Umriß wie ein Märchenschloß. Es war ein Getreidesilo zur Lagerung von Unmengen von Getreidekörnern. Maggie hatte so etwas noch nie zuvor gesehen. Zuerst glaubte sie zu träumen, denn sie war inzwischen so müde, daß sie in der letzten Stunde, in der sie auf vollkommen ebener Straße gefahren war, geglaubt hatte, sich steil bergab zu stürzen.

Am nächsten Morgen fuhren sie, ohne gefrühstückt zu haben, noch in der Dämmerung ab und trafen, zusammen mit einem Strom von Sonntagsausflüglern, am späten Sonntagnachmittag in Adelaide ein.

Maggie hatte Angst in dem dichten Verkehr, doch Vin lobte ihre Fahrweise und dirigierte sie direkt zu ihrem Wohnheim. Er würde mit einem Taxi nach Hause fahren und Giulio bitten, den Wagen zu holen. Ihre Erleichterung war offensichtlich.

Er wußte, daß sie sich ihr erstes Zusammentreffen mit seiner Mutter anders wünschte, nicht so müde und von der langen Fahrt verschwitzt. Außerdem würde sie auf diese Weise pünktlich zum Abendessen in ihrem Wohnheim sein.

»Ein Gutes hat dieses weite, leere Land«, sagte sie und lenkte den Wagen dankbar in eine Parkbucht. Sie schätzte die Ausmaße des Wagens falsch ein und schrabbte mit der Radnabe gegen den Bordstein; Vincent stöhnte gequält auf. »Jeder Fahranfänger kann gerade die Entfernung von einer Stadt zur nächsten einschätzen.«

Sie trug ihr Gepäck durch das Tor. Als sie wieder zurückkam, hatte er bereits ein Taxi ergattert, das er vom Straßenrand, gebieterisch eine Krücke schwenkend, herbeigewinkt hatte. Seine Wangen wirkten hohl, sein Gesicht schmerzgezeichnet, dunkle Schatten lagen unter seinen Augen.

»Du mußt sofort ins Bett gehen!«

»Mach dir keine Sorgen, Liebling. Meine Mutter wird sich freuen, mich wieder einmal verwöhnen zu können. Ich rufe dich im Büro an. Und danke, daß du mein Auto zurückgefahren hast. So schlimm war es doch gar nicht, oder?«

»Ich hätte deinen Wagen zu Schrott fahren können.«

»Aber du hast es nicht. Du wirst noch eine gute Autofahrerin werden.«

Sie winkte ihm nach, als das Taxi davonfuhr.

Während Vin sich zurücklehnte und sein verletztes Bein auf dem Sitz ausstreckte, dachte er darüber nach, daß sie gerade ihre erste gemeinsame Nacht verbracht hatten. Doch schon nach zwei Tagen mit Maggie war er sicher, daß er den Rest seines Lebens mit ihr verbringen wollte. Sie war anders als alle Mädchen, denen er je begegnet war. Und schöner als alle.

7

Vin wurde der Gips abgenommen, und es war schon warm genug, daß er an den Wochenenden mit Maggie schwimmen gehen konnte. Gegen Mitte November hatte die Temperatur fast vierzig Grad erreicht, und in der Stadt wurden vor Weihnachten zum ersten Mal fünfzig gemessen. Die grasbewachsenen Berge waren von der Sonne braun und gelb verbrannt.

Obwohl das Meer hier kälter war, erinnerte der Strand sie an zu Hause. In Nordqueensland konnten sie trotz der Haifische und Stechrochen und der todbringenden Seewespen, die harmlos aussahen, unter sich jedoch zehn Meter lange Fäden herzogen, die einen ausgewachsenen Mann innerhalb von drei Minuten töten konnten, das ganze Jahr über schwimmen. Auf ihrer Insel war es innerhalb des gezackten Riffs einigermaßen ungefährlich. Dahinter erstreckte sich der Pazifische Ozean bis nach Amerika hin, dreißig Meilen weiter östlich jedoch wurde die Meeresdünung vom Great Barrier-Riff unterbrochen.

Maggie vermißte die Wärme und Farbenpracht ihrer Heimat, die kleinen, regenbogenfarbenen Loris, die kreischend zwischen blühenden Flamboyanten und Tulpenbäumen umherflatterten. Manchmal war sie starr vor Sehnsucht nach Farbe und Licht. Wenn sie im Winter, wenn die kalten Südostwinde bliesen, fröstelnd die Schultern hochzog, dachte sie an die Insel, an die liebe, freundliche, dunkelhäutige Familie ihres Vaters, an ihre Tanten und Onkel aus der Familie ihrer Mutter, die alle das dichte, krause Haar der Pazifikinsulaner besaßen. Auf der Insel gab es keine Kinos, und obwohl sie ein Radio hatten, unterhielten sie sich meist auf andere Weise. Es war immer Zeit für ein Kartenspiel am Strand im Schatten der Palmen, und abends wurde im Freien gesungen und getanzt.

Als Maggies große Schwester Marie einmal ihre Großmutter besuchte, sagte sie, daß sie Maggie mit nach Rocky nehmen und dort zur Schule schicken wolle. Auf der Insel »verwilderte sie wie ein Australneger«. Die meiste Zeit konnte sie nicht in die Missionsschule gehen, weil das Wetter schlecht war oder die Barkasse nicht fuhr.

Maggie hatte Marie in ihrem hübschen Sommerkleid und den goldenen Sandalen angesehen, dann war ihr Blick zu Nyora, ihrer Großmutter, in ihrem formlosen, über den Boden schleifenden Baumwollkleid gewandert. Nyora hatte über das graue Haar einen Männerfilzhut gestülpt und ging barfuß.

»Darf ich auch goldene Sandalen tragen, wenn ich zur Schule gehe?« fragte sie.

»Nicht zur Schule, Liebes. Im Winter wirst du Schnürschuhe anziehen müssen. Aber am Wochenende kannst du goldene Sandalen tragen. Für die Kirche kannst du dich richtig fein machen.«

»Ich habe die Predigten und Psalmen und Kirchenlieder satt.«

»Wir haben keine Missionskirche, sondern eine große englische Kirche mit bunten Mosaikfenstern, durch die die Sonne in allen Farben hereinfällt, und einer Orgel mit Pfeifen, die hoch wie Palmen sind. In dieser Kirche hat Harold im Knabenchor gesungen.«

»Donnerwetter!« sagte Maggie. »Ich würde auch gerne einmal vor vielen Menschen singen.«

»Woher hat sie solche Ideen?« fragte Marie Nyora.

»Ich weiß es nicht. Ihr fallen immer solche Sachen ein... Wenn sie in die Stadt geht, wird sie bald heiraten.«

Maggie sah in das dunkle Gesicht, die umwölkten Augen, die auf die blaue See hinausstarrten. Es hieß, daß ihre Großmutter Ereignisse voraussagen könne, zumeist tragische. Und sie wußte, wenn einer ihrer Verwandten auf dem Festland gestorben war. Und sie erklärte ganz ernsthaft, daß es ihr ein Vogel erzählt hätte.

Als damals Maggies Vater in seinem kleinen Kutter zum Fischen hinausfuhr, sagte Nyora, daß man ihn, in seinen eigenen Fischernetzen gefangen, auffinden würde; sie hatte ihn, mit dem Gesicht nach unten im seichten Wasser treibend, »gesehen«. Und so war es dann auch.

»Wenn ich einen Fisch töten muß, kann ich bösartig wie eine Katze sein«, erzählte Maggie. Mit offenem Verdeck fuhr sie mit Vin im Jaguar über die südliche Küstenstraße. Ihr Haar flatterte im Fahrtwind.

»Wie kommst du darauf?«

»Auf das Fische-Töten? Ach! Ich dachte gerade an die Insel

und an das Fischen. Wahrscheinlich brachte mich das blaue Meer darauf.«

Als sie über die Kuppe des ersten hinter den Vororten gelegenen Berges fuhren, öffnete sich die Landschaft wie ein bunter Fächer vor ihnen: Streifen brauner Brachfelder, tiefgelbe Getreidefelder und goldene Grasmulden.

»Warum trägst du keine Shorts über deinem Badeanzug?« fragte Vin, als ihr Rock bis zu ihrer Taille hochflog.

»Ich weiß nicht – meine Beine sind zu dünn.«

»Deine Beine sind wunderschön.« Er drückte ihren Rock mit einer Hand herunter, und eine Woge von Liebe und Verlangen durchschoß sie, als hätte die brennende Berührung seiner Hand sie dahinschmelzen lassen wie flüssiges Gold in einem Tiegel. Sie schloß die Augen vor der Sonne, die unerträglich grell von Chrom und Glas reflektiert wurde. Vin trug eine Sonnenbrille, die seine tiefliegenden grauen Augen und die fein gezeichneten Augenbrauen verbarg. Sein Gesicht war fast so braun wie das ihre, während sein Haar von der Sonne ausgebleicht war, weil er nie einen Hut trug.

»Ich liebe dich«, sagte sie und sah ihn an. Er lächelte und nahm seine Hand weg, um vor dem Einbiegen in den schmalen Pfad, der zu dem einsamen Strand herunterführte, herunterschalten zu können. Und dort unten lag der weite, kühle Ozean.

Sie rannten über den weißen Sand, der so heiß war, daß er unter ihren nackten Füßen brannte. Dann schwammen sie, ließen sich in dem seichten Wasser treiben, wo die Sonnenstrahlen Muster auf den Meeresgrund malten. Doch sie entfernten sich nie zu weit vom Ufer. Maggies Augen wanderten unbehaglich umher und suchten nach dunklen Schatten im Wasser. Es hieß, daß es an diesen schönen und sauberen südlichen Stränden mit ihrem kühlen, klaren Wasser, das direkt von der Antarktis herüberkam, menschenfressende Haie und viele Wale gebe. Maggie hatte von Kindesbeinen an gelernt, sich vor Haien in acht zu nehmen.

Als es ihnen zu kalt wurde, wateten sie aus dem Wasser und

legten sich dicht nebeneinander in den trockenen Sand am hinteren Rand des Strandes, eingehüllt in inniges, träumendes Verstehen. Winzige Wassertropfen glitzerten wie Glasperlen auf Vins nackter Brust. Maggie leckte sie ab. Die Zeit glitt dahin – sie war wieder ein Kind, das am Strand der Insel badete in einem rosafarbenen Strickanzug, der nach warmer, nasser Wolle duftete.

Sie rollte sich auf den Rücken, so daß ihre geschlossenen Lider zu blutroten Schildern wurden, und spürte den Rhythmus des Meeres. Die Wellen rollten langsam und gleichmäßig an den Strand, große, glasige Wogen, die sich in einem endlosen langen Gischtband erbrachen. Wie der Rhythmus des Blutes, das Hämmern eines riesigen Herzens. Leben war Farbe und Wärme und Licht und die Nähe seines schlanken Körpers. Sie stützte sich auf die Ellbogen und ließ den feinen Quarzsand wie durch ein Stundenglas durch ihre Finger rieseln. Der ganze Tag war wie eine klare Glaskugel, die sie umhüllte und durch die der Sand unwiderbringlich hinauslief.

Sie seufzte. »Ich wünschte, dieser Tag ginge nie zu Ende.«

»Ich wünschte, wir würden für immer zusammen sein. Das weißt du. Du hast mir noch immer nicht gesagt, ob du mich heiraten willst.«

Sie schwieg eine Weile, dann sagte sie schnell. »Laß uns etwas essen.« Sie wollte jetzt nicht an Heirat denken. »Ich liebe Picknicks, du nicht?«

»Nein, man hat ständig Sand auf den Butterbroten.«

»Ein bißchen Sand tut dir ganz gut.« Sie küßte ihn und steckte ihm ein Schinken-Tomaten-Sandwich in den Mund.

Als die Sonne unterging und das Wasser eine amethystfarbene, chromgrüne, der Himmel eine leuchtend gelbgrüne Farbe angenommen hatte, gingen die letzten der anderen Strandbesucher nach Hause. Vin zog die Kleider aus, die er sich übergezogen hatte, als er merkte, daß seine Haut zu brennen begann. Seine schottischen Vorfahren hatten ihm eine helle Haut vererbt, und obwohl sein Gesicht und seine Unterarme von vielen Sommern gebräunt waren, besaß er doch nicht Maggies natürliche Immunität gegen Sonnenbrand. Er streifte ihr den knappen Badeanzug ab, trug sie ans Meer hinunter und tauchte sie in das glühende Wasser. Die Farbenvielfalt des Meeres schien unermeßlich. Es war, als schwämmen sie in der Mitte eines impressionistischen Gemäldes – eines Monet oder Renoir.

Sie liefen zurück zu ihrem Platz im trockenen Sand, und dort – auf ihren ausgebreiteten Handtüchern – vollendeten sie den Tag.

Als Maggie sich ihrer Umgebung wieder bewußt wurde, hatte der Himmel ein leuchtendes Blaugrün angenommen wie ein mit goldenen Sternenaugen besetzter Schwanz eines Pfaus.

»Maggie, du wunderbares Mädchen. War es ebenso schön für dich, wie es für mich war? Bist du glücklich?«

Sie nickte stumm.

»Du bist so anders als andere Mädchen. So ruhig. Es kümmert dich kein bißchen, daß ich Rennfahrer bin, nicht wahr? Das ist nicht der Grund, warum du mich magst.«

»Nein.« Sie sah ihn träumerisch an, folgte mit einem Finger der Linie seines Mundes. »Ich mag deinen Mund. Ich mag die drollige Form deiner Augenbrauen. Und deinen Nacken und deinen Ohransatz. Ich werde ganz schwach, wenn ich dich nur ansehe.«

»Ich möchte dich heiraten, Maggie.«

Sie schwieg, zog die Narbe auf seinem Ellbogen nach. »Aber – deine Mutter?«

»Ach, zum Teufel mit meiner Mutter!« Doch gleich darauf regte sich sein Gewissen. Immerhin war sie seine Mutter; die beste Freundin eines Jungen ist seine Mutter; eine Mutter ist etwas, das man zu lieben hat... »Ich wollte sagen, sie hat mein Leben lang versucht, über mich zu bestimmen, aber ich will verdammt sein, wenn ich sie meine Frau für mich aussuchen lasse.«

»Vielleicht hat sie ja recht. Schließlich sind wir sehr verschieden, unsere Familien, und, und – ich kann mir vorstellen, was für Gedanken sie sich über ihre Enkelkinder machen könnte.«

»Enkelkinder! Mein Gott, du bist ein bißchen voreilig!« Er lachte auf. »Sie würden zumindest zum Teil von der fabelhaften Familie Forbes abstammen. Die Brüder Forbes kamen nicht mit der Ersten Flotte herüber und auch nicht mit einem Sträflingsschiff, aber sie sind seit etwa 1820 hier. Sie wurden reich, indem sie sich auf Land ansiedelten, das sie weder erworben noch geerbt hatten. Während dein Volk, meine liebe Maggie, oder zumindest die Aborigines unter ihnen, seit zwanzig- bis dreißigtausend Jahren hier sind. Sie hatten mit Sicherheit mehr Anrecht auf das Land als die Einwanderer. Da soll meine Mutter sich erst einmal rechtfertigen.«

»Bitte sag so etwas nicht zu ihr, Vin. Sie wird mich auch ohne solche Diskussionen ablehnen.«

Bis jetzt hatte sich Maggie geweigert, seine Mutter kennenzulernen, hatte stets eine Ausrede gefunden, jetzt jedoch sagte er: »Du kommst am nächsten Samstag zum Nachmittagstee zu uns. Das ist offiziell. Sie möchte dich kennenlernen.«

»O nein! Du meinst, sie will mich unter die Lupe nehmen.«

»Sie wird nicht beißen. Du brauchst dich also nicht aufzuregen.«

Er küßte ihre flatternden Lider und ihre zitternden Lippen.

»Es muß nicht sofort sein, aber sie wird sich an den Gedanken gewöhnen, daß wir heiraten werden.«

»– und wenn nicht? Vielleicht mußt du zwischen uns beiden wählen. Und darum darfst du mich erst heiraten, wenn du dir absolut sicher bist.«

»Ich bin mir sicher.«

Als sie nach Hause fuhren, hatte sie den Kopf an seine Schulter gelehnt.

8

»Sie hat Angst davor, dich kennenzulernen«, hatte Vin zu seiner Mutter gesagt, ehe er Maggie hereinrief. »Sei bitte nicht zu überschwenglich, Mutter.«

»Ich verstehe nicht, was du meinst, Vin.« Rosetta King sprach mit einem abgehackten englischen Akzent. Sie beendete ihre Sätze, als würde sie einen Faden durchschneiden. Sie legte eine doppelreihige Kette aus Zuchtperlen um ihren immer noch straffen Hals. Vin studierte ihr Bild im Spiegel ihres Frisiertisches: das sanft gewellte silberne Haar, das dezente Make-up, die gerade Nase.

»Ich will damit sagen, daß du nicht unbedingt dein Staatsgewand anlegen mußt. Sie ist ohnehin beeindruckt genug.«

»Und ich weiß nicht, was du unter ›Staatsgewand‹ verstehst. Ich trage mein zweitbestes Twinset und einen einfachen Rock. Ich war beim Friseur, weil ich heute abend meinen Bridge-Club besuche. Die Perlen sollen mir Mut machen.«

»Das ist doch Unsinn, Mutter.«

»Immerhin ist sie Schriftstellerin.«

In dem eleganten Salon, in dem Vin sie zurückgelassen hatte, saß Maggie auf der äußersten Kante eines geschnitzten Stuhles. Sie zwang sich, sich entspannt zurückzulehnen, doch die Schnitzereien in der Stuhllehne drückten auf ihren Rücken. Sie betrachtete den Flügel, den bunten Teppich, die seidenen Vorhänge vor den hohen Flügeltüren. Nach ihrem winzigen Zimmer im Wohnheim kam ihr dieser Raum riesengroß vor. Sie fühlte sich klein. Auf Pandanus, unter dem endlosen blauen Himmel, umgeben von der Weite des Pazifiks, hatte sie sich niemals so gefühlt. Sie war ein Teil all dessen gewesen...

Als Vin mit seiner Mutter zurückkam, saß sie wieder auf der Stuhlkante. Sie sprang auf, fragte sich, ob sie als erste die Hand ausstrecken sollte. Vin erlöste sie, indem er mit ausgebreiteten Armen auf sie zukam und ihre Hand umschloß. Mit der anderen zog er seine Mutter zu ihr heran.

»Mutter, das ist Maggie.«

Mrs. King ergriff Maggies freie linke Hand, und so standen sie wie Ringelreihen spielende Kinder beieinander.

»Vin hat mir von Ihnen erzählt. Sie heißen also Maggie? Ich werde Sie Margaret nennen. Maggie klingt mir zu sehr nach Suppenwürze.«

»Ihr Name ist Maggie, und ich liebe ihn«, sagte Vin. »Und er ist auch schon recht berühmt: Maggie Pinjarra. Du solltest ihre Bücher lesen.«

»Ach ja. Sie schreiben, nicht wahr?« fragte Mrs. King in leicht verächtlichem Ton. »Vin erzählte mir, daß Sie in der Stadt arbeiten. Sind Ihre Eltern auch hier?«

»Nein, mein Vater und meine Mutter sind tot. Nach dem Tod meiner Mutter lebte ich bei meiner Tante… und ging in Townsville in die Schule.«

»Eine Missionsschule, nehme ich an?«

Maggie errötete. »Ich besuchte die High School.«

»Hm. Also setzen Sie sich, meine Liebe. Ich weiß gar nicht, warum wir hier herumstehen. Ich werde nur schnell nachsehen, ob Ethel Tee gemacht hat.«

»O Vin!« Maggie warf sich ihm in die Arme, und wie ein Kind umschlang sie seinen Hals. Rosettas beeindruckende Eleganz, ihre kühle, wohlberechnete Grobheit hatten Maggies Selbstbeherrschung ins Wanken gebracht.

»Du bist mein Mädchen«, versuchte er sie zu beruhigen. »Laß dich von ihr nicht einschüchtern, Mag. Wenn du Mrs. King bist, wird sie nur noch die Witwe sein, und du wirst die Herrin im Haus sein.«

Sie brachte ein schwaches, gequältes Lächeln zustande, doch sie fühlte sich elend. Wenn Ethel mit dem Tee hereinkam – sollte sie dann mit ihr reden oder einfach so tun, als existiere sie nicht, so wie die Leute im Film ihre Dienstboten behandelten? Mrs. King würde sie verachten, wenn sie das Falsche tat. Nein, sie konnte einen anderen Menschen nicht einfach ignorieren. Sie würde lächeln und sagen: »Guten Tag, Ethel.« Das dürfte das Beste sein.

Sie fühlte sich so verunsichert, daß sie Angst hatte, sie würde Krümel auf den goldenen Teppich fallen lassen oder, noch schlimmer, gar ihre ganze Tasse umstoßen. Ihr wurde ganz heiß bei dieser Vorstellung. Sie vergrub ihr Gesicht an Vins Schulter, atmete seinen Duft ein, den sie so liebte. Zu spät hörte sie das Klappern von Teegeschirr und Schritte auf dem nackten, glänzend polierten Holzboden der Halle. Sie sprang auf und lief zu ihrem Stuhl zurück, doch Vins Mutter hatte sie wie ein Kind auf Vins Knien sitzen sehen. Ihr Gesicht brannte. Sie wollte hinausrennen, zurückfliegen zu ihrer sonnigen, friedlichen Insel und sie nie mehr verlassen.

Mrs. King hatte den Tee selbst hereingebracht. Hinter ihr stolzierte eine cremefarbene Katze mit braunen Tupfen im Fell und verwirrend klaren blauen Augen ins Zimmer. Spontan kniete Maggie sich nieder und rief nach ihr. Zum Glück kam ihr die Katze zu Hilfe. Anmutig kam sie zu ihr herüber getrippelt und hob ihr den schmalen Kopf entgegen. Während Maggie sie kraulte, verengten sich die Augen des Tieres vor Wohlbehagen.

»Das ist Zircon«, erklärte Vin. »Zircon, du alte Schmusekatze! Du hast mich nicht einmal begrüßt.«

Maggie nahm die Katze auf den Arm und setzte sich.

»Was für schöne blaue Augen!« murmelte sie. Sie hatte Zeit gehabt, ihre Fassung wiederzugewinnen, doch sie fühlte sich in diesem Augenblick dem halbwilden Geschöpf näher als Vin. Sie haßte ihn fast, weil er sie eingeladen und mit seiner schrecklichen Mutter zusammengebracht hatte.

»Es ist eine Siamkatze. Haben Sie noch nie eine Siamkatze gesehen?« fragte Mrs. King herablassend. »Hier, Vincent, gib das Margaret. Möchten Sie ein Stück Teekuchen, Margaret?«

»Ja, danke. Aber ich heiße Maggie.«

Ein kurzes, spannungsgeladenes Schweigen trat ein. Vin warf ihr einen beifälligen Blick zu. Mit zusammengepreßten Lippen goß Mrs. King sich eine Tasse Tee ein. »Nächsten Sonntag kommen deine Großtante Ada und Tante Mae zu uns, Vin«, sagte sie. »Da solltest du wirklich zu Hause sein. Ich glaube, du hast sie – seit der Beerdigung nicht mehr gesehen.«

»O Mutter!«

»Und Alice geht es in letzter Zeit nicht allzu gut. Vielleicht muß sie sogar ins Krankenhaus.«

»Du meinst, in eine Trinkerheilanstalt.«

»Wirklich, Vincent!«

Sie war wütend, aber Vin blieb störrisch. Er hatte ihr Gerede über die Familie wirkungsvoll unterbrochen, das seine Mutter – das war ihm klar – nur angefangen hatte, um Maggie von ihrer Unterhaltung auszuschließen.

Natürlich erwartete Mrs. King nicht wirklich, daß Vin seinen ältlichen Verwandten seinen Sonntag opferte, doch sie war eifersüchtig auf Maggie. Sie mußte sich eingestehen, daß – wie passend eine Verbindung auch immer sein mochte – es ihr in jedem Fall schwerfallen würde, ein Mädchen seiner Wahl zu mögen. Aber diese junge Frau hier, dieses Resultat der Rassenvermischung, dieser Abkömmling der Wilden von Queensland! Was, wenn Vin wirklich vorhatte, sie zu heiraten? Dabei hätte er, wenn er gewollt hätte, *jedes* Mädchen heiraten können.

Nein, es war zuviel. Der Tee schmeckte bitter, obwohl sie wußte, daß er frisch gebrüht war. Sie setzte ihre Tasse mit angewiderter Miene ab. Dann schüttete sie etwas Tee in ein Schälchen mit Milch und stellte es für Zircon auf den Teppich.

»Er mag nur indischen Tee; er ist ein richtiger Feinschmekker«, sagte Vin.

»Zircon ist ein wunderschönes Tier«, entgegnete Maggie und trank, hörbar schluckend, ihren Tee aus. Dann stellte sie die leere Tasse auf den Tisch.

»Vin, wollen wir nicht ein bißchen spazierenfahren?«

Vin sprang auf. »O ja, ich werde Maggie ein wenig Unterricht im Navigieren und Kartenlesen für die Rallye am Sonntag geben. Wir müssen gehen.«

»Aber du hast nicht einmal ein Stück von Tante Maes Kuchen gegessen. Du hast ihn doch immer so gerne gemocht.«

»Ja, mit zehn Jahren«, knurrte Vin, doch er nahm ein Stück für unterwegs mit. »Auf Wiedersehen, alte Dame. Warte nicht auf mich, wir gehen hinterher noch auf eine Party.«

»Auf Wiedersehen, Mrs. King, und vielen Dank«, sagte Maggie. Mrs. King lächelte und neigte gnädig den Kopf. Sie sagte nicht: »Kommen Sie wieder«, doch sie erhob sich und begleitete sie zur Eingangstür. Und wenn sie daran kaputtgeht – sie wird niemals ihre guten Manieren vergessen, dachte Maggie. Als sie sich, am Fuß der Treppe angekommen, noch einmal umblickte, erkannte sie einen Ausdruck solch bitterer Verzweiflung auf dem Gesicht der älteren Frau, daß sie erschauerte. Sie wird mich nie akzeptieren, dachte sie, geschweige denn, mich mögen – nie!

»Vin, es hat keinen Sinn!« seufzte sie im Wagen. »Deine Mutter hat mir eindeutig gezeigt, wie sie zu mir steht. Ich glaube, es wäre ihr sogar lieber, wenn du Ethel heiraten würdest.

»Ethel? O nein!« Beim Gedanken an Ethels langes, fahles Gesicht, ihre hohlen Wangen und ihre hagere Figur brach er in Gelächter aus. »Du kennst sie nicht! Außerdem hat Ethel einen festen Freund.«

»Ja, aber sie ist weiß, verstehst du?«

Vin wandte sich ihr zu und sah sie abschätzend an. Sie mochte es nicht, wenn er sie ansah, als wolle er herausfinden, was sie so erregte. »Weiß, braun, rot, gescheckt, was spielt das für eine Rolle?« fragte er ungeduldig. »Ist Giulio weiß oder braun? Er ist ein gutes Stück dunkler als du. Um Himmels willen, Maggie, ich hätte nicht gedacht, daß du Komplexe wegen deiner Hautfarbe hast. Ich hielt dich für zu klug dazu.«

Der Tadel in seiner Stimme ließ sie innerlich zusammenschrumpfen. Sie kam sich vor wie eine Seeanemone in einem Flutbecken; in der Woge seiner Liebe und Bewunderung wurde sie stark, leuchtend und selbstbewußt; bei der leisesten Kritik jedoch schrumpfte sie wieder zu einem festen, kleinen, abweisenden Ball zusammen. In diesem Salon hatte sie sich klein und in sich selbst abgekapselt gefühlt, war nicht in der Lage gewesen, sich in dieser feindseligen Umgebung, die seine Mutter schuf, von ihrer besten Seite zu zeigen. Warum konnte er das nicht verstehen?

Es war der erste kleine Riß in ihrer Liebe. Der zweite ereignete sich, als sie mit ihm zu einem Herbst-Rennen nach Sydney zum australischen Grand Prix fuhr.

Die Luft war voll von süßlichem Branntweingeruch. Das Flattern bunter Fahnen, die krächzende Stimme der Lautsprecheranlage, das Brummen und Aufheulen der Automotoren, ansteigend und abfallend, das alles schuf eine allgemeine, große, durch den Nervenkitzel der Gefahr noch gesteigerte Erregung.

Äußerlich gefaßt, aber innerlich unruhig lehnte Maggie mit der Stoppuhr in der Hand an der Box. Der blaue Maserati drehte gleichmäßig seine Runden, pendelte sich bei einer Minute zweiunddreißig Sekunden ein. Die Sonne brannte durch die Löcher in der Wolkendecke herunter, und auf den Tribünen und entlang der Sicherheitszäune, die die Strecke begrenzten, hatten junge Männer in Shorts und langen, bequemen Hosen ihre Hemden ausgezogen.

In der Art und Weise, wie die bunt zusammengewürfelte Menschenmenge beim ersten Sonnenstrahl ihre Kleider auszog, lag etwas Insulanerhaftes, Polynesisches. Sicher konnte man in keiner anderen Stadt der westlichen Welt außerhalb des Strandes so viele nackte, sonnengebräunte Oberkörper sehen, dachte Maggie.

Der Maserati kam über die Gerade herangeschossen, an den Boxen vorbei, nicht mehr als ein blaues Aufblitzen, ein Brüllen des Auspuffs, und das Aufflackern eines ruhigen braunen Gesichts unter einem goldenen Helm und einem Plastikvisier. Während Vin einen langsameren Wagen, den er gerade überrundet hatte, überholte, hob er grüßend die Hand. »Er winkt ihm zum Abschied zu«, sagte Giulio, während er mit Kreide die Nummer der neuen Runde auf eine Tafel schrieb, bereit, diese hochzuhalten, wenn der Wagen das nächste Mal vorbeikam.

Vin lag jetzt an dritter Position, vor ihm waren zwei englische Gastfahrer, ein anderer fuhr dicht hinter ihm. Die Wagen kamen durch eine Kurve und verschwanden in einer Reihe von zur Gegengerade führenden Zickzack-Kurven; es schien, als wären sie Spielzeugautos, die, von unsichtbarer Hand geschützt, dahinrasten. An der anderen Seite des Rundkurses verfolgten die Reporter die schnelle Fahrt durch die S-Kurven und gaben laufend ihre Kommentare über den Lautsprecher durch.

Unter der Menge befanden sich auch Fachleute des Rennsports, die das Rennen fachkundig und begeistert beobachteten. Es war wie eine Arena, eine römische Arena, eine Corridá von Autos. Wenn Vin nicht da draußen gewesen wäre, hätte Maggie sich vielleicht auch an diesem Spektakel erfreuen können.

Jetzt kamen die Autos wieder zur Start- und Ziellinie zurück, flogen direkt aus der Dunlop-Kurve am Beginn der Boxen-Gerade, zwei Wagen im englischen Renngrün, dann der blaue Maserati, der so ruhig wirkte, als führe er in einer Fahrrinne, gefolgt von As Diamond in seinem roten Alfa, der gefährlich hin- und herschlingerte, als er aus der Kurve herauskam und hinter Vin herraste. Als sie die nächste Kurve erreichten, war As direkt an Vins Hinterrad. Für Maggie sah das alles nach einem verworrenen Durcheinander aus; der zweite Mechaniker schrie: »O Gott! Er stößt ihn an!«

Im Bruchteil einer Sekunde war As innen an Vin vorbeigegangen und als erster in die S-Kurve gefahren. »Er ballt die Faust, er muß wütend sein«, kommentierte der Mechaniker, dessen Augen scharf wie ein Fernglas zu sein schienen. »Bei Gott, er wird As nicht so davonkommen lassen! Er wird ihn sich packen und zu Tode hetzen.«

Giulio wirkte besorgt. Als Maggie ihn angstvoll ansah, bemerkte sie zwei tiefe Furchen auf seiner sonst so glatten Stirn.

»Ich mag das nicht«, brummte er. »Vin wird jede Gelegenheit nutzen, er ist wütend, nicht ruhig. Dieser As, man sollte ihn disqualifizieren.«

Ein Knacken aus dem Lautsprecher, und die erregte Stimme des Reporters war zu hören:

»– und King jagt hinter Diamond her, der Alfa und der Maserati liefern sich hier unten einen tollen Zweikampf. Und er hat ihn –! King bei der Ausfahrt aus der S-Kurve jetzt in dritter Position.«

Maggie hielt den Atem an, als die Wagen nach der Dunlop-Kurve wieder in Sicht kamen. Der rote Wagen von As, jetzt in zweiter Position, dann zwei im englischen Grün, aber kein Blauer mit der Nummer Drei. Kurz bevor das Brüllen der Motoren den Lautsprecher übertönte, hörte sie die Stimme »– hatte einen leichten Unfall in der Leger-Kurve... der Wagen schien außer Kontrolle geraten... aber, er...«

Hinter dem Rundkurs stieg eine Rauchsäule in den Himmel auf. Maggie blickte die anderen Mitglieder der Box-Crew verwirrt an, sah ihre eigenen Befürchtungen in ihren angespannten Mienen widergespiegelt. Das verworrene, unverständliche Geplapper des Lautsprechers ging in einem Klingeln in ihrem Kopf unter. Eine schwarze zusammengeballte Wolke trübte ihren Blick.

»Nein, Signorina, bitte... Sie brauchen nicht in Ohnmacht zu fallen.« Giulio legte beruhigend einen Arm um ihre Taille. »Vincente ist ein guter Fahrer, zu gut, um in einer so leichten Kurve wie der Leger in Schwierigkeiten zu geraten. Irgend etwas am Wagen ist kaputtgegangen, das ist alles. Sie werden sehen. Giulio hat immer recht.«

Maggie schüttelte den Kopf, um wieder klar denken zu können. Sie hob das Kinn und richtete sich auf. »Es ist alles in Ordnung, danke.«

Dann sah sie über ihre Schulter hinweg eine hohe Gestalt im weißen Overall, einen goldenen Helm unter dem Arm, quer über die nackte Grasfläche zur Einzäunung der Rennfahrer herüberkommen. Es war Vin, der eine Abkürzung zu den Boxen nahm. Sie begann zu laufen, stieß blindlings die ihr im Weg stehenden Menschen zur Seite. Er kletterte über den hohen Zaun, und im nächsten Augenblick hatte sie ihn mit ihren Armen umschlungen.

»O Vin! Ich dachte – ich dachte, du wärst –« Tränen rannen über ihr Gesicht.

»Es ist ja gut, Mag«, stammelte er, sie hastig zur Seite schiebend. »Mach jetzt keine Szene. Ich bin in Ordnung und der Wagen auch, wenn man davon absieht, daß er nicht mehr fährt.«

»Bist du sicher, daß du nicht verletzt bist?«

»Ganz sicher. Ich habe noch all meine Arme und Beine, siehst du?« sagte er, seine Glieder schlenkernd. »Aber ich ärgere mich schwarz über den Wagen. Und diesen verrückten Hund Diamond.«

Maggie war erstaunt, als sie ihn und As an diesem Abend nach der Party in einer freundschaftlichen Unterhaltung über einem Glas Bier sitzen sah. Sie stand schweigend daneben, unfähig, sich an der technischen Unterhaltung der beiden zu beteiligen. Sie empfand eine ganz unvernünftige Eifersucht auf As und die männliche Kameradschaft, von der sie ausgeschlossen war.

In solchen Fällen war Giulio ihre Zuflucht; er war immer bereit, sich mit einem attraktiven Mädchen zu unterhalten. Seine Frau begleitete ihn nicht auf seinen Reisen, sondern blieb zu Hause. Giulio erzählte Maggie von einem Rennwagen, an dem er einmal gearbeitet hatte und der ein Schwungrad aus purem Gold hatte.

»Pures Gold? Das ist nicht Ihr Ernst?«

»Si, veramente. Der Fahrer ist sehr reich.«

»Er zieht Sie auf, Maggie«, mischte sich ein anderer Fahrer ein. »Er war nur mit Gold besprüht. Echtes Gold wäre viel zu schwer gewesen.«

Die Gruppe um As Diamond brach in schallendes Gelächter aus. As' klare blaue Augen funkelten wild; beim Lachen zeigte er seine vollkommenen Zähne; sein strohblondes Haar fiel in jungenhafter Manier in seine Stirn. Ja, er ist ungeheuer attraktiv, dachte Maggie. Seine augenblickliche Freundin Raylene kam mit einem leeren Glas in der Hand zu ihnen herüber.

»As erzählt wieder einmal einen seiner Witze«, erklärte Giulio. »Aber die sind nicht für Ihre Ohren bestimmt.«

»Ich nenne ihn Franz«, warf Raylene mit blecherner Stimme ein. »As paßt wahrscheinlich sehr gut zu ihm, aber er trägt seinen Kopf ohnehin schon so hoch. As Diamond! Er sagte, er wünscht sich einen mit Diamanten besetzten Schutzhelm. Was denn sonst noch?«

»Nun, Vin möchte vielleicht eine Krone auf seine Tasche gestickt haben«, meinte Giulio mit einem mitleidigen Blick auf Maggie.

»Da fällt mir ein – wo ist mein Perlentäschchen?« rief Raylene erschrocken. Sie lief in die Ecke zurück, in der sie gesessen hatte.

Vin kam mit einem Glas Bier in der Hand zu ihnen herüber und legte seinem Chefmechaniker einen Arm um die Schulter.

»Giulio, was hältst du davon? As meint, wir sollten einen Zwei-Stufen-Vorverdichter einbauen und den Einfülldruck verdoppeln. Das bedeutet, mehr Leistung, aber wesentlich höheres Risiko.«

»Molto, molto höher. Ich mag keine Zwei-Stufen-Turbolader.«

Als Vin vor ihr stand, nahm Maggie ihm das leere Glas aus der Hand. Unauffällig drückte sie seine Hand. Vin blickte lächelnd zu ihr herunter.

»Hallo, Mag! Amüsierst du dich?«

»Wieso fragst du? Interessiert dich das?«

»O Gott, es tut mir leid, Liebling. Wir gehen gleich. Ich möchte nur noch kurz mit As reden, dann komme ich.« Er tauchte wieder in der Gruppe unter.

»Sind Männer nicht schrecklich?« fragte Raylene. Sie war eine kleine Blondine mit übergroßen Ohrringen.

»Ja, schrecklich«, entgegnete Maggie inbrünstig. Sie dachte an gestern abend, als sie in Manley auf der anderen Seite des Hafens geblieben waren, weil sie dort leichter einen Unterstellplatz für den Wagen bekommen konnten. Sie hatte Vin geholfen, den Wagen für das heutige Rennen vorzubereiten.

Sie hatte vor den Hinterrädern des Maserati gekauert und die gerippte Aluminium-Bremstrommel poliert, damit sie im Rennen kühl blieb. Schwarz von Eisenstaub, weiß von Magnesiumpulver und mit wunden Fingern erledigte sie diese erniedrigende Aufgabe, während die Männer sich am Motor zu schaffen machten.

»So, das reicht«, fand Vin schließlich und streckte sich.

Er legte einen Arm um Maggies Hals und spielte in ihrer Haarmähne. »Danke für deine Hilfe, Liebling. Sieh nur, wie die Bremstrommeln glänzen!«

Sie hatte glücklich gelächelt, denn sie wußte sehr wohl, daß genügend Männer da waren, die gern geholfen hätten. Doch sie war froh, sich nützlich machen zu können.

Erregt durch die fremde Umgebung, konnte sie, ins Hotel zurückgekehrt, es kaum abwarten, sich richtig auszuziehen. Sie warf ihre Kleider auf den Boden und sprang im Slip ins Bett, nachdem sie die prächtige rote Bettdecke zurückgeschlagen hatte.

Vin hantierte noch lange im Schlafanzug herum, zog seine Uhr auf, hängte seine Kleider in den Schrank, legte einen frischen Overall über einen Stuhl, ja, er polierte sogar seinen Helm und seine Handschuhe.

Maggie wartete voll Ungeduld. »Kommst du noch mal ins Bett?« fragte sie vorwurfsvoll. Als er endlich kam, breitete sie mit vor Freude schmerzhaft hämmerndem Herzen glücklich die Arme aus.

Vin beugte sich zu ihr herüber und küßte sie hart auf den Mund. Sie brannte vor Verlangen. Den ganzen Tag über hatte sie darauf gewartet, allein mit ihm zu sein.

Dann hörte sie ihn zu ihrer großen Überraschung und Enttäuschung mit bestimmter Stimme sagen: »Gute Nacht, Liebling.« Er drehte sich um und zog die Bettdecke über die Ohren.

Außer Vins gleichmäßigen Atemzügen und dem Summen einer Fliege war nichts zu hören. Schließlich wurde sie ruhiger und wagte ein schwaches »Vin –?«

»Ja? Was ist? Ich war schon fast eingeschlafen.«

Sie kuschelte sich an ihn. »Ich dachte – ich dachte, es würde dich entspannen, wenn wir uns heute nacht liebten… nein?«

»Tut mir leid, Liebes. Ich dachte, du wüßtest das – nicht vor einem großen Rennen. Das verstehst du doch?«

»Natürlich«, erwiderte sie steif. Sie zog sich an den äußersten Rand des Bettes zurück und lag dort sehr still, beinahe den Atem anhaltend, bis sie sicher war, daß er schlief. Sie zwang sich, nicht zu weinen.

Bevor sie nach Adelaide zurückkehrten, fuhr Vin mit Maggie nach Vaucluse, einem Vorort von Melbourne. Sie wollten Elaine King besuchen, Stanley Kings Mutter und Rosettas Tante. Seit seiner Kindheit hatte Vin seine Großmutter nicht mehr gesehen. Er erinnerte sich an einen Besuch am Äußeren Hafen, wo sie sie auf einem Postboot, einem Schiff, das sich hoch wie ein Kliff über der Werft aufzutürmen schien, treffen wollten. Und von der Reling winkte ihnen eine hochgewachsene Dame im langen Kleid und mit hochgesteckten roten Haaren zu – seine Großmutter.

Sein Vater hatte ihm erzählt, mit wieviel Mut und Zielstrebigkeit sie in einem kleinen Fürstentum in Indien ein Heim für Leprakranke eingerichtet und dafür ihr gesamtes väterliches Erbteil hergegeben und unter den Kranken selbst gearbeitet hatte. Als sie dann Witwe geworden war, war sie zunächst nach Australien zurückgekehrt, dann jedoch wieder nach Indien gereist, um in einer anderen Leprakolonie zu arbeiten. Dort hatte sie sich dann selbst die Krankheit zugezogen und konnte erst nach langer, qualvoller Behandlung geheilt werden.

Früher bewohnte sie in Indien ein palastartiges Haus mit zwanzig Dienstboten. Jetzt lebte sie allein in einem Haus, von dem aus man den Hafen überblicken konnte und das ihr Vater Hamilton Forbes ihr hinterlassen hatte, und hatte nur eine Zugehfrau, die einmal wöchentlich zum Putzen kam. Eine ihrer Töchter, inzwischen verwitwet, lebte in der Nähe, war aber im Augenblick verreist. Vin hatte ihren Besuch telefonisch angekündigt. Er wußte selbst nicht, was er erwartete. Eine kleine weißhaarige, alte Dame, vielleicht auf einen Stock gestützt: eine Bilderbuch-Großmutter. Als sich die Tür dann auf ihr Klopfen hin öffnete, erkannte er Elaine sofort. Eine hochgewachsene, selbstbewußte Gestalt im altmodischen Gabardinekleid mit zu einem Knoten zusammengebundenen roten Haaren und großen grünen Augen, die ihn ruhig und prüfend betrachteten, während sie ihn hineinzog und küßte. Sie reichte Maggie mit warmem Lächeln die Hand.

»Gott segne euch, meine Lieben. Schön, euch zu sehen.« Und an Vin gewandt: »Ja, du bist mehr den Forbes nachgeraten als den Macdonalds. Und das ist Maggie?«

»Ja, und wir werden heiraten.«

Als sie in dem Erker Platz genommen hatten, von dem aus sie einen herrlichen Blick über den Hafen von Sydney hatten, sagte Elaine: »Dein Urgroßvater King hat ein hohes Alter erreicht. Hast du ihn je kennengelernt?«

»Ich kann mich nicht an ihn erinnern... war er der Goldsucher?«

»Ja, der Mann, der die Golden Mile entdeckte. Er war eine Persönlichkeit. Möglicherweise war er deiner Mutter später nicht respektabel genug.«

»Ich habe vage davon gehört, daß einer meiner Vorfahren ein Goldsucher war. Aber man hat mir nicht gesagt – Er entdeckte die Golden Mile, sagst du?«

»Das wurde ihm nachgesagt. William hatte ein paar Zeitungsausschnitte über ihn. Eine Zeitlang besaß er sicher ein Vermögen, nachdem er aus dem Westen zurückgekehrt war. Nach Willies Tod schrieb er mir einen Brief, das letzte Mal jedoch traf ich ihn in Indien, als er zusammen mit all seinen Töchtern und ihren Gouvernanten auf Weltreise ging.«

»Ich erinnere mich daran, daß du mir einmal einen Messingstorch aus Indien mitgebracht hast, ein kleines Modell mit eingelegter farbiger Emailarbeit. Ich mochte ihn sehr, aber ich habe ihn verloren.«

»Nun, zur Hochzeit werde ich dir etwas Größeres schenken, das du nicht verlieren kannst. Ich werde Anne bitten, etwas für mich auszusuchen. Ich gehe jetzt nicht mehr viel aus. Anne macht mir immer Vorwürfe, weil ich so viele Dinge verschenke...«

Als sie sich verabschiedeten, legte Elaine eine Hand auf Maggies glänzendes dunkles Haar.

»Auf Wiedersehen, Schönhärchen«, sagte sie und küßte sie.

Wenn Vins Mutter doch nur ein bißchen wie die alte Mrs. King wäre! dachte Maggie. »Welch reizende, alte Dame«, sagte sie lächelnd, als Vin vorsichtig das Gartentor hinter sich zuzog. Sie stiegen in den Wagen und starrten die Allee hinunter.

»Ja. Unglaublich. Und ihr Haar ist noch immer rot. Sie muß ein ganzes Stück über siebzig sein.«

»Und trägt noch nicht einmal eine Brille! Ich bemerkte ihren prüfenden Blick, als sie herauszufinden versuchte, welcher Herkunft ich bin, bis du ihr sagtest, daß ich eine Aborigine-Schriftstellerin sei.«

»Und du hast sicher gemerkt, daß sie nicht einmal mit der Wimper gezuckt hat. Sie kennt alle Rassen und Religionen. Vater erzählte mir, daß sie mit dem Maharadscha von Gorobhunjdsch und später mit seiner Witwe eng befreundet war. Sie pflegte seine kleine Tochter, als sie Typhus hatte, oder Cholera oder so etwas. Und dann starb ihr Sohn, Onkel Harry, im Ersten Weltkrieg an Typhus.«

»Arme Frau! Mußte ihren Mann und ihre Söhne überleben! Und doch wirkt sie fröhlich und lebensbejahend.«

»Ich nehme an, sie ist eine gläubige Christin, und das verleiht ihr Kraft. Sie ist sicher, ihren William und ihre Söhne im Himmel wiederzusehen. Wenn ich mir vorstelle, daß mein Vater einmal ihr kleiner Junge war!«

Vin drehte den Zündschlüssel um. Als der Wagen anfuhr, lächelte Maggie plötzlich.

»Glaubst du, daß ihre Urenkel rote Haare haben werden?«

»Schon möglich. Einer der Söhne meiner Tante Anne hat rote Haare, glaube ich.«

»Nein, ich meinte –«

»Hör auf, Maggie! Wir können doch nicht gleich nach unserer Hochzeit eine Familie haben! Das ist einfach nicht möglich!«

9

»Möchtest du ein Sandwich?« fragte Maggie mit vollem Mund. Sie hatten einen Imbiß mitgenommen, doch bis jetzt hatten sie noch keine Zeit gehabt, etwas davon zu essen. Dies war ihre erste Bergprüfung, eine Miniatur-Alpenrallye, wo häufig das Wetter den Rennverlauf bestimmte. Die Prüfung führte auf Nebenstrecken quer durchs Land, die oft unbefestigt waren. Häufig gab es nicht einmal Wegweiser. Für verspätetes Eintreffen an den Kontrollstellen gab es Punkteabzug, und so war die Rolle des Navigators von größter Wichtigkeit. In diesem Fall war es Maggie, die diese Aufgabe übernahm.

»Nein danke«, erwiderte Vin. »Und ich rate dir, dich auf die Straße zu konzentrieren und nicht ans Essen zu denken. Denk daran, was ich dir gesagt habe. Du mußt vor jeder Straßengabelung wissen, wo es weitergeht, damit ich nicht anhalten muß, bis du es herausgefunden hast. Ist das klar?«

»Ja. Was bedeutet dieses Gitter?«

»Das ist ein Schafsgitter, über eine Grube gelegte Eisenstangen anstelle eines Tores. Es spart viel Zeit, weil man keine Tore öffnen muß, und die Schafe können nicht heraus, weil ihre schmalen Hufe zwischen die Stäbe rutschen würden.«

»Wird es auch Tore geben?«

»Sicher. Und wir müssen sie hinter uns schließen. Es wäre schlechter Stil, sie offen zu lassen. Und die Bauern könnten sich das nächste Mal weigern, uns durchzulassen. Du wirst alles in der Leporellokarte und auf dem Meßtischblatt finden.«

Maggie glaubte, durchaus in der Lage zu sein, die Route auf der Karte zu verfolgen, doch bis dahin hatte sie die Aufgabe eines Navigators erst einmal bei einer kurzen Nachmittagsprüfung erfüllt. Sie starrte angestrengt auf das Meßtischblatt mit blau eingezeichneten Wasserläufen und vielen winzigen schwarzen, roten und grünen Punkten. Bei Einbruch der Dämmerung fuhren sie in hügeligem Land durch einen Wald riesiger Eukalyptusbäume.

Vin gab ihr die an einem Vergrößerungsglas befestigte Taschenlampe, und mit deren Hilfe gelang es ihr, die Karte zu lesen, während er den Wagen an tief eingeschnittenen, sich dahinschlängelnden Bachläufen und Bergketten entlang lenkte. Obwohl er ein äußerst geschickter Fahrer war, die Kurven schnitt, wann immer er genügend Sicht hatte, und keine plötzlichen hektischen Richtungsveränderungen vornahm, schwankte die Taschenlampe ständig hin und her.

Maggie wurde heiß, dann kalt, dann heiß und kalt zur gleichen Zeit. Schweiß stand auf ihrer Stirn, sie zitterte. O Gott, hoffentlich würde sie keine Erkältung bekommen und für den Rest der Tag- und Nacht-Prüfung ausfallen. Äste schienen wie drohende Arme nach dem Auto zu greifen. Sie sah Gesichter im Laub der Bäume, in den Mustern abblätternder Baumrinden. Vin, der entspannt am Steuer saß, blickte im sanften Licht des Armaturenbrettes lächelnd zu ihr herüber. Tachometer, Temperaturanzeiger, Ölmesser – seine Augen huschten darüber und sahen, daß alles in Ordnung war.

»Du bist so still, Mag.«

»Ja. Ich – Vin, ich weiß nicht, was mit mir los ist. Ich fühle mich entsetzlich. Ich glaube, ich werde krank.«

Er nahm schwungvoll eine langgezogene Kurve. »Du siehst ein bißchen grün im Gesicht aus. Ich werde einen Platz suchen, wo wir halten können.«

Als er anhielt, konnte Maggie gerade noch die Tür öffnen und eine mit Adlerfarn übersäte Böschung hinunterlaufen, ehe sie sich übergab. Ihr Kopf war schwer und benommen. Als sie zurückkam, schraubte Vin eine Thermosflasche auf. »Hier, trink einen Schluck Kaffee mit einem Schuß Rum.«

»Nein, Vin, das kann ich nicht. Allein schon der Gedanke –«

»Unsinn, danach wird es dir besser gehen. Also trink.«

Sie nahm den Becher, trank einen Schluck, schleuderte den Becher weg und stürzte davon. Als sie zurückkam, blickte er ihr ungeduldig entgegen.

»Warum hast du mir nicht gesagt, daß du dich nicht wohl fühlst? Was ist los mit dir?«

»Ich weiß es nicht«, erwiderte sie kläglich. »Glaubst du, daß ich das Autofahren nicht vertrage? Das habe ich bis jetzt immer.«

»Natürlich! Wahrscheinlich durch das Kartenlesen. Aber das hast du schon einmal gemacht. Es könnte etwas mit der Dunkelheit und der Taschenlampe zu tun haben.«

»Ja. Es fing an, als es dunkel wurde.«

Er sah auf seine goldene Armbanduhr. »Wir müssen weiter. Ich muß in fünfzehn Minuten am nächsten Kontrollpunkt sein. Kannst du bis dahin durchhalten?«

»Ich glaube schon.« Sie spürte, wie die Übelkeit sie in Wellen überkam.

Sie fuhren weiter.

»Ich war noch nie seekrank«, murmelte Maggie. »Nicht einmal, wenn ich mit Onkel Dingbat Morgans Kutter zum Riff hinausfuhr, und das Boot war sehr klein –«

»Einen Augenblick, war das die Abzweigung? Sind wir auf der richtigen Straße?«

»O Gott! Ich habe nicht darauf geachtet.«

»Um Himmels willen, nun paß doch besser auf! Also, zeig mal. Nein, ich muß anhalten.« Er bremste scharf ab und nahm ihr unsanft die Karte aus der Hand. »Verdammt! Das *war* die Kreuzung! Wir müssen zurückfahren.«

Er stieß den Rückwärtsgang hinein und fuhr mit protestierend aufheulendem Motor zurück. Als er an der Weggabelung hielt und der Wagen wieder vorwärtsschoß, flog Maggies Kopf schmerzhaft zurück. »Ich kann von Glück sagen, wenn ich es ohne Punkteverlust schaffe. Himmel noch mal!«

Sie schwieg, fühlte sich schuldig und war empört zugleich. Es war nicht ihre Schuld, daß sie sich so schlecht fühlte, daß ihr Kopf wie mit Watte gefüllt schien. Sie öffnete das Seitenfenster und streckte den Kopf hinaus in die frische Luft und sog den Sauerstoff in tiefen Zügen ein, um den aufsteigenden Brechreiz zu unterdrücken, bis sie die Kontrollstation erreichten.

Hinter dem nächsten Hügel sahen sie das ersehnte Feuer und den Kontrollwagen. Maggie hielt ihre Karte bereit, als Vin mit einer Minute Verspätung abrupt anhielt. Die Karte wurde abgestempelt, die Ankunftszeit eingetragen.

»Ihr seid der erste Wagen, der in diesem Abschnitt Punkte verloren hat«, eröffnete ihnen der schwarzbärtige Beamte und rieb sich, als freue er sich darüber, die Hände. »Jetzt habt ihr die Horrorstrecke vor euch. Viel Glück, Kumpel!«

»Danke.«

Vins Wagen schoß wieder in die Dunkelheit, während Maggie, noch immer zitternd, nachdenklich auf die unter den Bäumen glühenden Flammen zurückschaute.

»Es tut mir leid, Vin«, begann sie. »Ich bin schuld, daß wir zu spät gekommen sind. Wenn mir nicht schlecht gewesen wäre –«

»Wenn du an der Kreuzung aufgepaßt hättest, hätten wir es immer noch geschafft. Dabei habe ich mindestens eine Minute verloren.«

»Ich sagte, daß es mir leid tut.«

»Schon gut. Aber paß jetzt besser auf, ja?«

Während ihres Aufenthaltes beim Kontrollposten hatte Maggie die vor ihnen liegende Route studiert. Die Straße hatte ein Bergplateau erreicht und verlief ein paar Meilen lang geradeaus. Erfrischt durch den kurzen Halt, fühlte Maggie sich etwas besser.

»Paß auf!« sagte sie. »Irgendwo hier müssen wir scharf links abbiegen.« Sie spähte durch das Seitenfenster. »Die Strecke scheint an einem Bach entlangzuführen, und kurz bevor wir abbiegen müssen, kommt eine kleine Brücke... Hier ist es.«

Sie überquerten eine hölzerne Brücke, und Vin bog im spitzen Winkel in den Weg ein. Bisher waren sie auf glatten Asphaltstraßen gefahren, jetzt befanden sie sich auf einem schmutzigen, mit großen Steinen bedeckten und von Wasser stark ausgewaschenem Weg, in dessen Mitte eine tiefe, mit Wasser gefüllte Furche verlief. Der Wagen hüpfte über kleine Felsen und Schlaglöcher, rutschte in die Kurven hinein. Maggie biß sich auf die Lippen und hielt sich am Türgriff fest. Jetzt hatte sie vor allem Angst.

Der größte Teil des Fahrerfeldes lag vor ihnen. Der Weg war

von den schlitternden Rädern aufgerissen und ebenso steil wie holprig.

Als sie um eine Biegung herumkamen, sahen sie im Scheinwerferlicht ein kleines graues Wesen auf dem Weg sitzen, das, wie bittend, die Vorderpfoten erhoben hielt und ängstlich den Kopf hob.

Maggie schrie auf. Vin bremste scharf ab, und der Wagen geriet ins Schleudern. Das Tier verschwand mit einem schrecklich dumpfen Aufprall unter den Rädern. Der Wagen geriet vom Weg ab, schleuderte in die Büsche und prallte gegen einen Baum, der ihn davor bewahrte, den Abhang hinunterzustürzen.

»Vorderachse gebrochen«, murrte Vin, der sofort ausgestiegen war und den Wagen untersucht hatte.

Maggie sagte nichts. Sie war mit dem Kopf gegen die Windschutzscheibe geprallt und stand unter Schock. Nach einer Weile nahm sie Vin die Taschenlampe aus der Hand und ging zum Weg zurück. Sie beugte sich über das graue Pelzbündel auf der roten Eisensteinerde.

Das Tier war so groß wie ein kleiner Hund, hatte jedoch längere Hinterbeine. Es war eine Malabarratte, und es war tot. Seine glasigen Augen starrten ins Leere, seine hervorstehende Schnauze war offen, und aus seinem Leib quollen, inmitten einer Masse von Blut und Gedärmen, vier noch blassere Kreaturen, eins das genaue Abbild des anderen. Es waren Embryos, noch ohne Fell, mit geschlossenen Augen, die winzigen Pfötchen gefaltet.

»Oh!« schrie Maggie entsetzt. »Oh, Vin! Sie war trächtig.«

Sie berührte mitleidig eine der Vorderpfoten, spürte, wie sie sich um ihre Finger schloß.

»Was?« Vin war ihr gefolgt und starrte angewidert auf die toten Kreaturen.

»Sie war Mutter! Sieh nur, die vier – alle noch in der Gebärmutter – welch ein Jammer! Sie sind alle tot.«

»Igitt! Wie kannst du sie nur ansehen – anfassen?« Er hielt die Hand vor seinen Mund. »Mir wird ganz schlecht.«

Doch Maggie konnte den Gedanken, daß andere Wagen die Tiere womöglich noch einmal überfahren und in den Boden walzen könnten, nicht ertragen.

Sie holte ein paar grüne Zweige und flocht eine Matte, auf die sie den zerquetschten Körper und die vier Embryos schieben konnte. Es war ein schmutzige Arbeit, doch sie schaffte es. Dann stolperte sie ins Unterholz und legte das Tier sanft neben einen umgefallenen, von Heidekraut umwucherten Baumstamm.

»Hier gibt es kein Wasser, und du kannst dir nicht die Hände waschen«, erklärte Vin kalt. »Würdest du bitte darauf achten, daß du nichts im Auto anfaßt? Wir werden uns hineinsetzen und warten müssen, bis jemand kommt und uns mitnimmt – hoffentlich haben sie einen Rücksitz... Nun gut, jetzt ist der Gold Star dieses Jahres also zum Teufel.«

»Pech«, entgegnete Maggie kühl. Sie wischte sich die Hände an ein paar Blättern, dann an ihrem Taschentuch ab, knüllte es zu einem Ball zusammen und versteckte es unter einem Busch.

Vin ging weg, kramte im Wagen herum und holte die Flasche heraus. »Rum?«

»Nein, danke.«

»O Gott, ich fühle mich, als wäre ich betrunken. Was für ein verdammtes Pech! Wenn es meine eigene Schuld gewesen wäre, würde ich mich nicht so aufregen, doch es passierte nicht durch einen Fahrfehler. Wer konnte damit rechnen, daß so eine verdammte Ratte mitten auf dem Weg sitzt?«

»Sie hätten die Strecke nicht hier entlang führen dürfen. Es ist keine Straße und es gibt hier eine Menge Tiere.«

»Blödsinn! Es muß eine Ausscheidungsstrecke geben, um die schwächsten Wagen auszuschalten. Sonst würde ja jeder ohne Punktverlust durchkommen. Wir jedenfalls sind ausgeschaltet.«

Voll Wut trat er mit dem Fuß gegen einen der Reifen und trank den Rum aus dem Aluminiumbecher in einem Zug. Dann goß er sich noch einmal ein. »Da ist immer noch etwas Kaffee in der Thermosflasche, wenn du willst.«

»Nein, danke«, wiederholte sie.

Sie stand mit dem Rücken gegen einen schlanken Baumstamm gelehnt. Das Licht der Scheinwerfer durchdrang das stachelige, unwirtliche Gebüsch.

Sie war tief verletzt. Seine Grobheit, seine Vorliebe, ihr für alles die Schuld zu geben, sein Mangel an Mitgefühl für ihr Unwohlsein und ihre Trauer um die tote Malabarratte hatten ihn weit weg von ihr gerückt.

Er war ein Fremder, dieser Mann, der sie in seinen Armen gehalten hatte, wie nie jemand zuvor, dem sie erlaubt hatte, ihre intimsten Stellen zu berühren. Es war offensichtlich, daß er sie nicht mehr liebte; jetzt verachtete er sie.

Vin betrachtete die Umrisse ihrer vom diffusen Licht der Scheinwerfer angestrahlten Gestalt: ihren kleinen, wohlgeformten Körper in der engen Hose und dem Rollkragenpullover, ihre schlanken, feinknochigen Hände, ihr zartes Gesicht.

Er stellte den leeren Becher auf die Kühlerhaube, kam zu ihr herüber und nahm sie derb in die Arme.

Der Rum pulsierte in seinen Adern, durchwärmte und erregte ihn und dämpfte seine Enttäuschung wegen der Rallye.

»Nun, machen wir das Beste daraus«, murmelte er. »Es kann eine Zeitlang dauern, bis ein anderer Wagen hier durchkommt, und wir haben eine Decke hinten im Auto. Komm. Irgendwo hier gibt es sicher ein bequemes Plätzchen.«

Sie lag steif in seinen Armen. Er küßte sie, lehnte sich dann erstaunt zurück, als er spürte, daß ihre Lippen unter seinem Mund hart blieben.

»Was ist nicht in Ordnung, Liebling?«

»Alles, alles! Und du willst mich lieben, als ob – als ob –«

»Nun komm schon, Maggie. Es tut mir leid, ich war ein bißchen grob. Du weißt, daß ich dich liebe.«

»Nein! Das tust du nicht! Du wolltest nur wissen, wie ich im Bett bin, und, und...« Sie begann zu schluchzen.

Er ließ die Arme sinken. »Um Gottes willen, Maggie, jetzt mach doch keine Szene! Habe ich dir nicht gesagt, daß ich dich heiraten möchte? Klingt das, als ob –«

»Du hast es gesagt, aber ich glaube es nicht. Deine Mutter würde es nie erlauben, und das weißt du. Du wirst sagen, daß du ihre Gefühle nicht verletzen kannst und warten mußt, bis sie sich etwas erholt hat. Sie hat den Tod deines Vaters noch nicht überwunden.«

Vin schwieg und erkannte voll Unbehagen, daß das genau das war, was er dachte. Natürlich wollte er Maggie eines Tages heiraten, aber im Augenblick paßte eine Hochzeit nicht in seine Pläne.

Tränen strömten über ihr Gesicht.

»Stell um Himmels willen dieses Wasserwerk ab, Maggie!« schrie er entnervt.

»Gewiß.« Sie unterdrückte ein Schluchzen. »Hast du ein Taschentuch? Ich habe meins weggeworfen.«

»Natürlich.« Das Geräusch eines den Weg herunterschlitternden Wagens war die Erlösung für sie beide. Sie blickten den wild hin- und herschwingenden Scheinwerfern entgegen. Vin trat auf den Weg hinaus und streckte die Hand aus. Schlingernd kam der Wagen zum Stehen. Es war ein großer, alter Sedan, auf dessen Vordersitz zwei in Schals und Überzicher gehüllte Männer saßen.

»Können Sie uns bis zum nächsten Kontrollpunkt mitnehmen? Unser Wagen ist kaputt – gebrochene Vorderachse.«

»Okay. Steigen Sie ein.«

»Schnell, Maggie, halte sie nicht auf«, zischte Vin scharf. Sie kletterte schweigend auf den Hintersitz und preßte sich, so weit weg von ihm wie möglich, in ihre Ecke.

10

»Schokolade, Vin? Du weißt, ich darf eigentlich nicht. Ich versuche, etwas abzunehmen. Natürlich bin ich nicht dick, aber dieser schwere Knochenbau –«

»Komm schon, Mutter, einmal ist keinmal.«

Er hatte seine Mutter an ihrem Geburtstag ins Theater ausgeführt. Sie genoß den Ausflug in Begleitung ihres hochgewachsenen Sohnes, der Stanleys aufrechten Gang und seinen schmalen Kopf besaß, aber unverkennbar die Züge seiner Mutter trug. Ja, er ist ein Forbes, dachte sie zufrieden, wie Joseph, ihr Vater und seine Urgroßväter Jason und Hamilton.

Sie sahen sich eine sehr gute Laienaufführung von »Onkel Vanya« an, doch gegen Ende der Vorstellung wurde Vin immer nervöser – alle auf der Bühne schienen sich entsetzlich langsam zu bewegen und zu sprechen, doch seiner Mutter gefiel es. Sie starrte gebannt auf die Bühne, bis der Vorhang fiel.

Als die Lichter aufflammten, zog sie zufrieden ihr Pelzcape und das Spitzenoberteil ihres Kleides über ihrem großen Busen zurecht. Selbstgefällig blickte sie auf diese sichtbare Ausdehnung ihrer Persönlichkeit herunter, die ihr sagte, daß sie wirklich existierte und nicht nur in der Phantasie eines Schriftstellers lebte.

Seit Stanley tot war, brauchte sie diese Selbstbestätigung. Das Ausheben seines Grabes schien den festen Boden unter ihren Füßen ins Wanken gebracht zu haben. Manchmal fuhr sie nachts aus dem Schlaf hoch und wußte nicht, wer und wo sie war, und ihr Bett schien ihr ein einsames Boot in unbekannter See zu sein. Das dauerte immer nur einen Augenblick; die Erinnerung kam mit dem Gedanken an ihren Namen zurück, Rosetta Forbes King. Natürlich! Das war ihr Haus, ihr Name.

Ihr Glaube jedoch, daß der Tod etwas war, das nur andere Menschen anging, war böse erschüttert worden. Jetzt wünschte sie sich, in Enkelkindern weiterzuleben; wenn Vincent doch nur eine angemessene Frau finden würde!

Zumindest schien er mit diesem unmöglichen Mädchen aus Queensland gebrochen zu haben, doch er zeigte kein besonderes Interesse an irgendeiner anderen. Er war einmal mit Bette Burgess' Tochter Jeanne ins Kabarett gegangen, und sie hatte gehofft... Er war solch ein gutaussehender Bursche. Natürlich nicht im landläufigen Sinn; er hatte eine große, hagere Nase und tiefliegende Augen, aber er war hochgewachsen und braungebrannt und gesund. Als sie sich langsam mit der Menschenmenge aus dem Saal herausbewegten, legte sie stolz eine Hand auf seinen muskulösen Arm. Er wirkte ungeduldig und nervös, haßte die Menge, die sich so langsam weiterbewegte, und die namenlosen Körper, die mit dem seinen zusammenstießen. Sie mußte daran denken, daß er lieber lange Treppen zu Fuß hinaufstieg, als einen überfüllten Aufzug zu benutzen.

Oben an der Treppe trafen sie mit einem von rechts aus dem Gang kommenden Menschenstrom zusammen. Ihr Blick blieb an einem Mädchen im rubinroten, samtenen Abendmantel hängen; sie hatte schönes rotes Haar, das ihre etwas blasse Gesichtsfarbe und ihre dunklen Augen belebte... Rosetta drückte den Arm ihres Sohnes und hoffte, seine Aufmerksamkeit zu gewinnen. Sie kannte dieses Gesicht nur zu gut.

»Hast du die Schokolade mitgenommen, Vincent? Ich habe nur zwei Stück gegessen.«

»Ja, Mutter, ich –« Seine Stimme erstarb. Sie hatten fast schon den Ausgang erreicht, als er Maggie Pinjarra sah. Als hätte sie seinen Blick gespürt, schaute Maggie ihn an. Ihre großen Augen sahen durch ihn hindurch, ruhig und kalt.

»War das nicht Miss Pinjarra?« fragte Mrs. King wie beiläufig, ohne jedoch Vins Arm loszulassen. Sie spürte seine angespannten Muskeln, als wolle er zu Maggie hinaufstürzen. »Ich glaube nicht, daß sie uns gesehen hat.«

»Sie hat uns gesehen. Oder zumindest mich. Und sie hat durch mich hindurch gesehen.«

»Bestimmt nicht!«

Fiebernd vor Ungeduld mußte Vin seinen Schritt dem seiner Mutter und der sich langsam fortbewegenden Menschenmasse anpassen. Und als sie das Foyer erreicht hatten, hielt Rosetta ihn zurück, indem sie sich schwer gegen ihn lehnte. Maggie war verschwunden. Der rote Samtmantel war nirgends zu sehen.

Er hatte versucht, sie an ihrem Arbeitsplatz anzurufen, aber sie ließ sich nicht sprechen; hatte ihr einen Brief ins Wohnheim gesandt, doch sie schickte ihn, zusammen mit seinen, zu einem sauberen Bündel verpackten Geschenken, zurück. Dann rettete ihn sein Stolz, die Wut über ihre unnachgiebige Haltung. Er hatte den ersten Schritt getan, er hatte versucht, sich zu entschuldigen. Wenn sie darauf nicht reagieren wollte, sollte sie sich zum Teufel scheren. Es gab genügend andere Mädchen.

Doch gerade das war das Problem. Es gab kein Mädchen wie Maggie. Sie war einmalig. Er war ohne Freude mit Jeanne ausgegangen, und sie hatte ihn wieder mit in ihr Schlafzimmer genommen. Doch sie hatte ihn kaum erregt, und Jeanne war nicht erfreut über seinen offensichtlichen Mangel an Interesse.

Dies war das erste Mal, daß er Maggie nach dieser unglückseligen Bergrallye gesehen hatte. Er hatte den Wagen verkauft und fuhr nun einen überverdichteten Triumph. Doch er fand keinen Spaß an dem neuen Auto. Nichts war ihm mehr wichtig außer diesen wundervollen Augen. Er wußte, daß er sich schlecht benommen hatte. Wenn sie ihm doch nur noch eine Chance geben würde...

In jener Nacht träumte er sehr lebhaft von ihr, wachte schweißgebadet in seinem Bett auf. Aufstöhnend umarmte er das Kissen und murmelte: »Maggie! Ich liebe dich.«

Er hatte sich auf das Redex-Round-Australia-Rennen gefreut, eine elftausend-Meilen-Strecke. »Pech in der Liebe, Glück im Rennen«, sagte er sich. Er brauchte diese harte Anstrengung, um nicht mehr an Maggie denken zu müssen.

Am nächsten Tag traf ein Brief von ihr ein, der ihn bedauern ließ, daß er weg mußte.

»Vin!

Natürlich habe ich dich gestern abend mit deiner Mutter gesehen, doch du kannst dir nicht vorstellen, wieviel Kraft es mich gekostet hat, so durch dich hindurch zu schauen. Als du so plötzlich vor mir standst, zitterten meine Knie so sehr, daß ich kaum die Treppe hinuntergehen konnte. Ich hatte versucht, mir einzureden, daß ich dich vergessen hätte, aber das stimmt offensichtlich nicht.

Ab morgen bin ich für zwei Wochen in Urlaub. Ich fahre auf meine Insel, um meine Wunden zu heilen. Wenn du mich nach meiner Rückkehr sehen willst, schicke mir eine Nachricht ins Wohnheim. Aber ich nehme an, daß du bereits ein anderes Mädchen hast.«

Sie unterschrieb einfach mit »Maggie«. Keine flehentlichen Bitten, keine Erinnerungen an vergangene Liebe. Sie überließ es ihm, den nächsten Schritt zu tun.

11

Maggie Pinjarras Buch »Dingo und Dugong: Geschichten von Onkel Morgan«, das sich sogar noch besser als die beiden ersten verkaufte, war das Resultat ihres Bruchs mit Vincent und ihrer Reise zu der Insel. Obwohl sie ihn zurückgewiesen zu haben schien, fühlte sie, daß es in Wirklichkeit umgekehrt war. Er hatte sein Heiratsversprechen nicht ernst gemeint.

In ihrem Schmerz wandte sie sich wieder ihren eigenen Leuten zu – und erkannte, welche Schätze Großmutter Nyora und Onkel Dingbat Morgan in ihren Köpfen bewahrten. Sie waren niemals niedergeschrieben, aber über die Generationen hinweg von den Alten an die Jungen weitergegeben worden.

Maggie, die sich einmal geschämt hatte, wenn sie in der Hauptstraße von Rockhampton mit ihrer Tante Maud Wandana in ihrem formlosen braunroten Kleid, das sich über ihrem massigen Leib wölbte, gesehen wurde, identifizierte sich jetzt stark mit ihren Eingeborenen-Verwandten. Maud setzte sich sehr für die Belange der Aborigines ein. Maggie suchte sie in ihrem Haus aus Faserkieselstein am Rande der Emu-Bay auf, um sie zu bitten, ihr ein paar alte Geschichten zu erzählen. Doch sie stellte fest, daß Onkel Morgan die ergiebigste Quelle war, vielleicht weil Männer schon immer traditionsgemäß die Liedermacher und Geschichtenerzähler ihres Stammes waren.

Maggies Schwester Marie, eine der wenigen Aborigines-Frauen, die ein Heimrecht unter den Weißen in der Stadt hatten, hatte jahrelang auf dem Festland gelebt. Und das, obwohl sie dunkler als Maggie war und die breite Nase und Augenbrauen des Volkes ihres Vaters besaß. Sie war aktives Mitglied des Föderalistischen Rates für den Fortschritt der Aborigines und Torres-Strait-Insulaner. Ihr Mann Billy hatte einen guten Job bei der Eisenbahn, war jedoch oft unterwegs auf Reisen. Bei der Eisenbahn gab es keine Rassenschranken.

Maggies Onkel Harold wurde seiner Stimme wegen akzeptiert. Er hatte Annas Schwester Ellen, eine halbe Insulanerin wie er selbst, geheiratet und ihren Mädchennamen Brown angenommen. Sie hatten keine Familie, und als Maggie die Grundschule abgeschlossen hatte, boten sie ihr für die Zeit ihres Besuchs der Mittelschule an, bei ihnen in Townsville zu leben. Tante Ellen hatte sie immer wieder ermutigt und ihr bei den Hausaufgaben geholfen, so daß Maggie bessere Schulleistungen erbrachte als die meisten Mädchen ihrer Herkunft. Sie absolvierte auch einen Handelskurs, lernte Maschinenschreiben und Stenographie, doch sie wußte, daß farbige Mädchen niemals als Stenotypistinnen angestellt wurden.

»Ich werde in Rocky nie weiterkommen«, sagte sie zu Marie. »Sie werden bald herausfinden, daß ich eine Aborigine bin und mich an die Luft setzen. Ich gehe in den Süden, wo ich keine Verwandten habe.«

Marie sah sie an. »Wieso? Was ist los? Schämst du dich deiner Verwandten?«

»Natürlich nicht. Aber ich schäme mich für die Betrunkenen, die vor den Pubs herumlungern, im Botanischen Garten schlafen, um Almosen betteln. Und für manche Mädchen…

Du kennst sie, jeder kennt sie. Jemand erzählte mir, daß sie es hinter dem Kino machen und einen Schilling pro Kunden nehmen, bis sie genügend Geld haben, um selbst ins Kino zu gehen.«

Marie sah sie betrübt an. Sie wußte, daß vieles davon der Wahrheit entsprach.

»Nun ja, du weißt, wie das ist. Diese Mädchen hatten keine Ausbildung, es ist die einzige Möglichkeit, die sie kennen, um Geld zu verdienen. Für sie gibt es keinen Job in der Stadt, sie sind in Baracken aufgewachsen, wo jeder mit jedem schlief... Wenn wir bessere Voraussetzungen schaffen können, Kindergärten und Vorschulen bekommen, ordentliche Ausbildung und Wohnungen, wird die nächste Generation anders sein. Aborigines und Insulaner werden Parlamentsmitglieder sein, Rechtsanwälte und Minister und alles. Nicht mehr nur Trinker und Frustrierte.«

»Bill oder David sind nicht so.«

»Nein, der Krieg kam Billy zu Hilfe. Er bekam sein ›Hundehalsband‹ zusammen mit seiner Kriegsdienstmedaille, und er durfte sich mit seinen Freunden im RSL am Anzac-Tag betrinken. Er durfte mit seinem Geld machen, was er wollte, und ein Bankkonto haben. Bei seinem Bruder Dave war es das Boxen. Wenn er einen Weißen in zwei Runden k. o. schlagen konnte – und er brauchte nie länger dafür –, brauchte er wohl kaum Angst zu haben, ihm gesellschaftlich unterlegen zu sein, oder?«

»Und wie ist es bei dir?«

»Nun, unsere Mutter war zu einem guten Teil Weiße, obwohl unser Vater Halb-Aborigine war. Wir sind richtige Mischlinge, du und ich und Dan. Ich habe das krause Haar vom alten Joseph Efate, du die hellere Haut. Dan sieht wie ein richtiger Aborigine aus. Lustig, was bei Mischehen so herauskommt. Billy wiederum sieht wie ein Insulaner aus, obwohl seine Mutter, Tante Maud, eine reine Aborigine ist.«

»Onkel Dave schlägt ihr nach.«

»Ja, und er kommt gut zurecht in Melbourne. In Fitzroy gibt es viele ›Koories‹. Dans Kinder sind mehr wie Opa Tula.«

»Und wenn ich einen Weißen heirate, werden meine Kinder – zumindest einige von ihnen – dann dunkel sein?«

»Nein, sie werden wahrscheinlich heller sein als du. Aber sie könnten das krause Haar haben. Das scheint sich am meisten durchzusetzen.«

Maggie war diese Unterhaltung noch immer im Kopf, als sie schon mit der schaukelnden Schmalspurbahn wieder nach Norden reiste; sie war glücklich, daß sie auf der Welt war; was wäre gewesen, wenn Fiona statt Anna und Ellen die beiden Jungen gerettet hätte? Es gäbe sie nicht, sie wäre Vin nicht begegnet und hätte sich nicht in ihn verliebt. Leben! Wer konnte es ergründen?

Sie fragte sich, ob Vin ihren Brief wohl bekommen hatte.

Es war an ihm, den nächsten Schritt zu tun. Vielleicht würde er ihren Brief nicht einmal beantworten. Wenn er es jedoch ehrlich meinte, würde er darauf bestehen, daß sie heirateten und seine Mutter, wie er es ausgedrückt hatte, zum Teufel schicken.

Und ihre eigene Mutter Anna Pinjarra? Maggie konnte sich nur an eine schlanke, schöne Frau erinnern, die oft Blumen in ihrem krausen Haar getragen, gut gerochen hatte und an einer mysteriösen Blutkrankheit gestorben war.

Als ihre erste Geschichte veröffentlicht wurde, hatte Maggie nicht erwartet, daß sie von den Kritikern und der Öffentlichkeit mit soviel Begeisterung aufgenommen werden würde, doch dieser Anfangserfolg hatte sie angespornt, mehr zu schreiben. Jetzt wollte sie die uralte Legende der Küsten-Aborigines niederschreiben, den Mythos ihrer Entstehung, Geschichten über riesenhafte Tiere und legendäre Expeditionen. Nie hatte sie damit gerechnet, durch Morgan auf einen solchen Reichtum an alten Erzählungen zu stoßen.

Eine Geschichte, die sie besonders faszinierte, handelte von zwei Schwestern, die – nach einer langen Seereise über und über mit Salz bedeckt – von einer Insel aus weit in den Osten gereist waren. Mit ihrem Kanu dem Morgenstern folgend, hatten sie schließlich dieses Land erreicht und sich hier niedergelassen.

Wer konnte sagen, wie alt diese Legende war? Generationen von Männern hatten sie sich an ihren Lagerfeuern erzählt, vielleicht gar über viele tausend Jahre hinweg. Bücher konnten verbrennen, von Insekten zerfressen, durch Flutwellen oder Schimmel zerstört werden, doch das menschliche Gedächtnis war unzerstörbar. Durch das gesprochene Wort war diese Geschichte überliefert worden, vielleicht als Erinnerung an Menschen, die, wie ihre Insulaner-Vorfahren, von irgendwoher weit draußen im Pazifik hergekommen waren.

Sie fand Marie ziemlich unverändert vor, wenn auch dicker als früher und viel leidenschaftlicher am Kampf um die Rechte der Ureinwohner beteiligt. Queensland, so sagte sie, sei der Staat mit dem größten Rassenkult in Australien und habe die strengsten Gesetze. Die Reservate der Schwarzen würden wie Gefängnisse geführt, und alles werde vom »Department« aus geleitet – dem Department für die Belange der Aborigines, das von Brisbane aus über das Leben von Menschen bestimmte, die tausend Meilen entfernt lebten. Aborigines dürften nicht trinken und ihr Geld nicht selbst verwalten.

»In der Stadt gibt es einen Taxifahrer«, sagte sie, »der den Schwarzen das Vierfache seines üblichen Fahrpreises berechnet.«

»Und da heißt es, es gibt keine Diskriminierung.«

»Nun, du weißt selbst, wie schwer es hier ist, einen Job zu bekommen, selbst für qualifizierte Mädchen.

Es geht noch weiter: In den Kinos werden sie durch ein Absperrseil von den anderen Besuchern abgetrennt und dürfen nur auf den vorderen, schlechtesten Plätzen sitzen; im Krankenhaus gibt es eine ›Schwarzen-Station‹ für ihre Babys. Und die Lehrer an den Schulen sind überhaupt nicht interessiert an ihnen; wenn sie besonders gute Leistungen im Zeichnen oder Malen zeigen, ist es einfach ›Naturbegabung‹. Und was ist mit dir? Du bist doch im Süden so etwas wie eine Berühmtheit?«

»O ja! Ich werde zu Partys eingeladen, und zur Bibliothekswoche. Aber es gibt noch immer dieses grundlegende Etwas – verstehst du? – dieses ›wir und sie‹.«

»Ich weiß, Liebes. Ich werde in dieser Stadt bereits seit vielen Jahren akzeptiert. Ich überlege mir sogar, mich als Stadtrat aufstellen zu lassen. Natürlich hätte ich keine Chance; eine Frau *und* eine Farbige!«

»Im Süden ist es nicht so schlimm, wahrscheinlich, weil es dort so wenige von uns gibt und die Weißen sich nicht verpflichtet fühlen zu zeigen, daß sie die Herren sind.«

»Die Scheinheiligkeit der Weißen ist es, die so unmoralisch ist!« erklärte Marie. »Sie geben nicht zu, daß die Kindersterblichkeit unter den Aborigines zu den höchsten auf der Welt zählt; daß im Nordterritorium die Lepra herrscht und Fantome, direkt vor der Küste von Townsville, die Insel der Leprakranken ist; daß es Unterernährung und Syphilis gibt und Menschen blind durch Trachoma werden; eine Arbeitslosenquote von fünfzig Prozent, und die Hälfte unserer Leute leben in Hütten oder auf Schutthalden ohne richtige Wasserversorgung. Unterschwellig *hoffen* sie wahrscheinlich, daß wir aussterben; sie *hoffen*, daß sich das ganze Problem von selbst löst und es ein schönes, sauberes, reines weißes Australien geben wird. Gott schütze den verdammten König!«

Maggie war ein wenig erschrocken über die Heftigkeit ihrer Schwester. Sie wußte, daß all das stimmte. Sie hätte selbst ebenso wütend darüber sein sollen, doch sie war zu weit weg von all diesen Problemen. War sie zu einer »weißen Aborigine« geworden? Nein, sie war stolz auf ihr Eingeborenen- und Pazifikinsulanerblut, und mit der Veröffentlichung ihrer Romane kämpfte sie, ebenso wie Harold mit seinem Gesang, gegen die Vorurteile an.

Als sie mit einem Stapel von Notizen, die darauf warteten, zu Geschichten verfaßt zu werden, nach Südaustralien zurückkehrte, fand sie eine Nachricht von Vin vor. Er war bereits zu dem Rennen aufgebrochen, und so arbeitete sie bis in die Nächte hinein und hörte sich im Radio die Berichte über sein

Abschneiden beim Rennen an: die zerbrochene Windschutzscheibe, die alptraumhafte Fahrt nach Carnarvon. Er hatte ein Postscriptum unter seinen Brief gesetzt: »Ich habe deine Geschichten gelesen, und ich glaube, ich verstehe dich jetzt besser.«

Plötzlich hatte sie das Gefühl, daß alles noch gut werden würde.

Trotz des Bettelns und Flehens seines Beifahrers gab Vin das Steuer drei Tage lang nicht aus der Hand. Dies war einer der übelsten Abschnitte – durch die Kimberleys im äußersten Nordwesten des Kontinents hindurch –, und Vin hätte bei dieser Strecke niemand anderem vertraut. Übernächtigt und mit roten Augen, unentwegt in die rote Staubwolke starrend, die die vor ihm liegenden Konkurrenten und die ins Kreuz gehenden Schlaglöcher verbarg, steuerte Vin seinen Wagen mit grimmiger Konzentration und bis dahin ohne Punktverlust.

Ganz plötzlich hatte er ein Blackout. Es dauerte nur wenige Sekunden, aber in dieser Zeit waren sie von der Straße abgekommen und über die Kante des Straßendamms gerutscht. Die Windschutzscheibe zersplitterte.

Mit Hilfe von Hebeln und Wagenhebern gelang es ihnen, den leichten Wagen wieder auf die Straße zu bringen. Und Vin gab, unter leichtem Schock stehend, das Steuer ab.

Hier im Landesinnern war die Nacht klar und eiskalt; die Sterne über ihnen glitzerten im weißen Licht der Milchstraße wie leicht verwaschene Eissplitter. Der Skorpion beherrschte den winterlichen Himmel, ein leuchtender Bogen neben dem anderen blasseren Lichterstrom. Der Wind schnitt wie ein Schwert in ihre ungeschützten Gesichter. Man hatte angenommen, daß sie aus dem Rennen wären, und als sie in Wyndham an der Nordwestküste eintrafen, wurden sie von allgemeinem Jubel empfangen. Und die wartenden Reporter sandten die Story ihrer großartigen Ausdauerleistung nach Süden.

Doch das war erst der Anfang ihres Leidensweges. Die Reparatur der Windschutzscheibe konnte erst in Carnarvon, fast tausend Meilen weiter südlich, vorgenommen werden. Zum Schutz gegen den Wind hüllten sie ihre Gesichter in Schals, zogen Plastikhandschuhe an und fuhren weiter.

Während sie die Nullarbour-Plain, das letzte Stück der Prüfung, durchquerten, begann Vin Halluzinationen zu haben. In der baumlosen Wüste der Kalksteinebene war es tagsüber heiß und nachts kalt. Die Straße war ein Alptraum aus tiefen Bodenwellen und mit Kuhmist gefüllten Schlaglöchern. Vin wurde unaufmerksam, und plötzlich schlitterte der Wagen in eine tiefe Rinne und blieb stecken.

Um sie herum erstreckte sich die flache Kalksteinebene, in der nichts als ein wenig verkümmerte Melde und ein paar unverwüstliche Gänseblümchen wuchsen. Hinter ihnen tauchte eine weißgraue, von Sekunde zu Sekunde größer werdende Staubwolke auf. »Zum Teufel! Er darf nicht vorbei, sonst müssen wir seinen Staub schlucken.«

Sie sprangen aus dem Wagen und begannen, mit einer Schaufel und bloßen Händen den Sand wegzuschaufeln. Und gerade in dem Augenblick, als der andere Wagen an ihnen vorbeifuhr, sie mit einer Wolke winziger Kalksteinkörnchen berieselte und in erstickenden Staub hüllte, schwang Vin sich auf den Fahrersitz.

Er fluchte, startete den Motor und beschleunigte im niedrigsten Gang, bis er – halb blind vom Sand – kurz hinter dem anderen Wagen war. Er hupte, doch der Wagen blieb weiter mitten auf der Straße. Er versuchte, links vorbeizukommen, doch auch der andere Wagen zog nach links.

»Dieser Hund!« schimpfte Vin. »Er will mich nicht durchlassen.«

Die Räder berührten den holprigen, steinigen Straßenrand. Der hintere Wagenteil brach wild aus, touchierte den anderen Wagen an der Seite, und dann fuhren sie auf der falschen Seite vorbei. Flüchtig erkannte er, wie der Fahrer des Wagens wütend die Faust ballte.

»Weine nicht, ade, ade«, sang Vin, während er das Gaspedal durchtrat und ihn hinter sich ließ.

Sie machten Zeit gut, und am nächsten Kontrollpunkt vor Port Augusta hatten sie nur eine Minute verloren. Dann waren sie wieder auf der Strecke und hatten nur noch zweihundert Meilen vor sich.

»Wir haben es geschafft!« frohlockte Vin. Der Pokal oder die Ehre und der Siegesruhm oder auch die fünftausend Pfund, die zu gewinnen waren, kümmerten ihn nicht. Er hatte sich selbst etwas zu beweisen – und auch Maggie. Er hatte das Gefühl, daß er sie nur zurückerobern konnte, wenn er das Rennen gewann.

Es war Nacht, als die ersten Wagen am Ziel ankamen, einer eingezäunten Weide in den nördlichen Außenbezirken der Stadt, wo vorübergehend die Quartiere für die Kampfrichter und eine Kantine für übermüdete Fahrer, ihre wartenden Familien und die Zuschauer errichtet worden waren.

Als Vin als erster eincheckte, kam Franz Diamond, mit der Armbinde eines Offiziellen und mit einer Wettkarte wedelnd, auf ihn zugerannt.

»Du hast es geschafft – König Vincent!« schrie er. »Niemand wird dich mehr schlagen. Ich habe zehn Dollar auf dich gesetzt; ich wußte, daß du es schaffen würdest. Meinen Glückwunsch.«

Vin und sein Beifahrer lächelten sich erschöpft zu und schüttelten sich die Hände. Sie sahen wie Clowns aus, mit ihren vom weißen Staub bedeckten Gesichtern, in denen nur der Bereich um die Augen eine normale Farbe aufwies. Blitzlichter flammten auf. Fernsehkameras und Mikrophone wurden ihnen vor die Gesichter gehalten. Das Rennen war rund um die Welt mit riesigem Interesse verfolgt worden. Über seinen Verlauf war täglich minutiös berichtet worden, und eine große Welle der Begeisterung schlug ihnen jetzt entgegen.

Als Vin seine steif gewordenen, langen Beine unter dem Steuer hervorgezerrt hatte und sich mit dem Ärmel seines Overalls den Staub aus dem Gesicht wischte, spürte er eine sanfte Berührung an seinem Arm. Eine warme Woge schien sich von dieser Berührung auszubreiten und durch seine Adern zu seinem Herzen zu strömen. Er drehte sich um und wußte, daß sie da war.

»Maggie!« rief er und zog sie in seine Arme, hob sie in die Höhe. Die Zuschauer lachten und jubelten, die Kameras klickten.

»Ist das Ihre Verlobte, Vincent?« fragte ein junger Reporter mit schreibbereitem Bleistift.

In drolliger Manier eine Augenbraue hochziehend, sah Vin Maggie an. Sie lächelte und nickte mit strahlendem Lächeln, das all ihre so weißen Zähne zeigte.

»Ja, so können Sie es nennen«, sagte Vin. »Meine Verlobte, Miss Maggie Pinjarra – Sie kennen sie, die Verfasserin von ›Kleiner brauner Bruder‹ und ›Der Träumer‹.«

Wieder küßten sie sich vor den Kameras, aber für sie war es, als wären sie allein in einem neuen, wunderbaren Land, unschuldig und glücklich wie Adam und Eva vor dem Sündenfall.

Seine Mutter erklärte kalt: »Natürlich bist du erwachsen und unabhängig; und so sehr ich es auch mißbillige, ich kann nichts dagegen unternehmen. Es wird natürlich mit einer Scheidung enden. Ich hoffe, du wirst genügend Verstand haben, keine Familie zu gründen.«

Sie hatte die Morgen- und Abendzeitungen auf ihrem Bett ausgebreitet und trank ihren Morgentee. Vin bemerkte, daß sie noch immer die gleichen Biskuits aß, um die er gebettelt hatte, wenn er als kleiner Junge morgens in ihr Schlafzimmer kam. Er glaubte, noch immer das weiche Gebäck zu schmecken, das ihm im Mund zerging, nachdem er es in den heißen Tee gestippt hatte.

»Bist du dir wirklich klar darüber, was es bedeutet, dieses Mädchen zu heiraten?« fuhr sie fort.

»Natürlich bin ich mir klar darüber. Du brauchst dir keine Mühe zu geben – an dieser Tatsache wirst du nichts ändern. Ich liebe sie, und sie ist die einzige Frau für mich.«

»Aber Vincent –« ihr Kinn bebte, ihre Augen wurden feucht. »Du könntest ruhig etwas Rücksicht auf meine Gefühle nehmen. Du bist alles, was ich habe. Und ich hatte gehofft, daß wir – wenn du einmal heiratest – in diesem großen Haus eine kleine

Wohnung für dich und deine Frau einrichten könnten. Aber ich kann nicht behaupten, daß ich den Wunsch habe, mit einer Halb-Kanakin aus Queensland unter einem Dach zu wohnen. Sie ist hübsch, das gebe ich zu, aber es gibt viele hübsche Mädchen. Und ihre Aussprache –! Wirklich, ich kann dich nicht verstehen. Ich kann dich einfach nicht verstehen.«

»Weil du nicht verstehen willst! Du hast ganz einfach Vorurteile gegen Maggie, Mutter.«

»Und was ist, wenn ihr Kinder kriegt? Sie könnten dunkel sein! Wenn ich daran denke, daß jemand aus der Familie Forbes –«

»Mutter! Ich bin kein Preisbock auf einer Forbes'schen Schaffarm! Ich bin kein Zuchtwidder, der für die Reinheit der Wolle zu sorgen hat. In Wirklichkeit hatten wahrscheinlich einige deiner altehrwürdigen Forbes-Vorfahren ein halbes Dutzend farbiger Kinder, aber sie haben deren Mütter nicht geheiratet. Also konnte man es respektieren. Ein schwarzes Mädchen war ganz gut, um ein bißchen mit ihr herumzuhuren, aber niemals gut genug als Ehefrau. Das kam nicht in Frage.«

»Vincent! Was redet du da für Unsinn?«

Er rannte wütend im Zimmer auf und ab.

»Aber wie dem auch sei, im Augenblick möchte ich keine Kinder haben. Es wäre unmöglich, mit einer Kinderschar zu den Autorennen anzureisen. Ich gebe die Arbeit bei der Versicherung auf und werde Berufsfahrer.«

»Ich habe mir so sehr ein Enkelkind gewünscht –«

»Sieh mich nicht so an.«

»– doch es wäre besser, wenn du nicht gleich Kinder in die Welt setzt. Du wirst diese Dummheit bald bereuen, und es wird zu einer Scheidung kommen, darauf gebe ich dir mein Wort. Sie will nur dein Geld und sich in deinem Ruhm als Rennfahrer sonnen. Du hättest jede haben können –«

»Bist du fertig? Mein Gott, wie du dich irrst! Maggie ist das anständigste Mädchen, dem ich je begegnet bin. Sie macht sich nicht soviel aus diesen Dingen.«

»Ja, natürlich! Jetzt ist sie zuckersüß, bis sie dich sicher an der Angel hat. Das wirst du bald selbst feststellen. Sie wird das Haus vernachlässigen und verdrecken lassen und mit fünfunddreißig eine fette, schlampige, alte Eingeborene sein. Sag nachher nicht, daß ich dich nicht gewarnt hätte. Ich sage nicht, daß sie keine Moral hat –«

»Du hast sowieso schon genug gesagt!« Vins Gesicht war weiß vor unterdrückter Wut. »Du zitierst diese alten Vorurteile nur, weil du eifersüchtig bist – ja, ganz einfach eifersüchtig! Du hast Maggie nie gemocht und würdest auch kein anderes Mädchen mögen, das ich heiraten möchte.«

»Du tust mir Unrecht. Ich hatte gehofft, daß du Jeanne Burgess heiraten würdest.«

»Jeanne ist nichts als ein Nobel-Flittchen. Sie geht mit jedem ins Bett, der gerade gesellschaftlich *in* ist. Ein russischer Schriftsteller, ein in Mode gekommener Künstler, ein neuer Starsänger oder ein Rennfahrer, der einen großen Sieg zu verbuchen hat. Das ist deine Jeanne.«

»Das glaube ich nicht.«

»Gut, dann glaubst du es eben nicht. Aber sprich bitte nicht über Dinge, von denen du nichts verstehst.«

»Gut, gut. Solange du nicht erwartest, daß ich euch meinen Segen gebe oder zur Hochzeit komme«, erwiderte sie. Ihre große Nase, die der seinen so ähnlich war, rötete sich. Sie zog ein Taschentuch unter dem Kopfkissen hervor und betupfte ihre Augen. »Ich weiß nicht, womit ich soviel Undankbarkeit verdient habe. Wirklich, Vincent! Wenn dein Vater noch lebte –«

»Wenn Vater noch lebte, würde er mich verstehen. Du hast immer versucht, über das Leben anderer zu bestimmen. Ich bin überzeugt davon, er ist an Enttäuschung darüber gestorben, daß ich nach meiner Rückkehr aus Melbourne nicht zu ihm gekommen bin. Du hast mich daran gehindert, ins Krankenhaus zu gehen, bis es zu spät war. Die Schwester sagte mir, daß er nach mir gefragt hat.«

»Das ist doch Unsinn!« Aber sie wandte unsicher den Blick ab.

»Nun, über mein Leben wirst du nicht länger bestimmen. Maggie und ich werden eine eigene Heimat finden. Vielleicht gehen wir nach Melbourne; das hängt davon ab, wen ich als Sponsor finde. Ich gehe fort, ich bleibe keine Nacht länger hier.«

Er stürmte hinaus, schloß die Tür mit einer Endgültigkeit hinter sich, die sie entsetzte. Sie putzte sich die Nase, trank einen Schluck Tee. Sie würde warten; die Zeit arbeitete für sie. Er würde dieses Mädchen leid werden und zu ihr zurückkommen.

12

»Es ist noch nicht Mittagszeit, es ist noch Vormittag«, sagte Maggie.

»Ich sage, es ist Essenszeit. Wo ist meine Uhr? Ich muß sie im Badezimmer liegengelassen haben.« Er drehte sich um und spähte zum Fenster des Hotelzimmers hinaus. Es war ein altes, aus Holz gebautes Hotel, um dessen gesamten ersten Stock ein mit weiß bemaltem Gitterwerk verzierter Balkon verlief. »Woher willst du das wissen? Du kannst die Sonne ja gar nicht sehen.«

»Ich weiß es eben«, erklärte Maggie. »Der Vormittag hat eine andere Atmosphäre. In ihm liegt ein Versprechen, Erregung, Frische. Der Nachmittag ist stiller.«

»Du hast ganz einfach bessere Augen.«

»Nein, ehrlich! Ich könnte es mit verbundenen Augen sagen. Ich weiß immer, wie spät es ist, wenn ich im Dunkeln aufwache. Es gibt ein Mitternachts- und ein Frühmorgensgefühl. Alle könnten das wahrscheinlich spüren, wenn sie nicht so abhängig von Uhren wären. Ich hasse es, eine Uhr zu tragen. Als meine Mutter im Sterben lag, bestand sie darauf, daß sie mit ihrer alten, verrosteten Armbanduhr begraben würde, die schon seit Jahren nicht mehr ging.«

»Vielleicht besitzt du telepathische Fähigkeiten und kannst die Uhr in der Stadthalle sehen – falls Yeppoon so etwas hat.«

»Nein«, erwiderte Maggie ernsthaft, »aber ich glaube an Telepathie – Tiere besitzen diese Fähigkeiten und kleine Babys.«

»Nun, wie auch immer, ich habe das ganz bestimmte Gefühl, daß es Mittagszeit ist. Mein Magen schickt mir telepathische Botschaften.«

Maggie räkelte sich wohlig in den weißen Laken. »Aber ist es denn nicht himmlisch, nicht aufstehen zu müssen?«

»Wie bitte? Ich sterbe vor Hunger!«

Vin ging ins Bad und kam mit seiner Uhr zurück. »Du hast recht. Es ist erst Viertel nach elf. Keine Chance, in diesem Pub etwas zu essen zu bekommen.«

Maggie sprang aus dem Bett. »Ich habe eine Idee! Wir haben doch das Brot mitgebracht und die Dose Thunfisch. Wir können uns Sandwichs machen. Wo ist der Dosenöffner?«

Sie setzten sich aufs Bett und verzehrten die Brote. »Morgen sind wir zu Hause, auf meiner Insel«, sagte sie.

»Hast du deiner Großmutter telegraphiert? Sie könnte einen Schock erleiden, wenn wir unangekündigt als Ehepaar auftauchen.«

»Sie würde einen noch schlimmeren Schock bekommen, wenn wir es nicht wären. Und ich habe auch Marie benachrichtigt. Während Billys Abwesenheit ist sie auch auf der Insel. Es gibt täglich nur eine Fähre, sie fährt morgens.«

»Können wir nicht ein Motorboot mieten und schon heute hinüberfahren?« Er wanderte ruhelos im Zimmer umher. »Das Nichtstun halte ich nicht aus.«

»Man kann nicht gerade sagen, daß du seit unserer Hochzeit nichts getan hättest«, entgegnete Maggie lächelnd. Doch ihr wurde kalt ums Herz. Langweilte er sich schon mit ihr?

Er lachte. »Ja, aber diesen Sport kann man nicht unbegrenzt betreiben.«

»Wir könnten ein Boot bekommen, aber das wäre teuer, und außerdem erwarten sie uns erst morgen. Ilona, die Frau meines Bruders, ist Postbeamtin. So wird die ganze Insel wissen, daß wir kommen und zu unserer Begrüßung an der Fähre sein. Die Post ist zwar ziemlich langsam, aber sie werden mein Telegramm bekommen haben. Bei schlechtem Wetter fährt die Fähre nicht. Und bei Niedrigwasser kommt ein Pferdewagen zum Riff hinaus, weil die Fähre nicht zur Anlegestelle fahren kann. Manchmal fällt ein Postsack ins Wasser.«

»Ich fürchte, ich habe etwas gegen öffentliche Transportmittel, Busse, Züge und Fähren. Ich kann es nicht ertragen, zwischen vielen Menschen eingezwängt zu sein. Ebenso, wie ich in der Schule Fußball gehaßt habe.«

»Du bist ein Super-Egoist.«

»Ja, aber du liebst mich.«

»Das stimmt; ich verstehe wirklich nicht, warum.«

»Weil ich ein dominantes Mannsbild bin und du es magst, über dich bestimmen zu lassen.«

»Das tue ich nicht! Ich bin für eine gleichberechtigte Partnerschaft. Aber ich weiß, daß ich doppelt benachteiligt bin. Frauen und Aborigines sind in diesem Land Bürger zweiter Klasse.«

»Nicht schon wieder das alte Lied, Mrs. Pankhurst.«

»Du Biest!« Sie begannen einen neckischen Ringkampf. Dann zog sie sich etwas über und ging auf den Balkon hinaus. »Das ist meine Insel«, sagte sie und deutete auf einen der schemenhaften, blaßblauen Umrisse am Horizont, die in der blaugrünen See zu treiben schienen.

»Komm, laß uns ein Boot mieten und ein bißchen herumfahren.«

»Ich wette, es war teuer«, sagte Onkel Dingbat Morgan, während er bewundernd auf seinem Holzbein um das Bett herumstapfte. Es war an diesem Tag mit der Touristenfähre herübergekommen, in Einzelteile zerlegt, und man hatte ihn gebeten, beim Zusammenbauen zu helfen: die beiden seltsamen Endteile aus gedrehtem, weiß gestrichenem Eisen mit glänzend polierten Messingknaufen; die Eisenschienen und die vier mit Laufrollen versehenen Beine. »Ein wunderschönes Bett!«

»Ich wollte es für Maggie und ihren Mann haben, wenn sie zu Besuch kommen. Hinterher kann ich es dann selbst benutzen.«

Nyora hatte sich seit Jahren solch ein Bett gewünscht, dessen Vorzüge sie bereits als junge Frau kennengelernt hatte. Sie war in einer Aborigines-Mission auf Fraser-Island aufgewachsen, bis das Ministerium sie ihrer Mutter weggenommen hatte, nachdem ihr Vater in die Lepra-Kolonie auf Dayman-Island geschickt worden war. Dort in der Mission lernte sie Kochen. Später wurde sie dann Köchin in einem der kleinen Küstenörtchen, die gerade in Mode kamen.

Dort lebte ein Weißer, allgemein »Der verrückte Künstler« genannt, mit seiner Frau. Er malte fast das ganze Jahr über. Im Winter verschaffte er sich zusätzliche Einnahmen, indem er Hütten an Touristen vermietete, die abends von Nyora zubereiteten tropischen Fruchtsalat, Fisch oder Hummer aßen. Dann verließ ihn seine Frau, die es leid war, in dieser Abgeschiedenheit zu leben und die Touristen zu unterhalten, und nach einiger Zeit zog Nyora in das Doppelbett mit den Messingknaufen und tröstete den Künstler. Doch für sie war er ein alter Mann. Als eines Tages ein junger, gutaussehender portugiesischer Matrose mit der Touristenfähre ankam, zeigte sich Nyora sehr interessiert.

Die Fähre pflegte nachts im Schutz der Insel zu ankern. Sobald das Abendessen abgeräumt und die Bar geschlossen war, setzte sich der Matrose Miguel ab und ruderte zu dem von Palmen umsäumten Strand hinüber, wo Nyora ihn mit einer purpurnen Orchidee oder einer Jasminblüte im Haar erwartete.

Als er eines Abends nicht an den Strand gekommen war – sie waren an jenem Tag am Großen Riff gewesen, und Miguel hatte das Dinghi meilenweit umhergerudert, während die Touristen durch mit gläsernen Boden versehene Kästen auf die Korallen heruntersahen –, schwamm sie, ungeachtet der Haifische, im Dunkeln zum Schiff hinaus. Vor Nässe glänzend, kam sie wie eine dunkelbraune Meerjungfrau die Stufen zu seiner kleinen Kabine auf dem Vorderdeck herunter.

Später ruderte Miguel sie ans Ufer zurück. Glücklicherweise war der Künstler kein eifersüchtiger Mann und fragte nie, wo sie gewesen war. Tatsächlich wurde er Nyoras und ihrer stürmischen Bedürfnisse langsam überdrüssig. Miguel hingegen war so beeindruckt von ihrer Liebe, die sie sogar nachts zu ihm hinaus hatte schwimmen lassen, daß er sie bat, ihn zu heiraten. Er blieb bis zur nächsten Schlechtwetterperiode auf dem Touristenschiff; die Bezahlung war gut, auch wenn er viel arbeiten mußte. Er besaß genügend Geld, um sich ein eigenes Boot zu kaufen, und er nahm Nyora mit. Das einzige, was sie ungern zurückließ, war das Bett mit den Messingknaufen.

Sie segelten nach Süden, und als sie schließlich in die Emu-Bay kamen, blieben sie mehr durch Zufall auf Pandanus-Island hängen. Dort gründeten sie eine Familie, die Verwandten vom Festland kamen zu ihnen herüber, und eines Tages betrachteten die Pinjarras Pandanus als »ihre« Insel. Miguel und sein Sohn Bert wurden neben der jüngsten Tochter Violet auf dem Inselfriedhof begraben.

Maggies älterer Bruder Dan und ihre Tante Elsie lebten in Nyoras Nähe.

Dans Lieblingsvogel, ein Queensland-Corella mit einem blauen Kreis um die dunklen, wissenden Augen, saß, wann immer es ging, auf seiner Schulter. Der Vogel hatte zwar einen Käfig, doch diesen sah er kaum von innen. Er liebte es, auf dem Dach des Käfigs zu sitzen und seine Umgebung zu überwachen.

»Verdammter Vogel hat die Sprache verloren!« brummelte Blue, der Papagei, in seine Federn hinein. Er besaß einen reichen Wortschatz und konnte in drei Sprachen fluchen, in Portugiesisch, Batjala – einem Aborigines-Dialekt – und in Englisch.

Wenn er frei in der Siedlung herumfliegen durfte, war er nicht immer ein gern gesehener Gast, weil er häufig Schaden anrichtete. Als ihm Nyora einmal nachjagte, weil er sämtliche Wäscheklammern von ihrer frisch gewaschenen Wäsche gezogen hatte und Hemden und Hosen in den Sand gefallen waren, flog er um die Ecke und biß die Knospen ihrer sämtlichen Tomatenpflanzen ab. Dann hockte er sich auf den Fußabtreter vor ihrer Eingangstür und sagte laut mit Dans Stimme: »Stellt den Wasserhahn ab, ihr dummen Hunde!«

Nyora schmiß ihm einen Eimer Wasser nach und drohte, »dem verdammten Vogel den Hals umzudrehen«, wenn sie ihn zu fassen kriegte. Doch Dan wußte, daß das eine leere Drohung war. Seine Großmutter akzeptierte, daß Blue immer bei ihm war.

»Gib mir die Tasche«, sagte Onkel Morgan, sein Zugpferd zügelnd, das seine großen Hufe so sicher auf das bröcklige Korallengestein des ausgezackten Riffs von Pandanus-Island setzte. Er stand knöcheltief im Wasser, doch das kümmerte ihn nicht.

»Onkel, das ist Vincent«, stellte Maggie vor, als sie zu ihm in den Wagen kletterte.

»Hallo, mein Liebes.« Der alte Mann küßte sie auf die Wange und sah Vincent unter seinen mächtigen Augenbrauen hervor prüfend an. »Das ist also Maggies Mann? Freut mich, Sie kennenzulernen.«

Während Vin ihm die Hand schüttelte, fühlte er sich plötzlich befangen. Er wurde einer Prüfung unterzogen, als Mann abtaxiert durch diese verschlagenen, alten Augen. Und zu seinem Entsetzen empfand er einen Anflug von Ekel. Diese Augen waren so umwölkt, blutunterlaufen und trübe in den dunklen, von Narben übersäten Hautfalten. Würde er Maggies geliebter Großmutter gegenüber auch so empfinden?

»Ich habe gehört, daß du in deinem Buch über mich geschrieben hast, Mädchen«, sagte Onkel Morgan.

»Ja, ich habe dir ein Exemplar mitgebracht. Ich hoffe, es gefällt dir.«

Der Karren wurde mit Post und Waren von der Fähre beladen, dann setzte sich das alte Pferd in Bewegung. Kokosnuß- und Pandanuspalmen, die der Insel ihren Namen gaben, überschatteten den Strand, malten Muster auf den weichen, silbernen Sand.

Am Strand standen einige wenige Häuser, darunter ein paar Ferienhäuser für Touristen. Maggies Großmutter wohnte in einer der alten, ungestrichenen Holzhütten mit Blick auf das Meer, die von Palmen überschattet und von blühenden Jasminsträuchern umrankt waren.

Nyora erwartete sie an der Eingangstür: eine dicke, dunkelbraune Frau mit wirrem grauen Haar, nackten braunen Beinen unter einem sauberen Baumwollkleid; ihre Füße steckten in alten Strandschuhen. All dies nahm Vin in sich auf, während er einen von ausgeblichenem Korallengestein umsäumten Pfad hinaufging. Dann begann Maggie zu laufen und wurde sogleich an Nyoras gewaltigen Busen gedrückt.

Mrs. Pinjarras Stimme war weich und wohltönend, ihre Ausdrucksweise hingegen ein wenig unvollkommen. Vin küßte sie pflichtschuldigst auf die Wange. Nyora trat einen Schritt zurück, hielt ihn auf Armeslänge von sich, um ihn betrachten zu können, was Vin absurderweise an Mrs. Burgess in ihrem feinen Salon erinnerte.

»Ehrlich!« sagte sie schließlich. »Vin, Sie sehen verdammt gut aus. Seid ihr sicher, daß ihr richtig verheiratet seid?«

»Ja, Großmama. In einer richtigen Kirche, das habe ich dir doch geschrieben.«

»Hm, ja, ich weiß nicht, ob ich diesen Brief je gelesen habe.«

»Ich habe auch an Marie geschrieben. Wo ist sie? Und Dan, und die anderen alle? Ich dachte, ihr wärt alle an der Fähre, um uns zu begrüßen.« Auch wenn es erst wenige Monate her war, daß sie zu Hause gewesen war, so war sie doch ein wenig enttäuscht darüber, daß ihre Familie ihrer Rückkehr als Braut offensichtlich so wenig Interesse entgegenbrachte.

»Marie dachte, es würde ein bißchen zu viel für Vin werden, uns alle auf einem Haufen kennenzulernen. Wir hielten es für besser, wenn er sich langsam an uns gewöhnt. Aber ich sehe, ihr seid glücklich, nicht wahr?«

»Sehr glücklich.«

»Sei gut zu ihr, Vin! Was immer auch geschieht.«

»Das werde ich, keine Sorge.«

»Wir wollten euch eine Flasche Champagner vom Hochzeitsfrühstück mitbringen, aber der ganze Champagner wurde ausgetrunken«, sagte Maggie.

»Hah! Champagner! Mir reicht Tee.«

Nyora führte sie nach drinnen, wo in der großen Küche, die gleichzeitig als Wohnzimmer diente, der Morgentee auf sie wartete. Maggie packte das Stück Hochzeitskuchen aus, das sie mitgebracht hatte.

Vin fand, daß er ganz gut mit Nyora zurechtkam. Als der Blick ihrer trüben Augen auf ihm gelegen hatte, hatte er sich einen Augenblick lang unbehaglich gefühlt. Konnten diese Augen wirklich in die Zukunft sehen, wie Maggie behauptete? Und was hatten sie gesehen, daß sie in solch ernstem, beinahe warnendem Ton sprach? Aus ihrer Zeit als Köchin auf einer beliebten Touristeninsel hatte sie sich eine gewisse Leichtigkeit und einen Rest ihres Hangs zum Flirten bewahrt, und als er ihren lachenden Blick auffing, sah er für einen Augenblick das hübsche, schlanke, strahlende Mädchen, das sie einst gewesen war.

Es war eine klare, mondlose Nacht, warm und mild, eine leichte Brise bewegte die Palmwedel. Sie saßen draußen vor dem Haus auf den Stufen oder auf Segeltuchstühlen im Sand und unterhielten sich. Von der Lampe über dem Küchentisch fiel ein sanftes Licht durch die offenstehende Tür nach draußen.

Maggie starrte gebannt in den nächtlichen Himmel hinauf. Der Mond war gerade aus dem Ozean aufgetaucht und würde bald den Himmel mit seinem fahlen Licht überfluten und den Glanz der Sterne trüben. Sie blickte zum leuchtenden Bogen der Milchstraße empor. Der Skorpion versank hinter dem Horizont. Kein Wunder, daß es in unserem Volk Dichter und Sänger gibt, dachte sie voll Stolz. Sie waren der Erde, den geheimnisvollen Sternen, der Küste und den Bergen nahe gewesen; Geister sprachen von Felsen und aus den Bäumen zu ihnen, und Uralt-Vorfahren hatten mit ihren magischen Kräften das

Land geformt. Sie war froh, diese Geschichten aufgeschrieben zu haben, ehe sie verlorengingen. Heute abend war Vincent ihr fremd – anders, *weiß*.

Er unterhielt sich mit Nyora und Marie. Er mochte Maggies Schwester, eine starke, ernste Persönlichkeit, die ohne Umschweife sagte, was sie dachte, und mehr wie eine Eingeborene aussah, als er erwartet hatte, zugleich jedoch voller Stolz und Selbstbewußtsein war. Dann kamen Dan und Ilona mit ein paar Flaschen kaltem Bier herüber. Dan war Nyora am ähnlichsten, sah aber, abgesehen von seinem schlanken, wohlgebauten Körper, auch in gewisser Weise wie sein Onkel Morgan aus. Ilona war eine glatthaarige Maori aus Neuseeland.

Vin, der beim Bier-Einschenken half, reichte einem großen, stillen Mann – dem Zimmermann – ein volles Glas.

»Sie verstoßen gegen das Gesetz, mein Freund.«

»Hm? Wie meinen Sie das?«

»Indem Sie einem Eingeborenen Alkohol geben«, erwiderte er und trank das Bier in einem Zug aus.

»Was? Wollen Sie damit sagen, daß Sie auf ihrer eigenen Insel, bei einer privaten Party, nicht trinken dürfen?«

»So ist es. Es heißt, das Gesetz existiere nur zu unserem Schutz. Wissen Sie, wir sind primitive Leute, und mit Alkohol drehen wir durch. Zumindest steht es so geschrieben.«

»Aber Sie könnten eine Freistellung bekommen?«

»Ja, das könnte ich. Wir nennen es das ›Hundehalsband‹. Aber es ist entwürdigend, ein Zertifikat bei sich zu tragen, das ausweist, daß man reif genug ist, um zu trinken. Darum will ich keins haben. Ich kann nicht in eine Kneipe auf dem Festland gehen, und meine Freunde könnten eingesperrt werden, weil sie mir ein Bier gegeben haben.«

»In Rockhampton habe ich mehrere Betrunkene gesehen«, sagte Vin, »und es waren alles Europäer.«

»Vielleicht ist das der Grund, warum wir das Zeug nicht kriegen können.«

»Ha, ha!« sagte Marie. »Du weißt verdammt gut, daß jeder es bekommen kann, der genug Geld dafür hinlegt.«

»Der Norden ist miserabel«, sagte Joe Berry, der Zimmermann. »Man muß, wie Maggie, nach Süden gehen, wenn man einen Job haben will. Außer als Eisenbahner und Arbeiter wollen sie uns nicht haben.«

»Die Regierung behauptet, es gibt keine Diskriminierung.«

»Hören Sie, Mann. Ich bin mein Leben lang diskriminiert worden. Wie viele schwarze Kinder sehen Sie in den Schwimmbädern von Townsville? Sie müssen sich zu den Haifischen gesellen, wenn sie schwimmen wollen.«

»Haie sind netter als Menschen«, mischte sich Onkel Dingbat Morgan ein. »Es ist ihnen egal, *wen* sie fressen – weiß oder braun, alle schmecken gleich.« Er stampfte mit seinem Holzbein auf den Boden und lachte herzhaft.

»Ja, unser Volk wird seit Ewigkeiten schlecht behandelt«, meinte Dan, der bis dahin recht schweigsam gewesen war. Vielleicht hatte er Joes Bemerkung als Spitze aufgefaßt, denn er selbst besaß das verachtete »Hundehalsband«, nachdem er bewiesen hatte, daß er in der Lage war, seinen Lebensunterhalt durch den Fischfang zu bestreiten. »Zuerst haben sie uns getötet, jetzt nutzen sie unsere Kultur.«

»Ja!« sagte Maggie. »Man sieht Aborigines-Malerei auf Aschenbechern, sogar auf Handtüchern. Ich bitte euch! Manche dieser Bilder haben womöglich heilige Bedeutung; wir sollten ihnen nicht erlauben, uns auszubeuten«.«

»Da hast du verdammt recht, Mädchen«, sagte Joe. »Marie, warum tun eure Leute nicht etwas dagegen?«

»Wir haben schon genug damit zu tun, uns für die Leute einzusetzen.«

Vin hörte zu, ohne sich richtig an der Unterhaltung zu beteiligen, aus Angst, etwas Falsches zu sagen; ihm war schmerzhaft bewußt, daß er zu der Rasse der »Mörder« und »Ausbeuter« gehörte. Seit seiner Ankunft auf Pandanus hatte er das Gefühl, Spießruten zu laufen.

In jener Nacht sehnte er sich danach, Maggie zu lieben, seinen Besitzanspruch auf sie zu bestärken, denn sie schien ihm plötzlich fremd. Doch die Nähe ihrer Großmutter, die hinter der dünnen Wand im Nebenzimmer schlief, hemmte ihn. Er drehte sich zur Wand, um nicht in Versuchung zu geraten, während Maggie in sich gekehrt und in Gedanken versunken dalag und zum Mond hinaufstarrte.

Irgendwann in der Nacht kamen sie zueinander und wachten wie üblich eng umschlungen auf.

»Ich frage mich, ob es falsch war, dich hierher zu bringen.« Maggie sah ihn ernst an.

»Es war richtig, und ich bin froh, daß ich gekommen bin. Aber versprich mir, daß du nicht so dick wirst wie deine Großmutter.«

Sie kicherte. »Ich verspreche es. Ich werde dünn bleiben wie Dan. Und Dan hat gesagt, wir müssen früh aufstehen, wenn wir mit Onkel Morgan zum äußeren Riff hinauswollen.«

Bei Morgengrauen leerte Maggie mit Dan bei Niedrigwasser die Fischfalle. Es war eine Vorrichtung aus in den Sand getriebenen Pfählen, um die Fische in einen Kasten aus Maschendraht zu lenken, der bei Niedrigwasser mit einer primitiven Winde aus dem Wasser gehißt werden konnte.

Und was gab es dann für ein verzweifeltes Umherschlagen, welch stürmische Bemühungen zu fliehen! Traurig beobachtete Maggie, wie ein riesiger Hecht sich erst auf den Schwanz, dann auf den Kopf stellte, während die kleineren, schillernden Umberfische aneinander vorbeischossen und dabei silbrige Schuppen verloren. Ein kleiner Hai warf sein Maul von einer Seite zur anderen und griff die kleineren Fische, die ihm in den Weg kamen, an.

Dan tötete das Tier mit seinem Fischhaken und warf die anderen in den Fischbehälter seines Bootes, wo sie im Salzwasser schwimmen und frisch in die Stadt geliefert werden konnten.

In Morgans alter Barkasse mit dem schnaufenden Motor fuhren sie direkt in die aufgehende Sonne hinein. Das Wetter war vollkommen, die See wie Glas, und Maggie war kein bißchen nervös, als sie zu der Großen Korallenbarriere hinausfuhren.

»Heio, ihr kleinen Fische, weinet nicht, oh weinet nicht!«

sang Morgan und klopfte mit seinem Holzbein im Takt gegen die Wand der vorderen Kajüte. Er saß oben auf dem Dach. Von hier oben aus konnte er die dunklen Flecken gut erkennen, die versteckte Korallenfelsen anzeigten.

Dreißig Meilen weiter draußen deutete Maggie nach vorne, wo ein Wechselspiel von Weiß und Schwarz am Horizont zu erkennen war – die großen Wellen des offenen Ozeans, die sich über dem Barriereriff brachen. Morgan ließ den Anker auf einem kleinen, von klarem grünen Wasser umgebenen Inselriff herunter, das bei Flut von Wasser bedeckt war.

Vin blickte über den Rand des Dinghis, das Morgan für sie mitgenommen hatte. Als sie über die seichten Tümpel glitten, sah er, was er sich so oft ausgemalt hatte: märchenhafte Grotten, in denen winzige Fische wie schillernde Schmetterlinge zwischen blühenden Zweigen hin und her schossen – lila, blau, rosa, grün.

Er sah eine riesige, halbgeöffnete Muschel, deren zusammengerollte, pfauenfarbene samtene Lippen leicht pulsierten; dunkelblaue Seesterne, Meerengel, deren schwarz-silbern gestreifte Flossen sich hin und her bogen... er versank in einer Welt, die noch keine Menschen, kein trockenes Land kannte. Dann erinnerte ihn ein stromlinienförmiger silberblauer Fisch, der schutzsuchend davonschoß, an seinen Maserati, und er fühlte sich wieder in die reale Welt zurückversetzt.

»Was für klares Wasser!« sagte er. »Es ist sauber wie die Luft. Können wir nicht hinein?«

»Doch, aber seien Sie vorsichtig, mein junger Freund. Und behalten Sie Ihre Schuhe an.«

»Die Korallen sind scharf, und Korallenschnitte entzünden sich«, erklärte Maggie.

Ein wenig schwerfällig durch seine Schuhe kletterte Vin aus dem Boot und schwamm und lief ein bißchen umher, fasziniert von den lebhaften Farben des Meeresgrundes. Beim Tauchen entdeckte er Fische, die ihn ohne erkennbare Angst anstarrten. Er vergaß, daß es in dieser stillen, wunderbaren Welt auch Gefahren gab.

Er kletterte wieder in das Dinghi, und sie ruderten zu der Barkasse zurück; dann lichteten sie den Anker und fuhren zu einem tiefen Loch im Riff, wo Onkel Morgan ihnen kleine Heringe als Köder gab, und sie warfen ihre Angeln aus. Während Morgan rote Korallenforellen mit blauen Flecken auf der Haut und Maggie einen gestreiften Maori mit blau umrandetem Maul herauszogen, hatte Vins Angel sich bald in den Korallen verfangen. Als sie, nachdem er sie endlich wieder freibekommen hatte, aus dem Wasser hochschnellte, stieß Maggie einen erschrockenen Schrei aus.

»Nicht anfassen!« schrie Morgan. »Schneid die Leine durch!«

»Was, und den Haken verschwenden? Ich mache ihn los«, widersprach Vin.

»Nein!« sagte Maggie ruhig. »Es ist ein Teufelsfisch. Sieh ihn dir gut an, und dann schneide die Leine durch, wie Onkel Morgan es dir gesagt hat. Siehst du die Stacheln auf seinem Rücken? Sie sind sehr giftig.«

Vin hatte von Teufelsfischen gehört und davon, wie qualvoll ein Mensch, der auf sie tritt, sterben muß, wie jeder Stachel zu einer Injektionsnadel wird, die das Gift tief unter die Haut spritzt. Die Kreatur sah wahrhaftig böse aus. In ihrem gelb umrandeten, weit aufgerissenen Maul war der ganze Köderfisch zu sehen und der Unterkiefer voller häßlicher Zähne.

»Ich möchte ihn töten«, sagte Vin voller Haß auf das schreckliche Wesen. Doch Morgan hieb schnell die Leine durch, und Fisch und Haken versanken.

»Mit dem Gewicht im Magen wird er ohnehin bald sterben«, sagte er. »Besser, Sie fassen ihn nicht an. Seitdem ein Freund von mir auf so ein Vieh getreten ist, trage ich immer Metalleinlagen in meinen Sandschuhen, wenn ich in die Fischfalle gehe. Wissen Sie, was mein Freund tat? Er steckte seinen Fuß in kochendes Wasser, er war ganz irr vor Schmerzen.«

Maggie erschauerte, und Vin blickte ernst in das kristallklare Wasser hinunter, das so viel Schönheit, zugleich aber auch so viel Schrecken beherbergte. Das Wasser hatte die gleiche Farbe wie die Augen des Katers Zircon. Jetzt verstand er, warum sie ihm geraten hatten, seine Schuhe anzulassen...

»Zieh deine Schuhe an, Vin. Geh nicht in Socken nach draußen.« Die Stimme seiner Mutter. Maggie brauchte als Kind keine Schuhe zu tragen. Voll Zärtlichkeit dachte er an das barfüßige, kleine Mädchen, das über den silbernen Sand lief. Warum mußte er gerade jetzt an seine Mutter denken? Er hatte sie vor seiner Abreise nicht mehr gesehen. Sie hatte ihm keine Nachricht geschickt, kein Hochzeitsgeschenk, hatte so getan, als hätte die Hochzeit gar nicht stattgefunden.

Sie war eine äußerst eigensinnige Frau. Trotzdem hatte Vin Schuldgefühle, und sie tat ihm leid wegen ihrer starrsinnigen Einsamkeit in dem großen Haus, in dem nur die armselige Ethel und die Katze Zircon ihr Gesellschaft leisteten.

Onkel Morgan löste einen Dorsch vom Angelhaken, der bestimmt an die fünf Pfund wog. Dann wickelte er seine Leine auf und zog den Anker mit seinen dunkelbraunen zupackenden Händen hoch.

Er blinzelte in die Sonne, die langsam am Horizont unterging. »Zeit, daß wir umkehren«, sagte er. »Ich möchte das Riff hinter mich bringen, ehe es dunkel wird.«

Maggie bestand darauf, daß Vin sich, bevor sie die Insel wieder verließen, von Nyora aus den Karten lesen ließ. Mit regungslosem Gesicht, das an die Wurzel eines alten Baumes im Morgenlicht erinnerte, breitete sie die abgegriffenen Karten auf dem Küchentisch aus und studierte sie mit teilnahmsloser Miene, während Vin und Maggie schweigend dasaßen.

»Wird er Weltmeister?« fragte Maggie schließlich.

»Schscht, Kind! Er wird weit kommen, und schnell, wie ich es schon vor Jahren deinem zukünftigen Ehemann vorausgesagt habe. Ich sehe Reisen... Menschenmengen... Fahnen. Aber –« Abrupt verschloß sich ihr Gesicht, sie schob die Karten zusammen. »Mehr sehe ich nicht.«

»Aber sag mir, werden wir Kinder haben? Wie viele?«

»Das kann ich nicht sagen.« Sie schüttelte den Kopf,

stemmte sich mit beiden Händen vom Tisch hoch, drehte sich um und räumte die Karten weg. Maggie konnte ihr Gesicht nicht sehen.

»Alles Unsinn, nicht wahr, Vin?« wandte Nyora sich lächelnd an ihn. »Als ob ich in die Zukunft sehen könnte.«

»Das ist es nicht! Sie kann es wirklich«, widersprach Maggie. Aber sie erkannte, daß ihre Großmutter nicht reden wollte. Dan holte sie ab. Er hatte eine Ladung Fische, die er mit seinem Kutter zum Markt aufs Festland bringen wollte.

Sie holten ihren in Yeppoon abgestellten Wagen und fuhren Richtung Süden. Als sie am zweiten Tag den Bruce-Highway nach Brisbane hinunterfuhren, vorbei an grünen Zuckerrohrplantagen und roter vulkanischer Erde, erkannten sie am Horizont die geheimnisvollen Glasshouse-Mountains. Die Straße führte rechts an dem größten Berg vorbei und im Hintergrund ragten ihnen zwei Gipfel entgegen, deren äußere Erscheinung unverkennbar an die menschliche Physiognomie erinnerte.

»Ich wette, deine Vorfahren wüßten ein paar gute, mysteriöse Geschichten über sie«, neckte Vin. »Diese göttergleiche Gestalt zum Beispiel – so, wie sie die Landschaft in ihre Geschichten eingewoben haben, kann sie ihrer Aufmerksamkeit kaum entgangen sein.«

»Ja«, erwiderte Maggie ernst. »Sie haben ganz bestimmt eine Legende über sie, aber ich kenne sie nicht; ich weiß nur, daß der alte Mann Tibrogargan genannt wird.«

Sie mochte Vin ihre Gefühle diesen seltsamen, dramatischen, urzeitlichen Gestalten gegenüber nicht eingestehen, die von Generationen von Aborigines Tausende von Jahren, bevor der weiße Mann kam, voll Ehrfurcht betrachtet worden sein mußten und die, obwohl die Menschen fort waren, noch immer unverändert dort standen. Sie mochte es nicht, wenn er sich darüber lustig machte, und starrte schweigend zum Fenster hinaus.

Vin sang fröhlich vor sich hin, als sie drei Stunden später die Grenze nach Neusüdwales passierten. Der blaue Ozean versank und entschwand ihren Blicken, tauchte aber zwischen zwei Landzungen wieder auf. Während sie sich langsam eine sich steil emporwindende Bergstraße hinaufschlängelten, verfing sich ein orangefarbener Schmetterling irgendwo an dem halb geöffneten Seitenfenster. Verzweifelt klebte er an der Scheibe und kämpfte gegen den Fahrtwind an. Maggie schob vorsichtig einen Finger unter die hauchdünnen Beine und brachte das Tierchen ins schützende Innere des Wagens.

»Armes Ding!« Sie betrachtete prüfend das orange-schwarze Muster auf seinen Flügeln, seinen langen, wie eine Uhrfeder gebogenen Fühler. Dieses zarte Wesen und seine Artgenossen gab es schon so lange wie die Berge.

»Warum betrachten die meisten Leute eine Spinne voller Abscheu, einen Schmetterling hingegen voll Wohlgefallen?« sagte sie nachdenklich. »Warum ist ein Schmetterling ›schön‹, eine Minierspinne ›häßlich‹? Denk nur daran, wie furchterregend eine Kreuzspinne aussieht! Wahrscheinlich müssen Lebewesen ein ihrer Natur entsprechendes Aussehen annehmen... So würde man zum Beispiel ein Krokodil nie für eine harmlose Echse halten. Und denk an die kalten Augen des Hais, das sanfte Lächeln eines Delphins.«

»Und was ist mit dem Teufelsfisch?« Vin erschauerte. »Ich habe noch nie auf irgend etwas eine solche Wut gehabt. Schreckliches Vieh!«

»Wenn ich die Menschen in Haie und Delphine einteilen sollte, würde ich As zu den Haien zählen. Ein kalter Killer.«

»Auf jeden Fall ein Lady-Killer. Und was ist mit Giulio?«

Der Schmetterling krabbelte auf ihrer Hand herum, öffnete und schloß dabei seine orange-schwarzen Flügel. »Ich glaube, unser Fahrgast möchte hinaus. Hältst du bitte an.«

»Mach doch einfach das Fenster auf.«

»Bei diesem Tempo? Er würde kaputtgehen. Fahr bitte langsamer.«

Er runzelte die Stirn, verlangsamte das Tempo jedoch auf

etwa vierzig Meilen pro Stunde. Sie hielt den Falter an das geöffnete Fenster. Er flatterte hinaus, wurde vom Fahrtwind gepackt und gegen die Scheibe gewirbelt, wo er verzweifelt kleben blieb.

»Vin! Halt an!« In diesem Augenblick jedoch verlor der Schmetterling den Halt und wurde weggewirbelt. »Jetzt hast du ihn wahrscheinlich umgebracht. Warum, um Himmels willen, konntest du nicht anhalten?«

»Weil ich, bevor es dunkel ist, in Grafton sein möchte. Die Rücklichter sind nicht in Ordnung.«

Die schlagfertige Entschuldigung kam ihm glatt über die Lippen, aber sie wußte, daß er sie gerade erfunden hatte. Tatsache war, daß er es haßte, anzuhalten oder auch nur langsamer zu fahren, wenn er den Wagen auf ein zufriedenstellendes Tempo gebracht hatte.

Sie zog sich auf den äußersten Rand ihres Sitzes zurück und starrte zum Fenster hinaus. Gehörte auch Vin zu den kalten Killern? Unwillkürlich mußte sie an die trächtige Ratte denken.

Sie wünschte sich vier Kinder. Doch sie waren übereingekommen, jetzt noch keine Familie zu gründen; das hätte viele Probleme bei ihren Reisen mit sich gebracht, und in Sydney hatten sie nur eine kleine Wohnung. Nicht, daß sie sich keine Kinder hätten leisten können, aber für Europa würde er einen neuen Wagen brauchen. Außerdem, so meinte Vin, hätten sie später mehr Freude an Kindern als jetzt.

13

Die erste Lektion, die Vin über das Leben eines Autorennfahrers erteilt wurde, war, daß es sehr teuer war. Obwohl sie sparsam lebten – in einem Ein-Zimmer-Apartment im Obergeschoß eines alten Hauses in Manley –, wo er jeden Morgen zum

Schwimmen hinuntergehen konnte, kamen sie nur so eben mit seinen Einkünften aus den jährlichen Zinsen vom Vermögen seines Vaters aus. Den größten Teil des Geldes hatte Rosetta behalten.

Maggie hatte die Bank verlassen, doch sie übernahm immer wieder zeitweise Sekretariatsaufgaben, um nicht aus der Übung zu kommen. Außerdem hatte sie regelmäßige, wenn auch kleine Einnahmen aus dem Verkauf ihrer Bücher, was ihr sehr wichtig war, weil sie sich auf diese Weise ihre Unabhängigkeit erhielt. Obwohl Vincent von Natur aus großzügig war, hätte sie es verabscheut, ihn um Geld bitten zu müssen, wenn sie ein neues Kleid haben wollte. Ihre Schreibmaschine sei ihre Mitgift, sagte sie.

Das Preisgeld bei großen Rennen war jetzt, da Vin ein Vollprofi war, sehr wichtig. Wenn er bestimmte Marken benutzte, bekam er Reifen und Benzin jetzt kostenlos und war noch andere Werbeverpflichtungen eingegangen, die ihm sporadisch Einnahmen brachten, doch er hatte keinen festen Sponsor. Mit Giulio Selmi allerdings besaß er einen Mechaniker, der sein Gewicht in Gold wert war. Der Rest des Teams war nur wegen des Nervenkitzels, ein Spitzenauto für einen Spitzenfahrer zu präparieren, dabei. Sie verlangten lediglich Reisespesen und den Lohn für ihre Arbeiten am Wagen, die mitunter sogar viele Stunden dauern konnten.

Vin war überzeugt, die Begabung, die Fähigkeit und die Ausdauer zu besitzen, um ein Weltklasse-Rennfahrer zu werden. Alles, was er brauchte, war Glück und das Geld, sich einen Weltklasse-Rennwagen zu kaufen. Die Rennfahrerei war für ihn zu einer Art Droge geworden. Es war nicht nur die Bewunderung der Menge, die Befriedigung, gut zu fahren, der Reiz der Gefahr. War es nun Besessenheit, Mut, Verrücktheit – all diese Bezeichnungen hatte er schon zu hören bekommen. Vor allem jedoch besaß er den leidenschaftlichen Sportgeist, die Verbissenheit und den Egoismus, die man als Rennfahrer brauchte. Wie beim Bergsteigen war der Widersacher nicht irgendein anderer Fahrer, sondern die Schwerkraft selbst.

Einen Wagen auf nackter Betonpiste bis auf Haaresbreite an die Grenze zu fahren, an der er außer Kontrolle geriet, war so aufregend, wie an einem Eispickel über einem Abgrund zu hängen. Es war ein kalkulierbares Risiko. Und wie beim Bergsteigen brauchte man die Unterstützung durch ein Team: die Box-Crew.

Man brauchte Mechaniker, doch sie kosteten Geld. Ebenso wie die Ersatzteile und der Transport des Teams zu den Rennen. Er beschloß, an der Börse zu spekulieren.

»Ich habe eine Idee, wie ich etwas Geld kriegen kann, Mag«, verkündete er. »Du weißt, das die Goldaktien in letzter Zeit wieder gestiegen sind – man hat sie sehr aufmerksam beobachtet, seitdem ein paar windige Gesellschaften im Westen gegründet worden sind –, und ich habe Gerüchte über das neue Tennant-Creek-Field und Wiluna in Westaustralien gehört. Sie sollen ebenso ergiebig sein wie seinerzeit die Golden Mile, trotzdem zögern die Geldanleger noch.

Du weißt, daß mein Urgroßvater Sam King mit Gold ein Vermögen gemacht hat. Ich werde die Wertpapiere meines Vaters verkaufen und dafür Aktien der ›Australian Development NL‹ kaufen. Es ist ein Spiel; wir können viel dabei verlieren.«

»Es ist dein Geld, Liebling. Tu, was du für das beste hältst.«

Als sie in den langgestreckten, geschützten Hafen von Wellington, Neuseeland, einfuhren und Maggie den schwarzen Sandstrand sah, dachte sie an den silbernen Strand von Pandanus-Island und an Dans Frau Ilona mit ihrem stillen, fröhlichen Lächeln und dem langen braunen Haar, das bis zu ihren Hüften herunterfiel. Sie hoffte, daß sie während ihres kurzen Aufenthaltes in Neuseeland ein paar Maoris kennenlernen würde. Maggie sagte, daß die australischen Aborigines viel von den Maoris lernen könnten, die ihre eigenen Abgeordneten im Parlament hatten und den Weißen fast gleichgestellt waren.

Doch das von Stürmen geschüttelte Wellington wirkte sehr europäisch, und sie entdeckte kein Anzeichen von Maori-Kultur und nur sehr wenige Eingeborene.

Vincent King war wild entschlossen, das Punkterennen in Neuseeland zu gewinnen. Am Abend vor dem Start hatte er sein Team mit seinen Wünschen fast verrückt gemacht: den Keilriemen prüfen und nachziehen, die Zündkabel, Zylinderkopf, Flügelrad, Verteiler, Schlauchzwingen, Kugelgelenke, Kühlerschlauch überprüfen; ebenso die Radaufhängung und die Lenksäule...

»Das haben wir alles schon gemacht«, protestierte Giulio, »ehe wir Australien verließen...«

»Es kann nicht schaden, den Wagen noch einmal zu prüfen«, entgegnete Vin unerbittlich. »Man kann nie wissen, was für Schäden die Seeluft bei der Überfahrt angerichtet haben kann.«

Es war fast Mitternacht, als er sie endlich zu Bett schickte. »Und danke, Jungs«, fügte er mit seinem gewinnendsten Lächeln hinzu. »Jetzt, da ich weiß, daß nichts schiefgehen kann, werde ich viel besser schlafen.« Er legte Giulio einen Arm um die Schulter.

»Bene. Es wäre besser gewesen, wenn du früher ins Bett gegangen wärst. Buona notte, Vincente.« Und Giulio marschierte murrend davon, richtig böse jedoch war er nicht.

Das Rennen fand in Levin, sechzig Meilen von Wellington entfernt, statt. Es war trocken und heiß; jetzt gegen Ende des Sommers war die Rasenfläche in der Mitte des Kurses braun und gelb verbrannt. Bier- und Eisbuden hatten reißenden Absatz. Rund um die Strecke erklang blecherne Musik aus den Verstärkern, ergossen sich ruhelos umhergehende, farbenfrohe Menschenmengen...

Vin fuhr in seinem perfekt präparierten Maserati auf das Startgitter. Sein Blut jagte, während er den Helm aufsetzte; sein Team schob ihn an, und der Motor erwachte zum Leben. Welch wahnsinnige Erregung, das Aufheulen der Motoren zu hören, wenn sie beim Start eines Rennens auf Touren gebracht wurden! Es besaß einen freudigen Klang wie ein Trompetenstoß. Diese Minute vor dem Start, diese fieberhafte freudige Erwartung, war für ihn der Inbegriff des Lebens selbst.

Dann explodierte die Luft in einem wilden Gebrüll aufdrehender Motoren, quietschender, qualmender Gummireifen. Er wurde in seinen Sitz zurückgepreßt, als die ganze Meute nach vorne schoß... in die lange, glatte Gerade, bis die Tachonadel sich dem Rand der Skala näherte. Er war nicht länger nur er selbst, sondern Teil des Wagens, beziehungsweise der Wagen war ein Körperteil von ihm. Als er an den Boxen vorbeifuhr, hob er mit nach oben gerichtetem Daumen den linken Arm: alles ist in Ordnung. Der Motor lief sauber und gleichmäßig.

Langsam, in kontrollierter Fahrt, nahm er die nächste Kurve, folgte genau der Linie, die er im Training erprobt hatte.

Während des Trainings hatte er einen »Aussetzer« gehabt, als er sich mit quietschenden Reifen am Rand der Bahn um seine eigene Achse drehte und beinahe die Kontrolle über den Wagen verloren hatte. Es war ihm gelungen, den Wagen wieder auf die Ideallinie zu bringen, doch dieser Vorfall hatte an seinen Nerven gezerrt; er machte so selten einen Fehler.

Nachdem er einen langsameren Wagen überholt hatte, der vor ihm gestartet war, hängte er sich an As in seinem roten Alfa, überließ es ihm, die Luftsperre bei hundertfünfzig Meilen pro Stunde zu durchbrechen. Nur Zentimeter trennten ihn von dem Wagen seines Vordermannes. Er vertraute As, dem Veteran, nichts so Unvermitteltes oder Ungewöhnliches zu tun, wie mitten auf der Geraden abzubremsen. Sie schienen wie an einem sich fortbewegenden Band befestigt, das sie mit exakt der gleichen Geschwindigkeit durch den Raum transportierte. Die nächste Kurve fuhr Vin weit außen an, beschleunigte dann und zog vorbei. Jetzt bahnte er den Weg, und As folgte ihm.

Der Maserati fuhr sauber durch die Kurve. Wäre nicht dieser rote Teufel gewesen, der ihm wie eine Pferdebremse auf dem Hinterteil saß, hätte Vin sich fast entspannt am Steuer zurücklehnen können.

»Laß die ersten beiden Runden ruhig angehen. Du willst die Maschine doch nicht auf dem neuen Kurs kaputtmachen.« Das war Giulios Ratschlag.

Verdammter As! Die nächste Kurve kam heran... Als Vin in

den Spiegel sah, war der rote Wagen plötzlich nicht mehr da. Beim Versuch zu überholen war As seitlich von der Strecke abgekommen und landete in den Strohballen.

Vin verdrängte den Gedanken, was danach hätte passieren können. Vorbei an den Boxen – Runde drei. Ganz plötzlich stellte er fest, daß das Kupplungspedal sich ohne Widerstand zum Boden durchtreten ließ. Zum Teufel! Er manövrierte den Wagen, ohne zu schalten, zu den Boxen zurück, und die Mechaniker machten sich fieberhaft an die Arbeit. As kam auf einem Seitenweg angetrudelt, unverletzt und unversehrt, und fädelte sich wieder in das Fahrerfeld ein. Der Mann war wirklich unverwundbar.

»Verdammter Mist!« Giulio fluchte wild. Ausgerechnet die Kupplungsscheibe! Und sie hatten keinen Ersatz dafür, selbst wenn sie die Zeit gehabt hätten, sie auszuwechseln. Vin war aus dem Rennen.

Insgeheim war Maggie froh darüber, daß Vin so schnell und vor allem unverletzt wieder bei ihr war. Jedesmal, wenn das Fahrerfeld, bis auf die vier Führenden dicht zusammenliegend, vorbeifuhr, gab er seine fachmännischen Kommentare ab. Sie konnte niemals sagen, wer eine Runde gefahren, wer oder welcher Wagen in Führung lag. Wenn Vin im Rennen war, beobachtete sie nur seine Position. Sie war abergläubisch genug zu glauben, daß ihm nichts passieren könne, wenn sie dem Wagen mit beschützenden Gedanken folgte. Der Wagen selbst war ihr ziemlich egal; manchmal haßte sie ihn sogar.

Es war ein Zwei-Tage-Rennen, und die Mechaniker würden die ganze Nacht durcharbeiten, um den Wagen wieder flottzumachen. In jedem Fall war er aus dem Tasman-Cup ausgeschieden.

Obwohl As von der Strecke abgekommen war, kam er als Zweiter hinter einem Neuseeländer Special, Marke Eigenbau, ins Ziel, der die Sensation des Tages war.

An jenem Abend besuchten die einheimischen Fahrer eine Party in einem großen, alten Bauernhaus außerhalb der Stadt, doch wegen des Rennens am nächsten Tag blieb keiner von ihnen sehr lange. Giulio traf gegen neun Uhr, gerade als Vin sich auf den Weg in die Garage machte, in der fieberhaft an dem Maserati gearbeitet wurde, ein. Er zog ein langes Gesicht.

»Es sieht nicht gut aus, Vincente, amico. Die Kupplungsscheibe, die sie uns gegeben haben, ist wertlos. Du kannst morgen nicht fahren.«

»Verdammt noch mal! Ich bringe den Wagen Tausende von Meilen über das Meer hierher und überstehe gerade drei Runden. Ich werde die verdammte Karre verkaufen.«

Diese Drohung stieß er immer aus, wenn etwas schiefging.

»Ich weiß, wie du dich fühlst, Kumpel. Trink ein Bier. Spül deinen Ärger runter.« As füllte sein Glas, gab auch Giulio eins. »Kopf hoch, Giulio, Baby. Du hast dein Bestes getan. In Anbetracht des Schrotthaufens, mit dem du es zu tun hattest. Und des Metzgers, der ihn gefahren hat.«

As wich einem spöttischen Puff Vins aus, der zugleich lachte und die Stirn runzelte. »Nein, jetzt mal ernsthaft, As. Würdest du da nicht auch verrückt? Wie würdest du dich fühlen?«

»Wenn du es genau wissen willst – ich bin überhaupt nicht scharf darauf, morgen zu fahren. Habe eine kleine neuseeländische Biene kennengelernt, die mich aufs Land eingeladen hat.« Er nickte Giulio zu. »Weißt du was, König Vincent, du kannst den Alfa fahren, wenn du willst.«

»Was? Meinst du das ernst?«

»Sicher meine ich das ernst. Meine Mechaniker haben ihn gründlich durchgesehen. Es ist nichts verbogen, als ich heute auf ›Erkundungsreise‹ ging. Du kannst Giulio ja noch einmal einen Blick darauf werfen lassen.«

»Hm, ja, wenn du wirklich nichts dagegen hast.«

»Ganz sicher nicht.«

»Du weißt natürlich, daß der Wagen in guten Händen sein wird«, erklärte Vin aufrichtig.

Zusammen mit Giulio und As' Mechaniker George fuhr Vin direkt zu der Garage in den Außenbezirken der Stadt, wo der Alfa untergestellt war.

»Du bleibst hier, Maggie, und machst es dir gemütlich. Gib ihr etwas zu trinken, As. Ich bin in ungefähr einer halben Stunde zurück.«

Sie öffnete den Mund, um zu protestieren, aber As drückte ihr einen Becher mit Rotwein in die Hand und blickte mit diesen Augen, die an hellblaue Glassplitter erinnerten, auf sie herunter.

Maggie trank den Wein, und ein Prickeln durchlief ihren Körper.

»Das war sehr nett von Ihnen daß Sie das für Vin getan haben, Franz«, sagte sie, zu ihm aufblickend. »Es gibt gar kein neuseeländisches Mädchen, nicht wahr?«

»Noch nicht«, erwiderte er grinsend. »Doch ich werde bald eins finden. Lassen Sie mir ein bißchen Zeit.«

»Sie haben Ihrem Freund Ihren Wagen überlassen. Er hat Ihnen geglaubt, weil er es glauben wollte. Ich trinke auf Ihr Wohl, As, der Diamant mit dem Herzen aus Gold.«

Mit zurückgebogenem Kopf und leicht geöffneten Lippen stand sie vor ihm, als er seinen goldblonden Kopf zu ihr herunterbeugte und sie auf den Mund küßte.

»Tun Sie... das nie wieder«, stieß As zwischen den Lippen hervor.

»Was?«

»Mich so ansehen! Mein Gott, wenn Sie die Frau eines anderen wären, aber seine –«

»Was wäre dann?« Sie hatte ihren anfänglichen Schock überwunden und ihre Schlagfertigkeit zurückgewonnen.

»Nun, ich mache mich grundsätzlich nicht an die Mädchen meiner Freunde heran. Überrascht Sie das? Ich habe so eine Art Ehrencodex, müssen Sie wissen. ›Füge niemals einem Freund ein Leid zu‹«

»Und was läßt Sie glauben, daß ich mitspielen würde? Ich weiß, Sie sind es gewöhnt, daß die Mädchen vor Ihnen auf die Knie fallen –«

»Sie brauchen sich nicht zu verstellen. Ich habe die Spannung gespürt. Und ich hatte es nicht einmal darauf angelegt.«

»Sie eingebildeter Kerl!« Sie drehte sich auf dem Absatz um und ging zu einer Gruppe von Frauen hinüber, die über die wichtigsten Ereignisse ihres Lebens diskutierten. Sie zitterte. Hatte er recht? Und wo war Vin?

Er kam bald zurück, glücklich über den Wagen, zuversichtlich für den morgigen Tag. »Möchtest du gehen, Mag? Ich weiß, daß dich so etwas langweilt. Ich möchte nur noch etwas trinken, dann gehen wir.«

Irgend etwas in ihrem Gesicht machte ihn stutzig, und er sah sie eindringlich an. »Deine Augen strahlen heute abend so.«

»Vin, ich liebe dich. Laß uns jetzt *gleich* gehen.«

»Gut. Nur noch einen Augenblick. Ich bin gleich zurück.«

Er ging zur Bar hinüber, nahm sich ein Bier und unterhielt sich mit As. Als er sein Bier ausgetrunken hatte, kam er zu ihr zurück und ergriff ihren Ellbogen. Es dauerte eine Weile, bis sie die Tür erreicht hatten, weil sie immer wieder in Gespräche verwickelt wurden. Dann waren sie draußen in der klaren, warmen Sommernacht.

Er half ihr in den großen Sedan und stieg ein. Sie kuschelte sich an ihn. Das war ihr geliebter Vincent. Sie strich über sein Gesicht, und er küßte ihre Finger.

Sie fuhren los. Er schaltete gekonnt und griff unter ihren weiten Rock. »Ich mag dieses papierartige Kleid. Es ist irgendwie wie Pergament, und doch weich.«

Sie sank an seine Schulter und küßte ihn, preßte ihre Lippen auf sein Ohr – brennend vor Verlangen. Er lenkte den Wagen schnell in eine schmale, unbefestigte Seitenstraße, die zu einem Fluß führte.

»Das ist wirklich absurd!« sagte er leise lachend, als er begann, sie auszuziehen. »Wo wir ein wunderbares Bett im Hotel haben!«

»O bitte, bitte!« stöhnte sie.

Er löste sich einen Augenblick von ihr. »Ist alles in Ordnung, Mag? Kann nichts passieren?«

»Ja, ja. Ich habe mich geschützt. Oh, mein Liebling, mein Liebling.«

Im Automobil-Club hatte sie As einen Augenblick lang begehrt. Es war ein rein körperliches Verlangen gewesen, hatte nichts mit Liebe, noch nicht einmal etwas mit Gernhaben zu tun.

Jetzt wandte sich all dieses Verlangen ihrem Mann zu; es war, als wäre sie Jahre von ihm getrennt gewesen, sie konnte ihm nicht nahe genug sein. Und der Gipfel ihrer Lust, der süße Schmerz, der sie durchzog, war so unerträglich schön, daß sie fast zu sterben glaubte.

14

Es war ein klarer und wunderschöner Tag. Der dunstfreie Himmel über Levin war von einem durchscheinenden, fahlen Blau wie die Blüte einer Prunkwinde. Die Gärten, an denen sie auf ihrem Weg zur Rennbahn vorbeikamen, waren ein Meer bunter Blumen. Vin fühlte sich blendend. Er war jung, gesund, auf dem Weg, berühmt zu werden, er hatte eine schöne, heißblütige Frau, einen Wagen, den er fahren konnte.

Als er dann auf dem Startgitter stand und den Motor aufdrehte, verspürte er plötzlich so etwas wie einen Anflug von Angst. *»Wen die Götter lieben, den lassen sie jung sterben.«* Er war zu erfolgreich, hatte zuviel Glück. Die mißgünstigen Augen der Götter mußten auf ihm ruhen.

Er zwang sich, nur an das Jetzt zu denken, bemerkte die Menschenmassen hinter der Umzäunung, die Offiziellen mit ihren Abzeichen, die Streckenposten an der nächsten Ecke, den Starter mit der roten Fahne in der Hand. Obwohl die Hauptrennen gestern stattgefunden hatten, waren viele Zuschauer da. Es erfüllte ihn mit Befriedigung, daß er eins der Haupt-Zugpferde war. Und zweifellos waren die Menschen unbewußt erfüllt von der angstvollen Hoffnung, ihn sterben, zumindest jedoch in einen spektakulären Unfall verwickelt zu sehen.

Dann der Start! Vin versuchte, sich durch eine Gruppe von langsameren Wagen, die vor ihm gestartet waren, hindurchzumanövrieren. Sie hatten sogar nur Serienwagen, gewöhnliche Sedans, für das Rennen.

Er war durch den ersten Haufen durch und raste die zweite lange Gerade herunter auf eine Gruppe von drei Wagen zu, die noch immer ihre Ausgangsposition hielten. Auch sie ließ er hinter sich, einen nach dem anderen, gerade noch rechtzeitig, um vor der nächsten Kurve abzubremsen. Die Menge johlte.

Beständig zog er jetzt seine Runden, alles lief wie am Schnürchen. Er hatte nicht vor, den Wagen bis zum äußersten auszufahren und wenn dieser nicht auseinanderbrach, wenn er keine Reifen wechseln mußte und wenn es ihm gelang, hinter den Special aus Neuseeland zu kommen, hatte er es geschafft. In den ersten zwölf Runden würde er den Alfa schonen und dann Jagd auf den Mackintosh-Special machen.

Vins Sinne waren wachsam auf die Instrumente gerichtet, die Wagen hinter ihm, die er im Rückspiegel sah, die auf- und niederhüpfenden Räder vor ihm. Seine Augen huschten ständig hin und her, berechneten jeden Meter der Strecke, die nächste Kurve, die exakte Geschwindigkeit, mit der er sie nehmen, und den Punkt, an dem er bremsen mußte, um durchzukommen.

Plötzlich verengten sich seine grauen Augen hinter dem Plastikvisier, wurden dann plötzlich weit vor Entsetzen. Sie starrten auf die Front des Wagens, wo die Radaufhängung war und wo die Mutter an der Zugwaage, die alles zusammenhielt, sich langsam löste. Er konnte es sehen, und er konnte nichts dagegen tun. Er konnte noch nicht einmal stark abbremsen, ohne daß die beiden Wagen hinter ihm in ihn hineingeprallt wären.

O Gott! Da kam eine Kurve.

Während die Hinterräder nach rechts weiterfuhren, brachte er das Steuer behutsam wieder in Geradeaus-Position, und plötzlich hatte er keine Kontrolle mehr über den Wagen. Er riß das Steuer hart nach rechts herum, doch der Wagen reagierte nicht. Er schoß von der Bahn herunter, direkt in die Zuschauermenge hinein.

Sein Fuß trat die Bremse durch; er spürte den Schlag, den Stoß, eine ganze Reihe von Schlägen. Dann hörte er die Schreie. Seine Augen waren weit aufgerissen, starrten voll Entsetzen nach vorn, sahen aber nur, wie durch dichten Nebel, die davonrennenden Gestalten. Er hörte nichts als die Schreie und das Aufheulen der Sirene eines Ambulanzwagens. Er blieb regungslos sitzen, umklammerte das Steuer, seine Knöchel traten weiß hervor. Als ein Streckenposten zu ihm kam, um ihm herauszuhelfen, mußte er Vins Finger förmlich vom Lenkrad losreißen.

Die Nase des Wagens hatte sich in die Erde gebohrt. Vin kletterte aus dem Alfa. Er deutete mit zitterndem Arm auf das Vorderteil des Wagens. »Die Zugwaage war weg. Keine Lenkung.« Und dann sah er das Blut. Er trat einen Schritt nach vorn und verlor das Bewußtsein.

»Es war nicht meine Schuld, Maggie! Sag ihnen, daß es nicht meine Schuld war! Die Lenkung blockierte.«

»Ja, ja, Liebster. Sie wissen es. Es wird eine Untersuchung geben müssen, doch sie wird dich von jeder Schuld freisprechen.«

Sie mußte ihn beruhigen, wieder und wieder, wie ein verzweifeltes Kind. Die Jalousien des Hotelzimmers waren heruntergelassen; durch die Spritzen, die der Arzt ihm gegeben hatte, war Vin ziemlich benommen.

»Aber es waren doch keine Kinder darunter, oder? Sag mir, daß keine Kinder dabei waren.«

»Nein, du darfst dich nicht aufregen.« Aber es war ein kleines Mädchen dabei gewesen, das auf den Schultern seines Vaters gesessen hatte und die bunten Autos, die wie Spielzeugautos dahinflitzten, vorbeirasen sah. Dann war eins von ihnen plötzlich riesengroß geworden, schreckliche Wirklichkeit, ein rotes Monster, das ihren Vater von den Füßen gerissen, ihm beide Beine gebrochen und zu Boden geschleudert hatte. Jetzt lag das Mädchen mit einer Gehirnerschütterung im Krankenhaus.

»Da war ein Mann um die Fünfzig«, stöhnte Vin. »Er sah aus wie mein Vater. Er war direkt vor mir.«

»Hör auf, darüber nachzudenken, Liebling. Es war nicht deine Schuld. Du hättest gar nichts tun können. As ist furchtbar aufgeregt, er glaubt, daß es seine Schuld ist, daß der Wagen nicht richtig vorbereitet war. Und auch Giulio – obwohl er nicht dafür verantwortlich war.«

»Nein, ich war dafür verantwortlich. Ich habe mich entschieden, zu fahren, obwohl mein Wagen aus dem Rennen war. Ich hätte überhaupt nicht mehr fahren sollen. Und kurz vor dem Start hatte ich so ein Gefühl, daß ich dafür bestraft werden würde.« Er warf ruhelos den Kopf hin und her. Der Arzt sagte, er stünde unter Schock und dürfe sich nicht aufregen, doch er fuhr nervös fort: »Es wäre ja nicht so schlimm, wenn ich auch verletzt worden wäre. Aber ich bin unversehrt, und zwei Menschen sind tot.«

Bis jetzt, dachte Maggie. Es gab noch sieben Verletzte.

»Ich hole dir jetzt etwas Warmes zu trinken, Vin«, sagte sie. »Und dann lasse ich dich allein, damit du dich ausruhen kannst. Du darfst nicht so viel sprechen, die Spritze wird bald wirken. Du stehst unter Schock, physisch und psychisch. Hast du Kopfschmerzen?«

»Ja... Nein... Ein bißchen. Was spielt das für eine Rolle?« Er starrte sie aus erweiterten Pupillen an. »Maggie, du mußt zu mir halten. Gott sei Dank haben sie den Unfall gefilmt. An der Ecke stand ein Kameramann, und der Film wird beweisen, daß mich keine Schuld trifft. Ich bin nicht zu schnell gefahren, habe nicht versucht, jemanden zu überholen. Ich bin korrekt in die Kurve gegangen. Die Lenkung blockierte. Ich konnte nichts tun, nichts.«

»Ja, Liebster. Das hast du alles schon der Polizei erzählt. Es wird keine Schadensforderungen oder Gerichtsverhandlungen geben. Die beiden Männer – die beiden, die gestorben sind, hatten Lebensversicherungen. Die Verletzten haben selbst das Risiko auf sich genommen, Zuschauer bei einem gefährlichen Sport zu sein.«

»Trotzdem wäre es mir lieber, ich wäre tot.«

»Sag so etwas nicht!«

Nachdem er den Tee, den Maggie ihm brachte, ausgetrunken hatte, nahm sie eins der Kissen weg, damit er flach lag. Sie konnte es nicht ertragen, ihn anzusehen. Er sah so... ja, zerstört aus. Oder gehetzt.

Maggie ging ins Wohnzimmer ihrer kleinen Suite zurück und sah sich noch einmal die Titelseite der Morgenzeitung an, die sie klein zusammengefaltet und zwischen ein paar Büchern versteckt hatte. Die *Wellington-Presse* ging nicht sehr freundlich mit den beiden australischen Fahrern um, von denen einer das todbringende Auto ins Land gebracht, während der andere es gefahren hatte. Und keiner der Wagen hatte bisher eine Leistung gezeigt, die ihr Kommen überhaupt rechtfertigte.

RENNWAGEN RAST IN ZUSCHAUERMENGE

Die Überschrift war brutal und knapp. Dann schemenhafte Fotos der in Panik geratenen Menschen, die mit offenen Mündern, hochgerissenen Händen und Armen versuchten, die Katastrophe abzuwehren. Als ob Fleisch und Knochen in der Lage wären, ein mit achtzig Meilen pro Stunde anrasendes Projektil aus schwerem Metall aufzuhalten. Als Bildunterschrift war zu lesen:

»Ein Teil der Zuschauer, die sich in jener Ecke aufhielten, in die der Rennwagen des australischen Gastfahrers Vincent King raste und rund ein Dutzend Zuschauer niedermähte. Zwei Männer starben, und sieben liegen mit Verletzungen im Krankenhaus, darunter eine Frau, deren Zustand als kritisch bezeichnet werden muß. Die Namen der beiden Toten werden erst bekanntgegeben, wenn die Angehörigen benachrichtigt sind. Der Fahrer wurde wegen eines Schocks und Hautabschürfungen behandelt, doch er wurde nicht ernsthaft verletzt.«

Im Innenteil stand ein ausführlicher Bericht über den Unfallhergang. Es wurde berichtet, daß Vincent King am Vortag im

Tasman-Cup ausgeschieden war und den Alfa Romeo seines Landsmannes, einen Wagen, an den er nicht gewöhnt war und mit dem er erst zwei Trainingsrennen bestritten hatte, für dieses Rennen übernommen hatte. Nach der Hälfte der Strecke versagte offensichtlich die Lenkung.

Maggie übersprang die Beschreibung der Verletzten, die Interviews mit Augenzeugen. Der Artikel endete mit einer rhetorischen Frage: »Soll dieser gefährliche Sport verboten oder zumindest anders organisiert werden, so daß die Zuschauer sich nicht mehr so nahe an der Strecke aufhalten können?«

Sie zerriß die Zeitung in kleine Stücke und warf sie in die Toilette. Vin würde sich der Öffentlichkeit stellen müssen, dem Verhör des Untersuchungsrichters, der offiziellen Befragung durch die FISA, die Interantional Federation of Motorsport. Doch sie würde ihn, soweit sie konnte, abschirmen. Sie spähte ins Schlafzimmer und sah, daß er endlich eingeschlafen war.

Nach dem Unglück ging es Vin fast sechs Wochen lang so schlecht, daß Maggie kaum von seiner Seite wich. Er litt an Schlaflosigkeit. Er hatte keinen Appetit, und Maggie lockte ihn mit seinen Lieblingsspeisen, Dingen, die – wie er ihr erzählt hatte – seine Mutter ihm als Kind gegeben hatte, wenn er krank war: Brot und heiße Milch mit Zucker, gekochte Eier in einer Tasse mit frischen Brotkrumen, eine Apfelsine mit einem in die Schale geschnittenen Loch, so daß das Innere mit einem Löffel herausgekratzt werden konnte. All diese Speisen konnten, wie Maggie auffiel, wie Babynahrung mit nur einer Hand und mit dem Löffel gegessen werden.

Vin hatte den Maserati in Neuseeland zu einem guten Preis verkauft, weil er der einzige Wagen dieses Typs in dieser Gegend war. As wollte nicht, daß Vin die Reparaturkosten des Alfa bezahlte. Bei seiner Rückkehr nach Australien verkündete Vin seinen Rücktritt vom Rennsport. Eine Zeitlang wurde er mit boshaften, anonymen Briefen bombardiert, und er verließ kaum noch das Haus.

Dann fand Maggie ihn eines Tages beim Studium eines Automobil-Magazins vor, in dem ein fast neuer Ferrari inseriert wurde.

»Ich weiß, ich habe gesagt, ich höre auf«, sagte Vin, »aber wenn dieses Spiel erst einmal zu deinem Leben geworden ist, kannst du es nicht mehr aufgeben. Da könntest du ebensogut tot sein. Ich werde ein Angebot für diesen Ferrari machen, und wenn ich ihn bekomme –«

»Einen Ferrari? Können wir uns den denn leisten?«

Sie hatte ihm noch nichts von dem Baby, das sie erwartete, erzählt. Sie hatte schon eine ganze Weile vermutet, daß sie schwanger war, doch erst jetzt hatte ihr Arzt es ihr bestätigt. Sie wollte Vin nicht damit beunruhigen, solange er so niedergeschlagen war, weil sie nicht wußte, wie er es aufnehmen würde. Sie selbst jedenfalls freute sich.

Vin lächelte überheblich. »Leisten? Mein liebes Mädchen, wenn ich Weltmeister bin, können wir wie Millionäre leben. Nur in den besten Hotels, in den größten Städten Europas. Und außerdem –«

Er suchte in der Post, die zusammen mit dem Magazin gekommen war. Darunter befand sich ein Jahresbericht der »Australian Gold Development NL«, und er war sehr vielversprechend.

»Sie haben eine Option auf Noble's Nob am Tennant-Creek im Nordterritorium aufgenommen, der sehr ergiebig sein soll. Der erste Versuchsschacht brachte einen Durchschnitt von fünfzig bis sechzig Unzen pro Tonne. Das ist phänomenal, und immerhin bekommen wir einige Dividenden aus diesem Spiel. Sie werden die Mine verkaufen.«

»Also werden wir Einnahmen aus den Aktien haben?«

»Ja; wir könnten sie auch wieder verkaufen und einen schönen Gewinn erzielen, wenn dieser Bericht die Börse erreicht.«

»Also, dann kauf dir den Ferrari, Liebling, wenn es dich glücklich macht. Mir wäre es lieber, wenn du nicht wieder mit der Rennfahrerei anfingst, weil wir ein Kind bekommen werden.«

»Ein Kind!« Er starrte sie an. »Wann, um Himmels willen?«

»Nicht so bald. Im November ungefähr.«

»Aber – aber –« Er war mehr verwirrt als erfreut. »Wie ist das passiert? Wir haben doch immer aufgepaßt.«

Sie starrte ihn voll Unbehagen an. »O Vin! Freust du dich denn kein bißchen?«

»Ein Baby! Mein Gott, ich weiß nicht. Ich kann mich nicht an den Gedanken gewöhnen, Vater zu werden.« Er lächelte plötzlich. »Vielleicht kommt Mutter ja herüber, um ihren Enkel zu sehen. Weißt du, was unser Familienanwalt mir erzählte? Sie hat beschlossen, ihr Geld einem Katzenheim zu hinterlassen. Sie will Zircon nach ihrem Tod ein Zuhause sichern – mit einem eigenen Zimmer. Sie scheint jetzt völlig in das Tier vernarrt zu sein.«

Maggie glaubte nicht, daß seine Mutter »herüberkommen« würde. Dennoch war sie froh, daß Vin, wenn er auch über ihre Nachricht nicht in Begeisterungsstürme ausbrach, doch weitaus positiver reagierte, als sie erwartet hatte.

15

Vincent King bereitete sich auf das Rennen am Calder-Raceway vor, an dem er mit seinem neuen, perfekt eingestellten Wagen, der bereits auf den Anhänger geladen war, teilnehmen wollte, als er ein Ferngespräch aus Adelaide erhielt. Sein Vetter Arthur King teilte ihm mit, daß Rosetta einen Schlaganfall erlitten habe und ihn sehen möchte.

Vin war entsetzt, aber auch empört. Warum mußte das gerade jetzt passieren, da er sein Comeback plante? Seine Mutter hatte ihn die ganze Zeit nicht sehen wollen, hatte nicht auf seine Weihnachtskarte reagiert und nicht einmal nach dem Unglück, von dem sie mit Sicherheit gehört hatte, geschrieben. Jetzt, wo sie krank war, wollte sie ihn sehen. Nun, dann mußte sie eben noch einen Tag warten. Er würde das Rennen nicht absagen. Er hörte sich sagen: »Tut mir leid, Arthur, aber ich kann nicht vor morgen weg. Ich werde morgen abend da sein.«

Bis zum Ende des Rennens verdrängte er den Gedanken an seine Mutter und seine bevorstehende Vaterschaft. Es war sein erster Start nach dem Unglück, und das war fast vier Monate her. Jeder würde sehen wollen, ob er noch die Nerven für einen so großen Wettbewerb besaß. Doch er fuhr perfekt, machte keinen einzigen Fehler und schaffte den Sieg mit Leichtigkeit. Nein, er war noch nicht soweit, sich zurückzuziehen.

Am späten Nachmittag ließ er sich müde, aber zufrieden von Maggie zum Flughafen fahren. Seine Mutter war nicht ernsthaft krank, und er würde ihr durchaus sagen können, daß sie ein Enkelkind bekam. Er hatte ein Telegramm geschickt und wurde von seinem Vetter und dessen Frau abgeholt. Ihre Gesichter waren ernst. Rosetta hatte einen zweiten Schlaganfall erlitten, und man befürchtete, daß sie nie wieder würde sprechen können.

Schuldgefühle überkamen Vin. Und doch, er wußte, daß er – falls es ein nächstes Mal geben sollte – genauso handeln würde.

Anfangs fand er, daß seine Mutter sich kaum verändert hatte. Doch als er sich zu ihr hinunterbeugte, um sie zu küssen, sah er, daß die ihm abgewandte Seite ihres Gesichts herunterhing, der eine Mundwinkel und das Auge seltsam abgesackt waren, was ihr einen sarkastischen Gesichtsausdruck verlieh. Er ergriff ihre Hand und sagte fröhlich: »Ich bin so schnell ich konnte gekommen, als ich hörte, daß du krank bist.«

Für einen Augenblick schloß sie die Augen.

»Soll ich dir etwas holen? Ich konnte am Flughafen keine Blumen bekommen.« Er fühlte sich unbehaglich. Er haßte Krankenzimmer. Ihre Augen schlossen sich wieder.

»Du bekommst einen Enkelsohn«, sagte er. »In etwa fünf Monaten.«

Ihre Brauen hoben sich, ihr unversehrtes Auge wurde weit.

»Möchtest du ihn sehen?«

Zuerst schien sie ihn nicht gehört zu haben. Dann schloß sie ablehnend die Augen.

Du eigensinniger alter Teufel, dachte er. Wir bringen ihn auf jeden Fall zu dir. Du möchtest ihn sehen, aber nicht Maggie. Nun, du wirst die Mutter meines Kindes wohl oder übel akzeptieren müssen.

Es war schrecklich, eine einseitige Unterhaltung führen zu müssen, insbesondere mit dem auf ihm ruhenden sarkastischen Blick. Rosetta hatte eine solch kräftige Stimme gehabt, sie war Teil ihrer starken Persönlichkeit gewesen. Es war eine Erlösung, als er – nachdem er dafür gesorgt hatte, daß sie Pflege zu Hause hatte – endlich nach Sydney zurückfliegen konnte. Er sprach mit dem Arzt, der ihm wenig Hoffnung machte, daß sie je wieder richtig gesund werden würde. Das Ende würde ein dritter und letzter Schlaganfall sein, doch sie konnte durchaus noch ein paar Jahre leben.

Alle Gedanken an einen Rücktritt waren vergessen, und Vincent King machte sich daran, den australischen Grand Prix in Southport, Queensland, zu gewinnen. In seinem neuen Ferrari brach er den Rundenrekord und schlug das gesamte Feld auf Phillip-Island.

Das letzte Rennen der Saison fand auf dem Mount Panorama-Ring in Bathurst, westlich von Sydney, statt. Am Abend vor dem großen Ereignis fuhr Vin mit Maggie ins Canobolas-Hotel, das weniger laut als das Railway-Inn in Bathurst war. Er nahm ein entspannendes, warmes Bad, doch er schlief trotzdem schlecht. Gegen Morgen träumte er von seinem Vater, einen lebhaften, wirren Traum. Stanley King schüttelte mißbilligend den Kopf. »Es ist sinnlos zu sagen, daß es dir leid tut.« – »Aber was habe ich denn getan?« fragte Vin. – »Deine Mutter wird nie darüber hinwegkommen, und jetzt ist es zu spät, zu spät – zu spät.«

Vin wachte schweißgebadet auf. Er legte einen Arm um Maggie, die friedlich an seiner Seite schlief, und döste wieder ein. Am Morgen spürte er, daß er nicht genug geschlafen hatte, doch er zwang sich, aufzustehen und aus dem Fenster zu sehen. Der Himmel war grau und düster, die Luft feucht und warm.

»Verdammt! Sieht aus, als bekämen wir Regen. Vielleicht sollte ich Giulio die Reifen wechseln lassen. Nein, ich werde es riskieren; vielleicht regnet es ja erst heute abend.«

»Du wirst doch vorsichtig sein, Liebling?« sagte Maggie vom Bett her. »Denk daran, daß wir bald einen Esser mehr haben werden.«

»Ich bin immer vorsichtig«, erwiderte Vin und ging ins Bad. Gerade jetzt mochte er nicht an das Baby erinnert werden. Auch er war einmal ein solches Versprechen künftigen Lebens gewesen, und was war aus ihm geworden? Die Menschen sehnten sich nach Kindern, konnten es nicht erwarten, sich fortzupflanzen, doch wie oft erlebten sie Enttäuschungen oder Schlimmeres? Vin hatte das Gefühl, daß er seinem Vater nur Sorgen bereitet hatte, eine Enttäuschung für seine Mutter war... Er dachte an den Traum der vergangenen Nacht: Er glaubte, darin eine Art Warnung zu erkennen.

Doch wie immer hob sich seine Stimmung in der erregenden Atmosphäre auf der Rennstrecke. Die Luft war schwül, die Wolken schienen den Boden zu berühren. Das blecherne Geplärre der Lautsprechermusik, das markerschütternde Brüllen der Motoren, die auf Hochtouren getrieben wurden – er sog das alles in sich auf wie eine Droge, während er seinen Overall anzog, den Helm aufsetzte und die Handschuhe überstreifte.

An diesem Tag hatte er auf die lange, wollene Brandschutzunterwäsche verzichtet, da es bei diesem langen Rennen zu heiß im Cockpit des Wagens werden würde. Er mochte diese Bergstrecke mit ihren langgezogenen Kurven, obwohl sie sich am Anfang als ziemlich furchterregend erweisen konnte mit der schrecklichen Kurve am Ende der Conrod-Geraden, auf die man nach einer Kuppe blind zufuhr. Auch hatten die Wagen an dieser Stelle aufgrund der Bodenwellen häufig eine nur unzureichende Bodenhaftung. Man mußte dann in dem Augenblick, in dem die Räder den Boden berührten, abbremsen, oder der Wagen würde ausbrechen.

Kurz nach dem Start fielen die ersten Regentropfen. Bei der nächsten Runde gab Giulio ihm ein Zeichen, daß er zum Reifenwechsel anhalten sollte. Er ignorierte es. Zum Teufel damit! Er würde die Führung jetzt nicht aufgeben.

Maggie, die das Rennen von den Boxen aus beobachtete, war erregt, zugleich jedoch von Angst erfüllt. Gerade weil sie ihn so liebte und sie und ihr ungeborenes Kind ihn so sehr brauchten, sah sie ihn ständig in Gefahr. Sie hätte nicht im Traum gewagt, ihn zu bitten, die Rennfahrerei aufzugeben, doch das Gefühl der Angst verließ sie nie ganz.

Als es geschah, war ihr, als hätte sie es immer gewußt, als wäre die Szene schon einmal abgelaufen. Sie sah es nicht; da war nur diese plötzliche Unterbrechung im glatten Geplapper des Ansagers, dann eine sich aufgeregt, beinahe hysterisch erhebende Stimme; die Streckenposten sprangen vor, gaben dem Feld mit ihren Fähnchen zu bedeuten, das Tempo zu verlangsamen.

Oben am Berg stieg eine düstere Säule schwarzen Rauchs in den Himmel empor. »Ja, es ist der Ferrari von Vincent King, er ist von der Strecke abgekommen und in die Bäume gerast. Es werden dringend weitere Feuerlöscher gebraucht.« Die Stimme ging im Aufheulen der Sirenen der Ambulanz und der Polizeiwagen unter.

Maggie umklammerte Giulios Arm, ihre Fingernägel gruben sich in das Fleisch unterhalb seines hochgekrempelten Ärmels.

»Alles in Ordnung, Signora. Piano, piano, es ist nichts, niente. Vincente geht es gut.« Er sprach weiter beruhigend auf sie ein, während er sanft ihre Finger von seinem Arm löste. Dann fing er sie auf, als sie schwankte und umzufallen drohte. Jemand brachte Wasser in einem Pappbecher. Giulio stürzte los und rannte zum Berg hinauf, auf das Feuer zu.

Er quälte sich aus einem Alptraum heraus, in dem er einen Teufelsfisch aufgehoben hatte und die tödlichen Stacheln seine Hand durchbohrten. Verhaßtes Wesen! Als Vin die eingesunkenen Augenhöhlen, das widerwärtige gelbe Maul ansah, wußte er, daß er dem Tod ins Antlitz blickte.

»…kannst du mich hören, Vin?« Es war Maggie, die sich über das Bett beugte; ihr langes, dunkles Haar fiel über ihre Augen. Er nickte. Das Sprechen war zu anstrengend. Der Schmerz in seinen Händen war Realität. Er hob sie hoch und sah, daß sie mit Bandagen umwickelt waren.

»Hatte ich… einen Unfall? Was ist passiert? Der Wagen –«

»Ausgebrannt. Nur noch eine leere Hülle.«

Er wußte nicht genau, wo sie waren. Neuseeland? Und all die Menschen, die er niedergemäht hatte, mußten irgendwo in diesem Krankenhaus sein. Feuer, Feuer, Feuer. Er erinnerte sich an die Flammen, seinen brennenden Overall. Er hatte sich im Gras gewälzt, versucht, die Flammen mit der Hand auszuschlagen. Seine Kehle schien verbrannt zu sein; er mußte Rauch und glühende Luft eingeatmet haben.

»Ich – glaube«, sagte Vin, »ich möchte – ein Bier.«

Jemand ging zur Tür. As. »Gut, ich hol' dir eins, alter Knabe.«

Er war weg. Giulio trat in Vins eingeschränktes Gesichtsfeld. Waren denn alle hier, um ihm Lebewohl zu sagen?

»Vincente!« Giulios Lippen zitterten. Er war offensichtlich zu erregt, um mehr sagen zu können.

»Giulio! Addio, amico mio. Es ist –«

»Vin, sei still, Liebling. Du darfst nicht soviel reden.«

Kleine Mutter Mag, die ihn wie ein Kind behandelte. Doch sie weinte. Tränen standen in ihren großen braunen Augen.

»Nicht weinen, Maggie. Und – erzähl' unserem Sohn – von mir –«

»Wir werden ihn Forbes nennen; Vincent bringt Unglück. Ich glaube, Joseph Forbes King –«

»M – Mutter wird ihn – mögen.«

»Sie wird es nie erfahren.«

»Versprich mir, Maggie. Versprich mir, daß du ihn zu ihr – bringst.«

In diesem Augenblick hätte sie ihm alles versprochen.

As Diamond kam mit einer Flasche Bier zurück, öffnete sie und goß Vin ein Glas ein. Sie hielt ihm das Glas, während er das

Bier durch einen Strohhalm schlürfte. As stand da und starrte seinen Freund geistesabwesend an.

»Danke... Kumpel.« Mit Mühe schluckte Vin das Bier, seine Kehle brannte und die Lunge schmerzte entsetzlich. Er seufzte leise. »Aah. Das war gut.«

Seine Augen schlossen sich, verdrehten sich, so daß nur noch das Weiße unter den gesenkten Lidern zu sehen war. Sein Atem kam in flachen, keuchenden Stößen. »Welch ein Jammer –« wisperte er und schwieg.

»Vin! O Vin!« weinte Maggie. Schmerzerfüllt stellte sie fest, daß ein Sterbender nichts Denkwürdiges oder Grundlegendes über die Zukunft sagte. Nein. Er sagte so etwas Schlichtes oder Menschliches wie: »Ich glaube, ich möchte ein Bier«, oder: »Welch ein Jammer.«

Aus dem *Sydney Morning Herald*, 9. August 1949:

» ›Es ist eine der gefährlichsten und faszinierendsten Sportarten, die je ausgeübt wurden.‹ Mit diesen Worten beschrieb Vincent King einmal den Automobil-Rennsport, den Sport, dem er verfallen war und der ihn jetzt das Leben gekostet hat.

Kings tragischer Unfall auf dem Mt. Panorama-Ring bei Bathurst ereignete sich, als er sich nach dem schweren Unfall in Neuseeland gerade wieder an die Spitze zurückgekämpft hatte. Er war zweifellos der beste Rennfahrer Australiens. Sein Tod hat die Australier, die ihn vor erst zwei Monaten als Sieger des australischen Grand Prix und den wahren Weltmeister feierten, schwer getroffen.

Vincent King nahm jedes Rennen und jeden Trainingslauf mit großem Ernst in Angriff, außerhalb des Cockpits jedoch war er ein amüsanter Gesellschafter und sehr beliebt bei seinen Mechanikern und der Box-Crew.

Er hinterläßt eine Frau und seine verwitwete Mutter, Mrs. Stanley King aus Kensington, Südaustralien.«

Aus dem *Melboune Sun*, 10. August:

»Starb Vincent King, Australiens bester Rennfahrer, auf dem Mt. Panorama-Ring, weil er auf der regennassen Straße die falschen Reifen benutzt hat?

Die Autosportwelt stellt sich heute diese Frage, während sie um den schlanken, großen, jungen Rennfahrer trauert, der – zwölf Stunden nachdem sein Wagen von der Strecke abgekommen, gegen einen Baum geprallt und in Flammen aufgegangen war – seinen Verletzungen erlag. King hatte fast am ganzen Körper Verbrennungen dritten Grades und möglicherweise innere Verletzungen. Man schätzt, daß der Wagen zum Zeitpunkt des Unfalls hundertfünfzig Meilen fuhr. Kein anderer Wagen war in der Nähe, als Kings Ferrari von der Strecke abkam. Sein Freund Franz Diamond berichtet:

›Soviel ich weiß, kam der Wagen auf der Geraden von der Strecke ab, wo man normalerweise gar keinen Fahrfehler machen kann. Der Unfall ist vollkommen unerklärlich. Es scheint keinen Grund dafür zu geben, es sei denn, er wäre eingeschlafen.‹

Chefmechaniker Giulio Selmi glaubt, daß während des Rennens ein technischer Defekt aufgetaucht sein müsse, obwohl der Wagen äußerst sorgfältig vorbereitet wurde und er keine Ahnung habe, was es gewesen sein könne. Die Verantwortlichen berichten, der Wagen sei so schwer beschädigt und ausgebrannt, daß sich die Unfallursache wohl nie würde feststellen lassen.

Es heißt, daß Vincent Kings junge Witwe ihr erstes Kind erwartet.«

16

Maggie nahm an der Beerdigung nicht teil. Statt eines Blumengebindes bestellte sie einen Lorbeerkranz, wie sie ihn so oft auf seinen Schultern gesehen hatte. Im gleichen Krankenhaus, in dem er gestorben war, lag sie jetzt mit hochgelegten Beinen, weil sie in der Nacht zuvor Blutungen gehabt hatte und der Arzt eine Fehlgeburt befürchtete. Er gab ihr eine Spritze und verordnete absolute Ruhe.

Maggie tat, was man von ihr verlangte. Sie war entschlossen, das Baby zu behalten, das alles war, was ihr von Vin geblieben war. In ihrem Leib trug sie einen Teil seines Körpers.

»Joseph Forbes King«, sagte sie zu ihrem ungeborenen Sohn – denn sie wußte, daß es ein Junge sein würde –, »die Welt ist ein trauriger und gefährlicher Platz. Bitte, betritt sie nicht zu früh, bleib noch eine Weile in Sicherheit.«

Doch auch das Kind war kein Trost für sie. Vin war tot. Aber er hätte nicht sterben dürfen, nicht so jung, nicht, ohne seinen Sohn gesehen zu haben.

Sie wußte, daß Giulio stark bezweifelte, daß etwas an dem Wagen nicht in Ordnung gewesen war. Sie wußte, daß As vermutete, Vin hätte den Wagen absichtlich von der Strecke gelenkt, in der Mitte einer Geraden, wo keine Zuschauer verletzt werden konnten und kein anderer Wagen in der Nähe war; in einer plötzlichen geistigen Verwirrung, in dem Bedürfnis, es zu wagen wie ein Mann, der Russisches Roulette spielt. Oder wie ein von unerträglichen Schuldgefühlen geplagter Mann, der sich selbst bestrafen wollte.

Maggie mochte das nicht glauben. Besser als irgendein anderer kannte sie die Depressionen, die ihn nach dem Unglück in Neuseeland befallen hatten, die durch Schuldgefühle ausgelösten Alpträume, die Träume von Strafe und Sühne, die verzweifelten Rechtfertigungsversuche. Es war eine alte Schuld, die vielleicht bis zum Tod seines Vaters zurückreichte. Aber zu glauben, daß er sterben wollte, daß er das Steuer absichtlich eine Spur zu weit gedreht hatte – nein, diesen Gedanken konnte sie nicht ertragen. Das würde bedeuten, daß er bereit war, sie und ihr Kind allein zu lassen, sie zu einem Leben in Einsamkeit zu verdammen. Vielleicht glaubte er, daß seine Mutter für das Baby sorgen würde? Dann fielen ihr die Goldminen-Aktien ein. Er hatte gewußt, daß sie etwas besaß, wovon sie leben konnte.

Sie hätte gern Vins Großmutter besucht, doch Elaine hatte sich trotz ihrer fünfundsiebzig Jahre auf eine Seereise begeben, mit einem Schiff, das auf seinem Weg nach England mehrere indische Häfen anlief. Jetzt hielt sie sich in England bei ihren Verwandten aus der Hamilton-Linie auf.

Maggie hatte Marie und Nyora mitgeteilt, daß sie Witwe geworden war, obwohl Marie es wahrscheinlich bereits aus der Zeitung erfahren hatte. Jetzt bedrängte Marie sie, nach Rockhampton zu kommen und das Baby im dortigen Krankenhaus zur Welt zu bringen, wo sie sie besuchen konnte. Inzwischen gäbe es dort auch keine »Schwarzen«-Station mehr.

»Die Lage hat sich etwas gebessert«, schrieb sie. »Warum kommst du nicht zu uns und bleibst bis zur Geburt hier? Du wolltest doch immer nach Hause kommen, um deine Wunden zu heilen; später könntest du dann auf die Insel gehen. Ich finde, du solltest nicht allein in der leeren Wohnung sitzen. Billy bekommt bald einen längeren Urlaub, und wir werden dann eine Reise machen und im Auto kampieren. Du könntest das Haus dann mit deinem Baby ein paar Monate lang für dich allein haben.«

Maggie beschloß, Maries Einladung anzunehmen.

So würde sie Miete sparen; außerdem haßte sie die Wohnung, die so viele Erinnerungen barg. Der ganze Schock traf sie erst so richtig, als sie, nachdem die Gefahr einer Fehlgeburt gebannt war, nach Hause zurückkam und begann, Vins Kleidungsstücke für die Heilsarmee zusammenzupacken. Seine Trophäen – meist nutzlose Dinge – verkaufte sie bis auf einige wenige bedeutende Pokale und Medaillen, die sein Sohn vielleicht gern einmal haben würde. Doch sie war zu apathisch, um ihre Koffer zu packen und sich auf die Reise nach Queensland zu begeben.

Der gut gemeinten Anteilnahme von Freunden und Bekannten ging sie aus dem Weg, sie wollte nur allein sein und über die Vergangenheit und ihre bevorstehende Mutterschaft nachdenken. Sie hatte eine Flut von Karten und Briefen der Anteilnahme zu beantworten – viele von Leuten geschrieben, die Vin gar nicht gekannt hatte. Ein in Levin aufgegebener, anonymer Brief enthielt nur einen einzigen Satz: »Vielleicht verstehen Sie jetzt, wie es ist.«

Eine Rechnung des Bestattungsinstituts, des Krematoriums, des Blumenhändlers, des Krankenwagens, des Arztes – o Gott, hörte das denn nie auf? Und dann kam ein großer gelber Umschlag an. Sie öffnete ihn.

»TODESURKUNDE« stand da in großen schwarzen Buchstaben. Und dann glaubte sie es wirklich. Vincent Forbes King – Mädchenname der Mutter Rosetta Forbes, Name des Vaters Stanley Macdonald King, Ehefrau geborene Agnes Pinjarra – war tot. Ein großes rotes Siegel bestätigte diese Tatsache.

Dann waren da eine sogenannte Erblegitimation und das Testament, das ihr alles hinterließ. Sie mußte Erbschaftssteuern auf die Goldaktien bezahlen. Alles andere – bis auf tausend Dollar auf Vins Bankkonto – hatte sich mit dem Ferrari in Rauch aufgelöst.

Sie packte ihre Sachen und machte sich auf die Reise nach Queensland, um dort die Geburt von Vincents Sohn abzuwarten.

Es war eine in jeder Beziehung normale Geburt, für das erste Kind sogar eine leichte Geburt, doch Mutter und Kind waren ziemlich mitgenommen. Sie sah zwei winzige, zusammengeballte Fäustchen und ein vor Wut ziemlich rotes Gesicht, als ihr Sohn seinen Protest über seine Geburt in die Welt hinausschrie. Als sie ihn am nächsten Tag ausgiebig betrachten konnte, begann sie zu lachen.

Er wurde ihr, noch immer schlafend, in einer Decke gebracht, aus der nur der Kopf hervorschaute. Sie wickelte das Bündel aus und untersuchte dieses neue, faszinierende, lebendige Spielzeug. Seine Haut war von einem dunklen Gelbbraun, seine Augenbrauen wie mit dem feinsten Pinsel mit Tusche gezogen, sein kleiner, zerbrechlicher Kopf war mit einem Flaum wilder roter Locken bedeckt.

Maggie lachte, weil sie Vin versprochen hatte, ihn seiner

Großmutter zu zeigen. Dieses Baby würde Mrs. King die Sprache verschlagen! Dann weinte sie, weil sein Vater ihn nie sehen würde.

Sie dachte daran, daß Vins Mutter nach ihrem Schlaganfall womöglich noch immer bettlägrig war, vielleicht nicht einmal erfahren hatte, daß ihr Sohn tot war. Für sie war er ohnehin vor Jahren gestorben, als sie ihr Testament zu Zircons Gunsten geändert hatte. Laut der Karte des Blumenhändlers hatte sie zwar Blumen geschickt, doch das konnte irgendein Freund für sie getan haben. Blumen waren fast aus jedem Staat gekommen, von den Automobil-Clubs und dem Motorsport-Verband.

Maggie fragte sich, ob Vin sich bei seinem Besuch wohl mit seiner Mutter ausgesöhnt hatte. Jetzt war es zu spät. Nun, viel Glück, Zircon! Wenn sein Frauchen starb, würde er die verwöhnteste Katze im Land sein.

FÜNFTES BUCH

Das sprießende Blatt

1949 – 1969

1

Joseph Forbes King war am 23. Oktober 1949 geboren worden. Obwohl sein Vater Vincent King tot war, lebte er in jeder Körperzelle seines Sohnes fort.

Maggie King war an die Küste von Queensland zurückgekehrt, um ihr Baby zur Welt zu bringen. Sie wollte bei ihren Leuten sein, den Pinjarras und den Efates. Solange sie ein Dach über dem Kopf hatten, würden sie einer Angehörigen ihres Volkes, insbesondere einer Verwandten, stets ein Heim gewähren. Maggie wußte, daß sie, so lange sie wollte, bei ihrer Schwester Marie bleiben konnte. Deren Mann Billy war aus dem Ersten Weltkrieg als Held zurückgekehrt, zu dem er sich als Siebzehnjähriger freiwillig gemeldet hatte. Er bewahrte noch immer die vergilbten Zeitungsausschnitte von 1919 auf, die Fotos aus der Lokalzeitung mit der Überschrift »Gefreiter Efate mit seiner Kriegsverdienstmedaille«. Dank seiner Soldatenlaufbahn wurde er in der Stadt akzeptiert und durfte mit seinen weißen Freunden in den Hotelbars und im RSL-Club Alkohol trinken.

Er hatte eine Stellung bei der Eisenbahn, die häufige Abwesenheit von Zuhause mit sich brachte. Da er jedoch mehr als zwanzig Jahre älter als Marie war, würde er bald in den Ruhestand treten, und Maggie wollte dann nach Townsville umziehen. Dort würde es, so hoffte sie, weniger Vorurteile gegen arbeitende farbige Mädchen geben als in früheren Zeiten. In der Zwischenzeit blieb sie bei Marie in Rockhampton, und sie fuhren des öfteren nach Pandanus-Island, wo Maggie geboren war.

Maggie hatte Vincent auf seinem Totenbett versprochen, die alte Mrs. King mit dem Baby zu besuchen. Sie hatte Angst vor einem Treffen mit Vins Mutter, selbst wenn sie jetzt nach ihrem

Schlaganfall hilflos ans Bett gefesselt war: Die Abneigung und Mißbilligung der älteren Frau waren allzu deutlich gewesen. Doch als Joe sechs Monate alt war, wagte sie den langen Flug nach Adelaide und fuhr mit einem Taxi zu dem in einem Vorort gelegenen Haus hinaus, in dem Mrs. King, betreut von einer Krankenschwester, lebte.

»Mrs. King... Mrs. King junior ist mit Ihrem Enkelsohn hier«, sagte die Schwester, während Maggie wartete. Rosetta King öffnete weit die Augen und blickte zur Tür hinüber. Selbst in ihrem hilflosen Zustand war sie noch immer eine große, imposante Frau. Bewegungslos wie eine Statue lag sie, auf Kissen gestützt, so daß sie mit ihrem hageren Gesicht und der aristokratischen Nase an das Bildnis einer Edelfrau auf einem mittelalterlichen Grab erinnerte. Die Siamkatze Zircon schlief zusammengerollt zu ihren Füßen.

Als sie sich dem Bett näherte, empfand Maggie ganz unerwarteterweise Mitleid. Dahin also hatten all ihr Stolz und all ihre Arroganz sie gebracht!

Rosetta King konnte weder sprechen noch schreiben, sondern übermittelte ihre Wünsche durch Öffnen und Schließen der Augen. Maggie berührte die Hand, die leblos auf der Bettdecke lag.

»Ich habe ihn Joseph genannt«, sagte sie. »Joseph Forbes King. Das war Vincents Wunsch. Er sagte, das würde Sie freuen.«

Vielleicht erwartete Mrs. King, ein Ebenbild ihres Sohnes zu sehen mit seinem schönen, schmalen Kopf und dem glatten braunen Haar und den grauen Augen; oder vielleicht hoffte sie, eine Ähnlichkeit mit ihrem Mann Stanley zu entdecken. Doch das einzige, was Joe von seinem Vater geerbt zu haben schien, waren ein Paar schräger Augenbrauen, die so fein gezeichnet waren, daß sie fast nicht zu sehen waren.

Maggie hielt ihr das glucksende Energiebündel entgegen, das Vincents Sohn war. Mrs. Kings Augen wurden weit; sie starrte auf das lockige rote Haar des Babys, seine glänzenden schwarzen Augen, das hübsche Braun des Gesichts ihres einzigen Enkelsohnes. Dann schloß sie mit Bestimmtheit die Augen und hielt sie geschlossen.

War sie eingeschlafen oder sogar verstorben? Ihr stahlgraues Haar war in Wellen gelegt, ihr erstaunlich glattes, faltenloses Gesicht eine regungslose Maske. Die Schwester sprach zu ihr und berührte ihre Hand.

»Mrs. King, sehen Sie – Ihr Enkelsohn. Er ist gerade sechs Monate alt. Ist er nicht ein süßes Baby? Sehen Sie – er lächelt! Was für ein fröhliches Kind!«

Die schweren Augenlider flatterten, zeigten, daß sie die Worte gehört hatte, doch die Augen blieben eigensinnig geschlossen, der Mund ständig verzerrt, so daß ihr Gesicht einen bösartigen Ausdruck trug.

Maggie, die das Baby auf das Bett gelegt hatte, hob es wieder hoch und wandte sich ab. Die Abneigung der alten Frau war nicht zu übersehen. Offensichtlich hätte sie ihr Testament nicht zugunsten Joes geändert, falls Vin das erhofft haben sollte – selbst, wenn sie physisch dazu in der Lage gewesen wäre. Maggie fragte sich, ob Vin das Testament angefochten hätte.

Maggie mußte daran denken, wie seltsam es doch war, daß dieses kleine Stückchen Leben, ihr Sohn, von all seinen Vorfahren etwas geerbt hatte, sowohl von Vins Familie, den abenteuerlichen Forbes, als auch von den Insulanerkriegern, den Stammesnomaden und den umherziehenden Schafscherern und Rohrschnittern aus der Linie ihrer Mutter. Es wäre sehr verwunderlich, wenn Joseph einmal ein eintöniges Leben in der Provinz führen würde.

Nicht, daß sie vorgehabt hätte, die reichen Macdonalds um Hilfe zu bitten. Ebensowenig jedoch wollte sie, daß Joe in der abgeschlossenen Welt von Pandanus-Island aufwuchs, umgeben von dunkelhäutigen Verwandten und in der ständigen Angst vor den Weißen. Sie hatte genügend Einnahmen aus Vins Goldaktien, um nicht auf die Witwenrente angewiesen zu sein. Außerdem sollte sie mit ihrer Erfahrung als Sekretärin in der Lage sein, einen Job zu bekommen.

Joe war noch nicht zwei Jahre alt, als sie mit ihm die liebe, alte, weise Großmama Nyora und Onkel Morgan auf Pandanus besuchte.

Als Nyora Joe zum ersten Mal sah, brach sie in lautes Gelächter aus.

»Heh, kleiner Rotschopf!« sagte Nyora, ihn in die Arme nehmend. »Ich weiß, woher er diese Locken hat. Von seinem Ur-Urgroßvater Joseph Efate! Du mußt daran gedacht haben, als du ihm seinen Namen gabst, Mädchen.«

»Nein, den Namen hatte ich schon vor seiner Geburt ausgesucht.«

»Und was wäre gewesen, wenn es ein Mädchen geworden wäre? Und nicht rothaarig! Ich weiß nicht, woher er diese Farbe hat.«

»Vins Großmutter Elaine hat rote Haare. Ihr Urgroßvater war Schotte.«

Maggie ging mit Joe, der sich weigerte, sich tragen zu lassen, zum Inselfriedhof. Um das Gleichgewicht zu halten, kletterte er mit vornüber geneigtem Oberkörper auf seinen zwei Jahre alten Beinen den sanft ansteigenden Hang der grünen Landzunge hinauf zu dem Ort, wo Miguel, Nyoras Mann, begraben lag. Neben ihm lag Violet, die kleine Tochter, die an Masern gestorben war, sowie Seite an Seite Bert und Anna.

»Da unten sind deine Oma und dein Opa«, erzählte sie Joe, als sie sich auf dem sandigen Boden zwischen dem buschigen, vom Wind zerzausten Gras hinkniete. »Bert und Anna, die beide jung gestorben sind.«

Joe stolperte über den unebenen Boden und umklammerte haltsuchend einen Grabstein. Seine kleinen dicken Hände folgten den in den Stein gravierten Buchstaben. Für ihn waren Buchstaben noch ein Geheimnis.

Vor sich hin brabbelnd, patschte er auf das Grab seiner Großmutter. Die Sonne schien auf seine leuchtendroten Locken und verwandelte sie in strahlendes Gold. Er hatte weder die farblosen Wimpern noch die Sommersprossen, wie sie bei Rothaarigen so häufig zu sehen waren. Liebevoll blickte Maggie auf seine blaßbraune, makellose Haut und die glänzenden schwarzen Augen, die sie anlachten, als er den Kopf drehte. Das Meer hinter ihm bildete einen schillernden türkisfarbenen Hintergrund.

Während ihr Haar in der leichten Brise flatterte und sie die Wärme der Sonne auf ihrem Nacken spürte, überkam Maggie ein seltsames Gefühl der Zeitlosigkeit. Es war ein Augenblick erweiterten Bewußtseins, wie sie ihn manchmal erlebte, wenn die Zeit, durchtränkt von einer eigenartigen Bedeutung, stehenzubleiben schien. Dann begannen, mit einem fast unhörbaren Klicken, die Rädchen sich wieder zu drehen, und die Zeit lief weiter.

In diesem Augenblick hatte sie all die Vorfahren dieses kleinen Jungen gesehen, die sich – einer nach dem anderen – in einer endlosen Kette in die Vergangenheit zurückerstreckten, wieder kleiner wurden, wenn sie in der Unendlichkeit von Zeit und Raum verschwanden. Ein schottischer Ur-Ur-Urgroßvater hatte ihm sein rotes Haar gegeben, von seinen irischen, portugiesischen oder Eingeborenenvorfahren hatte er die glänzenden schwarzen Augen geerbt, die feinen, schrägen Augenbrauen hatte er über Elaine und Hamilton Forbes von einer Ur-Ur-Urgroßmutter namens Betsy Hume bekommen und seine dichte Lockenkappe von einem unbekannten Kannibalen von den Loyalty-Islands, der vor hundert Jahren Tula Efate gezeugt hatte.

Doch am glücklichsten war sie darüber, daß er den schlanken Knochenbau und die schmalen Füße und die schrägen Augenbrauen seines Vaters hatte: Er war Vincents Sohn, auch wenn die alte Mrs. King das in ihrem Starrsinn nicht sehen wollte.

Eine zarte Knospe an dem sich endlos verzweigenden Baum des Lebens, stellte er eine lebendige Verbindung zwischen Vergangenheit und Zukunft dar. Und wenn er, ohne Nachkommen zu hinterlassen, starb? Dann würde dies das Ende der Kette bedeuten. Da nur einer der Söhne des alten Sam King überlebt hatte und Williams Söhne bis auf einen alle jung gestorben waren, war Joe King der letzte seiner Linie.

Maggie hob ihren Sohn behutsam hoch und drückte ihn an

sich. Er strampelte ungeduldig, wollte wieder auf die Erde herunter. Da drüben war noch einer von diesen warmen, glatten Steinen, gerade in der rechten Höhe, um sich daran festzuhalten. Lachend ließ Maggie ihn gehen. Hinter der Landzunge rollten die Wellen der trägen, langgezogenen Dünung auf das Festland zu.

Obwohl ihr Buch »Geschichten von Onkel Morgan« sich noch immer verkaufte, hatte Maggie nach Vins Tod nichts Neues mehr geschrieben. Jetzt, nach zwei Jahren, spürte sie, wie der alte Drang wieder in ihr aufstieg, es in ihren Fingern kribbelte. Der schneidende Schmerz über den Verlust Vins hatte nachgelassen. War es möglich, daß sie vergessen würde? Nicht die Tatsache, daß sie ihn verloren hatte – sie würde immer gegenwärtig sein –, sondern, *was* sie verloren hatte. Daß sie ganz einfach nicht mehr in der Lage sein würde, sich zu erinnern, wie es gewesen war? Das wäre unerträglich, ein doppelter Verlust. Sie klammerte sich an ihre Erinnerungen, rief sie sich wieder und wieder – eine nach der anderen – ins Gedächtnis zurück.

Und sie hatte Joe als lebenden Beweis dafür, daß alles nicht nur ein Traum gewesen war.

Eines Tages hatte sie Joe zum Schlafen niedergelegt und war selbst, auf dem Doppelbett liegend, eingedöst. Irgendwann öffnete sie die Augen und sah Vin neben dem Bett stehen und lächelnd auf sie herunterblicken. Mit einem glücklichen Aufschrei warf sie sich in seine Arme. Er drückte sie an sich und küßte sie sanft mit seinem lippenlosen Mund, der bei dem Unfall so grausam verbrannt und im Krematorium zu Asche geworden war.

Als Maggie aufwachte, spürte sie seine Gegenwart so deutlich, daß sie – fast erwartend, ihn irgendwo im Zimmer zu sehen – suchend um sich blickte.

Allmählich traten diese Träume etwas weniger häufig auf, bis sie zu fürchten begann, daß ihr – trotz seiner Fotos – ihre körperliche Erinnerung an ihn verlorengehen könnte. Ihr Lieblingsfoto zeigte ihn, im Overall auf seinem Wagen sitzend, einen Siegerkranz um die Schultern gelegt und eine Flasche Champagner in der Hand haltend. Doch den Wagen hatte sie gehaßt und Vins Besessenheit, die ihn ihr nie ganz gehören ließ.

Sie blickte in sein lächelndes Gesicht, das im Augenblick des Triumphes für immer festgehalten worden war.

2

Eine Gruppe von Aborigines saß, laut singend und halbleere Bierflaschen im Takt der Melodie schwenkend, unter den Kokosnußpalmen am Strand von Rowe's Bay. Sie hatten sich von einem Taxifahrer von Townsville zur Bucht hinausfahren lassen. Die Dienste eines »gulba«, eines weißen Mannes, zu kaufen und die Benutzung seines Fahrzeugs verliehen ihnen ein Gefühl der Macht. Der Fahrer hatte versprochen, sie am nächsten Morgen, wenn sie ihren Rausch ausgeschlafen hatten, wieder abzuholen. Er verlangte stets das Doppelte des normalen Fahrpreises; er wußte, daß sie nicht protestieren würden. Er versorgte sie auch mit billigem Wein, wenn sie sich betrinken wollten, und mit einer Mischung aus Rum und Bier. Weil es ihnen nicht erlaubt war, selber Alkohol zu kaufen, mußten sie das Vierfache des normalen Preises dafür bezahlen.

Sie wußten, daß sie in der Stadt immer im Hinterhof des »Golden Horseshoe-Cafés« Alkohol bekommen konnten. Sie pflegten dann einen Tee für einen Schilling zu bestellen, zwei Pfundnoten auf die Theke zu legen und dann durch eine Hintertür aus verzinktem Eisen hinauszugehen. Dort stand ein Verschlag, in dem eine Flasche Rotwein oder ein halbes Dutzend Flaschen Bier oder eine kleine Flasche Rum auf sie warteten.

»Schlechte Gesetze sind dazu da, gebrochen zu werden«, und das Gesetz, demzufolge Aborigines nicht trinken durften, wurde andauernd gebrochen. Die Polizei hatte beschlossen, es nicht zur Kenntnis zu nehmen, und auch diejenigen, die ihnen den Alkohol beschafften, wurden nicht belangt. Wenn die Polizisten jedoch einen dunkelhäutigen Mann beim Trinken sahen, wurde er in Gewahrsam genommen. Je nachdem, ob er ruhig mitging oder »lautstark schimpfte« oder sich der Verhaftung widersetzte, mußte er eine Nacht oder eine Woche im Gefängnis verbringen. Da die meisten »lautstark schimpften«, mußten sie im allgemeinen eine zweite Haftstrafe wegen »Erregung öffentlichen Ärgernisses« in Kauf nehmen.

Die Gruppe unter den Palmen war vom Rum zu Bier übergegangen. Jemand warf die erste leere Bierflasche nach der leeren Rumflasche, und diese zerbrach mit herrlichem Krach. Ein paar Männer applaudierten, doch einer protestierte: »Heh, die Flasche ist ein paar Schilling wert! Warum macht ihr sie kaputt?«

»Ach, zwei Schilling! Dafür kriegst du nicht einmal eine Schachtel Zigaretten.«

Sie hatten einen großen, jungen Mann in maßgeschneiderten Shorts, einem Hemd mit offenem Kragen und Sandalen bemerkt, der unter einem Feigenbaum stand und sie »in Augenschein nahm«, wie jemand bemerkte. Sofort kam Feindseligkeit gegen den Fremden auf. Sie wußten, daß die »Koories« oder die Schwarzen für »sie«, die Weißen, Objekte waren, die sie mit angewiderter Neugierde betrachteten. Weiße Touristen wurden zu den Siedlungen von Palm-Island hinausgebracht, um die »Eingeborenen« in ihren unter staatlicher Aufsicht stehenden Hütten anzustarren. Und sie waren gewarnt worden, »nicht mit den Bewohnern zu sprechen«. Die Hüttenbewohner kamen sich wie Affen in einem Käfig vor.

»Was gibt es da zu sehen, Mann?« fragte einer – eine gewisse, vom Alkohol ausgelöste Angriffslust lag in der Frage.

»Nichts... ich fragte mich nur –«

»Ah! Ein besonders gebildeter Herr!« Die wohltönende Stimme des fremden, jungen Mannes, der nicht der übliche, langgezogene Queensland-Akzent anhaftete, und seine gute Kleidung riefen weitere Feindseligkeit hervor.

»Schreiben Sie vielleicht einen Artikel für den *Varsity?* Über die Trinkgewohnheiten der australischen Aborigines?«

Jemand lachte, andere stießen Schimpfworte aus, die wie »Mach, daß du wegkommst!« und »Verschwinde!« klangen.

»Nein, ich wollte wissen, ob jemand Maud Wandana oder Billy und Marie Efate aus Rocky kennt. Das sind meine Verwandten.«

Mit etwas mehr Zutrauen kam der junge Mann näher, und sie sahen seine schwarzen Augen, sein dichtes, lockiges Haar und seine hellbraune Haut.

»Maud hat einen Insulaner geheiratet, nicht wahr? Wie heißt sie jetzt?«

»Efate, wie mein Onkel Billy, und Dave Efate, der Boxer. Meine Mutter war eine Pinjarra von Pandanus-Island.«

»Aha, einer von dieser Sippe? Aber Billy ist gestorben, letztes Jahr, glaube ich.«

Einer der älteren Männer mit grauen Bartstoppeln beugte sich vor und betrachtete den Neuankömmling aus blutunterlaufenen Augen.

»Zu welcher ›Kategorie‹ gehört er?« fragte er.

»Ich heiße Joe King, aus Adelaide. Ich bin mit meiner Mutter auf Urlaub hier; sie ist in Townsville zur Schule gegangen, aber sie wurde auf Pandanus geboren. Kennen Sie die alte Oma Nyora?«

»Gott, sie muß schon an die Hundert sein. Ist noch immer bei guten Kräften. Hier, trink was, Kumpel«, sagte der erste Mann und hielt ihm eine halbleere Flasche entgegen.

Joe blickte sich suchend nach einem Glas um, überwand sich dann jedoch und nahm einen Schluck aus der Flasche, ehe er sie zurückreichte. »Danke.«

»Zu welcher ›Kategorie‹ gehört er?« beharrte der Alte.

»Halt den Mund, Harry. Er will wissen, wie groß Ihr Anteil an weißem Blut ist«, erklärte er Joe. »Sie wissen schon, die Hälfte, ein Viertel, drei Viertel?«

»Oh, mein Vater war weiß, meine Mutter drei Viertel weiß, sie war ein Mischling. Ihre Mutter war Halb-Insulanerin, und ihr Vater war Bert Pinjarra, Nyoras Sohn. Die Geschwister meiner Mutter, Maggie Pinjarra, sind sehr dunkel.«

»Maggie Pinjarra? Doch nicht die Schriftstellerin? Und Sie sind ihr Sohn?«

»Gewiß bin ich das«, erwiderte Joe grinsend. Der Gedanke an die Begegnung mit den Leuten hier oben im fernen Norden hatte ihn nervös gemacht. Onkel Harold Brown und Tante Ellen lebten in Melbourne, wo er jetzt das Musikkonservatorium besuchte. Da Maggie mit ihm nach Adelaide zurückgegangen war, als er noch klein war, konnte er sich kaum noch an Marie oder Dan oder Nyora erinnern.

Als er die erste Klasse besuchte, war Joe einmal von der Schule nach Hause gekommen und hatte sie gefragt: »Was ist ein Kanake, Mammie?«

»Warum? Wer hat dich so genannt?« Sie kniete sich nieder und legte besorgt die Arme um ihn.

»Niemand. Aber auf dem Spielplatz singen sie so ein Lied zu einem Ballspiel:

Veilchen sind blau,
Rosen sind rot,
Du bist ein Kanake,
und du bist tot.

»Das hat nichts zu bedeuten, es ist nur ein Reim wie ›Drei blinde Mäuse‹.«

»Aber was ist ein Kanake? Ich habe sie in der Schule danach gefragt, und sie lachten mich alle aus.«

»Es ist – eine Bezeichnung für Pazifik-Insulaner. Dein Ur-Urgroßvater war einer. Das waren Insulaner, die in Queensland auf Zuckerrohrplantagen gearbeitet haben. Die Familie meiner Mutter waren Pazifik-Insulaner, Nachfahren von Joseph Efate aus Lifu, Neukaledonien. Du bist nach ihm benannt.«

»Also bin ich wirklich ein Kanake?«

»Kein Kanake. Ich mag das Wort nicht. Du bist ein bißchen ein Insulaner, ein bißchen ein Aborigine von meines Vaters Seite her. Aber er war Halb-Portugiese. Und die Familie deines Vaters waren weiße Australier.«

Zu jenem Zeitpunkt beschloß Maggie, nach Adelaide zurückzugehen und ihn dort zur Schule zu schicken. Es barg glückliche Erinnerungen an ihre erste Zeit mit Vin, doch sie ging nie mehr in die Nähe des Wohnheims, in dem sie gelebt hatte. Sie zog sich hübsch an, mietete ein Haus an der Fullarton-Straßenbahnlinie mit einem kleinen Garten, in dem sie Gemüse anpflanzen konnte, und schickte Joe in die Glen Osmond State School und später in die Unley Boys Mittelschule. Aus den gleichen Gründen, aus denen sie seinerzeit, um einen Job zu bekommen, nach Süden gegangen war, glaubte sie, daß Joe es dort leichter haben würde als in Queensland. Er sah zwar »anders« aus, doch nicht wie ein Aborigine, und in Südaustralien konnte er mit allen Rechten und Vorteilen eines weißen Bürgers aufwachsen.

Jetzt war Joseph King nahezu erwachsen; er würde in zwei Monaten siebzehn sein, und er kannte die Bedeutung des Wortes »Nigger«. Während er mit den Männern redete, hockte er sich bequem auf den Boden.

»Kann mir jemand von Ihnen sagen, wann die Fähre von Palm Island ankommt?«

Ein unbehagliches Schweigen trat ein. Die Männer blickten auf ihre Hände; der alte Mann, der gefragt hatte, zu welcher »Kategorie« Joe gehöre, spuckte auf die Erde.

»Besser, Sie fragen jemand anderen«, knurrte er. »Wir wissen nichts über diesen Ort.«

»Außer, daß man sich von ihm fernhalten sollte.«

Jemand lachte.

»Aber einer von Ihnen muß die Fähre doch schon einmal benutzt haben«, beharrte Joe.

Der erste Mann, der sich als Bill Cotton vorgestellt hatte, erklärte:

»Niemand ist stolz darauf, ein Palm-Insulaner zu sein«, sagte er. »Die Insel ist ein Reservat, müssen Sie wissen, und anfangs wurden Schwarze dorthin geschickt, denen lange Gefängnisstrafen auferlegt waren. Auch heute wird die Insel noch wie ein Gefängnis geführt. Mehr als tausend unserer Leute sind da draußen, dreißig Meilen vom Festland entfernt von der Umwelt abgeschnitten. Weiße können nur mit Genehmigung dorthin und müssen die Insel bei Einbruch der Dunkelheit wieder verlassen haben. Unsere Leute dürfen die Insel nur mit einer vom Direktor unterschriebenen Genehmigung verlassen, und die einzige Möglichkeit für sie, nach Townsville zu kommen, ist die Fähre. Der Direktor ist also allgewaltig, verstehen Sie?«

»Ja. Voriges Jahr gab es eine große Versammlung des Bundesrates der Aborigines und Insulaner mit Sprechern aus dem Süden. Und in jener Woche fuhr die Fähre nicht«, sagte ein junger Mann, der bis dahin geschwiegen hatte.

»Wenn einer einen festen Job nachweisen kann, darf er einmal im Monat aufs Festland«, sagte Bill. »Ein Mann mit Familie braucht schon eine Menge Mut, wenn er weg will und auf sich selbst gestellt ist. Drüben hat er ein fast mietfreies Haus, Schule für die Kinder, ein Krankenhaus und so. Wenn er aber weggeht und seine Staatsbürgerschaft aufgibt, ist er ganz auf sich allein gestellt. Das ist anfangs ganz schön scheußlich. Ich glaube, wir sind durch zu viele Almosen verwöhnt worden.«

»Das gilt vielleicht für dich, Bill«, sagte der junge Mann mit den langen, gelockten Haaren und dem strengen Gesichtsschnitt eines Malaien. »Mich hat man nicht verwöhnt. Ich nehme mir jeden Cent von den Weißen, den ich kriegen kann. Sie haben uns Queensland weggenommen und uns auf ein paar Mistplätze wie Palm oder Cherbourg und Yarrabah abgeschoben. Und wissen Sie, was noch da draußen ist?« Er deutete auf die etwa fünf Meilen entfernten Hügel von Magnetic-Island. »Eine Leprakolonie ist da! auf Fantôme-Island. Die armen Teufel dürfen überhaupt nie an Land... Und kein Tropfen Alkohol ist auf Palm erlaubt, außer dem verdammten Gesöff aus der Kantine der Weißen.«

»Aber Sie könnten eine Ausnahmegenehmigung bekommen, wenn Sie wollten?« fragte Joe.

»Pah! Das Hundehalsband! Nein, danke! Außerdem würden sie mich in der Bar gar nicht bedienen.«

»Man erlebt nie, daß ein Weißer wegen Trunkenheit eingesperrt wird«, meinte Bill, »immer nur wir arme Schlucker.«

»Ich sehe also«, sagte Joe, »daß wir uns als erstes für Staatsbürgerrechte für jeden einzusetzen haben. Die meisten Australier sind für Gerechtigkeit. Es wird einen Volksentscheid geben müssen, wo die gesamte Bevölkerung über diese Kernfrage abstimmt. Wenn wir das geschafft haben: Landrechte. Denn dann werden wir eine gewisse Macht besitzen und Stimmrecht haben –«

»Landrechte? Sie reden vielleicht daher, mein Freund. Woher haben Sie Ihre Bildung? Wir brauchen Leute wie Sie, die mit diesen Regierungsbossen in Canberra reden können. Mit dem Komitee gegen die Verfolgung der Aborigines oder dem Queenslander Amt der Aborigines und Torres-Strait-Insulaner kommen wir nie weiter... Sie wollen nur ihre bequemen Posten behalten und die Schwarzen dahin bringen, wo sie hingehören – und das ist unten.«

Er warf eine weitere Flasche auf den Stapel.

»Wie dem auch sei, ich möchte nach Palm-Island und mich selbst von der Lage überzeugen«, sagte Joe. »Ich werde Maggie dazu bringen, einen Artikel für den *Sydney Morning Herald* oder die *Canberra-Times* zu schreiben. Jetzt, wo ihr Name bekannt ist, werden sie das Zeug drucken. ich möchte auch diese Leprainsel sehen.«

»Sie werden nie nach Fantôme kommen«, warf Bill ein. »Aber Sie könnten die Touristen-Fähre nehmen, die die Inselrundfahrt macht und in Great Palm anlegt. Ich glaube, sie fährt donnerstags.«

»Womit verdienen Sie eigentlich Ihr Brot? Haben Sie alle keine Arbeit?«

»Doch, ich arbeite als Matrose auf der Magnetic-Island-Fähre, habe heute nur meinen freien Tag«, erwiderte Bill.

»Und ich arbeite im Reef-Motel – Gartenarbeit und andere Sachen«, sagte der kraushaarige Reuben.

Ein paar andere arbeiteten als Straßenkehrer. Harry erklärte mit breitem Grinsen, das seine Zahnlücke zeigte, daß er ein Ruhegeld von der Regierung bekäme.

»Wir fahren mit einem Taxi hier heraus, weil uns dann die Polizei nicht aufgreift«, erklärte Reuben. »Wenn wir in den Stadtparks trinken, müssen sie uns festnehmen – so lautet das Gesetz. Es gehört zu ihrem Job. Aber im Gefängnis von Townsville kommen fünf oder zehn Schwarze auf einen Weißen, das ist nicht gerecht. Wenn man bedenkt, wieviel mehr Weiße in der Stadt leben.«

Wieder wurde eine Flasche Bier herumgereicht. Joe wollte eigentlich nichts mehr trinken, aber er erkannte, daß das Trinken aus einer Flasche, das gemeinsame dem Gesetz Zuwiderhandeln, eine Art kameradschaftliches Ritual darstellte. Also nahm er einen Schluck, gab die Flasche weiter und stand auf.

»Danke, meine Freunde. Ich muß zu meiner Mutter zurück. Sehen wir uns auf der Fähre, Bill? Wir fahren morgen zur Picnic-Bay hinüber.«

»Ja, ich denke schon. Ich freue mich, die berühmte Schriftstellerin kennenzulernen.«

3

Es war lange her, daß Maggie die Fähre, die regelmäßig zwischen Magnetic-Island und dem Kai von Townsville verkehrte, benutzt hatte. Das letzte Mal war sie auf der Fähre gewesen, als Joe noch ein Kind war, vor mehr als zehn Jahren. An einem Stand unten am Wasser kaufte sie sich einen kunstvoll aus Palmblättern geflochtenen Hut. Sie trug ein kurzes türkisfarbenes Oberteil und Shorts aus weißem Handtuchstoff, der ihre langen, braunen Beine zeigte. Früher, als sie noch zur Schule ging, hatten die anderen Kinder über ihre dünnen Beine gelacht; aber das war lange her.

Jetzt saß sie zusammen mit Joe auf dem offenen Vorderdeck mit dem Rücken zu dem mit Glasfenstern versehenen Restaurant, wo sich die meisten der Passagiere aufhielten und sich von einem langhaarigen, Gitarre spielenden, jungen Mann unterhalten ließen. Maggie lehnte sich gegen ihre Segeltuchtasche, in die sie ihr Handtuch und ihren Badeanzug gepackt hatte. Sie wollte nicht drinnen in der Fähre sein. Ihre Mutter und ihre Tante, die das Fährunglück in der Moreton-Bay überlebt hatten und sich noch lebhaft daran erinnern konnten, wie die Passagiere im Innern der Fähre gefangen waren, als diese kenterte, hatten sie angehalten, sich stets draußen aufzuhalten.

Ihre Strandtasche erinnerte sie an die Zeit, als sie, während sie als Schulmädchen bei Tante Ellen und Onkel Harold Brown gelebt hatte, in die Kissing-Point-Badeanstalt gegangen war, zu der Aborigines keinen Zutritt hatten, und trotzig in das jadegrüne Wasser getaucht war. Sie bildete sich ein, mehrere weiße Mädchen sofort herausklettern gesehen zu haben. Nach dem Baden zog sie sich in einer Umkleidekabine um und verließ, hoch erhobenen Kopfes und ihre Badetasche schwenkend, das Bad.

Warum bin ich mit Joe hierher gefahren, fragte Maggie sich. Sie war froh, nach Adelaide gezogen zu sein und ihn dort zur Schule geschickt zu haben. Wenn er gute Leistungen brachte und ein Stipendium bekäme, könnte er die Universität besuchen und vielleicht der erste Mann mit Aborigineblut in den Adern werden, der einen akademischen Grad besaß.

Sie wohnten in einer Pension in Rowe's Bay, weil das billiger als ein Motel war. Maggie besaß zwar ein kleines Auto, aber Joe zeigte keinerlei Interesse an schnellem Fahren. Sie war erleichtert darüber, daß er offensichtlich keine Neigung hatte, das gefährliche Laster seines Vaters fortzuführen. Die gesamte Strecke von Adelaide hatten sie per Bahn zurückgelegt, aber sie würden von Sydney aus nach Hause fliegen. Einen Hin- und Rückflug konnte Maggie sich nicht leisten. Joe war es gewesen, der unbedingt diese Reise in den tiefen Norden in sein Geburtsland Queensland hatte machen wollen. Er hatte bereits einige Aborigines kennengelernt und hatte Maggie an diesem Morgen den Matrosen Bill Cotton vorgestellt, der immer noch ein wenig lädiert war vom Zechgelage am Tage zuvor.

Ihren Träumen über die Zeit, in der sie hier gelebt hatte, nachhängend, saß Maggie an Deck und beobachtete, wie die blauen Umrisse von Magnetic-Island sich grün und braun färbten, während sie näherkamen. Dabei vergaß sie, ihren Hut festzuhalten. Eine plötzliche Brise riß ihn ihr vom Kopf und wirbelte ihn ins Wasser, wo er sofort ins Kielwasser geriet. Der Steuermann, der oben in seinem gläsernen Ruderhaus saß, sah ihn davonfliegen und wendete die kleine Fähre sofort; dabei überquerte er sein eigenes Kielwasser. Als der grüne Hut an ihnen vorbeitrieb, holte Bill ihn mit einem Bootshaken an Bord.

»Danke!« rief Maggie lachend und winkte dem Steuermann zu.

»Hier, bitte – er ist nicht sehr naß«, sagte Bill grinsend, als er ihr den Hut reichte. Er hockte sich neben Maggie und Joe auf den Boden. Rund um das Deck herum standen Bänke, die hauptsächlich von jungen Leuten in Badekleidung belegt waren. »Setzen Sie ihn jetzt lieber nicht mehr auf. Der Steuermann wird nicht ein zweites Mal wenden, wenn Sie ihn noch einmal verlieren.«

»Natürlich nicht. Ich habe es auch jetzt nicht erwartet. Vielen Dank, Bill.«

»Keine Ursache«, entgegnete dieser, und wandte sich dann an Joe: »Übrigens, Joe, Sie haben uns gar nicht gesagt, daß Ihre Mutter eine so junge und tolle Frau ist. Ich hielt Maggie Pinjarra immer für ein altes Mädchen, das seit Urzeiten Geschichten sammelt, eine Frau mit grauen Haaren.«

Maggie fühlte sich geschmeichelt, mit beinahe vierzig als »jung« bezeichnet zu werden, zugleich jedoch verwirrte sie die unverhohlene Bewunderung in seinen Augen. Während Joe heranwuchs, hatte sie, entschlossen, die Erinnerung an Vin nicht zu trüben und ihren Sohn, solange er klein war und sie brauchte, die Hauptrolle in ihrem Leben spielen zu lassen, jeden Mann abgewiesen, der sich für sie interessierte. Jahrelang hatte sie nur für Joe gelebt. Während sie jetzt, in dieser glühenden, tropischen Atmosphäre über eine See glitten, die so grün wie Glas und so warm wie frische Milch war, spürte sie das Leben in ihren Adern pulsieren. Sie war sie selbst, Maggie King, nicht nur Josephs Mutter.

Einige Zeit nach Maggies Besuch mit Joe war die alte Mrs. King an einem dritten Schlaganfall gestorben. Wahrscheinlich war Zircon inzwischen auch tot, und das Vermögen der verhätschelten Katze dürfte, Mrs. Kings Wunsch entsprechend, einem Katzenheim zugeflossen sein.

Der Gitarrenspieler hatte einen Helfer, der »Gaben« einsammelte und wahrsagte. Als er mit seiner kleinen Sammelbüchse auf das Deck hinaustrat, steckte Maggie ein paar Münzen hinein. Der Mann ergriff ihre Hand und begann, die Linien zu studieren.

»Hm, sehr interessant – Sie haben eine lange Lebenslinie, nicht unterbrochen; das bedeutet Gesundheit und ein hohes Alter. Ziemlich impulsiv, künstlerisch veranlagt, stimmt das? Vielleicht Künstlerin, Schriftstellerin, Schauspielerin, nein, Sie arbeiten wahrscheinlich mit den Händen – Töpferin oder Malerin – Nein?« als Maggie lachend den Kopf schüttelte.

»Ich benutze sie zum Tippen. Ich bin Sekretärin«, sagte sie, um ihm den Enthusiasmus zu nehmen.

Unerschütterlich fuhr er fort, ihre Handlinien zu studieren.

»Darf ich Ihre Sonnenbrille einen Augenblick in die Hand nehmen?«

Sie gab sie ihm. Ihre Hand noch immer in seiner Linken haltend, ergriff er die Sonnenbrille mit seiner Hand und schloß die Augen. Als er sie wieder öffnete, lag ein Ausdruck des Entsetzens auf seinem Gesicht. Er gab ihr die Sonnenbrille zurück, als habe er sich daran verbrannt, und ließ ihre Hand los.

»Was ist los?« fragte Maggie. »Was haben Sie gefühlt?«

Der Mann wich vor ihr zurück. »Etwas ... ich weiß es nicht.«

»Sie *müssen* es wissen.« Sie begann, wütend zu werden.

»Ich weiß es nicht. Unglück... Tod. Nicht für Sie, für andere Menschen. Von Ihnen sollte man sich fernhalten.« Und er verschwand über die Stufen ins Restaurant, nicht ohne einen flüchtigen Blick nach vorn geworfen zu haben, als wolle er abschätzen, wie lange er noch mit ihr im selben Boot fahren müsse.

Maggie war betroffen. Sie blickte auf Joes lockigen Hinterkopf. Hatte der Mann die Zukunft gefühlt oder die Vergangenheit? Das Fährunglück, bei dem ihre Großmutter und ihre Onkel ertrunken waren; ihr Vater, der sich in seinem Fischernetz verfangen hatte; Vin, der in seinem Rennwagen verbrannt war; ihre Mutter, die an Blutkrebs gestorben war? Zog sie womöglich das Unglück an?

Sie sagte sich, daß das Unsinn sei. Doch der Mann hatte ihre Eigenschaften richtig beschrieben, und ihr sicher nichts vorgespielt. Er hatte eine verhängnisvolle Aura um sie gespürt.

An der Mole von Picnic-Bay verlangsamte die Fähre das Tempo. Bill warf einem Mann ein Seil zu, und dieser wand es schnell um einen Pfahl und hielt es fest, während die Passagiere ausstiegen. Die Maschine tuckerte leise, während Bill an der Gangway stand und älteren Passagieren und hübschen, jungen Mädchen beim Aussteigen half.

»Laß uns nach Arcadia gehen, ja?« bat Maggie, der plötzlich die schöne, kleine Bucht einfiel, die am Nachmittag oft vom Südostwind aufgewühlt, morgens jedoch geschützt war.

Sie legten wieder ab und fuhren an felsigen Riffen entlang, über denen abgeplattete Granitbrocken hingen, die von den Exkrementen der Seeadler, welche ihre Nester in die dürren Pinien gebaut hatten, die direkt aus dem Fels zu wachsen schienen, ganz weiß waren. Hier war das Wasser auch direkt an der Küste sehr tief. Nur wenige Meter vom Boot entfernt türmten sich die steilen Klippen über ihnen auf. Als das Boot am nächsten Landungssteg anlegte, gingen die meisten Passagiere von Bord. Bill half Maggie über die Kluft zwischen Boot und Steg und hielt ihre Hand eine Sekunde länger als nötig. Lächerlicherweise freute sich Maggie über diese Aufmerksamkeit eines Mannes, der so viel jünger war als sie.

»Ich glaube, er mag dich«, sagte Joe, als sie über den erhöhten, sich durch ein Laubdach von exotischen Palmen und blühenden Kletterpflanzen dahinwindenden Fußweg nach Arcadia gingen.

»Unsinn!« erwiderte Maggie, aber sie war fröhlich und gesprächig, als sie unter einem strohgedeckten Sonnenschirm saßen und Limonade tranken. Sie zogen sich um und gingen zur Alma-Bucht hinüber, einer engen Sandbucht inmitten hoher Felsen, wo man zwischen den Landzungen aus Granitgestein ein Schutznetz gegen Haifische gespannt hatte. Sie schwammen hinaus und kletterten auf einen glatten, abgerundeten, sonnenwarmen Felsen.

Joe unterhielt sich mit einem jungen Mann, der sich auf dem Nachbarfelsen ausgestreckt hatte. Er sagte, wie schön es doch sei, in einem natürlichen Swimmingpool wie diesem schwimmen zu können, wo man – obwohl er zum Meer hin offen war – sicher vor Haifischen sein konnte.

»Lassen Sie sich von dieser scheinbaren Sicherheit nicht zum Leichtsinn verführen«, entgegnete der junge Mann. »Das Netz ist während der letzten Saison gerissen, und man ist noch nicht dazu gekommen, es zu reparieren. Aber hier gibt es keine Haie.«

Er stand auf, sprang ins Wasser und schwamm langsam zum Strand zurück.

»Ich möchte zu den Felsen auf der gegenüberliegenden Seite hinüberschwimmen«, sagte Joe. »Kommst du mit, Mammie?«

»Gleich.« Maggie war erfüllt von trägem Wohlbehagen, während die Sonne ihren Rücken wärmte und salzige Wassertropfen auf ihrem Arm trockneten, auf den sie ihren Kopf gebettet hatte. Mit mütterlichem Stolz beobachtete sie, wie Joe kraftvoll durch das Wasser kraulte. Er hatte in der Schule mehrere Schwimmpokale gewonnen, die sie zu Vins Trophäen gestellt hatte.

Joe kletterte an der anderen Seite der Bucht aus dem Wasser und winkte ihr zu. Maggie blickte in das herrlich klare grüne Wasser und sah die gebrochenen Sonnenstrahlen, die sich über den Meeresgrund bewegten. Es sah einladend aus. Mit langsamen, ruhigen Bruststößen begann sie hinüberzuschwimmen, erfreute sich an der Stille des tiefen Wassers. Sie hatte gerade etwas mehr als die Hälfte der Strecke zurückgelegt, als sie beim Atmen nach unten blickte und direkt unter sich einen großen, dunklen Schatten sah.

Ihr Blut schien zu erstarren, ihr Herz begann zu hämmern. Dann legte sie mit raschen Arm- und Beinstößen den Rest der Strecke zurück. Jeden Augenblick fürchtete sie, daß sich riesige Kiefer um ihre Beine schlossen.

Als sie das Ufer erreicht hatte, kletterte sie keuchend aus dem Wasser.

»Wolltest du den Olympischen Rekord brechen?« fragte Joe.

»Nein… O Joe! Ich habe einen Hai gesehen. Direkt unter mir. Ich habe ihn gesehen.« Zitternd rang sie nach Luft.

»O Mami! Hör auf! Es war sicher nur ein großes Büschel Seetang.«

»Hier gibt es keinen Seetang. Außerdem hat sich das Ding bewegt.«

»Vielleicht ein großer Stechrochen. Könnte möglich sein.«

»Wie auch immer, ich gehe um die Felsen herum zurück. Schwimm nicht mehr da rüber. Bitte, Joe!«

Sie gingen zum Mittagessen in das Café in Arcadia hinüber.

Später fuhren sie mit dem offenen Bus zum anderen Ende der Insel und schwammen und aalten sich in der Horseshoe-Bay, die gegen den Südostwind geschützt war, in der Sonne. Am Horizont schienen, nach Norden und Westen hin, kleine blaue Inseln zu treiben: die Palm-Gruppe.

»Ich glaube, sie wurden alle einmal von unseren Leuten bewohnt«, sagte Joe. »Wir wissen, daß es auf den Keppels und Pandanus Tausende von Jahren so war, und auf Fraser Island lebten ungefähr dreitausend Batjalas. Kapitän Cook sah sie im Jahre 1700 auf seinem Weg zur Küste. Er sprach von ›etwa fünfzig Indianern‹ auf einer Landzunge.«

»Woher hast du all diese uralten Geschichten?«

»Aus einem Buch in der Schulbücherei. Und was noch viel wichtiger ist, die Keppel-Insulaner hatten helles, krauses Haar mit viel Rot darin. Sie glaubten, es würde kraus, weil sie so viel im Meer schwammen.« Joe rieb sich kräftig seine dichten roten Locken trocken. »Ich könnte also durchaus ein reiner Keppel-Insulaner sein.«

»Das bezweifle ich sehr«, widersprach Maggie. »Meine Mutter hatte solch krause Haare, und Vins Großmutter war rothaarig... Ich möchte wissen, ob Elaine King noch lebt. Wir könnten sie auf dem Rückweg in Sydney besuchen.«

Aber Joe war nicht interessiert an ältlichen weißen Verwandten. Im Augenblick faszinierten ihn nur die Eingeborenen.

Die letzte Fähre nach Townsville fuhr um fünf Uhr ab. Als die geschützten Gewässer der Horseshoe-Bay das Grüngold des Abends annahmen, während die fernen Inseln in tiefes Lila übergingen, nahmen sie den Bus zur Picnic-Bay zurück.

Auch auf der Rückfahrt war Bill sehr aufmerksam Maggie gegenüber. Der Gitarrist und der Wahrsager waren nicht an Bord. Bill umklammerte eine Deckstütze und setzte einen nackten Fuß auf die Bank, die an der Reling verlief. Er stand so, daß er Maggie, die nicht nach drinnen gehen wollte, mit seinem stämmigen Körper vor den fliegenden Gischtfetzen schützte. Er lachte, als seine zerlumpten Shorts und sein blaues T-Shirt naßgespritzt wurden. Sie mochte seine spontane Ritterlichkeit und sein ansteckendes Lachen.

Als sie am Ross-River-Landungssteg festmachten, sprang Joe über den schmalen Spalt grünen Wassers, ohne auf die Laufplanke zu warten. Maggie ließ die Masse der Passagiere vorausgehen und ging als eine der letzten an Land. Bill hielt ihren Ellbogen und führte sie hinüber.

»Heh, wie wär's mit heute abend?« sagte er in ihr Ohr.

»Wieso – mit heute abend?«

»Ich meine, wie wäre es, wenn Sie mit mir kämen? Eine kleine Spritztour mit dem Taxi auf den Castle-Hill. Von da oben hat man eine wunderbare Aussicht.«

»Sie meinen, ich und Joe?«

»Nein, nein, Joe nicht. Kann er nicht ins Kino gehen?«

Maggie war leicht schockiert, doch sie fürchtete, Bill mit einer direkten Absage zu verletzen, und sagte: »Es tut mir leid, Bill. Ich würde es ja gerne, aber wir fahren morgen nach Palm-Island, den ganzen Tag lang, und ich bin nach dem vielen Schwimmen ziemlich müde. Ich glaube, ich werde früh schlafen gehen.«

»Okay, wie Sie wollen. Vielleicht ein anderes Mal.«

»Ja, vielleicht.« Doch sie spürte, daß Bill die Ausrede durchschaute, und sie war beschämt. Wovor hatte sie Angst? Warum hatte sie ihn vor den Kopf gestoßen?«

Joe kam zu ihr herüber. »Komm, Mami. Ich sterbe vor Hunger. Laß uns zum Abendessen gehen.«

4

Am Donnerstag brachen sie zu einer fünftägigen Kreuzfahrt auf.

Die Hayles-Touristenfähre legte in Dunk und Orpheus und anderen hügeligen, bewaldeten Inseln an, ehe sie nach Great Palm fuhren. Die Passagiere aßen und schliefen an Bord in ziemlich beengten Quartieren. Maggie teilte eine Kabine mit zwei anderen Frauen, und Joe die seine mit einem älteren Mann. Eine von Maggies Kabinengenossinnen, eine groß gewachsene Frau mit langem hageren Gesicht und englischem Akzent bemerkte, daß sie sich besonders auf den Besuch von Palm-Island freue. »Ich glaube, die Insel ist ein wahres Paradies«, schwärmte sie.

»Das hängt davon ab«, entgegnete Maggie mit zynischem Gesichtsausdruck, »ob man immer dort leben muß.«

»Aber sicher ist es landschaftlich besonders schön.«

»Die schönste Gegend wird zum Gefängnis, wenn man sie nicht verlassen darf.« Die Frauen schienen verwirrt.

Am frühen Nachmittag erreichten sie die Insel und nahmen als erstes einen köstlichen Imbiß aus frischem Fisch und Salat zu sich, als Vorspeise eine mit Garnelen gefüllte Avocadohälfte. Maggie hatte fast vergessen, wie herrlich Queenslander Meerestiere schmecken konnten. Es gab Hummer und Krabben, Barrakudas und Forellen.

Die Insel sah aus wie eine grüne Wand. Der Berg, der sich steil hinter der Siedlung erhob, war bedeckt von Regenwald und den kleinen, fächerartigen, einheimischen Palmen, die der Insel ihren Namen gaben. An der Küste entlang und um die weißen Gebäude mit der eindrucksvollen, von einer frühen römisch-katholischen Mission erbauten Kirche herum standen exotische Kokosnußpalmen.

Der größte Teil der dunkelhäutigen Bevölkerung war wie die Palmen hierher verpflanzt worden. Sie waren auf dem Festland oder anderen Inseln im Norden und Süden geboren. Sie lebten in sauberen, von eingezäunten Gärten umgebenen Hütten; außerdem gab es eine Anhäufung von öffentlichen Gebäuden: Schlafsäle, Küche, Bäckerei, Schule, Krankenhaus usw. Etwas abseits stand ein großes Haus für unverheiratete Mütter.

Der auf Palm-Island geborene Bill Cotton hatte sich aufs Festland abgesetzt. Es gab, so sagte er, nur etwa Hundert von den rund tausend Palm-Insulanern, denen es gelungen war, sich in der Welt da draußen zu behaupten. Sie waren eine gemischte Ansammlung von Vollblut- und Teilaborigines und Insulanern, die alle von der Regierung eingesammelt und in das Reservat gesteckt worden waren; eine andere Wahl hatte man ihnen nicht gelassen. Die Randbewohner von Städten wie Maryborough und Bundaberg und Townsville waren zu einem Ärgernis für die Stadtbewohner geworden; also wurden sie von der Polizei aufgelesen und woandershin gebracht. Die einzige Möglichkeit, aufs Festland zu kommen, bot die Insel-Fähre, die zwei- oder dreimal wöchentlich verkehrte und über Nacht in Townsville blieb.

Vor fünfzig Jahren hatte die Regierung von Queensland die größte Insel der Palm-Gruppe ausschließlich den ursprünglichen Bewohnern des Landes zur Verfügung gestellt. Fraser-Island – eine siebzig Meilen lange, sandige Insel –, mit der im Jahre 1900 ähnlich verfahren worden war, war als zu wertvoll befunden worden, um sie »wegzugeben«. Der wahre Grund jedoch, warum man sie anfangs zu einem »Aborigines-Reservat«, »einer großen, zentralen, dauerhaften Aborigines-Heimat für ganz Südaustralien« gemacht hatte, war »seine völlige Wertlosigkeit für weiße Siedler«. Dorthin wurden sechsundzwanzig Stämme, oder das, was von ihnen übriggeblieben war, und sechsundfünfzig ehemalige schwarze Gefangene verfrachtet, ohne Medikamente und Nahrungsmittel. Schließlich war Fraser-Island wegen seiner wertvollen Zypressen- und Wacholderbestände wieder von den Weißen in Besitz genommen worden. Die Menschen wurden nach Cherbourg oder Palm-Island oder Yarrabah umgesiedelt.

Die Bevölkerung von Palm-Island bestand jetzt aus einem Rassengemisch, deportierten Stammesresten, sozialen Außenseitern und Abkömmlingen von Kriminellen, die, wie Bill meinte, der weißen Bevölkerung von Sydney ziemlich ähnlich war. Orpheus-Island war eine Touristenattraktion, wohin Weiße Ausflugsfahrten unternahmen, die die Insel jedoch vor Sonnenuntergang wieder verlassen mußten.

Maggie stellte fest, daß der Hut aus Palmblättern, den sie sich gekauft hatte, hier geflochten worden sein mußte, doch es war nicht erlaubt, Hüte oder die bemalten Kokosnüsse oder Muschelketten und die geflochtenen Pandanus-Matten, die ebenfalls hier angefertigt wurden, direkt bei den Handwerkern zu kaufen. Der Verkauf war ausschließlich durch das Department mit Hauptsitz im tausend Meilen entfernten Brisbane möglich. Die Bewohner wurden fast wie Aussätzige von den Touristen getrennt.

»Ich muß Sie bitten«, sagte der Kapitän des Schiffes, als sie an Land gingen, »sich an die Regeln zu halten, sonst dürfen wir nicht mehr herkommen: Bleiben Sie in Gruppen zusammen, sprechen Sie nicht mit der einheimischen Bevölkerung und geben Sie ihnen kein Geld. Sie dürfen ihre Wohnungen nicht betreten oder Handarbeiten direkt bei ihnen kaufen. Es wird eine Führung geben, wo Sie den Mädchen beim Kochen, Nähen und Handarbeiten zusehen können.

Diese Bestimmungen, und auch das Verbot, Alkohol auf die Insel zu bringen, wurden – und ich zitiere das Amt für die Belange der Aborigines und Insulaner – ›zum Schutz der Palm-Insulaner vor Ausbeutung‹ festgelegt.«

»Ha, ha!« sagte Joe King laut.

Sowohl der Sprecher als auch die anderen Touristen, die begriffen hatten, daß sie hier nur geduldet waren und sich besser fügen sollten, bedachten ihn mit einem irritierten Blick.

Der Hilfsverwalter, ein junger Mann in Shorts und Hemd kam, um die Touristengruppe zu begrüßen und herumzuführen. »Unterhalte dich mit ihm, Mutter, während ich ein bißchen mit den Leuten spreche«, sagte Joe. »Es ist, wie Bill gesagt hat, ein Gefängnis.«

Die Damen brachen in Entzückensschreie über die hübschen braunäugigen Babys in den Mütterheimen aus, wo die diensthabende Schwester ihnen erklärte, daß jede Mutter, ehe sie nach Hause ging, eine Babyausstattung bekäme, die vom Mutterschaftszuschuß der Regierung bezahlt wurde. Maggie verwickelte den Hilfsverwalter in eine Unterhaltung.

Sie erklärte, wer sie sei und daß sie für eine Zeitung im Süden einen Artikel über die Lebensumstände der Aborigines in Queensland schriebe. Sie bemerkte, daß er sofort auf der Hut war.

»Ist es wahr?« fragte Maggie, »daß die Insel ›trocken‹ ist und der einzige Alkohol, der hier erlaubt ist, nur dem weißen Personal zusteht?«

»Ja. In ganz Queensland ist es den Eingeborenen verboten zu trinken, es sei denn, sie haben eine Sondergenehmigung. Es geht ihnen viel besser ohne Alkohol.«

»Aber Sie wissen doch ebenso gut wie ich, daß sie ihn auf dem Festland bekommen können – Taxifahrer versorgen sie damit, zu einem überhöhten Preis. Und gerade, weil es verboten ist, trinken sie dann zu viel.«

»Nun ja, wir haben manchmal Probleme mit Männern, die aufs Festland fahren. Sie landen sehr oft im Gefängnis und versäumen die Fähre nach Hause.«

»Wäre es dann nicht besser, eine Kantine für die Männer auf der Insel einzurichten, so daß sie sich daran gewöhnen könnten, maßvoll zu trinken? Selbst wenn es dort nur Bier gäbe?«

»Schon möglich. Vielleicht kommt das eines Tages, aber ich glaube nicht, daß sie jetzt schon reif dafür sind.«

Als sie zu den Hauswirtschaftsgebäuden gingen, hörte Maggie, wie eine der weißen Lehrerinnen die Arbeit ihrer Musterschülerin anpries: »Ja, dieses Mädchen bäckt wunderbare Kuchen, sie bäckt uns jedes Jahr unsere Weihnachtstorte... Und dieses Mädchen hier hilft ihr dabei.«

Die Mädchen selbst sagten nichts, und keine von ihnen schien einen Namen zu haben. Maggie blickte sich um und sah, daß Joe verschwunden war.

»Ich nehme an«, sagte sie zu dem Hilfsverwalter, »daß Sie Ärger mit den Leuten haben, die in den Bergen Whisky-Destillerien errichtet haben oder, wenn sie Gelegenheit dazu haben, ihr eigenes Bier brauen.«

»Das ist richtig. Das ist gesetzwidrig und zieht eine Haftstrafe nach sich.«

»Haben Sie einen Friedensrichter hier?«

»Nein. Der Verwalter kann sie festnehmen. Sie können für vierzehn Tage in die Schlafsäle gesperrt werden, oder sie bekommen keine Erlaubnis mehr, aufs Festland zu fahren. Wir brauchen Disziplin.«

»Aber es sind keine Kinder, Mr. Smith! Es sind erwachsene Männer!«

»Trotzdem sind sie nicht reif für Unabhängigkeit und Eigenverantwortlichkeit.«

»Und werden es auch nie sein, solange die weiße Regierung diese Politik der väterlichen Fürsorge aufrechterhält. Wie sollen sie unter diesem Regime lernen, mit Geld umzugehen und ohne Vorschriften zu leben? Auf Stradbroke-Island, auf Pandanus-Island, in der Hervey-Bay gibt es unabhängige Gemeinden, die sehr gut allein zurechtkommen – auch in Melbourne und Sydney.«

»Ja, aber ich glaube, den Leuten aus dem Süden fällt es leichter, sich zu integrieren. Außerdem besteht in den Gemeinden, von denen Sie sprechen, wie Sie selbst wissen, ein großes Rassengemisch. Kanaken und Maoris und sogar Inder und Philippinen –«

»Meine Großmutter, Mr. Smith, war eine Aborigine, und sie hat ihre Familie nach dem Tod ihres Mannes sehr gut allein durchgebracht. Ich selbst habe jahrelang in der Stadt gelebt.«

»Sie sind eine Ausnahmeerscheinung, Mrs. King, wenn ich das so sagen darf. Ich habe Ihre Bücher gelesen, und ich mag sie sehr.«

Maggie, die schon wütend geworden war, nahm diese Schmeichelei als Friedensangebot an. Sie sah, wie Joe sich hinten in der Gruppe einordnete, die jetzt von der Oberschwester des Krankenhauses angeführt wurde. Maggie dankte Mr. Smith und ging zu Joe hinüber. Mr. Smith' Abschiedsworte waren: »Wenn Sie etwas für die Zeitung schreiben, sollten Sie es vorher lieber dem Direktor der DOAIA in Brisbane vorlegen.«

Den Teufel werde ich tun, dachte Maggie.

Sie fragte die Oberschwester, ob es schwarze Krankenschwestern gäbe.

»O nein!« entrüstete sich die Oberschwester. »Aber wir bilden die Mädchen als Pflegerinnen aus.«

Joe trat neben sie. Sie bemerkte seine unterdrückte Erregung. »Wie war es?« flüsterte sie.

»Scheiße! Habe kein Material für dich bekommen. Es ist wie ein Konzentrationslager, wie ein optimal gesichertes Gefängnis.«

Sie hielten sich etwas abseits von der Gruppe, und Joe konnte seine Wut nur mit Mühe unterdrücken.

»Eine Familie lud mich zu einer Tasse Tee ein. War ein recht gemütliches Haus, zumindest die Küche, denn mehr habe ich nicht gesehen. Sie haben vor, fortzugehen und ein kleines

Häuschen zu erwerben, das ihnen gehört. In Townsville oder unten an der Küste in Bowen. Sie sind es leid, unter staatlicher Aufsicht zu stehen und ständig überwacht zu werden. Sie erzählten mir, daß jeden Donnerstag zwei Inspektoren zu ihnen kommen, ein Mann und eine Frau, um zu kontrollieren, ob alles sauber und in guter Ordnung ist. Sie warten nicht einmal ab, bis sie hineingebeten werden. Eine Familie hatte ihrer Aussage nach schmutzige Fußböden, und man nahm ihnen die Kinder weg und steckte sie in ein Heim. Brüder und Schwestern leben dort getrennt, und sie sind getrennt von ihren Eltern. Die Rate der unehelichen Geburten ist enorm hoch, weil die jungen Leute sich langweilen. Es gibt nichts anderes, was sie tun können. Der ›Verkehr mit unverheirateten Mädchen‹ gilt als Verbrechen und kann zu einer Haftstrafe in den Schlafsälen bis zu sechs Monaten führen. Ebenso verboten ist, für zusätzliche Lebensmittelrationen zu arbeiten, es sei denn, man hat die Bestätigung eines Arztes, daß ein Familienmitglied krank ist. Wer dabei erwischt wird, wie er einen Krug Bier mit auf die Fähre schmuggelt, wird vierzehn Tage eingesperrt. Der Verwalter kann jeden wegen ›Verstoßes gegen die guten Sitten‹ ohne Gerichtsverhandlung einsperren lassen.«

»Ja, ich weiß, ich habe gerade mit dem Hilfsverwalter gesprochen.«

»Also, ich finde, hier stinkt es ganz gewaltig! Und die meisten Leute haben zuviel Angst, um etwas dagegen zu unternehmen. Sie werden tyrannisiert und unter Druck gesetzt, seit fünfzig Jahren klein gehalten. Mein Gott, es macht mich ganz verrückt.«

»Schsch, Joe, nicht so laut. Es hat keinen Sinn, sich aufzuregen.«

»Warum soll ich mich nicht aufregen? Das ist mein Volk, und sie werden von engstirnigen weißen Beamten tyrannisiert. Ehrlich – die Gesetze in Queensland sind wie die in Südafrika.«

»Gut, ich werde einen Artikel darüber schreiben. Und ich werde mich bemühen, daß er noch vor dem Volksentscheid veröffentlicht wird.«

»Das ist gut, Mutter! Wir müssen sie dazu bringen zu kämpfen; die meisten alten Leute wagen es nicht, sich gegen die Beamten zu erheben; sie wurden ihr Leben lang herumgestoßen, man hat ihnen ihre Kinder weggenommen und in Heime gesteckt; sie durften nicht einmal mit ihrem Geld machen, was sie wollten.«

»Ich hätte das gerne erleben mögen, wenn sie versucht hätten, Großmama Nyora Morgan und Elsie und Bert wegzunehmen.«

Als sie zu der Touristengruppe aufschlossen, sah Maggie, daß der Hilfsverwalter Joe scharf ansah und sich zweifellos bemühte festzustellen, zu welcher »Kategorie« er eigentlich gehörte.

Plötzlich gab es einen gewaltigen Knall. Die Erde bebte, und aus einem Felsspalt des sich über ihnen auftürmenden Berges stieg eine Wolke aus Staub und Rauch auf. Menschen stürzten, aufgeregt schnatternd und auf die Rauchwolke deutend, aus ihren Häusern. Mr. Smith begann, zu seinem Büro zu rennen. Kurz darauf sah man einen Beamten über die Mole zur Touristenfähre eilen, die die Passagiere mit lauter Sirene zurückrief. Als sie wieder auf dem Schiff waren, schien niemand zu wissen, was passiert war, doch der Kapitän hatte Anordnung erhalten, sofort loszufahren.

»Joe! Hast du eine Ahnung, was das war? Sabotage?« flüsterte Maggie. Sie fragte sich, ob er womöglich Sprengstoff hierher geschmuggelt hatte. Er redete viel über Gewalt, war bisher jedoch noch nicht in so etwas verwickelt worden.

»Nein, aber ich kann mir denken, was passiert ist«, erwiderte er grinsend. »Der Whisky ist explodiert. Die Männer haben mir davon erzählt; er ist da oben in einer Höhle. Die Beamten werden versuchen, die Sache geheimzuhalten, aber sie wissen, daß es die Runde machen wird. Hoffentlich ist niemand verletzt.«

Später jedoch erfuhr er durch seinen Freund Bill Cotton, daß ein Mann getötet und ein weiterer schwer verletzt worden war. Zwei andere Männer, die sich am Höhleneingang aufgehalten hatten, konnten unversehrt fliehen, und beide würden sicher »wegen schlechter Führung« eingesperrt werden.

Sobald sie wieder in ihrem Zimmer waren, begann Maggie mit der Niederschrift ihres Artikels.

5

Auf dem Rückweg an der Küste entlang machten sie Station in Rockhampton und besuchten Marie. Maggies Schwester war jetzt Witwe, und Billy hatte sich vor seinem Tod nur wenige Jahre des Ruhestandes erfreuen können. In Ihrem Kampf für die Rechte der Aborigines war Marie noch streitbarer geworden, und sie machte Maggie ihr »lauwarmes« Verhalten zum Vorwurf.

»Du hast jetzt einen Namen, Mädchen!« sagte sie. »Du solltest das ausnutzen und dich für die Landrechte einsetzen, all das kritisieren, was falsch ist an der Queensland-Akte.«

»Ich schreibe gerade einen Artikel über die Zustände auf Palm-Island.«

»Nun, das ist doch etwas; das ist ein Anfang«, sagte Marie, fügte dann hinzu: »Ich werde vielleicht nach Pandanus ziehen. Auf Großmama kommen schwere Zeiten zu, da ein großes Touristik-Unternehmen die Insel zu einer Touristenattraktion machen möchte. Ich hoffe, sie wird das nicht mehr erleben müssen; es würde ihr das Herz brechen.«

»Das können sie doch nicht, oder?«

»Sie können unseren Leuten nicht ihre Hütten wegnehmen, nicht, nachdem sie so lange dort gelebt haben. Aber die verdammten Touristenmassen werden die Insel kaputtmachen, indem sie ihren Müll auf dem Strand liegenlassen. Und dann werden sie sagen, unsere Häuser seien ein Schandfleck, müßten neu gestrichen oder gar abgerissen werden.«

Joe erzählte ihr von dem Buch eines Anthropologie-Professors, der eine Studie über Sprache und Kultur der Queenslander Aborigines veröffentlicht hatte.

Er hatte ihr seine Lieblingsplatte, den »Gurindji-Blues«, mitgebracht, einen Song von Ted Egan mit einer Einleitung von Vincent Lingiari, einem Verfechter der Landrechte. Er war Stammes-Aborigine, dessen Englisch stockend klang.

»Lange, bevor der weiße Mann kam, gehörte alles Land den Gurindjis, meinem Volk. Aborigines waren hier in diesem Land, bevor Pferde und Vieh hierherkamen. Mein alter Vater und mein Großvater, sie sagten mir, daß dies mein Land ist. Und daran glaube ich und werde es nie vergessen.«

Marie lauschte den Worten mit weit aufgerissenen Augen, sie spürte, wie die Melodie ihren Körper erschauern ließ und ihr Kopf sich zu den uralten, mit Eisenholzstöcken getrommelten Rhythmen hin und her bewegte.

»Was für ein schönes Lied!« sagte sie, als die Platte zu Ende war. »Es ist ein wenig, nun, satirisch, und besitzt den echten Klang unseres Volkes. Kann ich die Platte behalten, Kind?«

»Natürlich. Ich habe sie für dich gekauft.«

Sie setzte die Saphiernadel noch einmal am Anfang der Platte auf und lauschte Lingiaris würdevoller, langsamer Aussprache. Dann setzten die zwingenden, erregenden Rhythmen ein.

»Was noch viel wichtiger ist – er hat sie von seinem Taschengeld gekauft«, sagte Maggie. »Es ist ein guter Song, doch er hat ihn so oft gespielt, daß ich fast verrückt geworden bin.«

»Ich verstehe nicht, was mit dir los ist, Maggie. Ich könnte die Platte Tag und Nacht hören.«

»Ich auch«, sagte Joe. »Weißt du, was die Gurindjis gemacht haben – sie verließen die Vestey's Rinderfarm in Wave Hill und schlugen ihr Lager am Wattie-Creek auf. Es muß das erste Mal gewesen sein, daß Aborigines in den Streik traten.«

»Das stellte sie auf eine Stufe mit den weißen Australiern, was? Sie streiken andauernd.«

»Hm, ja. Nun, die Gurindjis legten sich mit einem der mächtigsten Konzerne der Welt an, der von ein paar britischen Lords und Viehbaronen geleitet wird. Vestey's zahlt der australischen Regierung nur fünfundfünfzig Cent Pacht für die Quadratmeile! Und der Vertrag läuft bis zum Jahr 2000! Die Gurindjis nahmen nur etwas Draht, schlugen ein paar Pfosten ein und zogen einen Zaun um das Land, das sie haben wollten. Sie sind noch immer auf diesem Land am Wattie-Creek.«

»Schade, daß sie sich nicht auf ein paar der Inseln vor der Küste von Queensland ›gesetzt‹ haben, so wie Nyora und ihre Familie es auf Pandanus taten«, meinte Maggie. »Ich durchforste auch ein bißchen unsere Geschichte... Sie haben die Inselbevölkerung umgebracht, dann unsere Leute vom Festland zusammengelesen, die Überreste der verschiedenen Stämme, und sie auf die Insel aus dem Weg befördert. Leprakranke wurden auf winzig kleine Inseln fast ohne Wasser gebracht und ihrem Schicksal überlassen.«

»Dieses Buch, von dem ich euch erzählt habe«, sagte Joe. »Darin steht, daß die Chinesen die Lepra eingeschleppt haben, als sie 1870 auf die Palmer-Goldfelder kamen. Magnetic-Island wurde übrigens als Gefängnis für Festland-Aborigines benutzt, nachdem die Inselbevölkerung ›auseinandergesprengt‹ worden war. Dann wurden alle jungen Männer von Great Keppel nach Rockhampton gebracht, um auf der Ross'schen Rinderfarm zu arbeiten. Sie waren halb verhungert, also brachen sie in das Lager ein und stahlen ein paar Nahrungsmittel. Die berittene Polizei verfolgte sie bis an die Küste, wo sie alle auf Vosses' Point standen und zu ihrer Insel hinüberstarrten, und natürlich hatten sie kein Boot. Als sie die Reiter kommen sahen, sprangen sie ins Meer und versuchten, die zehn Meilen nach Hause zu schwimmen, während ihnen die Kugeln um die Ohren pfiffen. Nur zwei haben es geschafft.«

Marie atmete tief durch. »Wie viele... Männer waren es?« fragte sie.

»Ich weiß es nicht. Jedenfalls alle jungen Männer von der Insel.«

»Nun, heutzutage erschießen und vergiften sie uns nicht mehr, aber sie nehmen uns noch immer unser Land weg. Wußtest du, daß Fraser-Island einmal den Schwarzen gegeben worden war? ›Als dauerhafte Heimat für die Aborigines‹, wie die Regierung sagte? Und natürlich gehört Fraser heute der Forstwirtschaft. Eine ›dauerhafte Heimat für die Aborigines‹, nannten sie es! Es war nie eine Heimat, und man hatte nie an ›dauerhaft‹ gedacht. Sie hofften, daß sie alle nach nicht allzu langer Zeit sterben würden.«

»Ja, ein Bursche namens Bill Cotton hat es mir in Townsville erzählt.«

»Ja, und das ist nur ein Beispiel«, sagte Marie. »Aber Maggie ist nicht interessiert, sie schreibt lieber über die alten Märchen, die Onkel Morgan ihr erzählt.«

»Ich bin interessiert!« protestierte Maggie. »Ich bin entsetzt. Aber ich besitze nicht die Fähigkeit, aktuelle historische Bücher zu schreiben. Es gibt Weiße, gebildete Männer, die über die dunkle Seite unserer Geschichte zu schreiben beginnen und die kompetenter sind als ich.«

»Und du gehst wieder in den Süden zurück, weg von der Kampflinie.«

»Ja«, erwiderte Maggie voll Unbehagen. »Ich habe dort eine gute Stellung bekommen und ein schönes Haus mit Garten gemietet…«

»Huh, du bist ja eine weiße Aborigine. Du hast keinen Mut, mein Kind.«

Maggie war verletzt.

»Wollen wir hoffen, daß Joe zu den Schwarzen hält, auch wenn er rotes Haar hat.«

»Die Keppel-Insulaner hatten krauses rotes Haar«, sagte Joe eifrig. »Ich habe meiner Mutter erzählt, daß ich in einem Buch gelesen habe –«

Ehe sie den Zug nach Brisbane und Sydney bestiegen, fuhren Maggie und Joe mit der täglich verkehrenden Fähre nach Pandanus-Island hinüber, um Großmama Nyora zu besuchen, die jetzt schon sehr alt war. Sie wußte nicht genau, wann sie geboren war, glaubte jedoch, daß es das Jahr 1875 war, und dann wäre sie jetzt einundneunzig. Joe würde nächsten Monat siebzehn werden.

Ihr Verstand war noch vollkommen klar, aber ihre Beine waren geschwollen, und sie konnte nur noch sehr langsam gehen. Dans Frau Ilona kam täglich zu ihr herüber, kochte ihr ein warmes Mittagessen und wusch ihr einmal in der Woche die Haare.

»Ach, ich hatte einmal so schöne Haare«, sagte Nyora, Maggie durch ihr nasses graues Haargewirr ansehend. »Dunkelbraun, glänzend und gewellt – fast wie deins, Mädchen.«

»Dann habe ich es wahrscheinlich von dir.«

»Bert hatte glatte Haare. Aber du hast sie nicht von ihm, da bin ich sicher.«

Die alte Frau betrachtete sie mit solch eigenartigem Blick, daß sie sich einen Moment lang fragte, ob Nyora wirklich senil wurde. Aber nein, das glaubte sie nicht; diese alten dunklen Augen wirkten noch immer lebhaft und klug.

»Erinnere mich, bevor du gehst, daß ich dir noch etwas dazu sage. Dies ist das letzte Mal, daß du die alte Nyora siehst.«

»Ich hoffe nicht, Großmutter.«

»Doch, ich stehe kurz vor dem Ende. Hatte doch ein schönes, langes Leben, oder?« kicherte sie, während Ilona ihr Haar trockenrubbelte.

»Ich möchte dich frisieren, Großmutter!« sagte Maggie. »Und dir eine Hibiskusblüte ins Haar stecken, so wie du es als junges Mädchen getan hast.«

Ilona schüttete das Spülwasser unter der Pandanuspalme aus, die inzwischen riesengroß geworden war und mächtige, stelzenartige Wurzeln hatte. Sie brachte die Waschutensilien ins Haus und kam mit Kamm, Bürste und Haarklemmen zu Nyora zurück, die in einem bequemen Segeltuchstuhl saß.

»Ich gehe und sehe nach, ob das Boot schon zurück ist«, sagte Ilona. Dan und Joe waren zum Fischen hinausgefahren. Als sie weg war, streckte Nyora plötzlich die Arme aus und umklammerte Maggies Hände.

»Maggie«, sagte sie, »jetzt, wo niemand hier ist, muß ich dir etwas sagen. Etwas, das Joe genauso betrifft, aber ich werde es ihm nicht sagen. Er ist so ein guter Junge und mag unser Volk. Ich wünschte, er wäre mein Urenkel, wirklich.«

Nyora ließ ihre Hände los, und Maggie fuhr automatisch fort, das graue Haar in weiche Wellen zu frisieren. Was hatte sie gesagt? Ich *wünschte*, Joe wäre mein Urenkel –?

»Was willst du damit sagen, Großmutter? Daß Bert gar nicht dein Sohn war? Wer war er dann?«

»Nein, mit Bert hat das nichts zu tun. Er war Miguels und mein Sohn. Und Bert hat deine Mutter Anna Brown geheiratet. Aber Marie und Dan sind nur deine Halbgeschwister.«

»Wer – wer war dann mein Vater? Joes Großvater?«

»Du kennst doch die Grabsteine da oben auf dem Friedhof? Hast du das Datum auf Berts Grab gesehen? ›Ertrunken im Jahre 27‹. Aber das war gar nicht im Dezember; es war im Februar –«

»Aber ich – ich wurde erst 1928 geboren.«

»Das ist richtig. Und wann hast du Geburtstag?«

»Am 11. März.«

»Genau. Demnach mußt du ein Zwölf-Monatsbaby gewesen sein. Wir haben den Grabstein erst ein Jahr nach seinem Tod aufstellen lassen, und ich ließ nur das Jahr eingravieren. Und niemand außer mir und Anna wußte etwas. Zwei Monate, bevor du geboren wurdest, ging sie nach Brisbane.«

Maggies Kopf schwirrte. Sie war also noch nicht einmal auf der Insel geboren! Nyora war nicht ihre richtige Großmutter!

Den nassen Kamm noch immer in der Hand haltend, sank sie vor Nyoras Stuhl in den Sand und umschloß ihre dunklen, runzeligen Hände.

»Großmutter, sag es mir! Ich muß es wissen! Wissen Marie oder Dan etwas davon?«

»Nein, Marie war damals auf dem Festland bei Tante Maud, und Dan war zu klein, um nachrechnen zu können. Morgan und Elsie müssen sich gewundert haben, aber sie haben nie etwas gesagt.«

»Aber *wer* –?«

»Das ist es ja, ich weiß es nicht genau. Anna machte Urlaub unten in Caloundra, und dort scheint sie so einen Yankee von einer Yacht kennengelernt zu haben. Als sie zurückkam, sagte sie mir, daß sie schwanger sei. Sie kannte nicht einmal seinen Namen.«

»Kannte – nicht einmal – seinen Namen! O nein!«

»Sie sagte – Anna erzählte mir –, daß er ein gutaussehender Bursche war, aber sie haben sich nur zweimal am Strand getroffen, dann mußte er wieder weg. Sie hat ihn nie wiedergesehen. Er hatte blondes Haar, sagte sie, und braune Augen.«

»Ich – ich bin außer mir! Wenn ich daran denke, daß meine Mutter... und daß ich nicht... und du bist nicht meine Großmutter, und ich – ich bin nicht einmal ein bißchen Aborigine!«

»Du bleibst Annas Tochter. Und du bleibst meine Maggie, die ich großgezogen habe. Du bist noch immer eine von uns.«

»Ja, natürlich bin ich das! Ich *fühle* mich kein bißchen anders, jetzt, wo du es mir gesagt hast. Und ich werde es niemandem erzählen.«

»Nun, ich weiß nicht«, entgegnete Nyora bekümmert. »Ich wollte jedenfalls nicht die Augen schließen, ohne es dir gesagt zu haben. Du mußt selbst wissen, ob du es Joe sagst oder nicht. Ich mache mir Sorgen um ihn, Maggie.«

»Was hast du gesehen, Großmutter? Sag es mir! Du hast gewußt, daß Vin in seinem Wagen sterben würde, nicht wahr? Was wird mit Joe geschehen? Um Himmels willen, sag es mir!«

»Nichts so Schlimmes – es ist nur – er wird in Schwierigkeiten geraten. Ich sehe Polizisten – vielleicht sogar Gefängnis. Er redet schon von Freiheitsmärschen und solchen Sachen. Er läßt sich mit üblen Leuten ein, wird vielleicht selbst verhaftet.«

»Ich glaube, ich sollte es ihm nicht sagen. Er identifiziert sich so stark mit den Farbigen, mehr noch mit den Aborigines als mit den Insulanern. Schließlich sind wir immer noch Insulaner. Doch ich komme mir vor wie eine Betrügerin – alle meine Bücher kamen unter Vorspiegelung falscher Tatsachen heraus.«

»Unsinn, Mädchen. Du hast diese Geschichten *nacherlebt*. Du hast sie niedergeschrieben, wie niemand sonst es könnte. Du erfüllst eine große Aufgabe.«

»Soll ich es Marie sagen?«

»Ich weiß es nicht. Es betrifft sie ja eigentlich nicht. Außerdem würde sie sich darüber aufregen, daß ihre Mutter etwas mit einem Yankee gehabt hat. Das haben viele Mädchen im letzten Krieg getan. Besonders in Queensland.«

Maggie lächelte. »Das macht mir nichts aus. Sie muß schrecklich einsam gewesen sein nach Vaters – nach Berts Tod. Doch es ist trotzdem ein Schock.«

Sie unternahm einen langen Spaziergang am Strand, um sich wieder unter Kontrolle zu haben, ehe sie Joe und den anderen begegnete. Vielleicht erklärte das ihr mangelndes Engagement für die Sache der Aborigines, über das Marie sich so aufregte. Und doch fühlte sie sich kein bißchen anders als vorher. Die Pandanus-Insulaner waren ihr Volk und würden es immer bleiben.

Ehe sie nach Hause zurückkehrten, blieben sie noch ein paar Tage bei Marie, und diese schlug vor, mit dem Bus zur Emu-Bay hinauszufahren und die alte Tante Maud Efate, Maries Schwiegermutter, zu besuchen. Sie war jetzt über achtzig. Maggie entschuldigte sich, sagte, daß sie ihren Artikel über Palm-Island zu Ende schreiben wolle und in die Stadt in die Bücherei gehen müsse, um noch ein paar Recherchen anzustellen; also fuhren Joe und Marie allein.

Maggie eilte in die Stadt, aber nicht in die Bücherei. Sie ging in das am Ufer des Fitzroy-River gelegene Büro des *Rockhampton Star* und bat, die Akten von 1927 und 1928 einsehen zu dürfen.

Die schweren, gebundenen Ordner vor sich auf das Pult gestapelt, begann sie mit dem Sommer 1928. Von Januar bis April, der Zeit der Tornados, fand sie nichts; es hatte nur einen Tornado weit unten im Süden gegeben, zwischen Bundaberg und Fraser-Island.

Sie hoffte, daß Nyora sich irrte. Wenn Berts Tod im Jahr 1928 verzeichnet war, mußte sie seine Tochter sein. Doch es gab keine Nachricht über in dieser Gegend als vermißt gemeldete Fischer. Mit sinkender Hoffnung ergriff sie den zweiten Ordner. 1927; Dezember; November; Oktober… nichts. Zurück zum Anfang des Jahres; Januar: »Wirbelsturm überquert Küste. Magnetic-Island zerstört... zu einem Regenloch geworden.« Februar: »Tornado rast die Küste herunter; Sturmflut in Mackay... Yeppoon... Mehrere Fischerboote vermißt. Keine Verbindung mit Keppel-Island...« Und dann ein kleiner Artikel auf der Titelseite:

»Fischer vermißt
Bei einer großen Suchaktion wurde gestern die Leiche des Fischers Albert Pinjarra von Pandanus-Island gefunden, der nach einer Fischerfahrt in stürmischer See nicht mehr nach Hause zurückgekehrt war. Sein Boot war auf eine Korallenbank aufgelaufen, nicht einmal schwer beschädigt, doch er war offensichtlich über Bord gefallen und hatte sich in seinem eigenen Netz verfangen.«

Das Datum war der 27. Februar.

Maggie umklammerte den Rand des hölzernen Lesepultes, spürte, daß sie einer Ohnmacht nahe war. Sie ließ den schweren Ordner mit den Zeitungen zuklappen. Es stimmte also. Sie war Annas Kind, aber nicht Berts. Sie war ein uneheliches Kind, das Ergebnis einer zufälligen Begegnung zwischen ihrer Mutter und einem unbekannten amerikanischen Segler. Erst jetzt kam ihr der Gedanke, daß sie die Todesurkunde ganz einfach vom Standesbeamten hätte bekommen können, um auf diese Weise das Todesdatum ihres vermeintlichen Vaters festzustellen. Als sie heirateten, hatte sie sich eine Kopie ihrer Geburtsurkunde geben lassen, und über dieses Datum gab es keinen Zweifel. Sie war erst im März des folgenden Jahres geboren worden.

6

Von Sydney aus nahmen sie eines Tages eine Fähre zur Rose-Bay hinüber und gingen über die South Head-Road in Richtung Vaucluse.

»Ich kenne jemanden, der hier einmal gewohnt hat«, sagte Maggie zu ihrem Sohn. »Deine Urgroßmutter, Mrs. William King.«

»Aber das ist ein sehr nobler Vorort, nicht wahr?«

»Inzwischen ja. Für jedes Haus mit Blick auf den Hafen muß man einen irren Preis zahlen. Aber ihre Mutter war eine Macdonald und ihr Vater Hamilton Forbes – beide aus reichen Siedlerfamilien.«

»Puh! Ich nehme an, sie haben die armen Schwarzen erschossen, um mehr Platz für Schafe zu bekommen.«

»Ich glaube, sie hat mir einmal erzählt, daß einer ihrer Großonkel von einem aufgespießt worden ist.«

»Das gleicht das Ganze ein bißchen aus.«

»Warte mal, es ging hier entlang – Nummer siebenundsechzig. Die alte Dame muß inzwischen gestorben sein. Ich habe sie kennengelernt, bevor du geboren wurdest, und damals war sie schon über siebzig.«

Sie gingen eine abschüssige Straße hinunter, die an einem der vielen bewaldeten Hügel entlang zum Hafen führte. An ihrem Ende gab es einen verwilderten Garten mit einer dichten Hecke und einem Holztor. Maggie starrte auf den dahinterliegenden alten Bungalow. Sie sah eine große, dünne Frau mit kurzen stahlgrauen Haaren, die damit beschäftigt war, Rosen zu pflükken.

Maggie hatte sich eigentlich nur das Haus anschauen wollen, doch sie konnte nicht widerstehen zu fragen, ob Mrs. Elaine King hier gelebt habe.

»Sie tut es noch immer. Warum?«

»Ich dachte nur... Sie muß jetzt eine sehr alte Dame sein.«

»Sie ist an die Neunzig.« Die Frau kam näher und sah Maggie, dann Joe über das Tor hinweg prüfend an. »Kommen Sie zufällig aus Indien?«

»Nein, nein, ich bin Maggie – Mrs. Vincent King. Und das ist mein Sohn Joseph.«

»Oh, guten Tag. Wir haben uns nie kennengelernt, nicht wahr? Ich bin Anne King, jetzt Mrs. Greville. Sie müssen hereinkommen und Mutter begrüßen.«

»O nein, wir wollen sie nicht stören. Ist sie bettlägrig?«

»Aber nein! Sie steht jeden Morgen um sieben auf, zieht sich an und kocht sich, noch bevor ich aufstehe, eine Tasse Tee.« Anne war eine hagere, blaßgesichtige Frau um die Sechzig, die außer ihrer Größe keinerlei Ähnlichkeit mit ihrer Mutter hatte. Sie öffnete das Tor und führte sie ins Haus. »Das ist also mein Großneffe«, sagte sie und schüttelte Joe die Hand. »Ich bin deinem Vater nie begegnet. Aber ich sehe, du hast Mutters rote Haare.«

»Und auch die Locken meiner Kanaken-Vorfahren«, sagte Joe trotzig.

»Vielleicht erinnert sie sich nicht mehr an mich«, murmelte Maggie.

»Da machen Sie sich mal keine Gedanken; ihr Verstand ist noch vollkommen klar«, erwiderte Anne und ging, um ihre Mutter zu holen.

Als sie langsame Schritte durch den Gang herankommen hörte, blickte Maggie auf. Und da stand, groß und beherrschend, in einem langen schwarzen Kleid, das fast bis zu ihren Knöcheln herunterreichte, Elaine King. Über der Schulter trug sie eine bestickte Kaschmir-Stola, die mit einer schweren Silberbrosche zusammengehalten wurde. Ihr graues, zu einem kleinen Knoten gebundenes Haar besaß noch immer einen leicht rötlichen Schimmer, der seine frühere Farbe erahnen ließ.

»Meine Liebe!« Sie streckte ihr die dünnen Hände entgegen, und Maggie ergriff sie und küßte die dargebotene, welke Wange. »Es ist traurig, daß deine Ehe nur so kurze Zeit währte… War sie glücklich?«

»Sehr glücklich.«

»Es ist so lange her, seit ich Witwe wurde. Manchmal glaube ich, daß alle wichtigen Dinge sich in der ersten Hälfte meines Lebens ereigneten. In der zweiten Hälfte habe ich nur noch existiert. Und ich habe meinen Urenkel nie kennengelernt.«

»Das ist Joseph Forbes King. Joe, komm her und begrüße deine Urgroßmutter.«

»Du solltest dich lieber setzen, Mutter«, sagte Anne.

»Ja, ja. Ich vergesse immer wieder, wie alt ich bin, bis meine Beine zu zittern anfangen.«

Joe trat widerwillig näher. Elaine ergriff seine Hand und betrachtete prüfend sein Gesicht. »Ja, du hast die roten Haare von Fergus Macdonald, die auch ich hatte, als ich jünger war. Ich wünschte, du hättest ihn William genannt«, sagte sie zu Maggie.

»Gott sei Dank war Vincent zu jung für den letzten Krieg«, sagte Elaine, »und beim ersten noch nicht auf der Welt.« Ein schmerzlicher Ausdruck trat auf ihr Gesicht. »Welch eine Vergeudung! Welch schreckliche Vergeudung all dieser jungen Menschenleben! Und Joseph dürfte, so fürchte ich, gerade rechtzeitig zum nächsten geboren sein.«

Ein eisiger Schauer durchlief Maggie. »Du meinst den Vietnam-Krieg? Er wird sicher vorüber sein, ehe er zwanzig ist.«

Auch in Australien zogen sie junge Männer ein, die in Vietnam kämpfen sollten. Harold Holt, der Premierminister, hatte gerade die Vereinigten Staaten besucht und das Schlagwort geprägt: »Überall hin mit LBJ.« Das Wehrdienstgesetz von 1964 zog Rekruten ein, sobald sie zwanzig waren. Aber nicht *alle* jungen Männer waren betroffen, manche wurden wegen ihres Berufes vom Wehrdienst befreit.

Maggie betete, daß dieser Krieg, in dem der erste Wehrdienstpflichtige getötet worden war, bald zu Ende sein möge. Sie hatte aus der Tageszeitung das Bild einer Vietnamesin ausgeschnitten, die, ihr totes Kind, dessen Blut ihre Bluse rot gefärbt hatte, an sich pressend, weinend durch eine Straße lief. Was haben wir überhaupt in Vietnam zu suchen? Niemand schien die Antwort zu kennen, doch Premierminister Holt sprach von »großen und mächtigen Freunden«, und Lyndon B. Johnson befand sich auf seine Einladung hin auf einem Staatsbesuch in Australien.

»Was hältst du vom Krieg, Joe? Was wäre, wenn sie dich einziehen würden?«

»Ich würde nicht gehorchen, sondern aus Gewissensgründen verweigern. Ich habe an Anti-Vietnam-Märschen in Adelaide teilgenommen. Im Augenblick bin ich mehr an den Rechten der Aborigines interessiert, insbesondere an den Landrechten. Was den Besuch von Präsident Johnson angeht – denkt doch nur einmal daran, wie die Amerikaner die Neger behandelt haben! Kein Wunder, daß es in dem Staat eine Black-Power-Bewegung gibt. Wir werden hier auch so etwas ins Leben rufen müssen. Insbesondere in Queensland, dem rassistischsten Staat in Australien.«

»Und das Nordterritorium ist auch nicht viel besser«, sagte Elaine, »wo farbige Viehhüter für ein Viertel des Lohnes arbeiten, den Weiße bekommen, und die Frauen im Haushalt für ein bißchen Tee und Zucker und die Reste vom Tisch des Herrn arbeiten. Darum sind die Gurindjis auch ausgewandert. Natürlich ist das Recht auf ihrer Seite. Immerhin haben die Briten einen Präzendenzfall geschaffen, als sie Indien den Indern zurückgaben. Aber den ersten Australiern werden sie Australien nicht zurückgeben, jedenfalls nicht freiwillig.«

»Sie haben meinem Volk dieses Land gestohlen. Ich glaube, der erste Forbes hat den Tasmaniern Land gestohlen, doch die sind jetzt alle tot und können ihr Land nicht zurückverlangen.«

»Was willst du dagegen tun?«

»Wie ich schon sagte, Märschen, Protesten und Versammlungen beiwohnen, falls nötig, nach Canberra gehen und die Bundesregierung zur Rede stellen. Mit den Staatsregierungen kommen wir nicht weiter. Wußtest du, Großmama, daß es hier in Australien Leprakolonien gibt? Einer von dreißig Aborigines hat irgendwann einmal Lepra gehabt. Und die Leute werden blind durch Trachoma und sterben an Tuberkulose.«

»Nein!« Elaine richtete sich sehr gerade auf und schlug die Hände im Schoß zusammen. »Das wußte ich nicht.«

»Es ist wahr«, sagte Maggie. »Die Leute da oben im Norden leben in armseligen, schmutzigen Lagern ohne richtige Wasserversorgung. Und selbst hier in Neusüdwales – wenn sie unabhängig und nicht in Reservationen zusammengetrieben sein wollen, gibt es für sie nur Hütten und Lager. Unter diesen Bedingungen ist an Hygiene nicht zu denken. Kinder sterben an der Ruhr, alte Leute an Bronchitis, junge an TB, es gibt Lepra und Trachoma... ich hoffe, du bist jetzt nicht schockiert.«

»O doch, das bin ich!« sagte Elaine. »Und ich habe all das nicht gewußt. Ich habe eine lange Zeit meines Lebens in Indien verbracht, um den Leprakranken und den blinden Bettlern zu helfen, und zur gleichen Zeit gab es all das hier in meinem Land! Und ich wußte es nicht!«

»Weil die Regierung es vertuscht«, sagte Joe. »Es gibt Minister für die Belange der Aborigines, die nie die Städte verlassen haben. Und in Queensland werden die Reservate wie Gefängnisse geführt, und die Gesetze sind genauso wie in Südafrika –«

»Es ist ja gut, Joe, du sprichst hier nicht in einer Versammlung«, unterbrach ihn Maggie.

Elaine lächelte. »Ich sehe, er versteht es zu überzeugen und hat ein natürliches Gespür für Ungerechtigkeit. Vielleicht wird er einmal das erste Parlamentsmitglied aboriginischer und insulanischer Abstammung. Hast du daran gedacht, ihn zur Universität zu schicken?«

»Ja, aber ich kann es mir nicht leisten. Er bringt dieses Jahr gute Leistungen in der High School, doch ob er ein Stipendium bekommt, ist eine andere Frage.«

»Die einzige Hoffnung für uns ist eine Labour-Regierung«, sagte Joe. »Die Liberalen stehen den Landrechten aus wirtschaftlichen Gründen sehr ablehnend gegenüber. Der Volksentscheid wird uns weiterbringen, falls mit ›Ja‹ abgestimmt wird. Im Augenblick werden Aborigines und Insulaner nicht einmal bei einer Volkszählung miterfaßt. Es ist dasselbe, als wenn sie gar nicht existierten.«

Anne und Maggie unterhielten sich leise über Gartenarbeiten, und so hatte Joe die ungeteilte Aufmerksamkeit seiner Urgroßmutter. »Du mußt dich unbedingt für das Parlament aufstellen lassen, mein Junge. Vorher mußt du jedoch noch ein paar Jahre studieren.«

Maggie setzte ihr leeres Glas ab und sagte: »Komm, Joe. Steig von deiner Rednerplattform herunter. Wir müssen die letzte Fähre erreichen.«

»Ich habe viel über mein Land gelernt«, meinte Elaine.

»Ich schicke dir ein Exemplar meines letzten Buches – es ist eine Gedichtsammlung.« Maggie erhob sich, um sich zu verabschieden. »Ich hätte dir eins mitgebracht, aber ich hatte keine Ahnung, daß wir dich sehen würden.«

»Ich bedaure, daß wir den Kontakt zueinander verloren haben. Mit dem Flugzeug ist es heutzutage doch nur noch ein Katzensprung von Adelaide hierher, obwohl es tausend Meilen entfernt ist. Ihr müßt uns unbedingt besuchen, wenn ihr wieder in Sydney seid.«

Maggie erklärte ihr, daß das Fliegen bei ihrem Gehalt ein bißchen zu teuer sei und daß das auch der Grund dafür wäre, warum Joe seine Verwandten in Queensland erst jetzt kennengelernt hatte.

»Rosetta hat Vin enterbt, nicht wahr? Ein Jammer, daß mein armer Stan als erster gestorben ist. Trotzdem hätte er für seinen einzigen Sohn besser vorsorgen müssen.«

»Sie hatten sich wegen Vins Rennfahrerei überworfen. Wahrscheinlich glaubte er, Vin davon abhalten zu können, teure Rennwagen zu kaufen, wenn er Rosetta den größten Teil seines Vermögens vermachte und seine Mutter es ihm ja eines Tages ohnehin vererben würde.«

»Sie hat also alles einem Katzenheim hinterlassen?«

Maggie zuckte mit den Achseln. »Es spielt keine Rolle mehr. Wir kommen ganz gut zurecht. Ich habe in Adelaide ein kleines Haus gemietet, besitze einen guten Job und sogar ein Auto.«

»Schreib mir deine Adresse auf, damit ich auch wenigstens eine Weihnachtskarte schicken kann.«

Vor ihrer Abreise aus Sydney gerieten sie in eine Demonstration, die am Regierungsgebäude begann und sich bis zu der Straße ausbreitete, durch die Präsident Johnson und seine Eskorte auf seinem Weg vom Flughafen kommen würde. »Sieh dir nur all die amerikanischen Fähnchen an«, sagte Joe verächtlich, als er auf die begeisterte Menschenmenge blickte, die die Straße säumte, um dem ersten Präsidenten der USA, der während seiner Amtszeit Australien besuchte, zuzujubeln.

Die Demonstranten, meist junge Leute, viele von ihnen Studenten, sangen: »Ho! Ho! Ho Chi Minh«, und als die Eskorte der Polizeiwagen und -motorräder mit dem offenen Rolls-Royce, in dem Staatspräsident Askin neben dem US-Präsidenten saß, näher kam, riefen sie:

»Heh, Heh, LBJ!

Wie viele Kinder haben Sie heute umgebracht?«

Maggie ließ Joes Hand nicht los, als dieser mitbrüllte und die Faust hob. Sie spürte die Spannung und Erregung, die ihn erfüllte. Eine Gruppe junger Männer durchbrach die Polizeikette und warf sich in der engen Straße auf den Boden, um dem Wagen des Präsidenten den Weg zu versperren.

Zwischen den Demonstranten und den Anhängern der Stars und Stripes unter den Zuschauern brachen Raufereien aus, Polizisten gingen mit ihren Knüppeln dazwischen. Die auf der Straße liegenden Demonstranten wurden zappelnd zu den Polizeiwagen getragen, und der Zug setzte sich wieder in Bewegung.

Die Demonstranten rannten, ihre Plakate schwenkend, hinter der Autokolonne her. »MAKE LOVE NOT WAR« und »FREIHEIT FÜR SIMON TOWNSEND« und »BEENDET DEN VIETNAM KRIEG JETZT!«. Ein stämmiger Mann, der ein kleines amerikanisches Fähnchen in der Hand hielt, packte eins der Plakate und schmetterte es auf den Kopf des Mannes herunter, der es getragen hatte, und wieder brach eine Rauferei aus.

Der junge Simon Townsend hatte sich aus Gewissensgründen geweigert, seinen Wehrdienstpaß anzunehmen und den militärischen Befehlen zu gehorchen. Als er nach dem ersten Aufruf nicht zur ärztlichen Untersuchung erschien, wurde er deswegen für eine Woche ins Gefängnis gesteckt.

Dann wurde er vor Gericht gestellt, abgeurteilt und in ein Armeegefängnis geschickt, wo er sich jetzt in einer Einzelzelle befand.

Joe bewunderte seinen Mut und sagte, er würde dasselbe tun. In Vietnam zu kämpfen, hätte all seinen Prinzipien widersprochen. Er würde verweigern müssen. Gleichzeitig fühlte er, daß es ein Rassenkrieg war, in dem weiße Amerikaner bedenkenlos töteten, das Land mit Napalm versengten, Bomben warfen und die Heime kleiner brauner Menschen zerstörten, denen sie sich, bewußt oder unbewußt, überlegen fühlten.

Premierminister Holt hatte gerade ein weiteres ganzes Bataillon fortgesandt. Doch die australischen Soldaten schienen nicht aus Überzeugung in diesen Krieg zu ziehen. Berichte sikkerten durch von der Erschießung wehrloser Gefangener, von Frauen, die gefoltert wurden, während australische Offiziere zusahen. Die Truppen standen solchen Dingen ablehnend gegenüber.

Gegen Ende des nächsten Jahres hatte Harold Holt seine Begeisterung für diesen Krieg verloren und weigerte sich, weitere Truppen oder Flugzeuge zu liefern. Dann, kurz vor Weihnachten, als er Urlaub in Portsea machte, verschwand er unter mysteriösen Umständen – wurde vom Sog hinausgetrieben, als er eines Tages bei gefährlichem Seegang hinausschwamm. Seine Leiche wurde jedoch nie gefunden, und es gab dunkle Gerüchte über finstere Machenschaften des CIA. Andere wiederum waren der Meinung, daß er all der Probleme müde geworden und freiwillig den Tod gesucht hatte. Jetzt jedoch trieb er noch mit strahlendem Lächeln auf einer Woge der Begeisterung, während er seinen großen und mächtigen Freund in Canberra, der Bundeshauptstadt, willkommen hieß.

7

Im September kehrte Maggie wieder an ihre Arbeit zurück, und Joe ging – eine Woche zu spät – wieder zur Schule. Maggie war noch immer ziemlich durcheinander wegen Nyoras Enthüllungen. Sie hatte es Joe nicht erzählt. Vielleicht würde sie es später einmal tun, wenn er älter war, aber nicht jetzt. Seine Seele schien die Kraft zu brauchen, die ihm aus dem Bewußtsein seiner Abstammung erwuchs. Er lebte in der Vorstellung einer schönen, heroischen Vergangenheit, die jetzt zwar verloren, aber doch ein Teil von ihm war. Ohne sie würde das Leben für ihn fast seinen Sinn verloren haben.

Für Maggie, die älter war und jahrelang das Leben einer Weißen geführt hatte, war der Schock nicht so groß, doch er hinderte sie daran, schreiben zu können. Wie sollte sie sich weiterhin »die aboriginische Schriftstellerin« nennen lassen können – eine Bezeichnung, die sie ohnehin nicht mochte. Vielleicht war es das beste, wenn sie nicht mehr über Aborigines schrieb. Sie könnte in den Pazifik hinausfahren zu der Insel, von der ihr Urgroßvater Joseph stammte, und seine Geschichte niederschreiben. Es wäre die Geschichte eines auf Zeit verpflichteten Arbeiters, eines Beinahe-Sklaven, der gekidnappt und nach Australien verschleppt worden war und der sich zu einem Staatsbürger hochgekämpft und eine ganze Kette von Nachkommen hinterlassen hatte, die als Australier aufwuchsen.

Maggie schickte Elaine King eine Weihnachtskarte. Als Antwort erhielt sie eine kurze Mitteilung von Anne Greville, daß ihre Mutter kurz nach ihrem dreiundneunzigsten Geburtstag vor einer Woche gestorben sei. Es sei schwer zu glauben, daß eine solch vitale Frau tot sei, schrieb sie.

Maggie hielt Joe dazu an, hart zu arbeiten, doch er wurde viel durch seine Teilnahme an Protestmärschen und der Verfechtung der Interessen der Aborigines abgelenkt. Und so waren seine Noten beim Schulabschluß auch nur mäßig und reichten gerade für einen Kurs mit Studienabschluß aus.

Er würde später gerne im Bundesamt für die Belange der Aborigines in Canberra arbeiten, besaß jedoch keine besonderen Qualifikationen. Wenn es ihm aber gelang, ein Bakkalaureus der Volkswirtschaft zu werden, würde er alle Chancen haben.

»Warum nicht Jura?« fragte Maggie. »Das hat dein Vater auch studiert. Du könntest dann als Anwalt vor Gericht Aborigines vertreten.«

»Nein! Rechtsanwälte sind Gauner. Und der Richter würde mich nur einmal anzusehen brauchen und befangen sein.«

»Richter müssen neutral sein!«

»Pah! Erzähl mir doch nicht so etwas! Daran glaubt heute doch kein Mensch mehr.«

Siebzehn Jahre lang war Joe der einzige Mann in ihrem Leben gewesen, doch seit ihrer Rückkehr aus Queensland stattete sie des öfteren einem Künstler Besuche ab, der in Nord-Adelaide in einer alten Scheune lebte. Sie wußte, daß er nichts Richtiges aß und zuviel trank; also begann sie, um die Mittagszeit für ihn zu kochen. Sie aßen von einem Tisch, der mit Kunstbüchern, in Gläsern stehenden Pinseln und flachen Tellern voll angetrockneter Farbe, die er anstelle einer Palette benutzte, beladen war.

Im nüchternen Zustand war Roy ein charmanter Gesprächspartner, liebenswürdig, geistreich und gebildet; groß, gutgewachsen, mit seinem gepflegten Bart, dem langen, glatten blonden Haar, das oben schon etwas lichter wurde, manchmal etwas stutzerhaft wirkend, wenn er eine offizielle Veranstaltung besuchte. Aber seine haselnußbraunen Augen waren ständig blutunterlaufen, das Ergebnis wochenlanger Trinkorgien. Wenn er betrunken war, wurde aus Dr. Hyde Mr. Jekyll. Er wurde böse, aggressiv, arrogant. Im letzten Stadium seines Rausches verlor er die Kontrolle über seine Bewegungen, stolperte dann über irgend etwas und blieb, dümmlich kichernd, auf dem Boden liegen.

Als er mit Maggie einmal ein paar alte Skizzen durchsah, die er vor Jahren auf einer Weltreise gemalt hatte, und er ihr Aquarelle von Schloß Edinburgh, Chepstow, Tintern-Abbey, Glastonbury zeigte, stieß er auf ein altes Foto, das in dem Atelier in Sydney aufgenommen worden war, welches er als junger Mann bewohnt hatte. Es befand sich, wie er sagte, im obersten Stock eines Hochhauses; er hatte einen Blick über die Stadt bis zum Hafen und seinen sich windenden, von Wald umsäumten Zufahrten und der riesigen Eisenbrücke, die ihn in ganzer Breite überspannte.

»Ein Porträt des Künstlers in jungen Jahren«, sagte er, während er ihr das Foto reichte.

Unfähig zu sprechen, starrte Maggie auf das Bild. Sie hätte weinen mögen. Das Gesicht war durchgeistigt, die Augen groß und schwermütig, über die breiten, nachdenklichen Augenbrauen fiel das Haar in jungenhafter Manier, die vollen Lippen, jung und zärtlich, ließen einen Anflug von Zügellosigkeit erkennen.

Jetzt war er fünfzig, und sein Gesicht war zerstört. Langsam ruinierte der Alkohol seine Gesundheit und sein Talent. Diese frühen Skizzen waren zu einer Zeit entstanden, als er pausenlos in fieberhafter Kreativität malte: ein müder, in einem Bahnhof eingeschlafener Reisender, eine Nonne, die in voller Tracht gegen den Wind anschritt, Freunde beim gemeinsamen Trinken, die Gewölbe der Alhambra in Spanien, eine schmale Treppe in Salerno.

Während sie die sensiblen, verletzlichen Züge des jungen Künstlers betrachtete, die jetzt vom Leben und der Zeit gezeichnet waren, erkannte Maggie, welch große Begabung dieser Mann einst gehabt und jetzt verspielt hatte. War es seine verhängnisvolle Schwäche für den Alkohol, die ihn daran hinderte, seiner künstlerischen Begabung energischer nachzugehen, oder hatte die Erkenntnis, daß er nie ein großer Künstler werden würde, ihn zum Trinker gemacht? Eine Zeitlang hatte sie gehofft, ihn kurieren zu können, hatte sogar daran gedacht, ihn zu heiraten oder ihn zumindest bei Joseph und sich wohnen zu lassen, ihn mit ordentlichen Mahlzeiten zu versorgen und ihn von dem billigen Sherry und dem Bier abzubringen.

Doch dann betrank er sich wieder sinnlos, kreuzte an einem Sonntagmorgen bei ihr zu Hause auf und fiel, während sie ihm schwarzen Kaffee kochte, von dem Küchenstuhl herunter, auf den sie ihn gesetzt hatte.

»Sie sind besoffen, Roy«, sagte Joe mit der kompromißlosen, kritischen Härte der Jugend. »Warum gehen Sie nicht nach Hause und schlafen Ihren Rausch aus?«

Sie sah die Verachtung auf dem Gesicht ihres Sohnes. Nein, er würde Roy Gilham nie akzeptieren.

Im Januar erhielt sie den Brief eines Rechtsanwalts aus Sydney. Wie eine Antwort auf ein unausgesprochenes Gebet um Hilfe traf die Nachricht ein, daß sie gemäß dem Testament von Mrs. Elaine Hamilton Forbes ein kleines Legat von dreitausend Dollar erhalten sollte, »um meinem Urenkel Joseph Forbes King ein Studium zu ermöglichen«. Vielleicht hatte Elaine Joe aus dem Grund nichts direkt vererbt, weil sie wußte, wie Vin als junger Mann das Erbteil seines Großvaters Joseph Forbes mit schnellen Wagen und Trinkgelagen durchgebracht hatte.

»Du wirst hart arbeiten müssen«, ermahnte sie ihn. »Das Geld reicht nur für ein dreijähriges Studium. Du mußt alle Examen bestehen. Wenn du in Adelaide studierst und zu Hause lebst, kannst du eine Menge sparen.«

Doch sie erkannte, daß das ganz und gar nicht das war, was er wollte.

»Nein, ich will die Universität in Sydney besuchen. Es ist die älteste Universität, und außerdem gibt es dort eine große Studentenverbindung, und es ist das Hauptquartier für Studenten, die sich in den westlichen Städten an Friedensmärschen beteiligen. Sie kämpfen auch für Landrechte und protestieren gegen den Vietnam-Krieg.«

»Ich hoffe, du wirst studieren und nicht marschieren.«

Als sie das Geld schließlich erhielten, hoffte Maggie, daß er seine Meinung geändert hätte. Doch Joe bestand darauf, sich bei der Universität von Sydney um einen Studienplatz zu bewerben. Er hatte das Schreiben zu spät abgeschickt, der erste

Termin war bereits im März, und der Volkswirtschaftskurs war voll belegt. An der Universität von Neusüdwales gab es keine volkswirtschaftliche Fakultät.

»Wie wäre es mit Monash in Victoria?«

»Nein, dann gehe ich lieber zur ANU in Canberra. Es ist nur zweihundert Meilen von Sydney entfernt; ich könnte ab und zu am Wochenende hinfahren. Und von dort komme ich vielleicht leichter zum Amt für die Belange der Aborigines.«

Er schaffte es gerade noch, sich Anfang Februar um einen Studienplatz zu bewerben, und Maggie mußte eine Strafgebühr wegen Verspätung bezahlen. Die Australian National University war noch sehr jung; sie war vor kaum mehr als zwanzig Jahren gegründet worden, als Canberra selbst noch eine junge Stadt war.

Als Joe gegen Ende des Sommers zur Orientierungswoche eintraf, war die Luft unglaublich trocken und klar. Der Duft von Tausenden von Eukalyptusbäumen – jemand hatte einmal vorgeschlagen, die neue Stadt »Eucalypta« zu nennen – und der kühle Schatten der exotischen dunklen Tannen und grünen Ulmen und Birken spendeten ein erfrischendes Klima. Mehr als zwei Millionen Bäume waren angepflanzt worden. Tatsächlich gab es mehr Bäume als Menschen. Diese Tatsache ging mit dem Fehlen jeglichen Nachtlebens einher, weswegen Canberra der Ruf des »best beleuchtetsten Friedhofes der südlichen Hemisphäre« anhaftete.

Der Ort erwachte immer dann zum Leben, wenn das Parlament in dem langgestreckten weißen Gebäude oberhalb des Sees tagte. Sobald das Haus am Ende einer Sitzungsperiode seine Pforten schloß, sprangen die Parlamentsmitglieder in ihre Privat- oder in Linienflugzeuge und flogen in ihre Heimatstädte zurück. Die meisten der ständig in Canberra lebenden Bürger waren Beamte des öffentlichen Dienstes, die Spitzen von Ministerien wie dem der Finanzen und der Verteidigung und ihr Personalstab.

Selbst die Universität vermittelte einen gesetzten, mittelalterlichen Eindruck; sie war eher ein Forschungsinstitut mit einem großen Angebot an Veranstaltungen zur Friedensforschung; aber es gab auch die Fakultäten Kunst, Jura, Volkswirtschaft und Naturwissenschaft und ein paar Studentenwohnheime, wo auch Joe eine Unterkunft gefunden hatte. Manche Studenten fanden das Leben hier langweilig; abgesehen vom Besuch von Privatpartys konnte man abends nichts unternehmen, und öffentliche Transportmittel gab es fast überhaupt nicht.

Aber Joe mochte die Aura von Canberra. Nach dem unpersönlichen, brüllenden Verkehrsgetriebe in Sydney, den kahlen, geraden Straßen von Adelaide fand er es hier sehr angenehm. Im Sommer konnte man im See schwimmen und segeln. Wenn die Winternebel sich über die Stadt senkten, kauerte man sich um die unzulänglichen Heizkörper herum, die allerdings nicht die eisigen Winde abhalten konnten, die von den Schneebergen im Süden herunterkamen. Doch der Winter bot auch Annehmlichkeiten, denn die Studenten der ANU hatten in den Australischen Alpen in Guthega eine Skihütte errichtet, und so zwängten sie sich am Wochenende in ihre Autos, um zum Skilaufen in die Berge zu fahren.

Mit seiner Freundin Wendy hatte Joe dort viele Wochenenden verbracht. Wendy beharrte auf ihrer Unabhängigkeit, sagte, sie würde auch mit jemand anderem schlafen, wenn sie Lust dazu hätte; bis jetzt allerdings, so versicherte sie ihm, hatte sie noch keine Lust gehabt. Sie hatte ohnehin nicht allzuviel Spaß am Sex. »Es ist meine Schuld«, sagte sie zu ihm. »Ich glaube, ich bin von Natur aus frigide. Mach dir deshalb keine Gedanken.«

Die Bewohner des Studentenheims waren streng nach Geschlechtern getrennt. Er sagte, daß sie in einem wirklich bequemen Bett und mit genügend Zeit sicher anders empfinden würde, als in der schmalen Koje in dem Chalet mit einem unter die Tür geklemmten Bergstock, damit sie nicht von anderen Studenten gestört wurden.

»Wir müssen uns nächstes Jahr eine eigene Wohnung suchen«, meinte er.

»Du meinst, wir sollten heiraten?«

»Noch nicht. Damit sollten wir warten, bis wir unser Studium beendet haben. Aber ich möchte mit dir zusammen sein, Federköpfchen.« Das war der Kosename, den er ihr wegen ihres weichen, duftigen, lockigen hellbraunen Haares gegeben hatte.

Im Wohnheim waren die Nächte so kalt, daß Joe sich lange unter die heiße Dusche stellte, um warm zu werden – wenigstens gab es reichlich heißes Wasser –, dann in Pullover und Wollsocken ins Bett kroch und lernte. Maggie hatte ihm einige warme Schlafanzüge und eine karierte Wolldecke gebracht. Sie hatte eigens eine Woche Urlaub genommen, um ihn zu besuchen und sich darum zu kümmern, daß es ihm an nichts fehlte.

Nach der Eröffnung einer Kunstausstellung saßen Maggie und Roy in seinem Scheunen-Studio beisammen und tranken Bier aus Steinkrügen, die er aus Deutschland mitgebracht hatte. An der Wand lehnte ein halbfertiges Bild, ein farbenfrohes Stilleben aus Obst und Blumen. Der einzige Tisch war mit Kunstmagazinen, in Gläsern stehenden Pinseln und den alten, mit eingetrockneter Farbe beschmierten chinesischen Tellern beladen, die er als Palette benutzte. Eine leichte Brise bauschte den indonesischen Batikstoff auf, der vor dem einzigen Fenster hing. Der alte Kühlschrank in der Ecke gab stotternd seinen Geist auf. Dann plötzlich lief er wieder, als sei er zu neuem Leben erwacht.

»Du alter Kasten«, sagte Roy in Richtung des Kühlschrankes. »Du wirst wahrscheinlich noch aus- und angehen, wenn mein Herz für immer zu schlagen aufgehört hat. Und sie werden sagen: ›Er war ein Mann, dem solche Dinge nicht entgingen.‹«

»Wer?«

»Der verstorbene Sir – Royston – Gilham. Der beklagenswerte Roy.«

»Was für Dinge?« fragte Maggie mit schwankender Stimme. Bei der Ausstellung hatte es Weißwein gegeben, und weil es ein warmer Abend war und sie Durst hatte, hatte sie zuviel auf leeren Magen getrunken. Roy hatte sie noch zu sich zu einem Omelette eingeladen und ihr zur Feier seiner Auszeichnung mit dem jährlich verliehenen Preis des Kunstverbandes ein Bier eingeschenkt. Sie hätte lieber einen Kaffee gehabt. Sie schob ihren leeren Teller beiseite und stützte die Ellbogen auf den Tisch. »Was für Dinge?«

»Schuhe und Schiffe und Siegellack«, sagte Roy. »Das Licht in den Augen einer Amsel.«

»O je!« Sie lachte, zeigte ihre kräftigen weißen Zähne. »Ich muß nach Hause. Wie wäre es mit einem Kaffee?«

»Du mußt nicht nach Hause. Du kannst hier schlafen, wenn du willst.«

Er deutete auf das durchgelegene Doppelbett, das das einzige Möbelstück außer den harten Küchenstühlen, auf denen sie saßen, und einer gepolsterten Fensterbank war. Roy arbeitete, wohnte und schlief in einem Raum, dazu ein winziges Badezimmer. Die Toilette war draußen im Hof.

Maggie sah ihn an. Sie hatte diesen Vorschlag erwartet, aber nicht heute nacht, nicht in solch beiläufigem Ton.

»Du meinst – in deinem Bett?« fragte sie vage.

Sie blickte leicht angeekelt auf das ungemachte, zerwühlte Bett mit den grauen Laken, alten Decken und einer wunderschönen, handgewebten griechischen Überdecke. Das war typisch Roy. Er hätte nicht im Traum daran gedacht, seine Wohnung aufzuräumen, das Bett zu machen, Blumen auf den Tisch zu stellen und sie mit ein paar zarten Komplimenten zu ihrer ersten Liebesnacht zu führen. Er legte eine Bettdecke über das schmutzige Bett, was in seinen Augen genügte, um als »gemacht« zu gelten. Roy... War das nicht der alte französische Ausdruck für König? Ihr Familienname, Vins Name.

Roy schenkte ihr nach.

»Ich möchte kein Bier mehr. Ich möchte lieber schlafen gehen.«

»Schlafen? ›Schlaf! O sanfter Schlaf! Du liebreiche Amme der Natur.‹«

Während er fast automatisch Shakespeare zitierte, zog er sie zum Bett hinüber. Sie zögerte nur einen kurzen Augenblick, ehe sie auf das Bett sank und sich plötzlich ungeheuer glücklich fühlte. Durch das offene Fenster drang das schläfrige Zirpen der Grillen an ihr Ohr.

Maggie putzte Roys Kühlschrank und taute ihn ab, eine widerliche Arbeit, die sie auch zu Hause schon immer vor sich her geschoben hatte. Roy war losgegangen, um Brot und Milch für das Frühstück zu holen. Maggie war von ihrer Tante Ellen – ebenso wie deren Mutter von ihrer schottischen Großmutter Emily Duguid – streng dazu angehalten worden, ihre Küche sauberzuhalten. Sie hätte niemals die Butter direkt aus dem Papier verwendet oder schmutziges Geschirr im Spülbecken stehengelassen. Aber Kühlschränke –! Zu Emilys oder Fionas Zeiten gab es sie noch nicht, sie konnten also auch nicht wissen, was für eine schreckliche Arbeit es war, sie sauberzumachen.

Sie zog das untere Tablett aus Kräuseleisen heraus, wobei eine verfaulte Gurke, jetzt nur noch ein kleines grünes Häufchen Dreck, zum Vorschein kam. Angetrockneter Schleim, der vielleicht einmal vergossener Orangensaft gewesen war. Große Eisklumpfen waren auf den Boden gefallen und bildeten, während sie schmolzen, kleine Wasserlachen. Der Boden des Gemüsefachs war ausgelegt mit uralten Salatresten, die zu glitschigen Wasserpflanzen, nichts als grünem Brei, geworden waren.

Endlich hatte sie es geschafft, und alle hinteren Wände, Fächer und Leisten waren, soweit sie sie erreichen konnte, sauber und glänzten. Sie stellte den Strom an und begann, nachdem sie den Boden gewischt hatte, die Sachen wieder einzuräumen. »Verdammtes Ding!« schimpfte sie und hätte am liebsten gegen den weißen Kasten getreten, als er – beinahe schadenfroh – wieder zu summen begann. Sie knallte die Tür zu, und das dünne Plastikgestell am Boden gab nach. Wein- und Coca-Cola-Flaschen – die Roy in einer entsetzlichen Mischung mit Sherry trank, weil er glaubte, Coca-Cola würde den Alkohol neutralisieren – wurden zu einem Haufen aus zerbrochenem Glas.

Maggie fluchte beinahe eine Minute lang, ohne sich auch nur einmal zu wiederholen. Sie hatte gar nicht gewußt, daß sie auf Anhieb über einen solchen Vorrat von Schimpfworten verfügte, doch das Fluchen erleichterte sie ein wenig. Wütend sammelte sie die scharfen Glasscherben auf und wischte den Boden ein zweites Mal. Erstaunlicherweise waren nur zwei Flaschen zerbrochen.

»Ich sage es ja, du bist ein Schatz«, sagte Roy in dem gezierten Tonfall, in dem er manchmal redete, als er vom Einkaufen zurückkam. »Ich werde mit diesen schrecklichen Sachen einfach nicht fertig.«

»Sei still!« sagte Maggie wütend. »Und laß ihn nie wieder in solch einen schrecklichen Zustand geraten.«

»Zieh zu mir, dann wird das nicht mehr passieren.«

»Laß mich vorbei, ich stinke.«

»In Ordnung, geh dich duschen.«

Dies tat sie dann auch, doch die Ecken der Duschkabine waren schwarz von Schimmel und Seifenresten, der Boden rauher grauer Zement, der auch mit Wasserfällen heißen Wassers nicht mehr sauber zu bekommen wäre. Als sie aufgewacht war, hatte sie nichts außer ihrem silbernen Schlangenarmband getragen; sie hatte sich angezogen, während er noch schlief, und war in das muffige Nebengebäude gegangen. Dort klemmte die Tür, und sie war beinahe in Panik geraten, weil sie fürchtete, eingeschlossen zu sein.

Jetzt hüllte sie sich in einen Bademantel, der hinter der Badezimmertür an einem Nagel hing.

»Roy!« sagte sie scharf, als sie ins Wohnzimmer zurückkam. »Auf dem Brot sitzen Fliegen, und die Butter ist ranzig; du solltest sie wegwerfen.«

»Was für eine Laus ist dir über die Leber gelaufen?« fragte er gutgelaunt. »Hast du deine Tage bekommen? Du nörgelst an allem und jedem herum.«

»Nein, aber ich kann Schmutz nun einmal nicht ausstehen. Männer mag das vielleicht nicht stören, sie bemerken es vielleicht nicht einmal. Sieh dir nur diesen Brotkorb an, er ist voller

Krümel und Petersilienreste von dem Omelette, das du gestern abend gemacht hast. Und die Bratpfanne! Wann hast du sie das letzte Mal saubergemacht?«

»Sie wird von allein sauber. Du brauchst sie nur mit einem Stück Papier auszuwischen, solange sie noch heiß ist.«

»Igitt! Und du hast die Eierschalen auf dem Tisch liegen gelassen, und sie waren nicht ganz leer. Wo ist das Spültuch?«

Er reichte ihr eine Spülbürste, ein gräuliches Bündel von Baumwollfäden, an denen zahllose undefinierbare Schmutzreste klebten. Angewidert warf sie das undefinierbare Objekt aus dem Fenster.

Der Grund für Maggies schlechte Laune war, das war ihr durchaus bewußt, nicht nur Roys Schlampigkeit. Sie war bedrückter Stimmung, denn die letzte Nacht war kein Erfolg gewesen. Der ausschweifende Alkoholmißbrauch hatte Roys Liebeskraft doch stark beeinträchtigt. »Dein Feuer hat meine Eisenstange dahinschmelzen lassen«, sagte er. Diese Bemerkung war passend und poetisch, Maggie aber war im Grunde ihres Herzens enttäuscht. Außerdem spürte sie, daß er diese Phrase bereits in der Hitze so manch anderer Umarmung benutzt hatte.

Sie wischte den Tisch mit einem Farblappen ab und sagte freundlich: »Ich muß jetzt gehen.«

»Du siehst sehr schön aus in dem kurzen Mantel. Geh noch nicht.«

»Doch, ich ziehe mich jetzt an.« Sie ging ins Bad. Als sie zurückkam, wirkte Roy sehr niedergeschlagen. Er wußte, daß sie enttäuscht von ihm war. Es war so lange her, daß sie bei einem Mann geblieben war, und es war nicht schön gewesen. Sie küßte flüchtig seine Wange, spürte die rauhen Bartstoppeln. Er roch nach schalem Bier.

Als Roy schließlich allein war, goß er sich ein Wasserglas voll Sherry und gab einen Schuß Cola darauf, sein erstes Getränk an diesem Tag.

Maggie war ziemlich lange nicht in Roys Studio gewesen, hatte es sogar vermieden, in den nördlichen Teil von Adelaide zu gehen, um ihm nicht in die Arme zu laufen. Sie sah ihn schließlich auf einer Party wieder, nachdem er zwei Tage lang schwer getrunken hatte. Er breitete die Arme aus und begrüßte sie mit strahlendem Lächeln, doch als er sie küßte, wäre er beinahe umgefallen und klammerte sich haltsuchend an sie.

»Meine Freundin Maggie!« verkündete er. »Sie kennen doch alle meine Freundin Maggie? Die Dichterin. Sie kennen doch ihre Gedichte und Geschichten. Der kleine braune Junge... Geschichten von... Dingo und Dingbats... Geschichten von Onkel Morgan und Onkel Remus und Onkel Tom und Onkel –«

»Hör auf, Roy! Du bist betrunken«, sagte Maggie; sie schämte sich für ihn und für sich selbst.

»Das ist wahr, ich bin betrunken. Aber ich bin wenigstens ein Künstler. Du bist noch nicht einmal das Schuhband einer Dichterin. ›Aboriginische Dichterin‹ oh, ja – aber wenn du nicht über Aborigines geschrieben hättest – wäre das Zeug nicht einmal veröffentlicht worden. Hörst du? Nicht veröffentlicht, geschweige denn gelobt!«

»Roy!« Ihr Gesicht war starr, sie glaubte, daß es zerspringen würde, wenn sie zu lächeln versuchte. Sie wußte, warum er ihr weh tun wollte, aber es war nicht fair. Und vor all diesen Leuten... nicht einer von ihnen ergriff das Wort zu ihrer Verteidigung.

Roy versuchte, sich auf ein rundes Sitzkissen zu setzen, aber er fiel herunter und verschüttete dabei den Inhalt des Glases, das er in der Hand hielt. Die Beine nach oben gestreckt, blieb er, hilflos kichernd, auf dem Boden liegen. Maggie ließ ihn liegen und ging in die Küche, um bei den Essensvorbereitungen zu helfen. Sie hatte das Gefühl, als habe ein Freund ihr ein Messer in den Rücken gestoßen. Am meisten fühlte sie sich dadurch verletzt, daß Roy ihre eigenen geheimen Ängste bestätigt hatte, daß ihre Geschichten gar nichts Ungewöhnliches oder Besonderes waren, sondern nur wegen ihrer vermeintlichen Herkunft aufgegriffen worden waren. Sie haßte es, »die aboriginische Dichterin« genannt zu werden, und er wußte das. Jetzt, wo sie sich im klaren darüber war, daß sie gar keine Aborigine war, haßte sie diese Bezeichnung nur noch mehr.

Als sie Roy das nächste Mal traf, war er nüchtern und bei klarem Verstand und arbeitete hart an ein paar für eine Ausstellung in der Peel-Street-Galerie bestimmten Bildern. Er konnte oder wollte sich nicht an seine verletzenden Worte erinnern. Maggie, die nicht nachtragend war, verzieh ihm bald, und sie wurden wieder Freunde. Sie besuchten weiterhin zusammen Kunstausstellungen, und manchmal kam er zum Essen zu ihr. Dann bot er ihr sogar an, selbst zu kochen. Wenn er nüchtern war, konnte er sehr charmant und amüsant sein.

Mit der Zeit wurde sie richtiggehend abhängig von seiner Gesellschaft; sie hatte keine Freundinnen, und zum ersten Mal seit Joes Geburt war sie ganz allein. Anfangs kam ihr das Haus unerträglich leer vor. Im Mai feierten sie die Durchführung des Volksentscheides, bei dem neunzig Prozent der weißen Bevölkerung dafür gestimmt hatten, daß Aborigines bei der nächsten Volkszählung miterfaßt und wesentlich mehr Unterstützung durch die Commonwealth-Regierung erhalten sollten.

Joe wollte in den Weihnachtsferien nicht nach Hause kommen, weil er Anfang Dezember an einem Seminar teilnehmen wollte, zu dem Deligierte aus ganz Australien erwartet wurden. Maggie arbeitete noch immer, trotzdem fuhr sie über Weihnachten nach Canberra. Joe war dünn wie immer, aber glücklich und voll Begeisterung über das Seminar, bei dem er auch eine Rede halten sollte. Doch sie fürchtete, daß er sein Studium vernachlässigte, Vorlesungen ausließ und seine gesamte Energie für Proteste und Demonstrationen einsetzte.

Maggie genoß die klare Luft der Stadt, die brennende Hitze, die gelben, von Gras bedeckten Hügel, das wolkenlose Blau des Himmels, vor dem schwarze Krähen, melancholische Schreie ausstoßend, dahinflatterten. Die breiten Straßen, der Blick auf die fernen, von weißen Fontänen eingerahmten Gebäude, den glatten See, sogar die von Flutlicht angestrahlte blaue Fahne mit den weißen Sternen, die nachts über Capital

Hill flatterte – all das vermittelte ein Gefühl der Heiterkeit. Wenn Canberra auch als Stadt enttäuschen mochte, da ihr das pulsierende Leben fehlte, so war es doch eine Freude für das Auge.

Als sie aus dem Ainslie-Hotel in die Frische des frühen Abends hinaustrat, sog sie tief den Duft der Blätter der Gummibäume ein, sah den herrlichen Vollmond, der wie eine märchenhafte Perle über der Kuppel des Kriegerdenkmals aufstieg und es wie einen irdischen Mond aufglühen ließ. Der Mond kletterte höher, war nicht länger eine golden angehauchte Perle, sondern eine in die Luft geworfene flache Silbermünze. Kopf oder Zahl? Alles war ein Spiel – Leben, Tod, Vererbung.

Canberra wirkte noch immer wie ein Ameisenhaufen, nachdem die Ameisenkönigin getötet worden war. Premierminister Harold Holt war beim Baden in Portsea verschwunden, und eine intensive Suche nach seiner Leiche hatte eingesetzt. Schon mancher amtierende Premierminister war gestorben, aber keiner unter solch mysteriösen und dramatischen Umständen. An dem einsamen Strand waren nur zwei Augenzeugen anwesend, die gesehen hatten, wie Holt versucht hatte, ans Ufer zurückzukraulen, während die Brecher ihn nach draußen zogen. Es hatte einen Sturm gegeben, und es war nicht gerade ein Tag, an dem man schwimmen ging. Er wurde nie wieder gefunden.

Der Präsident der Vereinigten Staaten kündigte an, daß er zu den Trauerfeierlichkeiten nach Australien fliegen werde, eine Beisetzung, bei der es keinen Sarg und keinen Leichnam gab.

In einer Buchhandlung in Canberra kaufte Maggie ein Buch für Roy, die gesammelten Werke von Edward Thomas. In leicht pedantischer Manier strich sie das Gedicht an, über das sie diskutiert hatten, und das so begann:

›Aus dem Wald der Gedanken, die entstehen bei Nacht,
um zerschlagen zu werden von des Lichtes scharfer Axt,
aus der Nacht heraus der Schrei zweier Hähne klingt
und die Dunkelheit wie mit silbernem Pfeil durchdringt.‹

Am Tag nach ihrer Rückkehr erfuhr sie, daß Roy gestorben war. Beim Überqueren der North Terrace in der Stadt war er von einem Bus überfahren worden. Maggie fühlte sich irgendwie schuldig, als hätte sie das Unglück verhindern können, wenn sie hiergewesen wäre.

Sie suchte Stanislaus auf, einen polnischen Maler mit unaussprechlichem Nachnamen, der sein Freund gewesen war.

»Er hat ein Selbstbildnis hinterlassen, das er gerade erst vollendet haben muß«, sagte Stan. »Die Farbe war noch nicht trokken. Ich habe es mir angesehen; es ist eins der besten Bilder, die er je gemalt hat... Die National-Galerie sollte es erwerben. Möchten Sie es sehen?«

»Ja«, sagte Maggie. »Bitte.«

Er führte sie in einen Raum, in dem seine eigenen abstrakten Bilder an den Wänden hingen und lehnten und wo in Augenhöhe eine gerahmte Leinwand hing, auf die das volle Tageslicht fiel. Es war in Blau und Gelb gemalt – den Farben von van Goghs letzten Bildern. Roys Augen, dunkel, unergründlich, mit schweren Lidern, starrten ihr entgegen; auf seinem Gesicht lag ein trauriges, ironisches Lächeln. Auf der Wand hinter seinem Kopf war ein Stilleben zu sehen, neben seinem Ellbogen eine auf dem Tisch stehende, halbleere Flasche Bier. Hinter seiner Schulter das geöffnete, gähnendleere Fenster – die Batikvorhänge hatte er weggelassen –, das die Schwärze der Nacht zeigte, das Nichts dahinter. Ein eisiger Schauer lief Maggie den Rücken herunter.

»Und das stand auf einem Zettel, den ich auf dem Tisch gefunden habe:

›Das Morgen und das Morgen und das Morgen
kriecht Tag für Tag so unwichtig und langsam heran
bis zum letzten Augenblick der Zeit.
Und jeden Tag unseres Lebens waren wir nichts als angestrahlte Narren
auf dem Weg zu Tod und Staub... erlösche, erlösche, du kurze Kerze!‹«

Mit Tränen in den Augen blickte Maggie auf. »Dann war er also nicht betrunken? Er hatte nicht getrunken? Es war Absicht.«

»Das offizielle Urteil lautet Tod durch Unfall. Der Busfahrer wurde vollständig rehabilitiert. Ein Zeuge hat gesehen, wie Roy hinter einem parkenden Auto hervor direkt vor den Bus rannte.«

»Armer Roy! Er war so allein.«

»Wir sind alle allein, meine liebe Maggie.«

»Ich weiß, daß er Depressionen hatte. Aber ich war mit meinen eigenen Angelegenheiten beschäftigt.«

»Sie brauchen sich keine Vorwürfe zu machen. Roy war labil. Dieses Ende kam nicht unerwartet.«

Doch Maggie ging in düsterer Stimmung nach Hause. Für sie war Selbstmord etwas Schreckliches, Unvorstellbares, nicht aus religiösen Gründen, sondern weil er Ausdruck einer negativen Lebenseinstellung war und sie das Leben bejahte.

Roys Tod brachte die Erinnerung an die Zeit nach Vins Tod zurück, wo sie sich wieder und wieder gefragt hatte, ob er das Lenkrad in dem obskuren Impuls, sich umzubringen, eine Idee zu weit herumgedreht hatte. Sie dachte an den Wahrsager auf der Fähre nach Magnetic-Island. Tod und Unglück!

Maggie verfiel in einen Zustand nervöser Anspannung, der Monate anhielt. Sie glaubte, daß Roy sie als böser Geist verfolgte. War er zornig auf die Lebenden, weil er seinen Schritt jetzt, wo es zu spät war, bedauerte? Sie wußte, daß das ein verrückter Gedanke war. Doch ihre Vorfahren hatten stets die Geister seiner Toten gefürchtet, hatten ihnen Arme und Beine mit Fischerleinen zusammengebunden, damit sie nicht mehr »wandern« konnten. Bei Baum-Beerdigungen hatten sie sie fest in Rinde gewickelt oder ihre Gräber mit schweren Steinen und Baumstämmen zugeschüttet. Und sie sprachen niemals den Namen des Dahingegangenen aus, damit er nicht als rachsüchtiger Geist, als »pekka«, ihr Leben beeinträchtigte.

9

In verblichenen blauen Jeans und leuchtendrotem Pullover lag Joe auf dem Rasen vor der ANU und starrte in das weite Blau des Himmels hinauf. Wendy saß neben ihm und schrieb mit schwarzen Druckbuchstaben »MAKE LOVE NOT WAR!« auf ein Stück Pappe. Joe und sein rothaariger Freund Stuart diskutierten darüber, ob sie eine »Black-Power-Bewegung« ins Leben rufen sollten. War es sinnvoll, mit Benzinbomben gegen die Polizisten vorzugehen?

»Joe«, sagte Wendy sanft, »ich dachte, ihr wolltet friedlich demonstrieren: Menschenketten, Straßenblockaden, euch keiner Verhaftung widersetzen.«

»Blödsinn!« sagte Joe. »Ich bin nicht für diesen gewaltlosen Kram. Die Polizisten werden sogar dafür *bezahlt*, daß sie Gewalt ausüben.«

Berry Bentham, der vierte in ihrer Gruppe, saß mit halbgeschlossenen Augen da, ohne sich an der Unterhaltung zu beteiligen. Jetzt warf er sich rittlings ins Gras und starrte zu einem Flugzeug der Air Force hinauf, das von Norden nach Süden über ihnen dahinschoß.

»Passiver Widerstand wird uns nicht davor bewahren, nach Vietnam eingezogen zu werden.«

»Nun, die Vereinigung der Wehrdienstgegner organisiert zu der im nächsten Monat stattfindenden Nationalkonferenz einen Anti-Einberufungsmarsch«, erklärte Wendy. »Darum male ich auch die Plakate. Es wird eine richtig große Demonstration werden mit einem Marsch zum Parlamentsgebäude. Studenten von überall her werden zum Kunstfestival der ANU kommen – sogar Maoris aus Neuseeland.«

»Natürlich ist es ein Rassenkrieg, und das ist ja auch einer der Gründe, warum wir mitmachen«, sagte Joe. »Als die Australier keine Aborigines mehr erschossen oder vergifteten, lynchten sie chinesische Goldgräber und hängten Kanaken auf.«

Barry setzte sich mit wütender Miene und blitzenden Augen

auf. Er schlug sich mit der Hand aufs Knie und sagte: »Es ist mir egal, ob sie Russen, Deutsche, Franzosen, Engländer, Australier oder Amerikaner sind«, schrie er, »Sie sind Militärs. Die ganze Geschichte hindurch waren sie verantwortlich für Invasionen – Raub, Plünderung, Zerstörung, Ermordung von Zivilisten – die Bombenangriffe in Europa, die Konzentrationslager der Burenkriege. Und Hiroshima... Jetzt gehen die Amerikaner mit Napalm auf die Menschen in Vietnam los... Nun, wir sind uns doch einig darin, daß wir auf keinen Fall bei diesem gemeinen Krieg mitmachen, selbst wenn wir unsere Einberufung bekommen?« Er sagte es mehr im Ton einer Feststellung als einer Frage. »Wir werden uns alle weigern, uns der ärztlichen Untersuchung zu unterziehen. Es ist eine Frage des Prinzips. Verweigerung in jeder Hinsicht.«

Erbittert stimmten sie zu. Wendy erklärte, sie würde niemals auch nur eine Binde aufrollen oder auch nur einen Socken stopfen. »Es macht mich fertig, daß manche Frauen in Munitionsfabriken arbeiten«, sagte sie.

»Ein Socken würde einem Soldaten ohnehin nicht viel nützen«, sagte Stuart in neckendem Ton. Wendy warf ein Buch nach ihm. »Das Schlimmste, was sie in Vietnam gemacht haben«, fuhr sie fort, »ist der Einsatz von Entlaubungsmitteln über dem Dschungel und den Reisfeldern. Ein Expertenteam, das hingefahren ist, hat verdächtige Mißbildungen bei Neugeborenen festgestellt, deren Familien den Sprays ausgesetzt sind. Millionen Tonnen von dem Zeug wurden versprüht. Aber natürlich wurde all das vertuscht.«

»Harold Holt muß davon gewußt haben, oder er sollte es zumindest. Aber wir lassen uns aus rein wirtschaftlichen Gründen in den Krieg in Vietnam verwickeln.«

»Natürlich. Kanada hatte nie etwas damit zu tun gehabt, und England auch nicht. Aber unser Harold mußte in die Staaten fahren, von einem Ohr bis zum anderen grinsen und sich vor ›unseren großen und mächtigen Freunden‹ verbeugen.«

»Ja, es ist wirklich entsetzlich. Aber Präsidenten sind vorübergehende Erscheinungen«, meinte Joe, der an den einen denken mußte, der die gleichen Initialen JFK hatte wie er selbst und der wie ein Hund auf der Straße erschossen worden war. »Ich wette, Johnson ist bei der nächsten Wahl weg vom Fenster. Oh, ich habe um elf eine Vorlesung«, sagte er, seine Bücher ergreifend. »Kommst du, Wendy?«

Sie schlenderten davon.

Als kurz nach Semesterbeginn 1968 die Nachricht von dem Massaker in My Lai an die Öffentlichkeit drang, schäumte Barry Bentham vor Wut und Abscheu. Er war entsetzt über die Zeitungsberichte über den Atomangriff auf Hiroshima und Nagasaki, doch das war vor seiner Geburt geschehen. My Lai jedoch war Gegenwart, es geschah jetzt, und Lieutenant Calley, ein junger Mann, nicht viel älter als er selbst, war an der kaltblütigen Erschießung von mehr als hundert Zivilisten beteiligt gewesen.

Die Fotos in den Zeitungen dokumentierten die Geschehnisse schonungslos, sie zeigten die großen, dunklen Blutflekken auf weißen Hemden, den Blusen der Frauen oder wehrlose, pausbäckige Babys, die in den Armen ihrer Mütter niedergeschossen worden waren.

»Ihr wißt, daß es früher in Australien genauso war«, sagte Joe. »Später fand man große Haufen von Skeletten von Aborigines, wo ganze Stämme erschossen worden waren: Männer, Frauen und Kinder. Wenn im Jahre 1820 bereits ein Kameramann der Wochenschau in Van-Diemens-Land zur Stelle gewesen wäre, wären seine Aufnahmen, abgesehen von der Kleidung, denen aus My Lai wahrscheinlich sehr ähnlich gewesen. Und später auf dem Festland, am Myall-Creek und Rufus-Creek und Murdering-Creek und all die anderen Massaker. Und es gab noch nicht einmal einen offiziellen Krieg. Nur reine Ausrottung. Ich sage euch, das Leben eines Schwarzen war nicht soviel wert wie das von zehn Schafen oder einem halben Dutzend Kühen. Und wenn ein Weißer von einem Pfeil durchbohrt wurde, wurden fünfzig Aborigines erschossen.«

»Da hast du recht, Joe, aber dies hier geschieht *jetzt*. Unsere

Zeitgenossen begehen diese Greueltaten. Und sie erwarten, daß wir uns an diesem schmutzigen Krieg beteiligen! Mein Gott, haben unsere Vorfahren denn die Deutschen und die Vernichtungslager besiegt, damit wir Seite an Seite mit solch ruchlosen Mördern kämpfen?«

10

Bei der Präsentation ihres letzten Buches hatte Maggie den Herausgeber einer Adelaider Abendzeitung kennengelernt: einen großen Mann mit tiefer, schleppender Stimme und hellen, humorvollen blauen Augen, der fast ständig eine Pfeife zwischen den Zähnen hatte.

Er beklagte sich über den wachsenden Mangel an Wissen unter der Jugend. »Vielleicht habe ich auch nur Pech gehabt«, sagte er. »Man schickte mir Mädchen, die die Rechtschreibung nicht beherrschen, den Unterschied zwischen einem Komma und einem Semikolon nicht kennen und deren Sprachschatz erschreckend klein ist. Ich hatte einmal eine gute Sekretärin, aber sie hörte auf, weil sie heiratete.«

»Ich habe es mir schon immer sehr aufregend vorgestellt, im Büro einer Zeitungsredaktion zu arbeiten. Wenn Sie also eine reife, erfahrene Sekretärin suchen, die aller Voraussicht nach nicht mehr heiraten wird –«

»Wollen Sie diesen Job wirklich haben, Mrs. King? Er gehört Ihnen, sobald ich das minderbemittelte Schulmädchen an die Luft gesetzt habe, das ich im Augenblick habe.«

»Sind Sie nicht ein bißchen sehr impulsiv? Was ist mit Tests, Referenzen?«

»Ich *bin* impulsiv. Aber was die Tests betrifft – ich weiß, daß Sie schreiben können, und die Referenzen – soviel ich gehört habe, haben Sie im Augenblick eine Stellung als Chefsekretärin. Daher –«

Maggie lachte. »Ich werde der Versicherung eine Frist von mindestens einem Monat geben müssen. Immerhin bin ich seit Jahren dort.«

»In Ordnung. Lassen Sie mich wissen, wann Sie anfangen können, und Ihr Schreibtisch wird für Sie bereitstehen. Sind Sie sicher, daß Sie nicht lieber als Journalistin arbeiten würden? Ihr Artikel über Palm-Island hat mir gefallen.«

»Nein, ich glaube nicht, daß die Arbeit eines Zeitungsjournalisten das Richtige für jemanden ist, der schreiben will. Nehmen Sie Ihre Sekretärin übrigens mit, wenn Sie in andere Bundesstaaten reisen?«

Er blickte sie ein wenig verwirrt an, und Maggie wurde klar, was er dachte. Sie errötete. »Mein Sohn studiert an der Universität von Canberra, müssen Sie wissen. So könnte ich ihn ab und zu einmal sehen.«

»Ach so! Natürlich. Ja, mindestens einmal im Jahr, manchmal auch öfter.«

»Ich bin sicher, es wird mir Spaß machen, für Sie zu arbeiten, Mr. Ryder. Danke, daß Sie mir die Stellung anbieten.«

Sein Name war Rex! Noch ein König also... Nach einem Jahr konnte sie kaum glauben, daß es je eine Zeit gegeben hatte, in der Rex nicht Teil ihres Lebens gewesen war. Er war glücklich verheiratet, sie war nur seine Sekretärin, aber sie wußte, daß zwischen ihnen mehr war als ein gewöhnliches Arbeitgeber-Arbeitnehmer-Verhältnis. Was sie für ihn empfand, war sicher eine Art von Liebe, gewachsen aus Bewunderung, gemeinsam erlebten Krisen und tiefem Verständnis. Er fühlte sich bestimmt körperlich zu ihr hingezogen, doch er hielt diese Gefühle streng zurück, er bewunderte sie als Schriftstellerin und Frau und brauchte sie als leistungsfähige Sekretärin.

Seine Frau mochte vielleicht acht von vierundzwanzig Stunden am Tag das Bett mit ihm teilen, während Maggie tagtäglich – außer Sonntag und Mittwoch, wenn sie ihre freien Tage hatte – ein Büro mit ihm teilte. Er ging jeden Samstagnachmittag zum Pferderennen, kam jedoch immer pünktlich zurück, um die Korrekturfahnen der Sonntagszeitung, die sie ebenfalls herausgaben, zu prüfen. Er war Chefredakteur beider Zeitungen, der *Evening Herald* jedoch gehörte ihm, während die Wochenendzeitung einen anderen Herausgeber und anderes Personal hatte. Doch sie wurden beide im selben Gebäude von denselben Leuten gedruckt.

Ihr kleiner Schreibtisch stand unter einem der Fenster seines Büros. Die durch die Bäume vor dem Fenster hereinsickernden Sonnenstrahlen malten Blattmuster auf den Teppich. Ihr Schreibtisch war vollgepackt mit Schreibmaschine, Tonbandgerät, Diktiergerät, Telefon, Notizblocks, Schreibpapier. Auf seinem großen, glänzend polierten Schreibtisch standen zwei Telefone, eine Gegensprechanlage, Postein- und -ausgangskörbe, eine Schreibunterlage aus Papier, die sie täglich auswechselte, ein Stapel Durchschlagpapier und eine Vielzahl von Stiften und Federhaltern.

Mit seinem wuchtigen Kopf mit der vornehm wirkenden silbernen Haarmähne saß er, seine Pfeife schmauchend, über den auf dem Schreibtisch ausgebreiteten Korrekturabzügen. Morgens war sein Haar ordentlich und glatt zurückgekämmt, gegen Mittag jedoch stand es wild um seinen Kopf herum, weil er die Angewohnheit hatte, sich mit den Fingern durchs Haar zu fahren, wenn er sich konzentrierte. Seine seltsam hellen Augen, die sie anfangs für kalt gehalten hatte, konnten gewinnend lächeln. Wenn er sich über eine Karikatur amüsierte, konnte er in kurzes, bellendes Gelächter ausbrechen.

Jeden Morgen nahm Maggie an der Redaktionskonferenz teil und machte Notizen, wenn die »Storys« des Tages diskutiert wurden und eine Rückschau auf die Seite Eins des Vortages gehalten wurde. Sie hatte Mr. Ryder mit seiner tiefen Stimme und der langsamen Sprechweise und der brennenden Pfeife immer für einen recht ruhigen Mann gehalten. Dann eines frühen Nachmittags wurde wie üblich die soeben fertiggestellte erste Ausgabe sauber und glatt zusammengefaltet und, nach Zellulose und Druckerschwärze riechend, auf seinen Schreibtisch gelegt. Er schlug sie auf, blätterte ein paar Seiten um. Dann schmiß er die Pfeife an die gegenüberliegende Wand.

»Gottverdammter Mist!« brüllte er. Die Zeitung wie ein Streitbanner über seinem Kopf schwenkend, raste er tobend aus dem Zimmer.

»Fitz!« schrie er. »Holt mir den Chefredakteur!«

Maggie schlug eine Zeitung auf, das persönliche Exemplar des Verlegers, das sie in seine Ordner abzuheften hatte. Sie blätterte zwei Seiten um. Der täglich auf der Titelseite erscheinende Cartoon stand auf dem Kopf.

Das war jedoch nur eine kleinere Katastrophe. Was der Besitzer jeder Zeitung fürchtete und was er seinen Journalisten als unter allen Umständen zu vermeiden einhämmerte, war eine Verleumdungsklage. Sogar ein in einer Überschrift weggelassenes Komma oder das Fehlen des Wortes »angeblich« konnte eine solche Klage nach sich ziehen.

Zum ersten Mal in ihrem Leben hatte Maggie, von ihrer Schwester abgesehen, eine Freundin. Sie war die Redakteurin der Frauenseite, war älter als Maggie und neigte dazu, sie zu kritisieren, aber Maggie gewöhnte sich daran und nahm es ihr nicht übel.

Bis die Zeitung auf der Straße war, konnte niemand in der Redaktion zur Ruhe kommen. Penelopes Seiten jedoch waren »frühe« Seiten, wurden meist schon am Tag zuvor gesetzt, so daß sie – wenn sie keine besondere Frauenversammlung zu besuchen hatte – ihre Arbeit früher als alle anderen beenden konnte.

»Mach etwas mit deinem Haar; deine Ohren gucken durch, und das sieht schrecklich aus«, rief sie häufig, oder, wenn Maggie einen Hut trug: »Wo um alles auf der Welt hast du diesen schrecklichen Hut gekauft? Bei einem Gemischtwarenhändler?«

Sie kritisierte auch ständig Maggies Kleidung, obwohl ihre eigene viel zu wünschen übrigließ. Im Winter liebte sie bequeme Tweedröcke und Cardiganjacken, im Sommer Leinenröcke mit Baumwollblusen. Und sie trug bequeme Schuhe, flache, feste Schuhe oder Sandalen. Einen Hut hatte sie noch nie auf ihr kurzgeschnittenes blondes Haar gesetzt. In einer langen Zigarettenspitze glimmte eine Zigarette, sandte Rauchkringel in die Luft und tauchte ihr Stirnhaar in ein etwas tieferes Gelb.

Sie pflegte in das Heiligtum des Chefs zu kommen, sich auf Maggies Schreibtisch zu setzen, Rex ein paar leicht anzügliche Witze zu erzählen und laut lachend wieder hinauszutänzeln.

»Die gute, alte Penelope. Mein bester Mann in der Redaktion«, sagte Ryder augenzwinkernd.

»Ich weiß, ich bin unscheinbar; ich habe mich an diese Tatsache gewöhnt«, sagte Penelope häufig mit einem unglücklichen Grinsen, das ihre schiefen Zähne zeigte. »Es besteht keine Hoffnung für mich, je attraktiv auszusehen, also versuche ich es gar nicht mehr. Aber du – du hast das Gesicht und die Figur, schönes Haar, immer noch einen guten Teint; dennoch machst du zu wenig aus dir. Dieses Kleid –« sie zerrte an Maggies Kleid, das von der Schulter bis zum Saum lose herunterhing. »Du könntest ebensogut einen Sack tragen. Wenn du eine Taille hast, warum zeigst du sie dann nicht?«

»Aber Hänger sind der letzte Schrei, das weißt du selbst.«

»Mach dich nicht zum Sklaven der Mode. Trag einen Gürtel um das Ding. Weißt du, warum Hemden und Hänger in Mode sind? Weil ein paar Filmstars und eine königliche Mami zufällig in diesem Jahr schwanger sind! Das ist der wahre Grund; so können sie ihre Figur vor der Öffentlichkeit verstecken.«

Um ihr einen Gefallen zu tun, kaufte Maggie einen geflochtenen Gürtel aus Goldleder und trug ihn am nächsten Tag im Büro. Zu ihrer Überraschung brachte er ihr ein Kompliment von Rex Ryder ein.

»Das sieht besser aus«, sagte er, mit dem Pfeifenstiel auf den Gürtel weisend.

»Was? Ach so, mein Kleid!«

»Ja. Ich kann diese formlosen Säcke, die die Mädchen heute tragen, nicht ausstehen.«

»Es freut mich, daß es Ihnen gefällt. Es war Penelopes Idee.«

Warum nur freute sie sich so kindisch darüber? War sie nach so vielen Jahren als Sekretärin dabei, sich in ihren Chef zu verlieben? Außerdem, er hatte silbergraue Haare! Nun ja, das war die Altersgruppe, zu der sie jetzt gehörte oder fast gehörte. Wie die Jahre vergangen waren...

Sie mußte sich eingestehen, daß sie schmerzhaft neugierig auf seine Frau war, bis Stella Ryder eines Tages im Büro erschien. Ihr Anblick war kein Trost für Maggie. Sie war eine gepflegte Blondine, attraktiv, ein bißchen mollig, aber auf hübsche Art, mit einem gelösten, faltenlosen Gesicht. *Selbstzufrieden*, dachte Maggie und schämte sich dann, weil sie so boshaft war.

Trotzdem freute sie sich, daß er seine Frau nicht mitnahm, als sie zu einer Konferenz nach Melbourne flogen.

»Sie können zu Ihrem Sohn nach Canberra fliegen, wenn Sie wollen«, sagte Rex Ryder am Wochenende. »Ich werde Sie erst am Montag wieder brauchen.«

Sie lächelte dankbar und schickte Joe ein Telegramm. Sie hatte ihn ein Jahr lang nicht gesehen. Er war in zwei Fächern durchgefallen, aber das erste Jahr ist immer schwer, sagte sie sich. Er wird Selbstdisziplin lernen und an sich arbeiten müssen.

Joe hatte sich von einem Freund einen alten Wagen geliehen und holte sie am Flughafen ab. Maggie wäre an ihm vorbeigegangen, aber der fremde, wild aussehende, junge Mann sagte: »Hallo, Mutter!« trat dicht neben sie und gab ihr einen Kuß.

»Joe! Wie schön, dich zu sehen. Aber... wie siehst du aus?«

Die roten Haare, die er sonst wie eine Kappe kurz geschnitten getragen hatte, hingen lang und wirr bis zu seinen Schultern herunter und standen zugleich von seinem Kopf ab, so daß dieser unverhältnismäßig groß auf seinem mageren Körper wirkte. Das weite schwarze Hemd machte ihn noch dünner. Um seine Stirn und den rechten Arm hatte er ein breites rotes Band gewunden. Er trug eine undurchdringliche dunkle Brille und ein Abzeichen mit der Aufschrift BLACK POWER. Maggie starrte ihn an, versuchte hinter dieser Karikatur eines amerikanischen Neger-Aktivisten mit Afro-Frisur ihren Sohn zu erkennen.

»Nimm wenigstens diese Brille ab. Bis auf deine Stimme erkenne ich nichts mehr an dir«, sagte sie irritiert.

Sie war im Civic abgestiegen und lud Joe zum Abendessen ins Bistro ein, weil sie befürchtete, daß man ihn nicht in den Speisesaal des Hotels hineinlassen würde. Er sei zu dünn, sagte sie zu ihm und war froh, ihn zu einem guten Essen einladen zu können. Ohne die dunkle Brille konnte sie ihn wenigstens wiedererkennen. Doch er redete nur von Gewalt, Konfrontation, Zerstörung, Zusammenstößen mit den »Pigs« bei Anti-Vietnam-Märschen, den Ungerechtigkeiten der Behörden gegenüber den Aborigines. »Man sollte ihm ein Loch zwischen die Augen schießen«, war seine Empfehlung für den betreffenden Minister.

»Wozu die roten Bänder?« fragte Maggie, und er antwortete: »Sie stehen für Blut; sie symbolisieren das von den Weißen vergossene Blut unseres Volkes. Und mit dem schwarzen Hemd demonstriere ich meine Trauer um sie.«

»Ja, das ergibt einen Sinn. Aber all das Gerede über Erschießen und Black Power und Gewalt auf der Straße! Bei den Anti-Vietnam-Märschen protestiert ihr doch sicher gegen Gewalt und das Töten? Und hier zu Hause befürwortest du es. Aktionen wie der Volksentscheid sind viel wirkungsvoller.« Aber, so führte Joe aus, Staatsregierungen wie die von Queensland könnten noch immer ihre eigenen repressiven Gesetze erlassen. »Glaubst du wirklich, daß Schwarze jetzt gleiche Bezahlung für gleiche Arbeit erhalten, daß ihre Gesundheitsvorsorge die gleiche wie die der Weißen sein wird, daß kein Eingeborenen-Kind ohne Schulbildung sein wird, daß es in den Pubs von Orten wie Moree und Townsville keine Diskriminierungen mehr geben wird, selbst wenn die Schwarzen laut Gesetz an der Seite der Weißen trinken dürfen? So blauäugig bist du doch wohl nicht! All diese wunderschön polierten Phrasen wie ›gleiche Chancen für alle‹, die im Parlament vorgetragen werden – sie klingen ganz gut, aber sie werden nie bis in die Verwaltungen vordringen, die noch immer im Morast des letzten Jahrhunderts stecken.«

»Immerhin hat die Commonwealth-Regierung durch den Volksentscheid jetzt die Möglichkeit, die Lebensbedingungen der Aborigines in den einzelnen Staaten zu kontrollieren«, meinte Maggie, »und Entscheidungen von Regierungen wie der von Queensland wieder aufzuheben.«

»Ja, aber sie wird es nicht tun. Und überhaupt ist Canberra viel zu weit entfernt. Es ist zweitausend Meilen von Darwin entfernt, und es gibt dort keine zwei Beamte im Ministerium, die jemals im Nordterritorium waren oder irgend etwas über das Leben oder die Probleme der Aborigines gesehen haben. Und sieh dir nur Killoran in Brisbane an – er leitet die Geschicke der Aborigines im Staat, doch es ist über fünfzehn Jahre her, daß er wenigstens einmal auf Palm-Island war! Ich sage dir, Mutter, wir brauchen eine Revolution, wenn wir irgend etwas erreichen wollen!«

Maggie spürte, daß er recht hatte, doch ihr ganzes Wesen war gegen Blutvergießen und Gewalt. Hatte sie nicht deshalb die Anti-Kriegs-Versammlungen in Adelaide besucht, und zwar nicht nur, um ihren Sohn davor zu bewahren, nach Vietnam abkommandiert zu werden? Bei der letzten Versammlung hatte es überall Polizeiautos gegeben, und Männer vom Sicherheitsdienst in Zivilkleidung hatten jeden fotografiert, der die Halle betrat. Die Friedensbewegung wurde als kommunistisch angeprangert.

Sie kannte den Grund für ihr Unbehagen, während sie Joe zuhörte. Sie dachte an Nyoras Prophezeiung, daß er »Schwierigkeiten bekommen würde«. Und dieser Mann, der Tod und Unglück in ihrer Hand gesehen hatte...

»Du brennst darauf zu kämpfen, nicht wahr?« sagte Maggie, ihn anlächelnd, doch auf ihrem Herzen lag ein kalter, schwerer Stein. »Wichtiger jedoch ist, daß du im nächsten Semester hart arbeitest und die Abschlußexamen bestehst.«

Sie hatte Elaines Erbe für ihn in einem Treuhandfonds hinterlegt, aber wenn er so weitermachte, würde das Geld nicht bis zum Ende seines Kurses reichen. Den Wagen zu verkaufen, würde nicht viel nutzen; er war alt und klein. Falls nötig, würde sie die Goldaktien verkaufen, die nur sehr wenig Dividende brachten.

Nach Melbourne zurückgekehrt, wartete sie in der Halle des Oriental-Hotels auf Rex Ryder, entdeckte seine silberne Haarmähne, seine drahtige Gestalt auf der gegenüberliegenden Seite des Raumes. Eine Welle der Freude durchschoß sie bis in die Fingerspitzen, ließ sie bis zu den Haarwurzeln erröten. Irritiert senkte sie den Kopf, damit er sie in ihrem verwirrten Zustand nicht entdeckte. Das ist es also! Gib es zu! Doch er durfte nicht sehen, wie sie bei seinem Anblick wie ein Schulmädchen errötete.

In dieser Nacht träumte sie sehr lebhaft, wie sie es häufig zu tun schien, wenn sie auf Reisen war. Sie war in Rex' Haus – in Wirklichkeit war sie nie dort gewesen – und blickte zur Tür eines Schlafzimmers hinein. Auf dem Bett lag Rex Ryder mit seiner Frau und liebte sie; sie lagen auf der Seite, der Rücken der Frau war Maggie zugewandt, während er zur Tür hinsah. Er sah sie, doch er hielt nicht inne in seinen Bewegungen, hielt den Körper seiner Frau wie einen Schild zwischen sich und Maggie. Er sagte kein Wort, machte keine Geste, doch er sah ihr über Stellas nackte Schulter hinweg direkt ins Gesicht. War sie am Ende unsichtbar? Nein, in seinem Blick lag eine Botschaft: Laß mich in Ruhe; sieh her, ich habe eine andere.

Als ihr dieser Traum am nächsten Tag einfiel, war Maggie zutiefst aufgewühlt. Er sagte mehr über ihre Gefühle und die Richtung, in die ihre Gedanken unbewußt verliefen, als ihr angenehm war. Auf dem Rückflug war sie scheu und befangen Rex gegenüber und war erleichtert, als sie wieder zu Hause war.

11

Weil er seiner Mutter versprochen hatte, öfter zu schreiben, schickte Joe ihr einen Ausschnitt aus der *Canberra Times* und einen Brief, in dem er die große Demonstration beschrieb, bei der fünfhundert Personen für die Landrechte der Aborigines eintraten und die drei Meilen vom Gelände der ANU zum Parlamentsgebäude marschierten. Die Demonstration war ruhig verlaufen, und die Polizei war sehr zurückhaltend gewesen, obwohl ein paar Kiefernzapfen geworfen worden waren.

Er schickte ihr auch eine Kopie des Briefes, den er als Antwort auf den Artikel eines Korrespondenten an den Herausgeber geschrieben hatte. Dieser Mann hatte behauptet, daß Teil-Aborigines jetzt, nach dem Volksentscheid, behaupteten, Aborigines zu sein, um in den Genuß der neuen Fürsorge zu gelangen »und wie Termiten aus dem Gebälk herauskämen«.

»Sir –« hatte Joe geschrieben. »Ich möchte Sie bitten, Ihren Korrespondenten über die australischen Aborigines aufzuklären, sowohl Vollblut- als auch Halb-Aborigines. Was wir wollen, ist eine gute Ausbildung, Respekt, Stolz auf unsere Vorfahren und mehr Arbeitsmöglichkeiten. Wir wollen kein Mitgefühl und keine Almosen.

Falls moderne Australier sich einmal daranmachten, unsere Vergangenheit zu erforschen, würden sie entsetzt sein über das, was sie fänden. Es ist keine schöne Geschichte. Aborigines waren ihr Leben lang Bürger zweiter Klasse. Ich will mich mit dieser Situation nicht länger abfinden; daher verlange ich und annähernd zweihunderttausend andere die Anerkennung unserer Abstammung. Wir sind aboriginische Australier, und wir sind stolz darauf.

Joseph King«

O Gott, dachte Maggie. Jetzt hat er alle Brücken hinter sich abgebrochen. Er nimmt nicht einmal Bezug auf seine insulanischen Vorfahren, fühlt sich voll und ganz dem aboriginischen Volk verbunden. Und da Nyora tot war, kannte niemand außer ihr selbst seine wahre Abstammung.

Sein rotes Band tragend und die geballte Faust zum Gruß hebend, hatte er, von den Stufen des Parlamentsgebäudes zu der Masse der Demonstranten gesprochen, bis die Polizei kam und ihn herunterstieß. Er war dann auf das Dach eines parkenden Wagens gesprungen und hatte unter dem Jubel der Menge seine leidenschaftliche Rede fortgesetzt.

»Müssen wir, die Ureinwohner Australiens, es uns gefallen lassen, in unserem eigenen Land wie Fremde behandelt zu werden?« schrie er leidenschaftlich. »Wir wollen Brüderlichkeit, keine Ächtung; richtige Wohnungen, nicht die Reservate oder Müllabladeplätze! Wir wollen die gleiche Bezahlung wie weiße Arbeiter und eine anständige Ausbildung, und wir wollen nicht mehr abhängig sein von armseligen, kleinen Bürokraten. Das Ministerium für die Belange der Aborigines wurde nicht geschaffen, um die Aborigines und Insulaner zu schützen, sondern um den Rest von Australien vor dem Zorn der Aborigines zu schützen. Das Ministerium wurde geschaffen, um die in Missionen und Reservationen lebenden Aborigines zu kontrollieren und nicht, wie es so schön heißt, ›zu ihrem Schutz und ihrer Führung‹. Hah! Schutz wovor und Führung wohin?

Die Politik der Angleichung ist eine leere Politik, die auf allen Gebieten versagt hat: Gesundheit, Ausbildung, Löhne, Wohnungen. Das neue Wort heißt ›Integration‹, es ist genauso hohl. Die wichtigste Forderung heute ist die Rückgabe von Landrechten an das Volk: unser Land, das uns genommen wurde. Wir fordern –«

Und hier wurde er mit Gewalt vom Dach des Autos hinunterbefördert, nachdem ein Polizist in den Wagen gestiegen und losgefahren war. Er stürzte herunter, konnte einen Augenblick lang keine Luft mehr bekommen. Es gab wütende Ausrufe, und es wurden auch ein paar Steine geworfen, aber die Polizei, die angehalten war, Zurückhaltung an den Tag zu legen und keine Konfrontation zu provozieren, nahm keine Verhaftungen vor. Joes Freunde brachten ihn ins Wohnheim zurück und behandelten seine Kratzer mit Linimentsalbe. Aber er war ein Held und spürte kaum den Schmerz.

Joes nächstes Abenteuer war ernsterer Natur. In Woorabinda, etwa achtzig Meilen westlich von Rockhampton in Queensland, hatte sich ein skandalöser Vorfall ereignet. Tante Marie berichtete Joe empört in einem Brief darüber. Leidtragende war eine Bekannte von Marie, die jetzt in Townsville lebte. Auf der Fahrt zur Beerdigung ihres Bruders hatte man ihr die Weiterreise verweigert und sie am Straßenrand stehenlassen. Ihr Bruder, der im Woorabinda-Reservat lebte, war nach Fantôme-Island gebracht worden, um dort seine Lepra auszukurieren, doch er starb auf dem Heimweg in Rockhampton. Das dortige Büro des DOAA hatte einen Leichenwagen besorgt, der den Leichnam zur Beerdigung nach Woorabinda bringen sollte.

Maries Freundin, bereits Großmutter, war die ganze Nacht hindurch von Townsville aus im Zug gereist. Die Beamten sagten ihr, sie könne – zusammen mit einer jungen Frau, die nach einem Krankenhausaufenthalt nach Woorabinda zurückkehrte – vorne im Leichenwagen mitfahren.

Sie waren etwa zwanzig Meilen von der Siedlung entfernt, als ein Polizeiauto, in dem der örtliche Polizeisergeant und der Verwalter der Siedlung saßen, sie anhielt.

»Fahren Sie rechts ran!« rief der Polizist, »Aussteigen! Keine Widerrede – steigen Sie alle aus, und nehmen Sie Ihre Sachen mit. Wieso fahren Sie überhaupt in einem Leichenwagen?«

»Man sagte uns – wir dürften –«

»Das reicht! Jetzt können Sie all die Sachen verbrennen – die infizierten Kleider – und bringen Sie nichts mit in die Mission, verstanden?«

»Aber ich habe mir ein neues Kleid für die Beerdigung gekauft! Es ist mein einziges gutes Kleid.«

»Sie haben gehört, was ich gesagt habe!« sagte der Polizeibeamte grimmig. Der eingeschüchterte Fahrer stieg aus und half, trockenes Holz und Gras für ein Feuer aufzuschichten. Die arme Großmutter Rae weinte, als sie ihr Kleid – und sogar ihre Handtasche – in Flammen aufgehen sah. Doch unter ihrem Kleid hatte sie eine kleine Kamera versteckt.

»Werden Sie uns zur Siedlung mitnehmen?« fragte sie schluchzend.

»Gewiß nicht!« erklärte der Verwalter des Reservats. »Wir werden uns doch keine Lepra-Bazillen ins Auto setzen, nicht wahr, Sergeant? Sie bleiben erst mal hier. Ich werde dafür sorgen, daß die Beerdigung erst anfängt, wenn Sie da sind.«

Die andere Frau war zu schwach, um zu protestieren. Sie saß einfach nur am Straßenrand im Schmutz. »Ich werde einen Lastwagen schicken, der Sie mitnimmt. Sie können dann auf der Ladefläche mitfahren«, erklärte er großmütig.

Benommen sahen die beiden Frauen zu, wie die neuen Kleider und ihre Habseligkeiten verbrannten. Dann verschwanden das Polizeiauto und der Leichenwagen in einer Wolke aus Staub, ließ sie in der brennenden Hitze am Straßenrand zurück. Als Mrs. Rae schließlich im Reservat ankam, war die Beerdigung vorüber.

Die gesamte Dorfgemeinschaft, für gewöhnlich verschüchtert und apathisch, wurde so wütend, als sie von dem Vorfall erfuhr, daß sie sich in bedrohlicher Menge vor dem Büro des Verwalters versammelte und ihn aufforderte, herauszukommen und zu der Sache Stellung zu nehmen. Er blieb drinnen. Mrs. Rae erzählte den Leuten, daß sie die verkohlten Überreste ihrer Sachen fotografiert habe. Der Polizeisergeant forderte aus den beiden benachbarten Städten Verstärkung an, und bei dieser Demonstration von Übermacht zogen sich die Leute in ihre Häuser zurück. Doch Mrs. Rae hatte, so schrieb Marie, das Mitglied der lokalen Opposition informiert und ihm die Fotos gegeben. Der Fall würde im Parlament zur Sprache gebracht werden, sowohl in Brisbane als auch in Canberra.

Joe schäumte vor Wut. »Das ist wieder einmal typisch!« sagte er zu Wendy. »Dumme, niederträchtige Bürokraten stoßen die Menschen herum, und diese sind zu feige, um sich zu wehren. Bei Gott, ich würde diesen Verwalter gerne selbst zur Rede stellen! Aber ich werde nach Queensland fahren und eine Protestversammlung organisieren. Kommst du mit?«

»Ich muß eigentlich arbeiten, Joe, und das solltest du auch tun. Aber gut, ich komme mit.«

Sie fuhren per Anhalter bis Sydney und nahmen von dort einen Schlafwagen nach Brisbane.

Es hieß, der Verwalter des Reservats habe erklärt, »der Vorfall« sei abgeschlossen. Die betreffenden Personen seien eindeutig »illegale Fahrgäste in einem Regierungsfahrzeug« gewesen. Der Staatsminister für die Belange der Aborigines sagte lediglich, die Beschwerden der Bewohner von Woorabinda seien unbegründet, denn das Ministerium habe die ganze Angelegenheit mit Anstand und Takt abgewickelt. Daß die Schwester des Verstorbenen zu spät zu seiner Beerdigung gekommen sei, sei bedauerlich, doch die Beamten hätten das Risiko, sich anzustecken, nicht auf sich nehmen können.

Ein Arzt aus Brisbane, den man um eine Stellungnahme gebeten hatte, sagte, daß diese Befürchtungen übertrieben seien; der Leichnam sei nicht berührt worden, und selbst wenn das der Fall gewesen wäre, hätte keine Gefahr bestanden. Offensichtlich hätten Polizei und Verwalter »überreagiert«.

»Überreagiert! Hah! Diese schleimige Erklärung des Ministeriums ist unerhört! Und ausgerechnet er redet dauernd von unseren Queenslander Aborigines. Es ist Zeit, daß er begreift, daß wir nicht seine Lieblingsaborigines, sondern ganz einfach menschliche Wesen sind.«

»So etwas Grausames!« sagte Wendy. »Die arme, alte Frau daran zu hindern, zur Beerdigung ihres Bruders zu gehen! Und dann auch noch all ihre Sachen zu verbrennen! Ich hätte das nicht zugelassen. Ich hätte mich geweigert.«

»Das ist ja gerade der Unterschied. Du weißt eben nicht, wie es ist, zum Almosenempfänger gemacht, eingeschüchtert und dein Leben lang von der Polizei herumgestoßen zu werden. Wenigstens konnte sie die Kamera retten und beweisen, was geschehen ist.«

Joe sagte, er würde zum Hauptsitz der FCAATI gehen und am King-George-Platz eine öffentliche Versammlung organisieren. »Wir müssen Kontakt zu Kath Walker aufnehmen«, sagte er. »Sie weiß, wie man die Leute zusammenkriegt. Sie ist Mitherausgeberin der Nachrichten-Rundschreiben.«

Das Resultat war »die erste gewalttätige aboriginische Demonstration in Queensland«, wie der *Courier* berichtete. Joe, ohnehin groß, wirkte noch ein paar Zentimeter größer, als er vor Wendy herstolzierte. Er »habe Killoran Angst eingejagt«, brüstete er sich, denn er habe sich geweigert, mehr als fünf Demonstranten auf einmal in seinem Büro zu empfangen. »Sich hinter einer verschlossenen Tür zu verstecken! Er hat wahrscheinlich gehört, daß ich ihm und dem Minister mit Rache gedroht habe.«

Noch immer voll Euphorie und sich wie ein Prinz fühlend, der sein Königreich betritt, ging Joe am nächsten Tag ins Parlamentsgebäude in der George Street und bat darum, den Minister für die Belange der Aborigines sprechen zu dürfen. Er fühlte sich gedemütigt, weil die Sekretärin ihn nicht erkannte. Doch der Minister empfing ihn mit einiger Nervosität.

»Ich möchte Sie bitten, einen Augenblick mit nach draußen zu kommen«, sagte Joe höflich und nahm seine dunkle Brille ab. »Da ist etwas, was ich Ihnen zeigen möchte.«

»Hm, ja, ich bin ein beschäftigter Mann... Worum geht es denn?« fragte der Minister gereizt. Doch Joes gebildete Aussprache entwaffnete ihn schließlich.

»Es ist etwas, was Sie sich als Minister ansehen sollten.«

Sobald sie draußen auf der Auffahrt vor der Treppe standen, sagte Joe: »Ich möchte, daß Sie Sterne sehen!« Er versetzte ihm einen schnellen Aufwärtshaken an die Nase, ließ einen Schlag aufs linke Auge folgen.

»Jetzt werden Sie bald wissen, wie es ist, ›ein kleines bißchen schwarz‹ zu sein. Sie werden morgen ein hübsches schwarzes Auge haben. Das ist für die alte Dame, die man am Straßenrand stehengelassen hat und deren Kleider verbrannt wurden. ›Nötiger Anstand‹, wie? Sie stinkender, falscher Feigling!« brüllte er. »Ihre bezahlten Schinder in den Reservationen zu unterstützen! Man sollte Sie nur ein einziges Mal einen Monat lang wie einen Aborigine in Cherbourg oder Woorabinda oder Palm leben lassen. Dann würden Sie wissen, wie es ist.«

Inzwischen hatte die an der Tür stehende Ordonanz den diensthabenden Polizisten vom Tor herbeigerufen, und sie hielten Joe, der sich nicht zur Wehr setzte, fest, bis ein Polizei-Gefangenenwagen eintraf, um ihn abzutransportieren.

Der Minister stöhnte und wischte sich die blutende Nase mit einem Taschentuch ab. Sein Auge war bereits angeschwollen und hatte sich geschlossen. Joe starrte ihn gleichgültig an.

Wendy war es, die Kontakt zu Maggie aufnahm und sie bat, soviel Geld wie möglich für Kaution, Rechtsanwaltgebühr und eine mögliche Geldstrafe aufzutreiben. Doch Joe wurde wegen Beleidigung und tätlichen Angriffs auf einen Minister der Krone in Haft gesetzt. Maggie, die mit sinkendem Herzen in der Nachmittagsausgabe des *Herald* über den Vorfall gelesen hatte, rief sofort einen Aktienmakler an und vereinbarte mit ihm, ihre Goldaktien zu verkaufen. Joes Treuhandfonds mochte sie nicht angreifen, dieses Geld war für seine Ausbildung bestimmt. Sie bat Wendy, im Büro der Zeitungsredaktion anzurufen, sobald es etwas Neues gab.

»Hier herein!« Unsanft stieß der Gefängniswärter Joe in die Zelle. Fluchend stolperte er über die Schwelle. Ehe er sich wieder erholt hatte, krachte die Tür ins Schloß.

Man hatte ihn fotografiert, seine Fingerabdrücke abgenommen, ihn durchsucht – glücklicherweise hatte er den Tabaksbeutel mit Marihuana nicht bei sich, denn das hätte eine weitere Strafe nach sich gezogen. Man hatte ihn direkt vor den Friedensrichter gebracht und ins Gefängnis gesteckt, bis sein Fall in der nächsten Woche vor Gericht verhandelt würde. Die Polizei lehnte eine Kaution ab, nannte ihn einen Unruhestifter, der sicher über die Grenze verschwinden würde, wenn man ihn auf freien Fuß setzte. Sein Afro-Look, sein schwarzes T-Shirt allein schon genügten, um ihn zu verurteilen.

Sieben Tage eingekerkert! Er hatte versucht, sich seelisch darauf vorzubereiten, aber als er die nackten Steinwände sah, die Eisentür, das hohe, vergitterte Fenster, spürte er Panik in sich aufsteigen. Die Wände schienen ihn zu erdrücken. Sein Atem ging in immer kürzeren Stößen, er rang nach Sauerstoff. War das Asthma?

Als er auf das Bettgestell mit den beiden grauen, am Fußende zusammengerollten Decken kletterte, auf dem er schlafen sollte, gelang es ihm, die Eisenstäbe des kleinen Fensters zu erreichen, und mit all seiner Kraft brachte er sein Kinn in Höhe seiner Hände, und er konnte hinaussehen. Die Nachmittagssonne schien, und der Himmel mit den silbernen Wolkenfetzen strahlte. Er atmete tief die frische Luft ein, doch seine Arme zitterten vor Anstrengung. Er ließ sich wieder herunterfallen in die abgestandene, feuchte Luft und den üblen Geruch, der – obwohl er leer war – von dem Toiletteneimer in der Ecke zu kommen schien.

Joe begann, in der Zelle auf und ab zu gehen. Fünf Schritte vor, kehrt. Fünf Schritte zurück, kehrt. Ihm wurde ganz schwindelig dabei. Er zwang sich, sich auf die Liege zu setzen und langsam und tief zu atmen. Um sich zu beruhigen, versuchte er, sich ein paar Verse von »Der Gefangene von Chillon« ins Gedächtnis zu rufen.

›Seit Menschen zum ersten Mal
ihre Kameraden einsperrten
wie Raubtiere in einem Eisenstall…‹

O Gott, er konnte sich an nichts weiter erinnern. In seinem Kopf drehte sich alles.

Was ist mit »Der Ballade des Gefangenen«? Oscar Wilde war zwei Jahre lang in Haft gewesen.

›Ich habe niemals einen Mann gesehen,
der mit soviel Sehnsucht
auf das kleine Stückchen Blau gestarrt,
das Gefangene den Himmel nennen.‹

Wie ging es weiter? Etwas mit silbernen Wolken, die vorüberziehen... Nein, nicht gut.

Seine Kehle wurde eng, so daß er kaum den eigenen Speichel herunterschlucken konnte. Er umklammerte seinen Hals. Gleich würde er gegen die Tür hämmern, laut schreien, daß man ihn herauslassen müsse. Dann hörte er den Klang widerhallender Schritte, eine Folge dumpfer Schläge, die näher kamen... Eine Luke in der Tür wurde aufgeschoben, und eine Stimme sagte: »Tee, 59.« Ein Emailbecher und ein Blechteller mit Brot und Käse wurden auf das Gestell geschoben, an dem er essen sollte.

»Warten Sie, warten Sie!« rief Joe dem menschlichen Arm nach, der sich wieder zurückzog. »Wie lange muß ich hier drinbleiben? Wann kommen wir aus der Zelle heraus?«

»Morgen früh um sieben«, sagte die Stimme des Wärters. »Um halb zehn geht das Licht aus.«

Irgendwie brachte Joe die endlos scheinende Nacht hinter sich. Wenn er doch nur ein paar Schlaftabletten hereingeschmuggelt hätte! In der Boggo-Road schien es keinerlei Verkehrsgeräusche zu geben, zumindest keine, die in seine Zelle drangen. Ebensogut hätte er in einer Höhle mitten in der Wüste in Australien sein können. Die grauen Decken kratzten ihn im Gesicht, als er sie bis zum Kinn hinaufzog. Absurderweise sehnte er sich nach einem Bettuch, das er über den Kopf ziehen konnte. Nur so glaubte er schlafen zu können. Plötzlich schreckte er in panischem Entsetzen in beinahe totaler Finsternis auf. Wo war er, wo –? Dann sah er den winzigen Lichtschimmer, der durch das vergitterte Fenster hereinfiel. Wieder zog er sich ans Fenster und sog die Nachtluft ein. Der Gefängnishof war von Flutlicht erleuchtet. Das war das Licht, das er gesehen hatte. Irgend etwas, eine kleine Ratte oder eine riesige Kakerlake, huschte über den Boden.

Ohne dieses kleine Fenster würde ich verrückt werden, dachte er. Aber ich werde mich daran gewöhnen. Nur noch sechs Tage!

Doch er gewöhnte sich nicht daran. Im Gegenteil, es wurde

schlimmer. Er hatte Angst vor jedem neuen Tag, der sich vom Morgen bis zum Mittag, zum frühen Nachmittag und zum frühen Abend dahinschleppte, wo er wieder allein in seine Zelle eingesperrt wurde. Er fühlte sich wie ein in einen dunklen, nur mit einem Schlitz versehenen Kasten eingesperrtes Tier. Denn entgegen jeder Logik war er überzeugt davon, daß man die Gefängnisluft nicht atmen konnte, daß es nur das kleine, vergitterte Fenster war, das ihn am Leben erhielt.

Sie hatten ihm das schwarze T-Shirt mit dem »Black is beautiful«-Abzeichen und sein rotes Arm- und Stirnband weggenommen. In seiner groben grauen Gefängniskleidung schien sich seine ganze Persönlichkeit in graue Anonymität aufzulösen. Wenn es doch nur einen Spiegel gäbe, in den er hineinsehen und sich überzeugen könnte, daß es ihn noch gab, ihn, Joseph Forbes King.

Und wenn sie ihn nicht nach sieben Tagen herausließen? Wenn sie ihn zu einem Jahr oder zweien verurteilten? Der Anwalt versicherte ihm, daß man ihn als Nichtvorbestraften nach der Untersuchungshaft freilassen würde. »Wenn Sie bewaffnet gewesen wären, und sei es nur mit einem Taschenmesser, würden Sie hundertprozentig ins Gefängnis wandern«, sagte er. »Oder wenn Sie den Minister innerhalb des Parlamentsgebäudes angegriffen hätten. Aber reißen Sie vor Gericht, um Gottes willen nicht den Mund auf, und reden Sie nicht von ›Black Power‹ und ›Konfrontation‹. Seien Sie still, und lassen Sie mich reden. Beantworten Sie die Fragen so knapp wie möglich.«

Joe, genug gestraft durch die wenigen Tage in der Zelle, versprach zu tun, was man ihm sagte.

Der Fall war abgeschlossen. Er wurde der Beleidigung und Körperverletzung für schuldig befunden, aber nicht schwerer Körperverletzung... Mit weichen Knien nahm Joe seinen Urteilsspruch entgegen.

»Joseph Forbes King... Sie werden zu fünfhundert Dollar Geldstrafe verurteilt...

Sie haben Glück gehabt, daß Sie keine Gefängnisstrafe bekommen haben, junger Mann... Wir wollen euch langhaarige, studierende Rebellen in Queensland nicht mehr sehen. Also halten Sie sich zu Ihrem eigenen Besten in Zukunft von hier fern.«

Joe biß sich auf die Zunge... Er hätte diesem dämlichen Richter gerne ins Gesicht geschrien: Ich bin in Queensland geboren! Geboren und aufgewachsen in diesem verdammten Queensland! Meinem Volk gehörte dieses Land Tausende von Jahren, bevor ihr hierher kamt.

Aber er wollte nicht ins Gefängnis zurück. Es hatte ihm gereicht. Maggie hatte das Geld geschickt, also konnte er gehen. Gute, alte Mutter, dachte er.

Die letzten Tage hatten ihn schwer mitgenommen. Er hatte eine Andeutung der Macht des Establishments erlebt und gesehen, was für Folgen es haben konnte, wenn man gegen seine Gesetze verstieß. Wendy brachte ihn auf direktem Wege in die Wohnung eines Freundes im Holland-Park. In ihrem Zimmer kuschelte er sich in ihre Arme und weinte wie ein Kind. Er weinte vor Erleichterung, daß man ihn nicht eingesperrt hatte.

12

Als Joe seine Noten für das zweite Studienjahr erhielt, war er kaum überrascht, daß er beinahe alle Fächer – bis auf zwei – nicht bestanden hatte.

Nach seiner Rückkehr aus Queensland im Jahr zuvor hatte der Dozent ihn ins Gebet genommen und ihm gesagt, daß er sich keine Hoffnung zu machen brauche, das nächste Jahr erfolgreich abzuschließen.

»Soweit ich das beurteilen kann, verschwenden Sie Ihre Zeit, und unsere«, sagte er. »Sie werden das zweite Jahr wahrscheinlich wiederholen müssen. Ihr einziger Vorteil ist, daß Sie noch jung sind. Aber Sie haben Ihre Prioritäten vollkommen falsch gesetzt. Sie könnten mehr für Ihr Volk erreichen, wenn Sie Ihr Examen bestehen und einen akademischen Grad erwerben, statt zu marschieren und zu protestieren und Leuten auf die Nase zu hauen. Aber wie auch immer, eine Haftstrafe wird aufs Studium angerechnet, und Sie sollten im nächsten Jahr wirklich die Ärmel hochkrempeln, wenn Sie überhaupt noch eine Chance haben wollen.« Mit diesen bedeutungsvollen Worten beendete er die Unterredung.

Joe ging die Treppe hinunter und trat in die Frühlingssonne. Gruppen junger Leute in Jeans und langen, weiten Pullovern, mit Stapeln von Büchern und Papieren unter dem Arm, saßen schwatzend auf dem Rasen vor der Bücherei. Es war ein angenehmes Leben an der ANU, nur die verschleierte Drohung bedrückte ihn. Er wollte nicht weggeschickt werden. Und was würde Maggie dazu sagen?

Als sie das Zeugnis sah, hatte sie allerdings eine ganze Menge zu sagen. Joe war über die großen Ferien nach Hause gekommen, und sie war froh, einen Mann im Haus zu haben, der den Rasen mähte, Regale aufbaute und Stecker an Elektrogeräten auswechselte – alles Dinge, die sie auch selbst machen konnte, aber sie war nicht sehr geschickt in praktischen Dingen, und sie strengten sie sehr an.

Nach den Briefen, die sie ihm geschrieben hatte, als er in Haft war, hatte sie nicht mehr viel zu seinem Angriff auf den Queenslander Minister gesagt. Aber die Sache bedrückte sie mehr, als sie öffentlich zugab. Der Schock mochte ihn für eine Weile ruhighalten, doch sie fürchtete, daß er nicht eher ruhen würde, bis er zum Märtyrer geworden war. Mit den ängstlichen Augen einer Mutter und der Phantasie einer Schriftstellerin sah sie Joe mit einem Gewehr vor dem Bundesminister in Canberra stehen. Das Gewehr könnte per Zufall losgehen, der Mann in eine Lache seines eigenen Blutes stürzen, Joe verhaftet, in der Todeszelle... Sie sah all das in einer Folge lebhafter Bilder und war entsetzt.

Es war noch nicht allzu lange her, seitdem in Victoria zum

letzten Mal ein Mann gehängt worden war – Ronald Ryan, der, seine Unschuld beteuernd, zum Galgen geschritten war. In den Straßen von Melbourne hatte es wilde Protestdemonstrationen gegen die Todesstrafe gegeben.

Joe hatte keine Ahnung von den Ängsten und Alpträumen seiner Mutter, doch er war erschrocken über den Zorn, mit dem sie auf seine Noten reagierte.

»Ich mußte meine Aktien verkaufen, um Geld für die Gerichtsverhandlung und deine Strafe aufzutreiben«, sagte sie. »Und wie dankst du es mir und deiner Urgroßmutter, die dir dein Studium ermöglicht hat? Und das alles nur wegen dieses albernen Black-Power-Getues, Gewalt und Proteste und Anti-Vietnam-Märsche –«

»Du nimmst doch selbst an Anti-Kriegsdemonstrationen teil.«

»Das stimmt, aber ich studiere auch nicht. Das Studium ist deine große Chance, verstehst du das denn nicht? Du darfst sie nicht vergeben. Es macht mich wütend zu sehen, wie idiotisch du dich benimmst.«

»Es tut mir leid, Mutter, aber du mußt zugeben, daß der Minister von Queensland das geradezu herausgefordert hat.«

»Das ist keine Entschuldigung dafür, daß du ihn beleidigt und körperliche Gewalt gegen einen Mann angewendet hast, der doppelt so alt ist wie du. Eine gewisse Zeit im Gefängnis ist vielleicht gerade das Richtige, um dich zur Vernunft zu bringen; da hast du genügend Zeit zum Nachdenken.«

»Nein, danke! Ich *hatte* schon eine Gefängnisstrafe, falls du dich erinnerst. Ich möchte das nie wieder durchmachen müssen.«

Er erzählte ihr von Wendy, und wie sie sich nach seiner Entlassung aus dem Gefängnis um ihn gekümmert hatte. »Ich bin beinahe daran verzweifelt, und dabei waren es nur sieben Tage.«

Wendy komme vom Land, erzählte er ihr. Sie sei über die großen Ferien auf ihre Farm nach Hause gefahren. Sie hätten vor, im nächsten Semester zusammenzuziehen und von ihrer gemeinsamen Haushaltskasse zu leben. Er glaubte, in einer häuslichen Umgebung eher zur Ruhe zu kommen. »Jeder kleine Beitrag ist also willkommen...«

»Ich glaube nicht, daß ich vor Ablauf eines Jahres in der Lage sein werde, euch zu helfen. Vergiß nicht, ich habe Einkommensteuer zu zahlen und Miete und die Zulassung für mein Auto – obwohl ich es wahrscheinlich verkaufen muß, damit du noch ein Jahr bleiben kannst. Vielleicht sollte ich nach Canberra ziehen, dann könntest du die Gebühren für die Miete sparen.«

Joe grinste sie entwaffnend an. »Das ist nicht ganz dasselbe, als einen Hausstand mit einer Freundin zu gründen, oder?«

»Nun ja – ist sie hübsch?«

»Du wirst sie mögen.«

Maggie war erleichtert darüber, daß er sie nicht brauchte. Das Letzte, was sie sich wünschte, war, ihre gute Stellung in Adelaide aufzugeben und die schmerzliche Freude, Rex Ryder täglich sehen zu können.

»Ein Hochzeitsgeschenk bekommt ihr von mir aber erst, wenn ihr richtig verheiratet seid.«

»Das werden wir wahrscheinlich, aber erst später.«

Joe erzählte ihr nicht, daß er von der Universität fliegen könnte, wenn er keine besseren Noten brachte. Wendy hatte versprochen, ihn zum Studieren anzuhalten. Wenn man ihn von der Universität wies, hätte er gleichzeitig den Status eines Studenten verloren und würde zum Wehrdienst eingezogen werden. Es gab dann nur die beiden Möglichkeiten, zusammen mit all den anderen jungen Männern nach Vietnam geschickt zu werden oder ins Gefängnis zu wandern.

Inzwischen war Nixon an Johnsons Stelle getreten, und er hatte erklärt, daß er »nicht die Absicht habe, der erste Präsident der Vereinigten Staaten zu sein, der einen Krieg verlor«. Ein Ende des Konflikts schien nicht in Sicht zu sein. Barry war empört, daß Präsident Nixon Lieutenant Calleys Vorgehen während des My-Lai-Massakers zu vergeben schien und angeordnet hatte, ihm eine Vorzugsbehandlung zuteil werden zu lassen.

»Calley wurde von einem Militärgericht verurteilt«, sagte Joe.

»Ja, mit Sonderprivilegien. Und ich wette, Nixon läßt ihn frei. Und was ist mit all den Dörfern, die niedergebrannt wurden, den napalmgeschädigten Kindern, den gegen Zivilisten eingesetzten Phosphor- und Splitterbomben? Deshalb wird niemand verhaftet. Dabei war My Lai nur wenig schlimmer als all die anderen Zwischenfälle.«

»Man sollte den Präsidenten der Dow-Chemie-Gesellschaft verhaften«, meinte Joe. »Hast du von dem ›neuen, verbesserten Napalm-B mit Polystyrol‹ gehört? Weil man der Meinung war, daß ›die alte Fassung viel zu wünschen übrigließ, besonders in der Haftung‹. Ja, so stand es in einem Bericht der *U. S. Chemical & Engineering News*. Wenn man diese kalten, klinischen Begriffe analysiert, so bedeutet das, daß das schreckliche Zeug jetzt an der Haut kleben bleibt und sich nicht abwaschen läßt, so daß das Opfer unter qualvollen Schmerzen sterben muß. Was sind das für Menschen, die so etwas *erfinden* können? Benutzen ihren Verstand und ihre Genialität, um ›neue, verbesserte Schrecken‹ zu produzieren?«

»Wenn sie klug genug sind, Menschen auf den Mond zu bringen, sind sie wahrscheinlich auch klug genug, die Welt zu zerstören, von Vietnam gar nicht zu reden.«

»Nun, zumindest haben sie dort noch keine Atombomben eingesetzt.«

»Das ist alles nur eine Frage der Zeit«, meinte Barry.

In der Woche nach der monatlichen Ausgabe der Wehrdienstpässe gab es in Canberra und Sydney Tumulte, ein paar Fensterscheiben der US-Botschaft gingen dabei zu Bruch. Acht Wehrpässe wurden feierlich auf den Stufen des Parlamentsgebäudes verbrannt. Jeder der jungen Missetäter erhielt eine Gefängnisstrafe von sieben Tagen wegen Zuwiderhandelns gegen das Militärdienstgesetz, das von ihnen verlangte, sich der ärztlichen Untersuchung zu unterziehen. Das erweiterte Gesetz sah jetzt eine dreijährige Gefängnisstrafe für diejenigen vor, die sich weigerten, in Vietnam zu kämpfen. Viele der

Angehörigen der Vereinigung der Wehrdienstverweigerer waren nicht nur Gegner aus Gewissensgründen, die den Krieg generell ablehnten, sondern Wehrdienstgegner aus Prinzip, und insbesondere gegen diesen Krieg.

Joe schrieb seiner Mutter, daß Wendy und er jetzt eine Bleibe bewohnten, und lud sie ein, sie zu besuchen. In dem großen Wohnzimmer könnten sie ein Klappbett für sie aufstellen.

Maggie nahm Urlaub während der August-Ferien und fuhr nach Canberra.

»Sie haben doch nicht etwa vor, dorthin zu ziehen?« fragte Rex Ryder besorgt. »Es ist schon schwer genug, vierzehn Tage ohne Sie auszukommen. Ich bin verwöhnt.«

Maggie errötete. »Nein, Mr. Ryder. Ich verspreche, daß ich zurückkomme. Ich besuche nur meinen Sohn und dessen Freundin.«

Sie hatte ihm geschrieben, daß sie im Beauchamp-Hotel wohnen würde; eine Liege im Wohnzimmer brauchte sie nicht. Joe und Wendy bewohnten zusammen mit zwei anderen Pärchen ein Haus, auf diese Weise wurde die Miete durch sechs geteilt.

Wendy war keine sehr gute Hausfrau und fürchtete sich daher vor Maggies Besuch. Sie stellte den Katzenkorb nach draußen und putzte das kleine Bad, das gleichzeitig als Waschküche diente. Joe sagte, er würde seine Mutter vom Flughafen abholen und sie ins Hotel bringen. Auf diese Weise hatte Wendy Zeit, das schmutzige Geschirr vom Tag zuvor abzuwaschen, das noch im Spülbecken stand. Sie hatten vorgehabt, früh aufzustehen, hatten dann aber doch verschlafen. Erst als die Katze auf ihr Bett sprang, weil sie ihr Frühstück haben wollte, waren sie aufgewacht. Doch daran dachte Joe nicht mehr, als Maggie am Flughafen den Wunsch äußerte, mit dem Taxi gleich zu ihnen nach Hause zu fahren. Sie hatte ein paar Geschenke für die neue Wohnung mitgebracht, und sie hatte auch Angst vor ihrer Begegnung mit Wendy; darum wollte sie sie lieber hinter sich bringen.

Als sie das Taxi draußen vorfahren sah, begann Wendy hastig, die herumliegenden Kleidungsstücke in den Kleiderschrank zu stopfen. Und all das Geschirr im Spülbecken! Joe hatte ihr erzählt, daß seine Mutter ein bißchen eigen mit der Küche sei – ein weiterer Grund, warum sie froh darüber war, daß Mrs. King nicht bei ihnen wohnen wollte. Die Küche war Teil des großen Zimmers, und die Schlafnische war nur durch einen Raumteiler optisch abgetrennt.

Wendy packte das schmutzige Geschirr und die Töpfe auf ein Tablett und schob es, gerade als Joe an der Tür klopfte, unter die Liege. Sie zog die grobgewebte Bettdecke herunter und öffnete mit gemischten Gefühlen die Tür.

Joe, der die beiden Frauen, die in seinem Leben eine Rolle spielten, ängstlich beobachtete, bemerkte erfreut, daß sie sich mochten. Sie unterhielten sich, während Wendy Kaffeebecher abspülte und den Kaffee zubereitete. Sie hoffte, daß Maggie sie zum Mittagessen in ein Restaurant einladen würde und nicht erwartete, daß sie selbst kochte.

»Ist das euer Wohnbereich?« fragte Maggie. »Es ist ein schöner, großer Raum und hat Morgensonne.«

»Wenn der Wind nicht von Südwesten kommt, haben wir auch noch die Veranda«, sagte Joe und deutete auf die terrassenförmig angelegte Fläche vor den Glastüren.

»Ja, das ist besser als ein Balkon. Ich stelle meine Füße lieber auf festen Boden.«

Sie bewunderte die Bettdecke und die »Doona«, die leichte, daunengefüllte Steppdecke, die die Kälte von Canberra abhielt.

»Und wir haben Ölheizung«, erklärte Joe stolz. »Das findet man nicht oft in australischen Städten.«

»Das stimmt. In Adelaide müssen wir den Winter mehr oder weniger frierend durchstehen, denn wir haben nur Kamine.«

Der Kaffee war fertig, und die Katze, ein rauchgraues Tier mit seidenweichem Fell, wachte auf und reckte ihre Pfoten. Sie hatte unter dem Tisch geschlafen, und Maggie hatte sie nicht bemerkt.

»Was für eine schöne Katze!« sagte sie. »Komm her, Pussy.«

Die Katze jedoch, die plötzlich den Geruch von etwas Eßbarem unter dem Bett wahrnahm, verschwand gerade in dem Augenblick hinter der Abtrennung und dann unter der Bettdecke, als Maggie sie hochheben wollte. Sie hob die Überdecke hoch und suchte nach der Katze.

»Hier, Pussy –«

Wendy legte entsetzt die Hand an den Mund und gab Joe, der sie verständnislos ansah, verzweifelte Zeichen.

»O!« Maggie ließ hastig die Decke über den Stapel schmutzigen Geschirrs und Töpfen herunterfallen. Sie blickte zu Wendy auf, deren Gesicht hochrot geworden war. »O, meine Liebe! Bewahren Sie Ihren Abwasch immer unter dem Bett auf?« Maggie brach in Lachen aus.

Maggie und Wendy sanken Seite an Seite aufs Bett und lachten, bis ihnen die Tränen über die Wangen liefen. Joe begann verwirrt den Kaffee einzuschenken. Die Katze schoß unter dem Bett hervor und sprang auf Wendys Schoß.

»Tiger Tim, du Teufel! Das hast du mit Absicht gemacht!« stieß Wendy hervor. Die Katze schnurrte zustimmend. Joe sah unter das Bett und dann, in gespieltem Vorwurf, zu Wendy auf. Er sagte, er würde abwaschen, bevor er zur Vorlesung ginge. »Es ist deine Schuld!« sagte sie. »Du bist zu früh zurückgekommen!«

Maggie und Wendy lachten noch immer und streichelten abwechselnd die Katze.

Der Besuch war ein voller Erfolg. Sie packte ihre Geschenke aus. »Wie schön!« sagte Wendy, als Maggie ihr zwei hübsche Geschirrtücher mit Blumenmuster gab. Wieder lachten sie.

Joe legte die Arme um seine beiden Frauen und küßte sie zufrieden.

13

Einigermaßen beruhigt in bezug auf Joe fuhr Maggie nach Adelaide zurück. Trotz seiner wilden Haare und des schwarzen Hemdes war er noch immer ihr liebenswerter Sohn mit den warmen Augen, ein Hitzkopf zwar, aber sicher nicht grausam, kein Mann, der einen Mord, noch nicht einmal Totschlag begehen würde. Sie spürte, daß Wendy einen ausgleichenden Einfluß auf ihn ausübte, und das sicher in noch größerem Maße, wenn sie ein Baby hätten, doch wie sollten sie sich das leisten können... Großmama Maggie! Sie konnte sich nicht vorstellen, alt genug für diese Rolle zu sein.

Der »Fall Collins« füllte ganze Spalten im *Evening Herald* und seinem Konkurrenzblatt, dem *Morning Register*. Robert Collins, ein in der Nähe von Alice Springs geborener Vollblut-Aborigine, der nie eine Schule besucht hatte, wurde an der Westküste Südaustraliens festgenommen, weil man ihn der Vergewaltigung und der Ermordung eines Schulmädchens verdächtigte. Die Gemüter in der kleinen Stadt erhitzten sich, und man brachte den jungen Mann – er war gerade achtzehn – zu seiner eigenen Sicherheit ins Adelaider Gefängnis. Die Leiche des Mädchens, deren Kopf mit einem Stein zerschmettert worden war, war in einer Höhle gefunden worden.

Collins hatte als Hilfsarbeiter bei einem Wanderzirkus gearbeitet. Erste Zeitungsbefragungen ergaben, daß er sich mehrere Stunden lang von den Zelten und Wohnwagen entfernt hatte. Er gab zu, irgendwo am Stadtrand getrunken zu haben, beteuerte jedoch, das Mädchen nicht belästigt zu haben. Trotzdem wurde er unter Mordanklage vor Gericht gestellt.

Inzwischen war die Geschichte mit Fotos des berühmten Kronanwalts, der auf Drängen mehrerer Fürsprecher der Aborigines, darunter einige Männer der Kirche, herbeigerufen worden war, um den Angeklagten zu verteidigen, vom Innenteil der Zeitung auf die Titelseite gewandert.

Der Ankläger wollte Collins aufgrund von Indizien verurteilen. Collins gab zu, daß er zur Mordzeit in der Gegend gewesen sei, getrunken habe und sich nur nebelhaft erinnern könne, daß er das elfjährige Mädchen zwar gesehen, es aber auf gar keinen Fall angesprochen habe oder ihm zu nahe getreten sei. All das sagte er in stockendem, fehlerhaftem Englisch.

Dann beförderte die Polizei ein unterschriebenes, maschinengeschriebenes »Geständnis« zutage, das sie – wie es hieß – nach einem Verhör von dem Beschuldigten erhalten hatte. Er hatte sich entkleiden müssen, und an seinen Knien waren frische Schrammen entdeckt worden, die vom steinigen Boden der Höhle herrühren konnten.

Unter den Zeugen der Verteidigung befand sich ein Anthropologe, der in Zentralaustralien aufgewachsen war und Collins Eingeborenen-Dialekt beherrschte. Er erklärte, daß der primitive Mann das ihm zugeschriebene Geständnis unmöglich gemacht haben konnte. Viele der darin verwendeten Ausdrücke konnte er nicht einmal verstehen. Kurz gesagt, man hatte das Geständnis geschrieben, es ihm vorgelesen, und er hatte es unter Zwang unterschrieben.

Als Maggie ein wenig freie Zeit hatte, setzte sie sich in den überfüllten Verhandlungssaal des Obersten Gerichts. Sogar sie fühlte sich eingeschüchtert durch die glänzenden, schweren Zedernmöbel, die Gerichtskanzel, die Reihe von Sitzen, die Gerichtsdiener, die Barrister mit ihren Perücken und Talaren. Wie mußte sich da erst ein einfacher Junge aus dem Busch wie Robert Collins fühlen? Er runzelte die Stirn in dem Bemühen zu verstehen, was vor sich ging und ob man ihn zum Tod durch den Strang verurteilen würde. Sie sah die Angst und Verwirrung in seinen dunklen Augen.

Der ältliche, den Vorsitz führende Richter zeigte deutlich seine Sympathie für die weiße Mehrheit, deren Vorurteile durch die in der Presse veröffentlichten Bilder des jungen Mannes noch verstärkt worden waren, die eine flache, niedrige Stirn, schwere Augenbrauen, dicke Lippen und rauchdunkle Augen zeigten. Der Verteidiger wurde häufig vom Richter unterbrochen, seine Einwände wurden abgelehnt.

Möglicherweise durch Maggie angeregt, hatte Rex Ryder ein verstärktes Interesse an den Belangen der Aborigines entwikkelt, und er griff den Fall Collins wie eine Art Kreuzzug auf: Der arglose Schwarze war, eingeschüchtert durch den Fachjargon bei Gericht und die Gesetzesfallen des weißen Mannes, in Gefahr, den Tod am Galgen zu finden für ein Verbrechen, das begangen zu haben er bestritt.

»Dieser Fall bringt uns riesige Auflagen!« sagte er zu Maggie. »Die erste Ausgabe ist sofort vergriffen.«

»Es geht um das Leben eines Menschen«, erwiderte Maggie, »und Sie denken nur daran, daß Sie dadurch mehr Zeitungen verkaufen.«

»Das stimmt nicht, meine liebe Maggie. Das große Interesse an dem Fall beeindruckt mich, und ich hoffe, daß Collins freigesprochen wird. Aber Sie bringen wahrscheinlich noch mehr Mitgefühl für jemanden in seiner Lage auf.«

In diesem Augenblick hätte sie es ihm beinahe gesagt. Sie wußte, daß sie es ihm früher oder später sagen mußte, damit sie sich nicht länger als Betrügerin fühlte. Aber was wäre, wenn er auch das als tolle »Story« sehen würde?« Bekannte Schriftstellerin hat gar kein Aboriginesblut in den Adern! Maggie Pinjarra, bekannt als Autorin verschiedener Geschichten und Legenden über Aborigines und eines Gedichtbandes, enthüllte heute, daß –«

Nein, vielleicht sollte sie es ihm doch nicht sagen. Und was wäre, wenn es dadurch auch Joe erfahren würde?

Kurze Zeit nach dem Besuch seiner Mutter eröffnete Wendy Joe, daß sie schwanger sei.

»Ich nehme an, es ist während der Fahrt im Schlafwagen passiert«, meinte sie. »Ich bin zwar sicher, daß ich nicht vergessen habe, die Pille zu nehmen, aber es ist nun einmal geschehen. Ich bin schon fast im vierten Monat.«

»Mein Gott! Warum hast du nichts unternommen?«

»Ich war mir nicht sicher. Es gab zwar einige Anzeichen, aber ich konnte es nicht glauben.«

»Ich kann das auch nicht.«

»Es ist nun einmal geschehen.«

Er starrte sie an, als hätte sie gesagt, sie habe eine mysteriöse Krankheit.

»Du hattest immerhin auch etwas damit zu tun«, meinte sie, ein wenig befremdet.

»Das ist ja der Ärger. Ich möchte mich nicht fortpflanzen. Wenn es nur dein Kind wäre und du würdest es haben wollen, würde ich sagen, okay. Aber ich kann den Gedanken nicht ertragen, für ein menschliches Wesen verantwortlich zu sein, für einen Menschen, der in eine Welt wie diese hineingeboren wird. Was ist, wenn es ein Junge wird? Wenn er gerade rechtzeitig zum nächsten Krieg zwanzig ist?«

Wendy blickte ihn unglücklich an. »Es könnte ja auch ein Mädchen sein.«

»Vielleicht – und sie wird die gleichen Aussichten wie ein Junge haben, von einer Atombombe in die Luft gesprengt zu werden.«

Sie kamen stillschweigend überein, fürs erste nicht mehr darüber zu reden, doch am nächsten Tag brachte Joe ihr einen Teil des Gedichtes »Gebet vor der Geburt« von Louis MacNeice mit, das er aus einem Buch fotokopiert hatte und das den Sinn des Lebens in der heutigen Zeit in Frage stellte.

Wendy las es mit versteinerter Miene. Dann sah sie Joe an und sagte: »Du wirst etwas Geld für den Eingriff auftreiben müssen. Ich kenne einen Arzt, der es – zu einem gewissen Preis – macht.«

»Natürlich. Ich werde mir schon jetzt meinen Zuschuß für den nächsten Monat auszahlen lassen, und vielleicht kann Stuart mir etwas leihen. Wir werden einen Monat lang sehr sparsam leben müssen und die Miete erst später zahlen.«

»Aber wenn du Ende des Jahres eingezogen wirst oder ins Gefängnis kommst, bin ich ganz allein.« Sie begann zu weinen. Er nahm sie in die Arme und strich ihr über das weiche Haar.

»Noch ein Grund mehr, nicht für ein Baby sorgen zu müssen. Du weißt, es ist das einzig Vernünftige, Federköpfchen.«

»Wahrscheinlich«, seufzte sie. Sie wollte diesen Eingriff nicht, doch sie war daran gewöhnt, nachzugeben und Joe die Entscheidungen treffen zu lassen.

In der nächsten Woche verlor ein winziger Foetus, sieben Zentimeter lang, mit bereits ausgebildeten Zehen und Fingern seine fragile Verbindung zum Leben. Ob es nun ein Junge oder ein Mädchen geworden wäre – in ihm ruhte das Erbe von Tausenden von Vorfahren.

14

Im letzten und entscheidenden Abschnitt seines Studiums, als Joe sich auf sein Schlußexamen hätte vorbereiten sollen – auch wenn er nicht viel Hoffnung hatte, in genügend vielen Fächern durchzukommen, um seinen akademischen Grad zu erreichen – wurde er noch einmal in eine Aborigines-Demonstration verwickelt. Sie hatte ihren Ursprung in einem vom australischen Rundfunk ausgestrahlten Film, der vom Königlichen Australischen College der Augenärzte gesponsort worden war und sich mit den Zuständen in den Aborigines-Lagern im Nordterritorium befaßte. Nachdem er erstmals über das Fernsehen ausgestrahlt worden war, versuchten Beamte des Bundesgesundheitsministeriums in Canberra, weitere Sendungen zu verhindern, weil der Film sich offen mit Trachoma, oder Sandfäule, Geschlechtskrankheiten und Lepra befaßte.

Ein Medizinprofessor hatte den Kommentar des Films übernommen und angeprangert, daß in den schmutzigen Lagern ohne ordentliche Wasserversorgung Hygiene schlechthin unmöglich sei. Er erklärte, daß einer von zwanzig Aborigines sich jedes Jahr in einem der Lager Lepra zuzöge, während einer von dreißig bereits leprakrank sei.

Joe beteiligte sich an der Demonstration, die eine weitere Ausstrahlung des Films forderte. Studenten und Aborigines blockierten den Eingang zum Gesundheitsministerium und verweigerten jedem den Zutritt oder Ausgang. Andere wiederum versammelten sich so lange vor dem Büro des Australischen Rundfunks, bis man verkündete, daß der Film ungekürzt weitergesendet werden würde. Die Studenten strömten zum Gesundheitsministerium zurück und riefen nach dem Generaldirektor Dr. Gwynn.

Er weigerte sich, ihnen gegenüberzutreten, doch als er am späten Nachmittag in seinem Dienstwagen nach Hause fahren wollte, umringten sie ihn. Er erklärte höflich, daß sein Ministerium vom Australischen Rundfunk verlangt habe, daß die »übersteigerten Zahlen« von Lepra und VD berichtigt würden, da »sie das schlechte Image der Aborigines in Australien nur noch verstärkten«.

Er erntete Protestgebrüll.

»Sie verdammter Bürokrat!« schrie Joe, der in einer der vordersten Reihen stand. »Was glauben Sie, was Sie für ein Image hätten, wenn Sie gezwungen wären, im Dreck und in der Hitze eines schmutzigen, von Fliegen übersäten Lagers ohne fließendes Wasser und ordentliche Toiletten zu leben? Sind Sie jemals im Territorium gewesen? Haben Sie die Lebensbedingungen in den Lagern *gesehen?* ›Übertriebene Zahlen‹, ha, ha! Und wenn die Zahlen zehnmal niedriger wären und es nur einen Leprakranken auf hundert und zwei an Syphilis Erkrankte gäbe, so wäre das immer noch eine Schande! Aber Sie wollen die Wahrheit ja nicht zugeben. Sie scheinheiliges Schwein!«

In diesem Augenblick schritt einer der dabeistehenden Polizisten ein, indem er Joe einen harten Stoß gegen die Brust versetzte, der ihn in die Menge zurücktaumeln ließ. Die Polizei bahnte dem Generaldirektor den Weg zu seinem Wagen. Joe versetzte dem Polizisten, der ihn zurückgestoßen hatte, einen Stoß in den Rücken. Er war darauf vorbereitet, ihm – wenn er sich umdrehte – einen Tritt vor das Schienbein zu versetzen, als ihm von hinten die Arme zusammengebunden wurden und ihn zwei Polizisten zu einem Polizei-Gefangenenwagen schleppten, während er weiter »Schweine! Ihr Schweine!« schrie.

Wieder saß Joe in Untersuchungshaft und wartete darauf, gegen Kaution freigelassen zu werden. Er war der Tätlichkeit und Haftwidersetzung angeklagt worden. Wendy rief sofort Maggie an, um ihr mitzuteilen, daß Joe in Canberra im Gefängnis saß.

»Nicht schon wieder!« rief Maggie verzweifelt. Sie überlegte einen Augenblick, dann sagte sie: »Er wird drinbleiben müssen, bis ich das Geld aufgetrieben habe und herüberkommen kann. Wie hoch ist die Kaution?«

»Zweihundert Dollar. Aber nach der Abtreibung haben wir auch nicht annähernd so viel. Das war ziemlich teuer.«

»Die Abtreibung? Wovon redest du? Willst du damit sagen, daß ihr – daß ihr mein Enkelkind getötet habt?«

»Ja, wir haben uns dafür entschieden. Joe will keine Kinder. Er hat Angst, daß es ein Sohn werden könnte und er in den nächsten Krieg ziehen müsse.«

»Und du, meine Liebe? Möchtest du keinen Sohn haben?«

»Ich – ich möchte, was Joe will«, erwiderte Wendy mit kleiner Stimme.

»Ich verstehe. Ich werde ein Wörtchen mit Joe reden, wenn ich ihn sehe.«

Maggie bemühte sich, ihren Ärger bis zu ihrer Abreise zu unterdrücken. Als sie Rex Ryder die Lage ihres Sohnes schilderte, ließ er sie mit allen guten Wünschen gehen.

»Aber versuchen Sie, Montag früh wieder da zu sein«, sagte er. »Ich brauche Sie.«

Das war Musik in Maggies Ohren.

Rex hatte lange gearbeitet, hatte den Leitartikel über den Fall Collins geschrieben. Sie hatte es genossen, in der intimen Atmosphäre des seltsam stillen, verlassenen Gebäudes, in dem nur noch das ferne Summen eines Staubsaugers zu hören war, das von irgendwoher aus den Korridoren zu ihnen herüberdrang, zu arbeiten.

»Ich verspreche, wenn es irgend möglich ist, Montag früh zurück zu sein«, sagte sie. »Aber zuerst muß ich ihn aus dem

Gefängnis herauskriegen. Er leidet unter schwerer Klaustrophobie; er sagt, er sei in den sieben Tagen im Gefängnis beinahe durchgedreht.«

»Der arme Collins wird lebenslänglich kriegen, wenn sie ihn nicht hängen«, entgegnete Rex düster.

»Sie glauben, daß er unschuldig ist, nicht wahr?«

»Ich halte jeden für unschuldig, solange seine Schuld nicht erwiesen ist. Man hat ihn aufgrund von Indizien und Vorurteilen angeklagt. Ich glaube nicht an dieses ›Geständnis‹. Doch mit diesem Richter gebe ich ihm keine Chance. Und Sie wissen ja nur zu gut, wie sehr rassistische Vorurteile ein Gericht beeinflussen können.«

Maggie beschloß, ihm nach ihrer Rückkehr die Wahrheit zu sagen, daß sie kein bißchen mehr aboriginisches Blut in den Adern hatte als er selbst, auch wenn sie unter Aborigines aufgewachsen war.

Sie hatte trotzdem noch vor, nach Neukaledonien und zu den Loyality-Islands zu reisen, um mehr über ihre Vorfahren zu erfahren und vielleicht einmal die Geschichte ihres Urgroßvaters Joseph Tula niederzuschreiben.

Bevor sie den Bus zum Flughafen bestieg, fuhr sie mit ihrem Wagen zu verschiedenen Gebrauchtwagenhändlern, doch das beste Angebot, das sie bekam, lag bei vierhundert Dollar. Alle wollten ihr einen anderen Wagen verkaufen. Mit dem erlösten Geld in der Tasche flog sie nach Melbourne, und von dort aus weiter nach Canberra. Die Weiden waren noch immer spätfrühlinghaft grün; auf den Bergen lag noch reichlich Schnee, der jedoch bald schmelzen würde. Die glatten, gewellten Hänge glühten wie Wolken in der goldenen Nachmittagssonne auf. Maggie sah auf die Berge und bemühte sich, ruhig zu werden, an nichts mehr zu denken. Aber es war sinnlos. Sie überlegte wieder und wieder, was sie zu Joe sagen würde, wenn er aus dem Gefängnis entlassen wurde.

Sie war es leid, ihn mit Geld aus dem Gefängnis zu holen und ihn vor seiner eigenen Dummheit zu retten. In zwei Wochen würde er zwanzig sein, und möglicherweise konnte sie dann ohnehin nichts mehr für ihn tun. Sie hoffte, daß er sich nicht dafür entscheiden würde, lieber ins Gefängnis zu gehen, als seinen Wehrdienst zu leisten. Er konnte sicher auch einen friedfertigen Job bei der Armee bekommen, als Sanitäter zum Beispiel, und sich nicht gegen seinen Willen am Töten beteiligen müssen. Sie wünschte sich zwar, daß er seinen Prinzipien treu blieb, doch sie wußte, daß er im Militärgefängnis sehr leiden würde.

Joe wurde in die Obhut seiner Mutter entlassen; sie mußte zweihundertfünfzig Dollar hinterlegen und versprechen, dafür zu sorgen, daß er keine rebellischen Reden mehr führte und keine gewalttätigen Aktionen mehr unternahm. Als sie allein in ihrem billigen Motel waren, nahm sie sich ihn vor.

»Du verdienst wirklich keine Rücksichtnahme mehr!« sagte sie kalt. »Ich habe alles für dich getan, was ich konnte. Du hast jeden Penny genommen, den ich verdient habe, und jetzt ist auch noch mein Auto dahin. Und wofür das alles? Damit du auf den Straßen eine Art Che Guevara spielen konntest, einen beliebten Helden, der das Volk zum Frieden führt! Dein Volk! Und was ist mit all deinen weißen Vorfahren – Schotten, Iren, Kanadiern, Engländern, und Gott weiß, was noch? Ganz abgesehen von deiner insulanischen Abstammung?«

»Du hast die Portugiesen vergessen. Ich kann es nicht ändern, aber ich identifiziere mich nun einmal am stärksten mit meinen aboriginischen Vorfahren. Ich nehme an, es hat etwas mit den Genen zu tun.« Er sah sie düster an; er mochte es nicht, wenn sie davon sprach, was sie alles für ihn getan hatte. Aber so waren Mütter ja wohl einmal, oder? Frauen! Selbst Wendy war in letzter Zeit kühl geworden, schien ihm nicht zu verzeihen, daß sie sein Kind nicht hatte austragen dürfen.

»Ich habe die Portugiesen nicht vergessen. Unter meinen Vorfahren gibt es keine Portugiesen.«

»Wie bitte? Und die Gräber auf Pandanus-Island? Miguel und Bert?«

»Bert starb, ehe ich geboren wurde. *Zwölf Monate* vor meiner Geburt. Er war nicht mein Vater, und Nyora war nicht deine Urgroßmutter. Es hat also überhaupt nichts mit den Genen zu tun. Ich habe gar keine aboriginischen Gene, die ich an dich weitergeben konnte.«

Entsetztes Schweigen trat ein. Joe, der abweisend am Fenster gestanden hatte, griff nach einem Stuhl und setzte sich.

»Sag das nicht noch einmal! Ich warne dich, sag es nicht noch einmal!«

»Wir beide sind Insulaner, aber keine Aborigines. Mein Vater war ein Amerikaner, dem meine Mutter nach Berts Tod begegnete.«

»Ein Yankee! Bitte nicht! O nein!« Er vergrub das Gesicht in den Händen.

Nur durch ihren Zorn hatte Maggie sich dazu hinreißen lassen, ihm all das zu sagen, und ihr war ganz gewiß nicht klar gewesen, welche Reaktion eine Verbindung mit Amerika, das diesen Krieg in Vietnam führte, den er so erbittert bekämpfte, in ihm auslösen würde. Als sie den Schock in seinen Augen sah, bekam sie Angst.

»Und was ist mit dir?« schrie er. »Die Aborigines-Schriftstellerin! Du Betrügerin, oh, du Betrügerin, und du wußtest es die ganze Zeit! Und Tante Marie wußte es, nehme ich an –«

»Tante Marie weiß es nicht. Und auch ich habe es bis vor kurzem nicht gewußt. Nyora sagte es mir bei unserem letzten Besuch. Niemand sonst hat eine Ahnung davon. Und jetzt wünschte ich, ich hätte es dir nicht gesagt. Aber du treibst das alles einfach zu weit! Und da fällt mir ein – warum hast du Wendy nicht das Baby bekommen lassen? Sie –«

»Was? Sie hat es dir gesagt? Das ist unsere Angelegenheit, nicht deine.«

»Du vergißt, daß er auch – mein Nachkomme war.«

»Aha, das ist es also! Du möchtest deine Linie fortgesetzt wissen. Von Joseph Tula über deine herumhurende Mutter bis zu deinem Enkelsohn, bis hin zu weiteren ungeborenen Generationen. ›Und Fiona brachte Anna hervor, und Anna Maggie, und Maggie Joseph‹, und Joseph wird niemanden hervorbringen.«

»Weil du selbstsüchtig und verwöhnt bist. Und meine Mutter war keine Hure.«

Sie starrten einander an. Es war der böseste Streit, den sie jemals hatten. Einen Augenblick lang glaubte sie, daß er sie schlagen würde. Dann rannte er an ihr vorbei und stürzte aus dem Motelzimmer. Er ging nicht nach Hause; Wendy hatte ihn nicht zu Gesicht bekommen, und Maggie fuhr nach Adelaide zurück, ohne ihn noch einmal getroffen zu haben. Jetzt hätte sie ihre Worte gerne ungesagt gemacht, doch es war zu spät. Beim Gedanken an den Ausdruck seines Gesichts fühlte sie, daß er ihr nie vergeben würde.

15

Nachdem er das Motel verlassen hatte, war Joe nicht nach Hause gegangen, hatte Wendy nichts von dem erzählt, was seine Mutter ihm gesagt hatte. Er konnte diese Tatsache noch nicht im vollen Ausmaß begreifen. Er versuchte, die Gedanken daran zu verdrängen, die so weh taten und die er nicht akzeptieren konnte. Er hatte Wendy am Telefon nur gesagt, daß er nicht zur Vorlesung käme, und war in den Busch zu einer alten Wochenendhütte gegangen, die er von früher her kannte. Er nahm nichts außer Streichhölzern, Kerzen, einem halben Laib Brot und etwas Käse mit. Soweit er sich erinnern konnte, gab es in der Hütte Emailbecher und Teller und eine Regenwassertonne, die vom Dach her mit frischem Wasser gespeist wurde. »Vielleicht sollte ich mich schon einmal an das Leben von Brot und Wasser gewöhnen«, sagte er sich voll Bitterkeit. Stuart hatte seine Einberufung bereits erhalten und die Aufforderung, zur ärztlichen Untersuchung zu erscheinen, ihrer Abmachung gemäß verbrannt. Er war wegen Befehlsverweigerung zu sieben Tagen Haft verurteilt worden und diente jetzt eine dreijährige Strafe in einem Armeegefängnis außerhalb von Sydney ab.

Fast drei Jahre ohne Licht und Luft!

Joe hatte in der alten steinernen Feuerstelle neben der Hütte ein Feuer angezündet und lauschte dem beruhigenden Knistern der Flammen. In wenigen Tagen würde er den verhängnisvollen zwanzigsten Geburtstag erreicht haben.

»Ich könnte es nicht ertragen!« dachte Joe.

Er konnte es sich nur zu gut vorstellen, das Eingesperrtsein, den Gestank, die ihn erdrückenden Wände, seine Angstzustände, die nachts am schlimmsten waren. Und wenn es womöglich nicht einmal ein Fenster gab, nur solch eine unmenschliche, moderne Belüftungsanlage? Armeegefängnisse waren wahrscheinlich noch nicht so alt, moderner als die alten Staatsgefängnisse. Er würde es nicht ertragen können, er würde schon in drei Wochen den Verstand verlieren, an drei Jahre gar nicht erst zu denken. Die beiden Tage, die er das letzte Mal hatte warten müssen, bis Maggie ihn mit einer Kaution herausholte, waren schlimm genug gewesen.

Was sollte er tun? Wohin konnte er gehen? Er hatte kein Geld und keinen Paß, sonst hätte er das Land verlassen können. Er hätte sich auf Pandanus-Island bei Dan und Onkel Morgan verstecken können, doch er war ja nicht mehr einer der Ihren, sie waren nicht mehr sein Volk, und er konnte sie nicht bitten, das Risiko, ihm Obdach zu gewähren, auf sich zu nehmen. Und er konnte auch nicht mehr wie früher vielleicht eine Befreiung als Aborigine beanspruchen.

Nicht sein Volk? Da waren sie wieder, die niederschmetternden Gedanken, die er hatte verdrängen wollen. Die Aborigines waren nicht sein Volk. Die Grundlage seines ganzen bisherigen Lebens war weggewischt. Beinahe haßte er seine Mutter, weil sie es ihm gesagt hatte, obwohl es sicher besser war, als mit einer Lüge zu leben. Aber würde er den Mut aufbringen, offen zu bekennen, daß alles ein Irrtum war? Nach all den öffentlichen Erklärungen, die er abgegeben hatte? Er hatte sich vollkommen mit den Aborigines identifiziert. Jetzt fühlte er sich in ein weites, uferloses Meer hinausgetrieben. Wendy hätte ein Rettungsanker für ihn sein können, doch sie hatte ihm angekündigt, daß sie nach seinem Geburtstag mit Sylvie zusammenziehen wolle. Und er hatte sie auch noch miteinander bekannt gemacht! Wahrhaftig eine Ironie des Schicksals! Es würde ihn nicht so verletzen, wenn sie ihn wegen eines anderen Mannes verließe.

Sylvie war eine Aborigine.

Er zwang sich, nicht mehr an sein Dilemma zu denken, und ließ seine Gedanken zu jenem Campingurlaub mit den beiden Mädchen wandern, den ersten Tag am Nunga-Nunga-See. »Der letzte glückliche Tag meines Lebens«, dachte Joe. Doch dieser Tag hatte in einer Katastrophe geendet. Er wollte gerne seine Fähigkeit, als Buschmann leben zu können, unter Beweis stellen. Wollte zeigen, daß er wie seine Nomaden-Vorfahren in der freien Natur leben, Feuer anzünden, das »Damper«-Brot backen und für Nahrung und ein Dach über dem Kopf sorgen konnte. Glücklicherweise hatte er den Gedanken, eine Hütte aus Ästen und Baumrinde zu errichten, wiederaufgegeben und ein modernes, leichtes Kunststoffzelt mitgenommen, denn zwei Tage lang hatte es in Strömen geregnet.

Sylvie, die er während einer Demonstration wegen Woorabinda in Brisbane kennengelernt hatte, war es gewesen, die diesen Campingurlaub zu dritt vorgeschlagen hatte.

Joe fand die Idee großartig, aber Wendy war anfangs dagegen. Dann jedoch dachte sie daran, daß Joe, wenn sie zu dritt waren, sie nicht Tag und Nacht bedrängen konnte. Nach der Abtreibung war sie, der Sex ohnehin ziemlich gleichgültig war, im wahrsten Sinne des Wortes eiskalt geworden. Sex war für sie etwas, das man erduldete, aber nicht genoß.

Unter der Voraussetzung, daß Joe Zulassung und Versicherung bezahlte, hatte Stuart ihm seinen alten Wagen überlassen. Sie beluden ihn mit allem, was sie zu brauchen glaubten: mit Wasserkanistern, Mehl, Butter, Tee und Zucker, kein Fleisch, denn Joe erklärte, die Natur würde sie ernähren. Sie fuhren nach Norden an der Küste des Pazifiks entlang, dann Richtung Westen und gelangten in das Gebiet der Northern Rivers, eine halbtropische Gegend mit Kohlpalmen und blauen Wasserlilien, die das Dunkel der stehenden und toten Wasser erhellten.

Der Nunga-Nunga-See lag in einer großen, flachen, von einem Wald aus Pinien und Trompetenbäumen umgebenen Bucht. Um zu ihm zu gelangen, mußten sie über einen holprigen Sandweg fahren, wo sie die letzte Farm etwa dreißig Meilen vor dem See passierten.

Der erste Tag am Nunga-Nunga-See war idyllisch; große Wolken türmten sich am Horizont vor einem klaren blauen Himmel auf, der sich in reinerem, fahlerem Blau in den stillen Wassern des Sees widerspiegelte. Tiefblaue Wasserlilien bedeckten einen großen Teil der Wasseroberfläche mit ihren schwimmenden Blättern und goldene Staubgefäße enthaltenden Blütenkelchen. Abgestorbene, zu grauen Skeletten gewordene Bäume standen im Wasser, waren zur Heimat für Pfeifenten und Ibisse geworden.

Da die Mädchen nicht sicher waren, ob Fischer in der Nähe waren, badeten sie nicht ganz nackt, sondern behielten ihre knappen Bikinihöschen an. Als Joe Sylvie beobachtete, wie sie sich über einen zartblauen Blütenkelch neigte, war er ganz bezaubert. Sie hatte eine Lilienblüte hinter das Ohr gesteckt, und ihr langes dunkles Haar schwang auf das Wasser herunter.

Wendys blondes Haar schien irgendwie nicht in diese geheimnisvolle Bucht mit den flachen Kalksteinfelsen auf der einen und den hohen, dunklen Felsgewölben auf der anderen Seite, die beinahe furchterregend wirkten und an den Kopf einer riesigen Echse erinnerten, zu passen.

Während er in dem tiefen, stillen Wasser zwischen richtigen und sich im Wasser widerspiegelnden Blüten umherschwamm, spürte Joe plötzlich, wie etwas sein Bein umschloß. Er stieß einen erschrockenen Schrei aus. Doch der Griff dieses Etwas wanderte aufwärts über die Knie bis in die Leistengegend, die es sanft drückte. Dann durchbrach Sylvies lachendes Gesicht die Wasseroberfläche. Sie schüttelte ihr nasses, dunkles Haar und sah ihn herausfordernd an: ein wassergeborenes Eingeborenenmädchen.

Er packte sie und küßte sie, und sie sanken Mund an Mund unter Wasser, kamen schließlich nach Luft ringend wieder hoch. Sylvie war sehr schlank, hatte kleine Brüste und knochige Schultern, die »Salznäpfchen« an ihrem Hals waren stark ausgeprägt. Doch sie strahlte eine intensive Vitalität aus. Ihre Lippen waren von dunklem Rosa, ihre Wangen gerötet. Joe spürte, wie er auf ihre Herausforderung reagierte. Er begann sich zu wünschen, daß er Wendy nicht mitgenommen hätte. Das Zusammensein mit ihr, die zu erwarten schien, daß ein Mann, der mit ihr das Bett teilte, die meiste Zeit wie ein Mönch lebte, war in letzter Zeit fast unerträglich geworden. Seine unmittelbare Reaktion auf Sylvie sagte ihm, wie sehr er seine Triebe unterdrückt hatte.

Sie hatten ein halbes Dutzend Bierdosen in einer Kühltasche mitgebracht, und nach dem Abendessen hockten sie, schwatzend und trinkend und einen Joint rauchend, am Lagerfeuer. Joe zerbrach sich den Kopf nach einem Vorwand, unter dem er Sylvie vom Lagerfeuer wegbringen konnte. Doch während die weichen, feuchten, handgedrehten Marihuana-Zigaretten von Hand zu Hand, von Mund zu Mund wanderten, spürte er, wie sein Geist weit wurde, seine Lippen sich zu einem hilflosen, glücklichen Lächeln kräuselten. Alles war so einfach, schön, richtig, vom erschrockenen Schrei eines Wasservogels bis zu den herrlichen Sternen, die in kaltem Blau über ihnen erstrahlten. Immer wieder blitzten sie zwischen den riesigen Wolken auf, die noch immer am Horizont standen.

»Ich habe schon viel von dieser Gegend gehört«, sagte Sylvie nachdenklich. »Nunga Nunga! Die Schwarzen würden hier nicht ihre Lager aufschlagen. Es heißt, daß der alte Goanna, der sich in einen Felsen verwandelte, einmal den ganzen See leergetrunken hat. Und eines Tages hat er alles wiederausgespuckt.«

Als sie einen weiteren Joint geraucht hatten, sagte Joe schläfrig: »Ich kann keinen klaren Gedanken mehr fassen.« Wendy kicherte. Sylvie lehnte sich plötzlich zu ihm herüber und öffnete seine Jeans.

»Heh!« sagte Joe. »Geht nicht auf einen wehrlosen Mann los. Es steht zwei zu eins. Das ist nicht fair.«

»Das macht es nur noch schöner«, entgegnete Sylvie, die beim Feuer kniete und ihre Schlafsäcke nebeneinander ausbreitete. In einer fließenden Bewegung schlüpfte sie aus ihrem Büstenhalter und ihren Shorts. »Jetzt liegen wir wie drei grüne Bohnen oder, wenn euch das lieber ist, wie drei Bratwürste in der Pfanne da«, sagte sie. »Du hierhin, Wendy. Ich wärme dich von hinten, und mich wärmt Joe. Ich verwöhne dich, wenn du es magst, Wendy. Joe, ich hoffe, du bist noch imstande, deine Rolle zu spielen.«

Alles schien herrlich lustig, unwichtig.

Er lag auf seinem Schlafsack, spürte die kühle Nachtluft auf seiner nackten Haut und ließ sich in den herrlichen Spalt oder die Höhle sinken, nach der er sich den ganzen Tag gesehnt hatte. Zur gleichen Zeit spürte Wendy eine schlanke, dunkle Hand auf ihrer Brust, während eine zweite zwischen ihre Schenkel glitt.

Noch immer ineinander verschlungen, versanken sie in sanften Schlummer.

Gegen Mitternacht öffnete Joe die Augen und starrte zu dem wunderbaren Sternenhimmel empor. Das Feuer war ausgegangen, der Mond war nicht zu sehen. Sich klein und hilflos fühlend und fasziniert zugleich starrte Joe zu den Sternen hinauf, wurde sich der unendlichen Weite des Raumes und der Winzigkeit des Menschen bewußt. Diese mächtigen, geheimnisvollen Objekte, unvorstellbar fern... diese herrlichen, mit Sternjuwelen durchsetzten Konstellationen, diese dichtgedrängten, glühenden Lichtkugeln, Sternbild hinter Sternbild, Sternhaufen hinter Sternhaufen, Universum hinter Universum, sie alle schwingend und rollend, fließend und um einen fernen, unbekannten Mittelpunkt kreisend, im ununterbrochenen Rhythmus eines unaufhörlichen Freudentanzes! Es war ein Eindruck reiner Harmonie, den er bis ans Ende seines Lebens bewahren würde.

Er schloß die Augen, ehe die großen schwarzen Wolken von Westen her näher kamen...

Plötzlich regnete es. Kein sanfter, warmer Regen, sondern

große, kalte Tropfen aus einem fast schwarzen Himmel. Sie packten ihre Schlafsäcke und krabbelten ins Zelt. Joe hörte sein Herz in der Brust hämmern. In all der gestaltlosen Finsternis um ihn herum war er sich intensiv bewußt, daß er ein Mensch war und lebte.

Am Morgen regnete es immer noch stark. Sie spähten hinaus in eine veränderte Welt, grau und trübe. Der Kopf des Goanna senkte sich über den See, die Lilien hatten ihre Blütenkelche geschlossen, und kein Vogel sang. Als Joe sich in einer wasserdichten Jacke nach draußen schleppte, um Teewasser heißzumachen, stellte er fest, daß das Seeufer zu einem Morast aus klebrigem schwarzen Schlamm geworden war. Der See war bereits um zwanzig Zentimeter gestiegen, er mußte von unterirdischen Quellen und anderen Zuflüssen gespeist worden sein. Das Wasser war jetzt nur noch dreißig Zentimeter von der Feuerstelle entfernt, die er so sorgfältig dicht am Wasser, um die Gefahr eines Buschbrandes zu vermeiden, errichtet hatte. Unter einem großen Baumstamm glühte noch immer ein Stück Kohle, und er legte kleine Zweige und Baumrinde nach. Die Mädchen jubelten, als er mit dem heißen Tee zurückkam, doch Joes Miene war düster. »Wenn dieser Regen anhält, kommen wir hier mit dem Wagen nicht mehr heraus«, sagte er.

Sie beschlossen, in dem kleinen Zelt zu bleiben, bis der Regen aufhörte. Wendy hatte ein Päckchen Spielkarten mitgebracht, und so spielten sie den ganzen Tag lang. Gelangweilt und hungrig blickte sie am Nachmittag auf den Berg hinaus, von dessen Hang aus Quellen und Bächen ein wahrer Sturzbach herunterströmte. Eine große braune Schlange, die aus ihrem Unterschlupf gespült worden war, tauchte neben dem Zelt auf und schlängelte sich davon.

»Das wäre ein gutes Essen gewesen«, versuchte Joe, die Stimmung aufzulockern.

»Wenn du das Feuer wieder ankriegst, werde ich einen Aal braten«, sagte Sylvie.

Doch das Feuer war erloschen. Nicht nur erloschen, die Feuerstelle stand unter Wasser, das jetzt bis zu den Zeltheringen herangespült wurde. Sie machten eine Dose Bohnen auf und aßen sie kalt. Als der Regen ein wenig nachließ, baute Joe das Zelt ab, um es im Schutz von ein paar dunklen, sich herunterneigenden Bäumen weiter oben am Hang wieder aufzubauen.

Als sie, umgeben von einem See aus Schlamm, in ihren Schlafsäcken lagen, hörten sie von irgendwo am See her ein unheilvolles Krachen. Dann noch eins, dieses Mal näher.

»Die Bäume stürzen um!« rief Sylvie entsetzt und setzte sich auf. Im Schein der batteriebetriebenen Lampe glitzerte das Weiße ihrer Augen angsterfüllt auf. »Der alte Goanna rächt sich.«

Wieder erschütterte Poltern und Krachen die Erde.

»Der Regen hat den Boden aufgeweicht«, sagte Joe, »und die Bäume stürzen um. Kein Wunder, daß es genügend Brennholz gab.«

»Ich will hier raus!« wimmerte Wendy in leicht hysterischem Ton. »Ich gehe ins Auto. Verrückt, das Zelt unter den Bäumen aufzustellen.«

»Ich auch«, erklärte Sylvie. Sie hielten sich Handtücher und Regenjacken über den Kopf und rannten zum Wagen. Joe kam sich überflüssig vor, er blieb im Zelt. Warum hatte er nicht gespürt, daß dies ein unheilvoller Ort war? Sylvie hatte es gespürt. Jetzt war der alte Mann, dieser Goanna, dabei, das ganze Wasser wiederauszuspucken, das er in der Vergangenheit aus dem See getrunken hatte.

Wieder stürzte etwas weiter entfernt am anderen Ufer des Sees krachend ein Baum um. Joe lag in seinem Schlafsack, angespannt darauf wartend, daß einer auf das Zelt stürzte und ihn zermalmte.

Schließlich war es ihnen gelungen, den schrecklichen Ort zu verlassen – durchnäßt, kalt, hungrig und von Schlamm bedeckt. Dreimal waren sie steckengeblieben, doch indem zwei schoben und einer lenkte, waren sie schließlich weggekommen. Mehrmals mußten sie aus Holz Behelfsbrücken über Bäche bauen, die in den See flossen. Wendy verlor ihre Schuhe im

Schlamm und war denkbar schlechter Laune. Sylvie murmelte unentwegt vor sich hin, daß dies ein Ort der Geister sei und sie nicht hätten herkommen dürfen.

»Ach, halt den Mund«, brüllte Joe, er war am Ende seiner Nerven. »Es war ganz einfach Pech, daß es geregnet hat. Am ersten Tag war alles wunderbar. Das ganze Gerede von dem Goanna ist doch Blödsinn.«

Sylvie wandte sich von ihm ab und sprach während der ganzen langen Rückfahrt nach Sydney, wo sie sich trennten und allein weiter nach Canberra fuhren, kaum noch ein Wort mit ihm. Sowohl sie als auch der Wagen waren über und über mit angetrocknetem braunen Schlamm bedeckt.

»Alles, was ich mir wünsche, ist eine Dusche«, sagte Wendy und überließ ihm das Auspacken. »Ich kann es nicht erwarten, unter die heiße Dusche zu kommen. Was für ein toller Buschmann du doch bist!«

Damals hätte ich es wissen müssen, dachte Joe. Er hatte sich bemüht, irgendein Gefühl für diesen echsenförmigen Berg aufzubringen, doch abgesehen von seiner Angst vor umstürzenden Bäumen hatte er wirklich nichts empfunden. Weil er kein Aborigine war.

Er legte noch ein Stück Holz auf das Feuer neben der Hütte. Es war nicht kalt; das Wetter war wunderbar, doch er liebte es, die Flammen zu beobachten. Ein Aborigine hätte sein Lagerfeuer nie an einem See angezündet; er hätte erkannt, daß der Wasserstand des Sees ungewöhnlich niedrig war, und wahrscheinlich gewußt, daß es bald regnen würde.

Aber wie dem auch sei – er war immer noch ein bißchen ein Pazifikinsulaner. Wenn er jetzt ein Boot hätte, könnte er in den Pazifik hinaussegeln und verschwinden.

Ein wenig ruhiger kehrte er schließlich am nächsten Tag nach Hause zurück.

Wendy reichte ihm stumm seine Einberufung.

16

Wendy war gegangen; er hatte sich mit seiner Mutter gestritten; er hatte sein Gefühl der Zugehörigkeit zu der uralten Rasse verloren, die er für die seine gehalten hatte; er konnte fast sicher sein, daß er seinen akademischen Grad nicht erreichen würde, und er würde eingezogen werden. Doch er konnte und wollte auf keinen Fall etwas mit diesem Krieg in Vietnam zu tun haben. Und wenn er dem ersten Aufruf folgte, und sich bei der medizinischen Untersuchung herausstellte, daß er nicht tauglich war? Aber nein, er war geradezu unverschämt gesund. Dann besuchte ihn Barry, und sie verbrannten feierlich die Karte, die ihn aufforderte, sich zu melden.

Andererseits wollte er auch nicht ins Gefängnis. Was sollte er tun?

Dann hatte er die Antwort, kurz und einfach. Er würde all das beenden. Schluß! Natürlich. Er holte ein paar Aufzeichnungen hervor, die er sich einmal aus einem Buch über Selbstmord gemacht hatte, ein Thema, das ihn eine Zeitlang fasziniert hatte. Die alten Römer hatten einen Kult daraus gemacht, indem sie sich auf ihre eigenen Schwerter fallen ließen... Lieber Tod als Schande!

Ah! Da war er, der Artikel, nach dem er gesucht hatte:

»Ebenso wie ich mir mein Schiff für eine Seereise selbst aussuche oder mein neues Haus, wenn ich mich niederlassen will, ebenso werde ich auch meinen Tod wählen, wenn ich bereit dazu bin, aus dem Leben zu scheiden. – Seneca«

Joe blätterte ein paar Seiten weiter, dann las er:

»Jedes Lebewesen wird grundlos geboren, lebt aus reiner Schwäche weiter und stirbt durch Zufall. – Jean-Paul Sartre.«

Doch Joe würde nicht durch Zufall aus dem Leben scheiden, er würde die gottgleiche Macht ausnutzen und selbst entscheiden, wie und wann er sterben wollte.

Wie – das war ein Problem. Er hatte Wendy Stuarts Auto überlassen. Er besaß keine Garage, und wenn er es auf der Straße stehenließ, wären bald die Reifen, Batterie und alle beweglichen Teile gestohlen. Es gab natürlich den Lake Burley Griffin, der sicher tief genug war, um sich darin zu ertränken. Aber er war ein zu guter Schwimmer, um diesen Weg für seinen Freitod zu wählen. Es wäre etwas anderes gewesen, wenn es Winter wäre und der See eiskalt wäre. Dann würde er bald an Unterkühlung sterben.

Nein, Sydney war der richtige Ort: die Schlucht, die Hafenbrücke, irgendein Hochhaus würde den Zweck erfüllen. Jetzt, wo sein Entschluß feststand, war er ruhig geworden, zielgerichtet, fast so, als plante er den Tod eines anderen. Er hatte noch eine Woche Zeit, bis sie ihn holen würden. Reichlich Zeit also, um seine Angelegenheiten zu ordnen. Sollte er Maggie einen Abschiedsbrief schreiben, oder Wendy? Er entschied sich dagegen. Sein Tod würde für sich sprechen. Da er sich mit seiner Mutter noch immer nicht ausgesöhnt hatte, verschaffte ihm der Gedanke an den Schmerz und die Selbstvorwürfe, die sie sich machen würde, eine gewisse Genugtuung. Sie, die ihm das kostbare Geschenk seines Lebens gemacht hatte, würde erkennen müssen, daß er ihr dieses Geschenk ins Gesicht geschmissen hatte.

Er ging sogar noch zu Vorlesungen in den letzten paar Tagen, machte Notizen, die er nie gebrauchen würde. Bald würden all das aufgespeicherte Wissen und die erworbenen Fähigkeiten von zwanzig Jahren für immer verloren sein. Wie sehr hatte er sich beispielsweise darum bemüht zu lernen, ohne Hilfe aufrecht zu stehen, auf zwei Beinen zu gehen, mit Finger und Daumen Gegenstände zu ergreifen, mit Zunge und Lippen verständliche Worte zu formen, zu lesen und zu schreiben... Er konnte nicht mehr lesen; er war von zu großer Unruhe erfüllt. Er hörte sich unentwegt Schallplatten an, Tschaikowskys

Sechste, die Pathétique, deren Ausklang ein Anflug düsterer Verzweiflung innewohnte. Und ein italienisches Stück, Silenzio. *Dormi, tu ch'e si lontano... Dormi senza sogni...* Schlafen, ohne zu träumen. Das war alles, was er wollte. Die langgezogenen, bebenden Trompetentöne erfüllten ihn mit unaussprechlicher Traurigkeit. Wie das Heulen eines Dingos am Rande der Wüste.

Er verpackte seine Schallplatten und einige seiner Bücher und schickte sie an Wendy. Dann verließ er, seine wenigen Kleidungsstücke im Einbauschrank und seine Lehrbücher auf dem Tisch liegenlassend, die Wohnung. Die Tür schloß er nicht ab.

Während er mit der Frühmaschine nach Sydney flog und durch das Fenster auf die metallenen Tragflächen des Flugzeugs hinaussah, dachte er, wie einfach doch alles wäre, wenn die Maschine abstürzte – alles wäre in einer Minute vorüber, er brauchte sich nicht zu dem letzten Sprung zu zwingen. Denn er hatte Angst, daß seine Nerven versagen würden, daß er sich vor dem Aufprall auf der harten Straße oder dem dreißig Meter unter ihm liegenden stahlharten Wasser unter der Brücke fürchten würde. Dann betrachtete er die anderen Passagiere, die dösend oder lesend dasaßen. Kein Zweifel, sie wollten leben...

Doch das Flugzeug landete sicher, und er nahm den Bus in die Stadt. Man hatte ihm im Flugzeug Kaffee und Kekse serviert, ein Mittagessen hatte er abgelehnt. Als er am Morgen Corn Crisps mit Milch zum Frühstück gegessen hatte, hatte er daran denken müssen, wie lächerlich es doch war, diesen Körper, für den er keine Verwendung mehr hatte, mit Treibstoff vollzustopfen, damit er weiterlief. Doch Gewohnheiten ließen sich nur schwer ablegen, und er brauchte Kraft, um seinen Entschluß auszuführen. Die schwerste Art zu sterben, die äußerste Willensstärke erfordert, war sicher das Verhungern.

Da er kein Gepäck hatte, auf das er warten mußte, ging er direkt hinaus und nahm ein Taxi, in dem er sich vorne neben den Fahrer setzte. Sie unterhielten sich über Cricket und ein bißchen über Politik. Er bat den Fahrer, ihn zur Hafenbrücke und wieder zurück zu fahren. Er blickte hinauf zu all diesen Eisengitter- und Maschendrahtzäunen auf der Eisenbahnbrücke, die angebracht worden waren, um Tollkühne und Selbstmörder nicht an die Spannbogen gelangen zu lassen, und war entmutigt. Nein, er mußte in die Blauen Berge. Govett's Leap war der richtige Ort. Hinunterzuspringen in eine dieser Schluchten, in die bauschigen, gefiederten, tief unter ihm liegenden Wipfel der Gummibäume! Das war der Ort, wo er sterben wollte.

Er ließ das Taxi zum Hauptbahnhof fahren und suchte sich eine Zugverbindung zu den Blauen Bergen heraus. Er erinnerte sich daran, daß er vor drei Jahren einmal mit Maggie dort gewesen war. Als er über das Tal der »Three Sisters« hinweggesehen hatte, wo zinnenartige, von der Witterung ausgewaschene Kalksteinfelsen bizarr emporragten, hatte er beim Anblick der ätherischen Farben, die das Tal wie Nebel füllten, unwillkürlich den Atem angehalten. Es war der Himmel, der diese Farben hervorzauberte, alles in ein geheimnisvolles Licht hüllte. Manche Leute behaupteten, daß dieses Licht durch eine Diffusion des Sonnenlichtes durch Öltropfen hervorgerufen wurde, die von unzähligen Blättern von Millionen von Eukalyptusbäumen beständig in die Atmosphäre austraten.

Er kaufte sich eine Fahrkarte nach Blackheath an der Mount Victoria-Linie, dem höchsten Punkt der Strecke. Es herrschte reger Pendlerverkehr zu den Bergen hin, denn viele Menschen lebten dort und fuhren nach Sydney zur Arbeit.

Sie überquerten den Nepean River, fuhren durch Penrith; dann begann die Bahnlinie anzusteigen. Tiefe Einschnitte in die nassen Felsen, Farn und wilde weiße Heide wuchsen in den Spalten der großen, viereckigen Kalksteinfelsen, sprießende Gummibäume schienen die Felsen auseinanderzudrängen...

Am Bahnhof von Blackheath angekommen, folgte Joe einem Wegweiser nach Govett's Leap, der ihn über eine Straße aus der Stadt auf den dichten Busch zuführte. Während er dahinschritt, kam ihm der Gedanke, daß seine Mutter, wenn er spurlos verschwände und niemand ihn springen sah, niemals erfahren würde, was mit ihm geschehen war. Sie würde ihr Leben in Ungewißheit und vager Hoffnung verbringen.

Die Straße endete in einer offenen Fläche mit einem Parkplatz, wo es kleine Picknick-Ecken aus natürlichem Gestein mit Holzbänken für die Touristen gab. Der Platz war von einem Sicherheitszaun aus starkem Maschendraht und in Beton verankerten Pfählen umgrenzt. Zur Rechten stürzte ein kleiner Wasserfall in das tief unten liegende Tal herunter. Direkt hinter dem Aussichtspunkt fiel das Felsgesims etwa sechzig Fuß weniger steil ab; ein Sturz dort herunter würde nur Verletzungen verursachen.

Joe ging zu den Läden und zum Postamt zurück, kaufte eine Postkarte in ziemlich knalligen Farben und einen Briefumschlag. Er schrieb:

»*Liebe Mutter,*
ich werde nicht von hier zurückkehren. Dies ist das Ende des Weges. Ich kann mit keiner der beiden Möglichkeiten – Militär oder Gefängnis – leben, und man hat mich zum Wehrdienst herangezogen. Tut mir leid. Dies ist mein Abschiedsgruß für den Fall, daß ich nie gefunden werde. Bitte sag es Wendy.
Dein Sohn Joe«

Als er den Brief in den Briefkasten geworfen hatte, dachte er: Nun, vielleicht hätte ich »in Liebe« dazuschreiben sollen. Er war nahe daran, noch einmal umzukehren und eine zweite Karte zu kaufen. Doch welchen Sinn hatte das? Er fühlte sich schon jetzt vom Leben abgetrennt.

Es war früher Nachmittag, der Himmel von intensivem Blau. Joe blickte über das Grose-Valley und auf die Wipfel der Bäume unter sich. Wie sanft und weich sie von hier oben aus aussahen! Touristen wanderten umher, machten Fotos und bewunderten die Aussicht. Ein alter Mann saß auf einer Holzbank und blickte aus feuchten Augen über das Tal. Wer will schon alt werden? dachte Joe ungeduldig.

Die anderen Touristen aus dem letzten Zug waren wieder weg. Joe wünschte, daß auch der alte Mann gehen würde. Schließlich ging er zu ihm hinüber und setzte sich neben ihn.

»Guten Tag«, sagte er. »Wissen Sie, wer Govett war?«

»Guten Tag. Woher kommen Sie, aus dem Südosten?«

»So ungefähr. Meine Mutter lebt dort.«

Der Alte betrachtete Joes wilde rote Locken, seine Jeans und sein schwarzes T-Shirt mit einiger Mißbilligung. »Haben Sie Urlaub? Sollten Sie nicht eigentlich arbeiten, junger Mann?«

»Ich bin Student«, erklärte Joe. »Was ist mit Govett?«

»Govett? Er war ein Geologe, der diesen Ort in den 1830er-Jahren entdeckte. Man sagt, er wäre dort heruntergestürzt, aber das stimmt nicht.«

»O!« Joe war enttäuscht. Also war es nicht der Schauplatz eines romantischen, spektakulären Todes. »Aber einen Sturz von dort würde niemand überleben.«

»Ich weiß nicht, es ist erstaunlich. Ein Bursche soll einmal heruntergefallen sein, und ein Suchtrupp machte sich auf den Weg, um seine Überreste einzusammeln. Sie begegneten ihm, als er den Fluß unterhalb des Wasserfalls herunterging. Ganz ungewöhnlicherweise lag tiefer Schnee, und dieser dämpfte seinen Aufprall.«

»Schwer zu glauben.«

»Jedenfalls wird das erzählt, überall in den Lokalen.«

Joe stand auf und ging zum Geländer hinüber. Ein einzelner Tourist machte Fotos und ging davon. Der alte Mann stand auf und winkte ihm zu. »Bis später.« Er begann, langsam den Pfad zum Kiosk herunterzugehen.

Die Knöchel seiner Hände traten weiß hervor, als Joe das Geländer umklammerte.

In der Hoffnung, einen Brief von Joe vorzufinden, ging Maggie an diesem Morgen, noch im Morgenmantel, zum Briefkasten. In der Woche zuvor hatte sie bis spät abends gearbeitet, und man hatte ihr gesagt, sie brauche nicht vor zehn zu kommen. Am Wochenende hatte sie in Canberra angerufen, und Wendy hatte ihr gesagt, daß Joe irgendwo im Busch unterwegs sei und daß seine Einberufung gekommen wäre. Joseph Forbes King, zwanzig Jahre alt, war einer der Unglücklichen.

Es war keine Post da. Während sie sich umdrehte und ihren langen Morgenmantel hochhielt, damit er nicht durch das taunasse Gras schleifte, stieß sie einen traurigen Seufzer aus. Die heftigen Fallwinde der vergangenen Nacht hatten den Garten übel zugerichtet – einer der Nachteile des Lebens in den Ausläufern der Berge –, und der kleine Schößling, den sie angepflanzt hatte – eine einheimische Zypresse – war kurz über dem Boden abgeknickt. Sie versuchte, sie wieder aufzurichten, doch das letzte Stückchen der faserigen Rinde brach, und aus dem Stämmchen sickerte harziger Saft. Gerade jetzt, wo er angegangen war und so schön ausgesehen hatte! Maggie war unglücklich.

Joe saß in dem Zug, der schnell aus den Bergen herunter in Richtung Sydney fuhr. Als er am Morgen im Schutz eines Felsens auf der Bank aufgewacht war, auf der er geschlafen hatte, hatte er, verwundert, daß er noch lebte, seine kalten, verspannten Glieder gestreckt. Er starrte in den fahlen Himmel hinauf. Hoch oben kreiste ein keilschwänziger Adler, dessen Gefieder von der gerade aufgehenden Sonne golden angestrahlt wurde.

Immer noch war für Joe der Tod der einzige Ausweg. Nichts hatte sich geändert. Doch beim ersten Versuch hatte er versagt, er war nicht gesprungen. Er verfluchte den alten Mann, der ihm die Geschichte von dem Jungen erzählt hatte, der den schrecklichen Sturz überlebt hatte. Die Vorstellung, womöglich schwer verletzt, von Durst gequält und unfähig, sich zu bewegen oder zu sterben, unter diesem grünen Baldachin zu liegen! Er würde den Frühzug nach Sydney zurück nehmen und irgendwie von der Hafenbrücke springen. Es mußte möglich sein, andere hatten es auch getan, und einen Sturz aus hundertsiebzig Fuß Höhe auf das Wasser würde er nicht überleben. Sechzehn Arbeiter waren auf diese Weise während des Brückenbaus gestorben.

Jetzt fiel die Sonne durch die nach Nordosten weisenden Fenster herein. Joe stand auf und ging ein paar Sitze weiter vor, wo er in der Sonne sitzen konnte, denn selbst nach der Tasse Tee im Bahnhofsrestaurant war ihm nach der im Freien verbrachten Nacht noch immer kalt. Er hatte fast kein Geld mehr.

Der Zug schien sehr unruhig zu fahren, ruckte und holperte. »Laut Statistik ist man sicherer in der Luft«, kam ihm plötzlich in den Sinn. »Laut Statistik, laut Statistik«, die Räder nahmen den Rhythmus auf. Jetzt, wo sie die Berge hinter sich gelassen hatten und in die westlichen Vororte einfuhren, beschleunigte der Zug das Tempo. Er näherte sich der Bold-Street-Brücke in Granville, wo der morgendliche Stoßverkehr in die Stadt den Höhepunkt erreicht hatte.

»Laut Statistik, laut –« Plötzlich gab es irgendwo vorne einen lauten Knall, dann ein furchterregendes Rucken. Die abgenutzten Antriebsräder der Lokomotive sprangen kurz vor der Brücke aus den Gleisen, und die schwere Lok prallte gegen die Brückenpfeiler. Die ersten fünf Waggons überschlugen sich. Gerade als der vierte Wagen unter dem Brückenbogen hindurchfuhr, stürzte dieser über ihm zusammen.

Zusammen mit den meisten anderen Fahrgästen wurde Joseph Forbes King unter beinahe zweihundert Tonnen aus Beton und Eisenträgern begraben. Es war, als sei ein riesiger Fuß vom Himmel heruntergetreten und habe sie alle wie Ameisen zerquetscht.

Mehr als achtzig Menschen wurden getötet, weitere zweihundert verletzt. Ein Mann, der unter einer Betonplatte eingeklemmt war, verlor beide Beine, doch er überlebte. Wenn er eine Reihe weiter vorne gesessen hätte, wäre er sofort tot gewesen. Einige der Verletzten waren noch in der Lage, etwas zu ihren Rettern zu sagen, viele starben jedoch gleich, nachdem man sie befreit hatte. Es dauerte neun Stunden, bis die Rettungsmannschaften das Gewirr der Stahlträger durchschneiden und Kräne die Betonblöcke hochheben konnten. Mehr als eine Woche verging, bis die blutbespritzten persönlichen Papiere geordnet und die nächsten Verwandten benachrichtigt werden konnten, falls sie es noch nicht erfahren hatten.

17

Als sie auf dem Weg ins Haus den Briefkasten leerte, zerknüllte Maggie ahnungslos Joes Postkarte in der einen Hand, während sie in der anderen ihre schwere Einkaufstasche trug. Sie hatte sich daran gewöhnt, mit dem Bus in die Stadt zu fahren – es waren nur vier Meilen –, und sie empfand die Fahrt sogar als angenehm entspannend, wenn sie einen Sitzplatz bekam und nicht die meiste Zeit stehen mußte. So konnte sie auf dem Weg zur Arbeit die Morgenzeitung lesen und auf dem Heimweg die Abendzeitung. Jeder Angestellte sollte – so wünschte es der Verleger – die Zeitung jeden Tag »von vorne bis hinten« lesen.

Als sie die Einkaufstasche auf dem Küchentisch abgesetzt hatte, riß sie mit ungeduldigen Fingern den Briefumschlag auf, auf dem sie Joes Handschrift erkannt hatte. Ihre Augen nahmen die Worte auf; ihr Kopf jedoch weigerte sich, sie zu begreifen. Dann stieß sie ein langes, durchdringendes Wehgeschrei aus und sank wie erschlagen auf einen Küchenstuhl.

»Tut mir leid.« Dieser lakonische, unangebrachte Satz. Kein Wort von Liebe, keine Erklärung, nichts. »Dies ist mein Abschiedsgruß... Bitte sag es Wendy.«

Er war also allein, als er diese Zeilen geschrieben hatte. Wo? Woher kam der Brief? Auf der Postkarte stand »Govett's Wasserfall«. Fieberhaft studierte sie den Briefumschlag. Der Poststempel besagte »Blackheath, N. S. W., 14.00 Uhr.« Das war in den Blauen Bergen, irgendwo in der Gegend von Mt. Victoria. Was tat er da? Aber das war ja klar. »Ich werde nicht von hier zurückkehren. Ich kann mit keiner der beiden Möglichkeiten leben...« Er war dorthin gefahren, um sich das Leben zu nehmen. Hatte er sich Schlaftabletten gekauft? Ein Gewehr? »Falls ich nicht gefunden werde.« Oder würde er sich an irgendeiner einsamen Stelle im Busch die Pulsadern aufschneiden? Oder sogar von Govett's Leap herunterspringen? Völlig verwirrt rannte sie zum Telefon. Sie mußte etwas tun, um Hilfe bitten. Sie stürzte zum Briefumschlag zurück, suchte fieberhaft nach dem Datum des Poststempels. Es war das gestrige Datum. Er war per Luftpost gekommen und mit der Nachmittagspost ausgetragen worden.

Es war zu spät, er mußte jetzt bereits tot sein. Wie war das möglich; wie konnte Joe gestorben sein, ohne daß sie es gespürt hatte? Seitdem Wendy ihr am Telefon gesagt hatte, daß er zum Wehrdienst eingezogen worden sei, hatte sie sich Sorgen um ihn gemacht. Sie hatte tagtäglich auf einen Brief gewartet. Aber an diese Möglichkeit hatte sie nicht gedacht. Sie waren im Zorn auseinandergegangen; sie hatte ihn selbstsüchtig und verwöhnt genannt, und sie würde ihn nie mehr wiedersehen. O Joseph!

Am ganzen Körper zitternd, griff sie mit tränenblinden Augen zum Telefon und wählte die Nummer des Büros des *Herald*. Die Telefonistin würde schon weg sein, doch sie kannte die Durchwahl des Verlegers. Wenn er bloß noch da wäre! Er war wegen einer Sonderausgabe über die Katastrophe auf der Granville-Brücke im Büro geblieben. Laufend trafen neue, schreckliche Nachrichten aus Sydney über den Fernschreiber ein. Zahl der Todesopfer steigt – hundert Verletzte – furchtbare Szenen – Rettungsmannschaften in Gefahr, von weiteren einstürzenden Brückenteilen erschlagen zu werden.

Trotz ihrer eigenen Sorgen um ihren Sohn hatte Maggie der Frauen und Mütter gedacht, der Ehemänner und Söhne, deren Angehörige den Morgenzug bestiegen hatten und nie mehr zurückkehren würden. Doch es trieb sie nach Hause, weil sie hoffte, Post aus Canberra bekommen zu haben, und so war sie froh, als Rex Ryder eine Stunde nach dem üblichen Büroschluß zu ihr sagte: »Nehmen Sie jetzt lieber Ihren Hut und Ihren Schal, und gehen Sie nach Hause. Ich brauche Sie nicht mehr. Sie sehen mitgenommen aus.«

Maggie lächelte schwach. »Ich habe nicht sehr gut geschlafen. Es geht wieder um Joe – er ist zum Wehrdienst nach Vietnam einberufen worden.«

»Das tut mir leid, Maggie. Dieser Sohn bereitet Ihnen viel Sorgen, nicht wahr? Nun, seien Sie dankbar, daß er heute nicht in dem Zug saß.«

»In Granville?«

»Ja. Es ist eins der schwersten Zugunglücke, die wir je erlebt haben. Es hat sogar den Fall Collins von der Titelseite verdrängt, und es treffen laufend neue Schreckensnachrichten ein.«

»Nun, dann gehe ich jetzt. Ich werde morgen früh dasein.«

Als sie jetzt dem beständigen Rufzeichen lauschte, das in einem leeren Gebäude widerzuhallen schien, fielen ihr seine Worte wieder ein. Joe war auf dieser Strecke gefahren, aber gestern. Er hatte aus Blackheath geschrieben. Der um 6.09 Uhr im weiter oben gelegenen Mount Victoria abgefahrene Zug war der Unglückszug gewesen. Wie, wenn er seine Meinung geändert und beschlossen hatte, mit dem Morgenzug nach Sydney zurückzufahren?

»O nein!« dachte Maggie.

Das Telefon wurde nicht abgenommen, Rex Ryder war bereits fort. Benommen saß sie neben dem Telefon. Dann stand sie auf, starrte in den Spiegel, sah ihre geröteten Augen und putzte sich die Nase. Sie goß sich einen Brandy ein und trank ihn in einem Zug aus. Dann wählte sie Penelopes Privatnummer. Angespannt wartete sie darauf, Penelopes tiefe, beruhigende Stimme zu hören.

»Hallo? Penelope Rose.«

»O Penny! Bist du zu Hause?«

»Sieht so aus.«

»Ich wollte dich bitten, zu mir zu kommen. Es ist etwas – geschehen, und ich muß mit jemandem sprechen.«

»Weinst du? In Ordnung. Ich bin in etwa zwanzig Minuten bei dir.«

Jetzt, da sie wußte, daß Penelope kommen würde, ging es ihr ein bißchen besser. Sicher war alles nur ein schrecklicher Irrtum, und gleich würde das Telefon klingeln, und Joe würde ihr sagen, daß es ihm gutging. Vielleicht war er sogar schon in der Wohnung. Sie erinnerte sich an ihren letzten Besuch dort, als sie ihm etwas Witziges erzählt hatte. Joe hatte sich auf dem Bett hin und her gerollt, mit den Beinen gestrampelt und vor Lachen mit den Armen in der Luft herumgefuchtelt; er lachte mit seinem ganzen Körper, nicht nur mit Augen und Mund.

Wieder rief sie in Canberra an.

Das Telefon klingelte und klingelte, dann plötzlich sagte eine helle, junge Stimme: »Hallo?«

»Wendy, bist du es? Hier ist Maggie.«

»Nein, Wendy ist ausgezogen. Hier ist niemand. Ich bin nur gerade auf der Treppe vorbeigegangen und ans Telefon gegangen. Die Tür stand offen.«

»Sind Sie sicher? Sind ihre Sachen auch weg?«

»Ja, sie sagte uns, daß sie auszöge.«

»Könnten Sie wohl – einmal kurz nachsehen, ob Joes Sachen noch da sind, seine Kleider und Bücher? Ich bin seine Mutter.«

»Mach' ich. Bleiben Sie am Apparat.«

Die helle, junge Stimme kam zurück. »Seine Sachen sind im Kleiderschrank, aber wir haben ihn seit Tagen nicht gesehen. Wendy hat das Auto genommen.«

»Sie haben sich also getrennt?«

»Ich glaube, ja.«

»Und Sie haben keine Ahnung, wo er ist?«

»Nein, tut mir leid.«

»Das ist schon in Ordnung. Ich danke Ihnen.«

Jetzt trat kalte Gewißheit an die Stelle ihrer vorherigen Vermutungen. Seine Wohnung leer, die Kleider noch im Schrank... Jetzt wußte sie, daß Joe tot war. Vielleicht hatte sie doch eine Vorahnung gehabt – an jenem Morgen, als sie den jungen Schößling abgeknickt im Garten fand.

Joe war der letzte seiner Linie, das letzte Glied in der Lebenskette, die sich bis zum ersten Joseph und den ersten Browns und Kings und Macdonalds und Forbes zurückerstreckte, die ihren Fuß auf australischen Boden gesetzt hatten; den Duguids und O'Briens, schottischen Missionaren und irischen Emigranten, von denen ihre Tante Ellen ihr erzählt hatte.

Joe würde keine Nachkommen haben. Ende!

Sie warf sich aufs Bett, rollte sich – abwehrend und klein –

wie ein Embryo im Mutterleib zusammen und gab sich ihrem Elend hin.

Als sie Penelopes Wagen vor dem Haus vorfahren hörte, stand Maggie langsam auf und ging zur Tür. Der Brandy schien sie betäubt zu haben. Sie spürte kaum ihre eigenen Glieder. Ihr Elend war zu einem dumpfen Schmerz hinter den Augen geworden. Sie schien keine Tränen mehr zu haben.

»Mein liebes Mädchen, du siehst schrecklich aus!« begrüßte Penelope sie. Sie hatte kaltes, gebratenes Hühnchen mitgebracht, das sie in den Kühlschrank legte. »Hast du kaltes Bier da? Ach ja. Jetzt erzähl Tante Penelope, was passiert ist.«

Schweigend reichte Maggie ihr die verhängnisvolle Postkarte. Penelope las sie, zündete sich dann in ihrer langen Zigarettenspitze eine Zigarette an. »Wann hast du das bekommen?«

»Gerade eben, als ich nach Hause kam. Sie trägt das Datum von gestern. Wenn – wenn er etwas vorhatte – wird er es inzwischen getan haben.«

»Ich glaube, du brauchst einen Drink.«

»Ich hatte schon einen Brandy.«

»Dann trink ein Bier zum Herunterspülen. Nein, bleib sitzen. Ich hole es.« Sie nahm eine Flasche aus dem Kühlschrank und schenkte Maggie und sich ein Glas ein. »Trink das.«

Maggies Hand zitterte, sie verschüttete etwas Bier auf den Teppich, doch sie trank gehorsam. Penelope schüttelte ihr glattes blondes Haar aus den Augen zurück.

»Alles, wovon du ausgehen kannst, ist also diese Postkarte? Er könnte sie spontan geschrieben haben und hat vielleicht gar nicht wirklich vorgehabt, sein Vorhaben auszuführen. Die Polizei hätte dich doch benachrichtigt, sollte man meinen.«

»Vielleicht waren sie zu beschäftigt mit Granville.«

»Ja, eine schreckliche Sache. Sie finden noch immer Leichen.«

»Joe hat doch gerade seine Einberufung bekommen, und er hat mir gesagt, daß er verweigern würde, obwohl er eine Wahnsinnsangst vor dem Gefängnis hat. Jetzt hat ihn auch noch sein Mädchen verlassen, und als ich in Canberra war, haben wir uns gestritten. Ich werde ihn nie wiedersehen.«

Wieder strömten ihr die Tränen über die Wangen.

Penelope setzte sich neben sie auf die Couch und tätschelte ihre Hand. »Es ist ja gut. Wir wissen überhaupt nichts Genaues. Und Weinen bringt ihn nicht zurück.«

»Ich weiß! Ich weiß!«

»Weißt du, was das Problem mit Joe ist? Er war ein Einzelkind und hatte nur ein Elternteil. Du hast ihm ein Leben lang viel zuviel Aufmerksamkeit gewidmet. Warum hast du nicht noch einmal geheiratet?«

Maggie seufzte. Das schien jetzt alles so weit weg, ihre Gründe töricht. »Ich glaube, ich dachte, das sei ich Vin schuldig. Dumm, ich weiß. Und ich dachte, ich müßte Joe meine ganze Zuwendung schenken. Wie du sagst, war das wahrscheinlich genau das Falsche. Aber er ist erst in Schwierigkeiten geraten, seitdem er in Canberra – und nicht mehr bei mir – war.«

»Weil du ihn, als er zu Hause war, zu sehr behütet hast. Er mußte ja ausbrechen, sobald er die Möglichkeit dazu hatte.«

»Penny, ich muß noch an etwas anderes denken. Wenn er – wenn er nicht wirklich vorgehabt hätte, sich umzubringen, und heute früh nach Sydney zurückgefahren ist – wenn er den Zug aus den Blauen Bergen genommen hat?«

»Der gegen die Brücke gerast ist? O Gott!«

»Es kann Ewigkeiten dauern, bis sie festgestellt haben, wer alles im Zug war. Das ist nicht wie bei einem Flugzeug mit einer Passagierliste. Ich muß hingehen.«

»Das würde ich nicht tun, altes Mädchen. Ich würde hier beim Telefon bleiben, wo sie dich erreichen können. Oder Joe dich erreichen kann…«

»Nein, ich muß hin. Er könnte verletzt sein, sterbend im Krankenhaus liegen. Wenn ich ihn doch nur noch einmal sprechen könnte! Und wenn es das letzte Mal wäre.«

»Fang nicht wieder an. Trink noch ein Bier, dann wirst du schlafen können. Und ich habe dir ein paar Schlaftabletten mitgebracht, die mein Arzt mir gegeben hat. Magst du ein bißchen von dem Hühnchen essen?«

»Nein, ich kann nicht. Sei mir nicht böse.«
»Dann mache ich mir jetzt ein Sandwich.«
Sie stand auf und ging in die Küche.

18

Maggie hatte nicht geglaubt, daß sie schlafen können würde, doch Penelopes Schlaftabletten und der Alkohol verhalfen ihr zu einer einigermaßen ruhigen Nacht. Sie wachte spät und wie gerädert auf und raste, nachdem sie eine Tasse starken schwarzen Kaffee heruntergestürzt hatte, ins Büro, um Rex Ryder zu bitten, ihr frei zu geben, damit sie nach Sydney fahren könne. Es war kein guter Zeitpunkt, für eine Bitte um Urlaub. Abgesehen von dem Brücken-Unglück gab es eine Krise im Fall Collins, und der Kronanwalt drohte, das Mandat niederzulegen.

Rex gab ihr den gleichen Rat wie Penelope. »Es ist besser, wenn Sie hierbleiben. Nur so sind Sie zu erreichen, falls Joe oder sonst jemand anruft. Sie sind als seine nächste Verwandte in der Universität verzeichnet.« Er überzeugte sie schließlich, daß sie in Sydney, wo die Verletzten in Dutzende von verschiedenen Krankenhäusern eingeliefert worden und viele der Toten nicht identifiziert waren, nichts ausrichten könne. Es sei nur eine Vermutung, daß er in den Zug gestiegen war, und er könne ebensogut auf dem Rückweg nach Canberra sein.

»Nein«, erwiderte Maggie. »So grausam würde er nicht sein. Er wüßte, daß ich seine Postkarte inzwischen erhalten haben muß. Wenn er nicht in dem Zug war, liegt er tot oder verletzt irgendwo in den Blauen Bergen.« Ihre Lippen begannen zu zittern. Sie kämpfte die aufsteigenden Tränen herunter und nahm die Schutzhülle von ihrer Schreibmaschine.

»Ich verstehe, wenn Sie heute frei haben möchten.«

»Nein, ich glaube, ich sollte lieber arbeiten. Ich muß versuchen, nicht mehr daran zu denken, sonst werde ich verrückt«, entgegnete sie mit unterdrücktem Schluchzen. Als Rex an ihrem Schreibtisch vorbeiging, tätschelte er aufmunternd ihre Schultern. Für einen Augenblick umklammerte sie seine Hand, von deren festen Fingern Kraft auf sie überzuströmen schien.

Am nächsten Tag trafen weiterhin Bilder und Berichte von dem Brückenunglück ein, doch die Titelseite gehörte dem Fall Collins. Der Verteidiger Mr. Shaun hatte seinen Talar und seine Unterlagen genommen und war, verkündend, daß er mit diesem Richter nie weiterkommen würde, aus dem Gerichtssaal gestürzt.

Schließlich erklärte sich ein anderer Anwalt bereit, die Verteidigung des Aborigines Collins zu übernehmen, doch das Gericht befand ihn nach langen Beratungen für schuldig. Er wurde zu lebenslanger Haft verurteilt, was nach Aussage von Kennern der aboriginischen Mentalität einem Todesurteil gleichkam; er würde das Eingesperrtsein nicht ertragen.

Bevor Rex einen Leitartikel für die Ausgabe des nächsten Tages diktierte, sagte Maggie ihm, was sie Penelope bereits anvertraut hatte: daß sie eine Betrügerin sei, wenn sie sich als »Aborigines-Schriftstellerin« bezeichnen ließe und daß sie deshalb aufgehört habe zu schreiben.

»Das spielt doch überhaupt keine Rolle«, beruhigte er sie und paffte an seiner Pfeife. »Das würde zwar eine gute Story abgeben, aber meine Lippen sind versiegelt.«

»Ich werde es auch für mich behalten«, erwiderte sie, »aber Sie verstehen doch, welch ungeheure Bedeutung das für meinen Sohn Joe hatte. Ich glaube – ich fürchte –, diese Eröffnung hat ihn sehr belastet. Das, seine Einberufung und die Tatsache, daß seine Freundin ihn verlassen hat – es kam alles zusammen.«

»Und Sie haben noch immer nichts Definitives von der Polizei in Sydney gehört? Wir bekommen immer noch Namenslisten, aber sie geben die Namen natürlich erst heraus, wenn die nächsten Verwandten benachrichtigt sind. Sie würden es als erste erfahren. Wir haben eine vollständige Liste der Verletzten, doch er ist nicht darunter.«

»Es ist schrecklich, nichts – nichts zu wissen. Ich liege nachts wach und denke, hoffe und male mir zugleich die schlimmsten Bilder aus. Inzwischen sind doch sicher alle identifiziert.«

»Ja, man sollte es annehmen... Aber... O Gott, Maggie, Sie müssen den Tatsachen ins Gesicht sehen. An manchen Stellen war das Dach bis auf Zentimeter auf den Boden gequetscht. Menschen, die dort saßen...«

»Hören Sie auf!«

»Tut mir leid, aber Sie haben mich gefragt.«

»Ich kann den Gedanken daran nicht ertragen.«

»Das verstehe ich. Aber wäre es leichter für Sie, wenn er Selbstmord begangen hätte?«

»Nein! Ich weiß nicht! Sie haben nie ein Kind zur Welt gebracht. Vater zu sein, ist etwas anderes. Wenn Joe tot ist – und er muß tot sein –, stirbt ein Teil von mir mit ihm. Ich werde nie mehr die alte sein.«

Als sie den Artikel beendet hatten, lud Rex sie zum Abendessen in der Stadt ein.

»Tut mir leid, aber mir ist nicht nach Essen zumute. Ich brate mir nur ein Spiegelei, wenn ich nach Hause komme.«

»Sie essen nicht und werden von Tag zu Tag dünner. Sie müssen auf sich acht geben.«

»Wozu?« fragte Maggie bitter. »Ich habe niemanden mehr. Es spielt keine Rolle, ob ich lebe oder tot bin.«

»Maggie! Es spielt eine Rolle, für mich zum Beispiel.«

Maggie lächelte traurig. »Danke, Rex.« Unbewußt hatte sie ihn mit dem Vornamen angeredet.

»Dann lassen Sie sich wenigstens zu einem Drink einladen. Gehen wir nach Feierabend ins Black Bull, okay?«

»Ja, ich glaube ohnehin, daß ich noch zur Alkoholikerin werde.«

Später fuhr er sie nach Hause und küßte sie leicht auf die Wange. Sie bat ihn nicht herein. Doch die Wärme, die ihr Inneres erfüllte, rührte nicht nur von dem Brandy her.

Als sie am nächsten Tag nach Hause kam, stand ein Polizeiwagen vor der Tür. Ihr Herz schien stillzustehen; während des Weges von der Bushaltestelle an der Ecke hielt sie den Atem an.

Zwei Polizisten stiegen aus dem blaßblauen Sedan. Sie jagen stets zu zweit, dachte sie zusammenhanglos.

»Mrs. King? Mrs. Maggie King?«

»Ja. Was –?«

»Wir fürchten, wir haben eine sehr traurige Nachricht für Sie. Können wir hereinkommen?«

»Ja, natürlich.« Sie zog hastig ihren Schlüsselbund aus der Tasche, ließ ihn auf die Erde fallen. Einer der beiden Polizisten hob ihn auf und gab ihn ihr. Sie folgten ihr über die kurze Auffahrt zur Eingangstür. Ihre Hand zitterte dermaßen, daß sie nicht aufschließen konnte. Der jüngere der beiden nahm ihr den Schlüssel aus der Hand und schloß auf.

Im Wohnzimmer stellte sie ihre Handtasche auf den Tisch und sah die Männer wie ein gehetztes Tier an.

»Mrs. King, wissen Sie, wo Ihr Sohn sich in letzter Zeit aufgehalten hat? Ihr Sohn Joseph Forbes King?« Er nahm sein Notizbuch zu Hilfe. »Es wird angenommen, daß er am Morgen des achten im 6.09er Zug von Mount Victoria nach Sydney war.«

»Das – das – könnte sein. Als ich das letzte Mal von ihm hörte, war er in Blackheath. Ich habe die Behörden in Sydney bereits um Auskunft gebeten.«

»Eine Reihe der Leichen ist noch nicht identifiziert, Mrs. King, aber die in den Trümmern gefundenen Papiere wurden gesichtet und gesäubert. Unter diesen Papieren befand sich der Studienausweis Ihres Sohnes von der ANU und ein Umschlag mit seinem Namen und seiner Adresse in Canberra. Polizeibeamte gingen zu seiner Wohnung in Canberra, doch dort hatte man ihn seit dem Tag vor dem tragischen Unglück in Sydney nicht mehr gesehen. Also haben wir die traurige Aufgabe, Ihnen mitzuteilen, daß er vermutlich zu den Opfern gehört.« Plötzlich bekam die offizielle Stimme einen menschlichen Klang. »Madam. Darf ich Ihnen etwas bringen? Eine Tasse Tee? Haben Sie Brandy im Haus?«

Maggie hatte bis jetzt keinen Ton hervorgebracht. Sie saß wie versteinert da und starrte auf den Boden herunter. Jetzt, wo es geschehen war, wo sie die Wahrheit erfahren hatte, schien sie nicht in der Lage, irgend etwas zu empfinden. Nervös fingerte sie an ihrem silbernen Armband herum, öffnete und schloß es, öffnete und schloß es. Es hatte ihr wahrlich viel Glück gebracht, das dumme Ding. Mit dumpfem Klang zerbrach der silberne Reif, und die beiden Schlangenköpfe lagen einzeln in ihrer Hand.

»Madam –«

Langsam wandte sie den Kopf und sah den jungen Mann in der adretten Uniform an. Groß wie Joe und nicht viel älter. Der Sohn einer Mutter...

»Können wir Ihnen irgend etwas bringen?«

»Oder irgend jemanden – einen Freund oder Verwandte – benachrichtigen?«

»Penelope«, preßte sie hervor. »Miss Penelope Rose. Ihre Nummer ist beim Telefon.«

Als sie wieder zur Arbeit ging, war sie immer noch wie gelähmt, sie würde es nie überwinden. Trotzdem verspürte sie in ihrem tiefsten Inneren eine gewisse Erleichterung. Nach zwei Wochen der Unsicherheit war es eine Erleichterung, Gewißheit zu haben. Und ein Gedanke richtete sie auf. Er war auf dem Rückweg gewesen. Er mußte den Gedanken an Selbstmord also aufgegeben haben. Es war ein Unfall: in Sekundenschnelle vorüber, sofortiger Tod. Kein Selbstmord, Gott sei Dank.

An ihrem ersten Morgen im Büro ergriff Rex Ryder, der durch Penelope von Joes Tod erfahren hatte, ihre Hände und führte sie zu dem gepolsterten Rohrstuhl hinüber, der dem mit Teppichboden ausgelegten Arbeitszimmer beinahe die Atmosphäre eines Salons verlieh.

»Möchten Sie darüber sprechen?« fragte er.

»Nein, ich glaube nicht. Es ist eigenartig, aber ich fühle mich recht ruhig. Vielleicht bin ich nur benommen, und der Schmerz kommt noch. Aber im Augenblick –«

»Gut, dann kann ich Sie wohl mit meinen Sorgen konfrontieren. Sie haben wahrscheinlich keine Zeitung angesehen, nehme ich an? Sie wissen also nicht, daß wir wegen Verleumdung auf zwanzigtausend Pfund verklagt worden sind, wegen Mißachtung des Gerichtes, und ich weiß nicht, weswegen noch. Und alles wegen des verdammten Collins-Artikels.«

»Wollen Sie damit sagen, die Staatsregierung klagt –?«

»Für ihr Oberstes Gericht, ja. Sie verlangen Widerrufe, Entschuldigungen – und mein Blut. Der alte Richter Lewis hat es offensichtlich auf mich abgesehen.«

»Auf Sie persönlich?«

»Und die Zeitung. Sie wollen eine demütige Entschuldigung von mir, und entweder meinen sofortigen Rücktritt oder zwanzigtausend Pfund!«

»Aber Sie werden doch nicht den Job aufgeben?«

»Nein! Ich habe es Sir Lloyd gesagt – sie haben mich nach Melbourne vorgeladen, wußten Sie das? –, daß ich mich weder entschuldigen noch sonst etwas werde. Richter Lewis sagt, daß es nicht die vom Anwalt gebrauchten Worte gewesen seien, sondern meine eigene Auslegung, und ich hätte daher nicht das Recht gehabt, sie in Anführungszeichen zu setzen. Zwanzigtausend für zwei Anführungszeichen! Das ist wohl ein bißchen übertrieben.«

»Es ist ungeheuerlich! Und der arme Collins ist im Gefängnis?«

Maggie war gefesselt von dieser Entwicklung der Dinge; sie war das Tagesgespräch der gesamten Literaturwelt. Auf diese Weise hatte sie nicht soviel Zeit zum Grübeln.

Doch sie war nicht auf den Schock vorbereitet, den sie erlitt, als sie drei Tage später Rex Ryders Post öffnete. Sie enthielt ein formelles Schreiben Sir Lloyd Lintotts, des Geschäftsführers in Melbourne, der Mr. Ryder davon in Kenntnis setzte, daß seine Dienste als Chefredakteur nicht länger gefragt seien. Er setzte ihm eine Frist von vierzehn Tagen, in der er das Haus zu verlassen habe.

Rex war gerade nicht im Zimmer, während sie den Brief öffnete. Als er zurückkam, wartete sie, bis er sich gesetzt und seine

Pfeife angezündet hatte, bis sie ihm den Brief mit zitternden Händen obenauf auf den Stapel Morgenpost auf seinen Schreibtisch legte. Dann trat sie zurück, als warte sie auf das Explodieren einer Zeitbombe.

Er nahm den Brief, setzte sich kerzengerade auf und las.

»Verdammt noch mal!« Seine Pfeife flog an die gegenüberliegende Wand, der Stiel zerbrach. »Diese Schweine! Diese gemeinen, stinkenden, kriecherischen, ekelhaften Schweine! Haben Sie das gelesen, Maggie? Sie haben mich rausgeschmissen! Schriftlich – haben es mir nicht einmal ins Gesicht gesagt.«

»J – j – ja, Mr. Ryder.«

»Den Wölfen zum Fraß vorgeworfen! Wie Jonas über Bord geworden, um das Schiff zu retten! Machen mich zum Sündenbock!« Er fluchte noch eine ganze Weile wild weiter. Seine graue Haarmähne stand wie ein Heiligenschein um seinen Kopf herum. Dann stürzte er, die Teile seiner zerbrochenen Pfeife mit dem Fuß über den Boden kickend, ins angrenzende Zimmer des stellvertretenden Chefredakteurs, wo sie ihn durch die Trennwand hindurch wild weiterschimpfen hörte.

»Ich sollte den Laden auf der Stelle verlassen und die Zeitung zum Teufel gehen lassen«, sagte er später. »Aber ich bringe es nicht fertig. Ich werde die nächsten zwei Wochen auf meinem Posten bleiben, während sie einen neuen Mann aus Melbourne holen, der meine Stellung übernehmen wird. Zumindest wird er eine gute Sekretärin haben.«

»Das wird er nicht, das wissen Sie«, sagte Maggie ruhig.

»Hm?«

»Ich werde sofort meine Kündigung abschicken. Und ich nehme an, daß ein großer Teil Ihrer Leute das aus Protest auch tun wird.«

»Ich weiß Ihre Loyalität durchaus zu würdigen, meine Liebe, aber die anderen werden das bestimmt nicht tun. Die meisten haben Frauen und Familien zu ernähren, und Journalisten haben immer Angst, ihre Stellung zu verlieren. Wenn eine Zeitung zum Beispiel ihre Pforten schließt, stehen sie ohne alles, ohne jede Unterstützung da. Und jetzt werde ich selbst arbeitslos sein. In der Lintott-Kette werde ich nie einen anderen Job bekommen.«

»Aber es gibt doch noch andere Zeitungen.«

»Ich weiß nicht... ich könnte ins Ausland gehen. Meine Frau wollte, daß ich diese Entschuldigung abgebe. Sobald ich weg bin, werden sie natürlich eine drucken. Sie sagt, wir können uns den Luxus meiner ›Prinzipien‹ nicht leisten. Und ich habe mich in letzter Zeit ein bißchen zuviel bei den Rennen verzettelt – mehr als ein bißchen zuviel.«

Ins Ausland gehen! Die ganze Verzweiflung und Trostlosigkeit, die Maggie bis jetzt in Schach gehalten hatte, brach über sie herein. Sie hatte niemanden, niemanden, den es interessierte, ob sie lebte oder tot war. Penny – nun, sie lebte ihr eigenes Leben mit ihrer Schwester, ihrem Poker-Club und ihren anderen Freunden. Rex – sie war lediglich seine Sekretärin, und jetzt würde er keine mehr brauchen.

In düsterer Stimmung ging sie nach Hause. Als dann jemand aus Canberra anrief, um zu fragen, was mit Joes Sachen geschehen solle, war sie mit ihren Nerven am Ende. »Ich weiß es nicht! Verbrennen Sie sie!« schrie sie. »Ich will sie nie in meinem Leben zu sehen bekommen!«

Mit finsterer Miene leerte Rex seine Schreibtischschubladen, warf Dinge auf den Boden, ließ Papiere, die er haben wollte, in eine Pappschachtel fallen. Auch Maggie räumte ihren Schreibtisch aus, sammelte Stifte und Radiergummis ein und setzte die Schutzhülle auf die zweite Schreibmaschine, die ihr selbst gehörte.

»Jetzt, wo ich ihn verkauft habe, fehlt mir mein Wagen doch sehr«, seufzte sie.

»Ich werde mir wahrscheinlich in nächster Zeit keinen leisten können«, meinte er. »Nun, zum guten Schluß hat mich auch noch meine Frau verlassen. Ja. Stella teilte mir mit, daß sie nicht vorhabe, bei einem Arbeitslosen zu bleiben, der seine Prinzipien vor seine Pflichten seiner Familie gegenüber stellt. Das heißt, ihr gegenüber. Die Kinder sind erwachsen und selbständig, Gott sei Dank. Wir hatten eine häßliche, kalte, bittere Auseinandersetzung, und sie macht mir vieles zum Vorwurf, zum Beispiel meine Wetterei. Sogar meine Haare! Sie sagt, sie seien zu lang, ›wie ein alternder Hippie‹. Das tut weh. Alternd!«

Maggie öffnete den Mund und hätte beinahe »Ich liebe Ihre Haare« gesagt, doch sie blieb stumm.

»Also, ich sagte ihr, sie brauche nicht zu gehen, ich ginge. Das hätte ich schon vor Jahren tun sollen. Jetzt wird mir klar, daß ich nur aus Gewohnheit bei ihr geblieben bin. Nicht einmal aus Kameradschaft, nur noch triste Gewohnheit.«

»Das tut mir leid.« Maggie blickte auf ihre zugeklappte Schreibmaschine herunter.

»Und dann stellte ich fest, daß mir Ihre Gesellschaft, und seien es nur ein paar Stunden im Flugzeug oder im Büro, mehr bedeuteten als sieben Sonntage mit ihr. Mein Gott! Wie habe ich mich zu Hause gelangweilt! Kein Wunder, daß ich samstags zu den Rennen ging.«

Maggie blickte aus weiten, dunklen Augen zu ihm auf, verbarg ihre Gefühle nicht. »Falls – falls Sie eine Sekretärin brauchen, wäre ich bereit, Ihnen – zu helfen. Ich meine, ohne Bezahlung.«

»Meine liebe Maggie! Ich brauche eine Frau, eine Gefährtin, und wenn sie tippen kann, um so besser. Kommen Sie. Ich fahre Sie nach Hause. Ist das alles? Ich trage die Schreibmaschine.«

Er küßte sie zärtlich, bevor er ging. In der Tür blieb er stehen und warf einen letzten bitteren Blick auf sein ehemaliges Königreich. »Nun gut, machen wir es kurz! Ich hoffe, sie haben den Ja-Sager gefunden, den sie verdienen.«

Auf dem Weg zu ihrem Haus kehrten sie noch in einem italienischen Restaurant ein. »Ich wette, du kannst nicht kochen«, hatte Rex sie geneckt, und Maggie hatte erwidert, sie könne es durchaus, wenn es jemanden gäbe, für den sie kochen müßte.

»Nun, das Schicksal – oder wie immer man es nennen will – hat uns beiden übel mitgespielt«, erklärte Rex, nachdem er das

Essen bestellt hatte. »Was würdest du also davon halten, wenn wir uns gegenseitig helfen, wieder auf die Beine zu kommen? Ich dachte an den Pazifik, hatte schon immer vor, einmal dorthin zu fahren. Vielleicht könnte ich einen Job bei der *Fiji-Times* kriegen. Bis zu meiner Scheidung könntest du als Mrs. Ryder reisen, damit dem Anstand Genüge getan wird.«

»Ich würde überallhin mit dir gehen, lieber Rex. Das weißt du.« Er ergriff ihre Hand und drückte sie. »Auch ich dachte an den Pazifik. Ich würde gern zu den Loyality-Islands fahren und die Spuren meines Urgroßvaters Joseph Tula zurückverfolgen. Und die meines Großonkels George Tombua. Vielleicht werde ich ein Buch über sie schreiben.«

Er sagte, das klänge interessant und daß er gerne ein Buch über den verhängnisvollen Einfall der europäischen Touristen und dessen Auswirkungen auf die Menschen im Pazifik schreiben würde, nicht nur über Sklavenhändler, sondern über die Karavellen der Spanier und Portugiesen, und später Cooks und Bougainvilles, die Alkohol und Verderben in ein ehemaliges Paradies brachten.

Während sie ihre Tagliatelle aßen, diskutierten sie angeregt über diese Pläne. Dann plötzlich umwölkten sich Maggies Augen.

»Was ist los, Liebling?«

»O Rex, das weißt du ja gar nicht! Ich bringe Unglück! Jeder, der mit mir in Berührung kommt, jeder Mensch, den ich liebe, wird vom Pech verfolgt oder erleidet ein gewaltsames Ende. Ich möchte nicht, daß du –«

»Jeder Mensch, den du liebst, hm? Gehöre ich auch zu ihnen?«

»Ich glaube, du kennst die Antwort. Ich weiß es seit mehr als einem Jahr, doch ich hoffte, du würdest es nicht merken oder ahnen. Du mußt dich von mir fernhalten. Ich könnte dich zerstören.«

»Maggie, meine Liebste, das ist doch Unsinn. Meinst du nicht, daß es an der Zeit ist, daß deine Pechsträhne abreißt? Nach allen Gesetzen der Wahrscheinlichkeit bist du jetzt mit ein bißchen Glück an der Reihe. Vielleicht ist dies der Beginn eines neuen, glücklicheren Lebens für uns beide.«

Sie lächelte. »Vielleicht... Aber ich glaube, ich möchte keine Kinder mehr haben, Rex. Ich möchte nicht noch einmal so leiden müssen.«

»Das verstehe ich. Doch das können wir später entscheiden. Vielleicht denkst du später, wenn du den Schock überwunden hast, anders darüber... Laß mich heute nacht bei dir bleiben, Maggie. Ich möchte nicht noch einmal in dieses Haus zurück.«

»O ja, ja, ja. Bitte bleib bei mir. Und vielleicht gelingt es dir, die Geister, die nachts um mein Bett spuken, zu vertreiben. Nicht nur Vin und Roy und Joe. Manchmal sehe ich eine lange Reihe gespenstischer Frauen, meine Vorfahren. Wie sehr einige von ihnen doch gelitten haben müssen!«

»Nun, dein Leidensmaß ist erfüllt. Von jetzt an wird das anders sein, das verspreche ich dir. Ich werde für dich sorgen.«

Die Chianti-Flasche war leer. Als sie aufstanden, stellte sie ihr Glas umgedreht auf die Tischdecke.

»Dreh dein leeres Glas um.«

Er nahm ihren Arm, und gemeinsam gingen sie in die Nacht hinaus.

Stammbaum

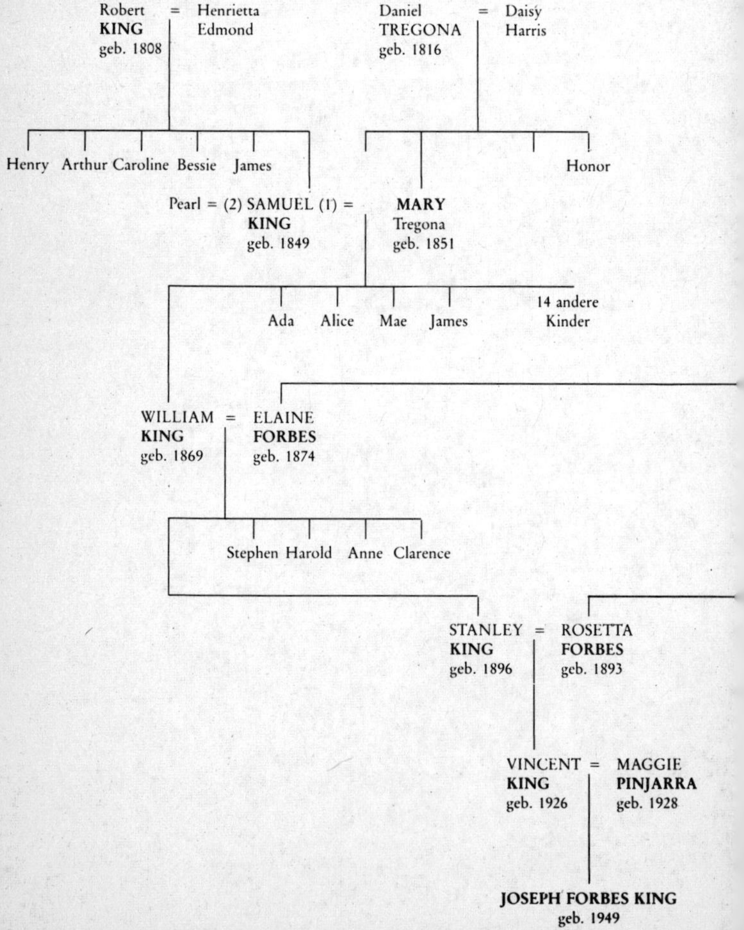
Robert KING geb. 1808 = Henrietta Edmond
Daniel TREGONA geb. 1816 = Daisy Harris
Henry
Arthur
Caroline
Bessie
James
Honor
Pearl = (2) SAMUEL (1) = KING geb. 1849
MARY Tregona geb. 1851
Ada
Alice
Mae
James
14 andere Kinder
WILLIAM KING geb. 1869 = ELAINE FORBES geb. 1874
Stephen
Harold
Anne
Clarence
STANLEY KING geb. 1896 = ROSETTA FORBES geb. 1893
VINCENT KING geb. 1926 = MAGGIE PINJARRA geb. 1928
JOSEPH FORBES KING geb. 1949

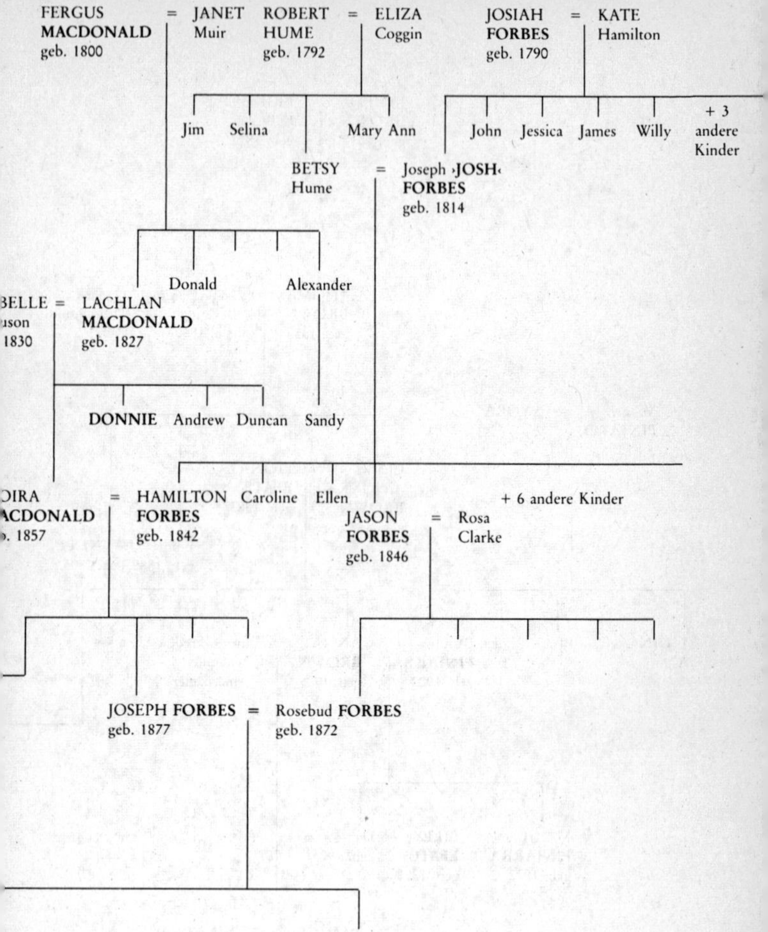
FERGUS MACDONALD geb. 1800 = JANET Muir
ROBERT HUME geb. 1792 = ELIZA Coggin
JOSIAH FORBES geb. 1790 = KATE Hamilton
Jim
Selina
Mary Ann
John
Jessica
James
Willy
+ 3 andere Kinder
BETSY Hume = Joseph ›JOSH‹ FORBES geb. 1814
Donald
Alexander
BELLE = LACHLAN MACDONALD geb. 1827
uson
1830
DONNIE
Andrew
Duncan
Sandy
OIRA ACDONALD . 1857 = HAMILTON FORBES geb. 1842
Caroline
Ellen
+ 6 andere Kinder
JASON FORBES geb. 1846 = Rosa Clarke
JOSEPH FORBES geb. 1877 = Rosebud FORBES geb. 1872

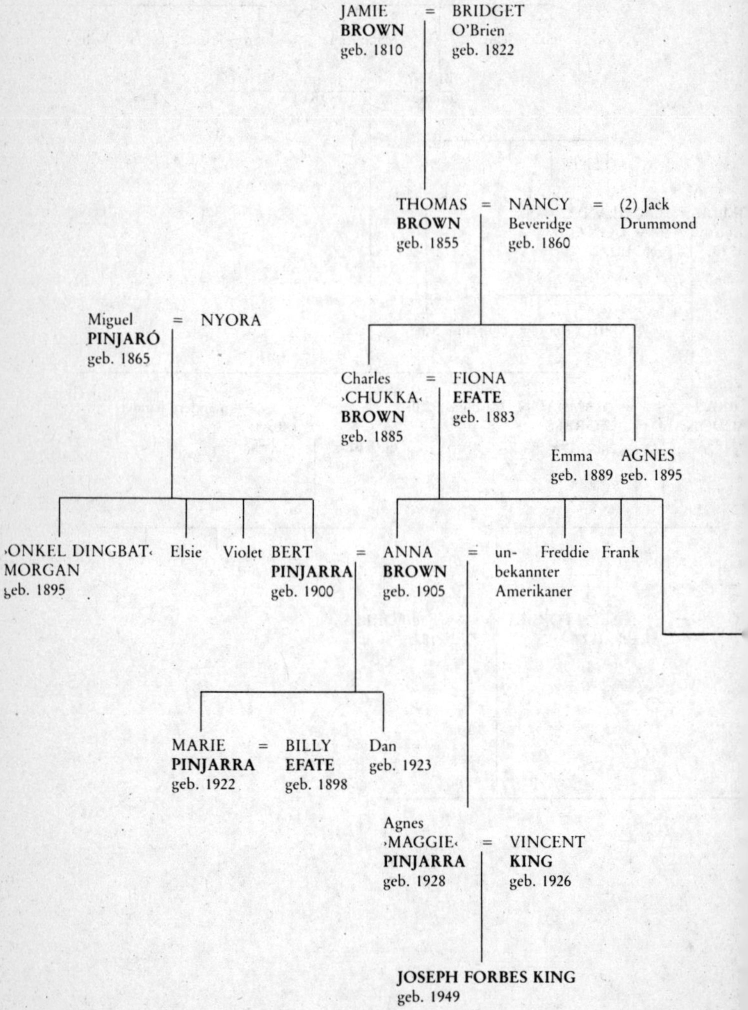
JAMIE BROWN geb. 1810
=
BRIDGET O'Brien geb. 1822
THOMAS BROWN geb. 1855
=
NANCY Beveridge geb. 1860
=
(2) Jack Drummond
Miguel PINJARÓ geb. 1865
=
NYORA
Charles ›CHUKKA‹ BROWN geb. 1885
=
FIONA EFATE geb. 1883
Emma geb. 1889
AGNES geb. 1895
›ONKEL DINGBAT‹ MORGAN geb. 1895
Elsie
Violet
BERT PINJARRA geb. 1900
=
ANNA BROWN geb. 1905
=
un- bekannter Amerikaner
Freddie
Frank
MARIE PINJARRA geb. 1922
=
BILLY EFATE geb. 1898
Dan geb. 1923
Agnes ›MAGGIE‹ PINJARRA geb. 1928
=
VINCENT KING geb. 1926
JOSEPH FORBES KING geb. 1949

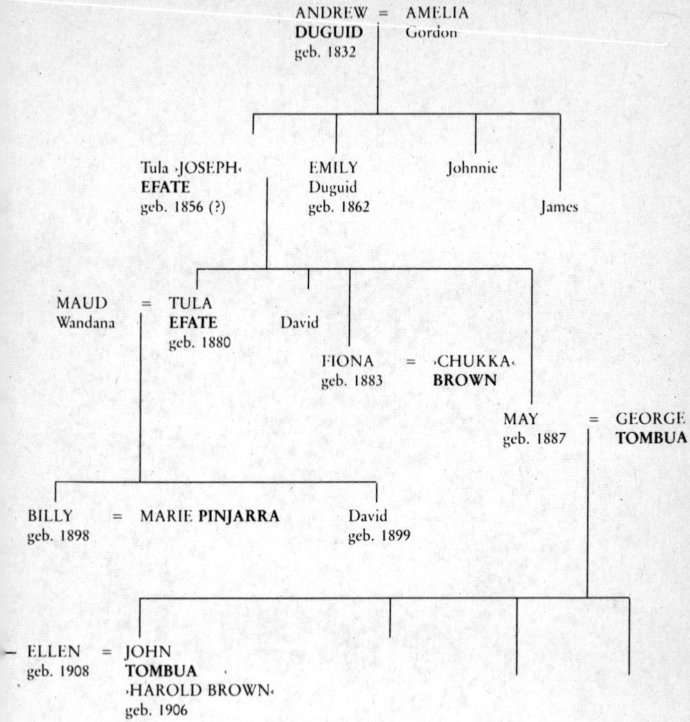
ANDREW = AMELIA
DUGUID
Gordon
geb. 1832
Tula ›JOSEPH‹
EFATE
geb. 1856 (?)
EMILY
Duguid
geb. 1862
Johnnie
James
MAUD = TULA
Wandana
EFATE
geb. 1880
David
FIONA = ›CHUKKA‹
geb. 1883
BROWN
MAY = GEORGE
geb. 1887
TOMBUA
BILLY = MARIE PINJARRA
geb. 1898
David
geb. 1899
ELLEN = JOHN
geb. 1908
TOMBUA
›HAROLD BROWN‹
geb. 1906

Harold Robbins

Hollywood
9140

Die Moralisten
9200

Der Pirat
9247

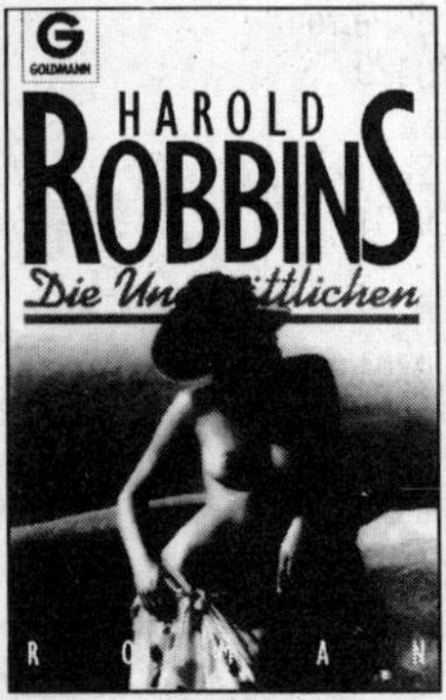

Die Unersättlichen
9281

Die Manager
9426

Der Clan
9703

Die Traumfabrik
9607

Die Profis
9590

Adieu Janette
8400

Der Seelenfänger
6830

Die Aufsteiger
6407

Die Unsterblichen
8516

Die Playboys
9400

GOLDMANN